"DIETA SPIRITUALE QUOTIDIANA"

3° trimestre
Settembre-Dicembre

ELIZABETH DAS

Italian

Copyright © 2024 *ELIZABETH DAS*.

Tutti i diritti sono riservati per l'audio, l'eBook (digitale) e il libro cartaceo. Nessuna parte di questo libro può essere utilizzata o riprodotta con qualsiasi mezzo, grafico, elettronico o meccanico, incluse fotocopie, registrazioni, nastri o sistemi di archiviazione delle informazioni senza l'autorizzazione scritta dell'autore, tranne nel caso di brevi citazioni contenute in articoli critici e recensioni. A causa della natura dinamica di Internet, i link agli indirizzi web contenuti in questo libro potrebbero essere cambiati dopo la pubblicazione e potrebbero non essere più validi. Le persone raffigurate nelle immagini di stock fornite da Thinkstock sono modelli e tali immagini sono utilizzate solo a scopo illustrativo. Alcune immagini di stock © Thinkstock. Estratto da: Elizabeth Das: "DIETA SPIRITUALE QUOTIDIANA"

ISBN DIETA SPIRITUALE QUOTIDIANA

ISBN: 978-1-961625-38-9 Brossura

Libro elletronico 978-1-961625-39-6

CONTATTO: nimmidas@gmail.com nimmidas1952@gmail.com

CANALE YOUTUBE "DIETA SPIRITUALE QUOTIDIANA" DI ELIZABETH DAS

PREFAZIONE

Era il 1° gennaio 2018. Ero a casa da sola, a riposare sul divano. La voce del mio Signore mi ordinò di scrivere. In spirito, percepii che intendeva ogni giorno. Ho detto "ogni giorno", ovvero come e cosa scrivere ogni singolo giorno. E l'Eterno disse che mi avrebbe dato ciò di cui avevo bisogno per scrivere. Secondo il Suo piano, tesi l'orecchio per ascoltare la SUA voce mentre condivideva un messaggio per il giorno. Ho scritto, registrato e postato su YouTube. L'ho fatto per 365 giorni prendendo appunti dal Signore. Ora ho un messaggio per tutti voi che vorrete accettarlo. Scrivendo sotto le istruzioni dello Spirito Santo, ho imparato che la religione, le organizzazioni, le denominazioni e le non denominazioni sono organizzate da Satana. Ha un sistema privo di potere per allontanarvi dalla sequela di Gesù e mettervi in un edificio di marca diversa, dove imparate a conoscere Gesù, ma non LUI nella Sua potenza e nel Suo potere. Tempo fa, lessi un articolo scritto da una profetessa satanica che diceva che se vogliamo il regno di Satana, allora dobbiamo convertire la gente alla maggioranza, cioè ai cristiani. E come distruggere il Regno di Gesù? Usando le stesse vecchie tattiche. Prendere di mira il proibito. Il Signore Gesù ha rovesciato la tavola, ha costruito una tana e vi ha messo i ladri. Il più grande vantaggio di etichettare un edificio come chiesa è che non impareranno mai che il loro corpo è la Chiesa di Geova Dio. Inoltre, i poveri, gli affamati, i drogati, gli alcolisti, gli indemoniati e gli oppressi non troveranno mai la salvezza. Non permettete che i santi siano addestrati e istruiti dallo Spirito Santo, ma avviate un collegio teologico per tutte le nostre dottrine divise e in conflitto tra loro e formate le persone a insegnare e predicare.

Che piano! Non solo meraviglioso, ma anche di successo. Continuate a puntare sulle donne, perché loro possono essere le nostre portavoce. A loro piacciono ancora le vetrine, i buoni affari e uno stile di vita affascinante. Hanno una forma di pietà ma negano la potenza. Questi tipi di dottrina soddisfano l'avidità, la brama degli occhi, quella della carne e l'orgoglio della vita. Ho imparato un'altra cosa: vivere nei confini dei territori religiosi non permette alle persone di cercare, bussare e chiedere a Dio! L'autorità religiosa possiede letteratura e libri scritti da falsi insegnanti e profeti. Impedisce anche alle riunioni domestiche di raggiungere la nostra famiglia, i nostri vicini e i nostri amici. Questo si chiama controllo totale. La cosa migliore è che le istituzioni della religione parlano della PAROLA, ma non la praticano. Si assicurano che non facciate quello che Gesù ha chiesto, ma solo quello che dicono loro. La Parola funziona se si agisce di conseguenza senza aggiungere o sottrarre. Stiamo seguendo tutto tranne Gesù. Vi esorto, da oggi, a studiare colui che dovete seguire da quando Gesù ha detto "seguitemi". Il Signore ha detto: "Io sono la via, la verità e la Vita". La via per raggiungere la vita eterna è seguire Gesù. Sono stati anni di ricerca della verità per liberarsi dalla trappola del diavolo. Il Signore ci ha dato meravigliose istruzioni per cercare i suoi discepoli, in modo da non confonderci con il falso piano di Satana. Il Suo discepolo metterà il mondo sottosopra facendo miracoli, guarigioni e opere soprannaturali nella città. Non sono forse questi i frutti che dovremmo cercare là fuori e non nelle gabbie della religione? Secondo il Nuovo Testamento, se ci pentiamo e ci battezziamo nel NOME di Gesù per lavare i nostri peccati, allora il Signore viene in noi per vivere.

Ancora una volta diventare ospiti dello Spirito Santo, o si può dire, la casa del Signore Gesù. Ora il nostro corpo è la chiesa. La comunione casa per casa e città per città con i vostri fratelli e sorelle è necessaria, ma stabilire un edificio no. Siete chiamati a lavorare. Predicare il Vangelo, che è la buona novella, aprendo occhi ciechi, guarendo ogni tipo di malattia, sanando il cuore spezzato e scacciando ogni tipo di demone, è il vostro e il mio lavoro. Lo Spirito Santo dà il potere di fare cose soprannaturali. Lo Spirito dentro di noi fa tutte le guarigioni, i miracoli e le liberazioni. Dobbiamo solo uscire e lavorare come fece Gesù. Per imparare le vie dell'Eterno, è necessario arrendersi e cedere al Suo Spirito. Se non lo facciamo, non troveremo la creazione di Dio oppressa, posseduta, malata, con il cuore spezzato, zoppa, cieca e depressa. Il Signore stesso farà tutto e voi tornerete a casa gioendo. Che eccellente piano di Dio! Non solo, ci sono molti benefici nell'essere Suoi discepoli. Provviste, protezione, pace e tutti i privilegi del lavoro sono extra. Riceverete anche il diritto a una bella dimora in un luogo eterno chiamato cielo. È certo che il viaggio della vita finirà presto. Possa questo libro aiutarvi a comprendere il piano definitivo di Dio. Io ho imparato la Bibbia facendo, e anche voi potete imparare andando in giro e agendo come dice. Che il Signore vi mandi veri profeti, evangelisti, pastori, insegnanti e apostoli per addestrarvi a lavorare nell'esercito di Dio. Seguite Gesù! Amen!

Contents

SETTEMBRE 1
1 SETTEMBRE 2
UNA PORTA SARÀ APERTA PER I GIUSTI! 2
2 SETTEMBRE 5
CERCATE LE RADICI! 5
3 SETTEMBRE 8
IMPARATE OBBEDENDO! 8
4 SETTEMBRE 11
VIVETE NEL PRESENTE, CREATE IL DESTINO! 11
5 SETTEMBRE 14
VI STATE OCCUPANDO DEGLI AFFARI DEL PADRE? 14
6 SETTEMBRE 17
PIGRO E ASSOPITO! 17
7 SETTEMBRE 20
NON APPOGGIATEVI ALLA VOSTRA COMPRENSIONE! 20
8 SETTEMBRE 23
COSA CERCA DIO? 23
9 SETTEMBRE 26
SOLO VOI POTETE SBLOCCARVI! 26
10 SETTEMBRE 29
COME SI FA A PRESENTARE GESÙ? 29
11 SETTEMBRE 32
SERVITE DIO CON LE SUE CONDIZIONI E I SUOI STANDARD! 32
12 SETTEMBRE 35
PERSONE CHE VENGONO CHIAMATE DA DIO! 35
13 SETTEMBRE 38
PARLATERAGIONEVOLMENTE! 38
14 SETTEMBRE 41
AGGRAPPATEVI ALLA MANO DI DIO! 41
15 SETTEMBRE 44
L'OBIETTIVO È LA VOSTRA FEDE! 44
16 SETTEMBRE 47
OTTENETE LA LIBERTÀ PERDONANDO! 47
17 SETTEMBRE 50
CHE COS'È LA RELIGIONE? 50
18 SETTEMBRE 53
DOVE SI SVOLGE LA BATTAGLIA? 53

19 SETTEMBRE	56
UNA DIVERSA MISURA DI FEDE!	56
20 SETTEMBRE	59
NON LASCIATE CHE IL SIGNORE SI ALLONTANI DA VOI!	59
21 SETTEMBRE	62
PROMOZIONE E RETROCESSIONE!	62
22 SETTEMBRE	65
IL NOME PIÙ ALTO DI GEOVA È GESÙ!	65
23 SETTEMBRE	68
SIGNORE, APRI GLI OCCHI DELLO SPIRITO!	68
24 SETTEMBRE	71
PORTATE IL DIAVOLO IN CATTIVITÀ!	71
25 SETTEMBRE	74
LE VOSTRE SCELTE DEFINISCONO IL VOSTRO TITOLO!	74
26 SETTEMBRE	77
COME SOSTENERSI IN CASO DI CATASTROFE!	77
27 SETTEMBRE	80
SIETE OPPRESSI NELLA VOSTRA NAZIONE?	80
28 SETTEMBRE	83
STREGA, STREGONE, INCANTATORE, MAGO!	83
29 SETTEMBRE	86
NON DISTRUGGETE IL TEMPIO DI DIO!	86
30 SETTEMBRE	89
VENGO A VEDERE IL SIGNORE!	89
OTTOBRE	**92**
1 OTTOBRE	93
DIO ABBELLISCE I TIMORATI CON LA SALVEZZA!	93
2 OTTOBRE	96
FINITO BENE!	96
3 OTTOBRE	99
TESTIMONIANZA!	99
4 OTTOBRE	102
VIA SCONOSCIUTA, TENETEGLI LA MANO!	102
5 OTTOBRE	105
DIO È AGLI ARRESTI DOMICILIARI!	105
6 OTTOBRE	108
RISCATTATE SODDISFACENDO LE CONDIZIONI!	108
7 OTTOBRE	111
IL TESORO SI NASCONDE NELLA BIBBIA!	111

8 OTTOBRE	114
LA BATTAGLIA APPARTIENE AL SIGNORE!	114
9 OTTOBRE	117
FESTEGGIAMO GESÙ!	117
10 OTTOBRE	120
MOTIVO PER SCEGLIERE LE RELIGIONI!	120
11 OTTOBRE	123
CRESCETE I FIGLI DATI DA DIO PER DIO!	123
12 OTTOBRE	126
LA RIPETIZIONE CI RENDE PERFETTI!	126
13 OTTOBRE	129
VI SIETE PREPARATI?	129
14 OTTOBRE	132
AVETE RICEVUTO LO SPIRITO SANTO?	132
15 OTTOBRE	135
L'ACCUSA E L'INSINUAZIONE SONO LE VECCHIE TATTICHE DEL DIAVOLO!	135
16 OTTOBRE	138
MISTERO DI CRISTO!	138
17 OTTOBRE	141
DIO È PREOCCUPATO PER CIÒ CHE VI RIGUARDA!	141
18 OTTOBRE	144
LA MENTE È UN LABORATORIO DEL DIAVOLO. DIO LAVORA CON IL CUORE!	144
19 OTTOBRE	147
LA VOSTRA PAROLA È COSÌ POTENTE!	147
20 OTTOBRE	150
LASCIATE CHE LA GENTE SENTA PARLARE IL CIELO!	150
21 OTTOBRE	153
RICEVENTE O RESPINGENTE!	153
22 OTTOBRE	156
IL CREDENTE RICEVE CIÒ CHE CHIEDE!	156
23 OTTOBRE	159
PARLATE CON DIO NELLA SUA LINGUA!	159
24 OTTOBRE	162
PRIVILEGI DEI CHIAMATI E DEGLI ELETTI!	162
25 OTTOBRE	165
CHI È GESÙ?	165
26 OTTOBRE	168
NON COME SI INIZIA, MA COME SI FINISCE!	168
27 OTTOBRE	171
PIANTATE LA PAROLA COME UN SEME!	171

28 OTTOBRE	174
VENGA IL TUO REGNO SULLA TERRA!	174
29 OTTOBRE	177
SIETE STATI COMPRATI A SANGUE?	177
30 OTTOBRE	180
DIVENTATE TRASPARENTI!	180
31 OTTOBRE	183
CONTROLLATE I CORTOCIRCUITI NEL VOSTRO SPIRITO!	183
NOVEMBRE	**186**
1 NOVEMBRE	187
CHE TIPO DI CHIESA VUOLE DIO?	187
2 NOVEMBRE	190
L'UNICA AUTORITÀ CHE SODDISFATE È DIO!	190
3 NOVEMBRE	193
UN DIO IN TRE RUOLI O TRE DEI?	193
4 NOVEMBRE	196
TUTTE LE PROMESSE SONO ACCOMPAGNATE DALLA PROVA!	196
5 NOVEMBRE	199
SVEGLIATI, POPOLO MIO!	199
6 NOVEMBRE	202
LA CONOSCENZA HA BISOGNO DI UN'APPLICAZIONE!	202
7 NOVEMBRE	205
NESSUNO, SE NON IL SIGNORE GESÙ, PUÒ RISOLVERE IL PROBLEMA!	205
8 NOVEMBRE	208
LA PIANTAGIONE PORTA ABBONDANZA!	208
9 NOVEMBRE	211
SCEGLIETE LA MOGLIE SPIRITUALE!	211
10 NOVEMBRE	214
NON LASCIATE CHE IL VOSTRO SOGNO MUOIA!	214
11 NOVEMBRE	217
DANNO DELL'ASSENZA DI PREGHIERA!	217
12 NOVEMBRE	220
SEGUITE LE FACILI ISTRUZIONI DI DIO!	220
13 NOVEMBRE	223
UNA PERDITA PERMANENTE A SCAPITO DI UN GUADAGNO MOMENTANEO!	223
14 NOVEMBRE	226
SIGNORE, ALLARGA IL MIO TERRITORIO!	226
15 NOVEMBRE	229
COSA CONTA DI PIÙ?	229

16 NOVEMBRE	232
CHI HA OCCUPATO LA CASA?	232
17 NOVEMBRE	235
AVVISO DI AZIONE!	235
18 NOVEMBRE	238
GUARDATE ATTRAVERSO GLI OCCHI DEL PROFETA!	238
19 NOVEMBRE	241
SIATE SENSIBILI A CIÒ CHE VI CIRCONDA!	241
20 NOVEMBRE	244
NON CONVERTENDO, MA ANNUNCIANDO LA VERITA!	244
21 NOVEMBRE	247
PREPARATE IL VOSTRO CUORE!	247
22 NOVEMBRE	250
RINGRAZIAMENTO!	250
23 NOVEMBRE	253
CHE LA PROFEZIA SI AVVERI!	253
24 NOVEMBRE	256
ANALFABETISMO SPIRITUALE!	256
25 NOVEMBRE	259
DIO DÀ IN ABBONDANZA NON C'È BISOGNO DI FATICARE!	259
26 NOVEMBRE	262
LEADER NEGLIGENTI CAUSANO IL CAOS NELLA NAZIONE!	262
27 NOVEMBRE	265
LE VOSTRE SCELTE RIFLETTONO IL VOSTRO CUORE!	265
28 NOVEMBRE	268
ESERCIZIO SPIRITUALE!	268
29 NOVEMBRE	271
SIATE FELICI!	271
30 NOVEMBRE	274
LA GESTIONE DI DIO È LA MIGLIORE!	274
DICEMBRE	**277**
1 DICEMBRE	278
VIETATO DA DIO!	278
2 DICEMBRE	280
LA PREGHIERA DÀ VITA!	280
3 DICEMBRE	283
NON MANCATE!	283
4 DICEMBRE	286
LA PREGHIERA RIPROGETTA!	286

5 DICEMBRE	289
SE APPLICATE LA LEGGE DI DIO!	289
6 DICEMBRE	292
VIOLAZIONE DEL CONTRATTO!	292
7 DICEMBRE	295
CONOSCO IL MIO DIO!	295
8 DICEMBRE	298
COSA PENSA IL CRISTIANO?	298
9 DICEMBRE	301
LE PERSONE RELIGIOSE SONO PRESUNTUOSE.	301
10 DICEMBRE	304
CRISTO HA DATO!	304
11 DICEMBRE	307
CEDETE ALLO SPIRITO DI DIO!	307
12 DICEMBRE	310
DIO HA TUTTO!	310
13 DICEMBRE	313
CHI HA PERMESSO LA TARA?	313
14 DICEMBRE	316
NON LASCIATE CHE NESSUNO VI CONTROLLI!	316
15 DICEMBRE	319
POSIZIONATEVI PER RISPARMIARE!	319
16 DICEMBRE	322
FATE PRESSIONE!	322
17 DICEMBRE	325
USATE IL VOSTRO TALENTO!	325
18 DICEMBRE	328
SIATE MEDIATORI!	328
19 DICEMBRE	331
L'IMPORTANZA DELLA RADICE!	331
20 DICEMBRE	334
INVESTIMENTO DI TEMPO.	334
21 DICEMBRE	337
L'OBBEDIENZA È IL FONDAMENTO!	337
22 DICEMBRE	340
CRITICA!	340
23 DICEMBRE	343
VEDETE LA PUNTURA DELLA MORTE NEL PECCATO?	343
24 DICEMBRE	346
AVETE POSTO PER ME?	346

25 DICEMBRE 349
GESÙ MI HA RESO REGALE! 349
26 DICEMBRE 352
NON FUNZIONEREBBE! 352
27 DICEMBRE 355
LA MENTE È IL BENE PIÙ GRANDE! 355
28 DICEMBRE 358
IMPORTUNITÀ! 358
29 DICEMBRE 361
SONO APERTO A QUESTO! 361
30 DICEMBRE 364
DIO NON HA CHIAMATO I PIGRI O I CODARDI! 364
31 DICEMBRE 367
ASCOLTATE, OBBEDITE E SOTTOMETTETEVI! 367

SETTEMBRE

1 SETTEMBRE

UNA PORTA SARÀ APERTA PER I GIUSTI!

Ma Dio chiuderà la porta agli ingiusti. Ora, che cos'è il giusto? Ecco il significato di giusto: rispettoso della legge, puro, irreprensibile. Definizione secondo la concordanza Strong: l'approvazione di Dio o l'approvazione divina. La vostra azione o reazione ha l'approvazione di Dio. Un altro modo per camminare alla luce delle leggi, dei precetti e dei comandamenti di Dio. Queste persone ottengono il favore quando si presentano davanti al Re.

Ester 5:2 Quando il re vide la regina Ester in piedi nella corte, ella ottenne il favore dei suoi occhi; e il re tese a Ester lo scettro d'oro che aveva in mano. Ester si avvicinò e toccò la cima dello scettro. 3 Allora il re le disse: "Che cosa vuoi, regina Ester, e qual è la tua richiesta? Ti sarà concessa la metà del regno".

Ovunque vadano i giusti, la porta sarà aperta. Il Signore tocca il cuore degli altri per favorire solo se siete nella volontà di Dio. Osservate la legge di Dio temendoLo. Osservate i comandamenti e gli statuti dati da Dio in ogni situazione. Senza compromessi, aggiunte e sottrazioni! Allora il Signore aprirà la porta della prigione.

Atti 12:5 Pietro fu dunque tenuto in prigione, ma la Chiesa pregava senza sosta per lui. 7 Ed ecco che l'angelo del Signore venne su di lui e una luce brillò nella prigione; poi colpì Pietro al fianco e lo rialzò dicendo: "Alzati, presto". E le catene gli caddero dalle mani. 8 E l'angelo gli disse: "Cingiti e allacciati i sandali". Ed egli fece così. E gli disse: "Gettati addosso le tue vesti e seguimi".

La parola di Dio dice di pregare senza sosta. Se pregate, l'aiuto soprannaturale arriverà dal cielo. È Sua volontà che continuiate a bussare, chiedere e cercare. Non arrendetevi, non cedete, ma pregate finché non vedrete l'aiuto dal cielo. La preghiera è la giustizia di Dio. Per giustizia si intende l'azione giusta agli occhi di Dio.

Isaia 60:11 Perciò le tue porte saranno sempre aperte, non si chiuderanno né giorno né notte, affinché gli uomini portino a te le forze delle genti e i loro re.

Dio vi sfamerà nella carestia, se credete. Quando Dio dice alla terra di produrre cento volte, la terra deve obbedire al Signore. Se siete giusti, ascoltate ciò che Dio vi dice. Il Signore è così! Il Signore vuole che camminiamo sulla terra come suoi figli, re, bambini e molto favoriti. Ma imparate ad aspettarLo, continuate a seguire la Sua volontà e la Sua direzione. Che il Signore ci aiuti a capire quanto perdiamo le nostre benedizioni non ascoltando Dio. La nostra giustizia è chiamata straccio sporco.

ELIZABETH DAS

Isaia 64:6 Ma noi tutti siamo come una cosa impura, e tutte le nostre virtù sono come stracci immondi; e tutti svaniamo come una foglia; e le nostre iniquità, come il vento, ci hanno portato via.

Le nostre vie sono infruttuose e senza speranza. Quanti si sono accorti che abbiamo scelto vie diverse da quelle di Dio e nulla funziona? Ma invece ci giustifichiamo, discutiamo e non ci curiamo dell'esito delle nostre azioni? Il Signore ha detto: "Aspettami e lasciami fare". L'uomo risponde: "No, ti benedico se faccio soldi". Dio, ti prego, benedici i miei modi disordinati. La via dell'uomo si chiama via dell'ingiustizia. Il nostro Dio è buono. Abbiamo fiducia se viviamo secondo le leggi di Dio.

Salmo 112:4 Per il giusto c'è luce nelle tenebre; egli è benevolo, pieno di compassione e giusto.

Quando stavo attraversando una prova fisica, Dio ha creato un modo per dare una mano dove non c'era. Non avevo modo di sopravvivere con un piccolo assegno di 1.100,00 dollari. La rata della mia casa era di quasi 1.300 dollari. C'erano molte tasse, e da quando mi sono infortunata, devo pagare tutto, più tutte le bollette. Ma in quel periodo Dio mi ha consacrata per insegnare matematica. Ho avuto alcuni studenti che mi hanno aiutata finanziariamente. Non ne avevo mai trovati prima, ma quando ho avuto una temporanea perdita di memoria, ho trovato studenti di matematica. Ora pensate a quanto è buono Dio. Il mio Dio ha insegnato a questo studente. Erano felici quando gli studenti con F e C ottenevano A e A+. È stato Dio ad aprire le porte. Tutto ciò che ho imparato durante la mia fase di disabilità è stata la fiducia. Lui mi ha detto: "Fidati di me, mi prenderò cura di te". Ha pronunciato la stessa parola due volte in momenti diversi.

Qualunque sia la situazione che state attraversando, fate le cose per bene. Molti trovano il modo di mentire o di passare attraverso fonti sbagliate. So che il Signore è il nostro pastore, Geova Jairah, e custode. Il bello è scoprire come Lui apre la porta. Non pensiamo mai che funzionerà, ma è così. Basta aspettare il Signore.

Giovanni 10:9 Io sono la porta; se uno entra da me, sarà salvato; entrerà e uscirà e troverà pascolo.

Gesù è la porta per tutti. Non abbiate fretta. Il nostro Dio apre una porta quando un'altra si chiude. Quando la porta si chiude su di noi, Dio ha detto che ne aprirà di nuove. Pensate che accadrà? Ha detto: "Non preoccupatevi. Io posso aiutarvi e provvedere a voi". Affidate i vostri problemi e le vostre preoccupazioni al Signore. Il nostro Dio ha detto che ero alla porta.

Le persone che camminano con Dio sanno come Egli apre la porta. L'ha detto e lo pensa davvero. Dovete camminare rettamente. Non deviate dal sentiero della rettitudine. Egli è un Dio buono. Molte volte sembra che non si aprano porte, poi si prega e si digiuna e Dio la aprirà. Il diavolo può fermare e bloccare, ma la fiducia e il continuare a fare il bene cambieranno lo scenario. La potenza di Dio rende possibile l'impossibile.

Gli uomini e le donne giusti non devono mai preoccuparsi. Sanno che Dio è fedele. Ma gli ingiusti subiranno delle perdite.

Luca 13:24 Cercate di entrare dalla porta stretta, perché molti, vi dico, cercheranno di entrare e non ci riusciranno. 25 Quando il padrone di casa si sarà alzato e avrà chiuso la porta, e voi comincerete a stare fuori e a bussare alla porta, dicendo: "Signore, Signore, aprici", ed egli vi risponderà dicendo: "Non so dove siete": 26 Allora comincerete a dire: "Abbiamo mangiato e bevuto in tua presenza e hai insegnato nelle nostre strade". 27 Ma egli dirà: "Io vi dico che non so dove siete; allontanatevi da me, voi tutti operatori di iniquità". 28 Ci sarà pianto e stridore di denti quando vedrete Abramo, Isacco, Giacobbe e tutti i profeti nel regno di Dio e voi stessi sarete cacciati fuori.

Ricordate Mosè, Giuseppe, Daniele e altri che sono stati schiavi giusti, ma Dio apre la porta per essere in cima, sopra, a capo e promossi. Siate audaci e coraggiosi nel rimanere da soli. La porta sarà aperta per i giusti, ma verrà chiusa per gli ingiusti.

PREGHIAMO

Padre celeste e giusto, le Tue leggi e i Tuoi precetti sono giusti. Insegnaci la rettitudine di Dio per trovare favore in qualsiasi nazione o luogo. Molte porte possono aprirsi per i giusti, ma la porta degli ingiusti sarà chiusa. Dacci il coraggio e l'audacia di fare il bene. Il nostro Dio può salvarci e mantenerci contro tutte le probabilità che abbiamo di fronte. Tu Hai il potere sul re, sui luoghi e sulle situazioni. Dio può risolvere la nostra situazione se ci basiamo sulla Sua parola. Signore, la Tua parola ci porterà sul sentiero della rettitudine, quindi aiutaci. Aiutaci a insegnare la rettitudine ai nostri figli, affinché anche loro siano benedetti. Molti genitori sono molto occupati e dimenticano di insegnare ai figli. Molti soffrono di problemi per questo motivo. La nostra rettitudine tiene aperta la porta. Ti ringraziamo per la Parola di Dio. Lo Spirito Santo ci insegna la Parola. Nel Nome di Gesù Amen! Dio vi benedica!

2 SETTEMBRE

CERCATE LE RADICI!

Vi siete persi nella confusione del "forse" e del "forse no"? O non sapete quale sia la soluzione. State rispondendo: "Oh beh, o penso o mi chiedo" e cercando di capire cosa e come risolvere il problema? Il vostro problema potrebbe essere fisico, spirituale, emotivo, mentale o finanziario. C'è una fonte dietro di esso.

Giovanni 9:2 I suoi discepoli lo interrogarono dicendo: "Maestro, chi ha peccato, quest'uomo o i suoi genitori, per essere nato cieco?". 3 Gesù rispose: "Non ha peccato né quest'uomo né i suoi genitori, ma le opere di Dio si sono manifestate in lui".

Dio conosce la ragione o la causa delle radici dei problemi. Onnisciente, cioè che sa tutto, Dio può aiutare se si chiede, si cerca e si bussa. Chiedete a Dio: qual è la ragione della mia malattia? Se siete poveri, controllate dove state derubando il Signore. Controllate dove investite il vostro denaro. Date a chi viene a pregare, predicare e insegnare la verità? Non lasciate che il vero operaio, profeta o insegnante esca dalla porta di casa vostra senza che voi li benediciate. Al giorno d'oggi, abbiamo molte denominazioni, chiese e organizzazioni che derubano le persone ingannandole e illudendole. Vengono sempre con progetti per rubare soldi. Non hanno un progetto per capovolgere il mondo, scacciare i demoni, guarire i malati o fare miracoli nel nome di Gesù. Ho molti che sono venuti a chiedere soldi, e non mi dispiace dare se è necessario. Ma se non hanno imparato a pescare, allora devo insegnare loro a farlo. Se gli do due pesci, il giorno dopo torneranno a chiederne altri, ma se gli insegno a pescare, ne avranno per tutta la vita. Quindi, insegnate loro, attraverso la Parola di Dio, come scorre il denaro nella nostra dispensazione.

Luca 6:38 Date e vi sarà dato; una buona misura, pigiata, scossa e colma, vi sarà data in seno. Perché con la stessa misura con cui avete misurato, vi sarà misurato di nuovo.

Se le persone pagano le decime e le offerte alla Chiesa e non danno nulla agli operai, allora perdono grandi benedizioni. Ricordate che sono operai. Se volete essere benedetti, benedite gli operai.

Marco 9:41 Perché chiunque vi darà da bere una tazza d'acqua nel mio nome, perché siete di Cristo, in verità vi dico che non perderà la sua ricompensa.

Se vi prendete cura dei bisogni degli operai, Dio vi darà provviste e protezione. Non ci saranno alcool, malattie o divorzi nella vostra famiglia. Nessuna donna verrà a portarvi via le vostre ricchezze portandovi a divorziare facendovi causa. Il Dio onnipotente rimprovererà tutti i tipi di malattia, di infermità, di rottura e di crollo. La Parola di Dio non deve essere un affare, altrimenti il Signore vi etichetterà come ladri. Malachia 3:10,11.

Vediamo alcune radici di maledizioni su di voi, sulla vostra famiglia e sulla vostra terra.

Deuteronomio 28:15 Ma se non darai ascolto alla voce del Signore tuo Dio, per osservare tutti i suoi comandamenti e i suoi statuti che oggi ti comando, tutte queste maledizioni verranno su di te e ti colpiranno.

A volte le persone mi chiedono di invitarle negli Stati Uniti perché questi offrono una buona vita. Ho detto che se portate Gesù nel vostro Paese, allora la vostra famiglia, la vostra terra, i vostri animali, i vostri affari, la vostra salute, i vostri figli e tutto quanto sarà benedetto. Portate Gesù, l'unico Dio ricco nel vostro Paese, che ci benedice. Aprite la Bibbia e trovate la ragione, le radici, la causa della povertà, della malattia, della maledizione e della calamità. Dio ha detto di cercare le radici delle vostre calamità, malattie e dolori. Dio vi guarirà e vi benedirà se vi pentite. Cioè se vi allontanate dal peccato. Un uomo impotente è stato malato per trentotto anni. Gesù gli rivelò le radici o la causa della malattia.

Giovanni 5:14 Poi Gesù lo trovò nel tempio e gli disse: "Ecco, sei guarito; non peccare più, perché non ti capiti una cosa peggiore".

L'uomo era malato di paralisi; Gesù ne conosce le radici.

Matteo 9:2 Ed ecco che gli portarono un uomo malato di paralisi, che giaceva su un letto; e Gesù, vedendo la loro fede disse al malato di paralisi: "Figlio, rallegrati, ti sono rimessi i tuoi peccati".

Si alzò e camminò. Quando i peccati vengono perdonati, i demoni della malattia devono uscire dal corpo. Farisei, sacerdoti e capi ciechi si arrabbiarono. La stessa situazione si presenta oggi: leader ciechi e avidi litigano invece di gioire. Trovate le radici dei problemi, credete in Dio e non in falsi profeti, insegnanti e autorità religiose cieche. Come sapete, le radici delle malattie sono il peccato o le maledizioni generazionali, oppure qualcuno vi ha fatto qualcosa. Come una stregoneria, un incantesimo o una preghiera malvagia. Quando vi battezzerete nel nome di Gesù, non ricordandovi del padre, del figlio e dello Spirito Santo, il sangue dell'agnello verrà a cancellare i vostri peccati. E sarete guariti, liberati e resi liberi. Non discutete per il battesimo nel nome di Gesù; è il comandamento per il perdono dei peccati e non un suggerimento.

Salmo 103:3 Che perdona tutte le tue iniquità, che guarisce tutte le tue malattie.

Perché le persone hanno problemi con il nome "Gesù"? Pietro, Paolo o qualsiasi altro apostolo e profeta di Gesù non hanno discusso contro il NOME, Gesù.

Atti 22:16 E ora perché indugi? Alzati, fatti battezzare e lava i tuoi peccati, invocando il nome del Signore.

I vostri malanni, le malattie e le maledizioni saranno lavate via nel sangue che è nascosto sotto il NOME di Gesù. Il nome è al di sopra di ogni nome! Al nome di Gesù, ogni ginocchio si inchinerà e la lingua confesserà che Egli è il Signore dei Signori e il Re dei Re. Amen! Trovate le radici dei vostri problemi, malesseri e malattie e risolveteli con le istruzioni date nella Parola di Dio. Amen!

PREGHIAMO

Padre celeste, nostro Dio amorevole, padre di tutta la creazione, veniamo a te. Ti abbiamo chiesto di perdonare tutti i nostri peccati. Aiutaci a non litigare e a non seguire i leader religiosi che si sono persi, ma a obbedire alla Tua parola, che è nel libro bianco e nero della Bibbia. Tu ci giudicherai in base alla Parola scritta nella Bibbia. Aiutaci, Signore, a credere e a obbedire. La Tua Parola non è un suggerimento, ma un comandamento. Il nostro problema può essere risolto se crediamo e obbediamo alla Parola e non ai falsi insegnanti e profeti. Il peccato è la radice delle malattie e delle maledizioni. La ribellione scorre in noi. Signore, dacci il coraggio e l'audacia di obbedire alla Tua Parola. Aiutaci a non seguire falsi insegnamenti e dottrine. Vogliamo che la nostra famiglia sia sana, ricca e benedetta nel nome di Gesù. Amen! Dio vi benedica!

3 SETTEMBRE

IMPARATE OBBEDENDO!

Dio si è manifestato in carne e ossa con il nome di Gesù. Ha imparato tutto con l'obbedienza.

Ebrei 5:7 Il quale, nei giorni della sua carne, dopo aver offerto preghiere e suppliche con forti grida e lacrime a colui che poteva salvarlo dalla morte, fu esaudito in quanto temeva 8 Pur essendo Figlio, imparò l'obbedienza per mezzo delle cose che patì; 9 e, reso perfetto, divenne autore di salvezza eterna per tutti quelli che gli obbediscono.

L'obbedienza è meglio del sacrificio. Re Saul fu un buon esempio di disobbedienza. Aveva molte scuse. Se siete disobbedienti come Re Saul o Eva e Adamo, o altri esempi della Bibbia, allora non imparerete. Avete visto persone passare da una denominazione all'altra, cercare le Scritture sul computer, studiare costantemente, ma non arrivare mai alla conoscenza della verità? La risposta è semplice: Dio ha bisogno di qualcuno che ascolti e obbedisca. Non troppo intelligente, ma che ascolti tutti tranne Dio. In noi c'è disobbedienza e ribellione. Che tristezza! Anche Dio in carne e ossa impara osservando tutti i comandamenti.

Egli ha pregato nella carne. Perché? Tutta la carne deve pregare.

Palmi 65:2 O tu che ascolti la preghiera, a te verrà ogni carne.

Tutta la carne deve entrare in contatto con Dio attraverso la preghiera. Lo Spirito Dio è venuto nella carne e aveva bisogno di connettersi con lo Spirito Dio. Canale diretto con Dio nella preghiera. Se preghiamo, c'è Dio che risponde. Rimanete in contatto con Dio credendo e obbedendo. Usate il canale passo dopo passo. Il risultato sarà grandioso. La vita di coloro che hanno camminato con Dio ha seguito il libro di istruzioni della Bibbia. Erano al primo posto, benedetti, al di sopra e favoriti. Ma come il Re Saul, che aveva paura della gente e aveva preso il posto del sacerdote, non fu solo allontanato, ma anche maledetto. Non obbedire a Dio porta maledizioni alla propria progenie e a tutta la propria discendenza. Nella Bibbia, Dio ha istruito l'umanità su come benedire. La Sua istruzione è andata a finire nelle mani di Satana, che è un imbroglione, un bugiardo e un malvagio. Il nemico della vostra anima cercherà sempre di tirarvi e spingervi fuori dall'ultimo passo per raggiungere le promesse. Siete al sicuro e sistemati in Dio. Paolo ha incontrato Dio sulla Via di Damasco, così i Galati, i Corinzi e gli Efesini hanno trovato il Signore. Gesù ha detto di seguire quanto scritto e stabilito dagli apostoli e dai profeti. Il Signore Gesù non ha mai costruito la chiesa. Ricordate, voi siete la chiesa, non l'edificio.

Efesini 2:20 e sono edificati sul fondamento degli apostoli e dei profeti, essendo Gesù Cristo stesso la pietra angolare principale.

La verità originale dell'insegnamento degli apostoli e dei profeti è continuata nel primo secolo.

Atti 2:42 E continuarono con costanza nella dottrina degli apostoli e nella comunione, nella frazione del pane e nelle preghiere.

Cosa succede se si costruisce sul fondamento della verità, avendo una rivelazione di Gesù? La carne e il sangue possono creare confusione e sono un prodotto delle religioni per fuorviare. Ascoltare i leader religiosi vi porterà sulla via della distruzione! Come possiamo perdere di vista la via e le benedizioni? Basta ascoltare e obbedire ai falsi insegnanti e profeti. Essi si sentono accettati, amati e adatti allo standard di Satana. Non si scacciano demoni, non si aprono occhi ciechi e non si risorge dai morti. Non vedono l'operazione dello Spirito per stupire le persone. La vostra vita non è monotona? La mia può sembrare solitaria, ma è eccitante perché vedo persone nuove quasi ogni giorno. Assisto a miracoli, guarigioni e Dio che fa segni e meraviglie attraverso di me. Vi siete mai chiesti perché il cristianesimo stia morendo e sia noioso? Le persone vengono trattenute dando loro una posizione nelle chiese. Conoscevo la Bibbia ma non ho mai smesso di cercarla. Cercavo il segno seguendo veri profeti e insegnanti. Non voglio essere un anticristo. Il teologo non ha mai avuto la rivelazione di Gesù, ma è pieno di argomenti. Mi scusi, vada a farsi rivelare da Dio prima di parlare di Gesù. Vi dirà chi è Gesù? Proprio come ha fatto con Pietro, Paolo e molti altri. Gesù ha detto che fareste di più se Lui vivesse in voi.

Giovanni 14:12a In verità, in verità vi dico: chi crede in me, le opere che io faccio le farà anche lui; e ne farà di più grandi di queste.

Il Signore ha detto che dovrei fare di più. Sono alla ricerca di questo e non sono bloccata in un edificio dove i posti sono persi, i ciechi guidano i ciechi, i sordi non vogliono sentire e i malati restano malati. Ieri ho salutato una persona. Mi ha detto che era libero dal cancro. Mi sono ricordata di aver pregato per lui all'ospedale pediatrico di Dallas. Un'altra persona, ho pregato e Dio ha detto che sta guardando dalla pornografia. Allora l'ho affrontato e lui ha detto: "Sì". Mi ha detto di pregare per la sua liberazione. Gesù voleva che leggesse di più la Bibbia. La Parola è luce, cibo, spada e lampada. Gesù mi ha chiesto di circondarlo e di pregare. Così tutti ci siamo tenuti per mano intorno a lui e abbiamo pregato per la liberazione. Beh, io non sapevo nulla di tutto questo. Il Signore lo sa, perché io sono il servo di Dio. Sto lavorando per Lui per far sapere agli altri cosa devono fare. Dio sa, non importa dove e cosa fai. Se state perdendo il lavoro, potete tenervi il lavoro. Ciò significa che non vi allineiamo con Dio. Dovete allinearvi con il Signore, alla Sua parola, obbedendo e facendo ciò che il Signore dice. Il vostro viaggio alla fine sarà bellissimo. Imparate ad ascoltare Dio. Scappate dai falsi leader religiosi, dai cosiddetti pastori e dai falsi profeti e insegnanti. Il Signore vi dia l'amore per Gesù. Vi ama per darvi il Nuovo Testamento con l'aiuto dello Spirito Santo. Ricevete lo Spirito Santo con la prova di parlare in lingua, ma lasciate che lo Spirito Santo faccia la sua opera attraverso di voi.

Atti 19:2 Disse loro: "Avete ricevuto lo Spirito Santo da quando avete creduto?

Incontrare veri apostoli e profeti come Paolo e Pietro, in modo che anche voi possiate ricevere lo Spirito Santo.

Atti 19:6 E quando Paolo ebbe imposto le mani su di essi lo Spirito Santo venne su di loro, ed essi parlarono in lingue e profetizzarono.

Paolo lo sapeva, dato che Gesù ha detto che parlare in lingue è un segno che deve seguire.

Marco 16:17 E questi segni seguiranno quelli che credono: nel mio nome scacceranno i demoni, parleranno con lingue nuove.

Trovate un vero discepolo che vi battezzi nel nome di Gesù. Con l'imposizione della mano riceverete lo Spirito di Dio. Io ho ricevuto lo Spirito Santo con la prova del parlare in lingua. Scappo dai teologi anticristi. Mi osservano sempre perché i nostri spiriti si scontrano. Chi non vuole il nome di Gesù quando va sotto l'acqua per la remissione o il perdono dei peccati? L'anticristo non vi battezzerà mai con quel nome che è al di sopra di ogni nome. Esso lava i miei peccati e io mi vesto di Gesù.

Galati 3:27 Perché quanti siete stati battezzati in Cristo vi siete rivestiti di Cristo.

Obbedire alla Sua Parola. La Parola è la massima autorità. Perché non dite al capo religioso anticristo che è scritto; è scritto come Gesù disse al diavolo? Amate la vostra anima e obbedite per continuare il libro degli Atti, così potrete anche scrivere molti libri.

Giovanni 21:25 E ci sono anche molte altre cose che Gesù ha fatto, la strega, se dovessero essere scritte tutte, suppongo che nemmeno il mondo stesso potrebbe contenere i libri che dovrebbero essere scritti. Amen.

PREGHIAMO

Nostro Padre celeste, tutti noi abbiamo un paraocchi sugli occhi e nella mente. Toglici la possibilità di conoscerTi come è scritto nella vostra Parola. Dobbiamo obbedire alla verità e temerTi. Dio l'ha detto e lo pensa davvero. È spaventoso cadere nella mano di Dio. Abbiamo visto cosa è successo a Eva e Adamo, al Re Saul, al sacerdote Eli e a molti che non vi hanno obbedito. Ma tutti coloro che l'hanno fatto sono stati e saranno benedetti e usati da Dio. Impariamo la Tua dottrina se siamo come un bambino, obbedienti e sottomessi. Vogliamo tutto ciò che hai conservato per noi, perciò aiutami Signore a credere, sottomettermi e obbedirti nel nome di Gesù. Amen! Dio vi benedica!

4 SETTEMBRE

VIVETE NEL PRESENTE, CREATE IL DESTINO!

Considerate mai che le vostre azioni di oggi hanno un impatto sul futuro? Molte persone sono così oscure. Quando vedono le circostanze, le situazioni e l'ambiente circostante, la loro visione si offusca. Ma se guardate con gli occhi del Signore, vedrete la montagna muoversi, una pozza d'acqua nel deserto e un sentiero storto raddrizzarsi.

Che il Signore ci aiuti a vedere con gli occhi di Dio come futuri re, regine, consiglieri, insegnanti, profeti e potenti strumenti del regno di Dio.

Un bel futuro inizia oggi, se agite correttamente. Chi decide il futuro siete voi e nessun altro. Guardate tutto intorno, non riuscite a vedere l'autostrada per la terra promessa attraverso l'oceano. Pensate come Dio, che ha detto che nulla è impossibile? Non mi importa che Dio pensi a me. Perché Dio pensa bene, vuole che io costruisca oggi e non nel futuro. Sono pronta a lasciare che Dio pensi per me. Non voglio vedere solo la schiavitù dell'Egitto, ma lascio che Dio pensi che questa schiavitù si trasformi in libertà non appena andrò oltre l'oceano.

Mio Signore, fa' che voi siate liberi, meno preoccupati, speranzosi, integri e non spezzati, che viviate nell'abbondanza e non nella scarsità.

Salmi 139:13 Perché tu hai posseduto le mie redini, mi hai coperto nel grembo di mia madre. 14 Io ti loderò, perché sono fatto in modo pauroso e meraviglioso; meravigliose sono le tue opere, che l'anima mia conosce bene. 15 La mia sostanza non ti è stata nascosta, quando sono stato fatto in segreto e curiosamente lavorato nelle parti più basse della terra. 16 I tuoi occhi hanno visto la mia sostanza, pur essendo imperfetta; e nel tuo libro sono state scritte tutte le mie membra, che in continuazione sono state modellate, quando ancora non c'era nessuna di esse. 17 Quanto sono preziose anche le tue membra. I tuoi occhi hanno visto la mia sostanza, che non era ancora perfetta; e nel tuo libro sono state scritte tutte le mie membra, che sono state modellate di continuo, quando ancora non c'era nessuna di esse.

Il nostro creatore stava pensando al mio futuro. L'inizio può essere piccolo, ma il futuro potrebbe essere la stella del cielo. Il Signore fa per noi, nella misura in cui glielo permettiamo.

Dio si è manifestato in carne e ossa non solo per ammazzare il tempo, camminare qui e là e tornare in cielo. Era impegnato in presenza a preparare il futuro. Il Suo futuro era luminoso, poiché stava facendo ciò per cui

4 SETTEMBRE

era venuto sulla terra. Pagare la Sua vita attraverso il sangue, la vita è nel sangue. Si stava riprendendo ciò di cui il diavolo si era preso gioco. Il diavolo pensava: oh bene, ho fatto per finire la sua creazione. Gesù è venuto e ha salvato, ha detto: "No, diavolo, no, lascia la mia creazione". Il Signore ha detto: "Non lo permetterò; verrò come un uomo umile e non come il Re dei Re. Verrò come umile servo e non come Signore dei Signori". Ha reindirizzato il futuro della sua creazione stabilendo ciò per cui è venuto.

Dio disse: "Perché ti vedi legato, cieco, schiavo, drogato, con il cuore spezzato, zoppo, sordo, confinato a letto, e vivi una vita senza speranza? Voglio che tu pensi a qualcosa di impossibile, al di là della tua immaginazione, per costruire il tuo futuro oggi."

Geremia 33:2 Così dice il Signore, l'artefice di essa, il Signore che l'ha formata per stabilirla; il Signore è il suo nome; 3 chiamami e io ti risponderò e ti mostrerò cose grandi e potenti, che tu non conosci.

Una signora in prigione non aveva mai sentito parlare del Signore Gesù. Il predicatore della fede venne lì e le presentò il potente Gesù. Il predicatore disse che poteva fare ogni cosa. Poteva chiedere senza dubitare e avrebbe ricevuto. Questa donna in prigione era buona, ma in qualche modo è finita in quel luogo. Non aveva commesso un crimine, ma aveva infranto una qualche legge ed era finita in cella. Non aveva mai letto la Bibbia, così ne chiese una. Quando aprì la Bibbia per leggerla, non riuscì a metterla giù. Disse: "È meravigliosa. Non ho mai conosciuto questo tipo di Gesù".

Ha usato il suo tempo leggendo la Parola, pregando e credendo in Dio. Osò dire: "Signore, voglio una casa a pagamento sulla spiaggia". Un giorno ha sentito una voce che le diceva che sarebbe uscita in una certa data. Ha creduto a quella voce. Anche se quel giorno il tribunale era chiuso, il giudice era in vacanza. Ebbene, indovinate un po'? Vide il carceriere in piedi davanti alla sua cella, che apriva la porta per darle la notizia: sei libera. Era lo stesso giorno in cui Dio le aveva parlato. Poi, quando è uscita, essendo una scrittrice, i suoi libri sono stati pubblicati e lei ha già iniziato a guadagnare. Il suo sogno di avere anche una casa a pagamento sulla spiaggia si è avverata.

Amo il lavoro del soprannaturale. Chi detiene il vostro successo? La chiave è nella vostra mano. Aprite la Bibbia, obbedite credendo alla Parola e vedrete cosa succede al vostro futuro. Esso non ha bisogno di biglietti della lotteria o della volontà di qualcuno. Il vostro futuro si costruisce ascoltando, temendo, credendo e obbedendo al vero Dio.

Indipendentemente da ciò che si dice o si crede, il futuro si costruisce facendo e vivendo il presente, sperando nel meglio per il futuro.

Giosuè 1:8 Questo libro della legge non si allontanerà dalla tua bocca, ma lo mediterai giorno e notte, per osservare di fare secondo tutto ciò che vi è scritto; perché così farai prosperare la tua strada e avrai un buon successo. 9 Non ti ho forse comandato? Sii forte e coraggioso; non temere e non ti sgomentare, perché il Signore tuo Dio è con te dovunque tu vada.

Tutto ciò che pensate oggi accadrà domani? Pianificate meglio per un futuro migliore. Il giorno in cui ho ricevuto lo Spirito Santo e sono stata battezzata nel nome di Gesù, è stato indescrivibile. Non posso spiegarlo perché è stato soprannaturale. Volevo raccontare al mondo intero cosa mi è successo quando mi sono battezzata nel nome di Gesù. Il Signore ha detto che conoscerete la verità e la verità vi renderà liberi.

Ho iniziato a scontrarmi con il diavolo e i suoi falsi insegnamenti. Non ho mai sentito il nome di Gesù al battesimo. Il diavolo ha seppellito la verità sotto il falso insegnamento e la falsa dottrina. Ho iniziato a insegnare e a predicare a tutti coloro che incontravo. Se anche uno solo si salva, ne vale la pena.

So che Noè costruì l'arca per salvare il mondo dal futuro diluvio. Quanti hanno ascoltato? Quanti hanno ascoltato quando Lot e la sua famiglia sono stati salvati dal fuoco e dallo zolfo? La moglie guardò indietro invece di guardare al futuro e fu distrutta.

Amici, guardate avanti per il vostro futuro e non lasciate che questo mondo vi trattenga. Sta bruciando ovunque. Andate a vedere la lava che brucia in molti grandi Paesi e Stati ricchi. È tempo di svegliarsi e di prepararsi per il proprio futuro. Potreste dire cosa ci può salvare dalle calamità in arrivo.

1 Pietro 3:20 I quali a volte sono stati disubbidienti, mentre la longanimità di Dio ha atteso ai giorni di Noè, mentre si preparava l'arca, dove poche anime, cioè otto, furono salvate dall'acqua. 21 La stessa figura per cui il battesimo ci salva anche ora (non la rimozione delle impurità della carne, ma la risposta di una buona coscienza verso Dio) per mezzo della risurrezione di Gesù Cristo.

Forse state ridendo in questo momento perché il futuro non è prevedibile oggi, ma accadrà. Il peccatore deve salvarsi dalle calamità future battezzandosi nel nome di Gesù per lavare i suoi peccati. Il battesimo è il vostro arco, quindi preparatevi ora nel nome di Gesù. Amen!

PREGHIAMO

Nostro Padre celeste, come sappiamo la storia si ripete, ma fa' che sia un promemoria positivo per noi. Abbiamo bisogno delle Tue benedizioni e della Tua saggezza per prepararci come cinque saggi.

Anche per aiutare e insegnare la verità e non la religione per un futuro migliore. Il nostro Dio ha detto e lo farà. Sappiamo che molti si sono smarriti, occupati in questo mondo, compromessi nel piacere agli altri e non a Dio. Signore, come predicò Noè, anche noi dobbiamo predicare il Vangelo con la morte, la sepoltura e la risurrezione per salvare l'anima. Signore, abbi pietà, dai al Tuo popolo la saggezza di dipendere da te. Sappiamo che molti sono chiamati, ma pochi sono scelti. Io voglio essere tra i pochi eletti. Siamo a favore della verità per il futuro luminoso nostro e degli altri che lo desiderano, nel nome di Gesù. Amen! Dio vi benedica!

5 SETTEMBRE

VI STATE OCCUPANDO DEGLI AFFARI DEL PADRE?

Dunque, qualcuno fa della Bibbia il proprio guadagno, il proprio profitto personale, la propria religione e gli affari di Satana, come un sacerdote, un sommo sacerdote e un fariseo.
Gesù disse:

Luca 2:49 E disse loro: "Come mai mi cercate? Non sapete che devo occuparmi delle cose del Padre mio?"

Quando i genitori non trovarono il loro figlio, Gesù, tornarono a Gerusalemme a cercarlo. Alla domanda, Gesù rispose: "Sono nel lavoro di mio padre. Dobbiamo lavorare al nostro compito. Questo è seguire le orme di nostro padre. Abbiamo un compito e dobbiamo fare quello che ci viene richiesto.

Gesù disse: "Io lavoro come mio padre"; questa risposta fece arrabbiare i farisei. Cosa stava facendo Gesù? Il Signore Gesù stava riparando le gambe, il corpo, gli occhi, liberando le persone e tutto ciò che solo il Creatore può fare. Le opere di creazione possono essere fatte solo dal Creatore. Io posso fare le stesse e più grandi opere se il Creatore vive in me. Ho l'autorità e il potere dati dal Signore.

Il Creatore non è limitato, ma la creazione sì. Grazie, Gesù. Quando il Signore venne, era occupato a fare gli affari di Dio. Molti uomini impotenti si trovavano presso la piscina, ma il Signore guarì uno che era malato da trentotto anni e non fece nulla.

Era sabato. I religiosi trovarono da ridire sul Signore Gesù.

Giovanni 5:16 Perciò i Giudei perseguitavano Gesù e cercavano di ucciderlo, perché aveva fatto queste cose in giorno di sabato. 17 Ma Gesù rispose loro: "Il Padre mio opera e io opero". 18 Perciò i Giudei cercavano di più di ucciderlo, perché non solo aveva violato il sabato, ma aveva anche detto che Dio era suo Padre, facendosi uguale a Dio.

Figlio di Dio significava Dio in carne e ossa. Avere un unico Dio e conoscere la Sua venuta in carne e ossa sconvolgeva i capi religiosi. Gesù era il Dio manifestato nella carne. Chi crede in un unico Dio sa che questa è una bestemmia; si tratta di uccidere. In questa Scrittura Gesù afferma di essere il Dio che cammina. Questo è ciò che significa quando si dice Figlio di Dio. Gesù è venuto a lavorare, ma coloro che dovrebbero collaborare, chiamati sacerdoti o sommi sacerdoti, oggi chiamati pastori o vescovi, volevano ucciderlo. Fate attenzione a indagare su voi stessi! State lavorando per o contro il regno di Dio? È pericoloso cadere nella mano di Dio.

Controllate il vostro incarico, la vostra vocazione e lavorate con diligenza. Ricordate che tutti abbiamo una vocazione.

Matteo 16:15 Poi disse loro: "Andate in tutto il mondo e predicate il Vangelo a ogni creatura. 16 Chi crederà e sarà battezzato sarà salvato, ma chi non crederà sarà dannato. 17 E questi segni seguiranno quelli che credono: nel mio nome scacceranno i demoni, parleranno con lingue nuove, 18 prenderanno in mano i serpenti e, se berranno qualcosa di mortale, non farà loro del male; imporranno le mani ai malati e questi guariranno. 19a Così, dopo che il Signore ebbe parlato loro, fu accolto in cielo.

Quindi è mio compito predicare il Vangelo con segni e prodigi, guarendo i malati e scacciando i demoni, e battezzando le persone nel nome di Gesù. Ricordate, è l'attività di Dio, nostro padre, e voi avete un'offerta di lavoro. Potete candidarvi, con molti vantaggi se accettate.

Matteo 22:14 Molti sono i chiamati, ma pochi gli eletti. Dio ci ha dato il suo Spirito con la sua autorità per operare.

Matteo 9:37 Poi disse ai suoi discepoli: "La messe è veramente abbondante, ma gli operai sono pochi; 38 pregate dunque il Signore della messe che mandi operai nella sua messe".

È arrivato il momento in cui vediamo molte chiese, ma stanno crescendo per il loro tipo per riempire i banchi e sostenere le tasche. Che il Signore faccia sì che i Suoi discepoli riacquistino la qualità per lavorare per Dio come fecero Pietro e Paolo. Dobbiamo compiere l'opera di nostro padre, scacciare il demonio, guarire i malati, predicare il Vangelo con segni, come ha fatto Gesù.

In passato, dopo aver ricevuto la mia guarigione, ho lavorato con Fratello James in una riunione di guarigione e liberazione. Siamo andati di casa in casa, di città in città e di Stato in Stato, dove ci hanno invitati. Sì, abbiamo avuto molte riunioni; le persone sono state guarite, liberate e salvate. Lavorammo per anni, finché non lasciai la California per il Texas. Ho visto l'opera di Dio, il breve ritardo e la crescita delle mani. Gli sfiduciati intellettuali ricevono la liberazione, parlano dei demoni e danno informazioni su come stanno lavorando nel corpo. Non ero a conoscenza del mondo demoniaco, dove i demoni si manifestano, parlano e danno informazioni. Nel nome di Gesù, devono dire la verità e ho visto che le informazioni erano sbalorditive.

Non mi limito. So di avere la verità ed essa può liberare le persone. Satana cerca di bloccare il mio lavoro, ma il diavolo è un bugiardo. Sono così felice che Dio mi abbia coperto le spalle. Sono pazza di Gesù e della Sua verità. Lui è vero e buono. Non ho bisogno di nessuno se non di Gesù. È il Signore che opera attraverso di me e fa tutto. La cosa più importante è che le persone vengano salvate. La salvezza è più importante della guarigione e della liberazione. Ho costruito sulle fondamenta poste dagli apostoli e dai profeti di un tempo. Devo solo continuare il piano di salvezza del pentimento, del Battesimo nel nome di Gesù e della ricezione dello Spirito Santo con la prova del parlare in lingue. È un'opera straordinaria, perché stiamo costruendo le nostre chiese sulle giuste fondamenta. Non cercate di gettarne altre.

Efesini 2:20. E sono edificati sul fondamento degli apostoli e dei profeti, essendo Gesù Cristo stesso la principale pietra d'angolo.

Ho visto distruggere le opere costruite sulla sabbia. Gesù non è presente nelle loro fondamenta. Lo vediamo nel tempo della fine, che è adesso. I cristiani sono impotenti. La gente va dagli stregoni, l'aiuto viene dall'ospedale. Molti si sono compromessi perché non c'è crescita spirituale intorno a loro.

5 SETTEMBRE

Lavoravo nell'ufficio postale. Dopo aver lavorato per vent'anni, ho avuto un infortunio. Avendo una grande fede, non avrei mai pensato di dover andare in pensione per questa situazione. Non ero guarita, ma il Signore mi ha detto: "Ti tolgo il lavoro e tu lavori per me". E così ho fatto. L'opera di Dio si manifesta se si è nella volontà e nella via di Dio. Non mi preoccupo più dello stipendio da quando Dio mi copre le spalle. In seguito, trovando il discepolo di Gesù Fratello James, egli pregò e io fui guarita e camminai. Il vero discepolo non sta seduto su un banco perché le autorità religiose lo rifiutano.

Atti 17:6a Questi che hanno messo sottosopra il mondo sono venuti anche qui.

Lavorando secondo la volontà e le vie di Dio, potete anche capovolgere il mondo. La verità attirerà i nuovi convertiti.

Atti 2:47b Il Signore aggiungeva ogni giorno alla Chiesa coloro che dovevano essere salvati.

Atti 2:41 Allora quelli che accolsero volentieri la sua parola furono battezzati; e nello stesso giorno furono aggiunte loro circa tremila anime.

Atti 4:4 Ma molti di quelli che udirono la parola credettero; e il numero degli uomini era di circa cinquemila.

Quanto è importante lavorare per il Signore. La chiamata è per tutti e non solo per alcuni. La descrizione del nostro lavoro è nel libro degli Atti. Molti frequentano la chiesa, ma nessuno sa che sono cristiani perché non lo sono. Accettano il marchio dell'organizzazione, delle denominazioni o delle non denominazioni. So che quando si lavora per Dio, non si ha tempo per se stessi. Molte volte è così divertente che si comportano come se amassero Dio e la verità, ma poi si scopre che lavorano per la loro organizzazione religiosa e contro Gesù. Lavorate per il Signore, Egli vi benedirà. Dio mi ha tolto il lavoro; ora lavoro per Dio e diffondo la Sua verità. Non ho mai avuto problemi di cibo o di vestiti. Vivo negli Stati Uniti con un piccolo assegno di pensione, ma Dio ha provveduto. Dio ha allungato il mio piccolo reddito, ha moltiplicato e aggiunto. Ha fatto in modo che non dovessi dipendere da nessuno, poiché il Signore stesso ha detto: "Mi prenderò cura di te". Non devo lavorare sotto organizzazioni o denominazioni, o non denominazioni. Mio padre gestisce un'azienda. Voglio che il Suo nome sia benedetto e glorificato nel nome di Gesù. Amen!

PREGHIAMO

Padre celeste, la Tua via e la porta stretta ci porteranno in cielo. Grazie per averci aperto gli occhi come hai fatto con molti altri che ti amano con tutto il cuore, la mente, l'anima e la forza. C'è un potere nella Tua verità. Signore, ci hai dato un lavoro. Vogliamo sentire da te le parole: "Ben fatto, servo buono e fedele; sei stato fedele su poche cose, ti renderò padrone di molte cose; entra nella gioia del Tuo Signore". Voglio che sia glorificato il nostro Dio e non una religione, una denominazione o dei leader. Sappiamo che la missione di Gesù era quella di operare e la nostra missione deve continuare nella Sua opera per darGli gloria, onore e lode che appartengono al proprietario e creatore della terra, il cielo dei cieli nel nome di Gesù Amen! Dio vi benedica!

6 SETTEMBRE

PIGRO E ASSOPITO!

Abbiamo bisogno di un lavoratore per promuovere il regno di Dio. Un operaio che possa lavorare in stagione e fuori stagione all'istante. Gesù lavorava finché la Sua forza veniva meno. Gesù guarì l'orecchio del servo nel giardino del Getsemani, anche se era sfinito e in agonia. Il nostro problema è che non prestiamo attenzione quando la Parola di Dio ci parla. È giunto il tempo in cui il popolo si è addormentato. Lo spirito del sonno ha preso il sopravvento. La gente ha smesso di pregare e di digiunare. Molti non vanno a svolgere il ministero. Se avete smesso di leggere la Bibbia e di testimoniare, allora siete in modalità "sonno". Svegliatevi. Le tenebre, la povertà e i problemi si impadroniscono di voi quando il mondo dice "pace, pace".

1 Tessalonicesi 5:3 Quando infatti diranno: "Pace e sicurezza", ecco che un'improvvisa distruzione piomberà su di loro, come le doglie di una donna incinta, e non potranno scampare.

Quando la distruzione improvvisa prende il sopravvento sulla vita? Quando le persone si addormentano spiritualmente. Ricordate, questo sonno spirituale è una battaglia chiamata guerra contro il diavolo, che è un nemico dell'umanità. Vivere sulla terra è una zona di guerra. Svegliatevi e pregate! La pigrizia fa parte dell'uomo. Dobbiamo ricordare che siamo chiamati operai, lavoratori nella vigna. In tempi come questi, dovremmo pregare e digiunare invece di mangiare e bere.

Qualche giorno fa ero al ristorante; il mio sguardo era rivolto alla porta. Una persona entrò con la pancia grossa. Intendo dire spaventosamente grande. Ho pensato che questo individuo potesse morire in qualsiasi momento. Non uno, ma molti uomini avevano la pancia grossa. Che cosa è successo? Conoscono il digiuno e la preghiera, vanno a testimoniare? Il cibo diventa tossico quando arriva la pienezza del pane come Sodoma e Gomorra. La gente mangia così tanto che si sente come ubriaca e assonnata. Nessuno predica alle formiche, ma esse ricordano il loro lavoro. È strano che abbiamo bisogno di molto aiuto eppure siamo pigri per l'opera di Dio. Non mettiamo in pratica ciò che abbiamo sentito e imparato. Il vostro corpo è il tempio di Geova Dio. Assicuratevi di mettere in bocca del cibo buono.

Il Signore disse: "Proverbio 6:6 Va' dalla formica, pigro; considera le sue vie e sii saggio; 7 la quale, non avendo guida, né sorvegliante, né governante, 8 provvede al suo nutrimento nell'estate e raccoglie il suo cibo nella mietitura".

Qui Dio usa un insetto insignificante chiamato formica, molto impegnato, per darci una lezione. Esse portano sempre con sé qualcosa per sopravvivere. Sanno che ci sarà un momento in cui avranno bisogno di rifornimenti. Anche noi abbiamo bisogno di scorte per un brutto momento. Il nostro Dio ha creato queste piccole formiche uniche. La formica usa il tempo per lavorare. Noi abbiamo la pigrizia fisica e spirituale.

6 SETTEMBRE

Il pianificatore è sempre in anticipo sul problema. Joseph era come una formica.

Efesini 5:16 Riscattate il tempo, perché i giorni sono cattivi.

In effetti, potete anche conservare le preghiere, le suppliche e il lavoro per i giorni difficili. Sapete che quando assumete più calcio, questo si immagazzina nel vostro corpo. Lo usiamo quando è necessario. In molti luoghi, vedo che le persone fanno scorta di cibo secco e spendono soldi in cibo disidratato per i momenti difficili. Dio ha immagazzinato la vostra preghiera per i vostri figli e per i loro figli per i problemi che potrebbero incontrare in futuro. Funziona per molte generazioni. Il nostro Dio conserva il nostro lavoro stabilito da una preghiera per un tempo futuro. Anche Gesù ha pregato per noi. Che bello! Daniele pregava tre volte al giorno. Lo ha aiutato quando era nella tana del leone. Quando ho affrontato la prova, un collega cristiano mi ha detto: "Dio risponderà alla tua preghiera. Dio l'ha conservata per te". Sì, lo fa. Volete fare un favore ai vostri figli e alle generazioni successive? Pregate per loro. Dio la conserverà e la ricorderà per loro.

Una volta ho incontrato un agricoltore che mi ha detto che la fattoria appena venduta di fronte alla sua ha fruttato milioni di dollari. Mi disse che conosceva il nonno dell'attuale proprietario e sapeva anche il giorno in cui aveva comprato la fattoria per 100 dollari l'acro. Disse che era solo un ragazzo che andava a scuola il giorno in cui quell'uomo acquistò la fattoria. Ora è stata venduta per milioni di dollari. Un nipote è più grande ed è così felice perché quei soldi lo hanno reso milionario. La vostra preghiera fa lo stesso. Sono grata che mia madre e mio padre abbiano pregato per noi e per i nostri nipoti e pronipoti. Stiamo ricevendo le benedizioni della loro giusta preghiera. Potreste dire che non meritano di essere milionari. Non importa quello che pensate. Qualcuno ha immagazzinato la ricchezza per loro. Dio ha provveduto a noi attraverso la preghiera. Io do valore alla preghiera. Alle 3.50 del mattino suona la sveglia. Mi sveglio e prego. Non importa se sono stanca, assonnata o malata. Mi sveglio e prego. Non posso permettermi di rimanere a letto. Negli ultimi anni non ho dormito tutta la notte. Il diavolo libera il suo esercito dall'inferno. I demoni vanno in giro a rubare, uccidere e distruggere. Non è il momento di permettere al diavolo di fare del male. Danneggio il diavolo perché ho autorità e potere. Chi ha potere e autorità? Perché le persone si attardano nella stanza superiore per ricevere lo Spirito Santo? Ho cercato lo Spirito Santo dopo aver ricevuto il battesimo d'acqua nel nome di Gesù. C'è voluto un po' di tempo, ma ho ricevuto lo Spirito Santo con la prova di parlare in lingua. Ora svuoto l'inferno e riempio il cielo con l'anima. Non mi dispiace lavorare perché ho la verità e solo essa ci rende liberi. Grande è il nostro Signore che ci nomina per lavorare nelle Sue vigne con salari più alti.

1 Tim 5,18b L'operaio è degno della sua ricompensa.

Il nostro Dio ha detto: "Se siete pigri, vi assopite, il tempo verrà su di voi senza saperlo". Dio ci avverte in:

Proverbio 6:10 Ancora un po' di sonno, un po' di assopimento, un po' di piegamento delle mani per addormentarsi; 11 così la tua povertà verrà come uno che viaggia, e la tua mancanza come un uomo armato.

Scuotetevi e mettete il vostro corpo al lavoro. Il lavoro è un'idea del Signore. Quando Dio ha creato l'uomo, ha trovato per primo il lavoro; ha fatto la prima vigna e ha chiesto agli uomini di curarla. Tutti devono lavorare, a prescindere da tutto. Un fratello ha detto: "Mia moglie e la sua famiglia non approvano, dato che lavoro senza stipendio". Non tutti portano uno stipendio; alcuni portano pura benedizione, sicurezza e Dio. Lavoro molto dalla mattina alla sera, ma non guadagno nulla. Sì, Dio mi ha chiamata: "lavora per me e io mi prenderò cura di te". Non perdo mai tempo e non sono mai pigra. Ho investito in ogni campo e ho fatto tanto lavoro. Qualcuno pensa a uno stipendio in termini di dollari. Io penso allo stipendio in termini di benedizioni. Il denaro fa poco, ma le benedizioni molto di più e si estendono all'eternità. Quindi, liberatevi dall'ozio e dal sonno. Guardate Gesù cosa ha fatto. Non aveva un lavoro da novantacinque, ma un lavoro che immagazzinava benedizioni per l'eternità. Amen!

PREGHIAMO

Padre celeste, le persone avide e affamate di denaro non apprezzano né ammirano il nostro lavoro. Tu ammiri ciò che facciamo, e noi lavoriamo per Dio Onnipotente. I nostri salari sono assicurati e salvati non solo per noi, ma anche per molte generazioni. Ti ringraziamo per averci dato una visione lontana, una visione dell'eternità e un cuore saggio. I pigri e gli assopiti fisicamente e spiritualmente non ricevono cibo e benedizioni perché non hanno la saggezza e il desiderio di lavorare per te. La Tua opera è grande, perché l'uomo naturale non può capirla, ma noi sì. Il Tuo esempio di non assopirsi la notte della crocifissione dimostra che dobbiamo essere sempre pronti. Anche il nostro corpo non collabora, è stanco, ma deve spingere e insistere nel nome di Gesù. Amen! Dio vi benedica!

7 SETTEMBRE

NON APPOGGIATEVI ALLA VOSTRA COMPRENSIONE!

La Bibbia è un libro di Dio scritto dallo Spirito di Dio. L'uomo ha usato la sua penna per prendere la dettatura da Dio. Singoli stenografi per lo Spirito Santo!

Quando si legge, si lavora o si fa qualsiasi cosa per lo Spirito di Dio, è necessaria una comprensione divina. La prima volta che ho sentito dire da un insegnante di Bibbia che è necessario lo Spirito Santo per capire la Bibbia mi sono grattata la testa. Non avevo mai saputo che le persone aspettano Dio per ogni cosa. Ha letto la seguente Scrittura e ho capito che sì, è così.

1 Corinzi 2:10 Ma Dio ce le ha rivelate per mezzo del suo Spirito, perché lo Spirito scruta tutte le cose, anche le cose profonde di Dio. 11 Infatti, chi conosce le cose di un uomo, se non lo spirito dell'uomo che è in lui? Così anche le cose di Dio non le conosce nessuno, se non lo Spirito di Dio. 13 Anche di queste cose parliamo, non con le parole che insegna la sapienza dell'uomo, ma con quelle che insegna lo Spirito Santo, confrontando le cose spirituali con quelle spirituali. 14 Ma l'uomo naturale non riceve le cose dello Spirito di Dio, perché sono stoltezza per lui; non può conoscerle, perché sono discernibili spiritualmente. 15 Ma chi è spirituale giudica ogni cosa, ma non è giudicato da nessuno. 16 Infatti, chi ha conosciuto la mente del Signore, per istruirlo? Ma noi abbiamo la mente di Cristo.

Ci affidiamo all'insegnamento della nostra famiglia, del predicatore, degli insegnanti, ma non riusciamo mai ad afferrare Dio. Prendete contatto con Dio e cercateLo. CercateLo per ogni cosa. È un obbligo. Potreste pensare di avere ragione al cento per cento, pur essendo nel torto al cento per cento. Lo Spirito Santo vi insegnerà e vi guiderà. Ebbene, l'organizzazione religiosa non crede nella ricezione dello Spirito Santo. Giustificano ciò che avete ricevuto quando accettate Gesù Cristo come vostro personale Salvatore. Menzogna dopo menzogna. Satana guida le organizzazioni, le denominazioni o le non denominazioni e non lo Spirito Santo. È ovvio che molte persone stanno inciampando, cadendo e facendo il contrario di ciò che Dio ha detto, poiché si appoggiano a un falso insegnamento. Io ero una di loro.

La religione aveva radicato in me la dottrina della trinità. In quel periodo non avevo la rivelazione di Gesù Cristo. Facevo fatica a capire la Bibbia. In una riunione qualcuno mi disse: "Il Signore si rivelerà attraverso una Scrittura". Tutta la Bibbia è una rivelazione e non un'interpretazione personale da parte di denominazioni, organizzazioni, non denominazioni. Attendete da Dio e non dalla vostra comprensione.

Svolgo il mio ministero in tutto il mondo con persone di nazionalità e religione diverse. Il ministero più difficile è quello dei cristiani religiosi e una volta mi ci sono trovata anch'io. Ho ricevuto la verità di un unico Dio grazie alla Sua misericordia. Visitavo diverse chiese per cercare Dio. Per Sua grazia, ho trovato persone che avevano la verità. Erano diverse dalle persone religiose. La religione è come se fosse priva di fondamenta, ma gli spirituali sono fiduciosi, hanno esperienza e non sono ostinati, ma fermi.

Ottenere la rivelazione di Dio. Fa una grande differenza. Chi altro se non Dio? Lui sa tutto. Qualche anno fa, ero in visita a casa mia in California. Stavo acquistando un nuovo telefono, ma era troppo costoso. Ho sentito Dio che mi parlava di andare in un determinato negozio. Così chiesi a un'amica di accompagnarmi. Lei mi disse: "Lo so, non ce l'hanno da quando mi sono informata". Le ho detto: "Ma il Signore mi ha chiesto di andare lì". Lei conosce il mio cammino con Dio, così mi ha accompagnata in quel negozio. Il commesso non voleva mostrare il prodotto in vendita. Mentre parlavo con il direttore, ho detto: "Dio ha detto che avete un prezzo speciale per un certo prodotto di cui ho bisogno". Si rese conto che sapevo cosa stava nascondendo. Mi ha mostrato che il prodotto era un acquisto online. L'ho acquistato a un prezzo conveniente. Non c'è bisogno di appoggiarsi a nessuno. Vedete, non possiamo aspettare. Ho imparato a chiedere, bussare e cercare. Che il Signore ci renda come Davide e non come Anima.

Oggi ho ricevuto una telefonata da una buona amica cristiana. La conosco, è sincera. Ma ha iniziato una specie di attività commerciale. Dopo averla avviata, mi ha chiamata per pregare per lei. Nello Spirito sapevo che non era la volontà di Dio. Dio avrebbe aiutato se lei lo avesse chiesto. Non prenderebbe il controllo se lei non dicesse: "Mi arrendo, Signore, tirami fuori". Si trova in una situazione così critica che dovetti consigliarla. Ha accettato di arrendersi a Dio. Anche se si trova nel fosso, imprigionata o immersa nei problemi, Dio la tirerà fuori. Non si sa cosa può succedere lungo la strada. Dio vuole aiutarci se abbiamo la Sua approvazione, la Sua luce verde e la Sua benedizione. Non pensare che qualcuno possa realizzare qualcosa significa che voi potete seguire i suoi passi. Io ci penso due volte e prego molte volte prima di prendere piccole e grandi decisioni. Con l'approvazione di Dio, otterremo il successo. Che il Signore ci insegni ad appoggiarci a Lui e non alla nostra comprensione.

Proverbio 3:5 Confida nel Signore con tutto il tuo cuore e non appoggiarti alla tua intelligenza. 6 In tutte le tue vie riconoscilo, ed egli dirigerà i tuoi sentieri.

Ogni persona può sviluppare una relazione con Dio se si appoggia a Lui e non alla propria comprensione. Che il Signore ci aiuti! Dio è reale. Risponderà, condurrà, guiderà e insegnerà se imparerete ad appoggiarvi a Dio. Molte persone non hanno mai imparato ad ascoltare Dio. Alcuni cadono ripetutamente e accettano la sconfitta, la malattia, l'oppressione e il fallimento. Affidatevi a Dio; Egli ha un piano per voi, per me e per tutti. Solo non diventate come Eva e Adamo, Re Saul, Re Geroboamo, Re Zedekia. Le persone che hanno paura della situazione non vedono il destino. Ma c'è un mondo luminoso al di là della vostra percezione e comprensione.

Non dissuadetevi dal grande e bellissimo piano di Dio. Digiunate e pregate. Molti saggi re pagani non conoscevano il Dio Geova, ma si facevano consigliare dal suo popolo. Non è bello? Perché i cristiani non possono dipendere da Dio? Seguiamo ciò che praticano i nostri genitori o l'ambiente circostante. Ottenete una visione celeste. Appoggiatevi a Dio, Egli vi darà un volo d'aquila, la vista di un uccello più lontano e migliore di quanto possiate immaginare. Non appoggiatevi alla vostra comprensione. Ricordate sempre che quando vi appoggiate a Dio, Satana manderà qualcuno, magari non sotto forma di serpente, ma di bella donna o di denaro, o di qualsiasi altro tipo o forma, per strappare la vostra alba. Che il Signore vi dia la forza di appoggiarvi a Lui! Non è strano che tutti coloro che aspettano Dio abbiano il piano del diavolo per buttarli fuori? Quando pregate, chiedete, cercate e bussate, qualcuno passerà per depistarvi. Consigliatevi con il Signore, che verrà a tempo debito. Non abbiate fretta e non andate fuori strada, perché Lui conosce la stagione delle vostre benedizioni. Aspettate, semaforo rosso!

Il nostro Dio è vivente e conosce bene il nostro essere. Molti re della nazione hanno fatto danni significativi, non appoggiandosi a Dio. I loro errori causarono molte calamità, portarono la schiavitù e fecero diventare le nazioni di Israele idolatre. Alla fine Dio spazzò via Israele. Imparate ad appoggiarvi a Dio e non alla vostra comprensione. Dio vi benedica!

PREGHIAMO

Signore, a volte pensiamo che Tu sia troppo lontano. Senza sapere se ci ascolti o meno. Signore, le nostre conoscenze di lettura si scontrano con persone che sono loro stesse non salvate e portano confusione. Signore, insegnaci ad appoggiarci a Dio e a nessun altro. Il piano è Tuo. Tu sei il creatore, tu conosci il meglio e nessun altro. Ti chiediamo di aiutarci ad appoggiarci a te con tutto il cuore per trovare la giusta direzione. Tu sei il pilota e non sarai mai il copilota. Prendi il comando della nostra vita e sii il marinaio della barca. Grazie per il Tuo tempo e la Tua preoccupazione di benedirci. Il Tuo scopo di crearci è quello di benedire, e lo farai se ascolteremo e obbediremo. Aiutaci a non affidarci alla nostra comprensione, perché è limitata e fuorviante. Perciò ci arrendiamo a te, aiutaci nel nome di Gesù. Amen! Dio vi benedica!

8 SETTEMBRE

COSA CERCA DIO?

Dio è alla ricerca di chi ascolta e obbedisce. Inclinate l'orecchio e il cuore alla SUA voce. Non mostrate agli altri quanto sono grandi, ma quanto è grande Dio. Appoggiarsi e navigare nella vita attraverso lo Spirito Santo. È vero che Dio ci sta cercando? Sì, Egli cerca una persona che sia simile:

2 Cronache 16:9 Perché gli occhi del Signore corrono da una parte all'altra di tutta la terra, per mostrarsi forte a favore di coloro il cui cuore è perfetto nei suoi confronti.

Cerco sempre chi ama il Signore con tutto il cuore, la mente, l'anima e la forza. Poiché non ho una denominazione, ma sto conquistando un'anima per il regno di Re Gesù. Prego sempre il Signore: porta coloro che hai scelto, così non spreco il mio tempo. Il tempo è molto breve, siamo onesti. Dio dice che ha scritto alcuni nomi nel libro fin dalla fondazione del mondo.

Efesini 1:4 come ci ha scelti in lui prima della fondazione del mondo, perché fossimo santi e irreprensibili davanti a lui nell'amore: 5 ci ha predestinati all'adozione a figli per mezzo di Gesù Cristo, secondo il beneplacito della sua volontà.

Alcune persone amano Dio con tutte se stesse e accetteranno la verità. Sono diverse e non hanno paura dei capi religiosi. Possono camminare da sole in qualsiasi paese, come Daniele e molti altri che si sono separati da Dio. Egli sta cercando chi è chiamato ma anche chi ha scelto di non fare il gioco sporco come Giuda. Se state facendo un gioco sporco con la verità, significa che Dio vi ha dato lo spirito di illusione. Che cos'è l'illusione? È una credenza errata, un'incomprensione, un errore, uno sbaglio. La cosiddetta religione cristiana è così. Non preoccupatevi di loro, perché la Bibbia dice:

2 Tessalonicesi 2:9 Anche lui, la cui venuta è dopo l'opera di Satana con ogni potenza e segni e prodigi menzogneri, 10 e con tutta l'ingannevolezza dell'iniquità in quelli che periscono, perché non hanno ricevuto l'amore della verità, per essere salvati. 11 E per questo Dio manderà loro una forte illusione, perché credano alla menzogna, 12 affinché siano tutti dannati quelli che non hanno creduto alla verità, ma si sono compiaciuti dell'iniquità.

Dannazione significa punizione permanente all'inferno. Cosa cerca Dio dopo aver versato il Suo sangue indossando la carne? Nella Chiesa del Nuovo Testamento, Egli cerca la Sua sposa. Essa deve accettare Gesù come suo Dio e Salvatore. Un impegno personale! Nessun ostacolo di alcun tipo di religione. Permettete alla Parola di essere il vostro massimo e soprattutto di obbedire. Dio vi preparerà mentre vi pentite e accettate il Suo invito a battezzare solo nel nome di Gesù. Il nome che è al di sopra di tutti i suoi nomi dell'Antico

8 SETTEMBRE

Testamento. Poi riceverete lo Spirito Santo, che è Gesù, che viene a voi. Ricevendo lo Spirito Santo, Egli verrà dentro di voi.

Efesini 5:25 Mariti, amate le vostre mogli, come anche Cristo ha amato la chiesa e ha dato se stesso per essa; 26 per santificarla e purificarla con il lavaggio dell'acqua mediante la parola, 27 per presentarla a se stesso come una chiesa gloriosa, senza macchia, né ruga, né alcunché di simile, ma santa e senza macchia.

Questa sposa deve prepararsi alle nozze con lo sposo di Gesù. Gesù non cerca una persona che non ascolta e che si ribella, che piace alla gente, che ha fame di potere. La Bibbia dice che Dio sta preparando la Sua sposa che ha sofferto sulla terra per la cosiddetta autorità religiosa come Lui. Non c'è problema, perché questa è la separazione eterna da coloro che hanno la forma della pietà ma rifiutano lo Spirito Santo.

Apocalisse 19:7 Rallegriamoci, esultiamo e rendiamogli onore, perché le nozze dell'Agnello sono giunte e la sua sposa si è preparata. 8 Le è stato concesso di essere vestita di lino fine, pulito e candido, perché il lino fine è la giustizia dei santi.

Dopo aver lavato i nostri peccati nel sangue di Gesù con il battesimo nel prezioso e impareggiabile nome di Gesù, ora abbiamo messo un solo Gesù.

Galati 3:27 Perché quanti siete stati battezzati in Cristo vi siete rivestiti di Cristo.

Ora passate del tempo con Lui imparando la Parola. Se volete conoscerLo, trovate veri insegnanti e profeti che vi aiutino a comprendere la Sua Parola. Seguite la Parola di Dio e non la religione. Al giorno d'oggi ci sono molte denominazioni che ammaliano le persone. Perché? Perché non hanno amore per Gesù. Non si curano della Sua Parola e della verità. Dio li conosce. Non perdete tempo dietro a loro. Poiché Gesù dice:

2 Corinzi 4:3 Ma se il nostro vangelo è nascosto, è nascosto a coloro che sono perduti; 4 il dio di questo mondo ha accecato le menti di coloro che non credono, perché non risplenda loro la luce del glorioso vangelo di Cristo, che è l'immagine di Dio.

Dio manda le illusioni e le consegna al dio di questo mondo, che è Satana. Fate attenzione! Amate Dio, arrendetevi, fidatevi, obbedite e sottomettetevi al Signore Gesù. Ho capito chi è facile da conquistare, mai contaminato da un falso insegnamento. Il potere della falsa dottrina di Satana può funzionare solo se non si cerca, non si chiede e non si bussa a Dio. È una condizione del cuore. Quest'ultimo è chiamato ingannevole e malvagio. Gesù venne sulla terra al tempo in cui i sacerdoti e i sommi sacerdoti avevano già contaminato il popolo di Dio. Una volta contaminati dai falsi insegnanti, non c'è più speranza per voi. Dio è venuto per dare un esempio. Camminava in mezzo a loro, ma non riuscivano a riconoscerlo.

Giovanni 14:8 Filippo gli disse: "Signore, mostraci il Padre e ci basterà". 9 Gesù gli disse: "

Sono stato con te a lungo, Filippo, e ancora non mi conosci? Chi ha visto me ha visto il Padre; e allora come fai a dire: "Mostraci il Padre"?"

Guardate come Gesù risponde loro. Quanto sono sciocchi e ciechi? Molti cercano per tutta la vita ma non trovano mai la verità perché non hanno l'amore per essa. Amate la verità e non le guide e le autorità cieche. Alcuni diranno: "Signore, non abbiamo forse scacciato i demoni e guarito i malati nel Tuo nome?". Gesù dirà di andarsene: "Non ti ho mai conosciuto". Sto preparando me stessa e gli altri per Gesù. Voglio incontrarlo. Tutto ciò che desidero è Gesù. Vivo negli Stati Uniti, ho visto cose di livello mondiale e mi sono divertita, ma non c'è paragone con il mio Gesù. Nessuno può comprarmi. Sono venduta a Gesù. Niente può fermarmi, perché ho seguito Gesù fino in fondo. Gesù cerca chi si è venduto. Sottomettetevi e obbedite alla Sua voce e solo a Lui. Amen!

PREGHIAMO

Padre celeste, ti ringraziamo. Abbiamo la Parola di Dio. Apri gli occhi e le orecchie, perché possiamo vedere e ascoltare solo la Tua voce. È il Dio che dobbiamo ascoltare e nessun altro. Grazie per esserti manifestato nella carne per acquistarci con il Tuo sangue. Hai dato il Tuo sangue, che è la Tua vita. Voglio ringraziarti per essere stato misericordioso nel lavare i miei peccati. È Dio che l'ha fatto in prima persona per me, rivestendosi di carne. Ti ringrazio per avermi dato il Tuo nome, che è al di sopra di ogni mio nome. Nel nome di Gesù ogni ginocchio si inchinerà e la lingua confesserà che Gesù è il Dio vivente e unico. Tu eri Padre nella creazione, Figlio nella redenzione per la Tua sposa e Spirito Santo come conforto, forza, guida e insegnamento. Accogliamo lo Spirito Santo in noi, nel nome di Gesù. Amen! Dio vi benedica!

9 SETTEMBRE

SOLO VOI POTETE SBLOCCARVI!

Colore che possono ascoltare, vedere, obbedire, credere e sottomettersi alla Parola siete voi. Nessuno tranne voi! La Parola di Dio dice:

Giovanni 8:31 Allora Gesù disse a quei Giudei che avevano creduto in lui: "Se perseverate nella mia parola, siete davvero miei discepoli; 32 conoscerete la verità e la verità vi farà liberi".

Quindi la chiave è la verità. Dovete cercare la verità e non la religione. Unirsi a un'organizzazione di marca vi rovinerà. Permettere allo Spirito Santo di insegnarvi farà opere potenti. Un uomo era un assassino di nome Anima, i pescatori Pietro, Giovanni, Giacomo e Andrea, l'esattore delle tasse Matteo e molti altri hanno trovato la verità e sbloccato il tesoro. Per essere liberi da se stessi è necessaria la collaborazione con il Creatore.

La Bibbia dice:

Giovanni 8:36 Se dunque il Figlio vi farà liberi, sarete davvero liberi.

Dio può liberarvi se seguite le indicazioni, le istruzioni e i comandi dati nella Parola di Dio. O ascoltate Dio, o siete da soli. Satana, il serpente, interpretò la Parola di Dio ed Eva la seguì. Cosa succede allora? Non fate alcuna interpretazione personale che soddisfi la vostra brama di occhi, di carne e di orgoglio nella vita. O Dio o la vostra brama e il vostro orgoglio.

Satana è chiamato padre della menzogna, traditore:

Giovanni 8:43 Perché non comprendete il mio discorso? Perché non potete ascoltare la mia parola. 44 Voi siete del diavolo, vostro padre, e le voglie del padre vostro le farete. Egli è stato omicida fin dal principio e non ha dimorato nella verità, perché in lui non c'è verità. Quando dice una menzogna, la dice di suo pugno, perché è bugiardo e ne è il padre.

La parola di Dio è Dio. Usate sempre la Parola di Dio. Se La ascoltate, imparate a rispettarLa. Questo vi impedirà di seguire la voce ingannevole di Satana. Chi ascolta una voce ingannevole? Gli acquirenti di vetrine per l'orgoglio e la lussuria? Non andate a guardare le vetrine, non dovete stare al passo con i Jones. Voglio che il mio vicino abbia un carattere orgoglioso. Aspettate il Signore! Sarete benedetti dal Signore con tutto ciò di cui avete bisogno. È la libertà del Signore, ma le vostre scelte vi rinchiuderanno nei debiti, nella gelosia, nella menzogna, nel furto e nelle cattive abitudini. Non ingannate la lussuria rifiutando il comando di Dio. Non incolpate altri che voi stessi, poiché il diavolo non ha nulla a che fare con le persone che ascoltano Dio e obbediscono alla Sua voce.

Non si può dire a Dio di non mandarvi all'inferno perché siete mal consigliati da Satana. Satana non ha mai raccolto frutti o non ha mai guardato. Satana non ha mai messo il frutto in bocca, pensando: voglio essere come Dio. Siete voi che peccate. Controllate il vostro cuore. L'inganno è nel vostro cuore. Inizia nel vostro cuore.

I peccati di David lo hanno ispirato a scrivere la canzone della confessione:

Salmi 51:7 Purificami con l'issopo e sarò pulito; lavami e sarò più bianco della neve. 10 Crea in me un cuore pulito, o Dio, e rinnova in me uno spirito retto.

Questo è disponibile nel Nuovo Testamento. Quando sarete battezzati nel nome di Gesù, Dio cancellerà i vostri peccati.

At 22:16 E ora perché indugi? Alzati, fatti battezzare e lava i tuoi peccati, invocando il nome del Signore. (Gesù)

Le malattie causate dal peccato si cancelleranno nell'acqua. Dio vi libererà da ogni maledizione. Questo può essere fatto solo da voi. Potete liberarvi dalle malattie legate al peccato. Ho visto innumerevoli casi di persone che sono uscite dall'acqua nel nome di Gesù, parlando nella loro lingua. È il Dono quando si entra nell'acqua per lavare i propri peccati. Chi può portarvi nell'acqua? Nessuno tranne voi! Il Signore non vi spingerà mai. Il Signore vi ha dato la Parola, e voi la fate o la negate. Come è facile per chi è come un bambino trovare la verità.

Isaia 28:9 A chi insegnerà la sapienza e a chi farà capire la dottrina? A quelli che sono stati svezzati dal latte e strappati alle mammelle. 10 Perché bisogna che precetto su precetto, precetto su precetto; riga su riga, riga su riga; qui un po' e là un po'. 11 Perché con labbra balbuzienti e un'altra lingua parlerà a questo popolo. 12 Ai quali disse: "Questo è il riposo con cui potete far riposare gli stanchi; questo è il ristoro"; eppure non vollero ascoltare.

Siate come un bambino. Il bambino non dice alla mamma e al papà cosa fare. Il bambino è un seguace. Ecco perché egli è al sicuro nella mano del Signore. Siamo come un bambino che dipende dal padre, il Creatore, per guidare e insegnare. Ricordate, fate come dice la Parola per liberarvi e sciogliervi dalle catene. Io posso insegnare, ma siete voi a seguire.

Quando faccio lo studio della Bibbia, chi ascolta e obbedisce è una gioia per il mio cuore. Ma alcuni ascoltano la profezia, l'insegnamento della Parola di Dio e non obbediscono.

Vedo che la loro vita non ha alcun progresso, sono molto intelligenti, più intelligenti di Dio, e non possono obbedire alla voce di Dio, che è la parola di Dio. Trascorro molto tempo in preghiera, insegnando e guidando, ma poi se mi rifiutano, mi allontano da loro. Gli mostri più di due Scritture a sostegno della dottrina, ma nonostante ciò accettano la tradizione e il falso insegnamento e seguono la folla. I falsi insegnanti e i profeti sono i più difficili, ma non è colpa loro, perché credo che dipenda dall'individuo.

Matteo 10:14 Chiunque non vi accoglierà, quando uscirete da quella casa o da quella città, scuotete la polvere dei vostri piedi. 15 In verità vi dico che nel giorno del giudizio sarà più tollerabile per il paese di Sodoma e Gomorra che per quella città.

Seguite la parola di Gesù per sbloccarvi, per liberarvi. Alcune denominazioni, falsi insegnanti, pastori, Satana e la sua dottrina diabolica hanno ingannato molti. Dio chiese ad Adamo di seguire Lui e non un'altra voce. Ma il nemico più grande era dentro di loro. Solo voi potete portare maledizione o benedizione. Solo voi potete portare libertà o schiavitù. È possibile bloccarsi o sbloccarsi. Seguite Gesù e obbedite alla Sua Parola. La verità è un'arma potente per liberarvi da schiavitù, malattie e calamità. Siete affidabili per le conseguenze. Amen!

PREGHIAMO

Signore Dio, sei venuto a liberare i prigionieri. Ci hai dato la libertà anche nel giardino dell'Eden. Le nostre scelte ci hanno portato schiavitù, maledizioni e guai a non prestare attenzione. Non abbiamo prestato attenzione a te! Aiutaci, Signore, perché non siamo migliori di Eva e dei nostri antenati che ti hanno tradito. Ti abbiamo chiesto di darci il desiderio di seguire te e non le organizzazioni, le denominazioni e le autorità religiose perdute. Aiutaci ad aprire la Bibbia aprendo i nostri cuori e le nostre menti per ricevere la verità. La Tua Parola è vera e ci benedirà e ci sbloccherà se crederemo, obbediremo e ci sottometteremo. Quindi, Signore, aiutaci, dacci il coraggio e l'audacia di seguirti in Nome di Gesù. Amen! Dio vi benedica!

10 SETTEMBRE

COME SI FA A PRESENTARE GESÙ?

In Matteo 4, Satana interroga Gesù: "Se tu sei il Figlio di Dio...".

Satana sapeva che Gesù era Dio, manifestato nella carne. Sa chi è Gesù.

Giacomo 2:19 ci dice: "Tu credi che c'è un solo Dio; fai bene; anche i diavoli credono e tremano".
Satana conosce la Parola di Dio. Lo sa:

Isaia 9:6 "Poiché a noi è nato un bambino, a noi è stato dato un figlio; il governo sarà sulla sua spalla; e il suo nome si chiamerà: "Sapiente", "Consigliere", "Dio potente", "Padre eterno", "Principe della pace"

Lo sa, Giovanni 1:1,14: "In principio era il Verbo, e il Verbo era presso Dio, e il Verbo era Dio... E il Verbo si fece carne e venne ad abitare in mezzo a noi (e noi vedemmo la sua gloria, la gloria come dell'unigenito del Padre) piena di grazia e di verità".

Geova Dio si è vestito di carne per versare sangue prezioso e senza peccato. Per questo era Figlio di Dio e non figlio di Giuseppe. Ecco il Figlio di Dio, la lettera "F" è maiuscola. Gesù non è venuto con una natura divina, ma il Dio divino messo in carne. Ricordate, Satana sa che Gesù è il Dio di Geova, poiché un tempo era in cielo prima di essere espulso. Ma noi, essendo creati, abbiamo bisogno della rivelazione dello Spirito Santo per far conoscere chi è Gesù.

In Marco 5:6, i demoni che possedevano un uomo videro arrivare Gesù e vennero ad adorarlo sapendo che Gesù era l'unico vero Dio in carne e ossa. 6 Ma quando vide Gesù lontano, corse ad adorarlo, 7 e gridando a gran voce disse: "Che ho da fare con te, Gesù, Figlio del Dio altissimo? Ti scongiuro da parte di Dio che tu non mi tormenti". 8 Poiché gli disse: "Esci da quell'uomo, spirito immondo".

Chi pensava che fosse Gesù?

In Marco 8:27 si legge: "E Gesù se ne andò con i suoi discepoli verso le città di Cesarea di Filippo; e lungo la strada interrogò i suoi discepoli dicendo loro: "Chi dicono gli uomini che io sia? 28 Ed essi risposero: "Giovanni Battista; ma alcuni dicono: Elia; altri: uno dei profeti". Poi Gesù chiese loro, nel versetto 29: "E disse loro: "Ma voi chi dite che io sia? E Pietro, rispondendo, gli disse: "Tu sei il Cristo"".

Pietro era l'unico a sapere chi fosse Gesù. Siete benedetti, se sapete chi è Gesù, perché Gesù ha detto in

Matteo 16:17: "E Gesù, rispondendo, gli disse: "Beato te, Simone Barjona, perché non te l'ha rivelato la carne e il sangue, ma il Padre mio che è nei cieli".

Nessun uomo, nessun insegnante, nessun istituto biblico può insegnarvi chi è Gesù. Possiamo costruire la vera Chiesa di Gesù Cristo solo sulla rivelazione di chi è Gesù; tutto il resto è solo costruire sulla sabbia che affonda. Gesù ha detto a Pietro che la sua rivelazione di Gesù resisterà alle porte dell'inferno.

Gesù disse a Pietro in Matteo 16:18 E ti dico anche che tu sei Pietro e su questa pietra edificherò la mia Chiesa, e le porte degli inferi non prevarranno contro di essa. 19 E ti darò le chiavi del regno dei cieli; e tutto ciò che legherai sulla terra sarà legato nei cieli; e tutto ciò che scioglierai sulla terra sarà sciolto nei cieli.

Il Re Erode e i Giudei dissero di Gesù in Marco 6:14 Il re Erode ne sentì parlare (perché il suo nome era diffuso) e disse: "Giovanni Battista è risorto dai morti e perciò in lui si manifestano opere potenti". 15 Altri dissero: "È Elia". Altri ancora dissero: "È un profeta o uno dei profeti". 16 Ma quando Erode ne venne a conoscenza, disse: "È Giovanni, che ho decapitato: è risorto dai morti".

Al tempo di Gesù la gente non sapeva chi fosse. Per conoscere l'identità di Gesù occorre una rivelazione.

Saulo di Tarso (poi chiamato Paolo) ricevette una rivelazione di Gesù sulla via di Damasco.

Atti 9:15. Tutti noi abbiamo bisogno di rivelazioni e manifestazioni di Gesù.

Efesini 4:13 ci dice: "Finché arriviamo tutti all'unità della fede e della conoscenza del Figlio di Dio, all'uomo perfetto, alla misura della statura della pienezza di Cristo...".

Gesù è l'immagine espressa (o esatta) di Geova Dio. Proprio come la vostra foto è l'immagine esatta (o espressa) della vostra persona.

Ebrei 1:1 ci dice: "Dio, che in tempi diversi e in modi diversi parlò in passato ai padri per mezzo dei profeti, 2 in questi ultimi giorni ha parlato a noi per mezzo del suo Figlio, che ha costituito erede di tutte le cose e per mezzo del quale ha fatto anche i mondi; 3 il quale, essendo il fulgore della sua gloria e l'immagine espressa della sua persona...".

Paolo presenta Gesù come immagine visibile di Dio. Scrive in:

Colossesi 1:15: "Il quale è l'immagine del Dio invisibile, il primogenito di ogni creatura...".

Ancora Paolo scrive:

2 Corinzi 4:4 "Il dio di questo mondo (Satana) ha accecato le menti di coloro che non credono, perché non risplenda loro la luce del glorioso vangelo di Cristo, che è l'immagine di Dio".

Nessun uomo in carne e ossa (uomo naturale) può conoscere chi è Gesù se non attraverso lo Spirito. Non c'è bisogno di un umano, di un teologo o di un maestro della Torah. È la vostra ricerca, il vostro amore e la vostra rivelazione. Pertanto, molte denominazioni sono in errore. Il più delle volte, i teologi, i sacerdoti, i sommi sacerdoti e i capi religiosi non hanno una rivelazione di Gesù.

I demoni, i diavoli e gli angeli caduti sapevano chi era Gesù, poiché sono esseri spirituali. Lo spirito conosce il mondo degli spiriti. Satana (Lucifero) e tutti gli angeli caduti sapevano chi fosse Gesù, poiché sono spiriti e non carne e ossa. Naturalmente, sono tutti anticristi, quindi non vi faranno sapere chi è Gesù.

Ho visto molte organizzazioni e denominazioni confuse attenersi a questa dottrina anticristo di non accettare Gesù come l'unico e vero Dio, manifestato nella carne. Paolo, essendo Saulo, era in questa categoria, ma il suo amore per Dio trovò la misericordia di Gesù. Dio è intervenuto perché Paolo aveva amore per Dio e non cercava una posizione di potere. Non era geloso, avido, bugiardo, assetato di denaro o di potere, come lo erano i sommi sacerdoti. Non era classificato come la "generazione delle vipere", ma amava Dio.

Oggi abbiamo molte organizzazioni e denominazioni che non hanno una rivelazione di chi sia Gesù. Non è strano, visto che Gesù ha detto: "Se mi ubbidite, se mi amate e se osservate i miei comandamenti, vi rivelerò chi sono"? Prego, conoscete il Dio Geova dell'Antico Testamento come Gesù (in carne e ossa) del Nuovo Testamento, per rivelazione di Dio!

PREGHIAMO

Signore, molti camminano confusi, non sapendo chi sei. Signore, abbiamo bisogno non solo di una rivelazione di te, ma di conoscerti come Dio che viene per conquistare e regnare, come Re dei Re e Signore dei Signori. Il mondo ti conoscerà in quel momento e si inginocchierà e confesserà che tu sei il Dio Geova. Ma oggi vogliamo che tutti ti conoscano e ti riveriscano. Molti affermano di conoscere Gesù perché frequentano un edificio chiamato chiesa e sono nati in una famiglia religiosa. Signore, vogliamo conoscerti nella Tua potenza e nel Tuo potere, per poterti dare il posto che Ti spetta. Abbiamo il Dio Gesù, il nome più alto, il nome al di sopra di tutti i nomi che hai preso in passato. Scacciamo i demoni, guariamo i malati, preghiamo e battezziamo nel prezioso nome di Gesù. Il nome di Gesù è il nome autorizzato al di sopra di tutti i nomi che avete avuto. È il nome in cui ci inchiniamo e confessiamo che tu solo sei degno di onore, sapienza, conoscenza, ricchezza, gloria, potenza e forza nel nome di Gesù. Amen! Dio vi benedica!

11 SETTEMBRE

SERVITE DIO CON LE SUE CONDIZIONI E I SUOI STANDARD!

Perché abbiamo così tante religioni, chiese e organizzazioni? Non siamo migliori di Caino, Eva, Adamo e di tutti coloro che hanno deciso il loro destino, sapendo che non avrebbe funzionato. Gesù ha fatto tutto il necessario per adempiere la legge. Stabilite la dottrina esattamente come Dio la istruisce nella Parola, che è l'unica autorità suprema. Ecco perché insegno mostrando loro due o più Scritture.

Matteo 5:17 Non pensate che io sia venuto a distruggere la legge o i profeti: Non sono venuto per distruggere, ma per dare compimento.

Due o più testimoni devono stabilire ogni dottrina, convinzione o politica. Il Signore ci ha istruito a trovare due testimoni, prove o evidenze fornite nella Bibbia. Dio ha sempre tenuto due o tre prove per stabilire la Sua dottrina o il Suo insegnamento. Dio ha dato istruzioni precise per il digiuno. È possibile annacquare il tutto aggiungendo e sottraendo le Scritture. Troviamo rapidamente due o più Scritture sul digiuno e sul digiunare, esattamente come da istruzioni. Prima prova:

Ester 4:16 Andate, radunate tutti i Giudei che si trovano a Susa e digiunate per me, senza mangiare né bere per tre giorni, né di notte né di giorno: Anch'io e le mie fanciulle digiuneremo, e così entrerò dal re, il che non è conforme alla legge; e se perirò, perirò.

Seconda prova:

Esodo 34:28a Rimase con il Signore quaranta giorni e quaranta notti; non mangiò pane né bevve acqua.

Abbiamo visto due Scritture per il digiuno e vediamo un'altra Scrittura per stabilire la dottrina. Non lasciate che la vostra immaginazione interpreti per rovinare il potere del digiuno.

Giona 3:5 Allora il popolo di Ninive credette a Dio, proclamò un digiuno e si vestì di sacco, dal più grande al più piccolo. 7 E fece proclamare e pubblicare per tutta Ninive, con un decreto del re e dei suoi nobili, questo decreto, dicendo: "Né l'uomo né la bestia, né la mandria né il gregge, assaggino nulla; non si nutrano e non bevano acqua".

Vedete, anche gli adoratori di idoli di Ninive sapevano come digiunare, poiché erano a conoscenza del digiuno divino. E funzionava perché digiunavano secondo le istruzioni della Parola. Cosa succede se annacquiamo le istruzioni di Dio? Semplicemente la gente si ribella, si irrigidisce e si intestardisce, gli Ebrei e anche noi. Perché non vediamo Dio muoversi e non riusciamo a scacciare il demonio? Credetemi, gli ostacoli demoniaci non si eliminano se si aggiungono o si sottraggono alla Parola di Dio.

Dio ha detto di adorarLo in Spirito e verità. Il Signore Gesù ha detto di non predicare senza avere la Sua conoscenza. Iniziate la Sua opera conoscendo chi è Gesù. Dio ha usato Pietro per gli ebrei e Paolo per i gentili. Entrambi hanno avuto una rivelazione di Gesù. La prima condizione, carne e sangue, non può rivelare l'identità di Gesù. La conferma che lo spirito è stato rivelato a Pietro e a Paolo. La conoscenza di Paolo non poteva essere d'aiuto. Non andate all'organizzazione religiosa per trovare Gesù, andate a Dio e alla Sua Parola. Servite Dio alle Sue condizioni e ai Suoi standard. Maria Giuseppe accettò di lavorare alle Sue condizioni. La gente ha digiunato rispettando le Sue condizioni e ha visto il risultato. La Parola è la massima autorità, quindi aprite la Bibbia e cercate due o tre Scritture per stabilire qualsiasi dottrina. Dio rivela la verità a chi cerca Dio, quindi non preoccupatevi se coloro che vi rifiutano non hanno la stessa rivelazione. Se amate Dio, allora Egli vi insegnerà. Altri vagheranno nelle tenebre e non troveranno la verità. I capi religiosi hanno rifiutato Gesù perché la religione è al livello e alle condizioni dell'uomo, ma la relazione è al livello e alle condizioni di Dio. Ci sono migliaia di religioni, perché è un programma maschile che usa la Parola e interpreta la Bibbia per produzioni personali. Andate a controllare le loro chiese: non funzionano, ma sono piene di persone come loro che hanno una forte e ostinata illusione. Perché? Voi siete la chiesa e non siete chiamati a sedervi su un banco o su una sedia, andate a lavorare e imparate la Parola. Tornate a casa gioendo!

Vediamo la dottrina del battesimo. Trovate due o tre Scritture.

Prima, Atti 2:38 Poi Pietro disse loro: "Ravvedetevi e fatevi battezzare nel nome di Gesù Cristo per la remissione dei peccati e riceverete il dono dello Spirito Santo".

Vediamo la seconda testimonianza nella Bibbia:

Atti 8:16 (Poiché non era ancora sceso su nessuno di loro, ma erano stati battezzati nel nome del Signore Gesù).

Troviamo la terza testimonianza della famiglia Cornelius.

Atti 10:48 E ordinò loro di essere battezzati nel nome del Signore.

Basta studiare la storia della Chiesa primitiva per quanto riguarda il battesimo d'acqua. La Bibbia è la parola di Dio. Non abbiamo bisogno di interpretazioni personali, ma dell'unica testimonianza di due o tre Scritture per stabilire la dottrina. Dio ha dato la ricezione dello Spirito Santo con la prova di parlare in lingua attraverso due o più Scritture nella Bibbia. Siete pronti a obbedire alla condizione di Dio di stare in piedi e di rifiutare i falsi insegnanti, i profeti e le religioni? Un discepolo, Paolo, e altri seguirono Gesù portando la croce. Mosè ha fatto esattamente quello che serviva e ha incontrato il Dio di Abramo e di Davide. Dio ha cacciato il Re Saul e altri re che hanno aggiunto i loro due sensi. È la Sua condizione per venire sulla terra, lasciando il cielo per diventare povero per noi.

Alle condizioni di Gesù, tutti i discepoli scacciarono i demoni, guarirono i malati, aprirono gli occhi ai ciechi, fecero camminare gli zoppi e risuscitarono i morti. Voi potete farlo se camminate nella Sua dottrina stabilita da due o più testimoni nella Parola. La Parola è la massima autorità, non le chiese, le organizzazioni, i falsi profeti e gli insegnanti che hanno deviato dalla verità stabilita da una sola Scrittura. I leader ciechi possono solo guidare i ciechi. La Sua condizione è andare nel mondo e predicare la verità. Il Suo discepolo parlerà in lingue, se non lo fate, significa che non avete il Battesimo dello Spirito Santo. Il linguaggio celeste è un linguaggio di preghiera. Se non seguite le condizioni di Gesù, allora vedrete le chiese malate, oppresse, possedute, che preparano le persone affinché Satana prenda il sopravvento.

Il Signore ha detto: "Non spegnere lo Spirito". Pentirsi, quindi lavare tutti i peccati nel sangue nascosto sotto il nome di Gesù vi porterà alla condizione di Dio per servirlo al Suo livello. Le parole di pentimento sono state pronunciate prima da Giovanni Battista, da Gesù, dai discepoli e da altri. In passato, il Signore voleva un regno governato da Lui, ma essi chiesero al re. Era suo desiderio e condizione rimanere all'erta affinché il diavolo non rubasse la verità. Il Signore ha dato comandamenti, precetti, leggi e statuti, così noi camminiamo con le Sue condizioni per raggiungere il livello che Lui preferisce per il Suo popolo che lo serve. È bello avere documenti scritti, ma se le istruzioni scritte della Bibbia finiscono nelle mani di avidi, bugiardi, falsi insegnanti, pastori e profeti, allora lavorerete al loro livello e alle loro condizioni per la loro religione. Satana ha cambiato la Bibbia, quindi non raggiungerete mai il livello di Dio. È il Dio che servite che ha fissato lo standard. Quindi aprite la Bibbia e studiate, chiedete, bussate, cercate e obbedite alla verità. Gesù è la via, la verità e la vita per raggiungerlo. Solo la verità conta e non gli insegnamenti delle religioni. Mio Signore, apri gli occhi per vedere e l'orecchio per ascoltare. È il Signore che fa tutto il lavoro, quindi siate umili, fatevi istruire e seguite la Parola e la dottrina del Signore.

PREGHIAMO

Signore, ti ringraziamo per la dottrina della Parola e per il modello da seguire. È la misericordia di Dio che ha dato l'esempio con il Suo Spirito. Sorprendentemente, abbiamo la prova di aver ricevuto lo Spirito Santo parlando in lingue. Che bello avere la verità? Ai bambini ubbidienti insegnerete la dottrina. È per misericordia di Dio che possiamo adorare e servire Dio al Tuo livello. Tu sei Santo e insegnerai ai giusti e agli obbedienti la Tua dottrina. Cerchiamo finché non troviamo e non scendiamo mai a compromessi nel nome di Gesù! Amen! Dio vi benedica!

12 SETTEMBRE

PERSONE CHE VENGONO CHIAMATE DA DIO!

La Bibbia dice che "nessuno viene a me se io non lo attiro a sé". Quindi l'avvicinamento a Dio è personale e unico per voi, nati in una famiglia cristiana.

Sento grandi testimonianze di nuovi convertiti, nati in una famiglia cristiana nominale, o in una famiglia indù o musulmana, che sono incredibili. Sento molte testimonianze, ed è chiaro come solo Dio possa attirarli. È il Signore che ci chiama.

Giovanni 6:44 Nessuno può venire a me, se non lo attira il Padre che mi ha mandato; e io lo risusciterò all'ultimo giorno. 65 E disse: "Perciò vi ho detto che nessuno può venire a me, se non gli è stato dato dal Padre mio".

Dalle Scritture di cui sopra, sappiamo che solo Dio può attirarci a sé. Il creatore ha una corda per tirarci. Solo Dio ci chiama. Dio non ha creato il nostro robot, quindi rispondiamo quando ci chiama.

Matteo 22:14 Perché molti sono chiamati, ma pochi sono scelti.

Dobbiamo dimostrare e superare tutte le prove per adempiere alla nostra chiamata. Nascere in una famiglia cristiana non ci qualifica per il Regno. Ma come ha detto Lui, non si può entrare nel Regno di Dio se non lo si è.

Giovanni 3:5 Gesù rispose: "In verità, in verità ti dico che se uno non nasce da acqua e da Spirito, non può entrare nel regno di Dio".

Il Signore Gesù, il Dio manifestato nella carne, ha dovuto affrontare la prova sul monte. Ha pregato e digiunato. Lo Spirito Dio in carne, lasciandoci un esempio, ha fatto tutto ciò che era necessario perché la Sua creazione fosse salvata. Dio è venuto nella carne conosciuta come agnello solo per versare il sangue. Versare il sangue non era l'unico scopo. L'altro era quello di lasciare un esempio per noi.

1 Pietro 2:21 A questo siete stati chiamati, perché anche Cristo ha sofferto per noi, lasciandoci un esempio, affinché seguiate i suoi passi.

L'uomo in carne e ossa ha bisogno di un modello da seguire. Gesù, essendo Dio, ha fatto tutto, quindi qual è il nostro problema? Perché discutiamo? Seguiamo false dottrine e non cerchiamo la via di Gesù. Egli è l'unica verità di vita eterna. Ho imparato dagli Avventisti del Settimo Giorno, dai Mormoni e dai Testimoni di Geova, oltre a frequentare i Metodisti. Negli Stati Uniti ho frequentato una chiesa pentecostale. Non ho smesso di cercare. Dio mi ha chiamata e so che la misericordia e la grazia di Dio mi portano alla verità. Non è successo naturalmente. Ho pregato e digiunato per trovare la verità. Non avrei seguito nessuna di queste organizzazioni religiose. In seguito andai in molte chiese di Los Angeles, a West Covina. Qualcuno venne a dirmi la verità. Oh mio Dio, non ne avevo mai sentito parlare prima. Lo Stato del Gujarat in cui vivevo non sapeva cosa avevo scoperto. Non sapevo che la verità ha il potere di seppellire una persona vecchia e di farla risorgere nella novità. Essere chiamati non significa avere un biglietto per il paradiso. No, c'è del lavoro da fare. Gesù è l'esempio che dobbiamo seguire per dare una svolta alla nostra vita.

Matteo 16:24 Poi Gesù disse ai suoi discepoli: "Se qualcuno vuol venire dietro a me, rinneghi se stesso, prenda la sua croce e mi segua".

Quando si è chiamati a seguire Gesù, si è chiamati a unirsi a un esercito. Incontro molte persone che escono dalle loro denominazioni religiose, dal musulmano e dall'induismo, senza sapere che si trovano in una zona di guerra con Satana. Assicuratevi di capire che è difficile, ma siete vittoriosi perché avete la forza dello Spirito Santo. Se frequentate una chiesa religiosa dove insegnano "Una volta salvati, sempre salvati", non è uno scherzo? Andare a peccare e prendere le ceneri, questa è un'altra menzogna. Non avete un demone. Questa è un'altra bugia. Quando accettate Gesù, ricevete subito lo Spirito Santo; è una bugia, non c'è speranza per voi. Ecco perché si dice che molti sono chiamati, ma pochi sono scelti. Broadway, essendo stretta, ha molte restrizioni.

Lo Stretto è la porta che significa cancello ristretto. Quando le persone vengono chiamate da Dio e scelte dopo averle superate, la loro prova è diversa. Quando insegno, mostro loro la Parola scritta; la afferrano e la vivono.

Ho avuto a che fare in modo particolare con un ragazzo indù. Oggi ha detto che quando non conosceva la Bibbia, sapeva comunque che Gesù era l'unico Dio. Egli è l'unico e solo Dio. Ebbene, ho studiato la falsa e confusa dottrina della Bibbia; avevo molti falsi insegnamenti che mi ostacolavano. Ma dipendevo da Dio. Mi sono affidato alla Parola di Dio e ho creduto che sarebbe successo come dice. Quest'ultima rivelazione è arrivata in alcune riunioni. Le persone che non hanno molta confusione sui falsi profeti e insegnanti sono quelle da cui imparo. Sono ancora come una bambina e voglio sapere sempre di più.

Isaia 28:9 A chi insegnerà la conoscenza e a chi farà capire la dottrina? A quelli che sono stati svezzati dal latte e allontanati dalle mammelle.

Siate come un bambino.

Matteo 18:3 E disse: "In verità vi dico che se non vi convertirete e non diventerete come bambini piccoli, non entrerete nel regno dei cieli".

Matteo 19:14 Ma Gesù disse: "Permettete ai bambini piccoli e non vietate loro di venire a me, perché di questi è il regno dei cieli".

Marco 10:15 In verità vi dico: chi non accoglierà il regno di Dio come un bambino, non vi entrerà.

Non diventate teologi, battisti, JW, metodisti, alleati, CNI, pentecostali o altro. Accettate la verità come un bambino. Se date un dollaro a un bambino, lui lo accetterà; il bambino salterà su e giù. Una volta, dopo la Chiesa, ho detto a mia nipote: "Ti offro il pranzo".

Lei ci ha creduto. Ricordate, dobbiamo accettare ciò che dice il Signore. Gli adolescenti e le persone confessionali sono difficili da trattare. Quando Angelo chiese a Filippo di andare a sud di Gerusalemme, a Gaza, Filippo lo fece. Incontrò Eunice; lo Spirito chiese a Filippo di avvicinarsi, lui lo fece e gli chiese Avete capito?

Egli disse di no. *Atti 8:35 Allora Filippo aprì la bocca e, partendo dalla stessa scrittura, gli predicò Gesù. 36 Mentre andavano per la loro strada, giunsero a una certa acqua; e l'eunuco disse: "Vedi, ecco l'acqua; che cosa mi impedisce di essere battezzato?". 37 E Filippo disse: "Se credi con tutto il cuore, puoi". Ed egli rispose: "Credo che Gesù Cristo è il Figlio di Dio". 38 Allora egli ordinò al carro di fermarsi; e scesero entrambi nell'acqua, sia Filippo che l'eunuco, ed egli lo battezzò.*

Questo tipo di persone sono chiamate e il Signore manderà loro un vero insegnante. A volte incontro questo tipo di persone. Sono una gioia. Non diranno mai: "Io sono questo e quello", ma accetteranno e si rivolgeranno a Dio. C'è una differenza.

Apocalisse 17:14 Questi faranno guerra all'Agnello e l'Agnello li vincerà, perché egli è il Signore dei signori e il Re dei re; e quelli che sono con lui sono chiamati, eletti e fedeli.

Lode a Dio! Egli sceglie dopo la chiamata. Solo i fedeli arriveranno in cielo. Amen!

PREGHIAMO

Signore, ti ringraziamo per averci chiamato. Preparaci nel Tuo campo di addestramento a combattere con il nemico invisibile. I dominatori delle tenebre sono gli avversari; noi non vediamo, ma Dio ci ha mostrato come combattere. Ti amiamo, Dio, che hai molte prove da affrontare, ma le Tue promesse sono con noi. Non ci lascerai mai e non ci abbandonerai mai. Grazie, Signore! Questo è ciò che vogliamo e teniamo nel cuore: le Tue promesse ci sono sì, ma dobbiamo crederci e reclamarle. Il primo è ultimo e l'ultimo sarà il primo. Aiutaci a correre questa gara nelle Tue condizioni e non nelle nostre. Vogliamo rimanere umili, non solo noi, ma anche la nostra terra guarita dalla povertà, dalle malattie, dalle patologie e dalle operazioni demoniache, nel nome di Gesù. Amen! Dio vi benedica!

13 SETTEMBRE

PARLATE RAGIONEVOLMENTE!

Bisogna parlare con cognizione di causa di qualcuno o qualcosa. Trovo che le persone non abbiano alcuna conoscenza e parlino come se sapessero tutto.

Ho vissuto in California per venticinque anni, il che non significa che io sappia tutto della California. Dobbiamo conoscere gli argomenti prima di discuterne o di parlarne. Soprattutto per quanto riguarda Dio! Come posso parlare di Dio senza conoscere o sperimentare il vero Dio? Chiedete a Lui, cercate e cercate. "La mezza conoscenza è peggiore dell'ignoranza", Thomas B. Macaulay.

Proverbio 1:5 Un uomo saggio ascolterà e aumenterà l'apprendimento, e un uomo intelligente raggiungerà consigli saggi; 7 il timore del Signore è l'inizio della conoscenza, ma gli stolti disprezzano la saggezza e l'istruzione.

Parlare di qualsiasi argomento senza conoscerlo, ma avendo dato un'occhiata o sentito qualcuno, non fa di voi un esperto. Dimostra quanto siete sciocchi. Si espone la propria stoltezza. Che il Signore vi dia la saggezza. Al giorno d'oggi, tutti vogliono parlare di Dio; intendo il vero Dio Gesù. Ma non lo hanno mai ascoltato, cercato, letto e studiato. Rivolte in corso nel mondo per il vero Dio, e sembra così sciocco, non istruito e ignorante. Si sa tutto di Dio. Una cosa fatta a mano che non può camminare, parlare, o pensare non è Dio. Non si può parlare di Dio onnipotente quando si adorano prodotti fatti a mano. Non conoscere e non parlare del Dio eterno, onnisciente, onnipotente, creatore e operatore di meraviglie porterà problemi. È inopportuno anche solo pronunciare il nome di Gesù dalla bocca di un empio e di un ingiusto.

Ebrei 10:31 È una cosa spaventosa cadere nelle mani del Dio vivente.

Assicuratevi di capire che Dio non è la scienza, lo spazio o qualsiasi altro argomento. È il creatore che vi ha creati. Fate attenzione!

Salmo 90:11 Chi conosce la potenza della tua ira? Secondo il tuo timore, così è la tua ira.

Quindi, ogni volta che parlo di Dio, mi assicuro che Dio lo riveli o che io sappia di cosa sto parlando. Altrimenti, una voce sarà più forte dell'altra cercando di dimostrare che ho ragione senza sapere. Si può sbagliare pensando di essere nel giusto.

Proverbio 4:7 La saggezza è la cosa principale; perciò procurati la saggezza e con tutto il tuo avere procurati l'intelligenza.

Tutte le profezie che si stanno avverando mostrano che il tempo si avvicina alla venuta di Gesù. La Bibbia dice: "Per il mio nome vi odieranno". Ci saranno carestie, terremoti e non ci saranno più isole e montagne. Preparatevi a vedere l'esito della profezia. Leggete Marco 13, Luca 17:20-37; 21:8-36; Matteo 24. 2 Timoteo 3:15:1 Timoteo 4:17.

Al giorno d'oggi, il controllo dei media e del governo dimostra l'adempimento della profezia biblica. Dimostrano anche l'ignoranza. Alcune forze malvagie portano o spingono le persone a voler prendere il controllo. Perché questo? Dimostra che la creazione ama le tenebre piuttosto che la luce. La creazione ama il male piuttosto che il bene. Il bene è male e il male è bene. Che il Signore ci renda ragione. Come si può parlare di cose che non si conoscono? Il cristianesimo si sta convertendo o è l'inversione di un percorso fuorviante? Le persone che camminavano nelle tenebre, perse dietro agli idoli muti e sordi creati dall'uomo, ora hanno trovato il vero Dio. Un idolo può avere qualsiasi forma o nome, ma nessuno di essi ha una mente, un cervello o un organismo vivente. Che il Signore apra i nostri occhi spirituali per vedere e cercare Lui. Se volete conoscere Dio, dovete chiederglielo. Io lo farei, visto che la Bibbia è la Parola di Dio.

1 Corinzi 8:5 Infatti, anche se ci sono dei chiamati dèi, sia in cielo che in terra, (come ci sono molti dèi e molti signori).

È di buon senso che voi e qualcun altro dichiariate di essere voi, e che questi debba dimostrare la propria identità. Abbiamo carte d'identità, certificati di nascita, passaporti e altre prove per dimostrare che noi siamo quelli veri o originali. Posso dire che se siamo attenti alla nostra identità, allora perché siamo così confusi o pigri da non trovare questo unico vero Dio? Se lo trovate, allora è la fine della battaglia, della povertà, del dolore, della distruzione, della malattia, dell'oppressione, della possessione e dell'oscurità. Che il Signore vi aiuti a trovare la verità della Bibbia che ha il potere di liberarvi dall'ignoranza. I discorsi sensati sono trasparenti. C'è una prova dietro di essi. C'è un potere dietro di essi per sostenere ciò che sostiene di essere. Se vi limitate a parlare o a discutere, significa che avete una religione e non delle relazioni. Sarete una di quelle autorità religiose che cercano di promuovervi e di farvi pressione affinché accettiate ciò in cui credono.

Dio ha rivelato nella Sua Parola il tempo della fine:

2 Tessalonicesi 2:3 Nessuno vi inganni in alcun modo, perché quel giorno non verrà se prima non ci sarà una caduta e non si manifesterà l'uomo del peccato, il figlio della perdizione; 4 il quale si oppone e si esalta al di sopra di tutto ciò che è chiamato Dio o che è adorato, così che egli, come Dio, siede nel tempio di Dio, facendo credere di essere Dio. 5 Ricordate che, quando ero ancora con voi, vi ho detto queste cose?

Ora, gli ignoranti, i non istruiti o gli inesperti non dovrebbero parlare del tema di Dio in modo incauto. In passato, la mia prima esperienza di cristianesimo è stata quando sono entrata in acqua nel nome di Gesù. Il mio scopo nell'andare sotto l'acqua era quello di ricevere il perdono dei miei peccati come spiegato nella Parola di Dio. Lasciate che vi dica che se lo farete, tutte le vostre argomentazioni si dissolveranno. Sperimenterete il perdono e sarete grati. Ditemi voi, chi non sarebbe felice quando trova qualcosa di così prezioso? Ora Gesù ha detto che è venuto per la Sua creazione, per guarire, liberare e sciogliere dalle catene. Se seguiamo Gesù, dobbiamo fare lo stesso e non discutere. L'uomo naturale non conosce le cose soprannaturali. Cosa farete quando una persona è pazza, posseduta dal demonio? È necessario il potere e il dito di Dio. L'istruzione è nella Bibbia, da parte del vero Dio. Ora, se voi e io, come cristiani, seguiamo esattamente le istruzioni della Bibbia, allora funzionerà.

Chi può impedirci di seguire nostro Padre se lo troviamo? Chi vi dà il diritto di fermare chi ha sperimentato la verità e poi ha creduto? Se siete ciechi, chiedete aiuto, ma non impedite il progresso degli altri. Non ha bisogno del permesso di nessuno, a meno che non siate prevenuti o odiatori dei cristiani. Il cristianesimo non è una religione; è la potente esperienza della liberazione dalle tenebre, dalla povertà, dalla malattia e dai demoni. Vi consiglio di aprire la Bibbia e di seguirla. Se trovate qualcosa di sbagliato, andate a parlare con il Creatore, perché è il libro del Creatore. È per guidarvi verso tutte le benedizioni, la verità e la prosperità. Parlate in modo sensato o siete degli sprovveduti e degli ignoranti. Dio vi benedica.

Proverbio 24:4 Con la conoscenza le stanze si riempiono di tutte le ricchezze preziose e piacevoli. 5 Un uomo saggio è forte; sì, un uomo di conoscenza aumenta la forza. 6 Perché con un saggio consiglio farai la tua guerra; e in una moltitudine di consiglieri c'è sicurezza.

PREGHIAMO

Padre celeste, ti ringraziamo per il tempo che sta per compiersi. Tutte le profezie si avvereranno, allora guardate in alto e alzate il capo, perché la vostra redenzione si avvicina.

Vediamo rivolte, uccisioni e distruzione ovunque. Questo è il tempo delle tenebre. Il Signore ci aiuti a raggiungere molti e a farli uscire dall'inferno di fuoco. L'inferno non ha una porta d'uscita. Dai al Tuo popolo il desiderio di testimoniare a coloro che sono ignoranti. Il nostro Dio è misericordioso, solo Lui può guarire il cuore spezzato, provvedere, curare i malati e liberare. È nostro compito, in quanto figli del Dio vivente, aiutare coloro che sono senza e indifesi. Ti ringraziamo perché le tariffe del medico sono estreme, ma il nostro Dio lo fa gratuitamente. Aiutaci Signore nel nome di Gesù. Amen! Dio vi benedica!

14 SETTEMBRE

AGGRAPPATEVI ALLA MANO DI DIO!

I bambini tengono le mani dei genitori. Non tengono la mano di un estraneo. Marito e moglie si tengono per mano. Si tengono fino al matrimonio, una volta divorziati la mano cambia. I bambini crescono e non hanno più bisogno della mano. Le persone invecchiano quando hanno di nuovo bisogno di una mano. Sono stata in India e ho visto che gli anziani tengono sempre la mano agli altri. Abbiamo bisogno di tenere la mano, ma possiamo anche cambiare mano. Ma la mano di Dio non cambierà mai. È questa la mano che dovete tenere stretta. È la mano immutabile.

Che il Signore ci aiuti sempre a ricordare che la mano del Signore vi raggiungerà per salvarvi dall'argilla fangosa e dai problemi profondi e vi proteggerà. Anni fa ho sentito la storia di questo profeta indiano. Dopo la sua conversione, venne nel Nord-Ovest. I nostri genitori accoglievano sempre le persone che venivano nel nome di Gesù. Questo portava molta benedizione nella nostra casa. Quest'uomo si chiamava signor Pardashi. Aveva un lavoro secolare in India. Un Angelo si presentò nel Suo ufficio chiedendogli di seguirlo. Lui rispose di no: "Ho un lavoro, una moglie e un figlio di cui occuparmi". L'Angelo venne il giorno seguente e gli chiese di fare lo stesso; egli rispose lo stesso. Il terzo giorno, mentre l'Angelo gli chiedeva di seguirlo, il signor Pardashi lasciò perdere e lo seguì. L'India del Sud ha molte montagne e valli. Così l'Angelo lo portò sulla cima della montagna, lo fece cadere e scomparve. Per giorni e settimane aspettò che l'Angelo lo accompagnasse. Essendo debole, pensava: "Non posso scendere". La sua barba si allungò, ebbe sete e fame. Pregò: "Signore, ti prego, uccidimi qui. Non sono in grado di scendere". In quel momento, vide una mano venire dal cielo e toccare la sua lingua e acquistò piena forza. La luce arrivò ai suoi occhi, il suo corpo ricevette la forza e iniziò a scendere. L'uomo cercò Dio nella sua disperazione quando era sulla montagna. Dio unse l'uomo con una grande unzione. Se camminava per strada, le persone possedute cadevano all'indietro. Il demone usciva dalle persone in sua presenza. Quest'uomo è venuto nello Stato del Gujarat e ha battezzato mia madre nel nome di Gesù. Mia madre ha detto che era malata ed è stata guarita.

La mano di Dio ha toccato Fratello Pardashi e lo ha fatto rinascere. Avete bisogno che la mano di Dio vi tocchi. Le cose accadono con la mano destra del Signore. È la mano del potere. Dio è uno spirito, quindi la mano destra è un'allegoria.

1 Pietro 5:6 Umiliatevi dunque sotto la potente mano di Dio, perché egli vi esalti a suo tempo.

Isaia 48:13 La mia mano ha posto le fondamenta della terra e la mia destra ha disteso i cieli; quando li chiamo, si alzano insieme.

Il nostro Dio usa la mano come allegoria, cioè come metafora o analogia. La Bibbia dice che Dio è Spirito.

14 SETTEMBRE

Giovanni 4:24 Dio è uno Spirito.

Usiamo le mani per toccare, lavorare o pregare sulle persone. Io uso la mia mano per pregare sulle persone. Loro mi dicono di sentire caldo quando impongo loro le mani. Mi confermano anche di aver sentito qualcosa uscire dalla mia mano e di essersi sentiti liberi e leggeri o stanchi. La nostra mano è ciò di cui Dio sta parlando. La materia celeste può essere compresa solo se spiegata in modi terreni. Dio usa la parabola perché io e voi possiamo capire. Non posso parlare degli Stati Uniti a persone che non li hanno mai visitati.

Isaia 41:9 Tu che ho tratto dalle estremità della terra, ti ho chiamato dai suoi capi e ti ho detto: "Tu sei il mio servo"; ti ho scelto e non ti ho scacciato. 10 Non temere, perché io sono con te; non ti sgomentare, perché io sono il tuo Dio: Io ti fortificherò, sì, ti aiuterò, sì, ti sosterrò con la destra della mia giustizia.

Il Signore ci spiega le cose, portandoci al nostro livello perché possiamo capire. Dio, essendo Spirito, riempie il cielo e la terra. Con una mente terrena capiamo che le Sue mani sono potenti per salvarci. Dio usa la parabola per spiegare la materia celeste con elementi terreni. Dio ha fatto in modo che le nostre mani ci aiutassero. Usiamo le mani per cucinare, pulire, nutrire, pettinare, lavorare, scrivere e fare il lavoro. Non usiamo le gambe come mano. Così la nostra mano nella mano di Dio diventa una mano potente. Le nostre mani possono risuscitare i morti, guarire i malati e scacciare i demoni. Questo può accadere solo se permettiamo alla nostra mano di essere nella mano di Dio. Le nostre mani si allenano solo per lavorare, ma mai per l'opera di Dio, anche se sono date da Dio.

Dio ha detto nella Parola di Dio.

Marco 16:18 Prenderanno in mano i serpenti e, se berranno qualcosa di mortale, non farà loro del male; imporranno le mani ai malati e questi guariranno.

Come potete fare tutto questo lavoro e prendere il serpente? Lavoriamo con le nostre mani e imponiamo le mani ai malati. Che il Signore ci aiuti a capire che Dio le usa per fare la Sua opera. Mettiamo la nostra mano nella volontà di Dio. La volontà di Dio ha bisogno della vostra mano. Se Dio non usa la Sua mano, sarete trascinati. Non sareste salvati. Quindi ricordate che dobbiamo essere la Sua mano immutabile. È il Signore che ha detto di usare la Sua mano. Quando Dio unge la nostra mano per pregare sugli altri, essa diventa la mano di Gesù.

Marco 8:25 Poi gli pose di nuovo le mani sugli occhi e gli fece alzare lo sguardo.

Luca 13:13 Le impose le mani e subito la donna si raddrizzò e glorificò Dio.

Luca 4:40 Ora, quando il sole stava tramontando, tutti quelli che avevano malati con diverse malattie li portarono da lui; ed egli, imponendo le mani su ognuno di loro, li guarì.

Atti 9:17 Anania fece la sua strada ed entrò in casa, e imponendogli le mani disse: "Fratello Saulo, il Signore, cioè Gesù, che ti è apparso sulla strada mentre venivi, mi ha mandato affinché tu riceva la vista e sia riempito di Spirito Santo".

Vedete il potere della mano che diventa la mano del Signore. È la mano immutabile di Dio a compiere grandi opere. Usate la vostra mano, pensando che farà grandi cose se lavorerà per il Signore. Ci ha dato un esempio. Come imporre le mani sulle persone malate. Mettete la mano sulle persone oppresse e possedute per vedere l'opera di Dio. L'opera soprannaturale si manifesterà solo se la vostra mano si muove, lavora e opera per l'opera di Gesù. Amen!

PREGHIAMO

Padre celeste, veniamo davanti al Tuo altare. Sappiamo quanto siano importanti le nostre mani se le usiamo per te. È la mano immutabile di Dio per salvare, guarire, liberare e rendere liberi i prigionieri, se lo facciamo a modo Tuo. Signore, tu sei Spirito, ma usi la nostra mano. La metafora della mano è comprensibile, visto che usiamo la stessa per lavorare. Che il Signore ci aiuti a usare le mani per compiere la potente opera del Regno. Lasciamo che il medico, le infermiere o altri usino le loro, ma chi deve usarle siamo noi. Siamo persone piene di Spirito Santo che devono usare la mano per la Tua creazione. La promozione del Suo regno dipende dalla mano immutabile di Dio, che è la mia. Non può essere altrimenti. Grazie per averci dato due mani, non una. Che il Signore ci unga oggi per i molti compiti di Dio.

Dedichiamo la nostra mano a essere una mano immutabile per l'opera del Regno, nel nome di Gesù. Amen. Dio vi benedica!

15 SETTEMBRE

L'OBIETTIVO È LA VOSTRA FEDE!

La fede sposta la montagna. La montagna dei debiti, delle preoccupazioni, dei problemi, dei malanni, delle malattie, e chi più ne ha più ne metta. Se avete fede, potete fare ciò che desiderate. Niente è più forte della vostra fede. Ma anche il diavolo lo sa, quindi cerca di fare del suo meglio per creare una situazione che sembri più grande, impossibile e insolita solo per scuotere la vostra fede.

La fede è una potente arma positiva e il diavolo sa che può spegnere i dardi infuocati di Satana.

Efesini 6:16 Soprattutto, prendete lo scudo della fede, con il quale potrete spegnere tutti i dardi infuocati dell'empio.

1 Tessalonicesi 5:8 Ma noi, che siamo del giorno, siamo sobri, rivestendoci della corazza della fede e dell'amore e, come elmo, della speranza della salvezza.

La fede è lo scudo della vostra speranza. Attraverso la fede, vincerete. Salverà i vostri figli e ristabilirà il vostro matrimonio. La fede può liberare le persone e renderle libere. La vostra fede nel Signore può proteggere la speranza. Se credete e pregate per ogni situazione, la fede porterà il risultato atteso. Il risultato della preghiera non è quello per cui si è pregato, ma la fede. Abbiate fede in Dio, credete e Lui lo farà. Proteggete sempre la vostra fede con il sangue di Gesù e lo Spirito Santo. Dio unse il Re Davide quando era solo un bambino. Satana lo controllò per distruggere il piano di Dio.

Avete ricevuto molte promesse da Dio? Siete in attesa? State pregando perché accadano diverse cose nella vostra vita? Il diavolo sta prendendo di mira la vostra fede. Proteggete la vostra fede. Leggete le Scritture della testimonianza. Se la mia fede è presa di mira, se mi preoccupo, se ho paura e dubbi, allora leggo Ebrei 11 per distruggere il dardo infuocato del nemico. La vostra fede varia di giorno in giorno e di situazione in situazione.

Il figlio di un insegnante soffriva di una grave malattia. Ho detto che Gesù poteva guarirne il rene. Pensavo che quell'uomo credesse nella guarigione, dato che era un insegnante della chiesa religiosa. Invece rispose: "È il rene, quindi abbiamo bisogno del medico". Non potevo credere all'incredulità degli insegnanti della scuola domenicale. Pensavo che tutto è possibile; nulla è impossibile a Dio. So che il Signore ha creato il nostro corpo, quindi chi può essere più esperto di Dio? Solo Lui può fare il lavoro migliore. Ho capito che non è la posizione che ricoprite, ma la vostra relazione con il Signore.

Più di ogni altra cosa, avete bisogno di una relazione. La conoscenza di Lui è la cosa più importante. Dedico più tempo alla lettura della Bibbia. Non ascolto molti messaggi, a parte la Parola che è Dio.

Quando il Verbo = Dio, derubricato in carne e ossa, era tutta un'altra storia.

Il Creatore è la Parola. Dio ha creato il cielo e la terra pronunciando la Parola. La Parola che pronunciate mostra la vostra posizione nei confronti di Dio.

Quando pronunciate la Parola con fede, allora state creando ciò che avete detto.

Genesi 1:1 In principio Dio creò il cielo e la terra. 3 E Dio disse: "Sia la luce", e la luce fu.

Ebrei 11:3 Per fede comprendiamo che i mondi sono stati formati dalla parola di Dio, affinché le cose che si vedono non siano state fatte da cose che appaiono.

Avete capito che il vostro vocabolario deve essere ciò che desiderate vedere? Scatenate la vostra immaginazione e aspettatevi un risultato incredibile. Parlate con la vostra immaginazione, essa creerà il soprannaturale. La parola è il fattore più importante, poiché la vita e la morte sono sulla vostra lingua.

Proverbio 18:21 La morte e la vita sono in potere della lingua e chi la ama ne mangia il frutto.

La gente non sa che la speranza invisibile si concretizza se si parla e si pronuncia con la lingua.

Una signora mi chiamò e mi disse che le avevano trovato un nodulo e che si trattava di cancro al seno. Le ho risposto: "No, non lo è". È andata dal medico e ha scoperto che non lo era ed era entusiasta. Ha detto: "Mi sono ricordata che mi avevi detto che non è un cancro". Vedi, ho detto e creduto. Ci credo perché leggo la Bibbia e la mia fede è nella Parola di Dio.

Insegnate ai vostri figli a dire la verità e a essere positivi. La parola porta vita o morte. Molti bambini muoiono perché i genitori sussurrano loro il male all'orecchio. Diffondono il veleno attraverso la loro bocca; non c'è da stupirsi se i loro figli sono malvagi. Chi è l'allenatore malvagio? I genitori, non i vicini. Parliamo sempre di benedizioni sul nostro nemico, perché ha il potere di cambiarlo. Gesù disse:

Marco 5:34 Egli le disse: "Figlia, la tua fede ti ha guarito; va' in pace e guarisci dalla tua piaga".

L'uomo chiese a Gesù di inviare la parola.

Luca 7:9 All'udire queste cose, Gesù si meravigliò di lui, lo fece voltare e disse alla gente che lo seguiva: "Io vi dico che non ho trovato una fede così grande, non in Israele".

È la potenza di Dio che attraversa la fede dichiarandola. Il Signore è buono! È felice quando qualcuno si fida di Lui! ConoscerLo e crederGli è impossibile.

Quando vado da qualche parte, vado per fede. La mia fede in Dio è alta. Non ho fede in nessuno, in nessuno e in niente. Ho fede in Dio per ogni cosa. Il Signore può e vuole se voi credete e proclamate. Dio ha dato più di cinquemila promesse. Pensate a cosa può accadere se credete. Senza dubbio tutti noi dobbiamo agire e credere. Niente viene senza azione. L'azione è la spinta alla fede.

Giacomo 2:17 Anche la fede, se non ha opere, è morta, essendo sola. 20 Ma vuoi sapere, o uomo vano, che la fede senza le opere è morta?

L'ostacolo delle montagne, degli oceani, delle valli e degli impedimenti può scomparire se avete fede in Dio. Voi parlate ed Egli lo farà accadere. È un gioco di parole. Devo giocare il gioco della Parola con la Parola di Dio. Il nostro Dio ha fatto cose straordinarie. Il deserto è diventato una pozza d'acqua credendo in Lui. Ha bruciato le città con zolfo e fuoco. L'ha detto e l'ha pronunciato. Che le vostre azioni siano gradite al Signore. Ogni vostra azione legata alla fede ha una grande benedizione. Che il Signore ci insegni con il Suo Spirito, poiché lo Spirito Santo ci insegna.

Il diavolo ha molte frecce, ma se voi restate in piedi con determinazione, immobilità e fermezza, nessun diavolo all'inferno potrà smuovervi. Nessuno potrà rubare le vostre promesse o distruggervi, nel nome di Gesù. Amen!

PREGHIAMO

Padre celeste, la fede come un granello di senape ha il potere di spostare una montagna. Tutti noi abbiamo fede in una certa misura, quindi aiutaci, Signore. Sappiamo che il potere è nella lingua, quindi aiutaci a pronunciare una parola positiva per le petizioni. Signore, abbiamo bisogno di una fede positiva, perché ci manca la fede. Crediamo in molte cose, ma per il Signore falliamo. Grazie alla Tua frustata, siamo guariti. Eppure, andiamo dai medici.

Signore, aiutaci a non preoccuparci di tutte le situazioni che dobbiamo affrontare. La Parola e la preghiera non sono importanti per noi. Aiutaci, Signore, dobbiamo essere i più ricchi nella fede. Ci impegniamo per le cose che non hanno valore eterno. Aiutaci a mettere la fede dietro il lavoro. La fede e la forza lavoro hanno potere. Signore, Daniele, Giuseppe, Ester e molti altri hanno visto che la situazione era al di là, ma la loro fede ha accompagnato il loro lavoro e ha attirato l'attenzione del mondo. Vogliamo che il mondo presti attenzione quando parliamo. Il diavolo si tira indietro vedendo la nostra fede. Nessuna delle sue frecce può funzionare. Benedici la nostra fede coprendoci con il Tuo sangue nel nome di Gesù. Amen! Dio vi benedica!

16 SETTEMBRE

OTTENETE LA LIBERTÀ PERDONANDO!

Alcune persone sono malate e il motivo è che non c'è perdono nel loro sistema. Ho incontrato alcune persone che conosco molto bene, che hanno una potente natura di perdono. Chiunque faccia loro del male, subito lo consegnano a Dio. Sono così felice del loro grande esempio. Poiché vivono per Dio e non portano rifiuti, camminano puliti.

Ad alcune persone piace portare con sé ciò che è accaduto loro anni fa. Portano spazzatura nel loro cuore. È un ricordo distruttivo ogni volta che ci pensano. Se volete essere liberi, perdonate. Quando andate all'altare, lasciate tutto lì e non raccoglietelo. Molti piangono sull'altare e lasciano lì i loro fardelli. Chiedete a Dio di vendicarsi e dite che è vostro, ve lo do. Alcuni si alzano dall'altare e raccolgono il fardello, invece di andarsene. Tornano a casa pensando allo stesso modo. Rimangono malati, vomitano e si ammalano ancora di più. Non contaminate gli altri parlando della vostra situazione, essa contamina anche voi stessi. Lasciate fare a Dio. La vendetta è di Dio, quindi è compito Suo e non vostro. Se lo date a Dio, sperimenterete la Sua pace e le Sue benedizioni. Obbedite ai comandamenti di Dio.

Ricordo quando stavo attraversando un periodo difficile al lavoro. C'era un supervisore che mi molestava. Stava usando il suo potere per farmi del male. Ero arrabbiata e ho perso il sonno per questo. Pensavo a come vendicarmi. Grazie a Dio, una volta, durante lo studio della Bibbia, ho sentito questa Scrittura.

Marco 11:25 E quando pregate, perdonate, se avete da ridire su qualcuno, affinché anche il Padre vostro che è nei cieli vi perdoni i vostri debiti.

È stato un po' difficile perdonare, ma poiché non potevo permettermi di perdere il sonno per questa donna, sono andata nella mia stanza e l'ho perdonata. Mi liberai dal dolore, dalla ferita e dalla rabbia. Da quel giorno il sonno mi è tornato. Credetemi, se perdonate sarete liberi da tutto questo dolore, dalla rabbia e dalla sofferenza. Che il Signore vi dia la forza di perdonare chi vi ha fatto del male. Una persona può non capire il suo torto. Ma voi ricordate quello che è successo anni e anni fa covando il perdono. Il vostro corpo è ora pieno di malattie e disturbi. Avvelenate i vostri figli e i loro figli per questioni sciocche. Che il Signore ci faccia capire che tutti noi commettiamo molti torti. Tuttavia, le persone perdonano e vanno avanti. Nessuno è perfetto, e se volete il perdono di qualcuno, allora dovete perdonare gli altri. La vostra libertà è in una sola parola: "Signore, perdono questo o quello che mi ha fatto un torto?". Temete Dio, il perdono è una strada pericolosa. Molte volte vi chiederete: perché sto così male, sono infelice, agisco e reagisco male? È a causa del male che c'è nel vostro cuore, il perdono nel cuore. Il cuore è malvagio e ingannevole, da esso scaturiscono la nostra vita, le nostre azioni e le nostre reazioni. Si reagisce a ciò che si conserva nel cuore.

16 SETTEMBRE

In un determinato posto di lavoro, un mio collega mi fece un torto. Una mattina venne da me e, piegando le mani, mi disse: "Ti prego, sorella, perdonami". Mi ha sciocato. Non era nemmeno un cristiano. La persona si rende conto e riconosce, e ha la coscienza pulita. È meraviglioso sentire la parola: "Perdonami, ho sbagliato". Dio perdona anche loro. Le persone grandi possono perdonare.

Nello stesso posto, un altro ragazzo era malvagio e cattivo. Mi faceva continuamente del male. Mi ha anche mentito. Più tardi ho saputo che è morto giovane. Ha confessato a un collega che quello che mi aveva fatto era sbagliato. A quel tempo mi ero già trasferita negli Stati Uniti, ma alcuni amici mi diedero la notizia della sua morte. Mi è dispiaciuto, ma ha ricevuto la ricompensa. Io servo il potente Dio e la cosa migliore per me è lasciare che sia il tribunale di Dio a occuparsene.

Amici, non camminate con gli occhi chiusi. Non avrete pace. Siate umili e dite: "Signore, perdonami".

Il Signore ha perdonato tutti coloro che gli hanno fatto del male. Ha dato loro la possibilità di pentirsi e di ricevere la salvezza.

Luca 6:27 Ma a voi che ascoltate dico: "Amate i vostri nemici, fate del bene a quelli che vi odiano".

Se perdonate, continuerete a seguire il piano di Dio. Egli sa come salvarvi dai nemici. I vostri nemici possono cadere nelle vostre mani, ma non vendicatevi.

1 Samuele 24:4 Gli uomini di Davide gli dissero: "Ecco il giorno di cui il Signore ti ha parlato: "Ecco, io consegnerò il tuo nemico nelle tue mani, perché tu possa fargli quello che ti sembrerà bene"". Allora Davide si alzò e tagliò di nascosto la gonna della veste di Saul. 6 E disse ai suoi uomini: "Il Signore non permette che io faccia questa cosa al mio padrone, l'unto del Signore, che stenda la mia mano contro di lui, visto che è l'unto del Signore".

Vivete entro i vostri limiti. Un giorno, il Signore spazzò via Saul e i suoi figli. Davide mantenne la sua mano pulita. Il potente uomo di guerra uccise l'orso e i leoni. Questo Re Saul era un gioco da ragazzi per lui, ma non ha mai sbagliato.

1 Samuele 31:3 La battaglia si accanì contro Saul, gli arcieri lo colpirono ed egli fu ferito gravemente dagli arcieri. 6 Così Saul morì, i suoi tre figli, il suo corazziere e tutti i suoi uomini, quello stesso giorno insieme.

Davide divenne re.

2 Samuele 2:4 Vennero gli uomini di Giuda e lì consacrarono Davide re della casa di Giuda.

Vedete, non vendicatevi mai; Dio ha una freccia per spazzare via il vostro nemico. Allo stesso modo, Egli può proteggervi dalle frecce se lasciate le cose nelle mani di Dio. Ma se non perdonate e non lasciate che Dio sia Dio, allora Egli lascerà che il nemico vi spari fuori dalla strada del suo piano. Dio ci dà molte possibilità di cambiare. Non dite: "Sono quello che sono a causa di quello che qualcuno mi ha fatto". La scelta è quella di soffermarsi sul passato o di perdonare e continuare a essere liberi.

Il non perdono è come se si bevesse del veleno desiderando che sia il vostro nemico a morire. Perdonate, guarite, liberatevi, ottenete il perdono dei propri peccati.

Ho visto che Dio si è vendicato, perché ho lasciato la questione nelle Sue mani. Non ho voluto fare del male, sapendo che è compito di Dio.

Avete visto qualcuno che sta sempre male? Parlate con loro per qualche minuto e scoprite quanto sono amareggiati.

Una signora lavorava con me; ho notato che aveva sempre un esaurimento nervoso. Dopo il mio pensionamento, venne a trovarmi. Cominciò a parlare della sua infanzia. La matrigna e il padre le avevano fatto mangiare tutti i piatti, quindi era ancora arrabbiata per questo. Aveva già superato i cinquant'anni. Poi ha detto che sua sorella faceva questo e suo fratello quello. Quindi tutti i rifiuti la facevano stare male. A volte deve essere ricoverata in un ospedale psichiatrico a causa di episodi passati. Mi chiamava sempre per pregare. Una volta mi ha chiamata di domenica, sapendo che quel giorno sarei andata in chiesa. Per non aver risposto al telefono, mi ha lasciato un messaggio: "Non provare mai a chiamarmi visto che non hai risposto al mio telefono". Ho provato a chiamarla, ma non ha mai risposto al telefono e in seguito ha cambiato numero. Vedete quanto è spietata? Ora non sto dicendo di tenere vicino le persone malvagie che vi fanno del male. Amatele a distanza, ma non nutrite alcun perdono, Amen! Dio vi benedica!

PREGHIAMO

Signore, ti ringraziamo per averci dato il privilegio di perdonare coloro che si accaniscono contro di noi. È bello ricevere il perdono per i nostri peccati con una grande salute e guarigione. Il nostro Signore ci ha dato un esempio perdonando i nostri peccati. È libertà per le nostre anime. Il perdono ci libera dal potere di qualcuno su di noi. Signore, facci capire che anche noi avremo bisogno del perdono di qualcuno. È un beneficio per i cristiani. Il perdono ha un'influenza positiva su di noi. Il nostro progresso dipende dal nostro perdono. Vediamo il Signore operare contro il nostro nemico solo se perdoniamo. Il Signore è il giusto giudice e sa come prendersi cura del nostro nemico. Molti sono morti, stanno morendo, sono malati o sono in prigione per non aver seguito la strada di Dio. Imparate a perdonare per essere guariti e riceverete anche voi il perdono nel nome di Gesù. Amen! Dio vi benedica!

17 SETTEMBRE

CHE COS'È LA RELIGIONE?

Questo è ciò che Dio mi ha mostrato delle persone religiose. La religione è come un corpo senza testa e senza gambe. Le comunità religiose non hanno la possibilità di decidere. Esse seguono il sovrano della loro religione. La religione rende le persone senza testa e senza gambe. Per favore, decidete di trovare Dio. Lasciate che lo Spirito Santo vi conduca, vi guidi e vi insegni. Se lo Spirito Santo vi guida, allora avrete testa e gambe e potrete andare avanti. Potrete andare ovunque vogliate andare. Non solo, la vostra mente funzionerà. Inoltre, occhi e orecchie non si spegneranno. Nessuno vi dirà cosa e come vedere, sentire e pensare. Lasciate che sia lo Spirito Santo a fare il lavoro. Permettete allo Spirito Santo di svilupparvi, avvantaggiarvi e potenziarvi. Ricordate che avete permesso ai capi religiosi di tagliarvi la testa e la gamba. La stessa cosa accadde quando gli israeliti chiesero il re. Non volevano Geova Dio come loro capitano. Mantenendo le vie di Dio avrebbero avuto la testa, quindi non scegliete altro che lo Spirito Santo. Le vostre vie sono inferiori a quella di Dio.

Mosè ha iniziato l'opera avendo una relazione con il Signore. Ma il sacerdote e il sommo sacerdote al tempo in cui il Signore Gesù camminava sulla terra non conoscevano Dio. Avevano la conoscenza della Torah, ma non la relazione. Avevano solo leggi, comandamenti, precetti, ma non sapevano come vivere una vita santa.

Quando vi unirete a una qualsiasi denominazione, religione, allora vi taglieranno la testa e le gambe. Poiché vogliono comandare su di voi. Scelgono le Scritture per allontanarvi da Dio e tenervi sotto di loro. Perché scegliete questi governanti di denominazione, leader religiosi su di voi, visto che Dio vi ha dato lo Spirito Santo? I falsi insegnanti, profeti e pastori eliminano la verità distorcendo le Scritture. Prendete un po' di precauzioni e date a Dio una possibilità. Lasciate che Dio si occupi dei Suoi affari. Lasciate che sia l'autore della Bibbia a insegnare. Non sacrificate la vostra testa e la vostra gamba e non datevi alla schiavitù. Che il Signore vi dia l'amore per voi stessi e per Dio. Non c'è bisogno di altri aiuti per essere fuorviati. Abbiamo molti amanti dei poteri, delle posizioni e dell'avidità da manipolare se glielo permettete.

Il sacerdote e il Sommo Sacerdote hanno fatto lo stesso alla fine. La gente deve obbedire, servire al comando del sacerdote. Hanno preso il controllo della loro vita. Hanno portato le usanze e reso ininfluente la parola di Dio.

Marco 7:6 Rispose loro: "Bene ha fatto Esaia a profetizzare di voi ipocriti, come sta scritto: Questo popolo mi onora con le labbra, ma il suo cuore è lontano da me. 7 Invano però mi adorano, insegnando come dottrine i comandamenti degli uomini. 8 Perché trascurando il comandamento di Dio, seguite la tradizione degli uomini, come il lavare i vasi e le coppe; e molte altre cose simili fate. 9 Ed egli disse loro: "Rigettate pienamente il comandamento di Dio, per osservare la vostra tradizione. 13 Rendete vana la parola di Dio per mezzo della vostra tradizione, che avete tramandato; e molte altre cose simili fate".

Il leader religioso taglia il vostro rapporto con il Creatore. Le persone religiose permettono ai leader di tagliare teste e gambe. Così non possono andare avanti se non all'indietro. La religione porta l'oscurità.

I leader non conoscono Dio, non conoscono l'intenzione o il piano di Dio. Il programma di Dio è stato cancellato e hanno messo il loro programma e le loro abitudini. Quindi, qualunque cosa dica la Bibbia, non riuscirà a penetrare in loro. La Parola di Dio diventa vana. La verità è fuori, senza la verità nessuno si libera. Solo la verità ha potere e non le religioni, le usanze o i falsi insegnamenti. Questi ultimi vi terranno legati e ascolterete solo il sacerdote e l'autorità religiosa.

Ora siete senza testa e senza gambe. Non potete pensare perché non avete una testa per pensare, non potete vedere perché non avete occhi e orecchie. Così, quando venne il Signore Gesù, essi sapevano solo ciò che la loro religione aveva detto e insegnato. I leader religiosi vogliono che vediate e sentiate solo quello che vogliono loro. I ciechi, i sordi e i senza cervello non possono vedere, ascoltare e pensare.

Una volta ho dato a una signora la possibilità di usare il mio libro di studi biblici. Mi disse che le piaceva questo studio biblico, ma che avrebbe strappato le scritture su un unico Dio. Riuscite a crederci? Dissi che Dio ha detto nel primo comandamento: "Io sono uno". Isaia ha detto che non c'è nessuno accanto a lui e nessuno dopo di lui. Quindi avete semplicemente bisogno dell'aiuto di Dio per conoscerlo, e Lui lo farà se lo amate. Ora lei era stata approvata dal capo religioso di quella città.

La Bibbia dice che il Signore ci ha dato l'autorità, ma riconosce il Signore come colui che fa tutto. Re Saul ha ottenuto una posizione da Dio, Giuda ha ottenuto le posizioni da Dio. Non impiccate Dio, non tradite Dio, non vendete Dio. Egli vi caccerà se lo fate. La Parola di Dio è al di sopra e immutabile; rimane in piedi per sempre. Questa signora ha detto: "No, non lo farò". Quindi ricordate, Dio ha chiamato molti e alcuni di loro hanno cercato di prendere il controllo. Non siete più intelligenti di Dio. Se Dio vi sta parlando, imparate a mantenere il rapporto con lui rispettando i Suoi comandamenti e a non essere troppo orgogliosi. Se scavalcate Dio, vi caccerà a causa dell'arroganza.

Ci sono religioni di tutti i tipi. Le loro radici sono profonde e sono fuorviate da falsi insegnanti e profeti. Dio vi ha chiamati, ma entrare nella religione e ottenere una posizione vi rende presuntuosi. Alcuni si montano la testa, senza sapere che l'autorità religiosa gliel'ha tagliata. Voi non avete la testa.

Le persone diventano miopi e dimenticano che Dio ci ha promesso una terra oltre il fiume. È la strada e il viaggio attraverso la montagna, l'oceano, il fiume e il deserto. Che il Signore vi liberi dal demone religioso o dalla droga religiosa. È un'oppressione e una possessione.

Ci sono 4.200 religioni nel mondo. Queste persone camminano confuse e smarrite senza testa e senza gambe. Non possono andare da nessuna parte o non vogliono accettare la verità, perché non hanno né testa né gambe. Che il Signore vi restituisca il vostro corpo. Come potete vedere senza di esso? Come potete andare dal vero Dio?

Isaia 42:16 Porterò i ciechi per una via che non conoscevano; li condurrò per sentieri che non conoscevano; renderò le tenebre leggere davanti a loro e le cose storte diritte. Farò loro queste cose e non li abbandonerò. 17 Saranno respinti, si vergogneranno molto, quelli che confidano nelle immagini di legno e che dicono alle immagini fuse: "Voi siete i nostri dèi". 18 Ascoltate, sordi, e guardate, ciechi, perché possiate vedere. 19 Chi è cieco, se non il mio servo? O sordo, come il mio messaggero che ho mandato? Chi è cieco come colui che è perfetto, e cieco come il servo dell'Eterno?

Che il Signore vi aiuti prima che sia troppo tardi. Stiamo entrando nell'era della confusione. La verità è per i bambini, gli umili e i giusti. Signore, donaci l'amore per la verità più delle loro religioni. Dio apre la porta e li promuove accanto ai re, facendone una regina. Dio dà loro la saggezza e c'è sempre una luce che brilla per loro. Che il Signore vi benedica nel nome di Gesù. Amen!

PREGHIAMO

La volontà e il desiderio di Dio è che noi abbiamo una relazione con Lui. Il Creatore ha un bellissimo piano per noi, ma il diavolo ha quello di rubare, uccidere e distruggere. Il nostro Dio è pronto a rispondere, se chiedete. Il Signore desidera che la Sua creazione venga a Lui e non attraverso autorità religiose fuorvianti e ingannevoli. Ci sono molti falsi spiriti là fuori.

Signore, aiutaci a discernerli. Aiutaci a non credere a tutti gli spiriti. Alcuni ci impediranno di battezzare nel nome di Gesù Cristo e sono chiamati anticristi. Non vi permetteranno di ricevere lo spirito di Dio perché sono l'anticristo. Ma è un canale aperto con Dio, un invito aperto se rimuoviamo il tappo, il blocco e l'ostacolo. Che il Signore Gesù ci aiuti nel nome di Gesù. Amen! Dio vi benedica!

18 SETTEMBRE

DOVE SI SVOLGE LA BATTAGLIA?

Le battaglie iniziano nel regno degli spiriti e si possono vincere solo nel regno degli spiriti. Qualsiasi battaglia o problema può essere risolto se si sa come affrontare le tenebre spirituali. L'origine delle battaglie è nel mondo dello Spirito. La causa delle battaglie è Satana e non gli uomini. Tutte le guerre vengono pianificate e progettate nel regno spirituale. In seguito si manifestano nel mondo fisico. Quando vedete il movimento nel regno fisico, non sorprendetevi. Non guardatevi intorno. L'hanno pianificato nel regno spirituale prima che prenda la forma fisica. Oggi impareremo passo dopo passo come affrontare una battaglia e vincerla.

Prepariamoci. Il diavolo è esperto nel rovinare la creazione di Dio. Ha giocato alla distruzione attraverso il diluvio. Ogni dispensazione ha un piano di punizione per coloro che hanno disobbedito a Dio. Non lasciatevi ingannare dalle autorità religiose a cui credete e di cui vi fidate come autorità data da Dio. Mi permetto di dire: abbiate una relazione con Dio! Seguite Gesù per vincere le vostre battaglie. Quando le persone vanno in un'altra nazione come schiavi, o per il lavoro e se la Parola di Dio non è in loro, allora sono finite. Ciò di cui avete bisogno è la verità che è la Parola di Dio e potrete godere della vostra libertà.

Matteo 9:14 Allora vennero da lui i discepoli di Giovanni, dicendo: "Perché noi e i farisei digiuniamo spesso, ma i tuoi discepoli non digiunano?". 15 E Gesù disse loro: "Possono forse i figli della camera nuziale fare il lutto, finché lo sposo è con loro? Ma verranno giorni in cui lo sposo sarà loro tolto, e allora digiuneranno".

Cosa può succedere se non si digiuna? Ci fu un caso in cui non riuscirono a scacciare il demone e il Signore ne mostrò il motivo.

Matteo 17:19 Allora i discepoli vennero da Gesù in disparte e dissero: "Perché non abbiamo potuto scacciarlo?". 20 E Gesù disse loro: "A causa della vostra incredulità; perché in verità vi dico: se avrete fede come un granello di senape, direte a questo monte: "Spostati di là", ed esso si sposterà; e nulla vi sarà impossibile". 21 Tuttavia, questa specie non esce se non con la preghiera e il digiuno.

Il Signore aveva dato loro autorità sui demoni. Ricordate, funziona solo se ci allineiamo alla Parola di Dio. Il digiuno con la preghiera aiuta.

Luca 10:17 I settanta tornarono di nuovo con gioia, dicendo: "Signore, anche i demoni ci sono sottomessi per il tuo nome".

18 SETTEMBRE

Mentre scacciavano i demoni avendo ancora autorità, Dio insegnò la lezione dell'importanza del digiuno e della preghiera per scacciare i demoni. Il Signore disse molte cose attraverso un episodio. Primo, avete bisogno di fede e secondo, dovete digiunare. Non fate la dieta di Daniele. Ricordate che non state giocando con un uomo qualunque, ma con una mente, Satana. Il diavolo è molto forte. Ecco perché si parla di roccaforte. Le legioni avevano il potere di distruggere l'uomo. Satana viene per rubare, uccidere e distruggere. Quindi non abbiamo a che fare con formiche o zanzare. Il Signore lo spiega esplicitamente.

Marco 3:27 Nessuno può entrare in casa di un uomo forte e rovinare i suoi beni, se prima non lega l'uomo forte; e allora rovinerà la sua casa.

L'autorità che ci viene data con delle condizioni si prepara di conseguenza. Dio ha sempre detto di ricevere B per compiere A. La conoscenza è d'obbligo, altrimenti il diavolo vi ingannerà. Dopo aver legato la tigre, i leoni e gli orsi, potete essere liberi di muovervi. Quando avrete legato i demoni territoriali, i custodi, i guardiani dei luoghi o del corpo, allora potrete fare bene. Il diavolo disse: "Non tormentarmi". Perché? Gesù sa come tormentare il diavolo.

Marco 5:7 L'indemoniato gridò a gran voce e disse: "Che ho da fare con te, Gesù, Figlio del Dio altissimo? Ti scongiuro da parte di Dio che tu non mi tormenti".

Nel nome di Gesù, potete legare il diavolo e gli spiriti maligni, spezzare il loro potere, accecarli e poi scacciarli. La condizione è che dovete digiunare e pregare. Il digiuno vi rende fisicamente deboli, ma spiritualmente forti. Io sto verso est, ovest, nord e sud a legare tutti i demoni e dire loro di andarsene. Non vediamo, ma crediamo, poiché il diavolo e il suo esercito governano nell'aria.

Efesini 2:2 In passato avete camminato secondo il corso di questo mondo, secondo il principe della potenza dell'aria, lo spirito che opera ora nei figli della disobbedienza.

Gli esseri umani hanno dei limiti nell'udire e nel vedere il regno spirituale. Quando dovete vedere il regno spirituale, chiedete la vista spirituale.

2 Re 6:16 Egli rispose: "Non temere, perché quelli che sono con noi sono più di quelli che sono con loro". 17 Eliseo pregò e disse: "Signore, ti prego, aprigli gli occhi, perché veda". Il Signore aprì gli occhi del giovane ed egli vide; ed ecco che il monte era pieno di cavalli e di carri di fuoco intorno a Eliseo.

Dovreste chiedere a Dio di permettervi di vedere il mondo degli spiriti. Quest'ultimo decide e opera attraverso gli uomini. Lo Spirito Santo insegna la verità, ma lo spirito malvagio la travisa e la distorce. Che cos'è la verità? La Parola di Dio è la verità. I falsi insegnanti e profeti diranno che basta avere una fede semplice. Funzionerà quando ci sarà una battaglia contro Satana e il suo esercito? Credereste a chi lavora per Satana? Avete bisogno di tutta la verità, fino in fondo. Il piano o la trappola di Satana sembrano incredibili all'inizio, ma alla fine vedrete la distruzione. Ho a che fare con il mondo demoniaco e sembra che non sia mai così difficile come adesso. Si mostra alle persone la verità, ma il falso insegnamento delle chiese denominazionali fa loro il lavaggio del cervello. Il falso insegnamento è così profondo che per loro è difficile vedere la verità. Che cosa è successo? Organizzazioni, denominazioni e non denominazioni non hanno tutta la verità. I ladri hanno rovesciato la preghiera e l'hanno resa adatta ai loro affari. Proprio come i primi sacerdoti e il sommo sacerdote hanno crocifisso il Signore.

Giovanni 14:30 D'ora in poi non parlerò più molto con voi, perché il principe di questo mondo viene e non ha nulla in me.

Vedete, Dio ha dato il potere al potere delle tenebre, che è Satana.

Luca 22:53 Quando ero quotidianamente con voi nel tempio, non avete steso le mani contro di me; ma questa è la vostra ora e il potere delle tenebre.

Amici, Gesù non era debole, ma per realizzare il piano e lo scopo, ha permesso al diavolo di prendere il sopravvento. Molti hanno detto che non volevo parlare del diavolo, dei demoni e degli angeli caduti. Perché? Io parlo sempre del funzionamento delle tenebre spirituali nel mondo. Voglio imparare come abbattere il diavolo e il suo esercito. La conoscenza della verità ci dà la libertà. Imparate la strada giusta fino in fondo e non a metà. Vincerete tutte le battaglie. Combattiamo nella vittoria. Abbiamo vinto la battaglia da quando Gesù l'ha vinta duemila anni fa. Rivendicatela e correte con essa.

PREGHIAMO

Padre celeste, ti ringraziamo per aver vinto la battaglia per noi. Grazie per avermi insegnato a vincere la battaglia con il Tuo esempio. Sappiamo che nessuno è al di sopra della battaglia. Molti si arrendono o rinunciano quando sono in battaglia, senza sapere come combattere. Dio ha detto forte e chiaro nel Suo insegnamento cosa fare. Il principe di Persia, il principe di Efeso, il principe dell'India o degli Stati Uniti hanno molti piani ingannevoli per intrapparlarci. Il diavolo vuole farci cadere e sconfiggerci. È la stessa tattica usata dal diavolo nel giardino dell'Eden. È un piccolo lievito, ma accresce tutta la massa. Lo stesso risultato: moriamo il giorno in cui infrangiamo il comandamento, non fisicamente ma eternamente. Signore, non abbiamo scuse da quando hai scritto nella Parola di Dio. Il peccato è il lievito ed è il cibo di Satana. Signore, aiutaci a prestare attenzione. Sii sincero nel fare il bene nel nome di Gesù. Amen! Dio vi benedica!

19 SETTEMBRE

UNA DIVERSA MISURA DI FEDE!

Il nostro Dio si compiace della vostra fede. Ciò significa che se credete che Dio possa farlo, lo rendete felice.

Vediamo il livello di fede secondo il linguaggio e lo standard di Dio.

Grande fede, Luca 7:9 Quando Gesù udì queste cose, si meravigliò di lui, lo fece voltare e disse alla gente che lo seguiva: "Io vi dico che non ho trovato una fede così grande, non in Israele".

Questo dimostra che il mondo può vedere la vostra fede. Dio ha persino detto che è brillante e sorprendente.

Poca fede; Matteo 8:26 Ed egli disse loro: "Perché avete paura, o gente di poca fede?". Poi si alzò e rimproverò i venti e il mare; e ci fu una grande calma.

Dio dà il titolo alla vostra fede. La fede è la sostanza delle cose che sperate. Quindi, se sperate in qualcosa, assicuratevi di applicare una fede sufficiente per riceverla.

Matteo 16:8 Quando Gesù se ne accorse, disse loro: "O voi di poca fede".

Luca 8:25a E disse loro: "Dov'è la vostra fede? La fede sufficiente per ricevere più di quanto si desidera.

Luca 8:48 Ed egli le disse: "Figlia, consolati; la tua fede ti ha reso integra; va' in pace".

La signora era malata e aveva speso tutti i suoi soldi. Alla fine, la fede rese completo il suo significato. Ha pronunciato la parola con fede. Se non avete fede, avere il Signore che cammina accanto a voi non funzionerà. Una relazione può essere stabilita attraverso la fede in Dio.

Marco 4:40 E disse loro: "Perché siete così paurosi? Come mai non avete fede?"

Ricevete secondo la vostra fede! Il Signore ci insegna che i miracoli, le guarigioni e le provvidenze dipendono dalla misura della vostra fede.

Matteo 9:29 Poi toccò loro gli occhi e disse: "Secondo la vostra fede, sia fatto a voi".

Fede salvifica:

Luca 7:50 Ed egli disse alla donna: "La tua fede ti ha salvato; va' in pace".

Pieno di fede! Prima di passare, bisogna avere fede!

Atti 6:8 Stefano, pieno di fede e di forza, fece grandi prodigi e miracoli tra il popolo.

La fede è il fattore più richiesto da parte vostra perché Dio si muova in una situazione. Dio non risponde alle vostre preghiere, ma alla vostra fede. Quindi mantenete la fede. Come mantenerla se non si conosce la persona? Io non ho fede in nessuno, se non in Dio. Come sapete, il Signore mi ha tolto il lavoro per oltre vent'anni. Dio mi ha promesso: "Mi prenderò cura di te, basta che lavori per me". Da allora vado a lavorare e non mi preoccupo mai dei soldi o delle bollette. Tutto fila liscio per fede. Credo che tutto funzioni bene perché non sono i dollari a disegnare la mia vita, ma la fede nel Signore. Non ho una chiesa (che è in costruzione) da pastorizzare per avere un flusso di denaro. E non ho nessuno che mi sostenga con i soldi. Non solo, sostengo molti operai che lavorano sul campo. Vado nei luoghi a pregare. Ho fatto molto lavoro di traduzione assumendo traduttori e stampando materiale. Inoltre, tutto il materiale che ho dato via era gratuito. Ho un meraviglioso investimento nel regno di Dio. Il terreno di Dio è buono, può darmi il trenta, il sessanta e il centuplo.

Pregate per il Paese India. Quando ho cercato di investire denaro pubblicando libri, stampandoli e distribuendoli gratuitamente, ho scoperto che il tipografo mi aveva rubato i soldi. La terra è piena di rovi. Non cresce nulla se non rovine. Il ladro che ha rubato i miei soldi ha detto: "Lei vuol dire che mi sbaglio". Ci credete? Queste religioni non hanno fermato l'opera del potente Dio. Mi sono lamentata con il padre del tipografo e lui è stato ancora peggio. Tale padre, tale figlio. In seguito il Signore mi ha mostrato che stavo combattendo contro lo spirito dei cani e delle tigri. Entrambi hanno la personalità per abbattervi. L'opera di Dio è e sarà abbattuta dalle autorità religiose come quando Gesù camminava sulla terra.

Abbiate fede in Dio. Alcune terre producono Giuda, zizzania, rovi e ipocriti. La maggior parte di coloro che ho incontrato lì aveva demoni distruttivi. Lavoreranno alle vostre spalle per fare del male. Il Signore abbia pietà della loro anima. La fede è una virtù meravigliosa. Mi ha aiutata a continuare il mio lavoro. Dio può proteggerci. Ricordate che lo Spirito maligno si serve di queste persone. Dio ha fede in noi anche per mandarci fuori. Dio è pieno di fede, ma agisce secondo la nostra fede. Ha detto che non ci darà più di quanto prendiamo. Questo mostra la misura della fede richiesta esattamente per la misura di una prova. Se Dio dà più prove della nostra fede, ci danneggia. Dio conosceva la fede di Giobbe e lo ha messo alla prova di conseguenza.

Quando pregate, vi prego di farlo con grande fede, perché è in base a essa che riceverete la risposta. Ricevo molte chiamate e devo pregare per loro. Molte volte vedo un problema enorme e loro dipendono completamente dalla mia intercessione. Sono felice di avere una grande fede in Dio quando prego. Un altro giorno, una persona ha chiamato la mattina presto per pregare. Mi ha chiamata e mi ha detto: "In passato hai pregato e ho visto un risultato notevole". Pregando entrambe le volte, ho visto che il Signore ha fatto cose potenti. Quindi la mia preghiera di fede l'ha aiutata a uscire dai problemi. Questo dimostra che se si prega per qualcuno con fede, questo aiuterà. Gesù pregava sempre. Molti genitori pregavano per i loro figli. Questo dimostra che chiunque può intercedere se glielo permettete.

Giacomo 5:14 Se qualcuno è malato tra voi, chiami gli anziani della chiesa e preghino su di lui, ungendolo con olio nel nome del Signore: 15 la preghiera della fede salverà il malato e il Signore lo risusciterà; e se ha commesso dei peccati, gli saranno perdonati.

Quando qualcuno non ha soldi, li prende in prestito da chi ne ha. La fede è come prendere in prestito la mia fede per il loro problema. Mia madre era una donna di fede. La sua vita è stata testimone di una grande fede

19 SETTEMBRE

e non era ricca, ma molto ricca di fede. Pregava per qualsiasi cosa e riceveva tutto ciò che desiderava. Con la sua fede può fermare o far ripartire l'orologio. Tutto va bene se si ha fede. L'opera di Dio richiede fede e non denaro. Se così fosse, tutti i ricchi sarebbero felici. I ricchi attirano gli avidi. La fede dei poveri attira Dio. Non hanno soldi per andare dal medico o per le loro necessità. Vanno a Dio con fede e ricevono ciò che desiderano.

Poiché la Bibbia dice:

Giacomo 2:5a Ascoltate, fratelli miei, se Dio non ha scelto i poveri di questo mondo ricchi di fede, il nostro livello di fede può aumentare?

Sì:

Romani 10:17 La fede dunque viene dall'udito e l'udito dalla parola di Dio.

Ascolto la Bibbia tutto il giorno e la mia fede è alle stelle. È stato il Signore a dirmi, durante la mia prova del 2000, che ne sarei uscita come oro. Dio onnisciente conosce il livello di fede che portiamo. La fede può essere messa alla prova. Dobbiamo imparare la Bibbia per i nostri affari, azioni e comportamenti. vivere ricchi sulla terra, avendo fede al di sopra e al di là. Amen! Dio vi benedica!

PREGHIAMO

Santo Gesù, come dice la Tua parola, sia secondo la Tua fede, così aiutaci a preparare la nostra fede prima di venire all'Altare. La nostra materia può essere determinata dalla nostra fede. Grazie per averci dato una misura di fede. Il nostro Signore è buono. Ha fatto molte cose meravigliose quando ci avviciniamo alla sala del trono per fede. Essa è tutto ciò che richiede e deve essere sulla Parola di Dio. Gesù è la manifestazione della Parola di Dio scritta. Chiediamo la fede in ogni situazione. Che il Signore oggi protegga la nostra fede con il Suo sangue. La nostra fede può spostare le montagne delle preoccupazioni, delle paure, delle malattie e di qualsiasi problema. È il Signore che ha detto che non è rispettoso delle persone, ma sicuramente della fede. Una fede piccola stabilirà poco, una negativa non farà nulla, ma una grande fede aprirà la porta della prigione, l'autostrada nell'oceano, il fuoco e i leoni non avranno alcun potere su di noi. Perciò ti ringraziamo per la parola che ci aiuta ad avere fede in te nel nome di Gesù. Amen, Dio vi benedica!

20 SETTEMBRE

NON LASCIATE CHE IL SIGNORE SI ALLONTANI DA VOI!

Epericoloso essere senza Dio. Sarete nelle tenebre senza luce, perché il Signore è la luce. Il Signore è il vostro Creatore e Padre; senza di Lui sarete orfani. Sarete senza direzione se il Signore si allontana da voi. Il Signore è Amore e il diavolo è odio. Produrrete il frutto di chi seguite. Se non avete amore, non vi nessuno. Quando riceverete lo Spirito Santo, avrete il carattere del vostro piacerà padre.

Giovanni 14:18 Non vi lascerò senza conforto: Gesù rispose e gli disse: "Se uno mi ama, osserverà le mie parole; e il Padre mio lo amerà e noi verremo a lui e prenderemo dimora presso di lui".

Il Gesù del Nuovo Testamento è il Geova in carne e ossa. E lo Spirito Santo viene a noi. Viviamo in un'epoca in cui lo Spirito Santo viene dentro di noi e ci potenzia. Che bello! Il Signore viene a vivere in voi se gli obbedite. Se vi pentite e vi battezzate nel nome sopra ogni nome che è Gesù, allora i vostri peccati sono perdonati, ora siete puliti. I peccati sono spariti, allora il Signore ci riempie con il Suo Spirito. Il nostro Dio è buono, non ci lascerà andare via senza conforto.

Giovanni 14:16 Poi pregherò il Padre ed egli vi darà un altro Consolatore, perché rimanga con voi per sempre. 26 Ma il Consolatore, che è lo Spirito Santo, che il Padre manderà nel mio nome, egli vi insegnerà ogni cosa e vi farà ricordare tutto ciò che vi ho detto.

Ora il Signore dà il Suo Spirito se si obbedisce al Signore!

Atti 5:32 Di queste cose noi siamo i suoi testimoni; e così pure lo Spirito Santo, che Dio ha dato a quelli che gli obbediscono.

Se non obbedite al Signore come dice la Parola di Dio, il Signore non vi darà il Suo Spirito. Non dite di avere lo Spirito Santo, perché non è così. Il discepolo ha obbedito a Gesù fino in fondo e ha ricevuto lo Spirito Santo il giorno di Pentecoste. Dio vi ha dato lo Spirito Santo perché lavoriate per il Signore e non contro di Lui. Smettete di lavorare contro il Signore. Chiedete lo Spirito Santo. Quando il Signore unse il Re Saul per mezzo del profeta, lo Spirito era su di lui ma non dentro. Durante l'Antico Testamento, Dio ha dato lo Spirito per compiere un'opera soprannaturale. Nel Nuovo Testamento, il vostro corpo è chiesa e non edificio. Nella dispensazione della grazia, lo Spirito Santo è arrivato nel giorno di Pentecoste. Ha fatto nascere la Chiesa o la sposa di Gesù. Essi ricevettero lo Spirito Santo parlando in lingue, e noi facciamo lo stesso oggi. Ho parlato

20 SETTEMBRE

in lingua quando ho ricevuto lo Spirito Santo. Non credete al contrario. Non ho mai visto, né la Bibbia è d'accordo con questa falsa dottrina di avere lo Spirito quando si accetta Gesù. Re Saul aveva lo Spirito, ma se ne andò più tardi.

1 Samuele 10:1 Allora Samuele prese un'ampolla d'olio, gliela versò sul capo, lo baciò e disse: "Non è forse perché il Signore ti ha unto come capitano della sua eredità?"

Quando il profeta Samuele unse il Re Anima, lo Spirito non scese su di lui, ma Samuele disse:

1 Samuele 10:6 Lo Spirito del Signore scenderà su di te, profetizzerai con loro e sarai trasformato in un altro uomo. 10 Quando giunsero sulla collina, ecco che gli si fece incontro una compagnia di profeti; lo Spirito di Dio scese su di lui ed egli profetizzò in mezzo a loro.

Tutto andava bene per Saul finché ascoltava e ubbidiva a Dio. Ma non appena smise di ascoltare Dio, lo Spirito di Dio si allontanò dal Re Saul. Non potete permettervelo.

1 Samuele 16:14 Ma lo Spirito del Signore si allontanò da Saul e uno spirito maligno del Signore lo turbò.

Il Re Saul impazzì. Uccise il sacerdote di Dio. Ha versato molto sangue innocente in Israele. L'opera dello Spirito è così evidente. Quando viene lo Spirito del Signore, allora si possono fare cose grandi e potenti. Ma quando arriva lo spirito del male, allora si diventa distruttivi. Lo Spirito Santo ha creato cielo e terra, poiché Dio è Spirito. Vi dà potere. Non per forza né per potenza, ma per il Tuo Spirito. L'opera dello Spirito è soprannaturale. Lo Spirito maligno, essendo legioni nel corpo dell'uomo, non poteva essere legato dalla catena. Lo Spirito è potente. La carne diventa impotente a combattere gli spiriti.

Una persona senza lo Spirito Santo diventa timorosa.

Giovanni 20:19a Poi, lo stesso giorno, alla sera, essendo il primo giorno della settimana, furono chiuse le porte dove erano riuniti i discepoli per paura dei Giudei.

Nessuno può fare opere potenti se non il Dio potente. E se Egli viene in voi, allora potete fare attraverso di Lui. Pietro fu audace quando ricevette lo Spirito Santo.

Atti 4:13 Ora, quando videro l'audacia di Pietro e di Giovanni e si accorsero che erano uomini non istruiti e ignoranti, si meravigliarono e presero conoscenza di loro, che erano stati con Gesù.

Atti 4:31 Quando ebbero pregato, il luogo in cui erano riuniti fu scosso e tutti furono riempiti di Spirito Santo e pronunciarono la parola di Dio con franchezza.

Lo Spirito Santo ha dato potere alle persone timide. Avevano paura del giudeo che aveva crocifisso il Signore Gesù. Samuele unse Davide; lo Spirito di Dio era su di lui. Davide combatté il leone e l'orso. Non avete potere se lo Spirito di Dio non viene su di voi. Allo stesso modo, quando lo Spirito se ne va, sarete impotenti e timorosi. Molti non parlano in lingua come prova di aver ricevuto lo Spirito Santo.

Sono confusi, non sanno come aiutare i nuovi convertiti. Non sono coraggiosi perché hanno rifiutato di ricevere lo Spirito Santo come il Signore ha detto. Molti vagano qua e là per cercare la verità. Pregate che il Signore non permetta a nessuno di andare da falsi profeti e insegnanti. Chiedete discernimento e percezione.

Efesini 4:30 Non affliggete il santo Spirito di Dio, con il quale siete stati sigillati fino al giorno della redenzione.

1 Tessalonicesi 5:19 Non spegnete lo Spirito.

Voi che parlate e insegnate contro lo Spirito di Dio, poiché non lo avete, state attenti a Dio! Ci sarà un giorno in cui piangerete. Lasciate che il Signore vivente vi aiuti.

Matteo 12:31: Perciò vi dico che ogni sorta di peccato e di bestemmia sarà perdonata agli uomini, ma la bestemmia contro lo Spirito Santo non sarà perdonata agli uomini. 32 Chiunque dica una parola contro il Figlio dell'uomo, gli sarà perdonato; ma chi parla contro lo Spirito Santo, non gli sarà perdonato né in questo mondo né in quello a venire.

C'è un luogo dove non si vorrebbe mai andare che si chiama lago di fuoco.

Marco 9:44 Dove il loro verme non muore e il fuoco non si estingue.

Non giocate con il fuoco. A meno che non abbiate uno spirito reprobo come il Re Saul.

2 Tessalonicesi 2:11 E per questo Dio manderà loro una forte illusione, affinché credano a una menzogna.

Delusione significava falsa rappresentazione; illusione; errore o sbaglio derivante da false opinioni. Dal dizionario KJV. In questo tempo della fine ho visto che molti vagano nei peccati. Non percepiscono, perché Dio dà lo spirito di menzogna e loro credono, proprio come l'anima del re. Non lasciate che il Signore si allontani da voi nel nome di Gesù. Amen!

PREGHIAMO

Padre celeste, ti preghiamo di darci il Tuo Spirito perché viva in noi per sempre. Abbiamo bisogno del Tuo Spirito. Altrimenti, non siamo Tuoi. Tu hai dato il Tuo Spirito per insegnarci, condurci e guidarci. Vogliamo veri profeti e insegnanti. La Bibbia dice che ci sono molti falsi insegnanti e profeti che dicono: si ha lo Spirito Santo senza riceverlo parlando in lingue. Questi sono gli spiriti maligni che lavorano come una tara nel campo di Dio. Signore, ti ringraziamo per il Tuo Spirito. Lo desideriamo perché ci dà il potere di testimoniare con segni e prodigi. Possiamo fare opere più grandi se abbiamo il Tuo Spirito. Dacci il Tuo Spirito nel nome di Gesù. Amen! Dio vi benedica!

21 SETTEMBRE

PROMOZIONE E RETROCESSIONE!

Le assunzioni, i licenziamenti, gli incarichi e le rimozioni avvengono in cielo. Dio vi ha promosso nel regno o nel mondo secolare grazie al Signore.

Non dite mai che è per colpa vostra. Non dite o pensate: "Sono qualificato per questo". Non prendetevi la gloria. Tenete fuori la vostra vanagloria. È tutto merito del Signore! I malvagi ottengono una promozione, ma solo per un momento. Arriveranno in alto solo per spiccare il volo. Chi cerca di prendersi la gloria? Chi non conosce il Signore. Si esaltano e hanno una natura orgogliosa come Satana. In Dio, avremo sempre una promozione. Paolo era sempre in prigione e Dio lo ha promosso al Signore.

2 Corinzi 12:7 E perché non mi esaltassi a dismisura per l'abbondanza delle rivelazioni, mi fu data una spina nella carne, messaggera di Satana per tormentarmi, perché non mi esaltassi a dismisura.

Vedete come Dio ha promosso Paolo al di sopra di tutti gli altri apostoli, anche se ha ucciso molti cristiani? Ho passato tutti gli esami per il lavoro federale. Anche alle finali, una signora mi ha impedito di passare. Il requisito per il lavoro consisteva nel sostenere una prova scritta e otto prove di abilità meccanica per qualificarsi per il lavoro. L'ultima prova stava diventando più difficile perché la signora dietro di me faceva rumori extra per impedirmi di passare. Il mio esaminatore ha visto e mi ha chiesto perché non mi sono lamentata. Non capiva perché ci mettessi più tempo visto che ne avevo passati sette. L'esaminatore mi ha separato dall'altra signora e sono passata. Con lo stesso criterio, hanno licenziato altre due persone. Volevano impedirmi di ottenere un lavoro federale ben pagato. Dio mi ha protetta da una signora malvagia grazie al mio bravo esaminatore. Le benedizioni di Dio vi rendono ricchi. Il nostro Dio è buono. Non importa chi cerca di rubare le nostre benedizioni, Lui si sbarazzerà del nostro nemico.

Ricordate, questo vale per le autorità laiche, religiose o spirituali. I leader religiosi non hanno l'autorità di controllare la vita degli altri. Un giorno Dio li rimuoverà dalla loro posizione. Nel giorno del Giudizio, certo, ma anche sulla terra, c'è un giorno di promozione e retrocessione. Il nostro Dio non rispetta le persone. Ho iniziato a leggere la Bibbia quando ero adolescente. Ho finito la Bibbia molte volte. La mia relazione con il Signore non avviene attraverso chiese, organizzazioni o religioni, ma attraverso la Parola di Dio e lo Spirito di Dio. Ho frequentato diverse chiese perché la mia fame era grande. Ho sempre imparato e ricevuto molti doni dello Spirito e sono stata usata da Dio Onnipotente. Il nostro Dio ci usa se cerchiamo e facciamo come ci ha chiesto.

La promozione e la retrocessione vengono dal Signore!

Gioele 2:27 E saprete che io sono in mezzo a loro.

Israele e che io sono l'Eterno, il vostro Dio, e nessun altro; e il mio popolo non si vergognerà mai.

Confidando nel Signore, Abramo ottenne il titolo di padre della fede. Non ha dato un titolo a se stesso, ma al Signore. Non dobbiamo mai darci un titolo, ma lasciare che sia il Signore a farlo. Un uomo è stato chiamato fuori dal suo popolo e dalle sue nazioni.

Genesi 24:35 Il Signore ha benedetto molto il mio padrone, che è diventato grande; gli ha dato greggi e armenti, argento e oro, servi e serve, cammelli e asini.

Il Signore dà promozioni, ma anche retrocessioni. Come agisce e comanda Dio? Il vostro atteggiamento, le vostre azioni, le vostre reazioni e il vostro rapporto con il Signore portano alla promozione o alla retrocessione. Non pensate di poter danneggiare il popolo di Dio.

Samuele disse al Re Saul:

1 Samuele 13:14 Ma ora il tuo regno non continuerà; il Signore ha cercato un uomo secondo il suo cuore e il Signore gli ha ordinato di essere capitano sul suo popolo, perché tu non hai osservato ciò che il Signore ti aveva ordinato.

Quindi ora sapete che Dio promuove e declassa in base alle vostre prestazioni. Osservate i comandamenti di Dio.

Atti 10:4a E comandò loro di essere battezzati nel nome del Signore.

Ora, osate insegnare diversamente? State attenti o Dio vi declasserà presto. Temete Dio. I Filistei invidiavano Isacco, che vedeva una promozione da parte di Dio.

Genesi 26:12 Allora Isacco seminò in quel paese e ricevette nello stesso anno il centuplo; e l'Eterno lo benedisse. 13 L'uomo divenne grande, andò avanti e crebbe fino a diventare molto grande; 14 infatti possedeva greggi, armenti e una grande quantità di servi; e i Filistei lo invidiavano.

Ho sempre desiderato essere ricca del Suo Spirito. Il mio obiettivo è essere come Gesù e desiderare di fare più di quello che ha fatto Lui. Cerco le cose celesti. Il ministero e la volontà del Signore sono importanti per me. Nessuno può ferirmi se il Signore è con me. Dio possiede tutto, quindi può dare tutto.

Giovanni 14:12 In verità, in verità vi dico: chi crede in me, le opere che io faccio le farà anche lui; e ne farà di più grandi di queste.

Ho conosciuto alcuni pastori migliori e unti. Ho notato che coloro che hanno doni potenti sono umili. Quando li vedo ministrare alle persone, operando con i nove doni dello Spirito, sono sbalorditi. Vedo che i doni non li hanno resi alti e potenti. Dio non si preoccupa di dare loro tutto ciò di cui hanno bisogno per elevare il Suo nome. È il nome di Gesù che dobbiamo rendere più alto. Una volta sollevata la denominazione, l'organizzazione o la chiesa, non si vedrà mai l'operazione di Gesù.

Salmo 75:6 Perché la promozione non viene né dall'oriente, né dall'occidente, né dal mezzogiorno. 7 Ma Dio è il giudice; egli abbatte uno e ne stabilisce un altro.

1 Pietro 5:6 Umiliatevi dunque sotto la potente mano di Dio, perché egli vi esalti a suo tempo.

Dio fa tutto, promozione e retrocessione.

Salmo 78:70 Ha scelto anche Davide, suo servo, e lo ha preso dagli ovili.

Non pensate che il vostro titolo di studio, la vostra ricchezza, la vostra conoscenza o il vostro talento vi diano delle promozioni. Ma l'umile, che è pronto ad accettare il comando del Signore come massima autorità e nessun altro. Vivete nella nazione più ricca, ma Dio non è con voi. Allora la vostra vita non progredirà. Tutto ciò che siamo è fango che cammina. Non pensate bene di voi stessi, perché Dio vede il vostro cuore. Daniele fu promosso, ma Dio degradò i falsi accusatori.

Daniele 6:24 Il re diede un ordine ed essi portarono gli uomini che avevano accusato Daniele e li gettarono nella fossa dei leoni, loro, i loro figli e le loro mogli; i leoni ebbero il sopravvento su di loro e fecero a pezzi tutte le loro ossa o quando arrivarono in fondo alla fossa.

Il Signore onnipotente prepara promozioni e retrocessioni in cielo.

Michea 6:8 Egli ti ha mostrato, o uomo, ciò che è buono; e che cosa ti chiede il Signore se non di fare il bene, di amare la misericordia e di camminare umilmente con il tuo Dio?

PREGHIAMO

Padre celeste, ti ringraziamo per averci mostrato come camminare con umiltà e fare giustizia. Le nostre azioni mostrano la nostra reazione al Tuo comando. Siamo responsabili per la nostra promozione e retrocessione. Aiutaci a non essere come Esaù o Re Salomone. Riceviamo le benedizioni e ci aiutano a prestare attenzione per tenerle strette. Mettiamo tutto il nostro impegno con diligenza per continuare a ricevere le benedizioni. Il nostro Dio non rispetta le persone, quindi aiutaci, Signore, a essere saggi. Dio, non ci piace il Tuo cambiamento. Il nostro Dio, che è in cielo, osserva le nostre azioni e reazioni. Ci osserva mentre facciamo il giusto per dargli gloria. Il nostro Dio può dare e togliere. Quindi, Signore, ti chiediamo un cuore sincero e pulito per fare ciò che tu ci chiedi nel nome di Gesù. Amen! Dio vi benedica!

22 SETTEMBRE

IL NOME PIÙ ALTO DI GEOVA È GESÙ!

Ogni nome si rivolgeva allo stesso Dio fin dall'inizio. Geova Dio ha molti nomi perché ha svolto ruoli diversi. Un solo Dio ha un solo nome, che è YHVH, in inglese Jehovah e in italiano Geova. Di seguito sono riportati la descrizione e i titoli dell'unico vero Dio. Ricordate sempre che esiste un solo Dio. Egli rivela la Sua natura agendo in vari personaggi. El Shaddai (Signore Dio Onnipotente). El Elyon (Dio Altissimo). Adonai (Signore, Maestro). Yahweh (Signore, Geova). El Bethel: il Dio della casa di Dio. Jehovah Nissi (Il Signore, mio vessillo). Jehovah-Raah (Il Signore mio pastore). Jehovah Rapha (Il Signore che guarisce). Jehovah Shammah (Il Signore è là).

Jehovah Tsidkenu (Il Signore, la nostra giustizia). Jehovah Mekoddishkem (Il Signore che ti santifica). El Olam (il Dio eterno). Elohim (Dio). Qanna (Geloso). El Hakabodh: Il Dio della gloria. Jehovah Jireh (Il Signore provvederà). El Rai: Dio, mi vedi. Geova Shalom (il Signore è pace). Jehovah Sabaoth (il Signore degli eserciti).

Comprendiamo Dio in base alle Sue azioni ed etichettiamo il Suo nome in base alle diverse esigenze. Molti non sanno come e cosa Dio può fare. Dio agisce per la situazione per la quale si confida, il che ci fa sentire sopraffatti. Sulla terra, abbiamo il nostro nome. Ma quando siamo bambini, ci chiamiamo "bambino". Quando cresciamo, diventiamo padri, madri, insegnanti, medici, manager e presidenti, assumendo diverse cariche. I nostri uffici rappresentano le nostre professioni, ma questo non è il nostro nome.

Allo stesso modo, il Signore è uno. Il Suo nome è Geova, ma poiché ha agito in ruoli diversi per la Sua creazione, ha assunto un titolo appropriato. L'aggettivo apposto al Suo nome può far capire uno dei tanti caratteri e la natura di un unico Dio. Padre non è il nome dell'uomo, ma possiamo vedere la relazione che ha con il bambino. Dio fa lo stesso, essendo noi Suoi figli. Ha agito in base alla situazione per provvedere, liberare o salvare. Così Dio ha preso il nome adatto a quell'azione. Nel tempo della fine, Dio ha preso il nome di "Gesù". Geova si è presentato come Gesù nel Nuovo Testamento. Questo nome è al di sopra di tutti i nomi precedenti per i quali era conosciuto. Perché è al di sopra di tutti i nomi? Tutti i nomi di Geova dell'Antico Testamento sono stati inghiottiti nel nome di Gesù. È un nome al di sopra di tutti i nomi.

Gli angeli dissero:

Luca 2:21 Quando furono trascorsi gli otto giorni per la circoncisione del bambino, gli fu imposto il nome di Gesù, così chiamato dall'angelo prima che fosse concepito nel grembo materno.

22 SETTEMBRE

Tutti i nomi precedenti si dissolvono in un unico nome, Gesù. Il nome di Gesù sostituisce tutti i nomi precedenti. Non c'è bisogno di un nome distintivo quando si parla dei Suoi diversi uffici. Gesù non è solo un nome magico, tutta l'autorità è in questo nome. Questo nome altissimo è chiamato al di sopra di tutti i nomi dell'Antico Testamento. Dal momento che il nome Gesù può fare tutto e qualsiasi cosa. Gesù in ebraico è Yeshua o Yehoshua, che significa "Egli salverà". Yeshua in ebraico significa salvezza; cioè Dio Geova salva, guarisce, libera ecc. Perché, alla fine, Signore, ti sei messo questo nome? Perché questo nome è il nome che salva. Salva da cosa? Da ciò di cui avete bisogno per essere salvati. Libera da tutto ciò da cui si ha bisogno di essere liberati. Nel nome di Gesù, vedete il miracolo, la guarigione, la libertà e il perdono dei peccati.

At 10,43 A lui rendono testimonianza tutti i profeti, dicendo che per mezzo del suo nome chiunque crederà in lui riceverà la remissione dei peccati.

Come si riceve il perdono o la remissione dei peccati? La Bibbia dice che è necessario il sangue per il perdono dei peccati.

Ebrei 9:22a e senza spargimento di sangue non c'è remissione.

Chi ha versato il sangue? Gesù. Il sangue ha vita e se c'è un nome al di sopra di ogni nome, un nome che salva, un nome che libera, ma dov'è il sangue?

1 Giovanni 5:6a Questo è colui che è venuto per acqua e sangue, cioè Gesù Cristo; non per acqua soltanto, ma per acqua e sangue.

La soluzione al peccato è il sangue! Se si usa il nome di Gesù Cristo nel Battesimo si produce il sangue. Quindi non entrate nell'acqua prendendo qualsiasi altro nome o titolo di Altro, Figlio e Spirito Santo, ma usate il nome di Gesù Cristo. Dio ha nascosto il sangue sotto il nome di Gesù.

1 Giovanni 5:8 Tre sono i testimoni sulla terra: lo Spirito, l'acqua e il sangue; e questi tre concordano in uno.

Questo nome Gesù toglie tutti i peccati e le malattie legate ai nostri peccati. Provate questo nome. È un'esperienza miracolosa nell'acqua.

Colossesi 3:17a E tutto ciò che fate in parole o in opere, fatelo nel nome del Signore Gesù.

Filippesi 2:8 E, essendo vestito da uomo, ha umiliato se stesso e si è fatto obbediente fino alla morte, fino alla morte di croce. 9 Perciò Dio lo ha anche altamente esaltato e gli ha dato un nome che è al di sopra di ogni nome; 10 perché al nome di Gesù si pieghi ogni ginocchio, delle cose del cielo, delle cose della terra e di quelle sotto terra; 11 e perché ogni lingua confessi che Gesù Cristo è il Signore, a gloria di Dio Padre.

Tutte le malattie, le infermità, le oppressioni, i demoni e i peccati devono inchinarsi davanti al nome di Gesù.

At 4,12 E non c'è salvezza in nessun altro, perché non c'è altro nome sotto il cielo dato agli uomini per cui dobbiamo essere salvati.

Marco 16:17a E questi segni seguiranno quelli che credono: nel MIO NOME scacceranno i demoni.

Atti 19:5 All'udire questo, furono battezzati nel nome del Signore Gesù.

Atti 10:48a E ordinò loro di essere battezzati NEL NOME DEL SIGNORE.

Questo Gesù viene come Re dei Re e Signore dei Signori. Essendo la Sua sposa, dovete portare il Suo nome nel battesimo.

Galati 3:27 Perché quanti siete stati battezzati in Cristo vi siete rivestiti di Cristo.

Quando andate sotto l'acqua, battezzate nel nome di Gesù, vi rivestite di Cristo. Quanto è meraviglioso il nome di Gesù? Satana conosce il significato del nome di Gesù. Dio ha rivelato il nome Gesù come Geova Dio in carne e ossa per salvare la Sua creazione. Amo il nome di Gesù e so che è al di sopra di tutti gli altri nomi.

PREGHIAMO

Padre celeste, ti siamo grati per averci dato il nome di Gesù. Gesù è il nome salvifico di Geova nel Nuovo Testamento. Ti ringraziamo per il sangue che hai versato per i nostri peccati. È il sangue di Geova Dio secondo Atti 20:28. Grazie, Signore, per essere venuto a vendicarti del nemico. Ristabilisci una relazione dando il sangue che ha vita. Il nostro sangue è peccaminoso come il peccato è connesso. Il Tuo sangue è l'unica soluzione che avevamo, e tu l'hai attuata. Ringraziamo il Signore per il nome più alto e al di sopra di ogni nome. Il nome di Gesù ci dà autorità. Amiamo questo nome, perché abbiamo indossato il Tuo nome battezzando nel nome di Gesù. Dio, confessiamo il nome di Gesù; ci inchiniamo al Tuo nome. Grazie per l'eccellente nome di Gesù. Amen! Dio vi benedica!

23 SETTEMBRE

SIGNORE, APRI GLI OCCHI DELLO SPIRITO!

Perché non si vede il Signore? Non si vede il Signore se il Signore non apre gli occhi. Io tengo il profeta nella mia vita, perché i loro occhi sono aperti alle cose di Dio. Anticamente i profeti erano chiamati veggenti. Il profeta vede per me; io vedo il mondo degli spiriti con il telescopio o con la vista a volo d'uccello di un profeta. Alcuni anni fa, il pastore mi chiamò. Mi disse: "Vedo l'angelo che apre una grande porta che nessuno può chiudere". Ho bisogno di vedere ciò che il Signore ha conservato per me. I nostri occhi hanno un potere limitato di vedere. C'è un'attività spirituale intorno a noi nel mondo degli spiriti. Il pastore mi ha chiamata e mi ha detto che ha visto molte persone dietro la porta; non erano né bianche né nere. Mi ha chiesto: "Andrai nelle Filippine?". Io non ho visto questa visione, ma lui l'ha vista, essendo un profeta di Dio. Poi ha ricevuto la comprensione e mi ha detto subito che sarei andata in India. E così è stato!

Ieri qualcuno mi ha telefonato mentre stavamo pregando a casa mia. Il diavolo ha attaccato la persona cinque volte. Come sapete, la freccia del diavolo consiste nell'uccidere, rubare e distruggere. Ha detto che Dio lo ha protetto ogni volta. Abbiamo pregato tutti per lui e una persona ha detto: "Ho visto un grande Angelo intorno a lui". La persona chiamava dall'India e, mentre raccontavamo ciò che uno dei guerrieri della preghiera aveva visto, ha iniziato a saltare e a ballare. Essendo un uomo di Dio, il diavolo sta cercando di allontanarlo dalla terra dei vivi. Questo mondo spirituale ha bisogno di occhi spirituali. Il digiuno uccide gli ostacoli della carne e apre gli occhi spirituali. Nessuno vede gli angeli santi, Gesù, gli angeli caduti, i demoni o Satana intorno a sé con occhi naturali. Per questo Dio ci ha dato il profeta, che ha occhi spirituali per vedere. Il Signore si prende cura di noi attraverso i loro occhi.

Isaia 6:5 Allora dissi: "Guai a me, perché sono disfatto, perché sono un uomo dalle labbra impure e abito in mezzo a un popolo dalle labbra impure, perché i miei occhi hanno visto il Re, il Signore degli eserciti".

Così Isaia vide i serafini in cielo. Dopo aver crocifisso Gesù, i suoi discepoli avevano paura degli anziani e dei sacerdoti. Due discepoli stavano camminando e incontrarono uno sconosciuto lungo la strada. Con questo sconosciuto stavano discutendo della crocifissione di Gesù. Ma quando il Signore aprì loro gli occhi, videro che si tratta del Signore risorto.

Luca 24:31 I loro occhi si aprirono e lo conobbero, ma egli scomparve dalla loro vista.

Molti hanno pensato agli angeli perché gli angeli ci assomigliano.

Ebrei 13:2 Non dimenticatevi di intrattenere i forestieri, perché così alcuni hanno ospitato gli angeli senza saperlo.

Dio dice, in Efesini 4:27, di non dare spazio al diavolo.

Il mondo degli spiriti entrerà nella vostra vita, nella vostra casa o nel vostro Paese se portate cose non approvate da Dio. Come potete aprire gli occhi? Basta obbedire ai comandamenti di Dio, anche se non li capite. La Parola di Dio è Spirito; se fate esattamente come dice, vi aiuterà a entrare nel mondo spirituale. Non sarebbe meraviglioso che se questo mondo obbedisse alla Parola scritta così com'è, non ci sarebbero molte religioni? Queste religioni, denominazioni, chiese e leader ciechi ci fanno inciampare. Non seguite questi leader ciechi, seguite Gesù obbedendo alla Sua Parola.

Luca 9:23 E disse a tutti: "Se qualcuno vuol venire dietro a me, rinneghi se stesso, prenda la sua croce ogni giorno e mi segua".

Se lo farete, il Signore farà il resto come ha fatto con Paolo.

Libro degli Atti 26:18 per aprire i loro occhi e farli passare dalle tenebre alla luce e dal potere di Satana a Dio, affinché ricevano il perdono dei peccati e l'eredità tra coloro che sono santificati dalla fede che è in me.

Sappiamo che il mondo andrà dietro a tutto finché non troverà la verità. Molti si stanno rivolgendo al Dio vivente perché i loro occhi spirituali sono stati aperti dal vero Signore. Abbiamo cinque sensi fisici e cinque sensi spirituali per vedere, sentire, odorare, gustare e toccare il mondo spirituale. Le persone entrano in trance, cioè in uno stato di semi-coscienza, e vedono il mondo degli spiriti. Questo stato mentale viene solo dal Signore.

Questo accadde a Pietro mentre digiunava in una città:

Joppa Atti 11:5 Ero nella città di Joppa a pregare, e in stato di trance vidi una visione: un certo vascello scendeva come un grande lenzuolo, calato dal cielo per quattro angoli, e giunse fino a me.

Questo stato mentale ci aiuta a vedere la materia spirituale. Molte volte, mentre prego, vedo il mondo spirituale. È importante perché prego per persone lontane al telefono. Gli occhi spirituali non hanno restrizioni, non hanno bisogno di passaporti o visti. Il Signore ci aiuta a vedere le cose con i Suoi occhi. Desiderate i sensi spirituali per poter ministrare agli altri con una conoscenza perfetta.

La Bibbia dice:

2 Cronache 20:20b Credete nel Signore, vostro Dio, e sarete fondati; credete ai suoi profeti, e prospererete.

Custodite i profeti: vedranno e vi diranno la questione che vi riguarda. Che il Signore ci dia dei veri profeti per risolvere i problemi. Molti sono troppo intelligenti per non credere ai profeti. Non andate dai falsi. Una sera sono uscita dalla chiesa ed era molto buio. Il Signore mi disse di aspettare. Ho fermato l'auto nel parcheggio e mi sono guardata intorno; ho visto persone che passavano davanti a me nel buio. Ecco, Dio ha visto e mi ha impedito di proseguire. Ho obbedito alla Sua voce e ho evitato un incidente. Il nostro problema è che ci comportiamo in modo troppo maturo e adulto. Vedo molte cose nel mondo degli spiriti da quando digiuno e prego regolarmente. Di tanto in tanto vedo lucertole, ragni, scheletri, ragnatele, cani, tigri, leoni e molte forme di figure maligne. Poiché credo nel mondo spirituale, non ho problemi a credere e a capire. Vedo persone reali che svolgono diverse attività mentre pregano. So che Dio mi sta mostrando, quindi prego per le loro necessità. Una volta trovato l'unico vero Dio, l'inganno dei falsi dei e delle dee sarà finito. È un'illusione dello spirito di Satana, che ama portare la creazione di Dio all'inferno. L'inferno è reale. Molti lo hanno visto; anch'io l'ho visto e sentito. Che il Signore ci renda credenti del vero Dio. Il Suo nome nel Nuovo Testamento è Gesù. È il nome salvifico di Geova Dio. Egli è diventato il salvatore. Giovanni Battista, il precursore di Dio Geova, disse: "Vidi il cielo aperto e lo Spirito Santo venne come una colomba". La colomba era il segno dello Spirito di Dio per identificare il Figlio di Dio. Il Figlio di Dio rappresenta l'unico vero Dio nella carne. Amen! Che il Signore apra i vostri occhi spirituali per poter combattere contro il nemico che vi sta strappando tutto. Combattete questa battaglia con occhi spirituali e prendetela con la forza. Avete l'autorità di distruggere il regno di Satana, nel nome di Gesù. Amen!

PREGHIAMO

Signore, conoscerti e servirti è un privilegio. Apri i nostri occhi spirituali per vedere le cose che ti riguardano. Il nostro Dio sta compiendo un'opera potente per coloro che seguono le Sue orme obbedendogli. Sappiamo che il principe, i principati e la potenza delle tenebre governano in questo tempo della fine attraverso il governo, quindi è nostro compito indossare l'armatura e affrontarlo. I nostri occhi vedranno l'opera di Dio se la seguiamo, come dice la Bibbia. Che il Signore apra gli occhi dei ciechi per far loro vedere che c'è un falso dio, delle dee, l'inferno e le tenebre, in modo che si rivolgano all'unico vero Dio vivente! Ti preghiamo, Dio, di essere i nostri occhi per condurci a vedere in questo mondo buio come la pece. Signore, la Tua Parola è luce e lampada per le nostre vie. Non è per discutere ma per seguire, quindi aiutaci Signore nel nome di Gesù. Amen! Dio vi benedica!

24 SETTEMBRE

PORTATE IL DIAVOLO IN CATTIVITÀ!

Quando riconoscete la verità sul potere e l'autorità che vi sono stati conferiti, allora potete rivendicare la proprietà legale di ciò che vi appartiene. Una volta, l'uomo e la donna vivevano legalmente nel giardino dell'Eden. Conoscevano la loro posizione e la loro proprietà. Solo un diavolo disonesto ha giocato il trucco e ha portato via tutti i diritti. I diritti sono stati tolti rompendo un contratto con il Creatore che aveva dato loro il posto. La disobbedienza alle condizioni di Dio ha causato l'evacuazione. Ora colui che ha dato tutti i diritti legali è venuto sulla terra in carne e ossa e ha pagato il prezzo per ricomprarli. Il Suo nome è Gesù. Dio ha ripristinato ciò che Satana ci ha rubato. Prima era il Dio Spirito che ha creato tutto e anche questo primo uomo e questa prima donna chiamati Adamo ed Eva. Che il Signore vi renda consapevoli dei diritti, dell'autorità e del potere che ci sono stati dati. Il rapporto con il Creatore è stato ristabilito con la Sua creazione mediante lo spargimento del Sangue del Creatore. Il Creatore ha indossato la carne con il nome salvifico di Gesù.

Satana continua il piano diabolico dell'aratro cambiando, distorcendo, aggiungendo e sottraendo le Scritture. Nello zelo del diavolo, ha suscitato molti falsi insegnanti e profeti. Il diavolo non ha bisogno di un corpo di serpente, poiché ha trovato persone avide, gelose, invidiose, assetate di potere e volenterose. I personaggi ambiziosi trovano una posizione nel mondo religioso. Abbiamo molti veri lavoratori sul campo che conoscono i loro diritti con il potere conferito. Ma alcuni lavorano come oppositori, chiamati "serpenti". La generazione del serpente non permette alle persone di pentirsi e di entrare nell'acqua nel nome di Gesù per la remissione dei peccati. Il battesimo nel nome di Gesù è una potente esperienza di perdono dei peccati. È recuperare ciò che si è perso nel giardino dell'Eden. Il Signore ha detto che si muore, cioè la morte eterna dell'anima quando si pecca. Il sangue del Salvatore Gesù, che è il nome più alto di Geova, dice: "Ho dato la mia vita". Il sangue del Salvatore parla per chi si riveste di Cristo battezzandosi nel nome di Gesù. Inoltre, il Signore ci dà lo Spirito Santo con la prova del parlare in lingue. Il Grande Spirito di Dio viene dentro di noi per darci potere. Ci ha dato il Suo nome, la Sua autorità e il Suo potere per vivere in modo giusto e vittorioso. Se questo è il caso, allora qualcuno deve addestrarvi nell'esercito con la conoscenza della verità, poiché la verità ha il potere di liberare i prigionieri.

Giovanni 8:31 Allora Gesù disse a quei Giudei che avevano creduto in lui: "Se perseverate nella mia parola, siete davvero miei discepoli; 32 conoscerete la verità e la verità vi farà liberi".

Siete liberi o schiavi? Siete sotto il potere della schiavitù, delle malattie o delle operazioni demoniache? Lasciate che vi dica una cosa: dimenticate ogni falso insegnamento, predicazione, denominazione, non denominazione e organizzazione. Entrate oggi nella Chiesa che è costruita sulla roccia. La roccia è la rivelazione dell'identità di Gesù. Chi ha la chiave? Pietro ha la chiave, che rivela in Atti 2:38. Gli Atti hanno le fondamenta della Chiesa. L'edificio non è una chiesa, ma lo è colui che nasce dall'acqua e dallo spirito.

L'edificio è chiamato covo di ladri. La chiave per aprire il cielo è nel libro degli Atti. Il potere, l'autorità e i diritti ci sono stati restituiti dal Signore Gesù. Nessun'arma può prosperare contro le persone che hanno la rivelazione di Gesù, come Pietro, Paolo e molti altri. Che il Signore vi dia la chiave dandovi la rivelazione di Gesù, che è venuto a riacquistare i miei e i vostri diritti versando il suo sangue.

1 Giovanni 3:1 Ecco quale amore ci ha dato il Padre per essere chiamati figli di Dio; perciò il mondo non ci conosce, perché non lo ha conosciuto. 5 E voi sapete che egli è stato manifestato per togliere i nostri peccati; e in lui non c'è peccato.

Il nato di nuovo conosce Gesù perché ama e obbedisce ai Suoi comandamenti, ma non al mondo. Ricevono una rivelazione di Gesù come Dio, privato della carne. La maggior parte delle false versioni della Bibbia hanno tolto Dio e inserito lui. Vediamo chi è. E perché?

1 Timoteo 3:16a E senza alcuna controversia è grande il mistero della pietà: Dio (non lui) si è manifestato in carne,

Atti 20:28b per nutrire la Chiesa di Dio, che egli ha acquistato con il proprio sangue.

L'unico Dio Geova si è fatto salvatore per salvare la Sua creazione. Ci ha ricomprati con il Suo sangue. Pietro ha riconosciuto che questo è il motivo per cui ha dato vita a chiese comprate con il sangue. Pietro sapeva che Gesù è il Figlio dato e Dio potente per vendicarsi. Il diavolo ha rovinato la creazione di Dio, ma il Signore sa come riscattarla. Duemila anni fa il Signore ha dato inizio alla Sua chiesa comprata col sangue dai Suoi discepoli. Il Signore Gesù ha detto, credendo nell'insegnamento dei profeti e degli apostoli, "sono qui per ombreggiare il sangue. Ho dato la chiave all'apostolo e profeta Pietro che mi conosceva".

Efesini 2:20 e sono edificati sul fondamento degli apostoli e dei profeti, essendo Gesù Cristo stesso la principale pietra d'angolo.

Pietro disse:

Atti 2:38 Poi Pietro disse loro: "Ravvedetevi e ciascuno di voi sia battezzato nel nome di Gesù Cristo per la remissione dei peccati e riceverete il dono dello Spirito Santo. 39 Poiché la promessa è per voi, per i vostri figli e per tutti quelli che sono lontani, quanti ne chiamerà il Signore nostro Dio". Ora 42 versetti dicono che tutti continuano nella dottrina degli apostoli e 41 aggiunsero tremila 47b: E il Signore aggiungeva ogni giorno alla chiesa quelli che dovevano essere salvati.

Hanno battezzato questi nuovi convertiti nel nome di Gesù. Il sangue dell'Agnello ha brillato per loro riscattando le loro anime. Contro questa chiesa, le porte dell'inferno non possono prevalere.

Matteo 16:18 E ti dico anche che tu sei Pietro e su questa pietra edificherò la mia chiesa, e le porte degli inferi non prevarranno contro di essa. 19 E ti darò le chiavi del regno dei cieli, e tutto ciò che legherai sulla terra sarà legato in cielo; e tutto ciò che scioglierai sulla terra sarà sciolto in cielo.

Ora, se avete la rivelazione di Geova che viene in carne e ossa, avendo il nome più alto, eccellente e al di sopra di tutti i nomi precedenti, allora il diavolo deve farsi da parte. La rivelazione del Nome sconfiggerà il diavolo.

20 Poi incaricò i suoi discepoli di non dire a nessuno che egli era Gesù il Cristo.

Gesù non è Gesù Giuseppe, ma Cristo Messia è il salvatore del mondo.

Geova ha detto: "Io sono uno".

Isaia 43:11 Io, proprio io, sono il Signore; all'infuori di me non c'è salvatore. 12 Io ho dichiarato, ho salvato e ho manifestato, quando non c'era alcun dio straniero tra voi; perciò voi siete miei testimoni, dice il Signore, che io sono Dio.

Imparate la verità sulla rivelazione di Gesù. Non lasciatevi ingannare dal diavolo. Legate e spezzate il potere del diavolo con il digiuno e la preghiera. Perdete tutti gli angeli, lo Spirito Santo, e perdete i prigionieri di Satana per ignoranza e menzogna. È il momento più bello per sapere che potete riprendervi tutto con la forza dal diavolo. Diventate violenti con il diavolo e il suo esercito, accecateli e cacciateli dal paese. Distruggete i falsi dei e le dee con le loro bugie. Guarite i malati, eliminate i falsi maestri e profeti. Dite al diavolo: "Io annullo tutti i tuoi programmi, trucchi, dispositivi e bugie e ti rimando all'inferno". Possiedo la terra, copro la terra, il peccato, l'anima, il corpo e lo Spirito con il Sangue di Gesù.

Sappiate che potete fare tutto, non solo alcune o poche cose. Dovete conoscere il potere; l'autorità è nostra nel potente nome di Gesù. Amen!

PREGHIAMO

Nel nome di Gesù abbiamo il potere, l'autorità e la vittoria. La verità ci rende liberi. Signore, aiutaci ad amare la verità e a obbedirle. Liberaci dalla falsa menzogna di Satana. Non accettiamo la menzogna del diavolo, che continua con i suoi espedienti a trattenerci. Signore, grazie per aver dato l'autorità ai nati di nuovo di reclamare ciò che abbiamo perso. Rifiutiamo di sottometterci. Aiutaci ad andare nel mondo e a predicare il Vangelo scacciando i demoni e guarendo i malati. Pregate in un'altra lingua, affinché la gente sappia che abbiamo lo Spirito di Dio dentro di noi. È il momento più privilegiato: abbiamo potere attraverso lo Spirito di Dio. Portiamo il diavolo in cattività grazie all'autorità che ci è stata data nel nome più forte di Geova Dio, che è Gesù. Grazie per quello che hai fatto per noi, nel nome di Gesù. Amen! Dio vi benedica!

25 SETTEMBRE

LE VOSTRE SCELTE DEFINISCONO IL VOSTRO TITOLO!

Non sono la vostra professione, la vostra religione o il vostro titolo spirituale, ma le vostre scelte a definirvi nel Regno di Dio. Il Signore ha chiamato un uomo traditore o ladro perché?

Luca 22:48 Ma Gesù gli disse: "Giuda, tradisci il Figlio dell'uomo con un bacio?"

Giuda tradì Dio, perciò fu chiamato traditore del Signore Gesù Cristo. Fu anche chiamato ladro. Perché? Ha rubato il denaro dalla borsa.

Giovanni 12:6 Questo disse non perché si preoccupasse dei poveri, ma perché era un ladro, aveva la borsa e portava via quello che c'era dentro.

Se scegliete di non avere un soldo, allora Dio vi qualificherà come poveri. Il vostro titolo farà sì che gli altri sappiano cosa siete. Sacerdote e Sommo Sacerdote nel termine odierno, Vescovo, i pastori erano invidiosi di Gesù Cristo.

Marco 15:10 Sapeva infatti che i capi dei sacerdoti lo avevano consegnato per invidia.

Matteo 12:34 O generazione di vipere, come potete, essendo cattivi, dire cose buone? Perché dall'abbondanza del cuore la bocca parla.

Le scelte della Generazione li hanno fatti riconoscere come una generazione di serpenti. Ingannatori, bugiardi, subdoli possono mordere. Vivono tranquillamente tra di voi, ma solo il tempo dimostrerà cosa sono. La natura della persona dà loro il titolo appropriato.

La Bibbia dice che non contano il titolo, la posizione e le chiamate, ma il lavoro. Dio non si curava del titolo di sacerdote, sommo sacerdote, scriba e farisei. Le loro scelte e il loro lavoro hanno dato loro un titolo nella Bibbia.

Daniele è stato definito un grande amato? Perché ha scelto di pregare e di lavorare con tutto il cuore per il Regno di Dio. Non si tirò indietro di fronte al decreto di morte pronunciato dal re. Cosa rende felice Dio? Quando Lo si ama incondizionatamente. Questo è ciò che Egli desidera dalla Sua creazione. Si può andare nella fossa dei leoni sapendo che la morte è vicina? Le scelte di Daniele lo hanno rappresentato per ricevere il titolo da Dio.

Daniele 9:23 All'inizio delle tue suppliche è arrivato l'ordine e io sono venuto a mostrarti, perché sei molto amato; perciò comprendi la questione e considera la visione.

Daniele 10:11 Mi disse: "O Daniele, uomo molto amato".

Si definisce sterile una persona che non ha figli. Perché Gesù Cristo è il titolo più alto in cielo, in terra e sottoterra, poiché ha dato il sangue che ha la vita. Geova Dio si è rivestito di carne poiché l'umanità aveva il peccato nel sangue. Prendendo frustate, indossando corone di spine e subendo derisioni ha dato il nome più alto. Ora, qual è il vostro problema, dal momento che Dio ha detto che era l'unico nome al di sopra di tutti i nomi? Al nome di Gesù tutti si inchinano, non alcuni? È il nome di Dio; ha ricevuto questo titolo perché ha svuotato se stesso.

Abramo è stato il padre della fede. La sua scelta gli ha conferito il titolo.

Giacomo 2:22 Vedi come la fede ha operato con le opere e le opere hanno reso perfetta la fede? 23 E si è adempiuta la Scrittura che dice: "Abramo credette a Dio e gli fu imputato come giustizia; e fu chiamato Amico di Dio".

Allora come vi chiami, pettegoli o pacificatori, bugiardi o uomini di integrità e verità? Santi e giusti, o empi e ingiusti? Il vostro lavoro è importante agli occhi di Dio. Il mio lavoro è più importante di qualsiasi titolo che il mondo laico o religioso mi attribuisce. Il mio nome è importante come il nome di molti che sono stati titolati dal Signore. Assicuratevi di sapere che c'è un Dio in cielo che vi guarda. Quello che fate nel mondo per Lui è più importante di quello che fate per la Chiesa? Non c'è da stupirsi che la Bibbia dica che molti sceglieranno Broadway. Molti sono chiamati anticristi e molti sono chiamati peccatori.

Dio ha scelto Davide, vedendo il suo cuore. Ora, non siate d'accordo con i gelosi come il Re Saul e non cercate di uccidere coloro che temete possano sostituirvi. Potete essere sostituiti solo se siete disobbedienti al Signore. Temete Dio e non le persone. Pregate Dio, non le persone, i pastori, le chiese, la famiglia o chiunque altro.

1 Samuele 13:14 Ma ora il tuo regno non continuerà; il Signore ha cercato un uomo secondo il suo cuore e il Signore gli ha ordinato di essere capitano sul suo popolo, perché tu non hai osservato ciò che il Signore ti aveva ordinato.

Mosè è stato definito un uomo umile. Perché? Qual è il contrario dell'umile? L'orgoglioso. Chi è orgoglioso sa tutto e non può obbedire a Dio. Dio o altri non sceglieranno una persona orgogliosa per lavorare per loro sulla terra. L'orgoglio non può mantenere alcuna posizione; sarà rimosso. Coloro che lo sono, non sanno di essere orgogliosi. Essere miti significa essere umili.

Numero 12:3 (L'uomo Mosè era molto mite, al di sopra di tutti gli uomini che erano sulla faccia della terra).

Dio ha bisogno di persone sottomesse che non aggiungano o sottraggano alle sue istruzioni.

Mi ricordai che molti anni fa avevo appena iniziato a frequentare la chiesa e che mi veniva insegnato ciò che la Bibbia dice. Ora, io amavo il Signore, ma non avevo mai sentito molte cose che questa gente di fede insegnava. Insegnavano che le donne non devono indossare i pantaloni e dimostravano che era biblico. "Oh mio Dio", pensai. Lavoravo all'ufficio postale, quindi pensavo di indossare i pantaloni solo al lavoro, dato che questo comportava molti spostamenti.

Ho trovato dei bei pantaloni, ma la mia coscienza era così pulita da quando mi hanno battezzato, nel nome di Gesù. Ora, chi non ha usato il nome di Gesù nel battesimo non può capire. Quando siete battezzati nel nome di Gesù, Dio vi dà una coscienza pulita. Dovete fare questa esperienza. Nell'ufficio postale lavoravo. Ho sentito molti commenti che ammiravano i miei pantaloni nuovi. Mi sono anche guardata allo specchio e ho detto: "Mi piace come mi stanno questi pantaloni". Erano perfetti per la mia figura. Mentre lavoravo, mi venne in mente di chiedermi: ma come sto agli occhi di Dio? E all'improvviso la vergogna mi assalì. Mi sentivo come se fossi in piedi davanti a Dio e mi vergognassi dell'abito dell'uomo. Oh Signore, improvvisamente lo Spirito di Dio ha preso il sopravvento e ha coperto tutto il mio corpo. Ho sentito da ogni cellula del mio corpo: "Ti amo sinceramente". Per giorni ho sentito questa voce. Decisi che in quel momento sarei andata a casa e mi sarei liberata di tutti i miei pantaloni. E ho tolto tutti i vestiti non sacri al cospetto di Dio. È il Signore che ci veste. Vivo in America; si trovano tutti i tipi di vestiti, ma il Signore mi aiuta a scegliere quelli che gli piacciono. Ricordate, la prima lezione ad Adamo ed Eva fu quella di insegnare loro a coprire il corpo nudo. Il grembiule non copre la pelle. Se avessimo continuato a disegnare Dio per il nostro abbigliamento, non avremmo visto stupri, molestie, fornicazione, adulterio e traffico di corpi per la prostituzione.

Qual era l'impressione o il titolo di Geremia in cielo?

Geremia 9:1 Oh, se la mia testa fosse acqua e i miei occhi una fonte di lacrime, per piangere giorno e notte gli uccisi della figlia del mio popolo!

L'uomo che aveva un fardello, il profeta, era conosciuto come un profeta che piangeva.

Sono le vostre scelte, il vostro atteggiamento e i vostri comportamenti che vi faranno conoscere in cielo. Scegliete il corretto stile di vita, lavorate e ottenete il miglior titolo di sempre nel nome di Gesù. Amen!

PREGHIAMO

Padre celeste, ti ringraziamo. Tu desideri che viviamo bene davanti a Dio. Il nostro Dio saprà esattamente ciò che facciamo e pensiamo. È la benedizione da Dio e non dal titolo o dalla posizione che ricopriamo. Desideriamo essere ciò che Tu hai chiamato e il migliore scegliendo perfettamente. Che il Signore ci trovi diligenti e sinceri ai Suoi occhi. Cerchiamo di fare del nostro meglio per apparire belli o di fare il meglio per ottenere il titolo sulla terra. Compiacciamo o cerchiamo di compiacere gli altri e ignoriamo colui che dobbiamo compiacere, cioè il nostro Signore Gesù. Molti hanno cambiato la via e la parola di Dio scegliendo di piacere alla carne o alle persone, ma al Signore. Oggi decidiamo di scegliere te e solo te. Vogliamo sentire ogni titolo impressionante da te, e anche alla fine sentire ben fatto, mio servo buono e fedele. Fa' che ci occupiamo del Signore, non dei gruppi religiosi. Ti ringraziamo per averci chiamato. Benediciamo il Tuo Santo nome nel nome di Gesù. Amen! Dio vi benedica!

26 SETTEMBRE

COME SOSTENERSI IN CASO DI CATASTROFE!

In tempi di carestia, scarsità, terremoti, inondazioni e disastri vari, dobbiamo imparare a sostenerci. Molte volte arrivano crisi finanziarie e noi dobbiamo sapere come sostenerle durante questo periodo.

Che il Signore ci guidi durante il tempo della scarsità. Sentiamo che il tempo della prova è arrivato. Lo vediamo in tutto il mondo e in molti disastri naturali. Ma so che anche noi non saremo messi in difficoltà.

Isaia 54:4 Non temere, perché non sarai svergognato; non essere confuso, perché non sarai messo a repentaglio.

Dio vi sosterrà in qualsiasi disastro naturale o soprannaturale. Perché il nostro Dio è chiamato il Salvatore. Egli salva, guarisce e libera da ogni prova. Il Signore può fare ciò che chiedete.

Isaia 51:7 Ascoltatemi, voi che conoscete il popolo nel cui cuore c'è la mia legge; non temete il biasimo degli uomini e non abbiate paura delle loro ingiurie.

Dio fornì al luogo del deserto due pesci e qualche pezzo di pane.

Matteo 14:15 Quando fu sera, i suoi discepoli vennero da lui dicendo: "Questo è un luogo deserto e l'ora è passata; manda via la folla perché vada nei villaggi a comprarsi da mangiare". 16 Ma Gesù disse loro: "Non è necessario che se ne vadano; date loro da mangiare". 17 Gli dissero: "Non abbiamo che cinque pani e due pesci". 18 Egli disse: "Portateli qui da me". 19 Poi ordinò alla folla di sedersi sull'erba, prese i cinque pani e i due pesci e, guardando verso il cielo, benedisse, spezzò e diede i pani ai suoi discepoli e i discepoli alla folla. 20 E tutti mangiarono e furono saziati; e raccolsero dei frammenti rimasti dodici ceste piene. 21 Quelli che avevano mangiato erano circa cinquemila uomini, oltre a donne e bambini.

Il Signore conosce i vostri bisogni. Il Signore sa anche come custodirvi e provvedere a voi. Sarete sostenuti e aiutati, indipendentemente dal luogo in cui vi trovate. Dio mandò l'uomo alla vedova, come la vedova si sostentò. Non sto pensando a Elia, poiché il Signore lo ha provveduto al ruscello di Cherith, presso le entrate.

1 Re 17:6 I corvi gli portarono pane e carne al mattino e pane e carne alla sera; e bevve dal ruscello.

A Zarefath, Dio aveva una vedova e suo figlio. Dio l'ha sostenuta poiché il Signore ha usato Elia per stare al suo posto.

Aveva una manciata di pasti e un po' di olio. Durante questo periodo, era pronta a morire di fame. Che il Signore ci aiuti a capire come sostenere il popolo di Dio. È la benedizione da dare ai profeti e agli operai di Dio. Come sapete, sono i più importanti della terra. Io non credo nella medicina, ma dipende completamente dalle guarigioni, dai miracoli e dalle profezie che vengono dal Signore. Questo è l'unico modo in cui credo. Perciò nella mia vita ho sempre trovato veri profeti e maestri. Non mi troverete mai nelle chiese religiose. Dio non è lì. Ho imparato dai miei genitori e da mio fratello a dare ai veri operai di Dio quando pregano per noi. Dare a loro mi sostiene. Non lascio mai che il vero profeta e gli insegnanti rimangano a mani vuote. Non è il nostro saldo bancario, il cibo nel granaio o tutto ciò che pensiamo, ma è Dio che sa come sostenerci. Ho notato che dando a persone genuine di Dio avviene un miracolo. Ci sono trenta, sessanta e centinaia di pieghe di benedizioni. Non sappiamo quale sia il terreno migliore.

Ora, questa vedova cucinò e servì Elia per prima e fu sostenuta da Dio.

1 Re 17:14 Poiché così dice il Signore, Dio d'Israele: "Il barile di farina non andrà sprecato e la cesta d'olio non verrà meno, fino al giorno in cui il Signore manderà la pioggia sulla terra" 15 La donna andò e fece come aveva detto Elia; e lei, lui e la sua casa mangiarono per molti giorni.

Quindi, vedete come la vedova e suo figlio sono sopravvissuti? Si sono presi cura dell'uomo di Dio. È necessario che la vostra benedizione sia nascosta dando all'uomo di Dio. So che l'uomo di Dio è stato sostenuto dai corvi, ma la donna aveva bisogno di una benedizione per sostenersi nel tempo della carestia. La nostra vita ha molte lezioni da imparare.

È un periodo in cui non ci si prende cura degli operai. Molti pensano che se diamo le decime, le offerte e le missioni abbiamo finito. Ma che dire delle persone che chiamate per le vostre necessità spirituali? Sono sempre lì per voi, pregano per voi e lavorano giorno e notte. Lavorano come veri operai. Molte unghie, capelli, spa e cose meravigliose per una donna da coccolare. Vedo che gli spacciatori, i venditori di alcolici, i baristi e molti altri ricevono una buona mancia, ma la gente tratta peggio gli operai che lavorano per Dio. Si perdono le benedizioni. Al giorno d'oggi, le persone hanno creato molte chiese, organizzazioni, denominazioni e progetti. Ogni volta ricevono buone donazioni per godersi la vita. Molti donano la ricevuta.

Matteo 6:3 Ma quando fai l'elemosina, la tua mano sinistra non sappia ciò che fa la tua destra.

Quindi non preoccupatevi di quanto date e dove date, è una questione tra voi e Dio. Se avete mai preso aiuto dagli operai del Signore e non li avete mai benedetti, avete perso la benedizione.

Matteo 10:41 Chi riceve un profeta in nome di un profeta, riceverà la ricompensa di un profeta; e chi riceve un giusto in nome di un giusto, riceverà la ricompensa di un giusto. 42 E chiunque darà da bere una tazza di acqua fredda solo in nome di un discepolo, in verità vi dico che non perderà in alcun modo la sua ricompensa.

Vedo sempre più persone che dipendono da me per acquisti o regali. È il momento in cui hanno imparato a dare alle chiese non vedendo alcun miracolo, guarigione, liberazione o qualsiasi segno e meraviglia. Vivono con l'impressione che abbiamo bisogno di loro per le nostre cerimonie. In caso contrario, si coalizzano contro di noi. Viviamo in una società. Vivo con questa verità e non ho paura delle minacce, delle bugie e delle calunnie. So che negli ultimi vent'anni il Signore mi ha sostenuta e difesa dallo spirito dei cani, delle tigri, dei bugiardi, dei ladri e del potere religioso delle tenebre. Egli mi custodirà e mi sosterrà se mi batterò per la verità. Non preoccupatevi mai se state vivendo e sostenendo la verità di Dio. Il Signore sa come sostenervi e benedirvi. Dio ha distrutto il mondo al tempo di Noè, di Lot e al tempo della carestia, dove Isacco ha ricevuto il centuplo dei raccolti. È la mano di Dio onnipotente che sostiene. Fate come Dio e vedrete cosa succederà alle vostre finanze, alle vostre fattorie, ai vostri granai, alla vostra salute, alla vostra famiglia e al vostro Paese. Imparate come e dove investire il vostro denaro. È sempre meglio investire nella Banca di Gesù, dove sosterrete le calamità. Nel nome di Gesù, Amen.

PREGHIAMO

Signore, ti ringraziamo perché le persone che si affidano alle vie e alla voce di Dio riceveranno forza come un'aquila. Non si stancheranno e non si affaticheranno, ma riceveranno di andare al di sopra dei loro problemi. Il Signore darà loro le ali di un'aquila per arrivare all'altezza di vedere il problema con gli occhi di chi fornisce e sostiene.

Il nostro aiuto non viene da nessun'altra parte se non dal Signore, se sappiamo intervenire con fede al Suo comando come la vedova di Zarefath. Il tempo è brutto quando vediamo sempre più disastri in cui non c'è posto per nascondere il nostro cibo. Vediamo la lava bruciare la città natale, il diluvio spazzare via la terra e il terremoto distruggerla. Ma il nostro Signore non esaurisce mai le scorte. Egli ha molteplici disposizioni soprannaturali e sorprendenti. Che il Signore ci insegni a dare e a investire nei posti giusti, dove possiamo ricevere le benedizioni. Mostraci il terreno fertile di Dio dove possiamo piantare il nostro denaro per sostenere nel tempo delle necessità, nel nome di Gesù! Amen! Dio vi benedica!

27 SETTEMBRE

SIETE OPPRESSI NELLA VOSTRA NAZIONE?

Molti sono oppressi, depressi e in agonia da quando hanno dimenticato le vie e le leggi del Signore.

Salmo 127:1 Se il Signore non costruisce la casa, invano lavorano quelli che la costruiscono; se il Signore non custodisce la città, invano vegliano i guardiani.

Esistono quindi una legge, dei comandamenti e dei precetti di Dio per ricevere l'aiuto del Signore. Molti pensano che crediamo in Dio ma vivono come il diavolo e si comportano come un diavolo, quindi invitano al giudizio di Dio. La vostra protezione sta nell'osservare le leggi e non nel trovare il lavoro migliore o nell'avere molta istruzione. Ovunque andiate, scrivete nel vostro cuore le leggi e i comandamenti di Dio da seguire. Se lo fate, nessuno potrà spostarvi o sostituirvi. Ricordate il Re Saul, il sacerdote Eli e altri che hanno ripetuto gli stessi errori.

Proverbio 12:3 L'uomo non si consolerà con la malvagità, ma la radice del giusto non sarà smossa.

Proverbio 10:30 Il giusto non sarà mai rimosso, ma l'empio non abiterà sulla terra.

Il Signore vi stabilisce se lo ascoltate o vi elimina se dimenticate le leggi del Signore. Non pensate mai che sia qualcuno a causarvi problemi. Individuare esempi nell'Antico Testamento per capire gli errori o per seguire il buon esempio di una persona di successo. Ora, l'Antico Testamento non dovrebbe essere una storia dimenticata, poiché è per il nostro esempio e ammonimento. Quindi non ignorate l'Antico Testamento. In effetti, l'AT è la mia parte preferita della Bibbia.

Giudici 3:7 I figli d'Israele fecero del male agli occhi dell'Eterno, dimenticarono l'Eterno, il loro Dio, e servirono Baalim e i boschetti.

Dio mandò il re della Mesopotamia a opprimere gli Israeliti, che servirono il nemico per otto anni. Gli Israeliti si rivolsero a Dio ed Egli li liberò per mano di Otniele e ci fu riposo per quarant'anni. Di nuovo, dopo quarant'anni, dimenticarono Dio e fecero il male e il Signore mandò il re di Moab, che gli Israeliti servirono per diciotto anni. Di nuovo gli Israeliti si angustiarono, si pentirono e il Signore, nella Sua misericordia, li liberò per mano di Ehud e la terra riposò per ottant'anni. Ehud morì ed essi si sviarono e fecero il male. Il Re Jabin di Canaan oppresse gli Israeliti. Quando si pentirono e si rivolsero a Dio, Dio usò la profetessa Deborah e Barak per liberarli. Da Ehud a Sansone, per un totale di tredici giudici, Dio salvò gli israeliti quando gridarono e si pentirono.

Atti 13:20 Poi diede loro dei giudici per circa quattrocentocinquant'anni, fino a Samuele, il profeta. 21 Poi vollero un re e Dio diede loro Saul, figlio di Cis, un uomo della tribù di Beniamino, per un periodo di quarant'anni.

Con gli ultimi due giudici o profeti, Eli e Samuele avrebbero riunito quindici giudici con i quali il Signore parlò, governò, aiutò e salvò gli Israeliti quando si pentirono. L'unica cosa comune era che ripetevano gli stessi errori non appena il loro capitano o il loro giudice inviato da Dio moriva. Vedete quanto sono importanti i vostri capi. Scegliete quello giusto. Non quello che sembra buono, ma quello veramente buono. C'era una differenza tra Eli e Samuele. Dio cacciò Eli e il Signore lo sostituì con Samuele. Alcuni eseguono, agiscono e vivono con noncuranza e ne pagano le conseguenze in modo appropriato.

Svegliatevi. Sarete eliminati, sostituiti e soppressi nella vostra terra. Osservo il caos in ogni terra. La gente viene violentata, uccisa e derubata da persone venute da altre nazioni. Secondo voi, qual è la causa della loro oppressione? Pregate che il Signore mandi i veri maestri per insegnarci l'oracolo, le leggi e i comandamenti di Dio. Sento una giovane ragazza che dice: "Questa è la mia nazione e nessuno può dirmi niente. Posso però camminare, vestirmi e vivere". Ricordiamo che è la terra di Dio e che segue quanto dice il Signore. Che il Signore ci dia il giusto comandante e capo per far rispettare le vie, le leggi e gli statuti del potente Dio.

Nessuno possiede questa terra se non il Dio creatore.

L'ingiustizia sarà rimossa. I nostri bambini, adolescenti e adulti hanno bisogno di una guida per vivere in pace, altrimenti Dio manderà gli oppressori. In ogni epoca o dispensazione troveremo un residuo che teme Dio. Che il Signore ci benedica con chi vive bene. Che il Signore ci fornisca una guida spirituale retta e vera. La nostra nazione ha bisogno di richiami e insegnamenti dalla Parola di Dio. La linea guida viene dal Signore.

Molti leader spirituali sono caduti in un sonno spirituale. Ecco perché vediamo la gente oppressa, posseduta, depressa, malata, che vive senza speranza e che fa ciò che non dovrebbe fare. Che il Signore ci dia un Pastore il cui interesse sia quello di condurci accanto ad acque tranquille e di nutrirci di verdi pascoli, che sono la Parola di Dio. Signore, ricordaci che siamo al sicuro osservando i comandamenti del Signore. Viviamo in un tempo in cui ci chiediamo: l'uomo di Dio viene dal Signore o è un mercenario? Un lupo travestito da pecora. Non oserei nemmeno visitare alcuni edifici chiamati chiese, sapendo che hanno il loro programma di distruggere il regno del Signore. Il Signore è venuto per cosa? Per restaurare la Sua creazione e pagare il prezzo dei peccati con il Suo sangue. Un unico Spirito di Dio si è fatto carne e ha versato il sangue per me.

Ora, se trovate una religione che usa la Bibbia per fuorviarvi, anche voi sarete sconfitti. La giustizia di Dio è diversa dall'auto-giustizia. Vedo che l'Europa, l'Inghilterra e molte nazioni soffrono da quando la gente è venuta da tutto il mondo per rubare. Signore, aiutaci a capire che gli indigeni sono stati sostituiti dal desiderio di frutti proibiti e dalle vie di comunicazione per godere della loro carne, della concupiscenza degli occhi e dell'orgoglio. Il nostro compito è quello di osservare i comandamenti di Dio e non di sostenere le leggi sbagliate della terra. Molti pensano che la terra permetta la libertà, quindi dovremmo goderne. Ma questa libertà è una trappola di Satana, quindi state lontani. La libertà arriva solo rispettando le leggi di Dio. Tutti gli altri sono lo stesso diavolo che arriva a tutti gli Eva e gli Adamo che si chiedono. Gli individui che nei loro Stati erano soliti fare acquisti nel cuore della notte sono ora derubati, violentati e sottoposti a un'incredibile sofferenza. Perché? Stiamo ripetendo gli stessi errori. Non prendete la libertà da Satana, perché lui non è libero.

Giuda 1:6 E gli angeli che non hanno conservato la loro prima proprietà, ma hanno lasciato la loro dimora, li ha riservati in catene eterne sotto le tenebre fino al giudizio del gran giorno.

2 Pietro 2:4 Infatti, se Dio non ha risparmiato gli angeli che hanno peccato, ma li ha gettati all'inferno e li ha consegnati in catene di tenebre, per riservarli al giudizio;

Quindi, cosa ne pensate? Dio vi lascerà scappare se fate del male? Cambiate i vostri modi, le vostre motivazioni e il vostro stile di vita e camminate alla luce di Dio. Non cercate organizzazioni o religioni che si adattino al vostro stile di vita, ma trovate i leader che vi guidino sulla retta via. Sarete protetti in eterno. Signore, benedici te e la Tua nazione con buoni leader spirituali, giusti e santi nel nome di Gesù! Amen!

PREGHIAMO

Ci sottomettiamo a te, Signore, alla volontà e alle vie di Dio. Ci umiliamo e ci allontaniamo dalle nostre vie malvagie perché tu possa guarire la nostra terra. È il mio dovere e la mia chiamata a mantenere la sicurezza della mia nazione vivendo una vita santa e retta secondo la Parola di Dio. Ti ringraziamo. Signore, donaci apostoli, pastori, predicatori, profeti e insegnanti giusti, chiamati da te. Abbiamo bisogno di leader giusti per regnare nel Paese. Ti prego, dacci dei leader veri e giusti. Ti prego, restaura e guarisci la terra. Tutto ciò che il diavolo ha rubato, ucciso e distrutto, riportalo indietro mentre ci rivolgiamo a te. Dacci un cuore obbediente per obbedire alla voce di Dio. Ti prego, ripristina ciò che abbiamo perso e rubato nel nome di Gesù! Amen! Dio vi benedica!

28 SETTEMBRE

STREGA, STREGONE, INCANTATORE, MAGO!

Non si vuole parlare di questo argomento. Ma cosa dice la Bibbia sugli operatori del male del Diavolo? Il Diavolo ha un esercito contro cui combattere il Re dei Re, Gesù. Satana fa di tutto per non favorire il regno di Dio. Satana e i suoi seguaci sono chiamati bugiardi. Il dominio nelle alte sfere è quello di abbattere il popolo di Dio. Il suo ordine del giorno è accusare il popolo giusto e santo. Il Signore disse ad Adamo: "Il giorno in cui mangerai il frutto, morirai", cioè la morte eterna, non quella fisica.

Il diavolo si presentò sotto forma di serpente:

Genesi 3:4 Il serpente disse alla donna: "Non morirai di certo":

Il diavolo dice esattamente il contrario di ciò che dice Dio. Che il Signore ci aiuti a seguire la verità. Il Signore ha ordinato di eliminare le streghe. Ne avete una intorno a voi?

Esodo 22:18 Non permetterai a una strega di vivere.

Se utilizzate queste streghe, sarete anche allontanati dalla terra.

1 Cronache 10:13 Così Saul morì per la trasgressione che aveva commesso contro l'Eterno, contro la parola dell'Eterno che non aveva osservato, e anche per aver chiesto consiglio a uno spirito familiare per chiedere informazioni;

Fate del Signore la vostra unica fonte per scoprire la verità. Il Signore punirà altre fonti. Noi siamo limitati al regno fisico, ma gli spiriti non sono limitati al mondo fisico e spirituale.

Una volta, un fratello che lavorava per Gesù tardava a tornare a casa. Molte persone venivano sul suo posto di lavoro per essere liberate dai demoni. Mentre stava scacciando il demone, il demone disse: "Sta arrivando tua moglie". La moglie aveva parcheggiato lontano per controllare il marito. Il fratello si guardò intorno e disse: "No, non viene". Ma quando lei entrò, lui la vide. Vedete, il diavolo vede le persone che lo circondano proprio come noi vediamo a portata di occhio fisico.

28 SETTEMBRE

Levitico 19:31 Non badate a quelli che hanno spiriti familiari e non cercate i maghi per essere contaminati da loro: Io sono l'Eterno, il vostro Dio.

La stregoneria è la magia nera, l'incantesimo. Nella Bibbia Dio proibisce gli indovini, gli incantatori e i maghi. Essi usavano il potere satanico nella chiesa di Satana, che è il potere delle tenebre.

At 8:9 Ma c'era un certo uomo, chiamato Simone, che prima, nella stessa città, usava la stregoneria e ammaliava la gente di Samaria, facendo credere di essere un grande.

Queste pratiche sono ovunque. Oggi, durante le ore di preghiera del mattino, ho visto una strega. Ho pregato molto per gli Stati Uniti. Tutte queste accuse maligne, le accuse sono un dramma. Fa male perché c'è un mondo satanico senza vergogna che usa i testimoni per distruggere le persone buone.

Quando ho visto chiaramente questa strega a occhi aperti, ho iniziato a legare e distruggere il suo programma.

Odio i telegiornali, ma a volte devo guardarli perché il Signore vuole che interceda per alcune persone. Quando ho acceso un canale di notizie su YouTube, la signora ha detto che le accuse su un uomo buono erano come una caccia alle streghe. Ho detto che ho appena visto quella strega.

Che il Signore ci aiuti a capire che il mondo degli spiriti è reale. Non si tratta solo di andare in chiesa e tornare a casa per rilassarsi. Voi, che siete la Chiesa di Dio, preparatevi ad affrontare il vostro nemico. Preparatevi digiunando e pregando per distruggere l'agenda del diavolo. Avete la forza dello Spirito Santo, la verità e l'autorità. Se non avete lo Spirito Santo, allora andate da una persona che vi dia la mano per riceverlo parlando in lingue. Il popolo di Dio che prega e digiuna è l'unica speranza per le nazioni contro l'agenda di Satana. Satana può distruggervi proprio come avrebbe fatto al tempo di Ester, ma lei sapeva cosa fare. Facciamo lo stesso digiunando e pregando.

1 Pietro 5:8 Siate sobri, vigilate, perché il diavolo, il vostro avversario, come un leone ruggente, va in giro cercando chi divorare.

Il diavolo ha un solo scopo: accusare il popolo di Dio. Lo vedete nella vostra casa e ovunque. La strega cattiva o l'uomo malvagio accuseranno costantemente la famiglia per distruggerla. Ma non preoccupatevi mai dell'accusatore, del bugiardo e del malvagio. Sono morti viventi. Non c'è speranza per queste streghe o uomini malvagi nella vostra casa, nel vostro Paese o nel vostro lavoro. Ci sono istruzioni nella Bibbia. Parlate sempre con una testimonianza vittoriosa e dite che il diavolo ha fatto questo a questo o a quell'altro, ricordate al diavolo che il sangue di Gesù è contro di voi. Ciò significa che, a prescindere dalle accuse, ho il giusto sangue di Gesù a proteggermi. Il sangue del Salvatore è stato versato per me per togliere tutti i miei peccati, quindi "hahaha". Non abbiate mai paura di chi mette accuse, ma rimanete sulla parola. La loro fine è vicina.

Apocalisse 12:10 E udii una voce forte che diceva nel cielo: "Ora viene la salvezza, la forza, il regno del nostro Dio e la potenza del suo Cristo, perché è stato abbattuto l'accusatore dei nostri fratelli, che li accusava davanti al nostro Dio giorno e notte. 11 Ed essi lo vinsero per mezzo del sangue dell'Agnello e della parola della loro testimonianza, e non amarono la propria vita fino alla morte.

Questo diavolo si presenta sotto forma di parenti, compaesani o donne. Rideteci sopra. Non permettete loro di entrare in casa vostra perché il loro motivo è sbagliato e faranno cadere i demoni nella vostra casa. Leggete la Bibbia e seguite le istruzioni, e imparate perché tenere il male fuori dalla porta. Vi dico che l'accusatore si arrabbierà anche se ha i suoi testimoni malvagi, come la figlia malvagia. Non aspettatevi nulla di buono da questa malvagia. State lontani. Se dovete andare intorno a loro, legate i demoni da loro e spezzate il loro potere. Inviate gli Angeli prima di incontrarli. Credetemi, la loro fine è brutta. Abbiate fiducia in Dio.

Oggi abbiamo molti uomini e donne malvagi. Perché? Abbiamo dimenticato di pregare e digiunare. Ci si diverte di più, si prende il tè, si mangia, si va a caccia, si celebra una festa dopo l'altra, si gioca a golf, e così via. La maggior parte dei pastori etichettati non sa come scacciare i demoni. Alcune chiese non me lo permettono; se lo faccio, mi controllano. È il loro monopolio e il loro programma, non il Signore per lavorare nella loro tana. Gesù lo faceva. Perché in America è così strano riconoscere i demoni e la loro opera? Cosa succede quando il Paese diventa religioso e mette fine a Gesù? Se non permettiamo allo Spirito Santo di condurre, guidare e fare il lavoro, allora vediamo la potenza di Dio diminuire e l'illegalità.

È ora di svegliarsi. Vediamo le tante streghe, gli stregoni, gli incantatori, i rabdomanti, gli stregoni e i maghi che camminano intorno a noi con bei vestiti e guidando belle macchine. Alcuni stanno sul pulpito e hanno chiese magnifiche. Ma c'è qualcuno che riconosce le forze che lavorano dietro il rapimento, lo stupro, l'accusa di innocenza, l'uccisione, la distruzione della brava gente? Tutte le attività sono in organizzazioni ed edifici diversi per ammaliarvi. Ho sognato l'India, dove i gruppi religiosi sono ricchi. Nessuno scaccia i demoni, nessuno apre gli occhi ai ciechi, gli zoppi non camminano, ma hanno grandi congregazioni per ingannarli. Le persone amano essere ingannate perché qualcuno ha fatto loro il lavaggio del cervello con falsi insegnamenti. Ho sognato lo spirito dei cani e delle tigri che operano i cosiddetti religiosi cristiani. Fate attenzione. Iniziate a pregare in casa vostra piuttosto che dare soldi per sostenere false organizzazioni. È un'altra forma di Satana che distrugge il regno di Gesù Cristo. La Bibbia dice: "Cercatemi, non sedetevi sui banchi". Io l'ho cercato e trovato. Sono fortemente anticristi. Tutte le loro denominazioni e i falsi profeti e insegnanti lavorano contro la Bibbia. Che il Signore mandi i potenti veri insegnanti e pastori nella vostra casa, paese, città e nazione, e che voi li crediate nel nome di Gesù! Amen!

PREGHIAMO

Oh Signore, abbiamo bisogno di te e della Tua potenza dello Spirito Santo per affrontare il potere demoniaco. Signore, benedicici con la verità mentre il demone religioso ha deluso il Tuo popolo. Signore, dacci veri insegnanti e profeti che si oppongano a tutto questo caos che sta accadendo in questo mondo. Ci hai dato l'autorità, il potere e il Tuo nome Gesù; ti ringraziamo, Signore. Il nostro Dio è vero, ma è nostra la scelta di obbedire a te e alla Tua verità. Signore, aiutaci ad amare la verità, la preghiera, il digiuno e la Tua Parola più che mai. È il nostro Signore che sa come salvare, custodire e liberare da Satana. Che il Signore ponga una siepe infrangibile di protezione, di angeli potenti, di sangue e di Spirito Santo intorno a noi, ai nostri figli e alla nostra casa, nel nome di Gesù! Amen! Dio vi benedica!

29 SETTEMBRE

NON DISTRUGGETE IL TEMPIO DI DIO!

Potreste pensare: di cosa sto parlando? Sto parlando del vostro corpo fisico. Una volta il Profeta chiese al fumatore: "Fumeresti una sigaretta in chiesa? Lui rispose: "Certo che no, è irrispettoso". Allora il profeta disse: "Lasciate che vi insegni oggi di cosa parla il Signore. Il vostro corpo è un tempio o una chiesa, l'edificio non è una chiesa".

1 Corinzi 3:16 Non sapete che siete il tempio di Dio e che lo Spirito di Dio abita in voi? 17 Se qualcuno profana il tempio di Dio, Dio lo distruggerà, perché il tempio di Dio è santo, e voi siete il tempio.

Quel giorno, questo fumatore, per la prima volta, capì che era sbagliato fumare. Molti usano il corpo come una droga. Dio ha creato il nostro corpo per poter dimorare in noi come Spirito Santo. Lo Spirito Santo è l'unico Spirito di Dio. Ora, se fumate, bevete, commettete adulterio, fornicate o vi drogate, allora state profanando il tempio di Dio. Molti sanno che sui pacchetti di sigarette c'è scritto che causano il cancro. I polmoni cedono e si verificano danni a tutto il corpo. È un dato di fatto che molti di coloro che consumano sigarette muoiono con molti problemi. Solo negli Stati Uniti si registrano oltre 48 milioni di morti all'anno! Ascoltate il Signore. Quanti muoiono a causa della droga? Solo l'anno scorso sono stati 72 mila. Sappiamo che è sbagliato, ma siamo ancora imprudenti? Credete nel Creatore del vostro Corpo. Usate il manuale di vita, che è la Bibbia. Dobbiamo credere più alla Bibbia che al medico. Sappiamo che la Bibbia è l'unica informazione accurata. Ogni volta dobbiamo usare la Bibbia per dimostrare e mostrare gli effetti, gli effetti collaterali e le conseguenze della disobbedienza alla Parola. La sofferenza e il dolore sono terribili, ma anche la loro famiglia soffre.

Una sigaretta provoca il cancro; ogni anno muoiono 41 mila persone. Ora, volete ancora disobbedire a Dio? Dio dice di sbarazzarsi delle cose cattive o distruggerà il tempio che abbiamo contaminato. Cosa sono l'HIV e l'AIDS? L'AIDS è lo stadio avanzato dell'HIV. L'anno scorso sono morte 1 milione di persone solo negli Stati Uniti. 1,8 milioni sono morte a livello globale. Sono 3 morti al minuto. Amate voi stessi. Rivolgetevi a Dio. La vita può essere più piacevole della morte. La vita è un dono di Dio. La gente non mette in relazione molti peccati con la malattia, ma il peccato causa la malattia. Ho trovato queste informazioni grazie a una ricerca su Google. Ma mi baso solo sulla parola di Dio. Siate saggi. I peccati sessuali sono contro il tempio di Dio.

1 Corinzi 6:18 Fuggite la fornicazione. Ogni peccato che un uomo fa è fuori del corpo; ma chi commette fornicazione pecca contro il proprio corpo. 19 Che cosa? Non sapete che il vostro corpo è il tempio dello Spirito Santo che è in voi, che avete da Dio e non siete vostri? Paolo stava affrontando un problema molto serio. Avverte il fornicatore che il suo corpo, che è il tempio di Dio, sarà distrutto.

1 Corinzi 5:1 Si dice comunemente che tra voi c'è fornicazione, e una fornicazione tale che non è nemmeno nominata tra i Gentili, che uno prenda la moglie di suo padre. 2 E voi vi gonfiate e non avete pianto, perché colui che ha fatto questa azione sia tolto di mezzo a voi.

Quando si profana il tempio, che è il proprio corpo, il Signore se ne va, ma Satana prende il sopravvento. Il compito di Satana è quello di rubare, uccidere e distruggere.

1 Corinzi 5:5 Per consegnare un tale a Satana per la distruzione della carne, affinché lo spirito sia salvato nel giorno del Signore Gesù.

Se un fratello o una sorella nel Signore commette un'azione sbagliata, allora non frequentatelo.

1 Corinzi 5:9 Vi ho scritto in un'epistola di non frequentare i fornicatori: 10 ma non del tutto con i fornicatori di questo mondo, né con i lussuriosi, né con gli estorsori, né con gli idolatri; perché allora dovrete uscire dal mondo. 11 Ma ora vi ho scritto di non stare in compagnia, se uno che è chiamato fratello è un fornicatore, o un bramoso, o un idolatra, o un razziatore, o un ubriacone, o un estorsore; con uno così non si deve mangiare.

Al giorno d'oggi, questo argomento non viene molto predicato e noi vediamo il risultato peggiore della morte. Un credente non dovrebbe mai scendere a compromessi con questi peccati. Il nostro compito è insegnare, obbedire o meno è una loro scelta. Quindi ricordate, noi portiamo la parola di Dio e non la mondanità. L'amore, colui che dice la verità, abbraccia la verità. A prescindere da tutto, non possiamo permetterci tutte le sofferenze e, alla fine, l'inferno. Piuttosto, ci raddrizziamo e viviamo una vita retta. Dio non ci salva mai dal peccato. Dio ci libera dal peccato. Il peccato ha separato Adamo ed Eva. Giovanni Battista ha impartito il battesimo di pentimento per ricucire il rapporto interrotto tra Dio e la Sua creazione. Ricordate che il sangue della vita vi ha comprato. Gesù ha pagato il prezzo dando il Suo sangue. Ha preso una frustata, così il sangue che è uscito da essa può guarirvi. Ha preso trentanove frustate per guarirvi e se avete peccato, vi sarà perdonato. Quanto è facile?

Giacomo 5:15: La preghiera di fede salverà il malato e il Signore lo risusciterà; e se ha commesso peccati, gli saranno perdonati.

Sembra un buon affare facile. Perché non pentirsi dei peccati? Il piacere del peccato è per un momento e poi la sofferenza eterna. Il pentimento è il modo in cui si chiama la rinuncia ai peccati. Se ci si immerge nell'acqua nel nome di Gesù, c'è l'agnello di sangue sotto quel nome. Il sangue del Salvatore laverà via tutti i peccati. È gratuito. Che il Signore ci dia la saggezza.

1 Corinzi 6:9 Non sapete che gli ingiusti non erediteranno il regno di Dio? Non fatevi ingannare: né fornicatori, né idolatri, né adulteri, né effeminati, né abusatori di se stessi con gli uomini.

Ottenete la forza dello Spirito Santo, che vi darà la forza e il potere di combattere contro tutte le tentazioni delle tenebre. Che il Signore ci aiuti a non mancare di nuovo a Dio. Il Suo sangue può pulire ogni peccato profondo e renderci più bianchi della neve. Inoltre, la vostra anima erediterà il luogo eterno. Che il Signore vi dia saggezza e comprensione per rivolgervi a Lui.

Ebrei 3:6 Ma Cristo è come un figlio sulla sua casa; di chi siamo noi, se manteniamo salda fino alla fine la fiducia e l'esultanza della speranza. 7 Perciò, come dice lo Spirito Santo, se oggi ascolterete la sua voce, 8 non indurite il vostro cuore come nella provocazione, nel giorno della tentazione nel deserto:

Non trascurate Dio; Egli ha fatto di tutto per benedire, liberare e difendere dando la Sua preziosa vita. Dio si manifesta nella carne per versare il sangue. Non rifiutate il nome in cui è nascosto il sangue. Quando venite immersi nell'acqua, usate il Suo nome prezioso per lavare i vostri peccati nel sangue. Riceverete lo Spirito Santo; parlerete in un'altra lingua per ricevere il potere di combattere Satana. Amen. Il Signore vi benedica e vi dia una vita abbondante. Amen.

PREGHIAMO

Signore, veniamo davanti al Tuo altare. Sapendo che abbiamo peccato e che il prezzo del peccato è la morte. Lì abbiamo il sangue che cancella tutti i peccati. Grazie per averci riempito con lo Spirito Santo per combattere il diavolo e le tentazioni. Nostro Signore, tu sei un Dio buono e hai mostrato un amore incondizionato in questo tempo della fine venendo nella carne per versare il sangue.

Sappiamo che la verità è abbastanza potente da renderci liberi. Dacci la verità e aiutaci a rinunciare alla religione. Signore, manda veri profeti e insegnanti ai perduti per guidarli. Allontana da noi la confusione. Metti l'amore per la verità. Meriti tutta la gloria, l'onore, le ricchezze, la conoscenza, la saggezza, la comprensione e la lode, nel nome di Gesù. Amen! Dio ti benedica.

30 SETTEMBRE

VENGO A VEDERE IL SIGNORE!

Non mi preoccupo dell'edificio, delle persone, dell'abbigliamento, dell'acconciatura, della musica, delle conferenze, ma del Signore. Cercate il Signore in azione guarendo i malati, liberando le persone e risuscitando i morti. Non vado agli incontri di preghiera solo come routine religiosa. Non mi lascerò coinvolgere da falsi modi, usanze e routine di Satana. Il Signore ha distrutto ogni tipo di routine, anche il giorno del sabato. Ora potete riposare perché il Signore sta liberando le persone e le guarisce, se glielo permettete. Seguite le vie del Signore e non le routine rituali di Satana nel nome di chiese, denominazioni e organizzazioni religiose. Che il Signore non solo vi liberi, ma vi mantenga tali. Può farlo se glielo permettete. Imparate a cercare, poi aspettate che Lui vi mostri la strada. So che può farlo se glielo permettiamo. Liberatevi dei vostri programmi; non funzioneranno, ma distruggeranno l'opera di Dio. Che il Signore vi aiuti a dipendere da Lui.

Quando andate in chiesa, pensate a quale sia il vostro motivo. Molte volte ho inoltrato messaggi meravigliosi. Ho letto le loro opinioni irrilevanti; hanno trovato difetti e mi hanno criticata. Così il critico va in chiesa a criticare. Hanno agganciato colui che critica un potente demone delle religioni. Al diavolo non interessa dove si riuniscono, perché il demone che è in loro è soddisfatto, confortato e nascosto nel corpo.

Nessuno lo scaccerà dal corpo, poiché chi predica non sa come combattere la battaglia spirituale. Un bel messaggio per manipolarli e conquistarli nel loro regno. Il diavolo ride e dice: benvenuti nel mio mondo, vi salverà la parola di Dio. Le organizzazioni religiose si oppongono alla verità e hanno convinto milioni di persone a non credere a ciò che dice il Signore.

Ora, quando visitavo diverse denominazioni o non denominazioni, cercavo Dio. Ho sentito qualche uomo di Dio che predicava messaggi buoni e unti, cantava e insegnava cose vere o parzialmente vere. Ho detto che avrei voluto avere queste persone in India. Oggi molti hanno lo Spirito Santo e fanno miracoli. Alcuni di loro compiono miracoli. Dio ha salvato molti che vivono secondo la verità e obbediscono al Libro. Non sto cercando di iniziare nessuna religione, se non quella già stabilita dai profeti e dagli apostoli, come dice la Parola di Dio. Sto mettendo dei mattoni sulle loro fondamenta. L'apostolo e il profeta costruiscono la chiesa nel libro degli Atti come fondamento. Ora si può costruire in Galati, Efesini, Corinzi, Asia, Europa, Australia e in tutto il mondo in ogni continente. Il Signore ci aiuti a non dare vita a organizzazioni, denominazioni o non denominazioni diverse. Non andiamo in chiesa per criticare, ma per vedere il Signore. Egli ha detto che le porte dell'inferno non prevarranno.

Aspetto che i santi si riuniscano nel nome di Gesù e che i demoni escano, che il fuoco scenda a bruciare il

30 SETTEMBRE

diavolo e la sua opera. Dimostrazione secondo la parola di Dio, opera più grande:

Giovanni 14:12 In verità, in verità vi dico: chi crede in me, le opere che io faccio le farà anche lui; e ne farà di più grandi di queste, perché io vado al Padre mio.

Questa è la mia prima e principale ricerca di un maggiore. Non unitevi al gruppo religioso che pensa di essere il migliore. Etichettare con un nome diverso la loro organizzazione potrebbe essere sbagliato, ma il Signore sta cercando un'opera più grande. Persone che permettano al Signore di operare attraverso lo Spirito. Mi piace l'opera dello Spirito, lo Spirito di Dio che viene a voi.

Giovanni 14:14 Se chiederete qualsiasi cosa nel mio nome, io la farò.

Sì, vado in una comunità per vedere Dio che fa, si muove, guarisce, i ciechi vedono, gli zoppi camminano e i malati di cancro non hanno bisogno di chemio. Non c'è bisogno dell'interferenza dei medici e dell'immensa costruzione di ospedali.

Lo Spirito di Dio trova il problema, quindi non c'è bisogno di risonanze magnetiche, radiografie, ecografie o procedure diagnostiche molto costose. Non c'è bisogno di un intervento chirurgico perché la mano di Dio si muove attraverso la mano dei discepoli di Dio che hanno costruito le loro chiese sulla roccia. Questa è la rivelazione di chi è Gesù. La roccia è la rivelazione di Gesù come Salvatore di Geova.

Vediamo la Sua mano muoversi attraverso il credente per liberare il prigioniero. Ho guardato i servizi in diretta dell'AMI a Johannesburg, in Sudafrica. Le persone volano lì da tutto il mondo per vedere la mano di Dio che si muove attraverso l'uomo di Dio per fare un'opera più grande di questa.

Nessuno vede il Signore, ma il segno e il prodigio confermano la Sua presenza.

Marco 16:20 Poi partirono e predicarono ovunque, mentre il Signore operava con loro e confermava la parola con segni successivi. Amen.

Vado nella chiesa in cui il Signore opera attraverso un discepolo chiamato da Dio, non da organizzazioni.

Marco 16:15 Poi disse loro: "Andate in tutto il mondo e predicate il Vangelo a ogni creatura. 16 Chi crederà e sarà battezzato sarà salvato, ma chi non crederà sarà dannato". 17 E questi segni seguiranno quelli che credono: nel mio nome scacceranno i demoni; parleranno con lingue nuove; 18 prenderanno in mano i serpenti; e se berranno qualche cosa di mortale, non farà loro male; imporranno le mani ai malati e questi guariranno.

Quando lavoravo con fratello Min, l'ho visto parlare con i demoni nelle persone e poi comandare al demone di uscire. È stato il momento più bello della mia vita. Non mi sono ancora fermata da lì, ma ho cercato qualcosa di più grande di questo. Dopo un po' di tempo a Dallas, mi sono annoiata e ho detto: "Signore, ho bisogno di qualcosa di più". Ho bisogno di qualcosa di più. La scatola dell'organizzazione religiosa in cui ho iniziato a cercare di più. Ho detto: "Signore conducimi", così mi ha portata in un altro luogo dove il pastore viene da voi e prega, scaccia i demoni, guarisce i malati, profetizza, dà le informazioni, conforta le persone abbattute e cura le loro ferite dando loro la parola di conoscenza e la profezia, e così via.

Ho detto che volevo ancora di più. Ora vediamo dove mi porterà. Sto cercando, chiedendo e bussando. Non mi fermo, non mi chiudo e non mi trattengo! Continuate ad andare e andare. Che il Signore ci aiuti a credere in Dio. Ha detto ciò che intendeva.

Una sera tardi, una giovane universitaria mi chiamò. Mi disse che un demone non lasciava la sua stanza. Ha aperto la porta al demone perché guardasse il sito sbagliato su Internet. Fate attenzione. Se aprite quella scena, lui verrà e vi distruggerà. Questo può accadere se non cercate il Signore. Cercate il Signore, trascinatevi fuori dalla zona di comfort di un edificio chiamato chiesa, dai banchi e dalle denominazioni. Dio non è lì. Dio è dove non si potrebbe mai immaginare. Ho trovato Dio in luoghi che la gente criticava. Non lasciate che le denominazioni, le non denominazioni o le organizzazioni streghino me o voi. Grazie a Dio, mi ha mostrato misericordia dal momento che lo stavo cercando. Non è meraviglioso? Il nostro Dio è buono e potente, è un Dio che fa miracoli, guarisce, libera e opera meraviglie. Cercate questo Gesù che non è cambiato e non cambierà. Che il Signore vi dia una visione più grande per desiderare e vedere l'opera meravigliosa di Dio. Cercatela e la troverete. Amen! Buon viaggio benedetto.

PREGHIAMO

Signore, il nostro compito è quello di cercare, di vedere ciò che hai conservato per noi. Dacci la fame, il coraggio e l'audacia di fluire nello Spirito per trovare il luogo in cui stai lavorando.

Il Signore opera attraverso chi glielo permette. Molti viaggiano lontano per vedere l'opera di Dio. Sono così felice che alcuni sulla terra stiano facendo la potente opera di Dio. Noi ti crediamo, per favore mandaci i veri insegnanti. Dove ci sei tu, ci sono libertà e miracoli. Tu operi attraverso di noi solo alle Tue condizioni e non alle nostre. Molti hanno fondato chiese in condizioni in cui tu non ci sei. Grazie, Signore. Aiutaci a riconnetterci di nuovo in ginocchio, in modo da poterlo fare di nuovo. Non importa quello che diciamo, è molto facile vederti muovere in mezzo a noi se ci arrendiamo. Facci essere Tuoi figli, sapendo che farai di più attraverso di noi. Il nostro Signore è fedele nel nome di Gesù! Amen! Dio vi benedica!

OTTOBRE

1 OTTOBRE

DIO ABBELLISCE I TIMORATI CON LA SALVEZZA!

Atutti piace essere belli! Le persone acquistano un aspetto bellissimo quando vengono salvate. Io sono una testimone di prima mano. Per anni ho osservato quando i peccati della persona vengono lavati via e riceve lo Spirito Santo, ha un aspetto grazioso sul viso. Intendo dire che quando la persona si pente di tutti i suoi peccati, essi vengono lavati via dal battesimo nel nome di Gesù e riceve lo Spirito Santo, quella persona ha un aspetto grazioso. Questa persona non ha bisogno di cambiare i prodotti di bellezza che usa, ma con il tocco del Signore è abbellita. Dio viene nel loro corpo, che Dio ha fatto in modo che Lui rimanga. Questo corpo è il Tempio Santo di Dio. Quando una persona commette un peccato carnale, questo tempio viene contaminato.

Quali sono i peccati della carne? Vediamo cosa dice la Parola di Dio:

Galati 5:19b fornicazione, impurità, lascivia, 20 idolatria, stregoneria, odio, discordia, emulazione, ira, lotte, sedizioni, eresie, 21 invidie, omicidi, ubriachezze, bagordi.

1 Samuele 16:7 Ma il Signore disse a Samuele: "Non guardare al suo aspetto o all'altezza della sua statura, perché l'ho rifiutato; perché il Signore non vede come vede l'uomo; perché l'uomo guarda l'aspetto esteriore, ma il Signore guarda il cuore".

I peccati carnali si riflettono sul volto di una persona. Le persone non hanno gioia quando non sono felici.

Le persone possessive e invidiose avranno una malattia delle ossa. Moriranno diventando più brutte e più magre. La loro pelle diventa scura o pallida. Ho visto queste persone la cui bellezza svanisce. La depressione, la preoccupazione e l'odio si manifestano sui loro volti. Il trucco e la chirurgia facciale non aiutano.

Quando una persona si converte dalle vie del male pentendosi, lavando i peccati nell'acqua nel nome di Gesù e ricevendo lo Spirito Santo, porterà un cambiamento all'interno. Ricordo un profeta; la sua vita passata era terribile. Sedeva nei bassifondi, entrava e usciva di prigione. Aveva un aspetto orribile a causa dei suoi peccati. Quando si è rivolto al Signore, Gesù è entrato nella sua vita ed è apparso radioso. Quando il Signore viene, rinnova la Sua dimora. Il nostro corpo è il Suo tempio. La Sua mano lo ha formato. Il volto risplende e i lineamenti cambiano. Le signore che camminano con il Signore hanno un bellissimo splendore sul viso. Visito la casa di riposo dove incontro molte signore. Coloro che sono cristiane hanno un bel volto luminoso.

1 OTTOBRE

Una volta in India, una mia compagna di classe indù mi disse che in una grande folla sapeva riconoscere chi era cristiano. Le chiesi: "Come?" Mi rispose: "C'è una luce sul loro volto". Le persone tengono molto al loro aspetto esteriore. Io sono cresciuta in India. Non ho mai conosciuto tutto questo trucco. Ci si puliva il corpo, ci si pettinava i capelli e non si faceva altro. Alcune signore, che si sono convertite al cristianesimo, hanno detto che i loro colleghi hanno notato che erano bellissime dopo il battesimo. Una di queste signore, di nome Gigi, ha detto: "Tutti mi hanno detto che sono bellissima dopo il battesimo". Vedete, Dio ha creato tutte le cose belle.

Ecclesiaste 3:11 Egli ha fatto ogni cosa bella a suo tempo.

La bellezza viene dal cielo. Tutte le figlie di Giobbe erano belle.

Giobbe 42:15a In tutto il paese non si trovavano donne così belle come le figlie di Giobbe.

Dio non rende brutto, ma rende bello il brutto. Ho imparato che una donna che ha rabbia, gelosia o orgoglio ha lo sguardo più duro. È l'intuizione di una persona che porta l'aspetto esteriore. La bruttezza interiore fa capolino dal volto. Se le persone conoscono la verità, non saranno ingannate da Satana.

Da una ricerca effettuata su Google, risulta che nel 2003 gli analisti di Goldman Sachs hanno stimato il valore dell'industria della bellezza a livello mondiale, includendo i prodotti per la cura della pelle per 24 miliardi di dollari, il make-up per 18 miliardi di dollari e la cura dei capelli per 38 miliardi di dollari.

- Cresce fino a un tasso del 7% all'anno. È più del doppio del PIL del mondo sviluppato. Chirurgia plastica, cosmetici e dermatologi guadagnano miliardi di dollari all'anno. Un essere umano smarrito non sa che il diavolo sta giocando con la sua mente e gli vende il prodotto convincendolo di apparire bello. Il diavolo fa anche sentire le persone brutte e senza valore. Amici miei, non credete a Satana; avete bisogno di un dermatologo di nome Gesù.

Chi ha creato il vostro corpo? Gesù, non Satana, che lo sta mettendo a soqquadro. Per quanto tempo vivrete su questa terra? Tutti questi interventi di chirurgia plastica e prodotti di bellezza vi danneggeranno. Chi si prende cura di voi? Solo il Signore! Satana vi farà notare gli occhi, le rughe del naso e i piccoli dettagli che non interessano o non vengono notati da nessuno. Ma dovete cambiare il vostro modo di pensare. Venite alla presenza di Dio, adorate il Signore, leggete la Sua Parola e seguitela, pregate e digiunate. Credetemi, sarete bellissimi. La bellezza interiore risplenderà sul vostro volto.

Dite a voi stessi che siete bellissimi!

Salmo 140:4 Perché il Signore si compiace del suo popolo; abbellirà i miti con la salvezza.

Siete la sposa di Gesù e Lui vuole che siate belle, non secondo gli standard del mondo. Ricordate che Dio ha creato il vostro corpo e ogni suo dettaglio. Satana è la creatura più brutta. Vi fa sentire come lui. Tutti gli empi angeli caduti portano avanti il piano di Satana per farvi sentire brutti. No, voi siete belli!

Proverbio 16:31 La testa bruna (grigia) è una corona di gloria se si trova nella via della rettitudine...

Quando il Signore viene dentro di voi per liberarvi da droghe, alcol, gelosia, invidia, orgoglio, rabbia, menzogna e inganno, sarete automaticamente belli. Questo è compito del Signore e di nessun altro. Quanto durerà la vostra bellezza dopo aver speso migliaia di dollari in chirurgia plastica ed estetica? Alcuni non sono soddisfatti del colore degli occhi, della carnagione o di qualsiasi altra cosa. Dovete venire dal grande estetista, il Signore Gesù. Venite alla Sua presenza come fece Mosè.

Esodo 34:30 Quando Aaronne e tutti i figli d'Israele videro Mosè, ecco che la pelle del suo volto risplendeva e avevano paura di avvicinarsi a lui. 35 I figli d'Israele videro il volto di Mosè, che la pelle del suo volto risplendeva; e Mosè si rimise il velo sul volto, finché non entrò a parlare con lui.

Il diavolo vi sta ingannando introducendo tutti questi prodotti per occhi, viso e pelle. Non abbiamo mai usato tutto questo prima. Allora perché ora? Quando ci allontaniamo dalla presenza di Dio e crediamo alle presentazioni ingannevoli di Satana, inganniamo noi stessi. Agli ingannatori del diavolo piace derubare voi e il vostro denaro al Signore. Dio metterà alla prova la vostra fede sulla terra. State in piedi credendo e facendo ciò che il Signore dice. Credetemi, risplenderete dove il diavolo avrà paura e scapperà dalla luce che brilla in voi. Ricordate che il diavolo era la più bella creatura di Dio. Quando ha peccato, è diventato la creatura più brutta. Guardate le sue immagini di scheletri, brutte, spaventose, vero? Sì, e indovinate un po'? Vuole che anche voi ne abbiate l'aspetto. Dio vi ha fatto meravigliosamente a Sua immagine e somiglianza. Non avete bisogno dell'aiuto di Satana. Dite solo che assomigliate a vostro padre Gesù: "Sono bello. Mi sono fatto a Sua immagine e somiglianza. Gesù mi ha fatto bello. E sono bello dentro e fuori".

2 Corinzi 4:16 Per questo non ci stanchiamo; ma anche se il nostro uomo esteriore perisce, tuttavia l'uomo interiore si rinnova di giorno in giorno.

Le persone divine invecchiate sono belle anche in età avanzata.

Salmo 92:14 Porteranno ancora frutti nella vecchiaia; saranno grassi e fiorenti.

PREGHIAMO

Che il Signore del cielo dia un tocco celeste per abbellirci. Siamo l'immagine di Dio e il Signore sa come renderci belli. Siamo la Sua futura sposa. Signore, aiutaci a mantenerci senza macchia e senza difetti per Lui. Solo il Signore sa come prendersi cura della Sua casa e del Suo tempio, che è il nostro corpo. Signore, ci portiamo al Tuo altare come sacrificio vivente. Ci fidiamo di te. Dio ci ha fatti a Sua bella immagine. Ti amiamo e preghiamo per te! Nel nome di Gesù. Amen! Dio vi benedica.

2 OTTOBRE

FINITO BENE!

Tutti iniziamo, ma la cosa più importante è come finiamo. Ogni giorno di matrimonio è così gioioso, ma finisce? E se lo fa, come? È molto più di qualcosa che si vede all'inizio. È un ruolo importante che dovete svolgere quando affrontate la gara della vostra vita. Pensate alla vostra vita come a una gara. Come avete affrontato ogni prova, come avete reagito e qual è stato il risultato di ogni prova? Quando Gesù ha detto: "È finita".

Giovanni 19:30 Quando dunque Gesù ebbe ricevuto l'aceto, disse: "È finita"; poi chinò il capo e lasciò il fantasma.

Il suo inizio è stato umile, nato nella mangiatoia e cresciuto dalla famiglia Carpenter. Non c'è alcun significato nella sua vita. Ma lo scopo della vita e il trarre il meglio da essa sono il guadagno della vita e la conquista della corona. Quando Gesù morì fu un bestemmiatore, secondo il sacerdote e il sommo sacerdote che non conoscevano il Dio che camminava in carne e ossa. Che il Signore ci aiuti ad avere il ruolo giusto e non il ruolo di assassinio della verità e di Dio. Che tristezza per coloro che hanno ottenuto cariche e poteri per il proprio tornaconto. Il nostro Dio ha indossato il ruolo di servo e ha vissuto e camminato come tale.

Filippesi 2:6 Il quale, essendo in forma di Dio, non ritenne una rapina l'essere uguale a Dio; 7 ma non si fece una reputazione, assunse la forma di servo e fu fatto a somiglianza degli uomini; 8 ed essendo trovato in forma di uomo, umiliò se stesso e si fece obbediente fino alla morte, anche alla morte di croce. 9 Perciò Dio lo ha anche altamente esaltato e gli ha dato un nome che è al di sopra di ogni nome; 10 perché al nome di Gesù si pieghi ogni ginocchio, delle cose del cielo, della terra e di quelle sotto terra; 11 e perché ogni lingua confessi che Gesù Cristo è il Signore, a gloria di Dio Padre.

Tutti noi abbiamo una chiamata nella nostra vita. Dobbiamo prestare attenzione al fatto che, una volta battezzati nel prezioso e potentissimo nome di Gesù Cristo, siamo nell'esercito di Dio. Non importa cosa sembri, noi abbiamo la vittoria. Combattiamo nella vittoria. Dobbiamo sapere che il diavolo dell'avversario viene a divorare il popolo di Dio. In realtà, il diavolo vuole distruggere la creazione di Dio. La prova della vita porta a un momento molto cruciale. Non vedremo altra via d'uscita che aspettare il Signore. Il Signore che ha aperto la strada agli israeliti sarà con noi per fare lo stesso.

Sono stata su una sedia a rotelle per un paio d'anni e, a causa del dolore, ho perso la memoria. Le parole non possono esprimere l'agonia in cui mi trovavo. Non ho mai preso medicine in tutti questi anni. In quel periodo non conoscevo che il guaritore fratello Min esistesse in questo mondo. Ma ho appena ricevuto da Dio la promessa che mi farà uscire da questa lunga prova del fuoco. Mi sono fidata della parola di Dio e della voce di Dio.

Proverbio 4:12 Quando andrai, i tuoi passi non saranno stretti e quando correrai non inciamperai.

Non ho mai avuto curiosità o chiesto a Dio come, ma mi sono aggrappata alle promesse. Mi fido di Dio con tutto il cuore. Dio, il creatore del cielo e della terra, mi ha fatto una promessa. Ci sono voluti anni e non è ancora del tutto fuori, ma so per certo che Dio realizzerà le Sue promesse. Svolgo il mio lavoro missionario avendo fede nel Signore. Confido in Dio per la mia salute, le mie finanze e il mio ministero al cento per cento. Non è una strada facile e rosea, ma vittoriosa. Non voglio credere dopo essermi lamentata, aver pianto e aver gemuto, ma prima di ricevere le promesse. Il Signore ha detto che si realizzerà.

Ebrei 10:37 Ancora un po' di tempo e colui che verrà e non tarderà. 38 Ora il giusto vivrà per fede; ma se qualcuno si ritrae, l'anima mia non avrà piacere in lui. 39 Ma noi non siamo di quelli che si tirano indietro fino alla perdizione, ma di quelli che credono per la salvezza dell'anima.

Nulla è impossibile per il nostro Dio. Non è una semplice promessa vuota se mantenete la vostra fede. Aggrappatevi alla Sua parola mentre affrontate le montagne: l'alluvione, la mancanza di cibo in casa, la perdita del lavoro, la cattiveria dei figli, l'abbandono del coniuge e molte guerre intorno alle vostre promesse. La scena può essere cambiata parlando con la vostra fede. Arricchitevi di fede. Otterrete di conoscere il vostro Dio vedendo la Sua opera potente attraverso la Bibbia. Il diavolo è un bugiardo. Satana ha visto il cielo; sa quanto è bello lassù. Ma crea le immagini peggiori. È un principe dell'aria e controlla il mondo con i suoi piani malvagi. Ma ridete del diavolo, ricordate la croce, mostrate le Scritture e dite che è finita. Ho riavuto la mia vita.

Ciò che è accaduto nel giardino dell'Eden è stato eliminato dal Signore Gesù. Abbiamo perso allora, ma ora il sangue parla meglio del sangue degli animali. Percepite di avere più potere del diavolo. Prendete il comando e ordinate di uscire. Legatelo e rimproveratelo. Ordinategli di perdere la vostra vita, le vostre finanze, la vostra famiglia e il vostro Paese. Spezzate il potere del diavolo, dei demoni e degli angeli caduti nel nome di Gesù. Il giorno in cui sono entrata in acqua, mi ha coperto con il Suo sangue. La vita è nel sangue di Gesù. Egli ha pagato per intero il salario del peccato. Quanto è bello conoscere la verità e vedere il diavolo mettersi la coda tra le gambe e scappare. Ho incontrato il diavolo molte volte e l'ho visto sconfitto. Non solo per me, ma per tutti coloro ai quali offro il mio ministero nel mondo. Dio è buono con noi; ha fatto grandi cose. Il diavolo si sta ancora impossessando di coloro che hanno una forma di pietà e negano la verità. Ma nel giorno del giudizio, non troveranno una via d'uscita. Si avvieranno definitivamente verso le tenebre.

2 Pietro 2:20 Se infatti, dopo essersi sottratti alle polluzioni del mondo mediante la conoscenza del Signore e Salvatore Gesù Cristo, vi sono di nuovo impigliati e ne sono vinti, l'ultima fine è per loro peggiore del principio. 21 Infatti, sarebbe stato meglio per loro non aver conosciuto la via della giustizia, piuttosto che, dopo averla conosciuta, allontanarsi dal santo comandamento che è stato loro impartito. 22 Ma è accaduto loro secondo il vero proverbio: "Il cane torna al suo vomito e la scrofa che è stata lavata torna a sguazzare nel pantano".

Miei cari fratelli e sorelle, non pensate di essere più intelligenti di Dio e di aver iniziato la vostra missione e di aver reso il sangue di Dio non efficace togliendo il nome di Gesù nel battesimo. Fate attenzione. C'è un inferno dove non c'è luce, c'è solo tormento. Il nostro Dio ha fatto tutto, e questa è l'ultima e la migliore disposizione per la vostra e la mia vita. Potreste pensare che è troppo, che il mio problema è difficile da sopportare, che non posso sopportarne altri. Aspettate il Signore, Egli verrà a rafforzarvi, gridate a Lui. Non vi darà più di quanto possiate sopportare. Vi sentite soli? Ricordatevi che Egli non vi lascerà mai, né vi abbandonerà. Egli vi accompagnerà fino alla fine; non è una mia promessa, ma del Signore. Finite bene, c'è una corona che vi aspetta. C'è una strada d'oro e il vostro Signore ha creato una villa solo per voi. Finite bene, sì, potete. Benedizione.

PREGHIAMO

Signore, ti ringraziamo per la parola della fede. La fede non porterà vergogna. La fede in Dio smuove le montagne, quindi proteggi la nostra fede. Aiutaci, Signore, a stare sopra cinquemila promesse. È il Signore che può fare oltre la nostra immaginazione. Il nostro Dio è affidabile e meraviglioso. Non importa cosa e come sembri, Egli ci darà pace, vittoria, soluzione e salvezza. Che il Signore tenga la nostra mano destra mentre attraversiamo l'argilla fangosa. Non lascerà che i nostri piedi scivolino. Dio non dorme e non si assopisce. Abbiate fede nel Signore. Portate a termine la vostra corsa come un uomo coraggioso e audace. Dio ci precede per custodirci nel nome di Gesù! Amen! Dio vi benedica!

3 OTTOBRE

TESTIMONIANZA!

Che cos'è la testimonianza? Perché è necessaria? Che cosa ha a che fare con il diavolo? Che cosa ha a che fare con la creazione di Dio?

Le testimonianze sono prove o evidenze. Una dichiarazione scritta o orale che attesta che qualcosa è vero. La Bibbia testimonia l'unico vero Dio. La Parola di Dio è l'unica testimonianza accurata di Dio. È possibile provare la Sua parola senza alterarla e otterrà ciò che promette. Basta non diluirla, aggiungervi o sottrarla.

Negli anni Ottanta ho frequentato un'assemblea pentecostale. Li sentivo testimoniare della bontà di Dio. In seguito, il tempo perla testimonianza scomparve, adducendo la scusa che richiedeva troppo tempo. Durante il momento della testimonianza, le persone saltavano fuori dai loro posti per testimoniare. Rivelano la legittimità della verità della Parola. Le persone sono saltate fuori dai loro posti e hanno ballato, pianto e confidato nel Suo prezioso nome e nella Sua preziosa Parola. Capite, la testimonianza non deve essere solo sulle pareti degli edifici, ma deve essere ovunque. Ho testimoniato al mio lavoro. Tutti i miei colleghi erano curiosi di sapere cosa è successo nella mia vita durante una situazione speciale. Ero la testimonianza vivente ovunque andassi. Il mio interesse era quello di proclamare il nome di Gesù. E far sapere alle persone che Dio è reale. Il suo nome nel Nuovo Testamento è Gesù. Nel Nuovo Testamento Geova è chiamato Yeshua, cioè Salvatore di Geova. Ha tutte le caratteristiche dell'Antico Testamento e in più, donando il Suo sangue, è diventato guaritore, liberatore e salvatore. Il Signore ha ripristinato la perdita del Giardino dell'Eden. Capirete se conoscete il significato del nome Gesù. È il Figlio di cui Isaia parla, il Dio potente, il Padre eterno. Gesù tanto atteso.

Giovanni 1:45 Filippo trova Natanaele e gli dice: "Abbiamo trovato colui del quale hanno scritto Mosè nella legge e i profeti: Gesù di Nazaret, figlio di Giuseppe".

Gesù era il Verbo manifestato in carne. Lo Spirito di Geova si è fatto carne per la nostra redenzione. Per far sapere al diavolo che è qui, per riprendersi ciò che ha rubato nel Giardino dell'Eden. È una nuova storia, solo se si identifica il Sangue nascosto dietro il nome di Gesù e la propria testimonianza.

Si riceve una testimonianza lasciando che il Signore prenda in mano il regno della propria vita. Non si tratta di Daniele, Mosè e Davide, ma di una storia più grande di quella che leggiamo nell'Antico Testamento. Quanto è bello che ora abbiamo un Dio amorevole che vive in noi, chiamato Spirito Santo. La nostra storia dovrebbe essere nuova ogni giorno. Ricordate, Gesù ha detto: "Io faccio nuove tutte le cose e preferisco il nuovo". Dovremmo avere ogni giorno nuove vittorie, guarigioni, provviste ed esperienze sorprendenti. Sono grata per la vita straordinaria che Dio ci ha dato. Non predicate un Gesù ordinario; Egli è amore; Egli perdona.

3 OTTOBRE

Che la vostra testimonianza sia mondiale, scritta su ogni cartellone, su ogni storia, su ogni casa, sulle televisioni e sui media. I media dovrebbero diffondere la vostra testimonianza al mondo. Dio viaggia, vive nella nostra ombra, nei nostri abiti nelle nostre parole.

Luca 7:16 E tutti furono presi da timore e glorificarono Dio, dicendo: "È sorto tra noi un grande profeta" e "Dio ha visitato il suo popolo".

Luca 5:26 Tutti rimasero stupiti, glorificarono Dio e furono pieni di timore, dicendo: "Oggi abbiamo visto cose strane".

Matteo 9:8 Ma quando le folle lo videro, si meravigliarono e glorificarono Dio, che aveva dato tanta potenza agli uomini.

Il popolo deve predicare e annunciare la nostra storia. La testimonianza è il resoconto o la dichiarazione accurata data da altri su Dio. Praticate la Parola di Dio non adulterata. Obbedite alla Parola di Dio così com'è. Nessuno, se non la vostra testimonianza di vita, deve essere l'immagine reale della potenza di Dio. Voi siete la prova vivente della grandezza di Dio. In qualsiasi nazione o luogo viviate o viaggiate, sarete voi a creare la storia affrontando situazioni, malattie, demoni, autorità e tenebre, confidando in Dio. È la storia che racconterete, ed è la storia che gli altri testimonieranno. Il Dio di Abramo, Isacco e Israele si muove e vive in noi.

Hanno tolto la testimonianza all'edificio chiamato chiesa perché sta distruggendo il regno delle tenebre. Satana si sbarazza di ciò che distrugge il suo regno. Acquisterò falsi insegnanti e profeti al prezzo che chiedono. Il diavolo ha offerto milioni di dollari, prendeteli, ma niente testimonianza. Perché?

Apocalisse 12:11 Essi lo sconfissero per mezzo del sangue dell'Agnello e della parola della loro testimonianza e non amarono la propria vita fino alla morte.

Adamo ed Eva persero le loro benedizioni mangiando il cibo proibito. Non vendete le vostre benedizioni date dal Signore. Attenzione a parlare contro l'unto di Dio.

Salmo 105:15 dicendo: "Non toccate il mio unto e non fate del male ai miei profeti".

Se lo farete, ne avrete una dimostrazione. Dio si presenterà e si metterà in mostra per occuparsi del caso a nome dell'unto.

Ester 5:14 Allora Zeresh, sua moglie, e tutti i suoi amici gli dissero: "Fatti fare una forca alta cinquanta cubiti e domani parla al re perché vi sia impiccato Mardocheo; poi entra allegramente con il re al banchetto". La cosa piacque ad Haman, che fece costruire la forca.

Il popolo di Dio supererà il nemico. La storia sarà a vostro favore. La vostra testimonianza avrà il potere di salvare e vincere. La storia del nemico sarà la vostra storia. Il nemico complotterà contro di voi e diventerà una vittima. Si rivolterà contro di lui. Imparate la via di Dio per ottenere un risultato magnifico. La paura, la preoccupazione e l'ansia devono allontanarsi da voi, e lasciate che Dio si manifesti per magnificare il Suo nome glorioso. La vostra storia sta per cambiare; la vostra vittoria sta per arrivare e il piano del nemico sta per essere distrutto. Andrete più in alto, sarete i capi, il più in alto, il più favorito e i primi. Ricevete la testimonianza, leggetela e fatela vostra.

Ester 6:13 Haman raccontò a Zeresh sua moglie e a tutti i suoi amici tutto ciò che gli era capitato. Allora i suoi saggi e Zeresh sua moglie gli dissero: "Se Mardocheo è della stirpe dei Giudei, davanti alla quale hai cominciato a cadere, non prevarrai contro di lui, ma cadrai sicuramente davanti a lui".

Il Signore dei cieli ha detto: "Io faccio nuove tutte le cose, vi do nuova vittoria, guarigione, nuove provviste e liberazione". La vostra vita da ordinaria diventa straordinaria. Testimonierete: ero povero e ora sono ricco; ero ladro, ma ora do. Ero uno schiavo, ma ora sono libero. Ero malato e ora sono guarito, zoppo e cammino, sordo e ora sento, cieco e ora vedo. La mia testimonianza nel libro "L'o fatto "a Suo modo"" dichiara quanto sia meraviglioso il nostro Dio. La registrazione della vostra testimonianza rimane sulla terra per sempre. Abbiate una grande testimonianza oggi. Amen!

PREGHIAMO

Padre celeste, la nostra vita cambia il giorno in cui incontriamo il Creatore. La nostra vita prende una modalità insolita. La nostra vita diventa ciò che lui aveva progettato prima che io nascessi.

Signore, tu diventi la nostra via attraverso la verità e la vita. Signore, ci arrendiamo a te come nostro padrone. Quando vediamo orsi leonini, tempeste, inondazioni e fuoco, pronunciamo il nome di Gesù per vedere una testimonianza sconvolgente. Quando vediamo il nemico da ogni parte, pronunciamo il nome di Gesù e vedremo il nemico fuggire per sette vie, trascinato nell'acqua e distrutto. Signore, la nostra testimonianza può essere creata mantenendo la Tua parola come scudo, luce e spada per distruggere il nemico. La testimonianza è il sangue contro Satana. Aiutaci, Signore, a fare ciò che serve per creare la nostra storia mai sentita prima, più grande che mai, nel nome di Gesù. Amen. Dio vi benedica!

4 OTTOBRE

VIA SCONOSCIUTA, TENETEGLI LA MANO!

Molte volte non sappiamo cosa stia succedendo. Dove stiamo andando? Cosa stanno dicendo? Ma il Signore è la guida ed è la nostra guida. Il Signore parla se lo ascoltiamo. Ci aiuta se glielo permettiamo. Ci aiuta ad agire e a reagire nel modo giusto quando ci sentiamo smarriti. Perché molte volte abbiamo una strada sconosciuta, non conosciamo la direzione. Non sappiamo quali decisioni prendere. Ma lascia che il Tuo spirito ci conduca e ci guidi, Gesù. Aiutaci, Signore! La strada della nostra vita è sconosciuta per noi. La vita si apre ogni giorno, ogni mattina, quando apriamo gli occhi. Si rivela a poco a poco. Fa' che il Tuo Spirito faccia della nostra vita un bel fiore. Belle rose! Mentre fai risplendere il sole nella nostra vita, fa' che ci sia una bella brezza e un aroma a molti che pensano che la vita non valga la pena di essere vissuta. Aiutaci a tendere l'orecchio per sapere dove fermarci, andare, girare e correre. Le vie del Signore possono essere più alte, più basse, o più difficili da percorrere. Aiutaci, perché la vita ci è sconosciuta. Facci conoscere attraverso il Tuo Spirito. Così vedremo il fiore nella nostra vita.

Se vedete la vita come un libro e qualcuno sta scrivendo la vostra storia, allora sarete attenti. Ma sarete voi, con l'aiuto di Dio o voi nella carne con la mano di Satana, a portare i due diversi finali. Che il Signore vi aiuti a capire che la vita è sconosciuta a voi e a me.

La vita ha molte fasi, ha genitori e luoghi sconosciuti dal giorno in cui nasciamo al giorno in cui moriamo. La Storia renderà qualcuno felice o triste. Ricorderà o brucerà all'inferno. Può fare la differenza in cielo e in terra.

Che l'Onnipotente che vi ha mandato sulla terra guidi il vostro cammino sconosciuto. Non è un caso che siate qui. Dio Onnipotente ha pianificato il vostro successo. Se vi lasciate guidare da Lui nel vostro cammino, mettete la vostra mano nella Sua. Egli conosce la strada e tutto il percorso se glielo permettete.

Geremia 10:23 O Signore, io so che la via dell'uomo non è in se stesso; non è nell'uomo che cammina che si dirigono i suoi passi.

Qualcuno sa che oggi è il suo ultimo giorno sulla terra, poi dirà qualcosa di bello, farà qualcosa di grande e cambierà il corso della vita. Ma questo non lo sanno. Il piano e l'arco della vita sono sconosciuti a voi. Aprite la vostra Bibbia. Ci sono informazioni meravigliose e istruttive per il vostro modo di vivere che non conoscete. Se volete scoprire ogni dettaglio, trovate un altare e dite: "Signore, ti do la mia vita, prendila tutta". Fate come vi pare. Gli uomini sono chiamati pellegrini sulla terra. Tutti noi siamo pellegrini sulla terra. Alcuni prendono la saggia decisione di affidarsi al Signore come guida per affrontare il viaggio ogni giorno. Il nostro Signore non ha mai sbagliato strada, non si è mai perso e non si è mai trovato confuso. Che il Signore sia l'unico responsabile della vostra vita. Nemmeno vostra moglie o vostro marito.

Siete mai stati visitatori di altre nazioni? Sapete come ci si sente, quindi pensate bene e andate ogni mattina a incontrare Lui e a dare la vostra vita nelle Sue mani. Il Signore è buono e vi porterà in un luogo della vita reale con una percezione diversa. Potreste dire: sì, ho scritto tutto quello che devo fare. Piuttosto, dite: lasciatemi fare tutto ciò che il Signore ha scritto secondo il Suo piano. Che la nostra vita su un sentiero sconosciuto possa conoscere e rivelarsi come i fiori o i bruchi incontrano la farfalla. Nella vita, ogni giorno ci sono molte sorprese in ogni fase. Dal bambino all'infanzia, all'adolescente, al giovane, fino all'età adulta, è tutta una nuova strada sconosciuta. Vi sconvolgerà e vi sorprenderà. La nostra vita non ha strade stabili, ma il Signore è stabile, sicuro e onnisciente. Lo farà se metterete la vostra mano nella Sua. È la strada più imprevedibile, ma la più bella. Vi porterà dappertutto. Mettete la cintura di sicurezza. State sorvolando, o salendo e scendendo, la montagna della vostra vita. Sarete al sicuro se il Signore è la vostra ancora.

Mi avvalgo di molti veri profeti mentre sto guidando la mia vita verso una strada sconosciuta. È bello quando mi rivelano la strada sconosciuta ascoltando e vedendo oltre. Uso la Parola di Dio per rivelarmi il cammino e il piano di Dio. È la preghiera a collegarmi al Signore per aiutarmi a trovare la strada sconosciuta.

Ogni mattina porta nuova grazia e misericordia, che è l'ancora. Esplorate un po' alla volta la vita che viviamo, senza fretta di decidere. Si aprirà in ogni tappa che percorrerete e ogni giorno che procederete. Che il Signore vi rafforzi nel vostro cammino sconosciuto.

Giuseppe era in prigione.

Genesi 39:20 Il padrone di Giuseppe lo prese e lo mise in prigione, un luogo dove venivano rinchiusi i prigionieri del re; ed egli rimase lì in prigione. 21 Ma il Signore fu con Giuseppe, gli mostrò misericordia e lo rese favorevole agli occhi del guardiano della prigione. 22 Il guardiano della prigione affidò a Giuseppe tutti i prigionieri che si trovavano nella prigione; ed essi fecero lì, egli ne fu l'artefice.

Giuseppe ha permesso a Dio di portarlo sulla nuova strada. Lo vendettero come servo in un paese straniero e in cui si parlava una lingua a lui sconosciuta.

Quando Dio mi ha mandata in Texas dalla California, sono arrivata per prima ed ero sola, ma avendo Dio con me, ho trovato il favore e la Sua misericordia. Come sapete, l'avversario ha una strada molto scoraggiante. Ma se vi fidate del Signore, Lui sa come e quando sconfiggere il nemico. Affidatevi a Dio. Non vedete il domani, aspettate solo la strada finita, la fine del vostro viaggio.

Quando Giuseppe era accanto al Faraone, quella strada non l'aveva mai vista in prigione. Mentre tutti i suoi fratelli lo vendevano, Giuseppe si vedeva come uno schiavo indifeso. In una strada sconosciuta, teneva Dio come guida e ancora.

Isaia 26:3 Tu mantieni in perfetta pace colui il cui pensiero è fisso su di te, perché confida in te.

Proverbio 23:18 Perché certamente c'è una fine, e la tua aspettativa non sarà interrotta.

La verità del mio Signore è il vostro scudo e la vostra fibbia mentre attraversate questo viaggio sconosciuto della vita. Non importa quale sia la tempesta, l'oscurità, la rotaia o l'acqua, e l'ignoto girare e rigirarsi, lasciate che il Signore sia la vostra guida e starete bene. Ogni volta che pensate di essere più intelligenti di Dio o che riponete la vostra fiducia in qualcosa di diverso da Dio e dalla Sua Parola, abbattetela nel vostro cuore e perderete lungo la strada.

Salmo 32:8 Ti istruirò e ti insegnerò la strada che devi percorrere: Ti guiderò con il mio occhio.

Quando la vita si complica, tornate al Signore. Egli vi metterà sulla strada giusta. È sconosciuto a voi, ma non a Dio. Amen!

PREGHIAMO

Padre celeste, veniamo davanti al Tuo altare sapendo che la vita presenta molte difficoltà, ma che può anche portare una strada stabile se la affidiamo a te.

Gesù è l'unico direttore della nostra vita. Noi non sappiamo nulla, ma Lui sa tutto. Che la vostra fede sia nelle Sue vie e nei Suoi sentieri. Egli conosce la via dei pascoli verdi. Conosce la strada tranquilla sulla riva del fiume. Non siete voi, ma solo il Signore può portarvi dall'altro lato della montagna. C'è una bella città dove potete riposare. È la via dove c'è la sicurezza degli angeli. Che il nostro Signore ci aiuti a percorrere il bellissimo e sconosciuto viaggio della vita fino alla fine. Che il nostro Dio ci guidi fino al giorno in cui partiremo per il luogo celeste dove non siamo mai stati e dove non sappiamo come arrivare. Il nostro Dio è l'unico che sa come portarvi lì. Mettete la vostra mano come un bambino nella Sua mano, tenetela stretta ed Egli vi condurrà là nel nome di Gesù. Amen. Dio vi benedica!

5 OTTOBRE

DIO È AGLI ARRESTI DOMICILIARI!

Il Signore non può trasferirsi nella Sua casa. Voi siete la Sua casa. È un rapitore organizzato che ha rapito Dio nella Sua casa e lo ha arrestato.

Come è successo? Il ladro, l'avido, il geloso, l'invidioso e l'orgoglioso hanno preso il sopravvento e hanno cacciato il Signore e arrestato il Suo Spirito. Ho sentito che alcune organizzazioni, denominazioni e non denominazioni non permettono di ascoltare niente e nessuno tranne loro. Si può leggere e studiare solo ciò che pubblicano per fare il lavaggio del cervello, ma nessun'altra buona letteratura. Non permettono nemmeno di ascoltare ciò che dice Dio. Dicono ciò che si adatta ai loro standard. Che il Signore ci aiuti. I leader religiosi hanno ucciso la verità. È lo stesso vecchio serpente sotto una maschera diversa, che inganna la creazione di Dio. Col passare del tempo, eliminiamo la verità e scendiamo a compromessi poco a poco. In seguito, Satana si insinua e rimuove il Signore e stabilisce il suo trono.

Una chiesa mi ha invitata quando ero in visita in India. Il pastore principale sedeva sul pulpito con le gambe incrociate, il predicatore ha chiesto al suo interlocutore cosa fare. Uno studente oratore iniziò a pregare. Il pastore disse: "No". Il pastore studente si è fermato e ha iniziato a leggere la Bibbia mentre il pastore principale chiedeva: "Dov'è Dio? Dov'è lo Spirito Santo?". Da nessuna parte vicino a queste persone. È tutta una collaborazione tra uomini guidata da Satana. È una vergogna. Nessuno può dire una parola o vi cacceranno. A nessuno interessa ciò che Dio ha da fare o da dire per la Sua creazione. Vediamo un edificio di culto e una croce e ci andiamo. È doloroso quando vediamo che questo accade a Dio. Egli piange e soffre per la Sua creazione, ma è agli arresti domiciliari, impotente. Ciò che dice il Signore non ha importanza, ma un leader religioso sì. I leader che indossano una lunga veste con una croce su un nastro appeso al collo hanno potere su tutti.

I leader religiosi si sono impossessati degli uffici di Dio e non c'è nulla che possiate fare o dire al riguardo. Se vi ammalate, andate da qualche parte all'ospedale. Non permettiamo a Gesù di lavorare qui per guarire, liberare e rendere libere le persone che soffrono. I leader religiosi addestrano le comunità come cani e tigri che vi mordono se dici qualcosa contro l'organizzazione o i leader. Nessun discepolo può scacciare un demone, guarire i malati e battezzare nel nome di Gesù per lavare i peccati. Abbiamo tutto ciò che serve, i falsi profeti/profetesse di un falso insegnante per fuorviare le persone. Gesù è in casa arrestato e noi siamo incaricati del Suo ufficio. Una signora stava pregando nella Sua lingua nella chiesa di Pentecoste e un membro della chiesa l'ha portata in bagno e le ha chiesto di fare silenzio. L'incredibile situazione si sta verificando nelle chiese, poiché voi siete una chiesa, non un edificio. Le persone che ricoprono la carica hanno le loro regole e i loro regolamenti: seguiteli o uscite dalla porta. Tutto ciò che hanno sono bugie e religione. Il Signore è agli arresti domiciliari.

Non amano che il Signore si manifesti per liberare le persone. Non possono liberare, perché non c'è preghiera. Non ci sono doni dello Spirito in funzione per risolvere il problema, per trovare il medico per l'aiuto. Molte organizzazioni non sanno chi sia Gesù. Hanno cacciato il Signore molto tempo fa. Non vogliono avere nulla a che fare con la Sua opera, se non con la loro.

Un uomo è andato a farsi battezzare e il pastore ha detto: "Qui non battezziamo perché il governo non lo vuole". Lavorate per il governo o per Gesù? Ho risposto che non battezzano nel nome di Gesù Cristo perché sono l'anticristo. Che il Signore rimuova questo ladro da ogni luogo. Aprite gli occhi e non appoggiateli o ascoltateli. Aprite la vostra Bibbia e imparate a occuparvi degli affari di Dio. Non sapete chi ha venduto Dio e la casa lo ha arrestato? Non il romano, ma il sommo sacerdote e il sacerdote. Molte donne e uomini lavorano per Satana, senza alcuna crescita spirituale. È il luogo più difficile dove i demoni sono in ogni casa. La nuova religione e le nuove leggi corrotte create dall'uomo hanno sostituito la verità della Bibbia. Non c'è da stupirsi se il mondo non si entusiasma per Gesù. Nessuno crede che Egli possa liberare, dal momento che hanno un alcolizzato, legato a una sigaretta, a una droga, posseduto da un demone e dotato di autorità. Duemila anni fa, il Signore camminava libero, ma i Romani lo arrestarono sotto l'influenza di leader religiosi tossici. La stessa tossicità è presente oggi. La situazione è la stessa. Dov'è il potere? C'è l'influenza della posizione e del potere di donne e uomini, ma non dello Spirito Santo. Il potere delle organizzazioni religiose ha arrestato Dio.

Anni fa, negli anni Novanta, sono stata in viaggio in India, e volevo trovare un posto dove poter pregare. Andai nell'edificio della chiesa vicina e chiesi al guardiano di lasciarmi pregare lì. Ho pregato lì finché non mi sono sentita piena di Spirito e tutti gli attacchi sono stati eliminati. La volta successiva che ho chiesto di lasciarmi pregare, mi hanno risposto che il pastore non vuole che nessuno preghi in questo edificio della città di Ahmedabad, in India. Non c'è da chiedersi perché nelle loro case ci siano demoni, film, adulterio, alcol, divorzi, malattie e problemi. La preghiera non è permessa, ma solo la domenica, e a mezzogiorno aprono il negozio per gli affari.

Matteo 21:12 Poi Gesù entrò nel tempio di Dio, scacciò tutti quelli che vendevano e compravano nel tempio, rovesciò i tavoli dei cambiavalute e i seggi di quelli che vendevano colombe, 13 e disse loro: "Sta scritto: La mia casa sarà chiamata casa di preghiera, ma voi ne avete fatto un covo di ladri".

Dopo la morte di Gesù, Egli non è nell'edificio, ma in voi. Se ricostruite ciò che Lui ha rovesciato, allora si chiama casa del ladro! Satana è un imitatore! Si sostituisce alla verità per iniziare la sua attività. Che il Signore apra i vostri occhi.

Is 66:4 Sceglierò anche le loro illusioni e farò ricadere su di loro le loro paure, perché quando ho chiamato, nessuno ha risposto; quando ho parlato, non hanno ascoltato; ma hanno fatto il male davanti ai miei occhi e hanno scelto ciò di cui non mi sono compiaciuto.

La Parola diventa carne per abitare con noi. Quella Parola vi giudicherà. Se si tratta di me, farò molta attenzione a chi seguo. La cosa migliore da fare è lasciare che il Signore operi in me e attraverso di me. Voglio che Dio sia libero di muovermi e guidarmi per poterLo magnificare. Desidero, Signore, essere libero di rendere libero il mondo.

Giovanni 12:48 Chi mi respinge e non accoglie le mie parole, ha uno che lo giudica; la parola che ho pronunciato lo giudicherà nell'ultimo giorno.

Il sacerdote e il sommo sacerdote arrestarono il nostro Signore, colui al quale aveva dato l'incarico. In seguito, gli diedero la pena di morte per crocifissione. Noi lo abbiamo crocifisso di nuovo per mano di colui che usa la Bibbia solo per un tornaconto personale di denaro e potere. Un affare semplice! Mettere la congregazione contro coloro che scacciano i demoni e predicano la verità. Come fa il Signore a diventare loro schiavo e loro padrone? Semplice, quando i leader religiosi conoscono tutto tranne Dio. Questi leader hanno brama di carne, brama di occhi e orgoglio nella vita. Il Signore non ha alcuna possibilità di trovare lavoro o posto nella loro città, paese, denominazione, organizzazione e vicino a loro. Non è una vergogna? Vediamo chiese in ogni angolo, ma Gesù da nessuna parte? Non può lavorare perché è agli arresti domiciliari dal suo popolo. Mio Signore, apri i Tuoi occhi per fuggire dai falsi insegnanti e profeti. Trovate Dio sulle vostre ginocchia pregando e digiunando. Potete liberare Gesù dalla prigione della falsa religione, dalle false conferenze, dagli insegnanti e dai profeti. Predicate Gesù aprendo occhi ciechi, orecchie sorde, camminando zoppi e facendo uscire i demoni nel suo nome. Lasciate che sia libero? Amen, Dio vi benedica.

PREGHIAMO

Padre celeste, veniamo davanti a te, sapendo che non sei libero negli edifici che chiamano chiese. Il merito va alle società e alle confessioni religiose che ti hanno arrestato. Apri gli occhi di tutti per farti vedere camminare di città in città, di paese in paese per scacciare i demoni e guarire i malati. La nostra religione, nel nome del cristianesimo, ha portato molte maledizioni. Sappiamo che la verità ci rende liberi, ma abbiamo arrestato di nuovo il Tuo spirito per fermare il Tuo piano. Ti abbiamo respinto rifiutando lo Spirito di Dio. Lascia che Dio sollevi l'esercito che può combattere in modo che tu sia libero di guarire, liberare, provvedere e molto altro. Il Signore ha fatto tutto per liberarci. Vogliamo essere e rimanere liberi. La denominazione religiosa e il leader cieco hanno distrutto tutti i Tuoi scopi. Dacci veri insegnanti e profeti, in modo che sperimentiamo la libertà, nel nome di Gesù! Amen! Dio vi benedica!

6 OTTOBRE

RISCATTATE SODDISFACENDO LE CONDIZIONI!

La Bibbia è piena di promesse meravigliose. Molti hanno fatto ciò per cui il Signore li ha chiamati e hanno visto l'adempimento delle promesse. Ora, anche se ci sono tutte le promesse, non significa che vi diano diritto ad averle. Anche tutte le cose disponibili nel negozio non significano che possiate comprarle. Per comprare occorre denaro. Per comprare, occorre anche la valuta giusta. Se voglio questo non significa che posso averlo. Molte persone sono affamate e muoiono di fame. Perché? Mancano i soldi per comprare il cibo. Allo stesso modo Dio ha dato delle promesse, ma bisogna seguirle, come dice. Chiedete aiuto allo Spirito Santo affinché riveli le promesse nascoste e insegni come riceverle.

Allo stesso modo, percepite perché andate in chiesa e c'è ancora caos intorno. Cosa manca? Una casa, una città o una nazione cristiana sta subendo l'attacco satanico. Perché? Scoprite cosa dobbiamo fare per riprenderci. Ieri ho pregato per una signora a casa mia. Molti demoni sono usciti dal suo corpo. Ho visto l'oscurità circostante.

Sono felice che la signora sia stata abbastanza umile da lasciarmi pregare quando gliel'ho offerto. La signora ha detto di aver visto una strana figura rossa con un corno sulla fronte. Pregando la seconda volta, ha visto uscire un altro brutto demone verde. Naturalmente, ha visto con occhi spirituali. Si può vedere se gli occhi spirituali sono aperti. I posseduti dai demoni possono vedere il mondo degli spiriti, perché i demoni sono spiriti. La signora si mise a piangere perché si sentiva molto meglio. Come è successo? È successo perché prego e digiuno secondo la Parola di Dio. Ora, voi siete membri della Chiesa e diluire la Parola non funzionerà. Non significa che la Bibbia sia falsa. La Bibbia è la parola accurata di Dio. Dovete seguire la Parola così com'è. L'umile discepolo pose una saggia domanda al Signore sul perché non riuscissero a scacciare il demone. Anche voi potete chiedere se la promessa biblica data non crea. Ora non andate dalle autorità della chiesa perduta. Il titolo non significa nulla. Molti sono perduti.

Matteo 17:19 Allora i discepoli vennero da Gesù in disparte e dissero: "Perché non abbiamo potuto scacciarlo?". 20 E Gesù disse loro: "A causa della vostra incredulità; perché in verità vi dico: se avrete fede come un granello di senape, direte a questo monte: "Spostati di là", ed esso si sposterà; e nulla vi sarà impossibile". 21 Tuttavia, questa specie non esce se non con la preghiera e il digiuno.

La caduta avviene per orgoglio o arroganza.

Proverbio 16:18 L'orgoglio va incontro alla distruzione e lo spirito altero alla caduta.

Proverbio 8:13 Il timore del Signore è odiare il male: l'orgoglio, e l'arroganza, la via malvagia e la bocca sorniona, io odio.

Proverbi 29:23 L'orgoglio di un uomo lo farà cadere in basso, ma l'onore sosterrà l'umile di spirito.

Il contrario dell'orgoglio è l'umiltà. Se siete vittime dell'orgoglio, non riuscirete a gestire promozioni, onori ed elevazioni. Scenderete in basso mentre salite in alto. Assicuratevi con ogni diligenza di fare una ricerca dell'anima per sbarazzarvi dell'orgoglio, dell'arroganza e del male il prima possibile. Lasciate che i vostri leader proclamino il digiuno, come nazioni. Non come i leader religiosi che annacquano il digiuno introducendo la dieta di Daniele. Seguite il digiuno riportato nella Bibbia. Gestite bene la vostra promozione.

2 Cronache 7:14 Se il mio popolo, che è chiamato con il mio nome, si umilia, prega, cerca il mio volto e si converte dalle sue vie malvagie, allora io ascolterò dal cielo, perdonerò il suo peccato e guarirò il suo paese.

Capite perché abbiamo molti problemi sulla terra? Abbiamo una parte da fare perché Dio esegua le Scritture. Molte volte ho pregato e le persone sono state guarite e si sono entusiasmate. Qualche giorno dopo, quando il diavolo tornava, non sapevano cosa fare. Bisogna avere fede in Dio più che nel dolore. Il dolore lasciato nel nome di Gesù fa proprio quello che ho fatto io: funziona. Metto l'olio, stendo la mano e ordino al dolore di andarsene. Il dolore esce dalla porta. Lo fate anche voi? Se no, non aspettatevi di guarire. Potete anche usare gli anziani per la preghiera, se seguono Gesù.

Giacomo 5:14 C'è tra voi qualcuno che è malato? Chiami gli anziani della chiesa e preghino su di lui, ungendolo con olio nel nome del Signore.

Chi stai chiamando? Gli anziani spirituali o i medici? Non chiamate nessuno che non sappia cosa fare. Nel mondo secolare siamo così precisi nell'affermare la nostra carriera, nell'ottenere una promozione. Ci siamo sostituiti a Dio per i pochi anni di permanenza sulla terra. All'inizio, il Signore ci ha dato un'accurata istruzione orale, poi ci ha dato la Torah per servire il Dio Santo. Tutto è possibile se si crede. Credete in informazioni esatte e non in una parte. Se percepite il risultato della vostra azione, allora la farete nel modo migliore e giusto. Ma poiché non conoscete il risultato, giocate d'azzardo e scendete a compromessi.

Al lavoro, qualcuno mi ha fatto domande sui miei capelli, gioielli e vestiti, così ho spiegato che seguo le istruzioni bibliche. Mi vesto come una signora. Uso la stoffa per coprire il mio corpo. Il Signore ha mostrato ad Adamo ed Eva. I miei capelli sono come dovrebbero essere quelli delle signore e i gioielli non mi servono. Lo stile di vita accettato da Dio non è quello accettato dal mondo. È difficile per qualcuno credere che sia un peccato vestirsi come il mondo. Una collega ha detto che Dio è amore, quindi mi perdonerà se non seguo le istruzioni di Dio. Satana conosce la Parola di Dio meglio di voi e di me. Prende di mira le istruzioni di Dio a poco a poco. Il mondo non definisce né progetta la mia vita. Essa riceverà una ricompensa facendo ciò che è giusto agli occhi di Dio. Dio ha un libro della vita; Dio ha scritto i nomi di coloro che si preoccupano di seguire le Sue istruzioni. Il Signore manderà le persone all'inferno se i loro nomi non sono nel libro della vita. Quindi, se credete che questo sia vero, non lo farete?

Il re di Babilonia fu giudicato e scacciato quando usò i vasi del Tempio di Dio. Cosa vi fa pensare di essere eccezionali?

Daniele 5:25 Questo è il testo scritto: Mene, Mene, Tekel, Upharsin. 26 Questa è l'interpretazione della cosa: Mene: Dio ha contato il tuo regno e lo ha terminato. 27 Tekel: sei stato pesato nella bilancia e sei stato giudicato insufficiente. 28 Peres: il tuo regno è stato diviso e dato ai Medi e ai Persiani. 30 In quella notte fu ucciso

Belshazzar, re dei Caldei.

Perché è così difficile obbedire vedendo la cura di Dio? Perché non riusciamo a riconoscere la verità e il potere della verità? Ho notato che molte autorità religiose lavorano per Satana. Molte donne vanno in giro e aiutano Satana a stabilire il regno. Pensano di essere nel giusto. Vedo la loro vita come un disordine; la vita non ha alcun progresso, ma in questo momento hanno poca posizione, poco potere e poco riconoscimento da parte dell'autorità religiosa. Non si preoccupano di ciò che dice il Signore. Non si preoccupano del domani. Che il Signore ci protegga da quest'uomo ingannevole, da una donna di potere e di posizione. Aprite gli occhi e l'orecchio e aprite la Bibbia con la parola giusta. Imparate il carattere di Gesù, che è il nostro modello, e fate come Lui. Lasciate che lo Spirito Santo sia l'insegnante, la guida per mettervi in grado di far fronte a questa ombra temporanea e realistica. Che il Signore vi dia tutta la saggezza e la conoscenza nel nome di Gesù. Amen.

PREGHIAMO

Padre celeste, veniamo davanti a te, sapendo che tutto ciò che hai detto è per il nostro significativo beneficio, con grande interesse per la nostra vita. Padre celeste apri i nostri occhi e le nostre orecchie per vedere la verità della Parola. La Tua Parola è soprattutto il Tuo nome, Satana e i suoi seguaci, chiamati gruppi religiosi, la prendono di mira. Vogliamo seguirti e non lasciarci ingannare dai seguaci dei gruppi religiosi. Sappiamo che nessun'arma formata contro di noi può prosperare. Nessuna potenza delle tenebre ha potere su di noi. Sappiamo che Dio è buono e ha fatto grandi cose per le creazioni. Seguendo le Sue parole, ha menzionato la volontà e ci ha portato al risultato atteso. Vogliamo sperimentare le benedizioni nascoste della Parola seguendola. Sappiamo che il Signore ha una strada stretta, perciò scegliamo di incontrarti, Signore, nel nome di Gesù. Amen! Dio vi benedica.

7 OTTOBRE

IL TESORO SI NASCONDE NELLA BIBBIA!

La Bibbia è un libro straordinario. Lo scrittore del Libro è il creatore del cielo e della terra. Ha bisogno di qualcuno che insegni con precisione. Senza interpretazioni personali! Chi cerca Dio trova il tesoro. Il tesoro non è per tutti i chiamati, ma supera tutte le prove. Le prove e i test dimostrano la capacità e il potenziale di assumersi le proprie responsabilità. Dio preferisce chi Lo conosce, in modo da poterLo rappresentare con precisione. Il Signore vuole stabilire il Suo regno per sconfiggere Satana, bugiardo, ingannatore, rubatore, assassino e distruttore. Osservate i comandamenti e le istruzioni di Dio e rispettate le Sue vie. Così potrete affrontare qualsiasi tempesta, problema, prova e opposizione. Dio vi farà trovare il Suo tesoro. Che il Signore vi dia la comprensione di ciò che Lui è.

Dio è il proprietario.

Deuteronomio 10:14 Ecco, il cielo e il cielo dei cieli è l'Eterno, il tuo Dio; anche la terra, con tutto ciò che contiene.

Non concentratevi sul poco, ma su tutto ciò che desiderate. Viviamo in un'epoca così benedetta. Molte volte vediamo dei luoghi e pensiamo: "Wow! Vorrei poter vivere in queste nazioni". Perché nessuno vuole trasferirsi in un Paese del terzo mondo? Nessuno vuole essere povero o bisognoso. Non è altro che scarsità e mancanza. Anche i ricchi non possono avere tutto perché non è disponibile.

Genesi 1:28 Dio li benedisse e disse loro: "Siate fecondi, moltiplicatevi, riempite la terra e soggiogatela; e abbiate dominio sui pesci del mare, sugli uccelli del cielo e su ogni essere vivente che si muove sulla terra".

Dio è proprietario di tutto e può dare tutto se si cammina alle Sue condizioni. Trovate le Scritture su come potete diventare ricchi, avere abbondanza e non avere mancanza. È possibile. Pensate ai Paesi che erano ordinari e come sono diventati grandi nazioni. Hanno trovato il Dio ricco che dà. Molti cosiddetti dei renderanno le nazioni povere, facendo sì che le usanze senza valore non escano mai dai debiti. Molte culture hanno l'usanza di dare una dote a una ragazza. La nascita della ragazza è un incubo. In molti Paesi si maltratta la bambina. La gente lavora giorno e notte, invece di cercare nella Parola di Dio i propri bisogni. Ho visto persone che fanno molti lavori e sono ancora indebitate. Non hanno tempo per i bambini e poi li trovano vittime di cose brutte, in prigione e uccisi. Scavate nella Parola di Dio e trovate il modo di essere ricchi. Ricchi nello Spirito, ricchi finanziariamente e tutto ciò che può portare ricchezza nella vostra casa.

Proverbio 24:4 Con la conoscenza le camere saranno riempite di tutte le ricchezze preziose e piacevoli.

Re Salomone era saggio e pieno di conoscenza. Re Salomone chiese la conoscenza. Quest'ultima aumenta la ricchezza.

1 Re 10:23 Così il re Salomone superò tutti i re della terra per ricchezza e saggezza.

Deuteronomio 8:18a Ma tu ricordati del Signore, tuo Dio, perché è lui che ti dà il potere di ottenere ricchezze.

Molti poveri, famiglie e nazioni trovano in Gesù provviste, ricchezze, conoscenza e saggezza.

Apocalisse 5:12 dicendo a gran voce: "Degno è l'Agnello che è stato ucciso di ricevere potenza, ricchezza, sapienza, forza, onore, gloria e benedizione".

Quanto è grande il nostro Dio? Il nostro Dio non vuole nulla da voi, ma vi darà il vostro bisogno e molto di più, visto che lo possiede.

Efesini 3:20 Ora, a colui che è in grado di fare in modo sovrabbondante tutto ciò che chiediamo o pensiamo, secondo la potenza che opera in noi.

Dio ha tutto questo. Se lo volete, seguite la via di Dio. Il vostro Paese sarà benedetto e non vi farà mai mancare l'elemosina.

Deuteronomio 28:12 Il Signore ti aprirà il suo buon tesoro, il cielo, per dare la pioggia alla tua terra nella sua stagione e per benedire tutto il lavoro della tua mano; e presterai a molte nazioni e non prenderai in prestito. 13 Il Signore ti farà diventare la testa e non la coda, sarai al di sopra e non sarai al di sotto, se ascolterai i comandamenti del Signore tuo Dio che oggi ti ordino di osservare e mettere in pratica.

La conoscenza del Signore è al di là di noi. Se Lo seguiamo con tutto il cuore, Lui ci darà. Che il Signore ci renda ricchi in ogni senso. In salute, ricchezza, potere, posizione, conoscenza e saggezza, e così via. Le persone che pensano di essere molto furbe, intelligenti e di sapere tutto non impareranno mai. Diventeranno povere e non potranno essere nulla. Quindi, quando venite a Dio, venite come studenti.

Michea 6:8 Egli ti ha mostrato, o uomo, ciò che è buono; e che cosa richiede il Signore da te, se non di agire con giustizia, amare la misericordia e camminare umilmente con il tuo Dio?

Camminate con delicatezza e non siate altezzosi. Sono arrivata negli Stati Uniti più di quarant'anni fa. Ho molti amici che ricordano la vecchia America. Anche persone di sessant'anni dicono che quando eravamo più giovani gli Stati Uniti non erano così ricchi. Una cara amica, che oggi ha novant'anni, mi ha detto che non avevamo tutto quello che vediamo oggi. L'America ha cercato Dio; ha mandato un missionario per aiutare i poveri. Hanno benedetto Israele. Quando benedite il popolo di Dio, sarete benedetti. Dobbiamo sempre benedire i profeti e gli operai di Dio.

Numeri 24:9b Benedetto chi ti benedice e maledetto chi ti maledice.

Filippesi 4:19 Ma il mio Dio provvederà a ogni vostro bisogno secondo le sue ricchezze nella gloria, per mezzo di Cristo Gesù.

La chiave per essere ricchi è nella Parola di Dio. Il popolo di Dio sarà sempre ricco. Una nazione che serve il Signore sarà ricca. Molti vendono droga, perle, diamanti e oro, ma non diventano ricchi. Se imparate la via per essere ricchi attraverso la Parola di Dio, allora lo sarete. La ricchezza si moltiplicherà. Il diavolo che ruba, uccide e distrugge sarà allontanato dal vostro territorio perché Dio metterà una siepe di protezione intorno a voi.

Giobbe 1:10 Non hai forse fatto una siepe intorno a lui, alla sua casa e a tutto ciò che possiede da ogni parte? Hai benedetto il lavoro delle sue mani e questo ha aumentato il suo patrimonio nel paese.

Perché Giobbe aveva tutto questo? L'uomo che è giusto come Giobbe sarà benedetto e ricco. Una nazione le cui leggi sono giuste sarà anche ricca. Che il Signore vi dia la chiave della ricchezza, della conoscenza, della saggezza e delle ricchezze nel nome di Gesù. Amen.

PREGHIAMO

Padre celeste, Dio non è ricco in cielo, ma ha reso la terra molto ricca per i cercatori di Dio e per le persone timorate di Dio. Temete Dio e camminate nel Suo cammino per ricevere tutte le ricchezze e le benedizioni. La benedizione di Dio custodirà la ricchezza del Signore. Padre celeste, sappiamo che non c'è nulla di impossibile se veniamo con umiltà e camminiamo nel modo giusto al Tuo cospetto. Il Signore ci dia i veri maestri e profeti che sanno come portarci alla terra promessa. Signore, non possiamo arrivarci. Abbiamo bisogno del Tuo aiuto. Signore, insegnaci la Tua via e il desiderio di continuare in esso. Il nostro Dio non ha mai voluto che fossimo poveri, ma ricchi. Sappiamo di avere la chiave, quindi il Signore ci dà la saggezza per aprire il tesoro nascosto. Signore, donaci un cuore generoso per ricevere l'abbondanza. Abbiamo bisogno della chiave per aprire tutti i tesori nascosti intorno a noi, nel nome di Gesù. Amen. Dio vi benedica.

8 OTTOBRE

LA BATTAGLIA APPARTIENE AL SIGNORE!

La battaglia per la vita della nostra anima, per i nostri figli e per ciò che ci appartiene. Ma se abbiamo il Signore, sarà Lui a combattere la nostra battaglia. È Sua la responsabilità di combattere per noi se ci arrendiamo a Lui. Il Signore ha molti Angeli che saranno incaricati di contrastare il piano e la strategia di Satana. Satana prende di mira e dichiara guerra ai figli di Dio e alle creazioni di Dio. Che il Signore ci aiuti a capire che un nemico invisibile ha un piano per rubare, uccidere e distruggere ciò che ci appartiene. Questa guerra ha un nemico che non è visibile ai nostri occhi. È un essere spirituale che viene contro di noi per bloccare, fermare e ostacolare. Solo Gesù può proteggerci se obbediamo, seguiamo e crediamo in Lui.

Una volta ero all'ufficio postale e una collega, che non era nemmeno cristiana, ha alzato gli occhi al cielo e ha detto che c'era qualcosa in questo posto. Ha detto: "Vengo qui e mi sento oppressa. È il posto in cui ho lavorato per quasi vent'anni. È il luogo in cui ho avuto una grande battaglia, una grande vittoria, sogni e visioni". Ho imparato a conoscere potenti operazioni demoniache e come combattere. Il Signore mi chiese di non accettare quel lavoro. Ma pensavo che Dio volesse che io avessi questo lavoro, dato che avevo ottenuto il cento per cento nelle prove scritte e in quelle a macchina. Avevo appena iniziato a imparare la verità biblica e non capivo il mondo spirituale.

La maggior parte delle organizzazioni, denominazioni e non denominazioni non conosce la battaglia spirituale. Combattono nella carne. Le persone vi attaccheranno nel gruppo usando il loro potere di posizione. Usano parole cattive e serbano rancore. La loro mentalità è che loro faranno il peggio se qualcuno gli farà del male. Questa si chiama ritorsione. I malvagi combattono con la pistola, il coltello, la mano o la persecuzione indiretta. Ma questa nostra battaglia non è contro la carne e il sangue, bensì contro il principe, Satana. Gli angeli caduti sono chiamati principati e i demoni sono spiriti morti e perduti. Questi causano dolore mentale, fisico ed emotivo all'umanità. Tutti hanno una parte o un ruolo distinto da svolgere contro la creazione di Dio. Sono chiamati demoni territoriali. Uno spirito familiare è il demone della vostra famiglia che è morto. I demoni erranti vogliono combattere.

Era il periodo in cui stavo affrontando molte battaglie, poiché stavo imparando la verità. Come sapete, odio le religioni. Le religioni, le denominazioni e le organizzazioni sono un blocco, un freno e un ostacolo alla verità di Dio.

Il nostro Dio vuole essere responsabile della vostra vita, se glielo permettete.

Esodo 14:14 Il Signore combatterà per voi e voi tacerete.

1 Samuele 17:47 Tutta questa assemblea saprà che il Signore non salva con la spada e la lancia, perché la battaglia è del Signore ed egli vi darà nelle nostre mani.

Nemici invisibili sono intorno a voi e dovete cercare aiuto in Dio.

Molte volte, il nemico serba rancore per le generazioni che non sanno di essere state avvelenate. La Parola di Dio è vera. Può farvi uscire dalla menzogna del nemico. La Sua verità è il nostro scudo e la nostra fibbia. La verità può liberarci dal potere dell'avversario, dai suoi piani, dalle sue catene e quant'altro. Che il Signore ci insegni a combattere nella preghiera in ginocchio. Il nostro ginocchio ha dimenticato come si combatte. In questo mondo, abbiamo addestrato l'esercito, la marina, i marines e i militari in modo da non preoccuparci. Abbiamo i migliori macchinari, così abbiamo dimenticato di pregare Dio che ci porta la vittoria. Ho una conoscenza molto limitata della battaglia perché non ho la televisione. Una volta, una persona si è arrabbiata perché non ero coinvolta nella battaglia delle nazioni. Così, quando il Signore si è mosso su di me, ho pregato e hanno vinto la battaglia. Ho visto il nastro giallo su ogni albero. Ma quell'uomo era carnale, non capiva che io mi muovo per mezzo dello Spirito e non per mezzo dei suoi sentimenti. Voleva che fossi coinvolta, poiché il suo sangue ribolliva di emozioni. Ha messo la bandiera e l'ha portata in chiesa. Avrei voluto che avesse messo le persone a digiunare e a pregare. Ogni battaglia ha bisogno del Signore. Ogni battaglia inizia con il diavolo.

La guerra è contro i nostri giovani, i nostri figli, i matrimoni, la ricchezza, la salute, la prosperità, e così via. Colui che sa pregare, digiunare ed è sensibile allo spirito vince la battaglia. Che il Signore faccia di voi un guerriero in ginocchio, che si opponga a tutte le operazioni demoniache sulla terra, sullo Stato, sulla contea, sulla città e sulla casa. Posso suggerirvi di pregare, di pregare come non avete mai pregato? Suonate lo shofar, liberate la parola di Dio nell'aria e rendete chiaro al nemico che la nostra guerra non è carnale, ma potente attraverso Dio.

2 Corinzi 10:4 (Poiché le armi della nostra guerra non sono carnali, ma potenti per mezzo di Dio per abbattere le fortezze).

Guardate in aria, stendete la mano e legate Satana. Distruggete il potere e l'autorità di Satana, degli angeli caduti e dei demoni nel nome di Gesù.

Una signora in particolare ha fatto tutto questo. I demoni della droga della sua famiglia erano fuori dalla porta. Ora la famiglia è libera. Una signora in Asia ha testimoniato che non ci sono ambulanze, stregoni e combattimenti in quella città da quando lei unge e prega la mattina presto. Andate in piedi in tutte le direzioni, prima legate, poi comandate a quei demoni di andarsene, spezzate la loro potenza. Che il Signore vi preceda per dimostrarvi quanto è potente. È una battaglia spirituale. Usate la Parola, che è spirito, mentre parlate con autorità. La Parola è Dio. Dio è Spirito. Quindi, quando pronunciate la Parola, quelle parole creeranno ciò che essa intende creare.

Nessun'arma formata contro di me può prosperare. Si comporterà allo stesso modo. Tutte le armi del nemico crolleranno. Ogni potere delle tenebre sarà distrutto. Vedete, la potenza è nella Parola di Dio; la Parola è al di sopra di ogni nome, poiché la Parola è Dio.

Giovanni 1:1 In principio era il Verbo, il Verbo era presso Dio e il Verbo era Dio.

È il Signore che combatte la nostra battaglia, non noi con il nostro pugno o la nostra carne. L'opera stessa di Satana può essere riportata a Lui solo se si sa come farlo.

Efesini 6:10 Infine, fratelli, siate forti nel Signore e nella potenza della sua forza.

Deuteronomio: 32:30 Come potrebbe uno inseguire mille e due mettere in fuga diecimila, se la loro Roccia non li avesse venduti e il Signore non li avesse rinchiusi?

Il Signore deve precedervi e insegnarvi cosa fare per vincere la battaglia. Che il Signore dichiari quando combattere. Che tutto sia fatto sotto la Sua guida ed Egli distruggerà la forza e il potere del nemico. Vi consiglio di portare la vostra battaglia sul Suo altare e di pregare. Usate l'olio dell'unzione sull'area in cui si svolge la vostra battaglia. Se si tratta di un ufficio, di una città o di una casa, usate l'olio dell'unzione e distruggetela. Suono lo shofar per distruggere il potere dei demoni. Inviate la giusta parola di Dio e lasciatela oscillare contro il nemico per distruggerlo. Che il Signore vi aiuti oggi a connettervi con Lui in ginocchio e vi dia pace e vittoria perfette.

Proclamo la vittoria su tutte le battaglie. Nel nome vittorioso e potente di Gesù. Amen! Dio vi benedica!

PREGHIAMO

Padre celeste, veniamo a te e portiamo tutte le nostre battaglie sull'altare di Dio. Mostra alle nostre dita come combattere. Dacci la giusta parola di Dio per consumare il nemico. Accecate il diavolo e consumatelo con il vostro spirito. È la battaglia contro il nemico a distruggere tutte le sue strategie. Abbiamo il potere, ma molti non sanno come usarlo. Ci manca la conoscenza e così periamo. Ma Signore, vogliamo darti gloria, onore e lode vincendo ogni battaglia contro la malattia e l'oppressione. Aiutaci contro le forze potenti che inondano le nazioni in questa fine dei tempi. Muoviti nei nostri cuori e insegnaci la verità attraverso la Parola, perché noi dipendiamo da te. Tu vai davanti a noi, noi ti seguiamo. Ci nascondi dal nemico. Il Tuo nome sia la torre forte. Abbiamo il Nome di Gesù al di sopra di ogni nome. Grazie, Signore, Dio ti benedica, Amen!

9 OTTOBRE

FESTEGGIAMO GESÙ!

Essendo cristiani, dovremmo celebrare la vittoria ogni giorno. Vediamo il mondo celebrare risultati unici. Raggiungono le loro prestazioni e celebrano. Noi cristiani dovremmo essere a quel livello per celebrare Gesù. Quando Ester divenne regina, usò il suo potere e i suoi favori per aiutare il suo popolo. Essere venduti agli schiavi andava bene, ma essere venduti per essere macellati non andava bene. Disse: "Darò la mia vita per il mio popolo". Conosceva molte cose che potevano mettere a repentaglio la sua vita. Una di queste era il digiuno. Babilonia non sapeva che era una schiava ebrea. Essendo la regina, deve anche seguire le regole del re. Non può entrare e uscire per incontrare il re. Molte cose non erano favorevoli, ma lei corse il rischio di salvare il suo popolo. Grazie al suo saggio gesto di salvare il suo popolo, il mondo celebra la vittoria di Purim.

Ester 9:17 Il tredicesimo giorno del mese di Adar e il quattordicesimo giorno dello stesso mese si riposarono e fecero un giorno di festa e di allegria. 18 Ma i Giudei che erano a Shushan si riunirono il tredicesimo e il quattordicesimo giorno; e il quindicesimo giorno si riposarono e lo resero un giorno di festa e di allegria. 19 Perciò i Giudei dei villaggi, che abitavano nelle città non fortificate, resero il quattordicesimo giorno del mese di Adar un giorno di festa e di allegria, un giorno propizio e un giorno in cui si mandavano porzioni l'uno all'altro.

Questo è il periodo in cui molti Paesi celebrano Halloween, e in alcuni altri Paesi le persone ballano davanti agli idoli. In questa stagione, vi sono molta idolatria e adulterio. Vediamo che oggi il mondo sta soffrendo. I cristiani vengono massacrati ovunque. Dobbiamo alzarci e proclamare il digiuno e la preghiera per i cristiani che soffrono. Oggi qualcuno mi ha mandato un messaggio. "Per favore, pregate per mia sorella". Suo marito l'ha picchiata perché crede in Gesù. L'anno scorso, il gruppo anticristo ha picchiato uno dei pastori per aver condiviso il Vangelo. Ha perso alcuni ricordi. Li ha conquistati a Cristo, che gli ha fatto del male e li ha perdonati. Dio opera nel loro cuore se perdoniamo e preghiamo per loro.

Così mi ha chiesto di pregare per queste persone. Noi cristiani dobbiamo celebrare molte, molte vittorie su Satana. Dobbiamo alzarci come gli attuali Mardocheo ed Ester per opporci alle persecuzioni che avvengono in diversi luoghi del mondo. Vi alzereste per pregare e digiunare quando vedete i nostri fratelli e sorelle cristiani uccisi e perseguitati?

Ester 4:1 "Quando Mardocheo si accorse di tutto ciò che era stato fatto, si stracciò le vesti, si vestì di sacco e di cenere, uscì in mezzo alla città e si mise a piangere con un grido forte e amaro".

Questo è ciò che dobbiamo fare prima di ottenere la vittoria. Abbiamo bisogno di diventare un'Ester dei giorni nostri per alzarci e proclamare il digiuno.

9 OTTOBRE

Ester 4:15 Allora Ester ordinò a Mardocheo di rispondere così: 16 Andate, radunate tutti i Giudei che si trovano a Susa e digiunate per me, senza mangiare né bere per tre giorni, né di notte né di giorno: Anch'io e le mie fanciulle digiuneremo, e così entrerò dal re, il che non è conforme alla legge; e se perirò, perirò".

Ricordate che è necessario un motivo per festeggiare. Celebrate la vostra vita, i vostri risultati e la vittoria sulla battaglia. Christina dovrebbe celebrare sempre la vittoria sul diavolo. Non è forse ovvio? Vedremo il diavolo subire la peggiore delle sconfitte? È tempo di gioire e ballare quando vediamo che lo schiavo viene liberato. Allo stesso modo, le nazioni celebrano il giorno della libertà. Gli ebrei sono stati in schiavitù sotto il Faraone in Egitto per 430 anni. Quando il Signore li liberò dalla schiavitù, festeggiarono. In seguito, l'Egitto cercò di riprenderli, ma il Signore era dalla loro parte.

Esodo 14:7 Prese seicento carri scelti e tutti i carri d'Egitto, e dei capitani su ognuno di essi. 8 Il Signore indurì il cuore del faraone, re d'Egitto, che inseguì i figli d'Israele; e i figli d'Israele uscirono a mano alta.

Il Signore, chiamato il creatore della via, ha creato la via nell'oceano.

Esodo 14:27 Mosè stese la mano sul mare, e il mare tornò in forze quando apparve il mattino; gli Egiziani fuggirono contro di esso, e il Signore sconfisse gli Egiziani in mezzo al mare. 28 Le acque ritornarono e coprirono i carri, i cavalieri e tutto l'esercito di Faraone che era entrato in mare dietro di loro; non ne rimase neppure uno.

Il Signore può regalare molti giorni di festa come questo se andiamo a Lui e gridiamo. Non seppellite i privilegi, le liberazioni, le guarigioni, le promozioni e le vittorie sul nemico. Il capitolo 15 dell'Esodo è la celebrazione della vittoria sul nemico.

Esodo 15:1 Allora Mosè e gli Israeliti intonarono questo canto al Signore e parlarono dicendo: "Canterò al Signore, perché ha trionfato gloriosamente; il cavallo e il suo cavaliere li ha gettati nel mare".

Il nostro Signore è buono! Vuole darci solo vittoria e sconfitta del nemico. Vittoria a coloro che permettono a Dio di combattere la battaglia. È tempo di svegliarci. Abbiamo bisogno di un risveglio mondiale. Abbiamo bisogno di una consegna mondiale come quella di Mosè, Giosuè, Ester e Mardocheo. Che il Signore ci svegli e faccia ciò che è necessario. Invocate il digiuno e la preghiera, gridate per la terra, perdete la battaglia. Che il Signore vi usi come guerrieri a distanza per inviare potenti missili di preghiera. Mirate al nemico. Mirate alle streghe, agli stregoni, al diavolo, agli angeli caduti e ai governanti delle nazioni per far loro sapere che Lui viene nel Nome del mio Dio. Lui è il nostro vessillo. Egli vincerà. "Guardate in alto, il vostro redentore si avvicina". Il popolo di Israele aveva paura di Golia. Ma il sangue di Davide, un giovane pastore, ribolliva quando sentiva qualcuno parlare contro il loro Dio. Davide disse: "Chi sono queste labbra impure che parlano contro il mio Dio?".

1 Samuele 17:45 Allora Davide disse al Filisteo: "Tu vieni da me con la spada, con la lancia e con lo scudo; ma io vengo da te nel nome del Signore degli eserciti, il Dio degli eserciti d'Israele, che tu hai sfidato. 47 E tutta questa assemblea saprà che il Signore non salva con la spada e con la lancia, perché la battaglia è del Signore ed egli vi darà nelle nostre mani.

Quel giorno, Davide uccise Golia e salvò gli Israeliti dai Filistei.

1 Samuele 17:52 Gli uomini d'Israele e di Giuda si alzarono, gridarono e inseguirono i Filistei fino alla valle e alle porte di Ekron. E i feriti dei Filistei caddero lungo la via di Shaaraim, fino a Gath e a Ekron.

Possiamo anche festeggiare una volta che sappiamo come farlo. Che il Signore vi dia molte celebrazioni nel prossimo anno, nel nome di Gesù. Amen.

PREGHIAMO

Padre nostro celeste festeggiamo per ogni respiro che facciamo. Vedere un altro giorno è una nuova vittoria. Aiutaci a festeggiare Gesù, non solo nel bene ma anche nel male, perché sappiamo che tutte le cose accadono per coloro che sono chiamati per te. Ti chiediamo di benedirci ogni giorno e di darci la forza di continuare la nostra vita come figli di Dio vittoriosi, nel nome di Gesù. Amen! Dio vi benedica.

10 OTTOBRE

MOTIVO PER SCEGLIERE LE RELIGIONI!

Perché le persone scelgono le religioni, le chiese, le denominazioni e le organizzazioni invece di Gesù? Perché Eva e Adamo scelsero il frutto piuttosto che il Comandamento del Signore? Semplicemente per soddisfare la brama degli occhi, della carne e l'orgoglio della vita. Perché le persone scelgono il re invece del Signore Geova Dio?

1 Samuele 8:4 Allora tutti gli anziani d'Israele si radunarono e vennero da Samuele a Ramah, 5 e gli dissero: "Ecco, tu sei vecchio e i tuoi figli non seguono le tue vie; ora facci un re che ci giudichi come tutte le nazioni". 6 Ma la cosa dispiacque a Samuele, quando dissero: "Dacci un re che ci giudichi". Samuele pregò il Signore. 7 Il Signore disse a Samuele: "Ascolta la voce del popolo in tutto ciò che ti dice; perché non hanno rigettato te, ma hanno rigettato me, perché non regni su di loro".

Il Signore avverte della crudeltà e della durezza del re nei loro confronti. Ascoltate le loro risposte.

1 Samuele 8:19 Tuttavia il popolo rifiutò di obbedire alla voce di Samuele e disse: "No, ma vogliamo avere un re su di noi; 20 affinché anche noi siamo come tutte le nazioni e il nostro re ci giudichi, esca davanti a noi e combatta le nostre battaglie".

Il Signore ha fatto tutto per noi come nostro Padre. Alla fine, è venuto a riscattarci dall'inferno pagando il prezzo del peccato. Ha pagato per intero i nostri peccati versando il Suo sangue. La vita è nel sangue, quindi ha dato il Suo per riscattarci dall'inferno. Ora è lo stesso, rifiutiamo il Suo sangue. Siete curiosi di sapere come rifiutiamo il Suo sangue? Lasciate che vi mostri come. Neghiamo Gesù come l'unico Dio Geova manifestato nella carne. Satana ha fatto un ottimo lavoro eliminando Dio e inserendo Lui.

1 Timoteo 3:16 Dio si è manifestato nella carne (invece dice: si è rivelato nella carne).

Ottimo lavoro del diavolo. Molti, come Adamo, Eva e gli israeliti che rifiutarono Dio chiedendo un re, sono qui oggi. Questo spirito continua a vivere sulla terra, rifiutando il piano di Dio in ogni epoca. È la carne che rifiuta il Signore. La carne e lo spirito umano operano in modo contrario l'uno all'altro. Che il Signore ci dia una vista celeste con desideri e visioni. Amate la vostra anima più della carne. La carne vive solo per settanta o per forza negli anni Ottanta. Tornerà a essere polvere. Non importa quello che Dio ha fatto per noi, ma noi scegliamo la religione invece di Dio. Egli ha dato all'umanità un solo potere, che è quello di scegliere la vita o la morte, la benedizione o la maledizione. E noi scegliamo sempre il male. In ogni caso, rifiutiamo colui che ha il miglior interesse per il nostro essere. Dio desidera benedirla dandoci l'abbondanza. Il nostro Dio è buono e fa solo del bene. Che il Signore metta nei nostri cuori l'amore per se stessi. Dobbiamo amare noi stessi perché c'è una vita dopo questa vita terrena limitata. Quando non lo sapete, chiedete a Dio cosa scegliere.

Gli Stati Uniti sono stati il luogo in cui sono venuta a cercare Dio. Ho cercato Dio con tutto il mio cuore, la mia mente, la mia anima e la mia forza. Ho trovato la verità; era nascosta. Dio mi chiese di essere battezzata. Quando sono uscita dall'acqua, ho ottenuto la remissione del peccato usando il nome di Gesù. Sotto il nome di Gesù si nasconde un prezioso sangue purificatore. Il nome di Gesù è al di sopra di tutti i nomi. Prima esitavo a battezzarmi nel nome di Gesù, perché non avevo mai visto le Scritture su questo argomento. I falsi insegnanti mi avevano stregata. Avevo bisogno di essere liberata dal falso insegnamento del battesimo. Benedico il nome di Gesù, Lui è degno, che mi ha liberato perché sapeva che il mio cuore era sincero nel cercare Lui e non le religioni.

Ero coraggiosa, audace e non avevo paura di essere lasciata sola. Non ho mai avuto paura del rifiuto. Nessuno può ricattarmi, perché ho venduto a Dio la mia reputazione, come Maria. Dio è reale e combatte la nostra battaglia. Non sono mai sola. Lui è con me. È più grande di tutti. Quando mi battezzarono nel nome di Gesù, uscii libera dal potere, dalla morsa e dalla pesantezza dei peccati. Non importa cosa, ero pronta a pagare il prezzo.

È facile quando ci uniamo a gruppi religiosi. Non sarete crocifissi, ma non ho avuto paura della crocifissione di me stessa. L'anima ha bisogno di protezione contro il diavolo, i falsi insegnanti, i falsi profeti e la nostra carne. Ho difeso la verità e ho iniziato a predicare contro il nemico. Molte generazioni sono state fuorviate battezzando con il titolo di padre, figlio e Spirito Santo. Essi discutono dicendo: "Gesù ha detto padre, figlio e spirito santo". Chi ha scritto la Bibbia? L'unico Dio, Gesù, nessuno tranne Lui. Il nemico dà un'altra menzogna. Il nostro Signore è bravo a nascondere la verità a coloro che si sono persi. Scoprite come praticavano il nome di battesimo nel libro degli Atti e nella storia della Chiesa primitiva. È l'unico e solo documento a cui credere.

Le porte dell'inferno non possono prevalere. Il diavolo bugiardo ha detto che va bene, crede a Gesù e usa il titolo. Non mi piace che il sangue venga su di te quando ti seppellisci nel battesimo nel nome di Gesù. Non mi piace vederti vestito di Gesù. Il sangue mi fa lavorare di più. Quindi tutto pronto, ora le organizzazioni create dall'uomo, le denominazioni e le non denominazioni hanno un potere completo su di noi. Permetteranno alla vostra carne di vivere come piace a voi e non a Dio. Assicuratevi di essere giusti nei confronti dell'anima. Il corpo sarà polvere, lo spirito tornerà a Dio, ma che ne sarà della vostra anima? Soffrirà per sempre. Ricordo i leader religiosi, come danno ghirlande di fiori e accolgono le persone che vengono dall'estero. Perché? Amano il denaro e non l'anima. Nemico sotterraneo della vostra anima.

2 Corinzi 11:13 Questi infatti sono falsi apostoli, operatori di inganni, che si trasformano in apostoli di Cristo. 14 E non c'è da meravigliarsi, perché Satana stesso si è trasformato in angelo di luce. 15 Perciò non è gran cosa se anche i suoi ministri si trasformano in ministri della giustizia, la cui fine sarà secondo le loro opere.

Sappiamo che il Signore è buono e ha dato ad alcuni:

Efesini 4:11 E ad alcuni ha dato degli apostoli, ad altri dei profeti, ad altri degli evangelisti, ad altri ancora dei pastori e degli insegnanti; 12 per il perfezionamento dei santi, per l'opera del ministero, per l'edificazione del corpo di Cristo.

Ricordate che abbiamo un avvertimento contro i falsi insegnanti e profeti. Quindi amate voi stessi. Non abbiate mai paura di essere rifiutati o di essere soli. Sono sempre sola, ma non sono mai sola davvero. Ho Dio tutto il tempo. Il nostro Dio è buono. Ha creato degli Angeli per i nostri servizi. Per ultimo, Dio mi ha mandato nella chiesa di Dallas, che era lontana dalla mia città. Ho guardato e ascoltato ciò che mi è stato insegnato. Ora voi dite come possiamo essere stregati o avvelenati? Da coloro che non cercano Dio e la Sua volontà. Il digiuno e la preghiera ci mettono in contatto con Dio. Molti sono così persi che preferireste non andarci. Si ammalano di malattie religiose. Credetemi, Gesù era la cura per il demone delle autorità gelose, invidiose, assetate di potere e avide. Ma invece di ricevere la cura, gli diedero trentanove colpi e lo crocifissero.

Potreste dire: "Che tristezza, io non lo farei". Non sapreste di essere uno di loro se foste seduti sotto falsi insegnanti e profeti. Quindi tornate alla Bibbia e ricevete lo Spirito Santo come l'ho versato nel giorno di Pentecoste. Sarete guidati, potenziati, guidati e istruiti dallo Spirito Santo solo se gli darete la libertà. Eliminate le religioni e iniziate una relazione con il vostro Creatore pentendovi e battezzandovi nel nome di Gesù per lavare i vostri peccati. Ricevete lo Spirito Santo parlando in lingua. Amen!

PREGHIAMO

Ti ringraziamo Signore per non averci abbandonati. Il nostro Dio è buono e va lodato. Il nostro Dio ci ha dato il sangue per i nostri peccati. Aiutaci a non rifiutarlo rifiutando il nome di Gesù nel battesimo. Signore, aiutaci ad amare la verità per essere liberati. È l'unico modo per riportare il nostro rapporto a quello che abbiamo perso nel giardino dell'Eden. Metti l'amore per te più della religione. Sappiamo che la religione è la sostituzione della relazione con il Dio vivente. Sappiamo che è una forma di pietà senza la potenza dello Spirito Santo. Solo la verità è potente per liberare, guarire e rendere liberi. Ti preghiamo di mettere nei nostri cuori l'amore per Te. Se ti amiamo, allora ti rivelerai e ti manifesterai come hai fatto con Paolo, Pietro e molti altri. Desideriamo un nuovo inizio nel nome di Gesù! Amen! Dio vi benedica!

11 OTTOBRE

CRESCETE I FIGLI DATI DA DIO PER DIO!

Molti genitori egoisti usano i figli a proprio vantaggio. Se hanno problemi con gli altri, allora useranno la bocca dei loro figli contro di loro.

Non è così triste? Perché i bambini sono cattivi? Ascoltate le loro conversazioni private con orecchie da bambino. Rimarrete sorpresi. Dio vi ha benedetti con dei figli. Ma per favore non rovinate la loro vita. Dio vi ha dato la responsabilità di educare i bambini alla rettitudine. Insegnate loro gli oracoli di Dio, in modo che possano avere successo ovunque nel mondo. Molti genitori li usano per le loro cattive abitudini e per i loro scopi malvagi. Alcune madri allevano i figli contro i padri e i suoceri. Funzionerà? Una madre malvagia alleva le sue figlie in modo cattivo per il proprio beneficio personale, ma non per il loro futuro matrimonio e per i loro figli. La madre malvagia munge la figlia per il sostentamento della famiglia. Questa figlia malvagia non sarà adeguata al marito o ai suoceri. Sarà la spina nel fianco. Ci sarà una guerra in famiglia. Una maledizione germoglierà in essa. Mio Signore, dacci la percezione prima di scegliere una moglie. Pregate e digiunate e lasciate che Dio faccia il resto. Dio ha progettato la famiglia per moltiplicarsi. È per il Suo servizio e non per i vostri sentimenti personali e piani malvagi.

I vostri pensieri sono molto pericolosi per voi e per i vostri figli. Seguiamo il piano di Dio.

Salmo 127:3 Ecco, i figli sono un'eredità del Signore; il frutto del grembo è la sua ricompensa.

Che il Signore vi dia la Sua saggezza per crescere i bambini. Molte persone malvagie crescono i loro figli proprio come loro.

Salmo 58:3 I malvagi sono allontanati dal grembo materno: si smarriscono appena nati, dicendo bugie.

Abbiamo il sangue peccaminoso di Adamo. Conosciamo il bene e il male, non siamo più innocenti. Se non insegniamo la verità, i bambini manifesteranno il peccato quando cresceranno. Dio vi ha dato la responsabilità dei vostri figli. Educateli bene e correggeteli quando ne hanno bisogno. Possono ricevere benedizioni, ma dipendono dall'educazione dei loro genitori.

Proverbio 23:13 Non rifiutare la correzione al bambino, perché se lo batti con la verga, non morirà.

Insegnate loro la Parola di Dio, il comandamento di Dio, la pratica e date loro la verità. In definitiva, questi bambini devono stare nel mondo. Se li trattate bene, allora non finiranno in carcere, in prigione, sotto l'effetto di droghe, alcol, gangster, stupratori e molto altro. Ciò che mettete nell'orecchio germoglierà. Se avvelenate con la vostra malvagità o piantate la parola vivificante di Dio nel loro orecchio, essa produrrà. I genitori crescono i figli. Se sono cattivi, guardatevi allo specchio e date la colpa a voi stessi e non al prossimo.

Deuteronomio 6:7 Li insegnerai diligentemente ai tuoi figli e ne parlerai quando sarai seduto in casa tua, quando camminerai per strada, quando ti coricherai e quando ti alzerai.

Molti genitori si assumono la responsabilità della loro educazione, ma non della Parola di Dio. La scuola domenicale non è sufficiente. Dio è un fornitore e provvederà se cresciamo figli timorati di Dio. Insegnate ai bambini come mettere in pratica la Parola di Dio.

Giosuè 8:35 Non ci fu una parola di tutto ciò che Mosè aveva ordinato che Giosuè non abbia letto davanti a tutta la comunità d'Israele, con le donne, i piccoli e gli stranieri che si trovavano in mezzo a loro.

Giosuè 1:8 Questo libro della legge non si allontanerà dalla tua bocca, ma lo mediterai giorno e notte, per osservare di fare secondo tutto ciò che vi è scritto; perché così farai prosperare la tua strada e avrai un buon successo.

Vedete, avranno successo se praticano la Parola. Saranno la testa e mai la coda. Saranno sopra e mai sotto, saranno primi e mai ultimi.

I bambini cresciuti bene hanno successo.

Sapendo distinguere il bene dal male, Giuseppe disse alla donna: "Non posso peccare contro Dio. Il peccato è contro Dio. Rompere le leggi di Dio è un peccato. Il prezzo del peccato è la morte, questa è la punizione all'inferno".

Genesi 39:9 In questa casa non c'è nessuno più grande di me; e non mi ha nascosto nulla all'infuori di te, perché tu sei sua moglie; come posso dunque fare questa grande malvagità e peccare contro Dio?

Onorando Dio osservando il Suo comandamento, Dio promosse Giuseppe accanto al Faraone. È il Signore che dà la promozione. I genitori non avvelenano i figli con il male. Non insegnate a essere odiatori, bugiardi, adulteri e fornicatori. Chi ha insegnato a Giuseppe le leggi di Dio? I suoi genitori.

Mosè, l'uomo potente in Egitto, rifiutò il trono. Perché sapeva di avere un vero Dio. Ha riverito Dio temendolo.

Dio si è servito di Mosè per liberare gli Ebrei dagli Egiziani. Che il Signore vi dia saggezza su come educare i vostri figli. È un mondo difficile, ma il vostro compito è insegnare la Parola di Dio.

Molti grandi personaggi come Paolo, Matteo, Andrea Simon Pietro e le persone che Gesù scelse come suoi discepoli sono stati educati dalla madre a servire Dio e non l'organizzazione, la denominazione, le non denominazioni o la sinagoga. Non cresceteli per il vostro ventre, malvagio, alcolizzato e che possa lavorare per voi. Molti genitori egoisti e ignoranti fanno questo ai loro figli. Sono responsabili della loro anima se brucia all'inferno. Che il Signore vi dia l'amore per i vostri figli per crescerli bene.

Dio promette che vi benedirà, provvederà e vi custodirà se osserverete i Suoi comandamenti, statuti, leggi e precetti. Il Signore li possiede, quindi abbiatene cura.

Molti hanno fatto un lavoro meraviglioso di educazione e li ammiro.

Una di queste era la Ruth Moabita. Dio deve portare la bisnonna da Moab, che apprezzava Dio. Ruth Moabita amava le vie di Dio. Non era nata e cresciuta in essa, ma scelse di servire il Dio vivente imparando da sua suocera. La suocera Naomi fu la sua maestra; le insegnò le leggi di Geova Dio, che lei seguì e non contrattò mai.

Ho avuto dei genitori meravigliosi che ci hanno cresciuti fiduciosi, coraggiosi e fedeli al Signore. Amavo il loro stile di vita. Condividevamo tutto con la mamma e lei ci consigliava sempre. Non era solo la figlia di un pastore qualunque, ma una donna potente e giusta che faceva il bene e ci insegnava il bene. Che il Signore ci dia madri il cui interesse sia il benessere dell'anima dei figli. Che il Signore ci dia madri come Gezabele, Maria, Ruth, Naomi e molte altre come loro. Queste madri sono precise nell'insegnare ai figli la Parola di Dio e non le vie del mondo. Dio benedica i genitori retti.

PREGHIAMO

Padre nostro celeste, ti ringraziamo per i figli che ci hai dato. È nostra responsabilità formare e insegnare loro l'oracolo di Dio. La nostra responsabilità è quella di mostrare loro la via di Dio. Egli ci dà un senso di responsabilità con saggezza, così facciamo del nostro meglio. I nostri figli sono la testa e non sono in prigione, malvagi alcolisti. Preghiamo giorno e notte, madre, per tenerli nella giusta direzione. La madre che rimane in ginocchio preserva i propri figli dalla mano di Satana e dalla sua tattica. Vogliamo che i figli non abbiano paura dei leoni, del fuoco, delle prove e dei problemi, ma che siano valorosi, coraggiosi e benedetti dal Signore. Nel nome di Gesù! Amen! Dio vi benedica!

12 OTTOBRE

LA RIPETIZIONE CI RENDE PERFETTI!

Le ripetizioni d'azione hanno come obiettivo il miglioramento. Se volete migliorare, dovete esercitarvi. Non poche volte, ma continuare ogni giorno. Quando leggo la Bibbia ogni giorno, ogni volta dà una comprensione unica. Mia madre diceva: "Quando rileggo la Bibbia, trovo qualcosa che non ho capito l'ultima volta". È vero, leggere la Parola e metterla in pratica ci dà una maggiore comprensione. Il nostro Dio ha dato la Parola che cambia la vita, che dà la vita.

Il nostro Dio non vuole che ristagniamo o che ci paralizziamo. Se teniamo la mano o qualsiasi parte del corpo in una posizione, diventa difficile da manovrare. Ma la chiave è continuare a muoversi. Allo stesso modo, quando pratichiamo la Parola di Dio, diventa facile.

1 Timoteo 4:8 L'esercizio fisico, infatti, giova poco; ma la pietà è proficua per ogni cosa, avendo la promessa della vita che c'è ora e di quella che verrà. 9 Questo è un detto fedele e degno di ogni accettazione.

Il popolo di Dio deve continuare a leggere la Parola, a meditare e a praticare. Se si conosce la Parola, allora si saprà come applicarla quando è necessario.

Salmo 19:7 La legge del Signore è perfetta, converte l'anima; la testimonianza del Signore è sicura, rende saggio il semplice. 8 Gli statuti del Signore sono giusti, rallegrano il cuore; il comandamento del Signore è puro, illumina gli occhi.

Non suona bene? Chi non vorrebbe essere perfetto, saggio, giusto, con la gioia nel cuore e puro? Tutto è semplice da ricevere se conosciamo le leggi, gli statuti, i comandamenti e la testimonianza di Dio. È una disposizione del Signore che sulla terra non pratichiamo la legge della nazione, ma la Legge del Signore. Paolo era un esperto di Torah e aveva bisogno di qualche correzione di comprensione. Ho visto molti musulmani pregare cinque volte al giorno. Una pratica cristiana, se vogliono. La Bibbia dice:

1 Tessalonicesi 5:17 Pregate senza sosta.

1 Timoteo 2:1 Esorto dunque a fare innanzitutto suppliche, preghiere, intercessioni e ringraziamenti per tutti gli uomini.

Salmo 63:1a O Dio, tu sei il mio Dio; presto ti cercherò.

Questo significa alzarsi presto al mattino e cercare LUI. La Bibbia dice: "Pregherò mattina, mezzogiorno e sera". Quindi, quando affrontate ogni parte della giornata, fatelo con la preghiera. Lo fate? Nell'Antico Testamento si pregava tre volte, ma oggi si prega senza sosta.

Salmo 55:17 La sera, la mattina e a mezzogiorno pregherò e griderò ad alta voce; ed egli ascolterà la mia voce.

Daniele 6:10 Ora, quando Daniele seppe che la scrittura era stata firmata, entrò in casa sua; e, essendo le finestre della sua camera aperte verso Gerusalemme, si mise in ginocchio tre volte al giorno, pregò e rese grazie al suo Dio, come aveva fatto in precedenza.

La preghiera insistente ha reso facile a Daniele entrare nella tana del leone. Daniele si esercitava e aveva un muscolo spirituale. La pratica ci dà i muscoli spirituali. Il Signore ci ha dato la Parola di Dio e noi dobbiamo metterla in pratica nella vita quotidiana. Quando le persone si esercitano a non mentire, è facile che non lo facciano. Una volta che si conosce la verità, la si applica. Se lo fate, quando arriveranno le prove o i problemi, non vi faranno del male, perché state praticando ciò che è giusto secondo la verità. Davide continuò a praticare la verità.

1 Samuele 24:4 Gli uomini di Davide gli dissero: "Ecco il giorno di cui il Signore ti ha parlato: "Ecco, io consegnerò il tuo nemico nelle tue mani, perché tu possa fargli quello che ti sembrerà bene"". Allora Davide si alzò e tagliò di nascosto la gonna della veste di Saul. 5 In seguito, il cuore di Davide fu colpito dal fatto che aveva tagliato la gonna di Saul.

Hanno classificato Davide come diecimila, ma il Re Saul era mille. L'uomo che può uccidere diecimila persone, per lui, per il Re Saul, era un gioco da ragazzi. Ma egli disse:

6 E disse ai suoi uomini: "Il Signore non permetta che io faccia questa cosa al mio padrone, l'unto del Signore, che stenda la mia mano contro di lui, poiché egli è l'unto del Signore".

Un uomo che pratica la Parola di Dio è perfetto nel suo stile di vita. È possibile ottenere la migliore medaglia e i premi, essere primi, sopra e in testa. La pratica vi rende perfetti.

Giudici 20:16 Tra tutto questo popolo c'erano settecento uomini scelti mancini; ognuno poteva scagliare pietre a un capello di distanza e non sbagliare.

1 Cronache 12:2 Erano armati di arco e sapevano usare sia la mano destra che la sinistra per scagliare pietre e scagliare frecce con l'arco, anche i fratelli di Saul di Beniamino.

Come facevano a essere così precisi? Si sono esercitati e sono diventati precisi fino al midollo. Chi ottiene tutti i trofei? Chi si esercita. Se vivete e praticate la Parola di Dio, sarete i migliori cristiani. Il cristianesimo è la pratica quotidiana per ottenere il miglior risultato. Se sbagliate, perdete la partita della vita. Una volta persa, si ha una nuova possibilità se ci si pente. Pentitevi e battezzatevi nel nome di Gesù e riprovate.

Praticare la guerra in ginocchio con il digiuno. Dobbiamo praticare la giustizia di Dio per andare contro Satana. Imparate quale spada brandire contro il nemico, così taglierete Satana. Il tutto fatto con fede. Vi porterà una vittoria gloriosa. Se digiunate e pregate biblicamente, sarete vincitori. Il vincitore non ha bisogno di imparare a tirare di scherma, ma di imparare a pregare come ha fatto Gesù. È scritto nella Parola di Dio.

Una volta al lavoro, una signora mi chiese di pregare per la sua amica che lavorava anch'essa all'ufficio postale. Sapeva che praticavo il cristianesimo. Imponevo sempre le mani sulle persone quando venivano a pregare. Ha chiesto preghiere molte volte e ha sperimentato la guarigione. Ma questa volta ha detto di pregare per un suo amico. Non è riuscito a dormire per mesi. Ora sta prendendo dosi più alte di farmaci. Così ho detto: "Va bene". Mentre iniziavo a pregare, ho iniziato a sentire qualcuno che batteva le mani o urlava nelle mie orecchie. Mi sono sentita strana. Ho continuato a pregare, senza capire perché stessi vivendo un'agitazione spirituale. Una volta tornai dalla chiesa e stavo riposando a letto. Con gli occhi chiusi, vidi il demone che usciva dalla parete da una parte all'altra. Immediatamente, ho legato il demone e ho spezzato il suo potere, e ho percepito che era stato spezzato. In quel momento non riuscivo a capire. Così, in preghiera, ho chiesto al Signore cosa fosse successo. Il Signore mi disse che era la guerra che avevo combattuto per l'uomo per cui stavo pregando. La volta successiva che ho incontrato la signora, le ho chiesto di controllare il suo amico. Mi ha detto che la notte dormiva bene senza medicine. Una settimana dopo, è venuto nel mio reparto per ringraziarmi. In seguito, gli ho dato la Bibbia parallela cinese/inglese. Vedete, dobbiamo mettere in pratica il nostro incarico. Se lo facciamo, questo ospedale chiuderà e la gente saprà che il cristianesimo è reale. Ho imparato da questa battaglia pregando per lui. Esercitiamoci; la ripetizione ci rende perfetti. Amen!

PREGHIAMO

Signore, aiuta a non dimenticare di scacciare i demoni, di guarire i malati, di risuscitare i morti, di purificare i leopardi e poi di predicare Gesù. Abbiamo dimenticato di continuare questo Vangelo con segni e meraviglia. Abbiamo dimenticato di mettere in pratica ciò che ci hai chiesto di fare ovunque andiamo. Aiutaci a familiarizzare con il compito che ci hai affidato. Il nostro lavoro ha bisogno di pratica per essere perfetto. Senza questo, avremo delle religioni. Dobbiamo seguirti, sapendo che Gesù è lo stesso ieri, oggi e sempre. Che il Signore ci dia la forza meravigliosa di continuare ogni giorno a fare ciò che serve per essere cristiani perfetti. La nostra vita è luce, lampada, esempio per molti smarriti in questo mondo. Tu hai ordinato, e noi non viviamo in esso. Perdonaci, Signore, vogliamo cambiare e fare la cosa giusta nel nome di Gesù! Amen! Dio vi benedica!

13 OTTOBRE

VI SIETE PREPARATI?

La preparazione è duplice: chi trasmette il messaggio e chi viene a ricevere ciò che Dio sta consegnando deve prepararsi. Dio ha bisogno del recipiente da usare.

2 Timoteo 2:20 Ma in una grande casa non ci sono solo vasi d'oro e d'argento, ma anche di legno e di terra; alcuni per onorare, altri per disonorare.

Quando Dio vi usa, vi dà anche il favore. Vedo molti essere usati dal Signore e anche onorati dalla gente. Soprattutto nella nazione africana! Venerano i pastori, i predicatori, gli evangelisti ecc. C'è una tale fame e sete in loro. Naturalmente, anche alcuni ipocriti criticano. Sono come il sacerdote e il sommo sacerdote: gelosi, avidi, arroganti e orgogliosi. Gli ipocriti erano contrariati da tutto ciò che Gesù faceva. Oggi abbiamo la stessa situazione per lo stesso spirito. Molti non riescono a riconoscere Dio che opera attraverso questo potente profeta e il popolo di Dio. Essi ostacolano l'opera di Dio. Essa non li benedirà mai, poiché non possono riconoscere Dio in loro.

Egli usa solo il vaso preparato per Lui e solo per Lui. Pietro, Paolo, Giovanni e molti altri si sono preparati per il Signore. E la loro ombra, i loro abiti e il loro tocco, Dio li usò per guarire le persone. Perché? Perché camminavano vicino a Dio, pregavano e digiunavano in modo che lo spirito di Dio fosse in essi. Lo spirito dimora nei panni, nell'ombra e in tutto ciò che hanno toccato. Non è fantastico? Dio ci usa se ci prepariamo. Io onoro sempre il vero uomo di Dio. I veri profeti e insegnanti hanno l'autorità di portare benedizioni.

Matteo 10:41 Chi riceve un profeta in nome di un profeta riceverà la ricompensa di un profeta; e chi riceve un giusto in nome di un giusto riceverà la ricompensa di un giusto.

Chi non conquista mai un'anima ha molti problemi. Non possono riverire nessuno, ma chi crede nell'uomo di Dio accetta e riceve la guarigione. Ma chi critica perderà la benedizione. Preparatevi a riceverla. Il popolo di Dio è valoroso. Non venite a vedere l'uomo, ma l'uomo di Dio. Sono pazza degli unti di Dio. Hanno potere e autorità. Molti non hanno mai ricevuto guarigione o liberazione perché non hanno riverito gli unti di Dio. C'è una differenza tra le persone e gli unti di Dio. Dio li usa e se non li accettate, significa che non accettate le benedizioni. Gesù ha preso frustate duemila anni fa, ma voi non potete ottenere la guarigione perché non avete rispetto per il popolo di Dio che Egli sta usando oggi. Non rispettate Dio se non rispettate i veri profeti e insegnanti. Che il Signore cambi la vostra mente. Liberatevi della vostra natura critica.

Romani 13:1 Ogni anima sia sottomessa alle potenze superiori. Perché non c'è potere se non da Dio; le potenze che sono ordinate da Dio. 2 Chiunque dunque resiste al potere, resiste all'ordine di Dio; e chi resiste

13 OTTOBRE

riceverà per sé la dannazione. 3 Infatti, i governanti non sono un terrore per le opere buone, ma per quelle malvagie. Non avrai dunque paura del potere? Fai ciò che è buono e ne avrai lode; 4 perché egli è il ministro di Dio per te per il bene. Ma se fai ciò che è male, abbi paura; perché egli non porta la spada invano, perché è il ministro di Dio, un vendicatore che compie l'ira su chi fa il male. 5 Perciò dovete essere sottomessi, non solo per l'ira, ma anche per la coscienza. 6 Per questo motivo pagate anche il tributo, perché essi sono ministri di Dio e si occupano continuamente di questa cosa. 7 Rendete dunque a tutti il loro tributo: tributo a chi è dovuto; consuetudine a chi è consuetudine; timore a chi è timore; onore a chi è onore.

Cerco la persona unta chiamata da Dio. In caso contrario, me ne vado e la lascio subito. Il popolo di Dio si prepara per incontrare Dio e poi per incontrare la Sua creazione. Il Signore era il Dio in carne e ossa e si preparava prima di incontrare la Sua creazione. Una volta che vi lasciate controllare da falsi profeti e insegnanti, essi vi addestreranno a parlare contro il vero profeta. La gente dice che Gesù ha fatto tutto il bene possibile.

Ma i farisei e i sacerdoti dissero: "Quando i farisei lo udirono, dissero: "Questo tale non scaccia i demoni, ma per mezzo di Belzebù, il principe dei demoni"".

Dio ha forse bisogno dell'approvazione di questa autorità religiosa critica e avida? Non hanno mai conosciuto Dio. Hanno fatto della casa di Dio un covo di ladri. Che tristezza! Quando vado all'estero o qui negli Stati Uniti, Dio mi usa con forza e avvengono molte guarigioni e liberazioni, ma chi non conosce Dio diventa geloso. Non capisco perché la gente sia così ammaliata dai falsi insegnanti. Hanno stregato le congregazioni con il loro falso insegnamento. Non ho nulla a che fare con loro. Non voglio essere partecipe del falso insegnamento. Dio, nella sua misericordia, ci ha dato la Parola di Dio e ne ha dato ogni dettaglio. Ma ricordate, ogni parola di Dio ha bisogno di una rivelazione. Io lavoro in tutto il mondo; è facile per un nuovo convertito credere in Gesù. È difficile per un cristiano religioso stregato credere alla verità. Li avverto di allontanarsi dai falsi insegnanti e profeti. Attenzione! Useranno la Bibbia e ne stravolgeranno la parola rappresentandola per adattarla alla loro falsa dottrina. Dottrina significa insegnare, istruire o spiegare. È facile per i nuovi convertiti se provengono da altre religioni, perché non sono fuorviati. Possiamo prepararli a predicare il regno di Dio. Poiché hanno orecchie per ascoltare e occhi per vedere chiaramente. Sono anche benedetti da molti grandi incontri con Dio. Per loro, ogni giorno è un nuovo giorno, un nuovo cammino, una nuova rivelazione. Il Signore si manifesta nella loro vita quando invocano il Suo nome. Per favore, pregate affinché il Signore ci mandi quelli come Mosè, Giosuè, Paolo, Giovanni e molti altri che sono veri. La gente è stanca di andare in chiesa. Molti stanno perdendo le loro congregazioni. La gente perde interesse e fiducia nel Signore. Che il Signore metta l'amore per Gesù, la percezione e il discernimento dello spirito. Ricordate che siamo chiamati ad andare a predicare, non a sederci sui banchi o sulle panche. Il Signore ha rovesciato la tavola ed è uscito dal tempio. Voi siete la Sua chiesa. Per questo vi ha creati.

1 Giovanni 4:1 Amati, non credete a ogni spirito, ma provate gli spiriti se sono da Dio; perché molti falsi profeti sono usciti nel mondo.

La gente genuina accoglieva il popolo unto di Dio. Non c'è bisogno di perdere tempo per un infedele o uno scettico. Per lavorare per Dio, è necessario ascoltare Dio. Io lavoro per Dio. Le persone vengono a chiedere consigli, quindi devo avere una risposta da Dio. Non posso rispondere a ciò che sento. Non sono affari miei, non sono religiosa. Quando profetizzo o parlo di problemi fisici o di liberazione demoniaca, devo prima prepararmi. Non posso incontrare le persone senza prima contattare Dio. La mia vita di preghiera inizia prima delle 4 del mattino. Incontro il Signore. Digiuno, così mortifico completamente la mia carne. Il Signore mi parla con la stessa chiarezza con cui io parlo con voi. Quindi ricordate, il popolo di Dio si è preparato per il servizio della creazione di Dio. È la vita disciplinata, il cammino più stretto con Lui. Il canale di comunicazione deve essere aperto e deve obbedire alla voce di Dio. Amen!

PREGHIAMO

Padre celeste, preghiamo per il popolo fedele di Dio, che viene alla Tua presenza per servire il Tuo regno. Questo è il servizio del regno e non autoservizi. Se hanno te e se lavori con loro, allora sanno come aiutarti. È Dio che raggiunge la creazione attraverso il santo vaso scelto da Dio. Se tutti ci preparassimo, avremmo un mondo perfetto. Ma sappiamo che non è così. Signore, siamo qui per i Tuoi servizi. Dobbiamo prepararci a fare ciò che hai assegnato. Tu hai fatto tutto con tutto il cuore e noi ne testimoniamo il risultato. Se faremo come hai fatto tu, anche noi vedremo il più grande come hai detto tu. Signore, il problema è che siamo occupati e persi nel mondo. Molti sono cinque sciocchi, non si preparano. Allora, Signore, aiutaci a essere cinque saggi, pronti e preparati a incontrarti nel nome di Gesù. Amen! Dio vi benedica!

14 OTTOBRE

AVETE RICEVUTO LO SPIRITO SANTO?

Il Sangue di Gesù ha acquistato la Chiesa del Nuovo Testamento. È potente perché ha la forza dello Spirito di Dio. Lo Spirito Santo è il Dio in noi. Un solo Dio, che è Spirito, viene a noi.

Atti 19:2 Disse loro: "Avete ricevuto lo Spirito Santo da quando avete creduto?". Ed essi gli risposero: "Non abbiamo nemmeno sentito dire se c'è uno Spirito Santo".

La gente non ha sentito e alcuni non hanno ricevuto il dono dello Spirito Santo. È il dono che Dio ha fatto del suo Spirito.

La Bibbia dice in:

Giovanni 7:39 (Ma questo parlò dello Spirito che avrebbero ricevuto coloro che credevano in lui; infatti lo Spirito Santo non era ancora stato dato, perché Gesù non era ancora stato glorificato).

Il potere dello Spirito Santo viene su di noi per permetterci di essere testimoni della nostra città e della fine del mondo. Senza di essa non possiamo essere testimoni di segni e prodigi. Molti parlano del giorno in cui hanno ricevuto il Suo Spirito. La Bibbia non è d'accordo con questa dottrina del demonio. Gesù ha istruito il Suo discepolo e anche il futuro discepolo, come molti altri e me. Solo l'eletto seguirà le istruzioni di Gesù. Egli ha detto di seguire l'insegnamento degli apostoli e dei profeti. Essi hanno gettato le fondamenta.

Atti 2:42a E continuarono a rimanere saldi nella dottrina degli apostoli.

Dobbiamo aprire il libro degli Atti dove troverete la dottrina degli apostoli. Seguite la loro dottrina, che significa insegnare a continuare il libro degli Atti. Chiesa del Nuovo Testamento acquistata con il sangue di Dio. Il Signore ha pagato il prezzo con il Suo sangue. Ora basta battezzare nel nome di Gesù per lavare i peccati. Gesù nasconde il Suo sangue sotto il nome di Gesù.

Atti 20:28b per nutrire la Chiesa di Dio, che egli ha acquistato con il proprio sangue.

Dio ha acquistato il Suo popolo con il sangue di Gesù. Gesù è il Dio dell'Antico Testamento in carne e ossa. Questa Chiesa è abbastanza potente da sconfiggere il diavolo, perché ha la potenza di Dio chiamata Spirito Santo. Gesù disse al Suo discepolo: "Non partire da Gerusalemme finché non avrai ricevuto lo Spirito Santo". Non lavorate senza lo Spirito Santo. Sarete impotenti, non consegnate il Vangelo impotente. Gesù li istruì dopo la risurrezione.

Luca 24:49 Ed ecco, io mando su di voi la promessa del Padre mio; ma restate nella città di Gerusalemme, finché non siate rivestiti di potenza dall'alto.

Dopo la risurrezione, il Signore ricorda loro di nuovo di non andare a pescare, di aspettare, gli manda lo Spirito Santo. Di nuovo, dà loro l'indirizzo dove aspettare.

Atti 1:4 E, riunitosi con loro, ordinò loro di non allontanarsi da Gerusalemme, ma di attendere la promessa del Padre che, dice, avete udito da me.

Lo Spirito Santo sarà un insegnante, una guida e vi darà potere. Lo Spirito Santo permette a Sansone e a Davide di distruggere le tenebre spirituali. Aiuta Daniele a resistere ai problemi. Lo Spirito Santo è il miglior insegnante se viene da voi.

Giovanni 14:26 Ma il Consolatore, che è lo Spirito Santo, che il Padre manderà nel mio nome, egli vi insegnerà ogni cosa e vi farà ricordare tutto ciò che vi ho detto.

Gesù era con loro, poi è venuto in loro. I discepoli seguirono le istruzioni di Gesù. Il giorno di Pentecoste ricevettero lo Spirito Santo.

Atti 2:4 Tutti furono riempiti di Spirito Santo e cominciarono a parlare con altre lingue, come lo Spirito dava loro la parola.

Prima di partire, Gesù ha indicato alcuni segni per riconoscere il Suo discepolo.

Marco 16:17a c E questi segni seguiranno quelli che credono: parleranno con lingue nuove.

Quindi, se vedete che qualcuno non parla in lingua, non è un discepolo. La nuova lingua in greco è la glossa, che è la lingua che parlerete senza studiare all'università. La chiesa di Samaria era nata dall'acqua ma non dallo Spirito. Pietro e Giovanni vennero in Samaria per imporre le mani e ricevere lo Spirito Santo.

Atti 8:15 Il quale, quando furono scesi, pregò per loro, affinché ricevessero lo Spirito Santo; 16 (poiché non era ancora sceso su nessuno di loro; ma essi furono battezzati nel nome del Signore Gesù).

Lo Spirito Santo deve scendere sul Suo popolo, il cui nome è scritto nel libro della vita. Dio li ha scelti prima della fondazione del mondo.

Efesini 1:4a Secondo che egli ci ha scelti in lui prima della fondazione del mondo.

Se Dio non vi ha scelti dalla fondazione del mondo, allora non riceverete lo Spirito Santo. Se non avete lo Spirito Santo dopo il battesimo nel nome di Gesù, allora dovete riceverlo.

Romani 8:9c Ora, se uno non ha lo Spirito di Cristo, non è dei suoi.

1 Tessalonicesi 1:5a: "Il nostro vangelo, infatti, non vi è giunto solo in parole, ma anche in potenza e nello Spirito Santo.

Ricevere lo Spirito Santo è un'esperienza meravigliosa. Si perde il controllo di se stessi e Dio prende il controllo. La lingua è il membro indisciplinato e Dio se ne impossessa. Ho ricevuto lo Spirito Santo e non sono in grado di spiegare questa meravigliosa esperienza. Cercate lo Spirito di Dio, allora direte: "Wow! Ora capisco perché il diavolo dice che lo avete, anche se non lo avete". Il diavolo ha costruito la maggior parte

14 OTTOBRE

delle organizzazioni religiose sulla falsa dottrina. Hanno interrotto il libro degli Atti perché hanno rifiutato che Dio venisse a darvi la potenza. Come siete? A collo duro, Anticristo? Impotenti? Ho sentito e visto persone ricevere il Battesimo di Spirito Santo. Gli stranieri sono testimoni perché capiscono la lingua. Proprio come nel giorno di Pentecoste. Molti ebrei di nazionalità ebraica capivano, ma non quelli che parlavano.

1 Corinzi 14:21 Nella legge è scritto: "Con uomini di altre lingue e altre labbra parlerò a questo popolo; eppure per tutto questo non mi ascolteranno, dice il Signore". 22a Perciò le lingue sono un segno non per quelli che credono, ma per quelli che non credono.

Perché le persone rifiutano lo Spirito Santo? Abbiamo sempre rifiutato Dio in ogni dispensazione. Alla fine, la situazione è la stessa. Non vogliamo lo Spirito Santo nel modo in cui la Bibbia vuole che lo riceviamo. La mentalità è che vogliamo fare a modo nostro, non a modo di Dio.

Atti 10:44 Mentre Pietro pronunciava queste parole, lo Spirito Santo scese su tutti quelli che ascoltavano la parola. 46a Infatti li udirono parlare con le lingue e magnificare Dio.

Quindi Pietro sapeva come le persone ricevono il battesimo con lo Spirito Santo. Alcune colleghe sono venute a casa mia e mentre pregavo su una di loro e sulla sua figlioletta, entrambe hanno ricevuto lo Spirito Santo e hanno parlato in lingue. La domenica successiva, hanno portato l'altra figlia piccola e lei ha ricevuto lo Spirito Santo. Andò a scuola e lo Spirito Santo prese il sopravvento e iniziò a parlare in lingue. Ha detto a sua madre: "Mamma, lo Spirito Santo è venuto a me nella mia classe. Parlavo in lingue". Molte persone hanno ricevuto lo Spirito Santo nella mia casa. Siate come un bambino. Poi sono stati tutti battezzati nel nome di Gesù.

Isaia 28:9 A chi insegnerà la conoscenza e a chi farà capire la dottrina? A quelli che sono stati svezzati dal latte e allontanati dalle mammelle.

PREGHIAMO

Signore, ti ringraziamo per lo Spirito Santo. È il dono più grande quando viene dentro di noi. Lo Spirito Santo è intorno a noi, poiché il Tuo spirito riempie il cielo e la terra. Viene dentro di noi quando riceviamo il dono. Ci dà forza. Grazie, hai detto che non ci lascerai senza conforto, verrai da noi. Grazie a coloro che ti permettono di abitare in loro. Sei un Dio gentile che bussa alla porta del cuore. Se ti apriamo, tu verrai. Che oggi ogni cuore si apra a ricevere lo Spirito Santo con la prova di parlare una lingua sconosciuta. Non comprendiamo questa lingua, ma aiutaci a pregare o a intercedere in questa lingua. Ti ringrazio per avermi riempito con il Tuo Spirito. Riempi coloro che desiderano, cercano, e chiedere nel nome di Gesù! Amen! Dio vi benedica!

15 OTTOBRE

L'ACCUSA E L'INSINUAZIONE SONO LE VECCHIE TATTICHE DEL DIAVOLO!

Il diavolo, chiamato bugiardo, ha la stessa vecchia tattica per trovare qualcosa da mentire contro i giusti. È sempre la stessa. Ovunque si vada, il diavolo usa il suo gruppo facendo credere loro di aver ottenuto tutto. Davvero? Fa promesse vuote e cerca di minacciare le persone. Il diavolo, Satana, è un perdente. La buona notizia è che non vincerà mai. Ma cerca di rendere miserabile la vita di tutti i giusti. Non funzionerà per chi conosce il Signore.

Se conoscete la Parola, se conoscete Dio e la verità, rovescerete le accuse del diavolo in benedizioni e lodi. Una volta riconosciuta la via d'uscita da tutte le trame di Satana, sarete entusiasti.

Molti conoscono la via d'uscita, ma altri no Conoscere e obbedire sono due scenari diversi. Non conosciamo il Risultato finale, ma se conosciamo il Signore, possiamo almeno avere sollievo e fiducia mentre attraversiamo la prova.

Molte sono le afflizioni dei giusti. Non alcune o poche, ma molte. Non ne conosciamo il numero, visto che si parla di molti.

Salmo 34:19 Molte sono le afflizioni del giusto, ma il Signore lo libera da tutte. 20 Egli conserva tutte le sue ossa: non una di esse si spezza.

La Bibbia conforta i suoi figli:

Salmo 94:13 affinché tu gli dia riposo dai giorni dell'avversità, finché non si scavi la fossa per l'empio.

Al lavoro, un amico cristiano mi ha chiesto perché il male non ha problemi, ma i cristiani ne hanno molti. Il Signore ci promette, nella Scrittura sopra riportata, che sta scavando per le loro improvvise calamità. Fanno qualsiasi cosa e hanno ancora successo, ma un giorno se ne andranno.

Durante le nostre numerose prove, dobbiamo trovare la pace facendo la cosa giusta davanti a Dio.

Isaia 32:17 L'opera della giustizia sarà la pace e l'effetto della giustizia la tranquillità e la sicurezza per sempre.

15 OTTOBRE

La gioia del Signore sarà la vostra forza.

Quando imparerete qual è il vostro ruolo nel Signore, allora il nemico sarà come un cane che abbaia, un'acqua bassa che fa molto rumore. E i giusti sono come l'acqua d'acciaio che scorre in profondità.

Come il diavolo cresce come l'erba, ma viene presto tagliato.

Salmo 37:1 Non ti affliggere a causa dei malfattori e non essere invidioso contro gli operatori di iniquità. 2 Perché presto saranno tagliati come l'erba e appassiranno come l'erba verde.

È vero, non vivono metà della loro vita. Andate a vedere nel cimitero a che età muoiono. Muoiono presto. Il diavolo si serve di persone malvagie e non ha il potere di liberarle dal Signore. Dio è potente e il diavolo è un perdente.

L'accusatore Satana osserva ogni momento dei vostri progressi.

Salmi 37:32 L'empio osserva il giusto e cerca di ucciderlo. 35 Ho visto l'empio in grande potenza, che si espandeva come un alloro verde.

Giobbe ne è il miglior esempio. Era l'uomo giusto accusato dal diavolo, ma la fine è stata lode e benedizione. Il doppio per il disturbo. Innumerevoli benedizioni affluirono nel suo petto. Ricordate, la benedizione viene dal Signore e può arrivare solo se si osservano le leggi, i comandamenti e i precetti del Signore.

Mia madre lavorava in ospedale come infermiera. Quando l'ospedale si è ingrandito, l'hanno segnalata alla nuova direzione come una donna retta e sincera. Ho assistito all'intero processo di mia madre, che è rimasta in piedi come un albero piantato lungo il fiume. La mamma non ha mai perso la battaglia. Era una potente guerriera della preghiera e conservava la parola nel suo cuore. Una donna di fede.

Salmo 37:39 Ma la salvezza dei giusti è del Signore; egli è la loro forza nel tempo della difficoltà. 40 Il Signore li aiuterà e li libererà; li libererà dai malvagi e li salverà perché confidano in lui.

Molte volte sentiamo perché questi malvagi spadroneggiano, lanciano accuse e denunce contro i giusti e a loro non succede nulla. Aspettate, fidatevi del Signore. Il diavolo è un bugiardo. Il nemico sarà sconfitto.

Proverbio 2:22 Ma i malvagi saranno eliminati dalla terra e i trasgressori saranno sradicati da essa.

Pensate a Gesù, cosa gli è successo? Ha detto: "Sono venuto dai miei e i miei mi hanno crocifisso". Il responsabile della sua opera si è sbarazzato di Gesù.

Gesù ha trionfato sul diavolo pagando il sangue per noi. Il diavolo lo ha solo aiutato a realizzare il piano di Dio. Senza il diavolo e le sue accuse, non sarete benedetti. Non avrete la vittoria se non avete un avversario. Non vedrete mai il compimento delle promesse di Dio se non vedrete la tattica di Satana contro di voi.

Giuseppe, Davide, Daniele e molti altri sono stati promossi mentre attraversavano l'angoscia, scappavano dalla spada, dal nemico, ma conoscevano la via d'uscita. Ci voleva coraggio per sostenere la verità e una fede incrollabile. Sappiamo tutti che il diavolo ha, ma per poco tempo, un leone ruggente.

Apocalisse 12:12 Rallegratevi dunque, voi dei cieli e voi che abitate in essi. Guai agli abitanti della terra e del mare, perché il diavolo è sceso su di voi con grande ira, perché sa di avere poco tempo a disposizione.

Indossate tutta l'armatura di Dio, la corazza della giustizia, cingete i lombi con la verità, l'elmo della salvezza della speranza, prendete anche lo scudo della fede e andate avanti con i calzari predicando il vangelo della pace.

Agitare la Parola come una spada, sapendo che è appropriato.

Che il Signore ci dia la fede e la fiducia per spegnere il dardo infuocato. Molti vengono meno a se stessi, si stancano e si lamentano. Mi sono ricordata di una brava signora cristiana che non voleva leggere la Bibbia e pregare. La sua battaglia le procurò un forte trauma emotivo. Aveva perso la fede. Ecco perché Gesù ha detto di pregare, di indugiare un'ora. Quando la battaglia arriva al punto in cui ci si sente perdenti, è il momento in cui si sta vincendo se la fede non viene meno.

Il diavolo fa sempre molto rumore; non sa fare di meglio. La sua tattica ha bisogno del contrattacco di Dio.

Osea 4:6a Il mio popolo è distrutto per mancanza di conoscenza:

Ottenete la conoscenza di Dio e vedetevi conferire diritti, autorità e potere. Imparate a sconfiggere il diavolo, proprio come fece Gesù quando Satana si mise contro di Lui. Imparate e utilizzate ciò che il Signore ha scritto nella Parola di Dio. Potete uscire dalle accuse e dalle denunce di Satana molto ricchi e con successo con tutte le lodi se sapete come e cosa fare.

Molti hanno preso il posto dei loro nemici. Davide sostituì il Re Saul e Samuele sostituì Eli. È il gioco di Satana e se conoscete la condizione, il comandamento di Dio, sarete al di sopra, al primo posto, alla testa e altamente favoriti. Gli Angeli vi serviranno come hanno fatto con Gesù. Otterrete la siepe di protezione. È una battaglia spirituale che non si combatte con i pugni, ma con la Parola di Dio. Amen.

PREGHIAMO

Signore, quando il nemico arriva come un diluvio, Signore, alza il Tuo vessillo. Ci hai promesso che l'acqua non ci sommergerà, il fuoco non ci brucerà.

Serviamo il Dio che ha potere sul fuoco, sul leone, sull'acqua, sulle armi di Satana e sulla vista spaventosa. Con il Signore, tutto è possibile. Dio ti ha dato ogni potere in cielo, in terra e sotto terra. Ha assicurato la nostra anima in te; ci hai scolpito sul Tuo palmo e nessuno può toglierci. Abbiamo una sicurezza eterna al cento per cento, perciò il Signore ha pietà di noi. Il Dio d'Israele non dorme e non riposa mai. Non sarà mai senza fonti e risorse. Noi serviamo il Dio custode del convento. La Sua parola è buona, perciò ti ringraziamo per averci tenuto sotto le Tue ali. Il Tuo nome è una torre forte che ripone la sua fiducia in te. Ti ringraziamo perché ci aiuti contro le tattiche e le accuse del diavolo, nel nome di Gesù! Amen! Dio vi benedica!

16 OTTOBRE

MISTERO DI CRISTO!

Mistero significa enigma, indovinello, segreto o qualcosa che un essere umano non può spiegare o comprendere. Mistero significa cose nascoste o segrete, non ovvie per la comprensione. La Bibbia è la parola scritta di Dio. Dio ha parlato e circa quaranta persone, in epoche diverse e in luoghi diversi, l'hanno dettata. Ci sono voluti 1600 anni per completare la Parola di Dio. Ora abbiamo una Bibbia completa. La Bibbia ha sessantasei libri. Ma il Nuovo Testamento parlava di Gesù. Nell'Antico Testamento non si parlava di gentili come partecipi di Geova Dio, tranne che per il discendente del figlio promesso di Abramo.

Dio è un mistero nel Nuovo Testamento da quando Gesù Cristo è venuto nella carne. Se conoscete la risposta a questo enigma o puzzle, allora la maestria è rivelata. Solo lo Spirito di Dio può rivelare il mistero. Dio lo ha rivelato per primo a Pietro. È per questo che la prima Chiesa, che è il vostro corpo, è stata iniziata da Lui. Pietro aveva la chiave per aprire il regno dei cieli. Il regno dei cieli può essere aperto solo se si conosce il mistero di Cristo, cioè Dio Geova in carne e ossa come Gesù. Altrimenti, non siete chiamati, ma vi siete chiamati da soli. La seconda fu a Paolo, che il Signore incontrò sulla via di Damasco, e risolse il problema della chiesa (noi siamo la chiesa). Una volta conosciuto il mistero di Cristo, ebrei e gentili non avranno più problemi.

Colossesi 1:26 Il mistero che è stato nascosto da secoli e da generazioni, ma che ora è stato manifestato ai suoi santi: 27 ai quali Dio ha voluto far conoscere le ricchezze della gloria di questo mistero tra le genti, che è Cristo in voi, speranza di gloria.

Cristo ci ha dato speranza dandoci accesso al sangue battezzandoci per lavare i nostri peccati se usiamo il Suo nome, Gesù Cristo. Le persone non useranno il nome di Gesù Cristo se non comprendono il mistero di Gesù Cristo. Chi è Gesù Cristo? In passato, Geova aveva molti nomi per agire e compiere l'opera. Geova diceva: "Sono così e così". Poi hanno dato dieci nomi potenti all'unico vero Dio Geova. Un vero Dio ha più di settantadue nomi. Ma la maestria è nel nome di Gesù, il nome più alto, il nome sopra ogni nome di Geova. Geova ha indossato la carne e ha dato il sangue per la Sua creazione e ha risolto il problema dei peccati. Il sangue ha vita, ed Egli ha dato la vita versando il Suo sangue.

1 Timoteo 3:16a E senza alcuna controversia è grande il mistero della pietà: Dio si è manifestato nella carne.

Al diavolo non è piaciuto che "Dio si sia manifestato nella carne", così ha cambiato "egli" al posto di "Dio". Ora cercherete di conoscere o di capire l'unicità, ma il gioco sporco del diavolo non ve lo permetterà. Il diavolo ha cambiato la Bibbia, non potete quindi risolvere il puzzle o l'enigma di Gesù Cristo. Gesù Cristo ha detto: "Chi ha visto me, ha visto il Padre". Gesù camminava come Dio in carne e ossa. Chiese a tutti i discepoli, solo Pietro conosceva la maestria.

Matteo 16:17 E Gesù, rispondendo, gli disse: "Beato te, Simone Barjona, perché non te l'ha rivelato la carne e il sangue, ma il Padre mio che è nei cieli".

Il Padre è spirito, quindi può rivelare, ma la Sua parte di spirito messa in carne è Gesù Cristo. Non può essere rivelato. Paolo ha ucciso molti. Oggi molti cristiani vengono uccisi in tutto il mondo. Perché? Perché un assassino non conosce il mistero di Cristo. Quando lo saprà, risolverà il problema. Ci vuole lo Spirito per rivelarlo. Ho spiegato il mistero di Cristo a una famiglia che è stata battezzata nel nome di Gesù.

Da quando mi sono trasferito negli Stati Uniti, non ho mai avuto a che fare con la Bibbia Gujarati. Ma una sera le persone a cui stavo mostrando le Scritture in inglese hanno scoperto che c'era un versetto mancante nella Bibbia Gujarati. Non potevo credere all'opera malvagia del diavolo. Queste persone non risolveranno il mistero. La Parola di Dio è Spirito, poiché Dio Spirito l'ha scritta.

1 Giovanni 5:7 Poiché tre sono i registri nei cieli: il Padre, la Parola e lo Spirito Santo; e questi tre sono una cosa sola.

Questo versetto non era presente nella Bibbia Gujarati e in seguito ho scoperto che non è presente nella maggior parte delle Bibbie, tranne la KJV. Quindi come potrà questa persona ottenere la rivelazione mentre insegna? Che il Signore punisca il diavolo. Non sono una partecipante di questa falsa trascrizione della Bibbia. In seguito, in ogni studio biblico, ho chiesto di aprire la loro Bibbia, in modo da mostrare loro che il diavolo ha cambiato la loro Bibbia. E loro erano d'accordo, sì, dobbiamo sbarazzarci di questa copia corrotta della Bibbia versione del diavolo. Dio ha usato una Scrittura per rivelarmi il mistero della verità. Non potevo aspettare, perché Dio non me lo aveva rivelato. Fui battezzata nel Nome di Gesù Cristo ed ebbi la più potente esperienza di perdono dei peccati, ma non vidi mai Gesù come Dio di Geova. Una volta, durante uno studio biblico, mi è stato rivelato. Quel giorno, l'enigma di Gesù Cristo era completamente finito. Non solo Paolo, ma molti hanno lo stesso problema ad accettare Gesù come salvatore di Geova leggendo le Scritture corrotte. Inoltre, imparano dai falsi insegnanti e profeti che non hanno alcuna rivelazione della maestria di Cristo.

La mia rivelazione è venuta da:

Isaia 43:10 Voi siete i miei testimoni, dice il Signore, e il mio servo che ho scelto, affinché mi conosciate e crediate, e comprendiate che io sono lui: prima di me non è stato formato alcun Dio, né ve ne sarà dopo di me.11 Io, proprio io, sono il Signore; e all'infuori di me non c'è salvatore.

La condizione è che se amate di più Dio, allora la denominazione indottrinata dal diavolo vi rivelerà. Lo spirito di Dio può rivelare il mistero. Vi preoccupate della vostra anima? Avete a cuore l'anima degli altri? Falsi insegnanti, pastori e denominazioni stanno mandando molti all'inferno. Perché? Se non avete rivelazioni del mistero di Gesù Cristo, allora non conoscerete la verità di Cristo. Come potete voi o chiunque altro battezzare nel nome di Gesù se lo Spirito di Dio non lo rivela?

Efesini 3:1 Per questo motivo io Paolo, prigioniero di Gesù Cristo per voi gentili, 2 se avete sentito parlare della dispensazione della grazia di Dio che mi è stata data a voi, 3 come per rivelazione mi ha fatto conoscere il mistero; (come ho già scritto in poche parole, 4 per cui, quando leggerete, potrete comprendere la mia conoscenza del mistero di Cristo) 5 che in altri tempi non era stato reso noto ai figli degli uomini, come ora è stato rivelato ai suoi santi apostoli e profeti per mezzo dello Spirito; 6 affinché i Gentili fossero concittadini, appartenenti allo stesso corpo e partecipi della sua promessa in Cristo per mezzo del Vangelo:

Che il Signore vi dia oggi una rivelazione di Gesù Cristo.

Paolo disse:

Colossesi 2, 8 Guardatevi dal guastarvi con la filosofia e con vani inganni, secondo la tradizione degli uomini, secondo i rudimenti del mondo, e non secondo Cristo. 9 In lui, infatti, abita tutta la pienezza della Divinità corporalmente. 10 E voi siete completi in lui, che è il capo di ogni principato e potenza:

Grazie, Signore, per aver rivelato il più grande Mistero di Gesù Cristo: Dio camminava sulla terra per versare il Suo sangue e dare un esempio. Ha acquistato l'anima dell'obbedienza attraverso il Suo sangue. Io sono uno di loro. Lode a Dio!

PREGHIAMO

Signore, grazie per aver rivelato il mistero a coloro che ti amano. Non è un mistero se permettiamo allo Spirito di Dio di rivelarlo. Che gioia sapere che è il tesoro nascosto di Cristo. Lo portiamo in un vaso di terra. Che il Signore salvi molti lavando i loro peccati nel nome di Gesù, dove il sangue è nascosto. Grazie di essere il nostro agnello. Grazie per aver tolto i peccati del mondo versando il Tuo sangue. Non c'è perdono senza versare il sangue, e tu l'hai fatto per la Tua sposa. È la misericordia di Dio, perché molti hanno scelto la via stretta. Continuiamo il libro degli Atti. Gli atti di un miracolo, di un segno, di un prodigio, di una guarigione continueranno da parte di colui con il quale il mistero che Dio ha rivelato nel nome di Gesù! Amen! Dio vi benedica!

17 OTTOBRE

DIO È PREOCCUPATO

PER CIÒ CHE VI RIGUARDA!

Se voi o noi ci rivolgiamo a Dio per questioni, domande, problemi e situazioni, il Signore se ne occuperà. Il mio Signore risolve tutto ciò che vi preoccupa e vi riguarda. È proprio quello che dovete portare al Signore. Egli è qualificato per tutto ciò che è impossibile. Il Signore ha detto che nulla è impossibile per Lui. Ma quando vedete la vostra casa, le famiglie intorno a voi e la situazione in una città-stato, in un Paese o nel mondo, siete preoccupati? Il vostro cuore si fa pesante? Piangete per qualcuno che è scomparso, per un bambino malato? Siete preoccupati per la situazione che altri stanno vivendo in altri paesi?

Molto riguarda solo ciò che li tocca. Ho sentito e visto l'atteggiamento delle persone che dicono: "non è un mio problema". Che ne dite se diventa vostro quando lo vedete?

Il Signore in cielo ha detto: "Ama gli altri come te stesso". Amare gli altri, come? Ho visto molti membri della famiglia lavorare l'uno contro l'altro. Soprattutto quando ci sono familiari gelosi o persone che vengono dal matrimonio. Che tristezza! È il grande serpente con cui si vive. Anche le persone che conoscete non desiderano il vostro bene. Ho visto, e ancora non ci credo, ma non ho scelta. Alcuni miei amici si sono comportati in modo strano e si sono arrabbiati con me. Sono rimasta scioccata e sorpresa. Ero preoccupata, così ho chiesto a Dio. Mi ha mostrato che sono molto gelosi, invidiosi e orgogliosi. Questo tipo di persona odia quando si va più in alto. Quindi fate attenzione quando condividete le cose. Se si tratta di fratelli, sorelle, amici, vicini di casa o di persone che si sono sposate, pregate per autoproteggervi e pregate per loro. Aiutate, ma teneteli a distanza. Non ci credereste, ma dovete farlo. Tutto ciò che fate è buono per loro, poiché voi siete buoni, ma tutto ciò che ricambieranno sarà sciocatto o sorpreso. Che il Signore vi aiuti a credere a come il Signore vede. Il Signore vede il cuore ed esattamente ciò che sono e non ciò che pensate e credete essi siano.

La nostra preoccupazione deve essere in accordo con il Signore. Noi possiamo avere un'illusione, ma il Signore ha i fatti. Preoccupatevi di tutti coloro che sono cattivi, malvagi, perfidi, perduti e indegni. È la vostra preoccupazione per l'anima, le situazioni e le preoccupazioni che diventeranno di Dio.

È il momento in cui dobbiamo alzarci, pregare e imparare a tornare alle origini. Andare in chiesa non cambierà mai la situazione, ma andare da Dio sì. Andare a Dio è una cosa dimenticata. Avevamo un altare di famiglia, ho visto mia madre pregare, ho visto mio padre inginocchiarsi e pregare. Alcuni dei membri della famiglia pregavano da soli. Io ho sempre pregato. Mi piaceva farlo. Uno dei miei compagni di università, che era indù, ha detto: "Ho letto il numero della tua data di nascita". Le persone sono molto religiose. Mi ha detto: "Mentre leggevo questo articolo pensavo a te. Tu sei esattamente quello che dice il tuo numero". Noi cristiani non ci crediamo. Ha detto che non si tratta di un oroscopo. È la natura delle persone nate in certe date dai tedeschi. Io continuo a non crederci. Il Signore Gesù può cambiarci se ci pentiamo, ci battezziamo nel nome di Gesù e ci riempiamo del Suo Spirito.

Credo che Dio dia il fardello all'anima se lo chiediamo. Dio darà un fardello alle nazioni e ai popoli. La mia preoccupazione è per i bambini di tutto il mondo. Prego ogni giorno. Ho tagliato tutte le foto dei bambini scomparsi e ho pregato per la loro protezione. Dobbiamo dare ai nostri figli dei compiti per pregare per qualcosa. È nostro compito insegnare loro a connettersi con Dio piuttosto che con i giochi e Internet. Li stiamo perdendo nel mondo. Alcuni li hanno persi per sempre. Non sanno dove sono. Quando stanno attraversando qualcosa, cercano la pistola piuttosto che Dio. Quando hanno un problema, si tolgono la vita piuttosto che prenderla in ginocchio. Vedete cosa abbiamo allevato. Abbiamo deriso i nostri genitori. Pensiamo che sia all'antica. Ma io preferisco vedere i miei genitori che pregano piuttosto che stare seduti al bar a farsi le unghie, i capelli o a vedere un film. Questi genitori all'antica hanno mantenuto le nazioni, le persone e le famiglie al sicuro, sane e salve.

Il Signore è venuto perché era preoccupato per la Sua creazione, confusa, impigliata nella trappola della malattia, oppressa dal diavolo e con il cuore spezzato. La Sua preoccupazione ha fatto scendere il Dio dell'universo, che ha creato il cielo e la terra, per risolvere i problemi. Ha dato lo Spirito Santo, in modo che noi avessimo il potere di fare lo stesso. Il Signore dei cieli ha lavorato tanto.

Marco 3:20 E la folla si riunì di nuovo, tanto che non riuscivano nemmeno a mangiare il pane.

Marco 6:31 Poi disse loro: "Venite in disparte in un luogo deserto e riposatevi un po', perché c'erano molti che andavano e venivano e non avevano tempo per mangiare".

Dobbiamo preoccuparci di quali crisi stiamo affrontando come nazioni intere, come famiglie. Dobbiamo trovare un luogo solitario, inginocchiarci e pregare.

Preoccupatevi e portate la questione al Signore. Ho sempre sogni e visioni e sento la voce udibile del Signore. Per molto tempo ho condiviso o iniziato a intercedere e ho digiunato se era necessario. Il digiuno settimanale e il lungo digiuno mensile sono il nostro stile di vita. Ma se dobbiamo fare un passo in più, lo facciamo.

Luca 5:16 Poi si ritirò nel deserto e pregò.

Marco 1:35 La mattina, alzatosi molto prima del giorno, uscì, si ritirò in un luogo solitario e lì pregò.

Luca 6:12 In quei giorni si recò su un monte a pregare e continuò tutta la notte a pregare Dio.

Il Signore era preoccupato per tutto ciò che stava accadendo. Egli era nella carne e tutta la carne deve venire a Dio. Gesù era nella carne e ha fatto tutto ciò che la carne deve fare.

Salmo 65:2 O tu che ascolti la preghiera, a te verrà ogni carne.

Noi siamo nella carne e la carne ha la limitazione che esattamente ciò che il Signore Gesù, il Dio che si è manifestato nella carne, stava insegnando e dando a noi un esempio. Anche il Signore Gesù ha dato un esempio.

1 Pietro 2:21 A questo siete stati chiamati, perché anche Cristo ha sofferto per noi, lasciandoci un esempio, affinché seguiate i suoi passi: 22 egli non ha commesso peccato, né è stata trovata malizia nella sua bocca.

Che il Signore ci aiuti a eliminare tutti gli affari, a perdere tempo e a seguire false chiese, organizzazioni, pastori, insegnanti e autorità.

Gesù ha detto di seguirLo, di portare la croce, il rifiuto e la sofferenza che vengono quando si segue Gesù. Che il Signore vi faccia preoccupare per coloro che sono indifesi, feriti e hanno bisogno dell'aiuto del cielo. La nostra preoccupazione farà preoccupare Dio. Se invocherete Dio, Egli vi risponderà con il fuoco. Si può rispondere con la forza o con il fuoco. Preoccupatevi e il Signore farà l'impossibile, acqua nel deserto, nel nome di Gesù. Amen.

PREGHIAMO

Padre celeste, veniamo al Tuo altare, sapendo che sei tu e che il nostro Dio ci ha indirizzato. È la via, la verità e la vita attraverso Gesù e nessun altro. modo. Vediamo che molti cosiddetti dei e dee hanno mostrato un modo diverso. È la preoccupazione che abbiamo per i peccati e le maledizioni del passato, per il presente e per il futuro. Abbiamo sicurezza nel sangue dell'Agnello Gesù. Il sangue di Gesù parla meglio del sangue di Abele. Il sangue di Abele gridava dalla terra, perché il sangue non muore mai. Il sangue ha vita. Oggi stiamo coprendo i nostri peccati con il sangue di Gesù. Ascolta ciò che chiediamo, bussiamo e cerchiamo. Fa' che il Tuo sangue lavi non solo i nostri peccati, ma anche quelli di chiunque invochiamo. Il Padre celeste ci dà il peso, la preoccupazione e il desiderio per tutto ciò che riguarda voi e noi. La vostra preoccupazione diventa la nostra. Desideriamo la vita di Gesù, affinché il mondo sia un luogo piacevole, sicuro e bello in cui vivere. I bambini possono muoversi sani e salvi. La nostra sicurezza è in te, Signore. La nostra siepe di protezione viene dal cielo mentre ci inginocchiamo e portiamo a te. Nel nome di Gesù. Amen! Dio vi benedica!

18 OTTOBRE

LA MENTE È UN LABORATORIO DEL DIAVOLO. DIO LAVORA CON IL CUORE!

La fede inizia nel cuore. Se leggete e vivete secondo la Parola di Dio, la vostra vita corrisponderà al piano del progettista. Dio è il progettista della nostra vita. L'unico vero Dio, Gesù Cristo, ci ha creati. Egli ha anche dato una prescrizione della Sua Parola su come vivere in modo santo, giusto e vero. Se vivete secondo la Parola di Dio, allora sarete come:

1 Pietro 2:9 Ma voi siete una generazione eletta, un sacerdozio regale, una nazione santa, un popolo peculiare, per far risplendere le lodi di colui che vi ha chiamati dalle tenebre alla sua meravigliosa luce.

Dio conosce il nostro essere e ha dato le istruzioni per essere persone di successo, feconde e sante solo per Lui. Custodiamo la Parola di Dio nel nostro cuore, poiché esso è l'origine della vita.

Salmo 119:11 La tua parola l'ho nascosta nel mio cuore, per non peccare contro di te.

Conserviamo la legge di Dio nel nostro cuore.

Salmi 37:31 La legge del suo Dio è nel suo cuore; nessuno dei suoi passi scivolerà.

Fate un passo avanti osservando le Sue leggi. I veri insegnanti e i veri profeti si attengono alla Parola di Dio. La nazione di queste persone griderà alla vittoria. Se la nazione ha la Legge di Dio, insegnata fin dall'infanzia, allora quelle nazioni produrranno persone come Daniele, Giuseppe, Mosè e molti giusti. Il Signore dà una promozione. Dio dà conoscenza a coloro che camminano sulla via delle Sue leggi. La legge non si legge sulle labbra, ma si segue con il cuore.

Proverbio 4:20 Figlio mio, ascolta le mie parole, tendi l'orecchio ai miei discorsi. 21 Non allontanarle dai tuoi occhi, conservale in mezzo al tuo cuore. 22 Perché sono vita per chi le trova e salute per tutta la sua carne. 23 Custodisci il tuo cuore con ogni diligenza, perché da esso escono i prodotti della vita.

È il vostro cuore a decidere la vostra materia. La vita non è quella che si vanta o parla di grandi questioni. La vita si nasconde nel cuore. La Bibbia ci avverte che il cuore è ingannevole. Inoltre, avverte che il cuore è sconosciuto alla persona. Se vi prendete del tempo, piantate parole e pregate su questo seme, esso fiorirà. Nessuno può prevedere se non il cuore nascosto, che solo Dio conosce. Signore, guarda il Tuo cuore. Se vede un cuore buono e pulito, allora lo userà. Molti sono entusiasti e farebbero di tutto per salire. Corromperanno, mentiranno, imbroglieranno e scenderanno a compromessi con la Parola di Dio. Il Re Saul era uno di loro. Essendo stato respinto, cercò di arrivare fino a distruggere il Davide che il Signore aveva eletto. Entrambi avevano un gioco: uno cercava di salire su una scala, l'altro cercava solo di fare ciò che piace al Signore. A prescindere da tutto, chi piace a Dio dimostra di conoscere Dio. Non dovete uccidere vostra sorella o vostro fratello o chiunque sia migliore di voi. Se il Signore accetta la persona, allora cambiate strada e fate la cosa giusta perché Dio vi accetti.

Prima Dio, poi la tua passione! Molti hanno indossato la falsa veste della religione per andare più in alto. Vogliono promuovere se stessi compiacendo le persone, le autorità e il potere. L'ambizione religiosa fa di tutto per avere lodi, potere e posizione. Che il Signore aiuti questi opportunisti in cerca di se stessi. Quando salgono in alto, scivolano indietro più velocemente. Il diavolo lavora sulla nostra mente. Quando ero più giovane, non potevamo leggere riviste, romanzi, non c'erano film e non c'era la televisione, quindi era un vantaggio per noi. Vediamo il principe dell'aria entrare dalla porta di servizio. Nei tempi antichi, la gente non andava mai al cinema. Pregavano, si rinvigorivano sempre, leggevano la Bibbia e vivevano una vita santa. Nei tempi antichi, il principe dell'aria, la televisione, il cinema, gli spettacoli, la musica e l'elemento distruttivo non influenzavano la società. La chiesa che frequentavo negli anni Ottanta ci insegnava a non guardare la TV. Questo teneva la spazzatura lontana dalle nostre menti. Non c'era la TV in India quando sono partita per gli Stati Uniti nel 1980. Lode a Dio! Sono grata per questo. Il peccato sta infettando la nostra società, la nostra famiglia e il nostro Paese con la televisione. La carne gode della spazzatura trasmessa dai media. Il diavolo perverso ha iniziato a vivere in chiesa un po' meglio di Hollywood. È la mentalità che ci accetta così come siamo. Cambiare la Bibbia, perché abbiamo la mente impostata come Eva. Vogliamo provare se è bello, se ha un buon sapore, se ci dà il controllo totale, questo si chiama orgoglio della vita. In questo momento e a questa età, non dicono la verità. Nella nostra mente vengono già elaborati dati sbagliati e la mente si corrompe. Se avete messo tutta la spazzatura nella vostra mente, il prodotto sarà quello che vedete oggi. È il prodotto di Satana, di persone sregolate, altezzose, che rompono la tregua, senza legge, empie, adultere e assetate di potere. Satana è il primo violatore dell'alleanza. Ora il suo programma è di rendere tutti simili a lui. Ha molti produttori, registi, star, cantanti, musicisti, cineasti, e chi più ne ha più ne metta, che lavorano per la trascrizione di sostanze che alterano la mente. Se vi piace che questo prodotto diabolico, nocivo per la mente e distruttivo per la vita, infetti la vostra mente, allora non aspettatevi mai una casa, una società e un Paese puliti. Serve un comitato di censura spazzino e riformatore che metta un freno, blocchi, chiuda o boicotti il prodotto. Continuate a insegnare e a limitare il male nella vita dei bambini. La nostra società non può contare solo sui genitori, poiché l'influenza viene dal principe dell'aria. Lavora continuamente sulla mente. Quanto è difficile riportarli indietro, a meno che non si entri nella Parola di Dio.

I veri profeti e maestri vi hanno insegnato e formato, quindi la società ha speranza. La vita ha molte influenze, ma se avete un cuore pieno della Parola di Dio, avete meno possibilità di essere rovinati. La vita è breve, quindi smettete di guardare le vetrine con una manica di diavoli. Il diavolo ha molti venditori di miele che sanno come colpirvi. Che il Signore ci dia la saggezza e la conoscenza per aggrapparci alla Parola di Dio. La TV, un principe della mente micidiale, ha cambiato il mondo. Può essere lo strumento migliore se Dio lo usa. Ma il diavolo la usa per distruggere le nostre menti. Al giorno d'oggi, non c'è differenza tra gli spettacoli notturni e quelli diurni. I media insegnano a rubare, a derubare, a fare stregonerie, a fare incantesimi e a nominarli. La società aveva molti problemi in passato, ma la pornografia ha reso i bambini insicuri nella loro stessa famiglia. Come? Mettendo in mente l'idea di Satana. Non riempite la vostra mente di spazzatura che infetta la carne del nemico. Iniettarle una serie di pensieri corrotti rende la vita incontrollabile. Smettete di guardare programmi sporchi che contaminano la mente e distruggono la vita e iniziate a leggere la Bibbia. Farà bene al vostro spirito, alla vostra salute e alla vostra anima. Che il Signore ci aiuti ad amare noi stessi. Solo voi potete mettere al sicuro la vostra anima. Avete il potere di mettere fine al diavolo e di essere la porta del Signore. Amen!

18 OTTOBRE

PREGHIAMO

Signore, aiutateci a fare le scelte giuste, visto che viviamo in un mondo avanzato. Non abbiamo solo la TV, ma il mondo è nelle nostre mani. Aiutaci a capire poiché abbiamo informazioni sconvolgenti ed esperienze che distruggono la vita. È nostro compito tenere la Parola di Dio nelle nostre mani e non questo piccolo cellulare del diavolo che distrugge la vita. Lo portiamo con noi ovunque andiamo. TV, tablet e altri dispositivi sono diventati babysitter. Abbiamo la peggiore dipendenza; e il potere di controllo del mondo, le scelte sono nostre. Ha distrutto il mondo. Molti incidenti, multe, e molti sono finiti dietro al bancone solo a causa della distrazione del telefono. Il nostro Dio ci ha dato la Parola di Dio che salva la vita e protegge l'anima nella Bibbia. Signore, aiutaci ad aprirla, a leggerla e a conoscerla. Aiutaci a nasconderla nel nostro cuore. Essa proteggerà la nostra vita se la vivremo. Sono le istruzioni del Signore per le Sue creazioni, per preservarci dal male e dall'apparenza del male, nel nome di Gesù.

1 Tessalonicesi 5:22 Astenetevi da ogni apparenza di male.

Nel nome di Gesù. Amen! Dio vi benedica!

19 OTTOBRE

LA VOSTRA PAROLA È COSÌ POTENTE!

Lo Spirito di Dio ha portato tutto all'esistenza parlandogli. Dio ha detto: "Ci sia luce, ci sia un firmamento tra le acque" e così è stato. Egli disse: "Le acque sotto il cielo si raccolgano in un solo luogo e appaia la terra asciutta" e così fu per ordine della Sua parola. Che la terra produca erba, che l'erba produca seme e che l'albero da frutto produca frutti della sua specie, e così accadde. Ci siano luci nel firmamento del cielo per dividere il giorno dalla notte; e siano segni, stagioni, giorni e anni, e così fu: La nostra Parola progetta, costruisce, produce, perché ha il potere di far nascere ciò che dite. Per favore, fate attenzione a ciò che dite!

Vediamo e godiamo di ciò che ci circonda, che è nato anch'esso parlando a esso. E che siano luci nel firmamento del cielo per illuminare la terra: Le acque producano in abbondanza le creature mobili che hanno la vita e gli uccelli che volano sopra la terra nel cielo aperto.

E Dio creò grandi balene e tutti gli esseri viventi che si muovono e che le acque hanno generato in abbondanza, secondo la loro specie, e ogni uccello alato secondo la sua specie, e la terra generò l'essere vivente secondo la sua specie, il bestiame, i rettili e gli animali della terra secondo la loro specie.

Dio ha detto che era buono. Tutto è nato dalla Parola di Dio. La lingua ha un potere. La vita e la morte sono nella lingua. Scegliete la vostra parola con saggezza, perché essa porterà all'esistenza.

Un altro giorno, Dio mi chiese di chiamare una persona e le chiese di sedersi fuori e di leggere la Bibbia ad alta voce. Lei ha detto che pregava ad alta voce, ma non leggeva la Bibbia. Il Signore ci aiuti a vedere cosa succede quando leggiamo la Bibbia ad alta voce in alcuni luoghi. Provate. Non importa chi siete, è la Parola di Dio. Egli onora la Sua parola e le Sue promesse. Molti leggono le parole in silenzio, così nessuno conosce la parola. Vi chiedo di far ascoltare la Bibbia in altoparlante, in modo che i non cristiani possano sentire. Questo sarà un bene per l'India, visto che hanno la libertà di farlo.

Ero in ospedale per pregare su un uomo indiano. È entrato improvvisamente in coma e suo suocero è volato dall'India per visitarlo. Io vado sempre con la Parola di Dio, che è la Bibbia. Solo uno poteva visitarlo. Non vedendo nessuno nella stanza, sono entrata e ho iniziato a leggere la Bibbia. Ho visto questo suocero che sbirciava attraverso la porta a vetri, così gli ho chiesto di entrare. Gli chiesi se volesse leggere la Bibbia ad alta voce. Ha accettato di farlo. Alla visita successiva, l'anziano suocero mi disse che non aveva mai letto la Bibbia, ma che è affascinante. Ha chiesto un'altra copia della la Bibbia. Gli comprai subito una Bibbia arcobaleno.

Non prendete mai alla leggera le vostre parole. Succederà quello che avete detto. Le parole hanno il potere di determinare il vostro destino, quindi scegliete la parola giusta per voi e per gli altri. La mattina presto, durante l'ora di preghiera, suor Pena ha detto: "Ieri ho avuto un incidente, ma ringrazio il Signore per questo".

1 Tessalonicesi 5:18 In ogni cosa rendete grazie, perché questa è la volontà di Dio in Cristo Gesù riguardo a voi.

Ne fui felice perché stare sulla parola di Dio riscatta le promesse. Era un po' ferita e non aveva un'assicurazione medica. Abbiamo pregato il Signore di toccarla e guarirla. È una gioia vedere l'adempimento della parola mentre parlate. State creando il rimedio della guarigione, della liberazione e del miracolo rivendicandolo con la Parola di Dio.

Quando vado a fare shopping, pronuncio parole positive come "troverò un buon affare e tutto ciò di cui ho bisogno". Dio ha pensato per me, quindi portatemi lì a fare acquisti. Mi farà un buon prezzo e questo accade sempre. Molti hanno detto che a loro non è mai successo. Imparare la tecnica della parola. La parola di Dio promessa ha bisogno di un ingrediente di fede che la renda più rapida. Se pronunciate la Parola per fede, essa crea ciò che vi aspettate.

Dio ha parlato per la luce e le tenebre non sono arrivate. Quindi parlate di ciò che desiderate e vedete cosa succede. Scoprite cosa e come le persone parlano e il risultato che ne deriva. Quando parlano in modo negativo, l'effetto è negativo. Le parole sono potenti, sia in negativo che in positivo. Sono il vostro pensiero, la vostra conoscenza e la vostra fiducia in Dio a provocare la produzione.

Daniele 11:32b Il popolo che conosce il suo Dio sarà forte e compirà imprese.

Leggete la Parola; la Parola fa il lavoro. Il miracolo avviene solo quando si dice ciò che si desidera. Per mano di Mosè, Dio ha fatto molti miracoli conoscendo la comprensione che Mosè aveva di Lui. Allo stesso modo, gli Ebrei avevano paura quando vedevano gli Egiziani che li inseguivano. Mosè confortò gli Ebrei pronunciando la Parola.

Esodo 14:13 Mosè disse al popolo: "Non temete, state fermi e vedete la salvezza del Signore che vi mostrerà oggi; perché gli Egiziani che avete visto oggi non li vedrete più per sempre". 14 Il Signore combatterà per voi e voi starete in pace.

Il Signore onora ciò che affermate. Siete voi a far nascere la materia parlando.

28 Le acque ritornarono e coprirono i carri, i cavalieri e tutto l'esercito del Faraone che era entrato in mare dietro di loro; non ne rimase nemmeno uno.

Che bello! Non urlate, piangete e temete, aspettate il Signore per la salvezza, che è guarigione, liberazione e salvezza è sulla punta della vostra lingua. È il Dio che ha dato alla sua Creazione l'autorità di rivendicare, riscattare e dare vita a ogni promessa. Conoscete il vostro Creatore? Guardate la Sua potenza e il Suo potere. Conoscete la Sua conoscenza, la Sua saggezza, le Sue ricchezze e la Sua gloria? Se non lo conoscete, non potrete mai progredire. Non potrete ottenere ciò che desiderate.

La mancanza di conoscenza è un pericoloso nemico degli esseri umani. Morirete affamati, malati, oppressi, posseduti e feriti a causa della mancanza di conoscenza. Che il Signore riempia le nostre lingue e le nostre labbra con le parole di Dio. La Sua Parola ha bisogno di essere rafforzata dalla vostra fede. Ha una potenza che smuove le montagne e una forza che salva la vita. La Parola ha una forza creativa soprannaturale che sbalordisce la mente.

Prego per le persone al telefono e vedo il risultato che va oltre la loro immaginazione. Insegnate agli altri la Parola, usate la Parola nelle vostre conversazioni, la Parola aprirà gli occhi agli altri quando si realizzerà.

Isaia 55:10 Infatti, come la pioggia scende e la neve dal cielo e non torna indietro, ma irrora la terra e la fa germogliare e fiorire, perché dia seme a chi semina e pane a chi mangia, 11 così sarà la mia parola che esce dalla mia bocca; essa non tornerà a me vuota, ma compirà ciò che mi piace e prospererà nella cosa per cui l'ho mandata.

Qual è il problema? Perché non vediamo le opere di Dio nelle operazioni? Onestamente, le persone non sanno come rivendicare le promesse di Dio. Esse sono uscite dalla bocca di Dio e non dalla vostra o da quella di qualsiasi altro essere umano. Credete e dichiarate per vedere l'attuazione delle promesse della Bibbia.

Ho visto molti parlare negativamente, come se fossero poveri, non avessero soldi, non potessero dare ecc. Credetemi, sono ancora poveri, non hanno e mancano sempre. Allo stesso modo, chi parla sempre in modo positivo, ha una storia straordinaria. Sto usando le parole del Presidente Trump, molto positive, "grandi".

Allora vedremo il meraviglioso risultato. Prestare attenzione alla Sua Parola con fede ha portato risultati significativi negli Stati Uniti. La nostra Parola ha bisogno della conoscenza dell'Onnipotente prima di parlare con fiducia. Aprite la Parola di Dio e imparatela applicandola alla situazione. Pregate il Signore di riportare la Parola nelle case, nelle scuole, nelle nostre nazioni e nelle vite individuali. Siete voi che potete e volete fare la vostra parte per riportare la Parola sulla terra nel nome di Gesù! Amen!

PREGHIAMO

Padre celeste, creatore di tutto ciò che vediamo e sentiamo, ti rendiamo gloria e onore. La Tua conoscenza è al di là della nostra immaginazione, ma dai fede a ciò che vogliamo portare all'esistenza. La nostra fede ha bisogno di conoscenza, quindi, Signore, ti prego di fornirla. Che Dio meraviglioso sei! Ringraziamo il Creatore per aver condiviso tutto ciò che possiede. Grazie per averci dato accesso alla Tua conoscenza esperta. Le Tue Parole sono il tesoro. Conoscere la Parola è conoscere un tesoro, una ricchezza e una potenza. Signore, rivendichiamo la guarigione parlando all'esistenza. Non solo, vogliamo essere testimoni della Parola. Ora, grazie al sangue, noi gentili abbiamo accesso agli stessi privilegi. Grazie per il sangue, che è nascosto sotto il Tuo nome. Esso purifica i nostri peccati se entriamo nell'acqua pronunciando il nome di Gesù. Il nome di Gesù ha inghiottito tutti i nomi di Geova dell'Antico Testamento. Questo nome "Gesù" ha il sangue dell'Agnello; il sangue dei redentori ha potere vivificante per tutti coloro che obbediscono alla parola di Dio nel nome di Gesù! Amen! Dio vi benedica!

20 OTTOBRE

LASCIATE CHE LA GENTE SENTA PARLARE IL CIELO!

Avete mai sentito qualcuno che chiamava il vostro nome e quando vi siete guardati intorno non avete trovato nessuno? Molte persone hanno sentito la voce di Dio. Samuele sentì il suo nome tre volte.

1 Samuele 3:8 Il Signore chiamò di nuovo Samuele per la terza volta. Egli si alzò, andò da Eli e disse: "Eccomi, perché tu mi hai chiamato". Eli si accorse che l'Eterno aveva chiamato il bambino.

Andò da Eli tre volte, pensando che lo chiamasse. Eli percepì che era Dio. Eli insegnò a Samuele e a noi come rispondere alla voce del Signore.

Giobbe 33:14 Perché Dio parla una volta, anzi due, eppure l'uomo non lo percepisce.

Il Signore chiama chi coloro con cui vuole parlare. La Bibbia dice che la voce del Signore arriva solo a coloro che la ascoltano.

1 Samuele 3:1 Il bambino Samuele servì l'Eterno davanti a Eli. In quei giorni la parola dell'Eterno era rara; non c'erano visioni aperte.

Il Signore parla a coloro che lo ascoltano. Eli non ascoltava Dio, anche quando era posizionato da Dio. Eli, il sommo sacerdote, avrebbe dovuto parlare a Dio, ma si è disconnesso da Dio mettendo qualcuno e qualcosa davanti a Dio. Ora Dio ha trovato qualcuno che Lo onora. Ricordate, non siete chiamati a colmare il vuoto, ma a svolgere il lavoro con diligenza e sincerità. Una volta ho ricevuto una telefonata da una signora. Mi disse: "Ti ho sentito pregare nel mio orecchio". In quel periodo era in prigione. Non giudicate una persona dal passato. Questa signora era una profetessa. Aveva fatto qualcosa di sbagliato prima che il Signore la salvasse. L'hanno messa dietro le sbarre per qualche mese. Un'altra signora anziana ha detto: "Ti ho sentito mentre facevo la doccia". Vedete, se state pregando per qualcuno, vi sentirà anche a grande distanza. Alcune persone hanno detto: "Ho sentito qualcuno che mi parlava". Vedete, i demoni hanno una voce senza corpo. Potete parlare con i demoni come se steste parlando con Dio. Quando andate da uno psichiatra per chiedere aiuto, vi prescriveranno delle medicine se parlate di sentire voci e vedere spiriti. Le medicine vi faranno sonnecchiare. Conosciamo il canale in cui dobbiamo entrare. Per entrare nel mondo spirituale, dobbiamo entrare per mezzo dello Spirito Santo.

Gesù disse:

Giovanni 14:6 Gesù gli disse: "Io sono la via, la verità e la vita; nessuno viene al Padre se non per mezzo di me".

Se il vostro canale è attraverso il mezzo di comunicazione sbagliato, allora vi connetterete con il mondo di Satana. Una volta, una persona ha chiamato e ha detto di aver incanalato uno spirito maligno sul computer, cosa che non avrebbe dovuto fare. Sentiva e vedeva il male. Aveva paura. Le ho detto di pregare; dopo aver pregato, lo spirito maligno se n'è andato. La mia domanda è: perché comunicate con le persone e i mezzi di comunicazione sbagliati? Tutti sono disponibili, ma non significa che dobbiate connettervi. Li sentirete perché il mondo degli spiriti è il mondo reale. La mia preghiera è che tutti noi dovremmo essere in contatto con il Signore. Cosa succede se lo facciamo? Tutti vedranno la luce gloriosa e udranno la voce del Signore; vedremo il movimento soprannaturale, le voci e le visioni in funzione.

Oggi abbiamo bisogno di molti Daniele, Giuseppe, Mosè e Giosuè. Perché non ci colleghiamo con il Signore? Ci colleghiamo all'edificio chiamato chiesa, al coro, alla predicazione e alle diverse posizioni offerte dai sistemi dell'organizzazione. L'unica posizione che mi piace è quella di collegarmi a Dio in ginocchio con il digiuno. È la connessione migliore e funziona! Vedrete il cielo aprirsi, terremoti, guarigioni, liberazioni, il nome di una persona, la data di nascita e gli indirizzi saranno dati quando pregherete e ministrerete. Che il Signore ci mostri ciò che abbiamo bisogno di vedere, sentire e portare trasformazione nella nostra vita. Se le persone possono ascoltarmi a migliaia di chilometri di distanza, allora è facile raggiungere tutte le nazioni vietate con il Vangelo di Dio. Il Vangelo deve essere predicato. Prima di tutto, pregate Dio per fertilizzare il terreno, poi predicate. Molti possono ascoltarvi se pregate per le persone in carcere, nelle prigioni, nelle chiese di Satana, in Cina, in India o in qualsiasi altra parte del mondo. Dio sa come tradurre il messaggio nelle loro lingue. Il dono della Parola di conoscenza e di saggezza entra in gioco. Che il Signore ci dia la mente di Cristo. Se preghiamo per gli altri e li aiutiamo ad ascoltare Dio, gli Angeli santi lavoreranno per noi. Dio ha creato gli Angeli per rispondere ai bisogni della sua creazione.

Ebrei 1:13 Ma a quale degli angeli ha mai detto: "Siediti alla mia destra, finché non abbia fatto dei tuoi nemici lo sgabello dei tuoi piedi"? 14 Non sono forse tutti spiriti ministranti, mandati a servire coloro che saranno eredi della salvezza?

Imparate le diverse categorie di angolazioni in modo da sapere quale chiedere. Lavorano per noi. Hanno cucinato per Elijah.

1 Re 19:7 L'angelo dell'Eterno tornò di nuovo, lo toccò e gli disse: "Alzati e mangia, perché il viaggio è troppo lungo per te". 8 Ed egli si alzò, mangiò e bevve, e andò in forza di quel cibo per quaranta giorni e quaranta notti fino a Horeb, il monte di Dio.

Nella notte, Giuseppe sentì la voce di Dio che gli dava istruzioni.

Matteo 1:20 Ma mentre pensava a queste cose, ecco che gli apparve in sogno l'angelo del Signore che gli disse: "Giuseppe, figlio di Davide, non temere di prendere con te Maria, tua moglie, perché ciò che è concepito in lei viene dallo Spirito Santo".

Possiamo anche fare molto in spirito se permettiamo allo Spirito di condurre, guidare e insegnare. Ho pregato e le persone hanno sentito la potenza di Dio al lavoro, in ospedale e a casa, e le situazioni sono cambiate. Inviate i messaggi tramite lo Spirito. Inviate un messaggio all'ignoto attraverso il canale di Dio.

Atti 16:9 Di notte apparve a Paolo una visione: "C'era un uomo di Macedonia che lo pregava dicendo: "Vieni in Macedonia e aiutaci"".

Dio ha mandato la Sua Parola per guarire le malattie. Il Signore Gesù non deve essere presente fisicamente nella stanza, nella città o nel luogo. Egli mandò il Suo Spirito su centoventi discepoli il giorno di Pentecoste e in seguito su tutti coloro che lo cercavano. Tutti parlavano lingue sconosciute, ma erano noti ai pellegrini che si recavano a Gerusalemme per la cerimonia. Vedete, Dio stava parlando a quei pellegrini israeliti nelle loro lingue. Pregate il Signore che vi dia la capacità soprannaturale di parlare agli altri nella loro lingua per trasmettere loro il messaggio di Dio. L'opera dello Spirito è più grande di quanto possiate immaginare. Lasciatevi andare e lasciate fare a Dio. Quando pregate, fatelo per reclamare la Sua Parola. Essa produce effetti udibili, visibili, tangibili e molto di più. Se i demoni influenzano un uomo e una donna, questi possono sentire le voci dei demoni e avere incubi e paura. Quanto di più possiamo fare se siamo riempiti di Spirito Santo? Possiamo fare di più. Lo Spirito parla e compie opere miracolose. Mandate lo Spirito di Dio in luoghi come la Corea del Nord, nelle carceri o ovunque desideriate. E vedrete le trasformazioni che porterà. Il vostro canale deve essere il Signore e non un altro medium. Le malattie scompariranno, una catena cadrà e gli Angeli faranno la loro opera attraverso la vostra parola su luoghi, persone e situazioni. Viviamo nella dispensazione di Dio in cui Egli si serve di noi, ma è il Suo Spirito a fare l'opera attraverso di noi. Lo Spirito fa tutto se avete ricevuto lo Spirito Santo. Mi colpisce riconoscere la voce del Signore. Essa raggiunge i luoghi dove io non posso andare, nel nome di Gesù. Amen!

PREGHIAMO

Signore, per favore parla ai nostri cuori. Fa' che parliamo con fede alle mani appassite, ai morti e ai malati per riportarli alla vita. Che la liberazione e la guarigione si svolgano al suono della nostra voce. Pregate che il Dio vivente sia in funzione. Le operazioni di Dio sono di livello molto più alto di qualsiasi altro mezzo di comunicazione. C'è la voce che sentiamo attraverso i media come la televisione, il telefono, i libri, le persone e internet. Ma quando ci colleghiamo con il Dio vivente, vedremo un risultato straordinario. Non potete immaginarlo, ma quando diventerà fisico, lo vedrete per apprezzarlo. Il nostro Dio ha parlato, quindi noi dobbiamo parlare. Ezechiele parlò alle ossa e vide la nazione tornare a esistere. Una volta la nazione era stata cancellata dalla carta geografica, ma è stata riportata in vita dalla parola parlata della preghiera. Incanalate la prigione con la preghiera. Vedrete la potenza di Dio operare con le semplici parole pronunciate per fede. È l'opera del Signore che si compie per voi quando chiedete, bussate e cercate incanalando lo Spirito di Dio. Mentre entrate in contatto con la TV, il Wi-Fi e le connessioni internet, connettetevi a Dio nello stesso modo per vedere la guarigione, la liberazione e la salvezza attraverso lo Spirito del Signore. Amen! Nel nome di Gesù. Dio vi benedica!

21 OTTOBRE

RICEVENTE O RESPINGENTE!

Dio dice grandi cose per colui che riceve le parole e per i Suoi ministri. Ma è contro chi rifiuta la parola di Dio. I rifiutatori della verità sono i perdenti. Chi rifiuta le istruzioni di Dio non solo perde i benefici, ma è anche maledetto. I perdenti possono sempre essere corretti se cambiano pensiero e atteggiamento.

1 Tessalonicesi 4:8 Chi disprezza non disprezza l'uomo, ma Dio, che ci ha dato anche il suo Santo Spirito.

L'insegnamento della Parola di Dio è molto importante. È l'istituzione del regno di Dio. State sul terreno inamovibile della Parola di Dio. Se decidete di stare in piedi, di praticare e di obbedire, allora avrete successo. Ha potere vivificante e successo. Ha molti altri benefici nascosti in essa.

Pensate a Eva e Adamo prima di cadere nel peccato: Dio li visitava e camminava con loro. Niente sudore, tutte benedizioni, benedizioni per muoversi nel giardino dell'Eden. Erano protetti, non dovevano mai preoccuparsi dell'attacco di un animale. La terra dava i frutti migliori senza sudare. Uomini e donne non avevano mai sperimentato la maledizione.

Isaia 5:24 Perciò, come il fuoco divora la stoppia e la fiamma consuma la pula, così la loro radice sarà come marciume e il loro fiore si ridurrà in polvere, perché hanno gettato via la legge dell'Eterno degli eserciti e hanno disprezzato la parola del Santo d'Israele.

Poiché rifiutarono la voce e il comandamento di Dio, il Signore li cacciò immediatamente e rimasero da soli. Eva e Adamo furono i primi a rifiutare Dio.

Molti re, come Re Saul, Re Salomone e altri re israeliti della storia, erano buoni finché non hanno disobbedito a Dio. Quando hanno rifiutato la voce di Dio, sono stati maledetti. A prescindere dall'aspetto o dalla sensazione, ricordatevi di ricevere la parola di Dio e di obbedire. Il Signore vi mostrerà la parte del quadro pianificato che gli permetterete di dipingere ogni giorno per la vostra vita.

La vita è un dono dato da Dio con delle condizioni. Fate attenzione a obbedire al piano del Signore, al quale accedete osservando la Sua alleanza. Tutti i custodi dell'alleanza hanno vissuto e goduto delle benedizioni di Dio e hanno lasciato un'eredità al Signore.

Abramo ha lasciato un'eredità alla sua generazione, la terra di Israele, il re è uscito dal suo seno e molto altro ancora.

21 OTTOBRE

Davide era un destinatario del comando di Dio con la disponibilità del cuore. Davide ricevette le benedizioni del trono eterno. Il Messia, il redentore del mondo, ha promesso di venire in questo mondo dal Suo seno. Ovunque andiate, ricordate che potete avere tutto ciò che desiderate avendo dei "fare" e dei "non fare". Questi "fare" e "non fare" sono stati concepiti da Dio per non nuocere, ma per mantenervi sulla retta via che conduce al Regno eterno. Dio non ha bisogno di qualcuno che sia più intelligente di Lui, ma che sia obbediente e segua le Sue istruzioni. Bisogna essere sottomessi alle vie di Dio. Amen!

Proverbi 22:29 Vedi un uomo diligente nei suoi affari? Egli starà davanti ai re; non starà davanti a uomini meschini.

Quando ci occupiamo dei nostri affari quotidiani, procediamo con cura. Allo stesso modo, quanto dovremmo essere attenti alle cose per Dio? Sono grata per la Bibbia. Ricevo i comandamenti, le leggi e gli statuti per avere una vita abbondante. Il Signore può dare l'abbondanza di vita a chi riceve la parola senza aggiungere e sottrarre. Il Re Salomone servì il Signore e divenne il destinatario delle benedizioni di Dio. È colui che diventa il rigettatore del Signore che muore perduto.

Incontro i veri profeti e insegnanti con cuore e mente aperti per ricevere la parola. Il profeta è il più importante nella mia vita. Credo di poter prosperare solo se ho dei veri profeti. Le indicazioni e i consigli che dà provengono direttamente dal Signore. Chi può essere migliore del Signore? Nessuno! Il Signore assegna e riconosce il profeta. Se avete intenzione di visitarne uno, assicuratevi di ricevere ogni singola parola che esce dalla Sua bocca per voi. Io prego sempre, prima di andare dai profeti, per parlargli della mia situazione. Egli vi farà una profezia se la riceverete.

Ho visitato molti profeti. Ho sempre chiesto a Dio di dargli la parola per me. La ricevo, ma la registro anche per ricordarmela. La scrivo subito se non ho con me un registratore.

È una cosa seria. Ho visitato la chiesa quando l'uomo di Dio è venuto da me prima dell'inizio della chiesa e mi ha detto: "Hai un problema alla schiena e pregherò per te quando lo Spirito di Dio si muoverà su di me". Una volta il profeta mi ha detto che presto sarei andata in un altro Paese per un lavoro missionario, e così è stato. Mi ha detto di non preoccuparmi del denaro che Dio avrebbe provveduto e così è stato. Il profeta è il portavoce di Dio che ci parla.

Sono così felice per i profeti dati da Dio. In una riunione di profezia, la profetessa mi ha chiesto: "Mi conosci?" Ho risposto "no"; lei ha detto: "Lascia che ti dica cosa ti sta dicendo Dio. Ti sta usando per la preghiera". In un'altra riunione la profetessa mi ha detto: "Vedo la preghiera in te, sei la madre del Signore". In quell'occasione, accanto a me era seduta una pastora, mia amica, che mi ha detto di essere la mia mentore. Io e la mia amica non abbiamo mai incontrato o parlato con questa profetessa.

Ora vado a diverse riunioni di profetesse. Una profetessa mi ha detto di continuare a frequentare la congregazione dove Dio mi aveva chiesto di andare. Avevo paura perché il luogo non era sicuro. Ho continuato ad andarci perché lei ha pregato contro la paura. Nello stesso momento, un altro profeta dello Stato pregò e parlò. "Non temere, figlia mia. Io sono con te". Ci sono andato per molti anni, finché Dio non mi ha allontanato da quel posto. Che bello!

Quando andate in comunione, incontrate Dio prima di entrare nei cancelli. Chiedete a Dio di parlarvi e ricevete la Sua parola. Egli vi parlerà. Io vado sempre a cercare un messaggio personale. Sì, c'è un messaggio che tutti possono ricevere, ma mi piace quando mi chiamano per nome e mi dicono il mio messaggio del Signore.

1 Corinzi 14:3 Ma chi profetizza parla agli uomini per edificare, esortare e consolare. 4b chi profetizza edifica la chiesa.

Cercate il vero profeta. Una volta ricevuta la profezia, tenete duro, anche se ci vorrà del tempo. Non importa cosa succederà. La profezia sugli Israeliti è avvenuta dopo 430 anni. Ad Abramo è successo dopo trent'anni per il figlio promesso. È la parola di Dio e non la voce di un uomo.

Isaia 55:11 Così sarà la mia parola che esce dalla mia bocca; essa non tornerà a me vuota, ma compirà ciò che mi piace e prospererà nella cosa per cui l'ho mandata.

Siate ricettori e tenete duro. Tenete stretta la parola che ricevete da Dio come una profezia per la vostra vita. Amen!

PREGHIAMO

Signore, sappiamo che la Parola di Dio farà bene se la mettiamo in pratica. La Bibbia è un libro che impariamo esercitandoci. Se applichiamo la parola, allora essa fa meglio della magia.

Mostra la potenza della Parola in noi e attraverso di noi. Lascia che il mondo di Dio cada nel nostro terreno pulito e buono del cuore. Signore, riceviamo la Tua parola e la diamo alla generazione successiva, e a quelle successive, così com'è. Fai attenzione all'insegnamento, in modo che siano destinatari e partecipi della benedizione che germoglia attraverso di essa. I nostri antenati hanno visto la benedizione della ricezione della parola; noi raccogliamo questa benedizione. Aiutateci a ricevere la Parola per continuare a ricevere benedizioni. Il nostro Dio è buono e fa grandi cose con coloro che lo amano e lo accolgono come loro Dio personale. Abbiamo dei genitori donati da Dio, ma vogliamo sperimentare Dio per continuare il nostro cammino con Lui. Padre nostro celeste, oggi ti preghiamo di aiutarci. Non solo insegniamo ai nostri figli, ma insegniamo a questa generazione a seguire la Bibbia. Preghiamo che la ricevano per se stessi e che vivano benedizioni per il prossimo nel nome di Gesù! Amen! Dio vi benedica!

22 OTTOBRE

IL CREDENTE RICEVE CIÒ CHE CHIEDE!

Dio ha detto: "Sia la luce", e la luce c'è stata! Una donna disse: "Se tocco la veste, sarò guarita". E toccandola, guarì. La Bibbia chiarisce che all'uomo è impossibile, ma a Dio tutto è possibile. Avete mai sentito i cristiani dire: "Sono un credente"? Perché? Se uno ha fede nel Signore Gesù, sì, è un credente. È possibile rendere viva la Parola facendo ciò che essa indica.

Matteo 19:26 Ma Gesù li vide e disse loro: "Con gli uomini questo è impossibile, ma con Dio tutto è possibile".

Dio ci ha creati a Sua immagine e ci ha benedetti. Ha dato ogni potere attraverso lo Spirito Santo e l'autorità nel nome di Gesù. Ci credete? I credenti possono muovere Dio se si allineano alla Parola.

Il Signore ha potere e ce lo ha dato se crediamo. Molti hanno testimoniato che il Signore l'ha detto, perciò io Ci credo. Credente significa qualcuno che crede e si sottomette a qualcosa. Quando un cristiano dice sono un credente, significa che crede in Dio Gesù come Signore e salvatore. Quanto e fino a che punto? Dire che si crede in Dio non è sufficiente per convincere qualcuno e nemmeno Dio. Potete dimostrare ciò che credete effettivamente e nella realtà? La fede sarà messa alla prova. Vediamo come vi comportate. Se l'uomo dicesse: "Io credo", come e in cosa credi?

Luca 7:7b ma di' una parola e il mio servo sarà guarito.

Il risultato di ciò che avete creduto confermerà la vostra convinzione.

10 E quelli che erano stati mandati, tornarono a casa, trovò il servo intero che era stato malato.

Nei tempi antichi la gente credeva nei profeti. Li chiamavano veggenti; Dio aveva dato loro questa carica.

1 Samuele 9:6 Gli disse: "Ecco, in questa città c'è un uomo di Dio ed è un uomo d'onore; tutto ciò che dice si avvererà sicuramente; ora andiamo lì; forse può indicarci la strada da seguire".

Quando partecipate a una riunione o salutate un credente, osservate se il suo stile di vita corrisponde alla parola del Signore. La vita dovrebbe fluire per mezzo dello Spirito Santo se si crede e si ubbidisce al Signore. La Bibbia è il libro di Dio per coloro che vogliono credere. Ha bisogno di un credente che operi con potenza e fede. Dio ha scelto i discepoli e ha dato loro autorità. Alla Sua partenza, ha inviato la potenza attraverso lo Spirito Santo.

Credete di avere:

2 Corinzi 4:7 Ma noi abbiamo questo tesoro in vasi di terra, affinché l'eccellenza della potenza sia di Dio e non nostra.

Nei vasi di terra che sono il nostro corpo, abbiamo lo Spirito Santo. Se avete la forza dello Spirito Santo, allora potete scacciare i demoni, risuscitare i morti e guarire i malati. Non ho paura di credere nella Parola di Dio.

Questa mattina ho pregato per una signora che aveva dolore al collo. Le ho chiesto di mettere l'olio dell'unzione con la mano destra sul collo. Immediatamente, questa signora ha creduto. Non andò dal medico, ma mi chiese di pregare. Ho pregato e lei è stata guarita. Quanto è semplice? Perché lo rendete così complicato? Bisogna credere che possa accadere. Se la gente dice: "Non credo di poter guarire", allora non lo farà.

Marco 6:5 Lì non poté compiere alcuna opera potente, se non quella di imporre le mani su alcuni malati e di guarirli. 6a E si meravigliava per la loro incredulità.

Abbiamo esaurito il nostro tempo quando le persone discutevano sulle diverse assicurazioni mediche, non è vero? Crediamo nella sostituzione del ginocchio, nel trapianto di cuore e in molti altri interventi chirurgici che provocano dolore. È molto costoso e scomodo. Perché non predichiamo e non mettiamo in pratica ciò che è disponibile parlando all'esistenza? Perché diventiamo miscredenti? Semplicemente, non andiamo dal Veggente dato da Dio. Andiamo dove c'è un miscredente che predica o insegna. Ho chiesto preghiere solo da coloro che credono nella potenza di Dio. Ricevo molte chiamate, e-mail e messaggi per la richiesta di preghiera. Sanno cosa credo. Chi non crede spera in cose tangibili che mette in bocca o vede un uomo davanti a sé che parla. Io non credo. Credo nel Signore e nella Sua Parola. Ogni Parola di Dio è buona oggi. Credo in Dio, che ha detto che tutto è possibile. Cosa è successo ai cosiddetti credenti moderni?

Geremia 2:11 Una nazione ha forse cambiato i suoi dèi, che non sono ancora dèi? Ma il mio popolo ha cambiato la sua gloria per ciò che non giova.

Credete in Dio per la guarigione e la liberazione. È disponibile nella Bibbia. Lasciate che vi dica: uscite dall'edificio in cui siete prigionieri e cercate Dio. Egli non è nell'edificio, ma se lo cercate, vi condurrà da colui che ha dei doni e non si venderebbe. Se lo farete, il pastorello sarà incoronato e lo schiavo sarà l'uomo potente nel cortile del Re. Sarà dieci volte migliore di streghe, stregoni, maghi e astrologi. Credere è la chiave per aprire il tesoro.

Molti dicono: "Io credo", ma siete testimoni del risultato di ciò che credete? Ho pregato per molte persone; quelle che credono e vedono i risultati, anche se sono adoratori di idoli. Dio non rispetta le persone. Credere in Dio, questo è ciò che serve.

L'uomo disse: "Mandami la tua parola". La signora di Fenice che chiedeva la liberazione della figlia non era ebrea. Questo li convinse che Gesù può guarire, liberare e rendere liberi. Hanno convinto il Signore in un modo molto migliore del cristiano di oggi. I cristiani di oggi sono i migliori clienti di medici e farmacie. Come si può credere che siano credenti? Forse lo sono, ma non per quanto riguarda i segni, la liberazione o il potere di Gesù nel Suo nome. Dio ha dato il perdono dei peccati attraverso il Suo nome nel battesimo d'acqua. Se loro credono, allora tutti noi saremo stati battezzati nel nome di Gesù. Invece di credere al potente sangue nascosto dietro il nome, diventano teologi e falsi insegnanti della Bibbia, rifiutando e insegnando ad altri a rifiutare la Parola.

Pertanto, possiamo dire che molti affermano di essere credenti, ma verificando la loro vita, sono increduli alla Parola di Dio. Non credono alla Parola senza risultati tangibili. Quando andate in chiesa, chi ascoltate? Quello che ha la musica migliore, una bella chiesa, un messaggio meraviglioso e nessun potere di guarire e liberare. Osservate i segni e i prodigi. Se non ci sono, allora non sono credenti. Sanno di Dio, ma non conoscono Dio. In quale categoria rientrate? Credente o non credente? Se siete credenti, allora mostratemi le prove. Sono cieco, ora vedo; sono integro, cammino. Sì, ho un libro in circolazione intitolato. "L'ho fatto "a Suo modo"". Sto ricevendo molte raccomandazioni e offerte come il miglior libro. Non si tratta di una storia, ma di una testimonianza di vita vera chiamata memoir. Quando vedremo il Signore venire nella nuvola, cosa accadrà al non credente? Andare in chiesa non rende mai credenti, ma basarsi sulla Parola sì. Sono sorpresa quando ho a che fare con un credente e scopro che non lo è dall'evidenza della sua pratica. È triste vedere che il mondo sta creando più miscredenti che credenti frequentando gli incontri religiosi che chiamano chiese. Non conoscono Dio. Ai tempi del Nuovo Testamento, i centoventi discepoli di Gesù hanno messo il mondo sottosopra. Se fossimo lo stesso prodotto di quel discepolo, non troveremmo ospedali, streghe, stregoni e maghi nella nostra generazione. La contraffazione di Satana ha rubato denaro, vita e salute istituendo una religione diversa. Seguite Gesù, andate a fare ciò che il Signore ha detto e comprendete la parola. Voi siete la prova di un credente o di un non credente attraverso le vostre azioni. Amen!

PREGHIAMO

Signore, ti ringraziamo per Dio, che ha detto che nulla è impossibile se crediamo. Crediamo a ciò che hai detto nella Parola. Vogliamo camminare alla luce delle Tue promesse scritte di dare la luce dimostrando che è Dio a dirlo e a intenderlo. Nessuna arma del nemico può prosperare, come crediamo. Crediamo che i credenti possano scacciare i demoni e guarire i malati attraverso il nome di Gesù. Il nome di Gesù è il nome superiore a tutti i nomi dell'Antico Testamento di Geova Dio. Ecco perché il popolo di Dio viene chiamato Gesù solo nel Nuovo Testamento. Solo Gesù perché conosciamo la potenza che si cela dietro il nome del Salvatore di Geova. I demoni credono al nome Gesù e tremano, quindi, Signore, crediamo che l'unico nome potente sia Gesù. Amen! Nel nome di Gesù. Dio vi benedica!

23 OTTOBRE

PARLATE CON DIO NELLA SUA LINGUA!

Dio ha un linguaggio che si trova nella Parola di Dio. Dio ha atteggiamenti, stili e parole per tutti e per ogni occasione. Il Signore ha insegnato un linguaggio che dovremmo usare. Davide ha pronunciato alcune parole entrando alla Sua presenza. Dio aveva tutta l'attenzione su di sé.

Salmo 100:4 Entrate nelle sue porte con rendimento di grazie e nei suoi cortili con lode; siate grati a lui e benedite il suo nome.

Dobbiamo imparare il linguaggio del ringraziamento anche se ci troviamo in una battaglia finanziaria, di salute o in una qualsiasi crisi. Ricordate che Davide non aveva altro che la battaglia. Davide ci ha insegnato il linguaggio che porta la vittoria, il perdono e le benedizioni del Signore. Le danze, quando escono vittoriose dai problemi, ma entrano nella nuova prova, dimenticano il linguaggio del Signore. Alcuni non imparano mai e finiscono nello stesso posto. Molti non riescono a gestire il problema perché non imparano e non conoscono mai il Signore. Imparate a conservare la libertà, la vittoria, la benedizione e la guarigione imparando la lingua per parlare con il vostro Creatore. Ricordate la reazione degli ebrei quando gli egiziani li picchiarono? Hanno ottenuto la libertà e si sono trovati in difficoltà; hanno iniziato a compilare. Pensate: questa persona non dimenticherà mai il suo momento di difficoltà e sarà per sempre grata al Signore. Ascoltate il linguaggio che usano, vedendo i piccoli problemi che li affliggono.

Esodo 16:2 Tutta la comunità dei figli d'Israele mormorò contro Mosè e Aronne nel deserto.

Esodo 15:24 Il popolo mormorò contro Mosè, dicendo: "Che cosa berremo?

Vedete, Dio tiene traccia della vostra lingua e della parola che usate. Imparate la lingua da usare quando parlate al potente Dio che è chiamato misericordioso, giusto e santo. Fate attenzione quando camminate vicino al Suo sgabello. La terra è il Suo sgabello. Non usate parole di circostanza, che farebbero arrabbiare il Signore. Che tipo di linguaggio usate con il vostro capo? Parlate in modo gentile ed educato con il vostro coniuge, i vostri genitori, i vostri figli o i vostri vicini? Usate per loro parole gentili ed educate. Allora perché non imparate a parlare nel modo giusto con la conoscenza di chi è Lui? Quando avete prove, problemi, guerre o caos, parlate al Signore dove Lui può intervenire. Il linguaggio dell'arte spinge il Signore a liberare, guarire, salvare, provvedere, aiutare e dare più di quanto chiedete e pensate.

Numeri 14:22 Perché tutti gli uomini che hanno visto la mia gloria e i miei miracoli, che ho fatto in Egitto e in nel deserto e mi hanno tentato queste dieci volte e non hanno ascoltato la mia voce.

23 OTTOBRE

Vediamo quali sono i linguaggi che piacciono alle persone e che fanno sì che Dio si muova per favorirle. Ascoltate il linguaggio del cieco quando sentì che Gesù stava passando:

Luca 18:38 Egli gridava dicendo: "Gesù, Figlio di Davide, abbi pietà di me". La gente rimproverava il cieco e gli chiedeva di tacere, ma lui continuava a chiedere di avere pietà, Guardate, il linguaggio della persona cambia il cuore di Dio. 41 E disse: "Che cosa vuoi che ti faccia? Ed egli rispose: "Signore, che io riceva la vista". Il Signore gli guarì gli occhi, gli restituì la vista.

Il vostro linguaggio deve sciogliere il cuore della persona che ha bisogno di favore, misericordia o aiuto. Parlate a Dio esaltandolo affinché si muova nella vostra situazione con compassione. Un linguaggio aggraziato è la chiave per ottenere aiuto.

Matteo 8:2 Ed ecco che venne un lebbroso e lo adorò dicendo: "Signore, se vuoi, puoi rendermi mondato". 3 Gesù stese la mano e lo toccò dicendo: "Lo voglio, sii mondato". E subito la sua lebbra fu purificata.

Ascoltate il linguaggio di queste persone bisognose, che le ha favorite per ricevere aiuto. Dio è lo stesso ieri, oggi e per sempre. Non è cambiato e non cambierà. Posso quindi consigliarvi? Imparate la lingua per conquistare la persona. Non strappate, ma ripristinate. Se devo incontrare qualcuno, cerco di fargli dei piccoli regali e di fare qualcosa solo per fargli piacere. Troverete il loro favore. Il vostro linguaggio dovrebbe essere il più saggiamente scelto per Dio, anche se avete peccato contro di Lui. Quando Davide cadde nell'adulterio e nell'omicidio, Dio lo affrontò. Quando il profeta Natan arrivò con un messaggio di Dio, Davide non alzò la voce, non si giustificò e non nascose i suoi peccati.

2 Samuele 12:13 Davide disse a Natan: "Ho peccato contro l'Eterno". E Natan disse a Davide: "L'Eterno ha cancellato anche il tuo peccato; non morirai".

Ancora una volta, Davide peccò contro il Signore numerando le truppe. Ascoltate il suo linguaggio e il modo in cui si è avvicinato al trono del Signore. Entra nella sala del trono chiedendo misericordia, confessando la colpa e il peccato e accettando di essere colpevole. Confessate sempre i vostri peccati e chiedete perdono. Caino, Re Saul ed Esaù avrebbero avuto un'altra possibilità se avessero confessato i loro peccati. Se peccate contro Dio, solo Lui può perdonarvi se confessate.

Cronache 21:8 Davide disse a Dio: "Ho peccato molto, perché ho fatto questa cosa; ma ora, ti prego, cancella l'iniquità del tuo servo, perché ho agito molto stoltamente".

I suoi peccati sono stati perdonati offrendo il grano in sacrificio, in olocausto e in offerta di pace. Dio si compiace quando si usa il linguaggio di Dio, ma si dispiace con il linguaggio della propria carne. Reagite conoscendo Dio come Dio. Riconoscete Dio come onnipotente, con l'ufficio di creatore. Preparatevi prima di avvicinarvi al trono. Molti sono caduti davanti all'altare perché non hanno saputo prepararsi e usare il linguaggio del Signore. Dio non è uomo, ha detto che non cambia. Dio è Dio. Che il Signore ci dia la forza della lingua anche quando comunichiamo tra di noi.

Proverbi 18:21 La morte e la vita sono in potere della lingua; chi la ama ne mangia il frutto.

Proverbi 13:3 Chi custodisce la propria bocca conserva la propria vita; ma chi spalanca le labbra avrà la distruzione.

Ho visto persone che non hanno capacità di comunicazione, non hanno controllo sulla carne e danneggiano le loro famiglie. Molti matrimoni e famiglie sono distrutti perché non hanno un vocabolario corretto. Signore, aiutaci a usare le espressioni giuste. Alcuni vengono cacciati via perché non hanno le parole corrette da pronunciare. Che il Signore dia saggezza a coloro che hanno questo problema. Che il Signore lavi la loro lingua con il sangue di Gesù e li unga con lo Spirito Santo. Signore, dona a tutti un cuore saggio. Dall'abbondanza del cuore la bocca parla. Custodisci il Tuo cuore, custodisci il Tuo orecchio e i Tuoi occhi. Una cosa mortale può entrare nel vostro cuore e farvi del male. Conosciamo il nostro Dio come padre misericordioso, santo, giusto e meraviglioso. Imparate ad avvicinarvi al trono di Dio con la parola giusta, saggia e corretta nel nome di Gesù! Amen!

PREGHIAMO

Padre celeste, sappiamo che il nostro linguaggio ha molto a che fare con i nostri pensieri e sentimenti. Facci pensare e agire come te. Sappiamo che Dio ci piace con la lingua che parliamo. Tu hai detto che nulla è impossibile, tutto è possibile. Signore, è il nostro approccio per continuare a credere in Te. Tu sei la fonte se impariamo il linguaggio corretto. Aiutaci a pensare prima di aprire la bocca. Il linguaggio è un'arma superba. Può portare la guarigione nelle famiglie, nei matrimoni e persino nei Paesi. I dialetti possono attirare l'attenzione di Dio. Le nostre espressioni linguistiche possono portarci in alto, guarire il cuore e farci uscire dal giudizio. La nostra lingua ci mostra esattamente ciò che siamo. Signore, donaci un linguaggio umile e timorato di Dio quando parliamo. Signore, donaci un cuore saggio per capire il tempo che stiamo attraversando. E aiutaci a usare il linguaggio per affermarci e prosperare nel nome di Gesù. Amen! Dio vi benedica!

24 OTTOBRE

PRIVILEGI DEI CHIAMATI E DEGLI ELETTI!

La Bibbia dice:

Matteo 22:14 Perché molti sono chiamati, ma pochi sono scelti.

Dio ha dato le prove a tutti coloro che sono chiamati da Lui. Chi supera le prove esce puro come l'oro. È pulito, santo e giusto. Sono chiamati eletti. È come una persona che fa domanda per una posizione con molti candidati. L'autorità preposta all'assunzione sceglierà colui che si qualifica e soddisfa le condizioni per il lavoro. La persona che viene scelta deve essere qualificata. Dio ha detto di seguirLo. Non seguite organizzazioni e pastori, ma Dio che si chiama Gesù. Se lo fate, allora:

1 Pietro 2:9 Ma voi siete una generazione eletta, un sacerdozio regale, una nazione santa, un popolo peculiare, per far risplendere le lodi di colui che vi ha chiamati dalle tenebre alla sua meravigliosa luce.

Il popolo di una nazione deve scegliere i suoi leader che applicano le leggi, i comandamenti e gli statuti di Dio, allora Dio benedirà quella nazione. Vediamo il caos nella vita, nelle contee e nelle nazioni perché non hanno le vie di Dio. Pregate che il Signore mandi anche autorità spirituali per la guida.

Efesini 4:11 Ad alcuni ha dato degli apostoli, ad altri dei profeti, ad altri degli evangelisti, ad altri ancora dei pastori e degli insegnanti, 12 per il perfezionamento dei santi, per l'opera del ministero, per l'edificazione del corpo di Cristo.

Quando l'autorità ascolta la volontà di Dio, produce una generazione di santi, di discepoli di Dio, di popolo e di nazioni sante e particolari. Ma se l'autorità è come una vipera, ladra, gelosa e avida, formerà una generazione di adulteri e vipere. State vivendo sotto i vostri privilegi se obbedite alla cosiddetta religione, ma non al Signore. Gesù ha detto: "Seguitemi, questo è per voi, per me, per gli apostoli, i profeti, gli evangelisti, i pastori e gli insegnanti". Se tutti noi seguiamo Gesù, allora possiamo essere al di sopra, al vertice, al primo posto, altamente favoriti e benedetti. Cercate le autorità che temono Dio e non le persone. Dio ci ha chiamati per sé, per promuovere il Suo regno. Preparatevi ogni mattina ad ascoltare e a obbedire al vostro incarico quotidiano arrendendovi e obbedendo a Dio. Il piano di Dio è già pronto, dobbiamo solo attingervi.

Efesini 2:20a E sono edificati sul fondamento degli apostoli e dei profeti.

Cercate quindi ciò che gli apostoli e i profeti hanno insegnato nella Bibbia. Non c'è bisogno di passare attraverso qualcuno una volta che ci siamo pentiti e battezzati nel nome di Gesù e abbiamo ricevuto lo spirito di Dio parlando in lingue. Abbiamo accesso al luogo santo del luogo santo. Non abbiamo bisogno del sacerdote o del sommo sacerdote. Quando ascoltiamo la predicazione, assicuriamoci che sia la Parola di Dio.

Atti 17:11 Questi erano più nobili di quelli di Tessalonica, in quanto accoglievano la parola con prontezza di spirito e scrutavano ogni giorno le Scritture per verificare se quelle cose fossero vere.

Non lasciatevi guidare da falsi insegnanti e profeti.

1 Pietro 2:5 Anche voi, come pietre vive, siete costruiti come una casa spirituale, un sacerdozio santo, per offrire sacrifici spirituali, graditi a Dio per mezzo di Gesù Cristo.

Mentre pregavo, mi sono ricordata di essere nella Sua sala del trono. Posso dire che la mia risposta sta arrivando. Diventiamo disperati nei momenti di prova e di difficoltà. Uno di questi momenti è stato quando ho perso mia madre. Ho chiesto a Dio: "Non voglio che mia madre se ne vada. Aiutami, Signore", e Lui mi ha detto di andare il tal giorno. Così ho prenotato il biglietto per raggiungerla quel giorno. Mia madre è morta il giorno precedente. Vedete, possiamo parlare con Dio dei nostri sentimenti personali e della nostra guida personale. Egli è un Dio compassionevole e ti capisce più di chiunque altro.

Una volta stavo attraversando una prova infuocata e ho chiesto a Dio: "Perché non vengo guarita?". Lui mi disse: "È il processo del tempo. Un giorno camminerai e poi correrai. Ci vorrà del tempo, perché questo è un lungo periodo di prova, ma ne uscirai come oro". Io ho Dio, cammino con Lui e parlo con Lui. Il nostro problema è che non andiamo da Dio.

Giovanni 1:12 Ma a quanti lo hanno accolto, ha dato il potere di diventare figli di Dio, a quanti credono nel suo nome:

Davide, Daniele, Giuseppe, Giacobbe, Paolo, Pietro e molti altri hanno avuto il privilegio di rivolgersi a Dio, loro padre. Anche voi potete andare da Lui ed Egli vi condurrà e vi guiderà. Camminare con Gesù e osservare i suoi statuti e comandamenti è la chiave per continuare il rapporto. Dio ci dà per primo e noi dobbiamo offrirglielo per ricevere la benedizione sul resto. In questa dispensazione non abbiamo un tempio, quindi date ai veri apostoli, ai missionari, ai pastori, ai profeti e agli evangelisti che lavorano come operai nel campo del mondo. Sostenete coloro che scacciano i demoni, guariscono i malati, insegnano casa per casa. Date a chi va in giro per le città e per il Paese come operai di Gesù. Date ai poveri, agli ignudi e agli affamati.

Proverbi 3:9 Onora il Signore con le tue sostanze e con le primizie di tutto il tuo raccolto.

Le Sue promesse sono più grandi.

Filippesi 4:19 Ma il mio Dio provvederà a ogni vostro bisogno secondo le sue ricchezze nella gloria, per mezzo di Cristo Gesù.

Ricordate, molti cosiddetti dei e dee hanno molti rituali, cerimoniali, tradizioni e costumi che vi terranno sempre in schiavitù. Ma Gesù dà. Ha dato la Sua vita, ha preso le malattie e ha promesso il paradiso per chi nasce di nuovo. Le persone più privilegiate sono il popolo di Dio. Quando ci si rivolge a Dio, la prima esperienza che si fa è di pace, gioia e conforto. Abbiamo lo Spirito Santo che ci insegna e ci guida. Siamo chiamati i benedetti da Dio. I cristiani sono protetti da Satana, dalle malattie, dalle tenebre e dalla povertà. La loro terra è feconda. Il nostro Dio benedice la nostra terra, i frutti, gli alberi, i raccolti, gli uccelli, gli animali e tutto ciò che abbiamo. Le nazioni che temono Dio sono diverse. Tutte vogliono trasferirsi in una nazione ricca, per poter avere ciò che desiderano. Molti popoli i cui dèi non sono reali possono avere denaro, ma le cose non sono ancora facilmente disponibili. Non importa quello che dicono, vagano da una nazione all'altra in cerca di cibo, di un lavoro e di una vita migliore. Basta andare a cercare le radici delle benedizioni. È il Signore che è chiamato Re dei Re e Signore dei Signori. Che il Signore apra la cecità degli occhi e la sordità delle orecchie. Siate il modello di Cristo per dimostrare che il vostro Dio è reale e vero. La nostra ombra, la nostra presenza, il nostro spirito e la nostra vita devono essere la luce nelle tenebre. Il nostro Dio manterrà la differenza tra credenti e non credenti. Molte nazioni hanno testimoniato che Gesù benedice le nazioni che credono in Lui. Il proprietario e sostenitore del Suo popolo e della terra.

Isaia 1:19 Se sarete disposti e obbedienti, mangerete i beni del paese.

La povertà non è la parte del popolo di Dio. Stavo parlando con alcune persone che si sono recentemente convertite a Gesù. Mi hanno detto che la prima cosa che hanno notato è che il loro stipendio non è aumentato, ma hanno tutto ciò di cui hanno bisogno. Hanno persino costruito una nuova casa, un congelatore, telefoni, moto e quant'altro. "Prima offrivamo poco e non avevamo nulla, ma ora è tutta un'altra storia. Ci svegliamo affamati ma non andiamo mai a dormire affamati. Le nostre provviste sono sempre presenti". I nostri privilegi hanno una condizione: dobbiamo amare il Signore con tutto il cuore, la mente, l'anima e la forza.

Deuteronomio 11:27 Una benedizione, se obbedite ai comandamenti del Signore vostro Dio che oggi vi comando.

Il cielo sta aspettando me e voi che siamo nati di nuovo. Abbiamo una casa eterna. Non è bello? Sono così entusiasta che Dio ci abbia dato ciò di cui abbiamo bisogno e che il nostro futuro sia luminoso per l'eternità. Che il Signore vi benedica.

PREGHIAMO

Padre celeste, abbiamo il privilegio di essere chiamati Tuoi figli. Avendo il Signore Gesù come nostro Dio, abbiamo conforto, pace, forza, guarigione, Angeli, e molto di più per la nostra protezione e il nostro bisogno. Che il Signore cambi il cuore di coloro che non hanno sperimentato la misericordia e la bontà di Dio. Conoscere Gesù e camminare con te è il più grande privilegio. Non lasciare che ci lasciamo sviare dagli idoli, dai cosiddetti dei e dalle dee che non vedono e non sentono. Signore Gesù, ti ringraziamo per aver creato la terra per le Tue creazioni. La Tua Parola è vera. Non dipendiamo dalla scienza o dalla tecnologia. Possiamo guarire nel nome di Gesù. Nel Tuo nome, abbiamo autorità sulla situazione. Nel Tuo nome ci opponiamo al diavolo e alle sue tattiche. Nel nome di Gesù, abbiamo tutto ciò di cui abbiamo bisogno. Il nostro Dio è una benedizione. Dio ci ha benedetto con una mente sana. Il Signore Gesù ci ha protetto da Satana, che viene per uccidere, rubare e distruggere. Non ha nulla di impossibile e ci ama abbastanza da dare la Sua vita, che è nel Suo sangue. Ti siamo grati per averci dato la Tua vita, nel nome di Gesù! Amen! Dio vi benedica!

25 OTTOBRE

CHI È GESÙ?

E Geova? Sei solo Gesù? Credete che se avete visto Gesù, avete visto Geova Dio?

1 Corinzi 2:8 che nessuno dei principi di questo mondo ha conosciuto; perché se l'avessero conosciuto, non avrebbero crocifisso il Signore della gloria.

Sì, il Gesù crocifisso era il Geova venuto a schiacciare Satana sotto i Suoi piedi versando il Suo sangue. Quando Gesù salì, il cielo lo accolse come Re della gloria. È entrato nel luogo santo del cielo con ogni goccia del sangue che ha versato per i nostri peccati.

Salmi 24:7 Alzate il capo, o porte, e siate sollevati, o porte eterne, e il Re della gloria entrerà.

Non si tratta di una battaglia ordinaria, ma di una battaglia per la vostra e la mia anima. È per tutti e non solo per i discendenti di Abramo. È il Dio Geova che ha detto: "Vi acquisto con il mio sangue".

Atti 20:28b per nutrire la Chiesa di Dio, che egli ha acquistato con il proprio sangue.

Chi ha acquistato con il proprio sangue? Dio! Un Dio, che si è fatto carne, aveva un nome segreto dato dagli angeli. È il nome più alto di tutti i nomi precedenti dell'Antico Testamento di Geova. La Bibbia ha citato 956 nomi e titoli di Dio. Ma alla fine, questo vero Dio che si veste di carne disse: "Ora, il mio nome nel Nuovo Testamento è Gesù".

Giovanni 5:43a Io vengo nel nome del Padre mio.

Gesù significa Geova Salvatore, Hoshea Yehoshua Yeshua. Il verbo ebraico Yasha significa liberare, salvare o soccorrere. Quindi, se vi chiamano solo Gesù, vi stanno dicendo la verità. Gesù è il nome superiore a tutti i precedenti nomi di Geova. Il tanto atteso Geova camminava sulla terra.

Isaia 35:3 Rafforzate le mani deboli e confermate le ginocchia deboli. 4 Dite a quelli che hanno il cuore impaurito: "Siate forti, non temete; ecco, il vostro Dio verrà con la vendetta, Dio con la ricompensa; verrà e vi salverà". 5 Allora si apriranno gli occhi dei ciechi e si schiuderanno gli orecchi dei sordi. 6 Lo zoppo balzerà come un leprotto e la lingua del muto canterà, perché nel deserto sgorgheranno le acque e nel deserto i ruscelli.

Non è forse vero che la gente ci chiama "solo Gesù"? Sì, non siamo solo il diavolo, ma solo Gesù. Un giorno tutti dovranno confessare e inchinarsi davanti al Nome di Gesù.

Filippesi 2:10 Affinché nel nome di Gesù ogni ginocchio si pieghi, sia quello dei cieli che quello della terra, e quello di tutti gli altri e delle cose sotto la terra; 11 e che ogni lingua confessi che Gesù Cristo è il Signore, a gloria di Dio Padre.

L'Antico Testamento dichiara lo stesso per Geova Dio, sapendo che il futuro nome di Geova sarà Gesù.

Isaia 45:22 Guardate a me e siate salvati, tutti i confini della terra, perché io sono Dio e non ce n'è un altro. 23 Ho giurato per me stesso, la parola è uscita dalla mia bocca con giustizia e non tornerà indietro, che a me ogni ginocchio si inchinerà, ogni lingua giurerà.

È il nome di salvezza per tutta la Sua creazione, poiché in questo nome Gesù ha nascosto il sangue di Geova.

Filippesi 2:9 Perciò Dio lo ha anche altamente esaltato e gli ha dato un nome che è al di sopra di ogni nome.

Vedete perché il diavolo non può usare il nome di Gesù nel battesimo? Poiché quest'ultimo serve a perdonare i peccati e se si pronuncia il nome salvifico di Geova, Gesù, esso cancellerà i peccati in quel nome. C'è del sangue nascosto in quel nome, Gesù.

1 Giovanni 5:8 Tre sono i testimoni sulla terra: lo spirito, l'acqua e il sangue; e questi tre concordano in uno.

Dov'è il sangue? Senza sangue non c'è perdono dei peccati. Il battesimo d'acqua del Nuovo Testamento è per il perdono dei peccati. Il discepolo Giovanni spiega dove si trova il sangue.

1 Giovanni 5: 6 Questo è colui che è venuto per mezzo dell'acqua e del sangue, anche (anche =kai= che è) Gesù Cristo; non per acqua soltanto, ma per acqua e sangue.

Le persone che non vogliono usare il nome sono quelle che non hanno alcuna rivelazione su chi sia Gesù. Se non avete una rivelazione di Gesù, allora non siete la chiesa acquistata dal sangue. Si interrompe la chiesa in cui Geova è venuto in carne e ossa per ricomprare la Sua sposa. Siete un rifiuto del nome. Il nome di Gesù non ha nulla a che fare con voi. Chi rifiuta il nome di Gesù non conosce il Padre.

1 Giovanni 3:1 Ecco quale amore ci ha dato il Padre per essere chiamati figli di Dio; perciò il mondo non ci conosce, perché non lo ha conosciuto. 5 E voi sapete che egli è stato manifestato per togliere i nostri peccati; e in lui non c'è peccato. Chi non crede che lo Spirito di Dio si sia rivestito di carne è chiamato anticristo. Abbiamo una maggioranza di chiese fondate su una falsa dottrina.

Giovanni ci avverte di non credere a ogni spirito. Molti, non pochi, ma molti falsi profeti sono andati nel mondo e hanno fondato chiese per distogliervi dal seguire Gesù. Come fate a sapere che questi falsi profeti non crederanno che Gesù è il Cristo, il Messia, il Salvatore, il Figlio di Dio? L'ultimo sopravvissuto Giovanni l'amato li avverte e ci avverte:

1 Giovanni 4:2 In questo modo conoscete lo Spirito di Dio: Ogni spirito che confessa che Gesù Cristo è venuto nella carne è da Dio: 3 e ogni spirito che non confessa che Gesù Cristo è venuto nella carne non è da Dio: e questo è lo spirito dell'anticristo, di cui avete sentito dire che sarebbe venuto; e già ora è nel mondo.

Il libro di Giovanni dice che il Verbo era Dio e si è manifestato in carne e ossa Giovanni 1:1, 14. Ora, il suo primo scritto lo spiega chiaramente

1 Giovanni 5:20 Ora il suo primo passo spiega chiaramente 1 Giovanni 5:20 E sappiamo che il Figlio di Dio è venuto e ci ha dato una comprensione, affinché possiamo conoscere colui che è vero, e siamo in colui che è vero, anche nel suo Figlio Gesù Cristo. Questo è il vero Dio e la vita eterna.

Il termine Figlio di Dio significava Dio in carne e ossa, non il figlio di Giuseppe. Gesù confessò di essere il Figlio di Dio. Era molto offensivo e fu punito con la morte per blasfemia. Sulla base della confessione, lo crocifissero. Era una bestemmia, poiché erano sicuri che fosse un figlio di Giuseppe e non Dio in carne e ossa, cioè il Figlio di Dio. Un ebreo credente in Dio tentò di lapidare Gesù per la Sua confessione di essere il Figlio di Dio. La terminologia ebraica, Figlio di Dio, significava Dio in carne e ossa. Il nome di Gesù non era un problema, ma dire Figlio di Dio sì. Lo rendeva Dio, non la seconda persona dell'insegnamento di Satana.

Giovanni 5:18 Perciò i Giudei cercavano di più per ucciderlo, perché non solo aveva violato il sabato, ma aveva anche detto che Dio era suo Padre, facendosi uguale a Dio.

Che il Signore vi dia oggi la rivelazione di questo nome meraviglioso, un nome al di sopra di tutti i Suoi nomi. E io confesso di essere solo Gesù. Amen!

PREGHIAMO

Signore, ti ringraziamo. Chiamiamo Gesù solo le persone. È il nome che pronunciamo; battezziamo per il perdono dei nostri peccati. Conosciamo il potere del nome da quando il demone trema e obbedisce. È il nome che è stato nascosto per secoli. Sono così felice che tu mi abbia dato il cuore obbediente di battezzarmi per lavare i miei peccati nel Tuo prezioso nome. Signore, fa' che la mia famiglia si battezzi nel nome di Gesù nel battesimo d'acqua. Mi sono meravigliata e stupita nel vedere l'intervento del mio cuore, consapevole e che toglieva la pesantezza delle montagne di peccati. Vogliamo che gli altri conoscano il nome altissimo di Geova Dio per questa Nuova Alleanza. Tutte le alleanze sono di sangue, ma quest'ultima è con il Suo sangue. Grazie per aver indossato la carne e versato il sangue. Non abbiamo parole per ringraziarti. Signore, benediciamo il Tuo Santo nome nel nome di Gesù. Amen! Dio vi benedica!

26 OTTOBRE

NON COME SI INIZIA, MA COME SI FINISCE!

Si dice che sia più importante la fine che l'inizio. Sappiamo che il Signore aveva detto: "Per quanto oscuri siano i vostri peccati, se vi pentite, lavate i vostri peccati nel sangue di Gesù nel battesimo d'acqua, cancellerà i vostri peccati e diventerete puliti". Che bello!

Il ladro sulla croce incontrò il Signore e disse:

Luca 23:40 Ma l'altro, rispondendo, lo rimproverò dicendo: "Non temi Dio, visto che sei nella stessa condanna? 41 E noi siamo giusti, perché riceviamo la giusta ricompensa delle nostre azioni; ma quest'uomo non ha fatto nulla di male. 42 E disse a Gesù: "Signore, ricordati di me quando verrai nel tuo regno".

Il timore di Dio è importante. Il ladro non giustificò i suoi peccati, ma li confessò. Ha riconosciuto l'uomo sulla croce con potere e autorità. Dobbiamo riconoscere l'autorità e il potere di Dio per entrare nel Suo tribunale. Egli ha tutto il potere. Il Signore Gesù ha il potere di perdonare i nostri peccati per poter entrare in Paradiso. Il prezzo del peccato è la morte. Il ladro sulla croce ha finito bene, perché ha riconosciuto Dio accanto a sé e ha fatto il necessario.

43 E Gesù gli disse: "In verità ti dico che oggi sarai con me in paradiso".

Tutti coloro che erano in Egitto hanno iniziato la loro vita come schiavi. Quando hanno gridato, Dio li ha liberati. La famiglia in cui si nasce non è importante quanto il modo in cui si finisce. Potete fuggire dal titolo di povero, schiavo, gentile, perduto, ladro, bugiardo, assassino, indù, battista, cattolico, pentecostale, mormone, testimone di Geova o qualsiasi altro. È nelle vostre mani trovare una via d'uscita. La famiglia di Mosè era una schiava; Davide era un pastorello, nemmeno riconosciuto dalla famiglia.

1 Samuele 16:11a Samuele disse a Iesse: "Sono qui tutti i tuoi figli?". Ed egli rispose: "Rimane ancora il più giovane, ed ecco che custodisce le pecore".

Così Davide non finì la sua vita custodendo le sue poche pecore. Cercò Dio e Dio trovò il suo cuore a posto con Lui. Servite Dio con tutto il cuore. Pietro ha affrontato tutti coloro che hanno crocifisso o acconsentito a crocifiggere:

Atti 2:36 Sappia dunque con certezza tutta la casa d'Israele che Dio ha costituito Signore e Cristo quello stesso Gesù che voi avete crocifisso. 37 All'udire ciò, si sentirono pungere il cuore e dissero a Pietro e agli altri apostoli: "Uomini e fratelli, che cosa dobbiamo fare? 38 Allora Pietro disse loro: "Pentitevi e ciascuno di voi sia battezzato nel nome di Gesù Cristo per la remissione dei peccati e riceverete il dono dello Spirito Santo".

Vedete, avete sbagliato, ma non andate nella tomba con tutti i vostri peccati. Prima di lasciare la terra, fatevi perdonare i vostri peccati. È la via d'uscita dall'inferno, la schiavitù non è più la vostra parte. Quando riconoscete i vostri peccati, pentitevi degli stessi. Ed entrate nell'acqua nel nome di Gesù per cancellare tutti i vostri peccati. Il prezzo del peccato è la morte all'inferno. Ricordate che tutti hanno peccato. Che il Signore ci dia il Suo nome e ci benedica con il dono del pentimento.

Proverbi 14:12 C'è una via che sembra giusta all'uomo, ma la sua fine è la via della morte.

Ricordate sempre che nessuno di noi nasce senza peccato. Tutti hanno peccato e questo è il motivo per cui Gesù è venuto a dare il sangue. Il sangue ha vita e Lui ha dato la vita per i nostri peccati. Ladri da una parte e dall'altra del Salvatore. Uno derideva il Signore, l'altro si pentiva. Erano a un passo dall'inferno e dal paradiso. Paolo sta parlando del paese più liberale di Corinto.

1 Corinzi 6:9 Non sapete che gli ingiusti non erediteranno il regno di Dio? Non v'ingannate: né fornicatori, né idolatri, né adulteri, né effeminati, né abusatori di se stessi con gli uomini, 10 né ladri, né bramosi, né ubriaconi, né libertini, né estorsori erediteranno il regno di Dio.

Dio ha chiamato i peccatori ad accettare l'invito e a compiere i passi necessari prima di lasciare la terra. Non vivete sotto le maledizioni, le malattie, le schiavitù e nelle tenebre ma:

11 E alcuni di voi erano così; ma siete stati lavati, siete stati santificati, siete stati giustificati nel nome del Signore Gesù e per mezzo dello Spirito del nostro Dio.

Lavate i vostri peccati nell'acqua usando il nome di Gesù. Il nome di Gesù ha sangue. Ricevete lo Spirito Santo perché vi dia la forza di continuare nella verità. Il Signore ci aiuti ad accettare la verità. Essa ha il potere di liberare. Tutti coloro che amano la verità la troveranno. Il nome del battesimo di Gesù è combattuto. Perché? Il diavolo non ama il sangue; odia il sangue che è vita. Il sangue è la chiave per i gentili o gli ebrei per conoscere il ruolo di Geova nella carne per il tempo della fine. È il piano di redenzione eterna di Dio per la Sua creazione. Molti di coloro che hanno sperimentato il sangue del Salvatore possono testimoniare che si tratta della più potente esperienza di nascita dall'acqua. A prescindere da tutto, se gridate a Dio e dite: "Sto cercando una via d'uscita dall'inferno", il Signore è misericordioso se cercate di uscire dall'inferno. Il Signore è misericordioso se cercate la verità per liberarvi dai peccati, dalle malattie e dal fuoco dell'inferno. Tutta la vostra fatica sarà finita. Ci sono molte cosiddette usanze per il perdono dei peccati, ma nessuna ha il sangue di Gesù. Ma noi abbiamo il bellissimo nome di Gesù, dove è nascosto il sangue versato del Salvatore. Che il Signore Gesù ci benedica con la saggezza come il ladrone sulla croce accanto a lui. Cioè sapere chi è Gesù come il ladro sulla croce, Pietro, Paolo e molti altri. Se non avete una rivelazione di Gesù, allora inizierete un'altra confusa denominazione o organizzazione.

Salmo 107:6 Allora essi gridarono al Signore nelle loro difficoltà ed egli li liberò dalle loro angosce.

Ho letto un libro scritto da un evangelista dell'India del Nord. Quest'uomo ha trovato la verità scritturale sul battesimo nel nome di Gesù e ha iniziato a predicare su di esso. Era all'università teologica e mise in dubbio il nome di Gesù nel battesimo. Il seminario lo cacciò. Ma aveva visto la cosa nel libro degli Atti, così ha continuato a cercare qualcuno che lo battezzasse nel nome di Gesù. Infine, il Signore lo condusse da questo missionario che aveva la verità e lo battezzò nel nome di Gesù. Non aveva bisogno della laurea per essere fuorviato. In seguito, ci fu un risveglio nella parte settentrionale dell'India. Anche se le autorità religiose parlavano contro di lui, il Signore era con lui. Sono avvenuti molti miracoli. Ha liberato molti. Molti scoprono la verità e non fanno nulla per diffonderla per promuovere il regno. Non si tratta di Broadway, ma della via stretta. Si tratta di trovare e mantenere la verità. A me interessa solo la verità.

Matteo 15:14 Lasciateli stare: sono ciechi che guidano i ciechi. E se il cieco guida il cieco, entrambi cadranno nel fosso.

Il seguace di Gesù finisce bene. Molti sono chiamati e pochi sono scelti. Solo pochi? Dio paragona il tempo di Noè con la sua seconda venuta. Quanti si sono salvati, solo otto? Abbiamo contaminato la terra con i peccati. Stare da soli va bene, ma io voglio finire la mia corsa in sicurezza. Voglio sentire la parola "ben fatto", entrare nella porta perlata per incontrare il mio salvatore. L'intera intenzione della vita è di entrare attraverso la porta della morte fisica per il riposo eterno della mia anima. Amen!

PREGHIAMO

Signore, siamo perduti, abbi pietà di noi. Il sangue di Cristo ha salvato i peccatori. Siamo grati per il sangue. Il sangue degli animali non ha più bisogno di essere versato. Abbiamo il sangue inestimabile del Salvatore. Il sangue è inestimabile e viene valutato così poco da molti. Noi che siamo salvati sappiamo quanto sia importante il nome di Gesù nel battesimo. Siamo grati per aver perdonato i peccati di un ladro. Il mondo non lo ha perdonato, ma il Signore gli ha dato la vita eterna. La nostra preoccupazione è la vita eterna. Vogliamo entrare nel riposo eterno. All'inferno non c'è riposo. Abbiamo bisogno della Sua unzione per predicare la verità fino alla fine. Vale la pena vivere anche se otto giusti si salvano. Il nostro Dio ha predicato fino all'ultimo respiro che ha fatto sulla terra. Non è mai tardi per rivolgersi a te per ascoltare il piano di salvezza. Vogliamo essere predicatori della verità. La verità libererà e ha liberato le persone dal fuoco dell'inferno, dalle malattie, dall'oppressione e dai morbi. Ti ringraziamo per la verità, nel nome di Gesù. Amen! Dio vi benedica!

27 OTTOBRE

PIANTATE LA PAROLA COME UN SEME!

La Bibbia parla del seme. Il seme è la Parola di Dio e quando si parla il seme germoglia.

Quando parlate della Parola agli altri e questi rispondono credendo e obbedendo alla Parola, vedrete la potenza manifestarsi in voi e in coloro che credono. Molti non si pentono, quindi la Parola non crescerà in un terreno cattivo. Il vostro cuore è il luogo in cui inizia la vostra vita.

Marco 7:20 E disse: "Ciò che esce dall'uomo, contamina l'uomo". 21 Perché dal di dentro, dal cuore dell'uomo, escono pensieri malvagi, adulteri, fornicazioni, omicidi, 22 furti, cupidigia, malvagità, inganno, lascivia, malocchio, bestemmia, superbia, stoltezza; 23 tutte queste cose cattive vengono dal di dentro e contaminano l'uomo.

Il cuore deve essere fondato e deve essere puro. Dobbiamo quindi pentirci e smettere di vivere nel peccato. Gesù Cristo non ha dovuto pentirsi perché era un Dio senza peccato nella carne. Quindi, quando iniziate a camminare nella rettitudine e rimuovete ogni malvagità dal vostro cuore, iniziate a piantare la Parola di Dio ed essa crescerà. Se pregate e praticate la Parola di Dio, vedrete la potenza della Parola.

1 Pietro 1:22 Avendo purificato le vostre anime nell'obbedienza alla verità per mezzo dello Spirito e nell'amore sincero dei fratelli, guardate di amarvi gli uni gli altri con cuore puro e fervente; 23 essendo nati di nuovo, non da seme corruttibile, ma incorruttibile, per mezzo della parola di Dio, che vive e rimane in eterno. 24 Poiché ogni carne è come l'erba e tutta la gloria dell'uomo come il fiore dell'erba. L'erba appassisce e il suo fiore cade; 25 ma la parola del Signore dura in eterno. E questa è la parola che vi è stata predicata per mezzo del Vangelo.

Tempo fa una mia amica di lavoro ha condiviso una testimonianza del potere di piantare il seme nel suo cuore. Suo marito voleva usarla per chiamare qualcuno e lei sentiva che non era giusto. Poiché era ormai cristiana, si rifiutò di farlo e il marito, che era ubriaco, si alzò per picchiarla. Nel tentativo di difendersi, le venne in mente e nel cuore questa Scrittura e pronunciò:

1 Giovanni 4:4b Più grande è colui che è in te (che è in lei), di colui che è nel mondo.

Poi sentì un grande scoppio e suo marito fu scaraventato contro il muro come una palla. Sapeva che era un Angelo. Dopo quell'incidente, lui non cercò più di farle del male. C'è potere nel pronunciare la Parola di Dio. Dall'abbondanza del cuore la bocca parla. Quindi nutrite il vostro cuore e la vostra mente con la Parola di Dio, la Bibbia. Così facendo, essa uscirà dalla vostra bocca. Il vostro compito è quello di piantare la parola nel terreno buono del vostro cuore ed estirpare le cose cattive che sono germogliate.

Gesù è la Parola in carne e ossa. Ha scritto la Parola di Dio, quando ha parlato si sono aperti occhi ciechi e sono state guarite membra mancanti. Non ha fatto altro che pronunciare la Parola. Capite perché il Signore ha fatto quello che ha fatto? So che quando si parla della Parola si riceve una grande unzione. Un giorno dovevo comprare delle tovaglie. Ho detto: "Signore, odio andare al centro commerciale, ma tu sai bene dove devo andare, quindi ti prego di guidarmi e di condurmi lì". Andai esattamente nello stesso posto dove c'erano le tovaglie.

Ciò che abbiamo nel cuore è ciò che diremo. Se abbiamo paura, rabbia, gelosia, orgoglio o qualsiasi cosa che non sia buona, verrà fuori. È nostra responsabilità mettere i SUOI comandamenti nel nostro cuore.

Deuteronomio 6:6 Queste parole, che oggi ti comando, ti staranno nel cuore; 7 le insegnerai diligentemente ai tuoi figli e ne parlerai quando sarai seduto in casa tua, quando camminerai per la strada, quando ti coricherai e quando ti alzerai. 8 Li legherai come segno sulla tua mano, e saranno come frontespizi tra i tuoi occhi. 9 Li scriverai sui pali della tua casa e sulle tue porte.

Il primo comandamento è il primo, perché in questo mondo la gente ha molti dei e dee. Se sapete cosa dice Dio, il diavolo dice esattamente il contrario.

Deuteronomio 6:4 Ascolta, o Israele: Il Signore nostro Dio è un solo Signore: 5 E amerai il Signore tuo Dio con tutto il tuo cuore, con tutta la tua anima e con tutte le tue forze.

Questo è il primo comandamento. Cosa avete nel cuore? Il primo comandamento o una falsa dottrina? La falsa dottrina ha preso di mira il primo comandamento. Lavoro ben fatto, diavoli. Lo scriba fece la prima domanda.

Marco 12:28 Giunse uno degli scribi e, avendoli sentiti ragionare insieme e avendo visto che aveva risposto bene, gli chiese: "Qual è il primo comandamento di tutti?"

Vedete la risposta. Questo è ciò che gli ebrei hanno sempre piantato nel loro cuore. Dio non può diventare due o tre.

Marco 12:29 Gesù gli rispose: "Il primo di tutti i comandamenti è: Ascolta, o Israele: il Signore nostro Dio è un solo Signore; 30 e amerai il Signore tuo Dio con tutto il tuo cuore, con tutta la tua anima, con tutta la tua mente e con tutta la tua forza; questo è il primo comandamento.

Queste sono le parole fondamentali, come un seme che dobbiamo piantare. Se abbiamo delle domande, dobbiamo andare dall'autore del libro. Il suo nome è Gesù. Se avete domande sulla sua identità, andate da Lui. Egli ha detto: "Non cambiate la parola, ma conservatela come l'ho scritta". Questa rivelazione viene dal Suo Spirito, non dalla carne né dal sangue. Ciò significa che non va a qualcuno che ha ucciso il primo comandamento e si è accordato con il diavolo, che sa più di Dio. Si tratta della vostra anima e della vostra salvezza. Dio ha nascosto la verità a chi non ama la verità. Il diavolo ruba la parola seminata se non custodite il vostro cuore obbedendo alla Parola. Se ci sono ulteriori domande, studiate la Parola da una vera copia incorrotta della Bibbia, che è la KJV.

La semina di parole sul terreno pulito e fertilizzato farà crescere i buoni santi. Possa il Signore aiutarci a non essere mai d'accordo con l'enorme folla che segue i falsi insegnanti e profeti. Qualcuno ha chiesto perché i cristiani nati di nuovo battezzati nel nome di Gesù hanno una vita difficile? I falsi insegnanti e i profeti cercano di spaventare le persone che non vogliono entrare nel sentiero stretto. Entriamo attraverso la porta stretta, che significa ristretta. Non siete su una via larga. Gesù e tutti i suoi discepoli hanno osservato la Parola nei momenti di difficoltà. Anche se il Signore li ha tirati fuori da alcuni di essi. No, il Signore li ha tirati fuori da tutti. Ricordate che il nostro compito è quello di piantare la verità. Aspettate che la Parola germogli e la bocca del diavolo si chiuderà. Quando guarite i malati, scacciate i demoni e risuscitate i morti non è così importante, ma Dio che scrive il vostro nome nel libro della vita è più importante di qualsiasi altra cosa. Ascolto la Bibbia 24 ore su 24, 7 giorni su 7. Non voglio altro che la Parola di Dio nel mio cuore. Amen!

PREGHIAMO

Signore, sei sempre sorprendente. Siamo i più privilegiati ad avere la Parola da te. Non è la parola dell'uomo, ma di Dio. Aiutaci a leggere, studiare e meditare per trovare la direzione della vita. Vogliamo essere chiamati una generazione santa, giusta e reale. È il Signore che ci ha chiamati dalle tenebre alla Sua meravigliosa luce. La Sua Parola è luce in noi. Ogni lampada che abbiamo è la Tua Parola. Aiutaci, Signore, a fare ciò che dice la Parola. Aiutaci a credere come dice la Tua Parola. Essa è l'unica garanzia che abbiamo. È un assegno in bianco da non conservare, ma da riempire per incassarlo. Possiamo riempire la Tua parola con il nostro nome, con il nome dei nostri figli e con il nome di chiunque. È sempre buona per ogni situazione o circostanza. Dio, ti siamo grati per la Parola manifestata in carne e ossa che cammina in mezzo alla Tua creazione. Molti hanno sperimentato la potenza della Parola. Lascia che Dio viva nei nostri cuori come Spirito Santo. Tu riempi il mondo, ma vieni a vivere in noi. Ti ringraziamo per la Parola che vive in noi, nel nome di Gesù! Amen! Dio vi benedica!

28 OTTOBRE

VENGA IL TUO REGNO SULLA TERRA!

Dio governa in cielo. Egli ha creato la terra e ha dato all'uomo l'autorità di custodire, gestire e tenere in ordine la terra. Se si eseguono i compiti assegnati da Dio allora il Signore farà la Sua parte. Ma se non lo fate, perderete ogni potere e autorità. Ora il Signore ha dovuto combattere il diavolo che ha ingannato una donna e un uomo disattenti. Che il Signore vi mostri un quadro generale del regno e di come funziona sotto la sovranità di Dio. Il Signore vi ha dato una vigna da curare. Dove vi state interrogando, osservando e parlando? Nei luoghi proibiti? Che il Signore ci aiuti a fare molta attenzione a custodire i nostri passi, i nostri occhi e la nostra vita. Le nostre scelte nella vita porteranno una ricompensa terribile o grande. Molti hanno preso la direzione senza un direttore. Molti si sono sbagliati senza una guida. Non si può vivere senza il direttore della propria vita.

La nostra vita ha un grande significato se la trovate. Tenete duro e continuate ad andare fino al segno della croce. Paolo ha trovato il Re, gli ha permesso di essere il suo dominatore e ha riversato la sua vita nel regno. Non conosciamo Dio o ne sappiamo così poco da credere a chiunque parli di Gesù. Saltiamo sulla barca pensando che stia andando in paradiso. Assicuratevi che la barca abbia come guida lo Spirito Santo.

Il nostro Dio può portare il regno dei cieli sulla terra se ha un ascoltatore obbediente come Mosè e Abramo. L'obbedienza e la sottomissione sono le chiavi del vostro successo. Un vero Dio ha creato voi e me, ma prima ancora ha creato il luogo per voi e per me. Dio ama essere il re e il salvatore, ma chi lo sceglie come re siamo noi. È nostra responsabilità lasciare che Dio sia il sovrano, il fornitore e il salvatore della terra. La mangiatoia della terra è umana e Dio ci ha dato il libero arbitrio con pochissime restrizioni. Una piccola restrizione era solo per verificare se dovevano obbedire o meno. Molte volte avrei voluto che Dio ci avesse fatto come un robot. Ma il nostro Dio amorevole ci ha dato il libero arbitrio per scegliere chi vogliamo servire. Dio o noi stessi. L'auto-volontà conduce o trae in inganno dalla trappola terrena. Prestate attenzione alle istruzioni di Dio e state lontani dai piani che deteriorano di Satana. Il nostro buon Dio ha voluto camminare e parlare con noi per il nostro benessere. Il nostro benessere era una Sua responsabilità. Ma noi volevamo che Dio se ne andasse infrangendo una legge. Vietata era la Sua e la nostra prova. Il Signore disse: "Potete scegliere me come vostro Dio sovrano per prendervi cura di voi?". Abbiamo sempre delle leggi sulla terra. Hanno fatto rispettare alcune leggi se decidiamo di disobbedire. Dio ci dà tutto, il diavolo ci intrappola facendoci cadere nella trappola. Il diavolo è disobbediente e ce lo dimostra. Quando Dio dice che non dovete, il diavolo dice che dovete provare a farlo.

Il nostro Dio può fare ciò che ha promesso alla Sua creazione. Ma trova qualcuno che sappia seguire le Sue istruzioni? Trova uno che ascolti con attenzione e lo faccia con diligenza? Se il Signore trova un re che obbedisce, allora può mandare di nuovo il Suo regno sulla terra. Il nostro Dio ha bisogno di qualcuno che sappia ascoltare e obbedire. Che ne direste se foste proprietari di un'azienda e nessuno vi ascoltasse? Non potreste continuare a fare affari. Se ci rifiutiamo di obbedire ai governanti della nostra casa, allora sarà il caos.

Dio sta cercando qualcuno che lo voglia come capo, maestro, guida e Dio. Era libero arbitrio nel Giardino dell'Eden e lo è ancora oggi. A molti sfugge la comprensione dell'amore di Dio. Egli ama tutti i peccatori, ma non i loro peccati. I nostri peccati ci separano dal Suo ruolo di Re nella nostra vita. Che lo sappiate o no, una volta trasgrediti, Dio vi respingerà dalla relazione.

Ha permesso agli ascoltatori in obbedienza di rappresentarLo contro ogni opposizione. Il Signore non può portare il Suo regno senza cittadini che lo rispettino e lo riveriscano.

Il nostro Dio vuole che voi e io ascoltiamo la Sua voce. Vuole che sappiano che il Suo regno nei cieli può venire sulla terra. La ricchezza della conoscenza, le benedizioni, la protezione, le ricchezze, l'onore, la saggezza, la potenza e la forza del Signore saranno vostre. Che il Signore ci aiuti a far funzionare oggi il piano divino di Dio che non ha funzionato nel giardino dell'Eden. Controllate voi stessi e dite: "Signore, aiutami, voglio che la Tua volontà sia fatta sulla terra in cui vivo e in cui mi hai dato il potere di governare".

Genesi 1:26 Poi Dio disse: "Facciamo l'uomo a nostra immagine, a nostra somiglianza, e abbia il dominio su tutto ciò che è necessario, sui pesci del mare, sugli uccelli del cielo, sul bestiame, su tutta la terra e su tutti i rettili che strisciano sulla terra." 27 Dio creò dunque l'uomo a sua immagine, a immagine di Dio lo creò; maschio e femmina li creò. 28 E Dio li benedisse e disse loro: "Siate fecondi, moltiplicatevi, riempite la terra e soggiogatela; e abbiate dominio sui pesci del mare, sugli uccelli del cielo e su ogni essere vivente che si muove sulla terra".

Volete riavere il dominio? È ancora possibile se tornate al Signore. Bloccate le altre voci che ascoltate e smettete di seguire ciò che pensate sia giusto. Che il Signore ci aiuti a essere cercatori di Dio e ci aiuti a credere se gli diamo tutto e non abbiamo paura di nessun potere terreno. Ci sono posizioni nel Suo regno che Egli può dare. Non ha bisogno di persone codarde, ribelli o disobbedienti per costruire il suo regno. Il Re Gesù conosce molte persone ribelli, religiose e disobbedienti che costruiscono il loro regno. Ma con Dio bisogna ascoltare, obbedire e sottomettersi. Non ci sono altre domande. Egli vi condurrà alla fine prevista. Non è bello? Coloro che ascoltavano e ubbidivano a Dio erano le persone più ricche e benedette. Dio era il loro re.

Genesi 13:2 Abram era molto ricco di bestiame, di argento e di oro.

I suoi figli ascoltano Dio e sono ricchi, vedi Giacobbe.

Genesi 30:43 L'uomo aumentò molto, ebbe molto bestiame, serve e servi, cammelli e asini.

Nulla può fermare la moltiplicazione dei loro raccolti, nemmeno la carestia.

Genesi 26:12 Allora Isacco seminò in quel terreno e ricevette nello stesso anno il centuplo; e il Signore lo benedisse. 13 L'uomo divenne grande, andò avanti e crebbe fino a diventare molto grande.

Vedete, noi vogliamo tutto, ma non vogliamo Dio come Re. Se lo vogliamo, allora il Suo regno si stabilirà in noi. La terra può avere molte difficoltà con la troppa pioggia o la mancanza di pioggia, un tornado, un uragano, un terremoto o la lava, ma Dio dice che se glielo permettiamo, può aiutarci. Dio sa come provvedere e come benedire. Lasciate che il Signore sia il sovrano della vostra vita. Egli vuole il Suo regno qui sulla terra, ma ha bisogno di qualcuno che lo lasci entrare per farlo. Molti rifiutano Dio senza saperlo, ma oggi arrendetevi al Signore e vedrete quanto è buono. È diventato il mio Re e il mio Dio. Da oltre vent'anni non lavoro e vedo ancora i miracoli e le disposizioni. Ha fatto molte cose grandiose nella mia vita. Ha provveduto, ha guarito, ha protetto e mi ha benedetta. Mi ha arricchita con il Suo Spirito. In Lui c'è un buon gusto. Oggi permetteteGli di essere il vostro re. Egli vuole portarvi alla fine che vi aspettate. Permettete che il Suo regno venga sulla terra. Amen!

PREGHIAMO

Padre celeste, ti ringraziamo per il Tuo desiderio di essere sovrano e re sulla nostra vita. Grazie per averci dato il dono della vita. Aiutaci e rafforzaci di lasciarti essere il re della nostra vita. Il nostro Signore è buono, desidera portare il Suo regno sulla terra come in cielo solo se noi glielo permettiamo. Siamo noi che gli permettiamo di essere il padrone della nostra vita. Dio nostro, desideriamo che venga il Tuo regno. Signore, trovaci degni e fedeli. Che il Signore ci dia il Suo Spirito per guidarci e condurci. Il nostro Dio è un sostenitore della nostra anima. Che Nostro Signore invii la Sua parola a tutti coloro che desiderano e vogliono il Suo regno nella loro vita e nel loro Paese. Signore, sia fatta la Tua strada, sia fatta la Tua volontà in terra come in cielo. Nel nome di Gesù. Amen! Dio vi benedica!

29 OTTOBRE

SIETE STATI COMPRATI A SANGUE?

Il sangue ha vita. La vostra vita è stata salvata dalla vita di qualcun altro. Ciò significa che qualcuno ha dovuto versare il proprio sangue per salvare la vostra vita. Ricordate, salvarvi dalla pena di morte causata dal peccato costerà a qualcuno, che è nel sangue, la vita. Il prezzo del peccato è la morte. Dio disse che l'ultima piaga doveva uccidere i primogeniti degli Egiziani. La notte in cui Dio stava per uccidere i primogeniti, chiese: "Vai a uccidere l'agnello". Il Signore vi ha comprato con il sangue dell'agnello.

Esodo 11:1 Il Signore disse a Mosè: "Farò ancora una piaga sul Faraone e sull'Egitto; poi vi lascerà andare; quando vi lascerà andare, vi caccerà via del tutto". 4 E Mosè disse: "Così dice l'Eterno: Verso mezzanotte uscirò in mezzo all'Egitto; 5 e tutti i primogeniti del paese d'Egitto moriranno, dal primogenito del Faraone che siede sul suo trono fino al primogenito della serva che sta dietro al mulino, e tutti i primogeniti delle bestie.

Questa era la pena di morte pronunciata dal Signore sui primogeniti degli Egiziani. Per salvare gli Ebrei, il Signore chiese loro di prendere un agnello e di ucciderlo. Così Dio diede il sangue dell'agnello per la vita degli Ebrei.

Esodo 12:21 Poi Mosè chiamò tutti gli anziani d'Israele e disse loro: "Tirate fuori e prendete un agnello secondo le vostre famiglie e uccidete la Pasqua. 22 Poi prenderete un mazzo di issopo, lo intingerete nel sangue che è nel bacino e colpirete l'architrave e i due montanti laterali con il sangue che è nel bacino; e nessuno di voi uscirà dalla porta della sua casa fino al mattino.

È un dato di fatto che se non siete comprati dal sangue, andrete incontro alla pena di morte e sarete chiamati alla morte eterna invece che alla vita eterna. Ora capite perché Dio ha coperto i peccati di Adamo ed Eva uccidendo l'animale?

Genesi 3:21 Anche ad Adamo e a sua moglie l'Eterno Dio fece dei mantelli di pelle e li vestì.

Il sangue salva la vita e l'anima dei peccatori. Che il Signore ci faccia capire che il peccato costerà la punizione dell'anima nel lago di fuoco. Non si vuole soffrire nel fuoco dell'inferno, soprattutto se non si vuole andarci. Ogni anno il sacerdote faceva un costoso rito di spargimento del sangue per salvare un'anima.

Levitico 17:11 Poiché la vita della carne è nel sangue, ve l'ho dato sull'altare per fare un'espiazione per le vostre anime, perché è il sangue che fa un'espiazione per l'anima.

29 OTTOBRE

Versare il sangue di un animale non era sufficiente per ottenere il perdono dei peccati che si verificano nella nostra linea di sangue. Il rituale del sacrificio di sangue animale era valido solo per un anno. Abbiamo bisogno di sangue umano per salvare l'umanità dalla morte eterna dell'anima. Possiamo sopravvivere sulla terra versando il sangue di un animale, ma non ha il potere di salvare l'anima dalla punizione eterna dell'inferno.

Ebrei 10:8 Quando disse: "Sacrifici, offerte, olocausti e sacrifici per il peccato tu non li hai voluti e non ti sei compiaciuto di quelli offerti dalla legge", il sangue umano peccaminoso non è sufficiente per pagare il prezzo del nostro peccato, che è la morte eterna. Abbiamo bisogno di sangue senza peccato. Dio ha detto: "Mi vestirò di carne e mi procurerò il sangue da solo".

Ebrei 10:7 Allora dissi: "Ecco, io vengo (nel volume del libro è scritto di me) per fare la tua volontà, o Dio".

Dio è venuto in carne e ossa.

1 Tim 3:16 è diventato l'agnello per versare il sangue.

Giovanni 1:29 Il giorno dopo Giovanni vide Gesù che gli si avvicinava e disse: "Ecco l'Agnello di Dio che toglie il peccato del mondo".

Questo Agnello aveva in mente voi e me per salvare la nostra anima. Sappiate che il sangue di un animale non può.

Ebrei 10:4 Non è infatti possibile che il sangue di toro e di capro tolga i peccati.

Comprendete il piano glorioso della dispensazione di Dio, chiamata anche dispensazione di grazia? Abbiamo il sangue di Dio onnipotente e non l'animale. Se rifiutate il sangue di Gesù, allora non avete salvezza. Pensateci due o tre volte prima di rifiutare il nome di Gesù nel battesimo. Perché? Perché Dio ha nascosto il sangue sotto il nome di Gesù.

1 Giovanni 5:6a Questo è colui che è venuto per acqua e sangue, cioè Gesù Cristo; non per acqua soltanto, ma per acqua e sangue.

Il battesimo d'acqua deve avere come sangue il nome di Gesù Cristo. Che cosa ha fatto Dio per la sua chiesa o sposa? Ha dato il Suo sangue. I nostri peccati gli sono costati la vita. Se Adamo ed Eva non avessero fatto ciò che hanno fatto, non ci sarebbe stato bisogno di versare il sangue. Che il Signore vi dia la comprensione che il risultato dei nostri peccati ha bisogno di qualcuno che versi il sangue.

Atti 20:28b per nutrire la Chiesa di Dio, che egli ha acquistato con il proprio sangue.

Dio ha acquistato voi e me con il Suo sangue, manifestandosi nella carne. Ma dov'è il sangue? Dio ha nascosto il Suo sotto il nome di Gesù. Quando vi immergerete nell'acqua, pronunciando il nome salvifico di Dio, Gesù, esso diventerà sangue per cancellare tutti i peccati. Gesù è il nome salvifico del Salvatore di Geova. Dovete prendere questo nome quando entrate in acqua per il perdono dei vostri peccati. Se non prendete il nome, non c'è sangue. E se non c'è sangue, non c'è remissione dei peccati.

Matteo 26:28 Perché questo è il mio sangue del nuovo testamento, che è versato per molti per la remissione dei peccati.

Pietro, essendo un ebreo, ha salvato il peccatore con il sangue del salvatore. Niente più sangue animale! Alleluia! La prima chiesa fondata è stata comprata con il sangue di Gesù.

Atti 2:38b Convertitevi e ciascuno di voi sia battezzato nel nome di Gesù Cristo per la remissione dei peccati. 41 Allora quelli che accolsero volentieri la sua parola furono battezzati; e in quello stesso giorno furono aggiunte loro circa tremila anime.

La Samaria ha lavato i propri peccati nel sangue facendosi battezzare nel nome di Gesù.

Atti 8:16 furono battezzati nel nome del Signore Gesù.

La prima volta che un pagano o un gentile riceve il perdono dei peccati.

Atti 10:48 E ordinò loro di essere battezzati nel nome del Signore.

I peccati di Giovanni Battista furono lavati nel nome di Gesù.

Atti 19:5 All'udire questo, furono battezzati nel nome del Signore Gesù.

L'umile discepolo Giovanni Battista dovette passare due volte sotto l'acqua. Ma lo fecero nel modo giusto. Io sono stata battezzata una prima volta con l'aspersione dell'acqua, che non è un battesimo. Per obbedienza, sono stata battezzata una seconda volta sentendo la voce del Signore che mi chiedeva di essere battezzata nel nome di Gesù. Ho imparato quanto sia stata potente quell'esperienza. Non c'è da stupirsi che il diavolo combatta il nome di Gesù. Ora lo sapete. È contro il sangue che è vita che il diavolo combatte. Scappate da coloro che non accolgono il nome salvifico di Gesù mentre battezzano. Sono lupi feroci. Amen.

PREGHIAMO

Santo Gesù, Padre celeste, unico spirito vero Dio, grazie per essere venuto in questo mondo a versare il Tuo sangue. Grazie per essere il sacrificio senza peccato per me e per il mondo intero. Tutti coloro che sono passati sotto l'acqua prendendo il Nome di Gesù hanno il sangue. Sappiamo che Geova Dio diventa l'agnello per togliere i peccati del mondo. Signore, permettiamo al nome di Gesù di entrare nell'acqua per la remissione dei nostri peccati. Sappiamo che Padre, Figlio e Spirito Santo non sono nomi ma solo titoli dell'unico vero Dio. Ti ringraziamo per averci dato la rivelazione di Gesù. È l'unico nome che salva le nostre anime. Il nostro unico vero Dio ha dato il sangue. È per tutti coloro che accettano il sangue vivificante. Che il Signore ci renda partecipi di questo grande Vangelo predicato dal discepolo che ha avuto la tua rivelazione. Signore, grazie per averci salvato dal fuoco dell'inferno. Ti è costato la vita con lo spargimento del Tuo sangue. Siamo debitori al Padre celeste nel nome di Gesù. Amen! Dio vi benedica!

30 OTTOBRE

DIVENTATE TRASPARENTI!

Trasparente significa cristallino, inequivocabile. Quando qualcuno dice qualcosa che sapete essere vero, non dovrete mai metterlo in discussione perché stanno dicendo la verità.

Quando andate all'altare di Dio dovete essere trasparenti. Siate chiari nel confessare i vostri peccati a Dio, Lui li conosce già. Nel momento in cui vi confessate, Dio sa che avete riconosciuto Lui e la Sua posizione. Avete riconosciuto Dio come un giudice che conosce tutto. Egli vi perdonerà e avrà pietà di voi. Dio sa che siamo sporchi e abbiamo molti difetti. Non possiamo essere perfetti. Andate al seggio della misericordia di Dio.

Ebrei 4:16 Veniamo dunque con coraggio al trono della grazia, per ottenere misericordia e trovare grazia per aiutare nel momento del bisogno.

Chi non conosce Dio si preoccupa della società, delle persone e degli altri. Preoccupatevi di Dio, che sa dove siete, che cosa avete fatto e quali sono le conseguenze dei peccati. I grandi si pentono, non i piccoli. Essi rendono sempre gli altri responsabili delle loro azioni sbagliate. I grandi sanno che devono preoccuparsi solo del giudice supremo che sa tutto. Quando pecchiamo, alla fine chi ci punirà è Dio, il nostro creatore. Quindi perché preoccuparsi degli altri? È insensato. Il nostro compito è quello di confessare le nostre colpe, i nostri peccati e le nostre trasgressioni. Non credo che ci rivolgiamo a un umano quando pecchiamo contro Dio. Andiamo da altri quando abbiamo una colpa, ma non i peccati.

Vediamo i peccati delle famiglie, di noi stessi e il peccato di ignoranza. Tutti i peccati devono essere affrontati qui sulla terra. Viviamo in un'epoca in cui i peccatori additano gli altri invece di confessare e pentirsi. Ho visto coloro che sbagliano incolpare gli altri. Sono ignoranti. Queste persone non conoscono Dio. Ora questi non avranno modo di uscire dall'inferno perché non vogliono confessarsi.

Il nostro Dio vuole che siamo trasparenti nei Suoi confronti. Quando si pecca, si ha un modo per cancellarlo.

Proverbi 28:13 Chi copre i suoi peccati non prospererà, ma chi li confessa e li abbandona avrà misericordia.

Avete visto persone che si confessano e continuano a peccare? Questa non è audacia, ma negligenza. Il prezzo del peccato è la morte eterna. Se si affronta il peccato e si compie un passo necessario, si ha una via d'uscita. Tutti abbiamo peccato. Nessuno è perfetto. Quindi, confessarsi e farsi battezzare nel nome di Gesù per lavare i propri peccati?

Il paradiso non è per i peccatori, ma per i santi. La Sua sposa ha preso il nome quando è entrata nell'acqua nel nome di Gesù. Il creatore del cielo non ci ha forse mostrato la via d'uscita?

Cantico di Salomone 1:3 Per il profumo dei tuoi buoni unguenti il tuo nome è come un unguento versato, perciò le vergini ti amano.

Michea 6:8 Egli ti ha mostrato, o uomo, ciò che è buono; e che cosa richiede il Signore da te, se non di agire con giustizia, amare la misericordia e camminare umilmente con il tuo Dio?

La vostra strada deve essere quella giusta per arrivare a Dio.

Leggendo la Bibbia abbiamo la parola per riconoscere il bene dal male. Viviamo in un'epoca e in un giorno in cui le persone non sanno cosa sia giusto e cosa sia sbagliato. Molti confessano la loro vita peccaminosa senza fare ammenda. Confessate i vostri peccati a Dio per ottenere il perdono e questo vi purificherà dal peccato. Il completo allontanamento dal peccato porta alla salvezza. Dio può restituirvi il vostro stato originale.

Salmo 32:1 Beato colui la cui trasgressione è perdonata, il cui peccato è coperto. 2 Beato l'uomo a cui il Signore non imputa l'iniquità e nel cui spirito non c'è inganno.

Quindi siate sinceri. Non abbiate paura. Dio ha un piano di redenzione per voi. Dio vi ristabilirà se vi convertirete dai vostri peccati. La restaurazione è solo per chi dice le cose come stanno.

La differenza tra il Re Saul e il Re Davide era che Davide era trasparente, mentre Saul non lo era. Re Saul si preoccupava delle persone e le temeva. Non fu sincero e questo gli costò il trono. Allo stesso modo, l'approccio del Re Davide al trono fu di misericordia. Davide si preoccupava di Dio solo perché lo conosceva. Disse: "Sono nudo davanti a te, tu sai tutto. Quindi ho bisogno di misericordia". Dobbiamo andare direttamente e diventare trasparenti confessando i nostri peccati. Dio non lo cacciò dal trono, né lo cacciò dai Suoi figli. Anzi, il Messia è passato attraverso la Sua discendenza. Non temete le persone, la posizione o la sicurezza. Quando si dice la verità, si è protetti.

Avete sentito parlare di alcuni casi giudiziari? Non vi chiedete perché i criminali debbano far perdere tempo e denaro agli altri? Mettere in difficoltà il sistema governativo è uno spreco di tempo e denaro. Alcuni casi sono ridicoli. Alcuni sono bugiardi abituali. Una volta che avete confessato, il giudice potrebbe avere pietà di voi.

Conosco alcune persone che sono bugiarde abituali. Raccontano solo bugie. Questo è autolesionista e fa crollare la loro reputazione. Signore, aiutaci a essere sinceri. Sappiamo che i bugiardi non avranno udienza in cielo.

2 Corinzi 5:10 Tutti infatti dobbiamo comparire davanti al seggio del giudizio di Cristo, affinché ciascuno riceva le cose fatte nel suo corpo, secondo ciò che ha fatto, sia in bene che in male.

Avete una possibilità sulla terra per sfuggire al giudizio di Dio. Mettetevi in regola con Dio, fate la cosa giusta e diventate trasparenti. Ho notato che in America le persone sono trasparenti. Parlano apertamente di qualsiasi peccato della famiglia o di altri. Non ci sono affari per i pettegoli. Quando ci si nasconde, allora il il pettegolo ha qualcosa da raccontare. Sentirete la storia più succosa. Una volta detta la verità, non c'è da temere. Dio vi guarderà le spalle.

Apocalisse 21:8 Ma i paurosi, gli increduli, gli abominevoli, gli omicidi, i puttanieri, gli stregoni, gli idolatri e tutti i bugiardi avranno la loro parte nel lago che brucia con fuoco e zolfo, che è la seconda morte.

Il nostro Dio è misericordioso. Temete Dio e solo Lui. Perché?

Matteo 10:28 Non temete quelli che uccidono il corpo, ma non sono in grado di uccidere l'anima; temete piuttosto colui che è in grado di distruggere l'anima e il corpo nell'inferno.

Perché tanti peccati? Abbiamo dimenticato di presentare Dio e di parlare dell'inferno e del paradiso. Ciò che è importante dichiarare non viene proclamato. Dobbiamo essere trasparenti sui nostri peccati, in modo che la gente capisca il valore della confessione, della restituzione e del pentimento, che serve a salvare l'anima. Il carcere e la prigione sono temporanei, ma la punizione del fuoco dell'inferno è eterna. Vivete in modo trasparente e il diavolo non avrà alcun dominio su di voi. Non abbiate mai paura degli uomini, ma solo del Signore nostro Dio. Amen!

PREGHIAMO

Padre celeste, ti ringraziamo Signore perché sei buono e molto da lodare. C'è il perdono. Per questo veniamo davanti al Tuo altare della misericordia. Tu hai il potere di trasformare il trasparente. Padre celeste, ti diamo gloria e onore per essere un giudice misericordioso. Grazie per le promesse di purificazione se ci confessiamo. Che grande Dio che ha un rimedio per i peccati. I nostri peccati hanno molti effetti collaterali. Molti sono malati, oppressi, posseduti e all'inferno. Bisogna avere l'audacia di confessare. Tu hai misericordia se veniamo con coraggio nella Tua sala del trono. Presentiamo il grande creatore agli abitanti della terra. Egli ci ha anche dato la possibilità di essere liberi da tutti i nostri debiti e accuse. Il nostro Dio è buono e non cambierà mai. Venite dunque a Dio con coraggio e dite: "Signore, sono qui, perdonami". Confessandoci scriviamo i nostri peccati su un foglio e mentre bruciamo questo foglio, anche tu lo cancelli. Ti ringraziamo per averci dato molte possibilità nel nome di Gesù! Amen! Dio vi benedica!

31 OTTOBRE

CONTROLLATE I CORTOCIRCUITI NEL VOSTRO SPIRITO!

La Parola di Dio è sempre buona. Se non fate di Dio la vostra priorità e non lo servite come Lui desidera, le vostre benedizioni andranno in cortocircuito. Che il Signore ci aiuti in questa situazione. Imparate la via di Dio per fargli rilasciare le benedizioni. Questo è il modo corretto di procedere. Quando vi trovate di fronte a prove, problemi, malattie, retrocessioni, ferite, dolori, calamità e maledizioni, affrontate la radice di voi stessi.

La Bibbia dice:

Deuteronomio 32:39 Vedi che io, proprio io, sono lui e non c'è nessun dio con me: Io uccido e faccio vivere; io ferisco e guarisco; non c'è nessuno che possa liberare dalla mia mano.

Il nostro Dio è buono. Le Sue parole sono pure e sante. Chi si affida alla Parola testimonia che non c'è alcun difetto in essa. Il Signore uccide e guarisce, quindi preparate il vostro cuore.

Salmi 18:20 L'Eterno mi ha ricompensato secondo la mia giustizia, secondo la pulizia delle mie mani mi ha ricompensato.

Molti pensano che Dio sia duro, non misericordioso e non abbia compassione. La mia domanda a loro è: vi amate e vi prendete cura di voi stessi? Sapete riconoscere le vostre mancanze? Il Signore può darvi leggi, statuti e comandamenti, ma chi è responsabile di seguirli e mantenerli? Guardatevi allo specchio. Siete voi i responsabili delle vostre azioni.

Deuteronomio 28:47 Poiché non hai servito il Signore tuo Dio con gioia e letizia di cuore, per l'abbondanza di ogni cosa, 48 servirai i tuoi nemici che il Signore manderà contro di te, nella fame, nella sete, nella nudità e nella mancanza di ogni cosa; ed egli ti metterà sul collo un giogo di ferro, finché non ti avrà distrutto. 49 Il Signore farà venire contro di te una nazione da lontano, dall'estremità della terra, veloce come il volo dell'aquila; una nazione di cui non capirai la lingua; 50 una nazione dal volto feroce, che non avrà riguardo per la persona del vecchio, né favorirà il giovane.

Dio ha delle leggi. Dobbiamo ascoltarle, osservarle e seguirle, altrimenti ci perderemo le benedizioni. Scopriamo alcune di queste leggi. Guardate cosa fece Mosè. Dio disse:

Numeri 20:8a Prendi la verga, raduna l'assemblea, tu e Aaronne tuo fratello, e parla alla roccia davanti ai loro occhi; ed essa emetterà la sua acqua.

Dio ha detto di parlare, giusto? Vediamo cosa fece arrabbiare Mosè:

11a Mosè alzò la mano e con la verga colpì due volte la roccia; e l'acqua uscì in abbondanza.

Dio disse di parlare e Mosè colpì la roccia due volte. Vediamo come ha mandato in cortocircuito la benedizione della terra promessa.

12 Il Signore disse a Mosè e ad Aronne: "Poiché non mi avete creduto per santificarmi agli occhi dei figli d'Israele, non farete entrare questa comunità nel paese che ho dato loro".

Ascoltate attentamente. Il vostro giudizio dovrebbe essere in accordo con la vostra risposta al libro, non secondo quanto vi ha insegnato il falso insegnante. La Bibbia dice: "Chi ha orecchio ascolti". Avete un orecchio?

Numeri 4:15a Quando Aaronne e i suoi figli avranno finito di coprire il santuario e tutti gli arredi del santuario, mentre l'accampamento deve avanzare, i figli di Kohath verranno a portarlo; ma non toccheranno nessuna cosa santa, per non morire.

C'è un dovere che un sacerdote deve compiere. Ma ci sono sia falsi che veri profeti. Dobbiamo trovare e seguire quello giusto.

2 Samuele 6:6 Quando giunsero all'aia di Nachon, Uzzah mise la mano all'arca di Dio e l'afferrò, perché i buoi la scuotevano. 7 L'ira del Signore si accese contro Uzza; Dio lo colpì per il suo errore e lì morì accanto all'arca di Dio.

Non giustifica il re, ma trova le regole per sfuggire ai problemi. Ricordate che la Bibbia dice che Gesù è lo stesso ieri, oggi e in eterno. Che il Signore ci aiuti a conservare la Parola di Dio nel nostro cuore, in modo da non peccare contro di Lui! I nostri peccati ci causano agonia, dolore e sofferenza. Non siamo al di sopra della Parola di Dio. La negligenza fa male. Anche se siete turbati, arrabbiati, malati o in qualsiasi situazione, siate saggi. Il Signore ha un fuoco e lo farà piovere su di voi. Nessun'arma formata contro di voi può prosperare solo se osservate gli statuti di Dio. Siete al di sopra, a capo, al primo posto e molto favoriti se continuate a seguire Gesù nella buona e nella cattiva sorte, nel fuoco, nella fossa dei leoni e in tutte le circostanze della vita. Il vostro Dio può custodirvi se osservate la Parola.

Salmo 119:89 In eterno, Signore, la tua parola è stabilita nei cieli.

Isaia 40:8 L'erba appassisce, il fiore appassisce, ma la parola del nostro Dio resterà in eterno.

Comprendere il potere dell'ignoranza e dell'obbedienza nella Parola. Man mano che la nostra conoscenza aumenta, diventiamo più timidi nel leggere la Bibbia. Ho pranzato con alcune belle signore anziane. Stavano servendo Dio a modo loro. Una di loro ribolliva di Spirito Santo. Io le ascoltavo e le osservavo. Man mano che le conoscevo, mi sono unita a loro nella conversazione. Ero così felice di essere lì. Molti combattono per le loro religioni, ma io non lo faccio mai. Molti hanno un legame con i loro falsi insegnanti, pastori o profeti. Io sono in contatto con Dio solo attraverso la preghiera e la lettura della Parola. Se avete questo problema, allora li attirerete nella vostra religione. So che la verità ci rende liberi. La Bibbia dice che la parola di Dio è vera. Che bello! Il pastore molto rigoroso e rispettoso della parola è caduto nel peccato. Ho visto il giudizio di Dio su di loro e sulla loro famiglia. Li ho visti fare ciò che gli è stato insegnato. Ma se si legge la Parola, essa non è cambiata.

Fin dall'inizio, ricordo di aver detto a me stessa che avrei ascoltato i dirigenti se fossero stati degli attuatori della Parola. Se seguono la Parola fino a un certo punto, allora ascolterò solo quella parte. Sto cercando la verità. Andrà tutto bene se avrò la verità. In caso contrario, si creerà un cortocircuito nella mia vita, cosa che non voglio. E poi a chi piacerebbe? Dobbiamo cercare Dio e non le cose. Capite che la Bibbia KJV è per voi e per me? Non scegliete altre traduzioni. È il vostro successo o il vostro cortocircuito. Non cambierà mai, quindi prendete la copia della Bibbia pulita, pura e sana della parola di Dio. Se non lo sapete, lasciate che vi informi che la KJV è quella corretta. La responsabilità è nostra, non di pastori, profeti e insegnanti. Loro avranno la loro ricompensa, ma io sono responsabile della mia anima. Amen!

PREGHIAMO

La parola di Dio non è in cielo o in un'altra parte del mondo, ma è nella nostra lingua a distanza di mano. Aiutateci a essere molto diligenti e accurati in ciò che leggiamo e a cui obbediamo. Sappiamo che tutte le parole di Dio vengono da Lei. Nessuna influenza umana sulla Parola di Dio. Tu hai respirato, il che non cambierà mai. Il cielo e la terra passeranno, ma la Tua parola resterà in piedi. Questo ci mostra quanto dobbiamo essere accurati, sinceri e diligenti quando studiamo la Parola di Dio. Non è necessaria un'interpretazione personale, ma la sottomissione. Siamo grati per l'esempio di colui che ha fatto esattamente e di colui che ha mancato. Ma vogliamo sapere e fare come dice. Sappiamo che la Parola di Dio non serve a discutere, a dibattere o a fare soldi. È da seguire senza aggiungere e sottrarre. Così il Signore ci aiuta a permettere allo Spirito Santo di insegnarci, condurci e guidarci da quando lo Spirito Santo ha soffiato questa Parola. Vogliamo essere benedetti in abbondanza, perciò aiutaci a rimuovere tutto ciò che può portare a un cortocircuito nella nostra vita. Nel nome di Gesù! Amen! Dio vi benedica!

NOVEMBRE

1 NOVEMBRE

CHE TIPO DI CHIESA VUOLE DIO?

Dio ha detto che vuole che l'unica chiesa che verrà fondata sia fatta da un Suo discepolo.

Matteo 16:15-19 ci dice: "Disse loro: "Ma voi chi dite che io sia? 16 Simon Pietro rispose: "Tu sei il Cristo, il Figlio del Dio vivente". 17 E Gesù, rispondendo, gli disse: "Beato te, Simone Barjona, perché non te l'ha rivelato la carne e il sangue, ma il Padre mio che è nei cieli". 18 E ti dico anche che tu sei Pietro, e su questa pietra edificherò la mia Chiesa, e le porte degli inferi non prevarranno contro di essa. 19 E ti darò le chiavi del regno dei cieli; e tutto ciò che legherai sulla terra sarà legato nei cieli; e tutto ciò che scioglierai sulla terra sarà sciolto nei cieli".

Simon Pietro ha costruito la Chiesa, avendo una rivelazione di Gesù. La rivelazione di Gesù è chiamata la Roccia. La Roccia è sapere chi è Gesù. Gesù non ha mai detto chi fosse, ma ha chiesto loro cosa pensassero di Lui. Simone ricevette una rivelazione dallo Spirito, rispose di conoscere la Sua identità e fu corretto. Simone gettò le fondamenta della prima chiesa il giorno di Pentecoste. Dopo di allora, molte cosiddette chiese furono costruite secondo il loro credo e non ebbero la rivelazione di Gesù come unico Dio in carne e ossa. Molte chiese sataniche si sono insinuate fondandosi su insegnamenti corrotti. Ma la chiesa iniziata nel libro degli Atti è ancora in piedi e le porte dell'inferno non prevarranno su di essa. Il nostro Dio è buono e preciso riguardo alla Sua unica chiesa. Anche quando Paolo e Pietro erano vivi, il diavolo ha cercato di corrompere la chiesa di Dio.

Prima Corinzi 1:12 dice: "Ora, io dico che ognuno di voi dice: Io sono di Paolo, e io di Apollo, e io di Cefa, e io di Cristo. 13 Cristo è forse diviso? Paolo è stato crocifisso per voi? o siete stati battezzati nel nome di Paolo?".

Molti dicono che sono cattolici, presbiteriani, metodisti, battisti e molte, molte denominazioni e non denominazioni. È diventato molto facile per Satana entrare nell'edificio che chiamano chiesa. Ieri sera ho ricevuto una chiamata dalla California e questo fratello ha condiviso un bellissimo messaggio di Dio. Una signora sudcoreana è stata chiamata da Dio quando aveva diciannove anni, ora ha sessant'anni e porta un messaggio in diverse parti del mondo. Gesù le ha detto che tutte queste denominazioni, non denominazioni e organizzazioni sono create dall'uomo. Io non ho nulla a che fare con loro. Alcuni uomini o donne le hanno fondate. Inoltre, dice alla gente che, di tutti i cristiani, solo il quindici per cento è salvato. Dio le mostrò l'inferno e il paradiso, il paradiso dove le persone erano così gioiose, ma l'inferno, così triste, in agonia e dolore.

Purtroppo, le persone lavorano duramente per le loro denominazioni e organizzazioni! Dobbiamo predicare lo stesso messaggio dell'antica chiesa di cui l'apostolo e i profeti hanno posto le fondamenta. Dio ha detto che le porte dell'inferno non prevarranno contro di essa.

Gesù disse in

Giovanni 3: "Gesù rispose e gli disse: "In verità, in verità ti dico che se uno non nasce di nuovo, non può vedere il regno di Dio". 5 Gesù rispose: "In verità, in verità ti dico che se uno non nasce da acqua e da Spirito, non può entrare nel regno di Dio. 11 In verità, in verità ti dico che noi parliamo che sappiamo e testimoniamo che abbiamo visto, ma voi non accettate la nostra testimonianza".

Inoltre, durante la nostra conversazione, il fratello ha detto che Gesù ha detto a questa signora che le persone che non hanno lo Spirito Santo non entreranno mai nel Regno dei Cieli. Ho detto: "Wow! Dio sta mandando questa signora ovunque per dare il messaggio di ricevere lo Spirito Santo".

Sono così felice che qualcuno sia obbediente a Dio, dando il Suo messaggio al mondo. Mentre Dio la manda, lei gli chiede cosa dire. Ha viaggiato tutta la vita in ogni continente e in altri Paesi. Abbiamo seppellito Dio e il Suo insegnamento sotto false denominazioni, non denominazioni e organizzazioni. Hanno messo paura alle persone, dicendo che se non vi unite al loro club, allora chi vi sposerà, chi vi seppellirà e chi manterrà una relazione con voi? Penso che dovrebbero porre questa domanda a Gesù, Paolo e Pietro. Ci piace vedere miracoli e guarigioni, ma la cosa più importante è la salvezza delle anime. Gesù disse in

Luca 10:20: "Ma non per questo rallegratevi che gli spiriti vi siano sottomessi; anzi, rallegratevi perché i vostri nomi sono scritti nei cieli".

Ogni opera iniziata dai discepoli di Gesù poneva la domanda: avete ricevuto lo Spirito Santo? I discepoli non dicevano: avete accettato Gesù e quindi avete lo Spirito Santo; questa è la menzogna!

Atti 2:4 ci dice: "E tutti furono riempiti di Spirito Santo e cominciarono a parlare con altre lingue, come lo Spirito dava loro la parola".

Così parlavano in lingue come segno di aver ricevuto lo Spirito Santo.

Atti 19:6 dice: "E quando Paolo ebbe imposto loro le mani, lo Spirito Santo venne su di loro; ed essi parlarono con le lingue e profetizzarono".

Ora, se ricevessero lo Spirito Santo semplicemente credendo, allora Giovanni e Pietro non avrebbero bisogno di andare in Samaria, giusto?

Atti 8:15 ci dice: "Il quale, quando furono scesi, pregò per loro, affinché ricevessero lo Spirito Santo; 16 (perché ancora non era sceso su nessuno di loro)".

Questi gentili hanno ricevuto lo Spirito Santo. Come? Non vedete lo Spirito, ma lo Spirito parla attraverso la vostra lingua in una lingua sconosciuta.

In Atti 10:44 si legge: "Mentre Pietro pronunciava queste parole, lo Spirito Santo cadde su tutti quelli che avevano ascoltato la parola. 45 E quelli della circoncisione che avevano creduto erano stupiti, come quelli che erano venuti con Pietro, perché anche sui Gentili era stato riversato il dono dello Spirito Santo. 46 Infatti li sentivano parlare con le lingue e magnificare Dio".

Questo è ciò di cui Gesù parlava a Nicodemo in Giovanni, capitolo 3. In realtà, questo è ciò che Gesù ci sta dicendo oggi. La prova della ricezione dello Spirito è che lo Spirito vi darà una nuova lingua. Ho ricevuto lo Spirito di Dio negli anni Ottanta. Dio mi ha riempita mentre stavo adorando in chiesa.

Romani 8:9 dice: "Ma voi non siete nella carne, ma nello Spirito, se lo Spirito di Dio abita in voi. Se uno non ha lo Spirito di Cristo, non è dei suoi".

Amen! Ricevete lo Spirito Santo attraverso la prova del parlare in lingua.

PREGHIAMO

Padre celeste, ti siamo grati per averci parlato attraverso i Tuoi vasi obbedienti e scelti. È la fame e la sete che abbiamo dentro di noi che attira Dio. Molti hanno ricevuto e posso testimoniare che non c'è nulla di simile allo Spirito Santo. È Lei che viene a noi. Sei Tu che abiti in noi nella Chiesa della nuova alleanza che hai acquistato con il Tuo Sangue. Aiutaci a credere e a ricevere il Tuo Spirito. Sappiamo che vuoi abitare nel nostro corpo, che è il Tuo tempio. Vieni, Spirito Santo, come nostra guida, maestro e padre, per darci la forza di resistere contro Satana. Signore, accogliamo lo Spirito Santo come un potente strumento di testimonianza. Ricevendo lo Spirito Santo, abbiamo cittadinanza in cielo, nel nome di Gesù! Amen! Dio vi benedica!

2 NOVEMBRE

L'UNICA AUTORITÀ CHE SODDISFATE È DIO!

Sì, se si soddisfa il Padre, creatore dell'universo, allora tutto va bene. È importante riconoscere la brevità della nostra permanenza sulla terra. Il nostro Dio ci ha mostrato la via per piacergli. Io desidero piacere a Dio e a nessun altro. Molti malvagi, disonesti e bugiardi detengono potere e posizioni, ma noi dobbiamo aggrapparci a Dio. Facciamo ciò che piace a Lui, a prescindere.

1 Giovanni 3:22 E tutto ciò che chiediamo lo riceviamo da lui, perché osserviamo i suoi comandamenti e facciamo ciò che è gradito ai suoi occhi.

Il punto fondamentale è piacere a Dio. È l'unica cosa di cui dobbiamo essere consapevoli. Quando Dio si è manifestato in carne e ossa, aveva una sola cosa in mente. Quella di piacere a Dio. Perché? Perché voleva mostrarci la strada giusta. Seguire il Signore Gesù non è un problema perché Lui ha vissuto nel modo giusto. Il nostro problema è che ci guardiamo intorno e cerchiamo di piacere alle persone che ci circondano. Dobbiamo sapere che il nostro compito è quello di piacere a Dio.

Molti vogliono che li accontentiamo o che facciamo ciò che desiderano, il che è positivo, ma quando questo ostacola il nostro cammino con Dio, allora dobbiamo rifiutare. O si piace a Dio o agli uomini o a se stessi. Non importa cosa sembrate, imparate a piacere solo a Lui. Non scegliete di piacere al vostro coniuge, come Eva e Adamo, piuttosto che a Dio. Il risultato lo conoscete. Alcuni compiacciono i figli e li crescono come serpenti. L'amore correggerà i figli. Imparate a difendere la verità, che è l'amore più grande. Usare la verga di ferro per correggere i figli è gradito agli occhi di Dio. Obbedire ai comandamenti di Dio è gradito a Lui.

Ebrei 11:5 Per fede Enoc fu tradotto affinché non vedesse la morte; e non fu trovato, perché Dio lo aveva tradotto; infatti, prima della sua traslazione, ebbe questa testimonianza: che era piaciuto a Dio.

Chi serve il Signore in tutte le situazioni è colui che piace a Dio.

Matteo 6:24 Nessuno può servire due padroni, perché o odierà l'uno e amerà l'altro, oppure si atterrà all'uno e disprezzerà l'altro. Non potete servire Dio e mammona.

Mammona significava ricchezza. Ho visto molti andare a lavorare anche quando sono malati perché ricevono denaro che possono contare, toccare e spendere. Per Dio, invece, sono stanchi, occupati, hanno appuntamenti e hanno molte scuse. Vedete la differenza: Mammona, che è il denaro, è valutato dall'uomo più di Dio. Mi sono ricordata di quando lavoravo; ho deciso che avrei digiunato tre giorni e una notte una volta al mese senza mangiare né bere. Ogni mese dell'anno ho tre giorni consecutivi di vacanza. Ma alcuni mesi dell'anno devo prendere delle ferie extra per poter digiunare tre giorni e una notte. Tutta la mia vita è stata incentrata sul digiuno, sulla preghiera e su Dio. Mi assicuro di digiunare fedelmente. Ogni settimana digiuno per due giorni. Ho sempre fatto un digiuno biblico senza acqua e senza cibo. La mia vita è tutta incentrata su Dio e su nient'altro. Non ho mai avuto un desiderio di denaro. So che tenendo Dio al primo posto, i soldi arriveranno. Il giorno in cui Dio mi ha tolto il lavoro, mi ha detto: "Lavora per me e io mi prenderò cura di te". Non è stata una mia idea lasciare un lavoro ben retribuito alle Poste, ma il Signore me lo ha tolto.

Romani 8:8 Quelli dunque che sono nella carne non possono piacere a Dio. 5 Perché quelli che sono secondo la carne badano alle cose della carne, ma quelli che sono secondo lo Spirito alle cose dello Spirito.

Al giorno d'oggi, diverse autorità religiose amano che le congregazioni piacciano a loro piuttosto che a Gesù. Che tristezza! Ho visto molti coniugi che si compiacciono a vicenda piuttosto che cercare di piacere a Dio. Va bene finché non si scontenta Dio. Ma quando calpestate il comandamento di Dio per compiacere le persone che temete o a cui siete legati, come le autorità o le famiglie, allora non siete degni del Regno di Dio. Ricordate che dovete conoscere la Parola per piacere al Signore.

Ebrei 11:6 - Ma senza la fede è impossibile piacergli; perché chi viene a Dio deve credere che egli è, e che ricompensa coloro che lo cercano diligentemente.

Non avevo molti amici perché la maggior parte di loro andava in chiesa e sarebbero scesi a compromessi. Alcuni di loro accontentano gli amici, la famiglia e se stessi. Molti mentirebbero per un piccolo favore; io non lo farei. Voglio piacere a Dio e solo a Lui. Seguire Dio significa scegliere una strada stretta. Non possiamo adattarci al mondo, allo stile o alle vie del mondo. Ecco perché non abbiamo molti amici. Nessun problema, ora abbiamo un amico che si chiama Gesù. Egli è sufficiente per provvedere, aiutare e benedire. Alcuni compromessi per i figli. I genitori permettono ai figli di fare ciò che piace a loro e non ciò che piace a Dio. Va bene se non ostacola il vostro cammino con Dio, ma se lo fa, allora dovete evitarlo. Ho visto molti che amano compiacere gli altri piuttosto che Dio, perdersi con Dio.

La paura è un altro fattore di non piacere a Dio. La donna pensa di doversi sottomettere al marito. Se lui è bugiardo, malvagio e vuole che voi facciate qualcosa di disonesto o immorale, allora non dovreste farlo. Ci sarà attrito tra voi due, ma così sarà. Il diavolo si è messo a litigare con noi, ma noi vinciamo se non scendiamo a compromessi. Compiacere Dio o gli altri è una relazione o l'uno o l'altro. Solo voi potete decidere.

Giovanni 8:29 Colui che mi ha mandato è con me; il Padre non mi ha lasciato solo, perché io faccio sempre le cose che gli piacciono.

Gesù ha detto: seguitemi. Se vi piace il mondo, perderete la salvezza. Ricordate che questo mondo passerà. Quindi non preoccupatevi, non perderete nulla. Anzi, passerete l'eternità con il Signore facendo la cosa giusta ai Suoi occhi. Quando i discepoli seguirono Gesù, ci fu molta opposizione da parte dei capi religiosi.

Atti 4:18 Li chiamarono e ordinarono loro di non parlare affatto e di non insegnare nel nome di Gesù. 19 Ma Pietro e Giovanni risposero e dissero loro: "Se sia giusto, agli occhi di Dio, dare ascolto a voi più che a Dio, giudicate voi. 20 Perché noi non possiamo non dire le cose che abbiamo visto e udito".

Il nostro Dio è reale e non pretende molto da noi. Ho visto in altre religioni che i loro dei e le loro dee richiedono molto. Le persone che credono in falsi dei e dee fanno tutti i rituali. Alcuni uccidono persino gli altri. Che tristezza! Il comandamento di Dio non è doloroso. Obbedire a Lui non porta altro che benedizioni. Quindi, compiacere Dio ha una ricompensa eterna. Decidete oggi di piacere a Dio e solo a Lui. Non scendete mai a compromessi con il mondo, nel nome di Gesù. Amen!

PREGHIAMO

Signore, si paragona la nostra durata di vita a quella dei fiori e dell'erba, che periranno presto. La nostra aspettativa di vita va dai settante agli ottant'anni. Aiutaci a fare ciò che è giusto ai Tuoi occhi. Dio, ci hai dato un comandamento che dà vita. Se compiacciamo Dio, abbiamo una ricompensa, ma se temiamo o scegliamo di compiacere qualcosa o qualcuno, cadremo. Signore, molti di coloro che ti hanno compiaciuto hanno visto la ricompensa sulla terra e riceveranno anche la ricompensa eterna. Che il nostro Signore ci dia il cuore di amarlo! L'amore ci manterrà sulla retta via. Il nostro Dio, che ha amato e ha fatto tutto ciò che era necessario. Aiutaci, Signore, a fare come hai dato l'esempio. Aiutaci a seguirti, aiutaci a portare la nostra croce. Rendici giusti ai Tuoi occhi. Rendici saggi e diligenti per distinguere il bene dal male e scegliere il bene. La nostra vita ha delle scelte da fare e noi vogliamo fare scelte giuste e sagge, nel nome di Gesù. Amen! Dio vi benedica!

3 NOVEMBRE

UN DIO IN TRE RUOLI O TRE DEI?

La conoscenza di Dio è la più rivelatrice in assoluto. Questa conoscenza arriva solo per rivelazione data dallo Spirito di Dio. Perché? Fin dall'inizo, Dio vuole relazioni con la Sua creazione. In questo tempo finale, ci ha dato la possibilità di scegliere se amarlo o rifiutarlo. All'inizio c'era un solo comandamento per vivere o morire in eterno. Oggi è la stessa legge. "Se mi amate, vi dirò chi sono. Sono Gesù, il Dio umile che cammina tra le Sue creature". Non ha mai annunciato di essere il Re dei Re o il Signore dei Signori, ma si è fatto conoscere come Agnello o servo. Allo stesso modo, alcuni lo hanno riconosciuto come profeta, Messia prossimo venturo o Figlio di Dio. Molti non hanno mai compreso il significato nascosto del nome Gesù dato dall'Angelo. Quel nome è stato tenuto segreto per i secoli. Se oggi qualcuno vi chiede: ditemi chi è Gesù. Potreste avere molte risposte da ogni individuo. Questo rivelerà il mistero di Dio ad alcuni che amano e osservano il Suo comandamento. Dimostra che Gesù non è ovvio per conoscere o capire se non per l'intervento dello Spirito di Dio. Perché abbiamo bisogno dell'intervento dello Spirito per conoscere Gesù? Chi può identificare una persona se non se stessa, giusto? Proprio come voi sapete chi siete.

Nel Vangelo di Giovanni:

Giovanni 1:23 disse: "Io sono la voce di uno che grida nel deserto: "Raddrizzate la via del Signore", come disse il profeta Esaia".

Così Giovanni Battista disse: "Sono venuto a riparare il ponte rotto". Il peccato ha causato la rottura del rapporto nel Giardino dell'Eden. Giovanni preparò la strada a Geova Dio per raggiungere l'umanità.

Primo comandamento Deuteronomio 6:4 Ascolta, o Israele: Il Signore nostro Dio è un solo Signore.

Malachia profetizzò su Giovanni Battista. Giovanni Battista predicò il pentimento dei peccati con il battesimo per rimuovere il peccato. Il peccato ha causato la rottura del rapporto tra il creatore e la creazione.

Malachia 3:1 Ecco, io manderò il mio messaggero ed egli preparerà la via davanti a me; e il Signore, che voi cercate, verrà all'improvviso nel suo tempio, anche il messaggero dell'alleanza.

Ora, il ruolo di Geova come Figlio di Dio, Messia o Cristo significava Dio in carne e ossa. Dio non ha un figlio, ma aveva il secondo ruolo di redentore.

Isaia 61:1 Lo Spirito del Signore Dio è su di me, perché il Signore mi ha unto per annunciare una buona novella ai miti; mi ha mandato a fasciare il cuore spezzato, a proclamare la liberazione dei prigionieri e l'apertura delle prigioni.

Isaia 9:6 Perché a noi è nato un bambino, ci è stato dato un figlio; e il governo sarà sulla sua spalla; e il suo nome sarà chiamato Meraviglioso, Consigliere, Dio potente, Padre eterno, Principe della pace.

L'Antico Testamento presenta il Figlio come Dio potente e padre eterno. Il secondo ruolo del Dio Spirito, come figlio maschio, è la manifestazione di Geova Dio in carne e ossa. Gesù ha detto di essere il Dio in carne e ossa.

Giovanni 14:7 Se aveste conosciuto me, avreste conosciuto anche il Padre mio; ma d'ora in poi lo conoscete e lo avete visto. 9 Gesù gli disse: "Sono stato tanto tempo con voi e non mi hai ancora conosciuto, Filippo? Chi ha visto me ha visto il Padre; e allora come fai a dire: Mostraci il Padre?

Questo dimostra che lo Spirito Dio è venuto nella carne per riacquistare ciò che abbiamo perso nel Giardino dell'Eden. Gesù ha pagato con il Suo sangue che ha vita. Geova Dio e Gesù, come nel terzo ruolo dello Spirito Santo:

Giovanni 14:18 Non vi lascerò senza conforto: Verrò da voi. 28a Avete sentito come vi ho detto: "Me ne vado e torno da voi". 23 Gesù rispose e gli disse: "Se uno mi ama, osserverà le mie parole; e il Padre mio lo amerà e noi verremo a lui e prenderemo dimora presso di lui".

Geova Dio, in questo terzo ruolo, viene come Spirito per abitare in noi. Un giorno, questo ruolo di mediatore finirà.

1 Corinzi 15:24 Poi verrà la fine, quando egli avrà consegnato il regno a Dio, cioè al Padre, quando avrà deposto ogni dominio, ogni autorità e ogni potere. 25 Egli infatti deve regnare finché non avrà messo tutti i nemici sotto i suoi piedi. 28 E quando tutte le cose gli saranno sottomesse, anche il Figlio sarà sottomesso a colui che gli ha messo tutte le cose sotto il naso, affinché Dio sia tutto in tutti.

Vedete, alla fine tutto sarà finito.

1 Giovanni 5:7 Poiché tre sono i registri nei cieli: il Padre, la Parola e lo Spirito Santo; e questi tre sono uno.

Un solo Spirito Dio ha tre ruoli. Se c'è un solo Dio, c'è bisogno di un solo trono.

Apocalisse 4:2b Un trono era posto nel cielo e uno sedeva sul trono. 4a Intorno al trono c'erano quattrocentoventi seggi:

Apocalisse 21:5a E colui che sedeva sul trono disse.

1 Re 22:19b Vidi il Signore seduto sul suo trono e tutto l'esercito del cielo in piedi alla sua destra e alla sua sinistra.

Un solo Dio è il Re.

1 Timoteo 6:15 Che nei suoi tempi mostrerà che è il benedetto e unico Potentato, il Re dei re e il Signore dei signori;

Gesù è il Re dei Re e il Signore dei Signori, poiché è Geova Dio in carne e ossa, venuto a governare su tutti.

Se Gesù è separato, allora non può dire di essere il Signore, il Re di Geova.

Apocalisse 19:16 Sulla sua veste e sulla sua coscia è scritto: "Re dei re e Signore dei signori".

Ciò che è andato storto oggi è il fatto di non avere la rivelazione. Le persone che credono in tre dèi, che è politeismo, significavano molti dèi. L'unicità di Dio non era un problema per gli ebrei nell'Antico Testamento, ma lo è stato quando si è incarnato nel Nuovo Testamento. È rigorosamente rivelata dalla rivelazione. Una condizione è amare Dio e, in secondo luogo, la manifestazione di Gesù avviene per mezzo dello Spirito e non della carne e del sangue. Chi cammina nello Spirito non ha problemi, ma chi cammina nella carne non conosce Gesù. Molti credono che Gesù sia un'entità distinta. Ma il Cielo non dichiara il Signore Gesù come un altro Dio o un secondo Dio della Trinità. Alzate le mani e sedetevi. L'unico modo per conoscere Gesù è:

Giovanni 14:21 Chi ha i miei comandamenti e li osserva, è lui che mi ama; e chi mi ama sarà amato dal Padre mio e io lo amerò e mi manifesterò a lui.

Egli si manifesterà a voi. Vi rendete conto che Dio ha un filtro per tenere fuori chi non è stato creato per il cielo? Questi sono coloro che, nella carne, vedono un unico Dio come tre entità separate. Gli eletti vedono un unico vero Dio per rivelazione attraverso lo Spirito. L'Autore della Bibbia è un solo Dio. Ci sono due tipi di persone, che presentano Gesù. Uno che ha la rivelazione di un unico Dio e altri senza rivelazione che li vedono come tre entità separate. Abbiate la rivelazione direttamente dallo Spirito di Dio. Nel 325 d.C., la conferenza di Nicea ha aiutato il diavolo a stabilire il suo piano di divisione e dominio. Il diavolo, che sa che c'è un solo Dio, lo divide in tre e toglie il sangue eliminando il nome più alto di Geova Dio, Gesù. La Bibbia dice:

Giacomo 2:19 Tu credi che c'è un solo Dio; fai bene; anche i diavoli credono e tremano.

PREGHIAMO

Padre celeste, l'unico e vero Dio è venuto in carne e ossa per redimerci attraverso il Suo sangue prezioso. Signore, la Tua Parola è spirito e abbiamo bisogno del Tuo Spirito per spiegare la verità. Il nostro amore fa la differenza. Padre celeste, abbiamo tutte le Scritture qui e là. Aiutaci a collegarle. Grazie per esserti rivelato a noi, altrimenti non ti avremmo conosciuto. Dio è un mistero e solo il Tuo Spirito può rivelarlo. Lascia che sia il Signore stesso a presentarci, piuttosto che noi a presentarti. Il nostro Dio ha un sistema ininterrotto. Perciò ci sottomettiamo a te come Creatore, Salvatore, maestro guida e redentore. Quando tutto sarà finito, sarai di nuovo uno. Nel nome di Gesù. Amen! Dio vi benedica!

4 NOVEMBRE

TUTTE LE PROMESSE SONO ACCOMPAGNATE DALLA PROVA!

Preparatevi ad affrontare la prova prima di riscattare le promesse. Avete mai visto un risultato senza aver superato un esame? Se la montagna è troppo liscia, nessuno la può scalare.

Dio crea in cielo le nostre prove, che dobbiamo superare sulla terra. Tutte le tribolazioni hanno una via d'uscita. Ovunque andiate, ci saranno problemi e prove. Per voi e per me sono stati preparati percorsi unici. Il nostro Dio cerca di renderci puri e santi. Dio ci prepara un pacchetto di prove prima di vedere le promesse prendere forma fisica.

Incontro molte persone provenienti da tutto il mondo. Tutti attraversano qualche tipo di prova. Non importa cosa, si può vincere solo in ginocchio. Quando sconfiggerete il diavolo in ginocchio, avrete la vittoria. Questo significa sconfiggere il diavolo nella preghiera. Quando viaggio in un Paese a livello internazionale, so che incontrerò il diavolo di quel Paese. Vado in missione con il digiuno e la preghiera, in modo da portare a termine ciò per cui sono stata mandata.

Il popolo eletto di Dio deve imparare a combattere con gli spiriti. Molte battaglie sono solo i vostri pensieri. Quando vedete che la situazione si mette subito male, pensate negativamente invece di usare la giusta parola di Dio. Dite: "Affido la mia situazione a Dio ed Egli se ne occuperà". Distogliete le preoccupazioni e le paure da un quadro più ampio, senza pensarci due volte. Una volta imparate le applicazioni della Parola di Dio sulle situazioni, diventa tutto più facile. Sapete perché? Ogni volta che il Signore fa cose soprannaturali, la vostra fede si innalza. Nessuna montagna è troppo alta e nessun oceano è troppo profondo per Dio. Perché li ha fatti tutti Lui. L'Ingegnere di questo mondo ha il potere di riorganizzare questo mondo parlando con esso. Vivendo in una tecnologia avanzata, possiamo credere a molte cose. Chi vive di fede non può credere ad altro che al Signore. Nel mio caso, non posso credere al medico. Non ho mai usato medicine e non so cosa possa fare un medico. Chiedo sempre ai santi di pregare quando sono malata per essere guarita. Imparate sempre attraverso lo Spirito Santo.

La promessa di Dio è che tutto è possibile! La ricevete parlando e portandola all'esistenza. Se avviate un'azienda e siete l'amministratore delegato della società, come gestirete la vostra azienda? Se sono l'amministratore delegato dell'azienda della mia vita, voglio assicurarmi di non avere pensieri cattivi e negativi che si impadroniscano della mia vita. Essa deve essere guidata dallo Spirito di Dio e il mio aiuto sono gli Angeli di Dio. Stavo attraversando le prove di un infortunio fisico. Il medico dell'ufficio postale ha iniziato a fare confusione con il mio caso, così mi hanno mandata da un medico arbitro. La signora che mi ha portato lì ha detto che questo medico mi avrebbe fatto bene. Beh, era un medico arbitro, quindi ho pensato che l'avrebbe fatto. Dopo aver effettuato gli esami fisici, lasciò la stanza con un atteggiamento strano. Ho ricevuto il suo rapporto in cui dichiarava di aver risolto l'infortunio sul lavoro e di aver archiviato il mio caso. Mi sono arrabbiata e ho pregato con amarezza contro il medico. Nella mia visione, ho visto questo medico perdere la ragione e in condizioni di follia. So che ero arrabbiata e amareggiata. Capendo che la mia preghiera avrebbe danneggiato il medico, dissi: "Signore, non permettere che questo accada" e lo perdonai. Vedevo che la condizione del medico era completamente folle; ero così arrabbiata. Dopo essermi calmata e averlo perdonato, Dio mi ha parlato. Ha detto che questo medico mi aveva fatto del bene. Ho chiesto come. Il Signore mi disse che per la pensione dovevo risolvere il mio caso con l'ufficio postale, dovevo trovare il problema fisico personale per ottenere la pensione di invalidità.

Il medico arbitro ha detto che la causa della mia condizione debilitante è il mio problema del sangue. Il mio problema fisico personale mi ha permesso di andare in pensione. Ero malata, ma per il pensionamento di invalidità era necessario risolvere le lesioni legate al lavoro. Io non lo sapevo. È stato un viaggio con continui ostacoli. Pensate a questo: non sono mai andata da un medico, quindi come può un medico scrivere una relazione sul mio problema fisico? Mi misi in preghiera e il Signore mi disse: "Raccogli tutti i referti che hai raccolto in questi anni di infortuni e mandali ai medici". Non sono mai andata dai medici, ma per questo pensionamento avevo bisogno di un medico personale.

Come mi ha detto il Signore, ho inviato tutti i referti al mio medico e lui ha firmato il documento di pensionamento. Dio non è così buono? Ci insegna cosa fare se glielo chiediamo. Prima di andare in pensione ho affrontato il viaggio più difficile dal punto di vista fisico e mentale. Il Signore mi ha promesso che avrei camminato e corso, ma prima di raggiungere questa promessa ho avuto molte battaglie. Pensiamo che sia una strada facile. No, è più dura di quanto si possa immaginare. Non importa cosa si dica, nessuna prova è senza dolore. Tutte le prove hanno una battaglia e tutte le prove possono darvi la vittoria se conoscete la strada che vi porta. Se sapete come mettervi in contatto con Dio. La maggior parte delle persone dice di conoscere Dio. Ma per conoscerLo personalmente, nelle vostre prove, nelle vostre situazioni, avete bisogno di formazione, guida, insegnamento e aiuto. Trovate qualcuno che sia un vero insegnante, un guerriero esperto, pieno di Spirito Santo e che ami il Signore. Potete farlo se avete la guida dello Spirito Santo.

Ricevo molte richieste di preghiere. Alcune persone non le conosco personalmente. Anche se le conosco, non le vedo da tempo. Con la crescita dei figli, sono cambiati molto. Un altro giorno, al mattino presto, stavo pregando con una mia amica. Ho visto sua figlia maggiore nella mia visione, così ho pregato per lei. Ho chiesto alla mia amica se c'era qualche problema con sua figlia. La mia amica mi ha risposto che sua figlia è una persona che piace alle persone. Ho detto che non è l'unico problema che ha. Ma la figlia maggiore è più bassa della sorella minore. Lei ha risposto che sì, per questo è molto triste. La mia amica ha detto: "Mia figlia minore è più alta della maggiore". Ho chiesto se posso pregare Dio per farla diventare più alta. Lei ha risposto di sì. Ho detto ok e ho pregato. Dio può risolvere qualsiasi problema se preghiamo. Ora non l'ho vista, ma lo Spirito ha parlato del problema.

La Parola di Dio ha promesso che: "Se credi, tutto è possibile". Allora perché non crederci? Il cristianesimo non è altro che il gioco della fede. La vostra fede può aumentare se conoscete e praticate la Parola nella vostra vita quotidiana. Osservate cosa succede se parlate alla situazione. Ora i cristiani citano la Scrittura. Avete provato a parlare della Parola di Dio alle vostre situazioni, problemi e prove?

Ho delle scarpe nere e avevo bisogno di un colore diverso. A causa del mio problema alla schiena, posso indossare solo alcune marche di scarpe. Un pomeriggio, Dio mi ha detto di andare al negozio di Ross. Andai e iniziai a cercare, ma non trovai nulla. Ho chiesto allo Spirito Santo di darmi una direzione. Mi ha portato nel reparto scarpe. Ho visto esattamente il mio stile e la marca che indosso. Con mia grande sorpresa, ho trovato il blu e il prezzo era molto basso. Le ho prese. Ross non vende mai quella marca di scarpe, ma vedete come Dio opera. Forse l'Angelo l'ha portata per me.

Sono benedetta perché mi fido della Sua guida. Per ricevere le promesse di Dio dovremo affrontare delle prove. Attraverso le prove, si otterrà una meravigliosa testimonianza da raccontare. Poiché si tratta della vostra storia che cambia la vita, le persone ci crederanno quando la racconterete. È qui che portate la gloria di Dio. Chi non vorrebbe credere a questo Dio straordinario? Io credo e testimonio della mia storia di vita. Potete provare, Signore Gesù. Le prove ci saranno, ma quando ci proverete, sarete puliti e puri come l'oro. È un modo di vivere. Le persone di successo hanno attraversato non una ma molte prove prima di raggiungere la promozione. Un pacchetto di promesse nasconde problemi, prove e tribolazioni. Dopo averli affrontati e risolti, si può prendere la propria promessa. Amen!

PREGHIAMO

Signore, le prove scriveranno molte storie se non sveniamo. La fede è un muscolo e ha bisogno di esercizio per mantenersi forte. Fa' che la nostra vita ti renda lode. Vogliamo vivere secondo le Tue leggi e i Tuoi comandamenti per raggiungere la pace perfetta. La vita è breve ma piena di prove e problemi. Confidando in te, il Signore ci farà uscire da tutto. Le promesse ci sono ma hanno molti ostacoli, perciò insegnaci ad applicare la Tua Parola per ogni problema. Dio, tu sei fedele; ci hai mostrato il Tuo esempio e ne sei uscito vittorioso. Aiutaci a rimanere in ginocchio per ricevere direzione, istruzioni e saggezza per tutto ciò che viviamo sulla terra. È lo stile di vita che desideri che viviamo. La vittoria della nostra vita può mostrare agli altri di vivere in perfetta pace e armonia nel piano di Dio, perciò il Signore ci aiuti nel nome di Gesù. Amen! Dio vi benedica!

5 NOVEMBRE

SVEGLIATI, POPOLO MIO!

Molti anni fa, al mattino presto, stavo pregando vicino all'altare. Vidi il pastore della chiesa, che si alzò dal posto d'angolo del pulpito, e mi spinse. Era un pastore? No, era l'angelo caduto che voleva comandare lì. Il pastore non era presente. Satana ha assegnato agli angeli caduti il compito di combattere contro le congregazioni, i guerrieri della preghiera e i leader. La nostra posizione non è quella di presentarci con una bella pettinatura, con i vestiti e le canzoni migliori, ma di venire indossando l'armatura di Dio. Abbiamo una battaglia contro Satana e il suo esercito, che cattura l'anima del peccatore, e siamo qui per liberare il prigioniero. Abbiamo combattuto contro il diavolo che vuole portare e introdurre il male. Ho visto che il bersaglio di Satana sono i veri pastori, le autorità, le mogli dei pastori e le autorità. Ricordate Eva. Oggi è lo stesso. Rimanete concentrati e non preoccupatevi di voi stessi e di ciò che vi circonda, ma combattete. Svegliatevi e pregate.

Geremia, Elia, Giovanni Battista e molti altri che hanno difeso la verità hanno sofferto. Lo farete anche voi. Sbarazzatevi delle striscianti vie malvagie di Satana. Satana vi perseguiterà, ma aggrappatevi a Dio. Pregate velocemente e liberatevi dall'attrazione del fascino. Svegliatevi e pregate per i leader spirituali. Anche le persone chiamate da Dio possono essere corrotte o deviate. Pregate e digiunate. Potreste essere Daniele, Ester, Giuseppe o voi stessi che avete deciso di difendere la verità. Dio si servirà di voi, se non lo deluderete. Liberatevi da ogni falso insegnamento. Eliminate le addizioni e le sottrazioni in cui vi sentite soffocare. Rimanete in piedi e fate ciò che è giusto, anche se dovete stare da soli. Ci sono molti uomini deboli come Achab. Molti erano distratti, come il Re Saul, Geroboamo e il Re Salomone.

Quando vedete che le autorità malvagie prendono il sopravvento, mettetevi in ginocchio e pregate, gridate. Satana vi perseguiterà usando autorità malvagie. Questi sono demoni ingannevoli perché hanno la forma della religione. Abbiamo una missione da parte di Dio, ma quando si passa dalla missione di Dio alla nostra, allora siamo dalla parte sbagliata. Immergetevi nel mondo degli spiriti con il digiuno e la preghiera per conoscere le attività invisibili di Satana, degli angeli caduti e del mondo demoniaco. La preghiera e il digiuno ci aiutano a vedere il mondo degli spiriti. Vedrete e sentirete parlare di attività spirituali. Osservate le autorità spirituali che operano seguendo le vie di Dio. Egli dà loro istruzioni e il potere stupefacente che operano. Queste operazioni di Dio hanno effetto con il vero cristianesimo. Sono sicura che capite cosa intendo. La Bibbia non è una parola viva nella vita delle autorità religiose. È una parola morta nella loro bocca, anche se insegnano e predicano, urlano e gridano. Abbiamo bisogno di sperimentare l'unzione, ed essa spezza il giogo.

Perché e cosa vi aspettate quando frequentate la chiesa? Naturalmente, di risolvere problemi, questioni familiari e molte difficoltà e di essere liberati, punto. Avete bisogno di una liberazione; la morte viene cancellata e le attività dei demoni dentro, intorno, sopra e contro di voi vengono distrutte. Se andate in una cappella, a incontrare un pastore o delle autorità spirituali per la liberazione, ma loro non sanno come aiutarvi, allora non c'è bisogno di andarci. Non c'è bisogno di fidarsi di loro invece di fidarsi di Dio. Ricordate che l'edificio non è una chiesa, ma il vostro corpo è la chiesa. Collegatevi pentendovi, battezzandovi nel nome di Gesù e ricevendo lo Spirito di Dio. Gesù verrà a dimorare in voi per guidarvi, insegnarvi e darvi potere, permetteteglielo. Fate un digiuno, pregate e iniziate a cercare il Suo volto. Se lo farete, il Signore vi condurrà e vi guiderà. So che Dio ha molti modi per aiutarvi. Niente è impossibile, ma tutto è possibile con Dio. Se ci credete, allora potete portare un risveglio oggi. Potete essere gli attuali discepoli di Gesù.

Il nostro problema è che non abbiamo tempo. Siamo troppo occupati. Piani e problemi distruttivi autoprodotti ci hanno invischiato. Siamo compiacenti. Non abbiamo nessun desiderio di risolvere, ma perfetta accettazione della condizione. Che tristezza! Non accetterò nessuno di quei pacchi di Satana, da restituire ai mittenti.

Ogni giorno mi sveglio e picchio il ginocchio. Tutta la notte a faticare, a pregare che la strategia di Satana contro di me debba tornare nell'oceano ed essere bruciata all'inferno. Dio ha detto di non essere violenti gli uni contro gli altri, ma di trovare dove il diavolo ha la sua sede. Egli vive nell'acqua; la sua sede è a nord e ora sta sul pulpito. Le attività ininterrotte in un edificio religioso, uno sforzo instancabile, hanno reso l'obiettivo di Satana di distruzione con successo. Ci stanchiamo, ci sentiamo a nostro agio, ci addormentiamo e non ci preoccupiamo di cercare, chiedere e bussare. Aiutaci, Signore. Le attività di oggi sono così mondane che aiutano il diavolo e ostacolano Dio. Le buone idee di Satana sostituiscono tutti i movimenti spirituali.

Le congregazioni di Satana uccidono, sacrificano sangue e in quel momento ci regaliamo caramelle a vicenda. Perché i nostri figli non vanno per strada a predicare? La Bibbia dice di insegnare ai vostri figli. Che cosa state insegnando per celebrare tutte le feste demoniache di Satana? Una dopo l'altra, ci uniamo agli affari di Satana e dimentichiamo ciò per cui siamo chiamati. I cristiani dovrebbero essere conosciuti per aver scacciato i demoni e guarito le persone toccando i vestiti o le ombre degli unti di Dio. Ora tutti i libri di Satana in circolazione insegnano la stregoneria e a comunicare spazzatura al computer. Dimostrano come uccidere i bambini, avvelenare le persone e rubare. Non ascoltate le voci fuorvianti. Svegliatevi, siamo ancora in tempo. Invece di aprire la porta allo yoga, alle religioni orientali e agli spettacoli empi, dobbiamo iniziare a cercare Dio e a seguire le sue orme. Cosa succede se diventiamo violenti con Satana? Nessuno sulla terra sarà posseduto, oppresso o influenzato dal diavolo. Vi ricordate di molti adolescenti che scappavano di casa? Ricordo che Dio mi rivelò che i demoni mi stavano tirando i piedi, afferrandomi letteralmente fuori di casa. Così ho iniziato a legare e a rimproverare ciò che i demoni stavano facendo a me e agli altri. Questo tipo di opera di Satana non ha bisogno dei vostri consigli o consulenze; ha bisogno della vostra preghiera e del vostro digiuno per liberare i vostri figli dalla presa distruttiva di Satana. Quando vedete l'operazione demoniaca, prendete la parola. Iniziate a usare le parole luce, spada e lampada. Prendete l'autorità e distruggete le strategie malvagie contro l'obiettivo. Gesù disse di fermarsi un'ora. Gesù lottò nel cuore della notte e distrusse l'attività del diavolo nella notte. L'Angelo gli ha dato forza quando ha pregato.

Andiamo a dormire perché siamo stanchi. Ci svegliamo stanchi, prendiamo le vitamine, facciamo esercizio fisico e cerchiamo di rimanere in forma. Satana ha introdotto esercizi che gli aprono la porta. Beviamo caffè e tè per svegliarci. Ma per pregare siamo stanchi. Ci sembra di parlare all'aria. Che tempi malvagi! La gente ha più fiducia nelle autorità che vede come attori e attrici religiosi che in Gesù. Svegliatevi, prendete in mano Dio e fate le cose per bene. Il nostro Dio ha bisogno di qualcuno che si opponga alle attività religiose mondane per distruggere il piano, l'opera e il funzionamento di Satana. Il diavolo ha introdotto la festività di Halloween. La gente ha speso 9 miliardi di dollari nel 2018. Ora pensate a dove stiamo andando.

Non ho tempo per questo. Sono sveglia, in guardia. L'armatura di Dio mi protegge da Satana. Preghiamo di più, connessi con Dio. Le religioni sono impotenti perché non hanno un legame. Vi piace entrare nel club sociale? Svegliatevi, tornate alle origini. Prima di tutto, pregate, pregate senza sosta. Digiunate, così avrete il potere di scacciare i demoni e di guarire i malati. Conoscete il vostro Dio meditando sulla Parola e applicandola. Il mondo reale è uno spirituale invisibile, non il fisico, quello che si vede. Il Regno di Dio ha bisogno di giganti spirituali per riprendersi, ripristinare e vendicarsi del nemico. È il momento più bello se imparate e conoscete Dio e le Sue vie. Svegliatevi, tornate indietro e vivete vittoriosamente nel nome di Gesù. Amen!

PREGHIAMO

Padre celeste, veniamo a te sapendo che ci hai dato il potere dello Spirito Santo. È per condurre, guidare e insegnare. Che meraviglia se lo usiamo e lo permettiamo nella nostra vita. Signore, aiutaci a rimanere pieni del Tuo spirito, perché non è per forza, né per potenza, ma per il Tuo spirito. Dobbiamo esercitare la Parola di Dio, confidando che l'intervento dello Spirito di Dio possa distruggere il piano del diavolo. Sappiamo che è Dio stesso. Il Suo Spirito è la forza potenziante contro la strategia di Satana. Dio è buono, ieri, oggi e per sempre. Aiutaci, Signore, perché abbiamo la debolezza di allontanarci da te. Riportaci indietro, tienici stretti, tienici sotto le Tue ali e il Tuo sangue nel nome di Gesù. Amen! Dio vi benedica!

6 NOVEMBRE

LA CONOSCENZA HA BISOGNO DI UN'APPLICAZIONE!

Puoi essere uno studioso, ma non sai come usare la conoscenza in modo pratico. Mia madre lavorava in ospedale. Ha condiviso molte cose sulle sue esperienze di lavoro con noi. Ha detto che alcuni medici hanno vinto un premio per aver scritto una tesi. Hanno fatto ricerca e sono bravi in teoria, ma mettere il paziente nelle loro mani potrebbe essere rischioso. Tuttavia, molti medici sono bravissimi in chirurgia ma non hanno mai vinto un premio. È vero, perché ha visto alcuni chirurghi rovinare molti casi, e il rapporto era alto. Quindi quelli che erano bravi a scrivere non erano bravi a operare. Quindi molti pazienti preferivano certi medici per l'intervento. Non li biasimerei. E voi?

Quindi chi conosce l'applicazione della teoria è un chirurgo eccellente. Quando si sentono costantemente prediche e insegnamenti da parte degli studiosi, ma la vita non corrisponde alle loro prediche, allora nessuno crederà. Voglio l'applicazione più che la predicazione e l'insegnamento. Il prodotto è buono solo se la vita lo dimostra. Il prodotto venderà se ha delle prove a sostegno. Dio, il Creatore, ha dimostrato di esserlo in molti casi. Gesù ha affermato di essere la resurrezione e la vita. Lo ha dimostrato: è risorto il terzo giorno. Potete dimostrare quello che state predicando? Non ci crederei se non ci fosse un supporto o una prova.

Giovanni 11:43 E dopo aver parlato, gridò a gran voce: "Lazzaro, vieni fuori". 44 E colui che era morto uscì, legato mani e piedi con vesti funerarie; e il suo volto era cinto da un tovagliolo. Gesù disse loro: "Lasciatelo andare".

Gesù ci ha creati, quindi sa come ripararci. Solo Gesù può riparare le nostre parti del corpo e nessun altro. Naturalmente, se Lui dà l'autorità, allora ce lo permetterà.

Matteo 8:16 Quando fu sera, gli portarono molti che erano posseduti da demoni; ed egli scacciò gli spiriti con la sua parola e guarì tutti i malati.

Matteo 4:24 La sua fama si diffuse in tutta la Siria e gli portarono tutti i malati affetti da diverse malattie e tormenti, gli indemoniati, i lunatici e i paralitici; ed egli li guarì.

La prova di ciò che ha fatto è nella Bibbia. Dobbiamo imparare l'applicazione della Parola seguendo solo Lui. Potete parlare nel mondo reale, ma la prova giustificherà la vostra affermazione. Molti frequentano edifici dove le organizzazioni, le denominazioni e le non denominazioni si incontrano; sentono messaggi forti ed eccitanti, ma senza prove. Non limitatevi a grattarvi la testa, ma chiedete dove sono le prove. Tutto questo è disponibile se si trova la via della verità seguendo Gesù.

Giovanni 8:30 Mentre diceva queste parole, molti credettero in lui. 31 Allora Gesù disse a quei Giudei che avevano creduto in lui: "Se perseverate nella mia parola, siete davvero miei discepoli; 32 conoscerete la verità e la verità vi farà liberi".

Se prendete un'altra strada che non sia quella di Gesù Cristo, troverete una forma di religione senza potere e senza prove, che forma organizzazioni, denominazioni e non denominazioni. Vedete che differenza fa la verità? Quando vado a predicare o a insegnare, predico con l'evidenza che Egli è lo stesso ieri, oggi e in eterno. Qualcuno ha preso un'altra strada, che è la strada della distruzione. Non credete, tornate indietro e siate discepoli del Signore Gesù. Ho cercato le vie delle denominazioni che non hanno funzionato. Cercando Dio, ho trovato la via del Signore Gesù. Ha funzionato. Ho sperimentato che è più facile essere liberati dalla droga, dall'alcol e dalle bugie che dai demoni religiosi. La denominazione religiosa, o anche quella non confessionale, è una fortezza. Seguendo le denominazioni, si lavora contro la Bibbia. Ho sempre amato Gesù. Nella mia famiglia abbiamo molte religioni. Eravamo tutti alla ricerca. Non ho mai preteso di essere un membro di chiese religiose. Cercate Dio attraverso il meraviglioso modo di cercarlo. Egli metterà alcuni problemi o prove dove avete bisogno della mano del Signore.

Le chiese religiose porteranno alla disperazione. Così i problemi, le prove, i test, le malattie e le situazioni si frappongono per avvicinarci a Dio. Dipendevo solo da Dio per la guarigione e la liberazione. Non ho mai preso medicine. Guardando indietro, Dio mi ha guarita in diversi modi. Ho detto a Dio che sono così felice che Egli abbia molti modi per guarire e aiutare. Si va dal medico, che può dare una medicina, ma con molti effetti collaterali. Quando Dio guarisce, non ce n'è nessuno. Quanto è bello? Non solo, ma perdona anche ogni peccato legato alla malattia.

Ammiro chi opera nello spirito e chi dipende da Dio per le proprie situazioni. Essi sono i testimoni se vanno a Gesù. Che il Signore ci fornisca veri profeti e insegnanti che predichino il Regno con prove, segni e meraviglie. Mosè chiese anche come avrebbero potuto credere che Egli lo avesse mandato. Il Signore gli chiese di lanciare la verga che aveva in mano:

Esodo 4:3b e divenne un serpente; e Mosè fuggì di fronte ad esso. 4 Il Signore disse a Mosè: "Stendi la mano e prendilo per la coda". Egli stese la mano, la prese e divenne una verga nella sua mano.

Un secondo miracolo se non credete al primo:

6 Il Signore gli disse inoltre: "Metti ora la tua mano nel tuo petto". Ed egli si mise la mano nel petto; e quando la tirò fuori, ecco che la sua mano era lebbrosa come la neve. 7 E disse: "Metti la tua mano nel tuo petto. Mise di nuovo la mano nel suo petto, lo tirò fuori dal suo seno ed ecco che tornò ad essere come l'altra sua carne.

Dobbiamo prepararci prima di parlare di Gesù. Molti conoscono bene le Scritture, non è così anche per Satana? Ruba, uccide e distrugge. La vostra conoscenza ha bisogno della ricetta per prendere vita. I discorsi possono essere buoni, ma le prove attireranno le persone a credere e a fidarsi. È un invito mondiale. Al giorno d'oggi, chi è chiamato da Dio fa miracoli incredibili. Ricevono informazioni dallo Spirito Santo. Ricevono la conoscenza dal trono di Dio. Come sapete, Dio è colui che deve essere il vostro direttore. Se avete provato un'organizzazione religiosa e non ha funzionato, allora dovete cercarLo. È nella stanza della preghiera, in ginocchio. L'incontro con Dio fa la differenza. Non l'etichetta di pastore, predicatore, apostolo o missionario. Se avete visitato la cappella e non avete risolto il problema, significa che vi siete rivolti a un'organizzazione religiosa. Conoscete la Bibbia e iniziate ad applicarla alla vostra vita e alle vostre situazioni. Che il Signore accenda la Parola dando inizio alla vostra fede! Obbedisco a ciò che il vero profeta, o Spirito Santo, mi chiede di fare. Se lo Spirito mi chiede di ballare, di andare a dire qualcosa a qualcuno, di stendere una mano, di ungere o di comprare qualcosa a qualcuno, lo faccio e basta. L'applicazione vi mostrerà il potente risultato della Parola. Gesù avrà la gloria se avrete fede solo in Lui e non nella vostra religione. Amen!

PREGHIAMO

Padre celeste, hai detto di seguirti. Aiutaci a farlo senza preoccupazioni. Aiutaci ad arrenderci, sapendo che stai per fare miracoli di livello mondiale e guarigione. Sappiate che sta per trasformare la vita di qualcuno là fuori. L'unico modo in cui Dio opera, e nessun altro, è la fede totale in voi. Il nostro Dio è buono e farà le cose più potenti, ha solo bisogno di un contenitore disposto. Signore, mi arrendo. Usami come vuoi, come ti piace. Il Dio del cielo guarda la terra che cerca, chiede e bussa. Egli aiuterà e mostrerà a questo mondo grandi cose. Non Dio, ma noi dobbiamo cambiare. Abbiamo trovato la strada per allontanarci da Lui. Signore, tu sei buono e non cambierai mai. Cambiaci, trasformaci a Tua immagine e somiglianza. Trasformaci, in modo che la gente veda Gesù che opera in noi e attraverso di noi. È un lavoro che non finisce mai. Il Signore ha lavorato per tutti noi. Dio ha bisogno di strumenti disposti a lavorare. Che il Signore trovi molti operai che lavorino sotto la Sua istruzione e alle Sue condizioni. Vogliamo che questo mondo sappia che Egli è lo stesso per sempre nel nome di Gesù. Amen! Dio vi benedica!

7 NOVEMBRE

NESSUNO, SE NON IL SIGNORE GESÙ, PUÒ RISOLVERE IL PROBLEMA!

Gli uomini possono costruire e riparare molti macchinari e cose, ma certe cose sono solo di Dio. In India, essere sterili è vergognoso. A volte il medico stregone ha chiesto di uccidere il bambino di qualcuno per farlo concepire. Il Signore ha detto che può aprire l'utero. Solo Dio può risolvere il problema.

Genesi 30:1 Quando Rachele vide che non dava figli a Giacobbe, invidiò sua sorella e disse a Giacobbe: "Dammi dei figli, altrimenti muoio". 2 L'ira di Giacobbe si accese contro Rachele, ed egli disse: "Sono forse io al posto di Dio, che ti ha negato il frutto del grembo?"

Solo Dio apre il grembo materno. Solo Dio dà la vita. Secondo il Nuovo Testamento, Dio dà l'autorità ai Suoi santi pieni di Spirito di parlare di vita sui morti, ma il diavolo può solo uccidere e distruggere. Molte persone mi hanno chiesto di pregare per poter concepire. Ho pregato e hanno concepito un bambino. Ho parlato con una signora. Mi ha detto che ho fatto tutto quello che lo stregone le ha chiesto di fare, ma senza alcun risultato. Una volta si è recata in una chiesa e hanno pregato su di lei per concepire il bambino e così è stato. Leggeva la Bibbia e gridava a Gesù mentre le chiedevano di pregare, e ha avuto un bambino gratis. Ha detto: "Ho speso soldi per il coccio, per la capra da sacrificare e per le offerte di cereali, ma non ha funzionato. Se avete qualche problema, imparate ad andare da Gesù. Il Signore Gesù ha detto che nulla è impossibile per Lui. Dio tiene qualcosa in mano, in modo da rimanere in contatto con Lui. Dio vuole rimanere in contatto con i Suoi figli, proprio come fanno i genitori.

Deuteronomio 32:39 Vedi che io, proprio io, sono lui e non c'è nessun dio con me: Io uccido e faccio vivere; io ferisco e guarisco; non c'è nessuno che possa liberare dalla mia mano.

Solo la Bibbia parla della creazione, della creazione dell'uomo e della donna. La Bibbia dice che Dio ha dato ogni respiro di vita a tutto ciò che vediamo sulla terra: uomini, uccelli, alberi, acqua e creature marine. Ha creato anche gli angeli invisibili, gli arcangeli ecc.

Genesi 1:27 Così Dio creò l'uomo a sua immagine, a immagine di Dio lo creò; maschio e femmina li creò.

Solo Dio può fare opera creativa. Dio ha creato molti Angeli ed esseri spirituali per aiutarci, ma la creazione è opera di Dio. Oggi abbiamo un mondo molto inquietante che si incolpa a vicenda. Politici, governi, regni e assetati di potere cercheranno di rovesciare il potere di aiuto pertinente. Se prestiamo attenzione alla storia attraverso la luce della Parola di Dio, possiamo capire che si tratta del regno delle tenebre che combatte contro il regno della luce. Non incolpatevi l'un l'altro, non riponete la vostra fiducia in colui che avete scelto per governare, ma guardate in alto e chiedete aiuto a Dio. Non dimenticate che solo Dio può risolvere il vostro problema, che la nostra autorità religiosa ha dimenticato. Quando Gesù camminava sulla terra, il Suo popolo non riusciva a riconoscere il suo Messia, il Suo Re e il suo Dio.

Non ho visto la causa o la radice del problema in un partito politico, ma nel popolo di Dio. L'autorità religiosa ha causato il dolore di questo mondo non ricordando la via di Dio. Pentiamoci, inginocchiamoci a pregare, gridiamo e chiediamo a Dio di darci una guida spirituale che insegni le vie e la verità di Dio. Un pastore che ci conduca accanto all'acqua ferma, che sia il pastore della nostra anima. Credo che questo mondo e questo Paese troveranno pace, guarigione e liberazione da tutti i problemi. Il nostro problema è che siamo troppo intelligenti. Sappiamo tutto e non abbiamo bisogno di Dio per andare avanti. Finché sembriamo religiosi e non cambiamo. Non ci piace aspettare che Lui ci mostri la strada.

Non possiamo risolvere nessuno dei problemi. Non fidatevi dell'uomo o della donna, ma del Signore. Pregate, pentitevi, abbandonate le vie malvagie e cercate Dio per tutte le vostre necessità. Ricordiamo che Ester, Re Davide, Re Asa, Giuseppe, Daniele e molti altri si rivolsero a Dio per risolvere il problema. Tutti questi avevano posizioni di rilievo ed erano persone intelligenti, sagge e forti. Dove hanno guardato? Tutti hanno guardato in alto. Non in basso, ma in alto. Pentitevi, voltatevi e cercate Dio. Cercate l'aiuto di Dio nel momento difficile delle nostre nazioni. Chiedete a Dio di inviare le persone più indicate che conoscono il Signore. Intercedete per la nostra nazione.

Amo le autorità buone e sincere, ma la mia fiducia è solo in Dio. Prego Dio per loro. Ricordate, Dio ha detto che non cambia. Oggi si incontrano persone che mentono, ingannano, rubano e molto altro. Mantengono l'etichetta religiosa di diverse organizzazioni, ma non hanno pentimento e trasformazione. Allora, chi sono i loro leader? Sono come le persone che non riuscivano a riconoscere Dio quando camminava in carne e ossa. Ho paura di Dio per loro. Dico: "Signore, abbi pietà di loro". Non sanno cosa stanno facendo. Aiutali. Che il Signore perdoni e conceda loro grazia e misericordia.

Dio ci aiuti a colpire il ginocchio e a gridare per i leader ciechi e sordi. Vedremo la mossa soprannaturale di Dio.

Giosuè 10:11 Mentre fuggivano di fronte a Israele e scendevano a Beth-Horon, l'Eterno scagliò dal cielo grandi pietre su di loro fino ad Azekah, e morirono; i morti per la grandine furono più di quelli che i figli d'Israele uccisero di spada.

Intorno a noi ci sono solo problemi, uno spettacolo spaventoso. La nostra autorità fallirà e l'esercito fallirà, ma non Dio. Gridate a Dio. Ora, mentre la venuta del Signore si avvicina, vediamo sempre più persone senza fede. Fanno fatica a credere nei miracoli, nelle guarigioni e nelle operazioni soprannaturali.

Dio sa come farvi uscire e liberarvi dalla schiavitù dell'Egitto. Egli può dichiararvi liberi e voi lo sarete. Cercate Dio, cercate il Suo volto, solo Lui può aiutarvi. Abbiamo provato e riprovato e non funziona. Pregate il Signore di portare la Bibbia nella nostra vita, nella vita dei nostri figli e nelle autorità governative. Questo è l'unico modo in cui il problema può essere risolto. Quante volte ho sentito questa scrittura dal pulpito?

2 Cronache 7:14 Se il mio popolo, che è chiamato con il mio nome, si umilia, prega, cerca il mio volto e si converte dalle sue vie malvagie, allora io ascolterò dal cielo, perdonerò il suo peccato e guarirò il suo paese.

Quando citano questa Scrittura, mi viene da chiedere loro quando la seguiranno. Quando? È ora che vi svegliate. Non vedo mai la colpa o la causa del caos nei leader del Paese, ma nei leader religiosi. Si sono addormentati e non riescono a svegliarsi. Abbiamo adottato modi diversi, canzoni, conferenze e raccolte di denaro, piuttosto che la preghiera. Che tristezza! Abbiamo reso le nazioni senza preghiera.

Luca 6:12 In quei giorni si recò su un monte a pregare e continuò tutta la notte a pregare Dio.

Perché siamo così orgogliosi da non inginocchiarci e pregare? Pregate che Dio ci mandi autorità umili per guidare, così possiamo vincere. Io appartengo solo alla Chiesa di Dio. Anzi, so di essere la Chiesa. Pentitevi e pregate. Pregate che solo Dio possa risolvere il problema nel nome di Gesù. Amen!

PREGHIAMO

Padre celeste, sappiamo che è tutta colpa nostra. Siamo troppo orgogliosi e arroganti, dimenticando come essere umili. Pretendiamo di sapere tutto e abbiamo dimenticato le vie di Dio. Vediamo il caos, ma ci siamo resi insensibili al problema. Siamo perduti e stiamo crescendo una generazione perduta. Aiutaci a fare il bene e a fare ciò che vuoi che facciamo. Mandaci l'autorità come Mosè, Giosuè e Re Davide. Vogliamo che tu sia la nostra autorità per guidarci verso la terra promessa sani e salvi. Signore, è nostra responsabilità gridare, chiedere e cercare. Oggi portiamo la nostra nazione spezzata e divisa sul Tuo altare. Ti preghiamo di ripararla. Mandaci dei leader spirituali nel nome di Gesù. Amen! Dio vi benedica!

8 NOVEMBRE

LA PIANTAGIONE PORTA ABBONDANZA!

Ci aspettiamo sempre molto. Pensiamo di meritare tutto, ma gli affari del cielo non funzionano così. Il Dio del cielo ha una legge. Se la si segue, allora funziona. Mi piace dare, ma a volte ho incontrato il ladro che mi ha rubato il denaro. Anche così, ricordate, è sempre bene dare, perché il nostro Dio sa come restituire il doppio. Quindi ricordate, è sempre bene dare poiché il nostro Dio sa come restituire il doppio. Se pensate che le persone vi abbiano derubato, che vi abbiano rubato, non volete più dare per la buona causa. No, questo è sbagliato, è un giudizio. Ho incontrato molti che mi hanno derubata e hanno parlato male di me. Questo mi impedirà di fare del bene? No, lo so bene. La Parola di Dio sostiene ciò che so. Continuerò a dare. Dare è piantare.

Dio dice: Gioele 2:25 Vi restituirò gli anni che la locusta ha mangiato, il tarlo, il bruco e il palmerino, il mio grande esercito che ho mandato in mezzo a voi.

Vedete, distruggerà tutto questo divorzio, ma il Signore ci restituirà il doppio. Che il Signore consoli il vostro cuore. Siamo sulla terra e incontriamo persone di ogni tipo. Parlano senza senso e cercano di ferire, ma ricordate che il nostro Dio vede tutto. Mette a confronto una vedova con un uomo ricco; il Signore pesa e valuta di più ciò che la vedova ha dato. C'è un luogo, delle persone e un terreno in cui è necessario piantare il proprio denaro. Io faccio la decima e pago la mia offerta, ma so anche dove ho il miglior interesse a piantare un extra. Do all'operaio e semino continuamente i luoghi. Innanzitutto, assicuratevi di dare con tutto il cuore.

Luca 6:38 Date e vi sarà dato; una buona misura, pigiata, scossa e colma, vi sarà data in seno. Perché con la stessa misura con cui avete misurato, vi sarà misurato di nuovo.

Dare e basta! I miei genitori vivevano tra gli indù. In India, conosciamo una particolare casta come quella dei donatori. I miei genitori dicevano di essere ricchi, di avere così tanto perché davano a pioggia, traboccando. Naturalmente, se avete visto la donazione, crederete che Dio non rispetta le persone.

Luca 6:30 Dai a chiunque ti chieda, e a chi ti toglie i beni non chiederli di nuovo.

Sappiamo che alcune persone sono solo un'accolita di persone, ma doniamo loro lo stesso. Credo che, finché non si è un prenditore, le cose torneranno indietro.

Deuteronomio 15:9 Attenti che non vi sia un pensiero nel tuo cuore malvagio, dicendo: "Il settimo anno, l'anno della liberazione, è vicino; e il tuo occhio è malvagio contro il tuo povero fratello, e tu non gli dai nulla; ed egli grida al Signore contro di te, ed è peccato per te. 10 Tu gli darai, e il tuo cuore non sarà afflitto quando gli darai, perché per questo il Signore, il tuo Dio, ti benedirà in tutte le tue opere e in tutto ciò a cui metterai mano. 11 Poiché i poveri non scompariranno mai dal paese, ti ordino di spalancare la mano al tuo fratello, al tuo povero e al tuo bisognoso nel tuo paese".

Quando vedete mendicanti, affamati e nudi, per favore date, vi farà bene. È la vostra piantagione per una ricompensa. Quando andate alla presenza di Dio, non andate mai a mani vuote. Quando qualcuno viene a trovarci e sappiamo che è un lavoratore per Gesù Cristo, doniamo sempre. Se gli operai vengono alla mia porta, li benedico sempre. Non importa se li utilizzo o meno.

La Bibbia dice:

Deuteronomio 16:17 Ognuno darà come può, secondo la benedizione del Signore tuo Dio che ti ha dato.

Se Dio vi ha dato molto, allora siete tenuti a dare molto. È la chiave, perché molti falliscono. Pensano che diamo alla chiesa, ma che dire di chi usa per la preghiera o per un bisogno spirituale e se ne va senza benedire? State perdendo la benedizione dell'operaio. Non perdete trenta, sessanta, ostacolate o illimitate benedizioni con le benedizioni dell'operaio. Non sapete cosa potete ricevere, perché Dio ve lo darà.

Luca 10:7 perché l'operaio è degno del suo lavoro.

Molti hanno perso l'occasione di essere operai. Se siete operai per il Signore, confidate in Lui per la provvista. Porto sempre la mia testimonianza da quando Dio mi ha chiesto di lavorare per Lui. Mi ha detto che si sarebbe preso cura di noi, lavorate per me. Questo non significa che io abbia tutto. Molte volte faccio fatica, ma aspetto Dio. Colui che mi ha chiamata al Suo servizio ha promesso di prendersi cura di me. Il segreto nascosto, dovete sapere chi ve lo ha promesso. Verrà meno? No, quando imparerete ad aspettare Dio, conoscerete la Sua fedeltà. Amo servirLo senza paura, perché non mi ha mai deluso.

Salmo 41:1 Beato chi considera i poveri; il Signore lo libererà in tempo di difficoltà.

Leggete queste Scritture più e più volte. Dio è fedele, onora la Sua Parola se voi credete e agite in base a essa. Egli dipende da voi e da me. Molti guardano i poveri, dicono: "Dio ti benedica" e se ne vanno. Avete perso l'opportunità di benedire i poveri. Il Signore osserva la nostra reazione a come trattiamo i poveri e i bisognosi. Per favore, date ai poveri. Mi piace dare alle vedove e visitare i convalescenti dei piccoli doni per benedirli. Le benedizioni sono meglio del denaro. Vi piacerebbe non ricevere nulla, rimanere poveri e dire che sono benedetto? No, non lo siete. Benedire significa prendere qualcosa e dare.

Proverbi 22:9 Chi ha un occhio generoso sarà benedetto, perché dà il suo pane ai poveri. 22 Non derubare il povero, perché è povero, e non opprimere l'afflitto alla porta; 23 perché il Signore difenderà la loro causa e rovinerà l'anima di quelli che li hanno rovinati.

Le conseguenze sono più di quanto possiate permettervi. Fate qualcosa per i bisognosi. La piantagione di parole è la migliore ricompensa. Uscite e fate qualcosa per i senzatetto, i poveri, i bisognosi, gli orfani di padre, le vedove e gli anziani. Questa sarà una grande piantagione se cercate veramente le benedizioni. Il Signore mostra come ricevere le benedizioni. Se preparate la cena o il pranzo, non chiamate chi vi può restituire.

Luca 14:13 Ma quando fai un banchetto, chiama i poveri, i mutilati, gli zoppi e i ciechi: 14 e sarai benedetto, perché non potranno ricompensarti; perché sarai ricompensato alla risurrezione dei giusti.
Quando viaggio nelle nazioni povere, mi assicuro di portare molto da donare. Credo che questa benedizione viaggerà fino all'eternità. Incontro persone diverse e vedo i loro stili di vita. Dio benedica chi dà

generosamente oltre ogni misura. Mi sorprende vedere quanto Dio li abbia benedetti grazie alla loro generosità. Una volta che conoscete la Parola di Dio e la piantate come un seme, sarete benedetti e non mancherete mai. Anche i vostri figli saranno benedetti. Il fratello di mia madre aveva un lavoro in cui incontrava molti poveri. La mamma diceva che suo fratello portava sempre una borsa di vestiti sulla sua bicicletta. Non ho mai conosciuto sua figlia, ma ho sentito dire che è benestante. Il Signore si è preso cura di lei, anche se ha perso i genitori in giovane età. Quindi ricordate di condividere, dare significa ricevere. Dando create spazio, in modo che Dio possa darvi di più. Dio si fiderà di voi e vi darà di più se pianterete come vi ha chiesto.

PREGHIAMO

Ti ringraziamo, Signore, per averci dato per primi. Vogliamo continuare a ricevere le Tue benedizioni, quindi aiutaci e insegnaci dove dare. Fa' che i nostri occhi non si chiudano mai quando vediamo il bisogno. Grazie per averci permesso di donare. Se lo facciamo, questo mondo sarà un posto migliore. Signore, sappiamo che ci sono molti bambini poveri, vedove e senzatetto, quindi tocca ogni cuore per fare qualcosa per loro. Il nostro Dio ha dato e ci ha insegnato a dare. Tu hai dato te stesso. Insegnaci a dare noi stessi al regno di Dio. Il nostro Dio è un donatore. I pagani ci accusano quando diamo ai poveri, alle vedove e agli ignudi, ma nostro Padre ci ha insegnato a dare. I missionari e i cristiani sono il meglio del meglio. Siamo benedetti da quando i nostri genitori ci hanno dato. Vogliamo imparare come e dove piantare, per vedere la benedizione più grande non solo nella nostra vita, ma anche nella nostra nazione, nel nostro campo, nei frutti, nei raccolti e negli animali. Insegnaci a piantare secondo la Tua parola nel nome di Gesù. Amen! Dio vi benedica!

9 NOVEMBRE

SCEGLIETE LA MOGLIE SPIRITUALE!

La moglie si chiama altra metà e un'altra metà della vostra può rendervi integri se è saggia e giusta. Molti regni, re, uomini, Paesi e il mondo sono stati distrutti a causa di un aiuto sbagliato.

Il nostro mondo può incolpare Eva della pena di morte per il peccato. Il diluvio è arrivato perché lei cercava e desiderava ciò che Dio aveva proibito. Il venditore chiamò il diavolo e la fece cadere nella trappola. La vostra trappola è pronta perché il diavolo è un sicofante. Il diavolo è il sì e l'amen per la vostra distruzione. Il diavolo ha sempre un bell'aspetto perché ha l'aspide, il veleno e voi lo sperimenterete dopo essere caduti nella trappola. Osservate la vita di Adamo, del Re Salomone, del Re Achab, sposato con Gezabele, e del Re Jehoram, sposato con Atalia, figlia di Gezabele. Il piano distruttivo ha preso il via nei regni settentrionale e meridionale di Israele da questa madre e figlia. Alla fine, le regioni meridionali e settentrionali della nazione andarono in desolazione e in cattività. Non cercate mai la pace scendendo a compromessi con i pagani, per farli sposare. Aprirà la porta a Satana, come fece il Re Salomone. Satana entrerà in scena. Cercate Dio per tutte le situazioni, chiedete il Suo aiuto ed Egli lo farà.

La donna è l'arma più potente per portare benedizioni o maledizioni alla vostra vita, al paese e al popolo del regno di Dio. È la decisione più pericolosa quella di permettere loro di lavorare nel regno di Dio se sono pagane. Il Re Salomone non era un guerriero, ma era definito un uomo saggio. Sposando le figlie del re pagano per cercare la pace, portò calamità al suo regno.

1 Re 11:1 Ma il re Salomone amò molte donne straniere, insieme alla figlia del Faraone, alle donne dei Moabiti, degli Ammoniti, degli Edomiti, degli Zidoni e degli Ittiti; 2 delle nazioni di cui il Signore disse ai figli d'Israele: "Non vi avvicinerete a loro, né essi si avvicineranno a voi; perché certamente essi distoglieranno il vostro cuore dai loro dèi": Salomone si avvicinò ad esse per amore. 3 Egli ebbe settecento mogli, principesse e trecento concubine, e le sue mogli gli distolsero il cuore. 4 Infatti, quando Salomone fu vecchio, le sue mogli distolsero il suo cuore verso altri dèi e il suo cuore non fu perfetto con il Signore, suo Dio, come il cuore di Davide, suo padre. 5 Salomone infatti andò dietro ad Ashtoreth, dea degli Zidoni, e a Milcom, abominio degli Ammoniti. 6 Salomone fece il male agli occhi del Signore e non seguì pienamente il Signore, come fece Davide suo padre. 7 Salomone costruì un luogo elevato per Chemosh, l'abominio di Moab, sulla collina di fronte a Gerusalemme, e per Molech, l'abominio degli Ammoniti. 8 E lo stesso fece per tutte le sue mogli straniere, che bruciavano incenso e sacrificavano ai loro dèi. 9 Il Signore si adirò con Salomone perché il suo cuore si era allontanato dal Signore Dio d'Israele, che gli era apparso due volte,

Il problema è l'udito. La Bibbia dice: "Chi ha orecchio ascolti". Tutti hanno un orecchio, ma chi ascolta e obbedisce ha un orecchio. Ascoltate Dio e le sue istruzioni. Satana si servirà di una donna malvagia per abbattervi e voi morirete perduti. Il tuo regno e la tua famiglia saranno portati via e la tua famiglia sarà distrutta.

Non preoccupatevi mai di ottenere il voto e la vostra posizione. Se credete e confidate nel Signore, egli vi darà protezione, promozione e prosperità. Non fidarsi del Signore è la causa del caos interno ed esterno. Il re Salomone veniva attaccato dal re vicino. Geroboamo tornò dall'Egitto per insorgere contro i figli di Salomone. Ora, se il Re Salomone avesse mantenuto la fede, non avrebbe mai visto il regno diviso. Il regno divenne settentrionale e meridionale, non fidandosi di Dio. Riponete la vostra fiducia in Dio Geova; Egli è onnipotente. Il saggio Re Salomone distolse lo sguardo da Dio. Temeva le nazioni circostanti e adorava gli dei e le dee della sua regina.

Giosuè 23:10 Un solo uomo di voi ne inseguirà mille, perché è l'Eterno, il vostro Dio, che combatte per voi, come vi ha promesso. Fate dunque attenzione a voi stessi, che amate l'Eterno, il vostro Dio.

Solo se seguite i Suoi comandamenti e le Sue leggi. Troverete protezione se seguirete le vie di Dio. Alcuni uomini sposano una donna che ha soldi o che può fare qualche lavoro domestico. Vediamo come Abramo chiese di scegliere la moglie per suo figlio. Abramo si trovava nel paese di Canaan, che Dio aveva rifiutato. Così chiese alla serva più anziana della casa:

Genesi 24:3 Ti farò giurare per il Signore, il Dio del cielo e il Dio della terra, che non prenderai in moglie mio figlio dalle figlie dei Cananei, in mezzo ai quali abito: 4 ma andrai nel mio Paese e nella mia famiglia e prenderai in moglie mio figlio Isacco.

Giacobbe servì suo zio per quattordici anni per ottenere una moglie.

Genesi 29:18 Giacobbe amò Rachele e disse: "Ti servirò per sette anni per Rachele, la tua figlia minore".

Perché la donna che sposerete distoglierà il vostro sguardo dal Dio vivente. È molto pericoloso se non trovate una moglie spirituale. Ester era una figlia spirituale e fu allevata da Mardocheo, ascoltando ogni suo insegnamento. Ella sconfisse Satana e distrusse il nemico. Il nemico arriva da una parte e corre per sette vie. Il nostro Dio ha un sistema per avvicinarsi, quindi preparatevi. Voi siete la figlia di Sion. Non preoccupatevi del naso, del colore dei capelli, del trucco e del look. Guardate in alto, Lui vi ha reso bellissime, pregate e digiunate. Voi sei l'Ester, la Maria e la Ruth di oggi. Che voi possiate essere cercatrici del Regno, non di potere e posizioni mondane. Il nostro Dio vi ha chiamati a elevarvi. Indossate l'armatura di Dio e prendete l'arma di Dio per sconfiggere il nemico. Questi si aggira come un leone ruggente per divorare, ma voi potete sconfiggerlo in ginocchio. Pregate senza sosta, prima di tutto pregate. Il nostro compito non è quello di comportarci come una donna sciocca, Eva, la regina Atalia o sua madre Gezabele, che si truccavano e si acconciavano prima di buttarla giù come cibo per i cani.

Il nostro Dio cerca una sposa che non si guardi intorno per fallire Lui e il Suo piano, ma che sia pronta e disposta a servirlo. La chiesa è la sposa e ricorda che noi siamo una chiesa, non un edificio.

Efesini 5:27 perché la presentasse a se stesso come una chiesa gloriosa, senza macchia, né ruga, né alcunché di simile, ma santa e senza macchia.

Cercate una sposa saggia.

Matteo 25:6 A mezzanotte si gridò: "Ecco, lo sposo viene; andategli incontro". 7 Allora tutte quelle vergini si alzarono e accesero le loro lampade. 10b Lo sposo venne; e quelle che erano pronte entrarono con lui alle nozze; e la porta fu chiusa.

Questo è il momento più cruciale per i chiamati, gli eletti, i pentiti e i lavati nel sangue dell'agnello. Preparatevi a ricevere il Suo Spirito per incontrare il vostro sposo. Egli sta per ricevere la Sua sposa. È vicino il tempo in cui la fedele sposa di Gesù lavorerà per Lui sulla terra e per l'eternità in cielo. Amen!

PREGHIAMO

Signore, ti siamo grati per averci chiamati e scelto per il Regno. Sappiamo che il regno di Dio soffre la violenza e per questo ci rende guerrieri potenti come Re Davide, di prendere con la forza ciò che ci appartiene. Tu ci hai dato il potere. Aiutaci a fare attenzione a come usarlo. Aiutaci a guardare in alto e a tenere gli occhi puntati su di te. Combattiamo nella vittoria. Tu hai sconfitto il nemico. Il nostro Signore e Creatore sta venendo a ricevere la Sua sposa. Noi siamo la Chiesa, la Sua sposa. Preghiamo, digiuniamo e prepariamoci. Lasciamo che il Signore ci trovi senza difetti, senza rughe e senza macchia per incontrare il nostro sposo. Presto andremo per l'eternità a dimorare con te. Aiutaci, Signore Gesù. Trovaci degni di essere accolti in cielo nel nome di Gesù. Amen! Dio vi benedica!

10 NOVEMBRE

NON LASCIATE CHE IL VOSTRO SOGNO MUOIA!

Sogniamo molte volte nel corso della nostra vita. Dio ci parla in sogno. Ma ricordate che quando si fanno molti sogni, significa anche che lo Spirito disturba la vostra mente. Quando faccio molti sogni, significa che devo ordinare allo spirito maligno di uscire. Fate di tutto per liberarvi del demone. Mettete la Bibbia sotto la testa come cuscino, ungete la testa e la casa con olio, mettete una mano sulla testa e parlate in lingua. In pratica, prendete l'autorità data da Dio di legare e spezzare gli spiriti maligni e le loro azioni di uccidere, rubare e distruggere. Liberate lo Spirito Santo, gli angeli guerrieri, ministri e custodi di Dio nel nome di Gesù.

Ecclesiaste 5:7 Perché nella moltitudine dei sogni e delle parole ci sono anche diverse vanità; ma temi Dio.

Oggi voglio parlare del sogno che Dio fa per il futuro. Dio rivela le promesse o i piani futuri nei sogni. Molti distruggono il piano rivelato in sogno, perché vanno avanti, sono irresponsabili o impazienti. La promessa data da Dio arriva più tardi, ma è comunque puntuale. Siamo soliti recitare che Egli è un Dio puntuale. Ricordate, c'è un Dio in cielo che è reale e potente. Se vi sta rivelando qualcosa attraverso un sogno, una visione, una voce udibile o attraverso i profeti, allora fate sul serio. Non è il momento di scherzare con la vostra vita.

Atti 2:17 Negli ultimi giorni, dice Dio, io spanderò il mio Spirito su ogni carne; e i vostri figli e le vostre figlie profetizzeranno, i vostri giovani vedranno visioni e i vostri vecchi sogneranno sogni.

La direzione di Dio rivela il programma futuro e dà anche degli avvertimenti nel sogno. Dobbiamo prestare maggiore attenzione al sogno, filtrando quelli falsi. Chiedete a Dio di darvi discernimento e interpretazione del sogno. Il sogno è molto importante, quindi è bene tenerlo in considerazione.

Matteo 1:20 Ma mentre pensava a queste cose, ecco che gli apparve in sogno l'angelo del Signore che gli disse: "Giuseppe, figlio di Davide, non temere di prendere con te Maria, tua moglie, perché ciò che è concepito in lei viene dallo Spirito Santo".

Il cielo rilascia informazioni su cui vi state interrogando o di cui siete preoccupati. Il Signore Gesù ha rivelato molti piani nel sogno. Cerco sempre di scrivere i miei sogni. Molti pensano di ricordarseli, ma non è così. Vi prego di scriverli. Dio risolve il mistero nel sogno. Ricordate, Dio ha mandato il Messia Gesù Cristo, ma il diavolo ha cercato di distruggerlo. Ricordiamo che Dio mantiene le Sue promesse se si segue il Suo piano di protezione. Ringraziamo Dio per coloro che obbediscono all'ordine del Signore dato nel sogno.

Matteo 2:13 Quando furono partiti, ecco che l'angelo del Signore apparve in sogno a Giuseppe, dicendo: "Alzati, prendi il bambino e sua madre, fuggi in Egitto e rimani là finché non ti avrò dato notizie; perché Erode cercherà il bambino per distruggerlo".

Abbiamo avuto il Messia, il Figlio di Dio, Cristo, poiché qualcuno ha avuto il coraggio di fare un passo per salvare la vita del bambino. Lode a Dio! Quando c'è un avvertimento, agite, per favore.

Genesi 28:12 Poi sognò ed ecco una scala posta sulla terra, la cui cima arrivava fino al cielo; ed ecco gli angeli di Dio che salivano e scendevano su di essa. 13 Ed ecco che il Signore stava sopra di essa e diceva: "Io sono il Signore, Dio di Abramo, tuo padre, e Dio di Isacco; il paese dove giaci lo darò a te e alla tua discendenza". 18 Giacobbe si alzò di buon mattino, prese la pietra che aveva messo come cuscino, la pose come colonna e vi versò sopra dell'olio.

Quanto era necessario sigillare quel luogo con lo Spirito Santo? Sigillo tutte le vostre promesse date da Dio con il Suo Spirito nel nome di Gesù. Si realizzeranno, se non vacillate. Dio sta per fare cose grandi e potenti per voi e per i vostri cari. Basta essere coerenti e ricordarsi delle Sue promesse. Ho sognato di predicare in un Paese musulmano. Da allora tengo la mappa e prego sulle nazioni musulmane. Nel sogno ero un po' spaventato, ma nello stesso sogno predicavo con coraggio. Pensando ai musulmani, pensiamo all'opposizione, ma se preparo la mia strada, digiunando e pregando, le cose accadranno. Nella vita reale, sognate in grande, va bene così. Ricordate, il cielo è il limite e il cielo non ha limiti. Vivete una vita senza limiti. Sognate in grande. Non è impossibile per Dio che ha detto che tutto è possibile se si crede. Non stancatevi, continuate a provare, a sperare e il vostro sforzo costante porterà a qualcosa di grande. Prego su tutto il vostro lavoro. Che il Signore Gesù benedica e moltiplichi il vostro lavoro.

Vedo sogni e visioni e sento la voce udibile di Dio. L'interpretazione arriva quando apro la bocca e parlo. Aprite la bocca per sostenere le parole positive. Se sognate, dite che ci credete e che accadrà. Dio benedice tutte le promesse e i progetti fatti a me e a voi in sogno. Ricordatevi di un sogno. Dite a Dio che ci credete ancora. È bello se lo dite, ma non fate pressione su Dio. Daniele ebbe molti sogni da interpretare con la conoscenza data da Dio.

Numeri 12:6 - Poi disse: "Ascoltate le mie parole: Se c'è un profeta in mezzo a voi, [io] l'Eterno mi farò conoscere a lui in una visione, [e] gli parlerò in sogno".

Dio mi ha fatto delle promesse attraverso un sogno nell'anno 1984. Non si è ancora avverato, ma il mio compito è quello di tenere duro.

Abramo ha avuto una promessa e ha creduto in Dio per ottenerla. Il Dio che ha detto che lo farà a tempo debito. Con Dio, nulla è impossibile, ma Dio ha la stagione giusta per tutto. Che il Signore ci aiuti a capire che è il grande Dio. Il nostro Dio può fare tutto e il contrario di tutto, se non lo deludete. Un sogno era un avvertimento sull'arrivo dell'induismo sulla costa orientale. Il Signore spiegò che gli indù sono coerenti. Adorano gli idoli da sempre. Dio mi ha rivelato come pregare per gli indù, cioè chiedendo a Dio di mettere l'amore per Gesù nei cuori degli indù. Perciò vi chiedo non una ma tre volte, di pregare ogni giorno per questa richiesta di preghiera che Dio ci dice.

Molti di voi sono là fuori a chiedersi quale sia il loro sogno. Aspettate, non perdete il vostro sogno perdendo la speranza o scoraggiandovi vedendo che non ci sono progressi. Egli non ha bisogno di un promemoria o del vostro aiuto. Vuole solo che crediate e che aspettiate. Non rivolgetevi a pagani, stregoni, chiromanti o altri mezzi di interpretazione.

Il capitolo 2 di Daniele è una prova che i maghi, gli astrologi o i caldei non potevano interpretare il sogno.

10 NOVEMBRE

Ma Daniele, un uomo saggio, sì, poiché il Signore diede a Daniele l'interpretazione del sogno.

Giuseppe vide in sogno i suoi fratelli e la madre-padre che si inchinavano a lui. La vita prese una triste piega su una strada lunga e travagliata. Non lo vide mai accusato da una donna. Non si vide mai in prigione come schiavo e in una posizione di rilievo in Egitto. Il Signore gli mostrò solo un sogno. Non mostra tutti gli impedimenti presenti nel sogno, ma verranno fuori. Che il Signore ci dia molti interpreti dei sogni.

Dio parla ancora alla Sua creazione, che cammina con Lui e obbedisce alla Sua voce. Amen!

PREGHIAMO

Padre nostro celeste, che sei in cielo, comunica con noi. Il nostro sogno è il modo unico in cui Dio rilascia informazioni, avvertimenti e piani specifici con una promessa. Siete meravigliosi per noi e ve ne siamo grati. Vogliamo sognare, ma solo i tuoi sogni. Vogliamo sognare con la consapevolezza di interpretare il sogno. Grazie per gli esempi di come le persone hanno accettato il sogno. Anche colui che è il sovrano della nazione pagana non conosce il vero Dio e prende le dovute precauzioni. È il modo meraviglioso di Dio di ottenere informazioni. Il Tuo sogno ha salvato molte vite e nazioni con governanti saggi. Ti ringraziamo per i governanti che governano con informazioni dal cielo. Ti ringraziamo per coloro che cercano di comprenderlo. Grazie per tutte le promesse date nei sogni, nel nome di Gesù. Amen! Dio vi benedica!

11 NOVEMBRE

DANNO DELL'ASSENZA DI PREGHIERA!

Il pericolo dell'assenza di preghiera. Ho sentito un predicatore dire che il Signore gli ha parlato: "Prega o muori". Ciò significa che dovete pregare senza sosta. È pericoloso se nella vostra vita non c'è preghiera. Non sto parlando della preghiera sul cibo, prima di andare a dormire, o quando vi svegliate e pregate un po'.

1 Timoteo 2:1 Esorto dunque a fare innanzitutto suppliche, preghiere, intercessioni e ringraziamenti per tutti gli uomini.

1 Tessalonicesi 5:17 Pregate senza sosta.

Lo stesso Dio ha dato al predicatore la chiave della vita. Prega o muori. Che il Signore ci dia la comprensione della mancanza di preghiera. La mia vita è tutta incentrata sulla preghiera. Mi sembra di essere una fanatica della preghiera. Se devo volare presto, mi alzo a mezzanotte o nel cuore della notte per pregare almeno due ore. Non esco di casa senza aver pregato. Senza cibo va bene, ma senza preghiera è impossibile. Sentite le notizie? Intendo dire le cattive notizie e sentire delle malattie. Vedete i suicidi, sentite degli abusi sui bambini, i rapimenti e le molestie? Guardate le sparatorie e le uccisioni. Vedete il caos interno-esterno? Vedete persone che muoiono in tenera età, possedute, oppresse, divorziate e maltrattate dagli anziani? L'elenco potrebbe continuare all'infinito.

Vi ricordo che ciò è dovuto alla mancanza di preghiera del popolo di Dio. Immaginate che il Signore abbia un sistema, che si chiama sistema di chiamata, dalla terra al cielo. Qualcuno deve chiamare Dio, che può fare tutto, perché è onnipotente e ha detto che nulla è impossibile. Ora, questo collegamento è disponibile solo per i giusti. Assicuratevi di essere pentiti e nati di nuovo, persone timorate di Dio. Dite: "Ho pregato", ma avete pregato dopo che è successo l'incidente. Pregando avreste fermato il rapimento, il suicidio, il furto, l'uccisione, lo stupro, la malattia o qualsiasi altro danno sulla terra. Tutti i danni derivano da persone senza preghiera. Non dite che è compito di una sola persona. La Bibbia dice che:

Salmo 65:2 O tu che ascolti la preghiera, a te verrà ogni carne.

Siete fatti di carne? Sì, allora dovete pregare. Anche Gesù in carne e ossa ha pregato. La carne non è una scusa. Ogni volta che si vede un problema, si capisce che c'è bisogno di pregare. Gli angeli sono senza lavoro, poiché dalla terra non arrivano chiamate per i problemi della gente. Dio ha fatto in modo che gli Angeli servissero, aiutassero o combattessero per gli umani. Il Creatore è il Re dei Re. Non ha bisogno di uscire per prendersi cura della creazione. Dio manda angeli potenti e questi fanno ciò che Lui ordina loro di fare. La creazione ha un potere limitato. Gli esseri umani non possono sentire o vedere il mondo spirituale. Ma con il

11 NOVEMBRE

loro grido, con le loro suppliche, con la loro preghiera, Dio manda aiuto attraverso gli Angeli. Vi ricordo che Dio ha molti arcangeli o generali sugli angeli. Gli Angeli lavorano sotto il Generale chiamato Arcangeli per servire noi sulla terra. Ma possono venire solo se qualcuno li chiama. Per esempio, nella carne, Dio pregò e loro si rafforzarono prima di affrontare la grande prova della crocifissione.

Luca 22:43 Gli apparve un angelo dal cielo che lo rafforzò.

Avete sentito molta preghiera, molto potere? Sì, provate. Ci sarà un traffico celeste per salvare, aiutare, guarire e liberare tutti noi. Se c'è un uomo da pregare, c'è un Dio che risponde. Dio ha un buon udito se gli parlate. Se non lo fate, non aspettatevi nulla. Se dite che Dio è reale, potente e onnipotente, è vero, ma non significa che si prenderà cura dei bisogni e delle situazioni. Non viene senza essere invitato. Invitatelo. Verrà. Rimanete in contatto con la preghiera continua: è l'unico sistema di sicurezza migliore al mondo.

Peccati di mancanza di preghiera

Il compito di un uomo di Dio è quello di pregare giorno e notte.

1 Samuele 12:23 Quanto a me, Dio non voglia che io pecchi contro il Signore smettendo di pregare per voi; ma vi insegnerò la via buona e giusta.

Guardo il profeta Alph Lukau. Tutto ciò che sento dire su di lui è che prega giorno e notte. Il regno celeste è ciò che vede. Era a Parigi, ma ha chiamato la sua gente di chiesa per dire che qualcuno stava facendo stregoneria nella sua chiesa. Ha mandato qualcuno a rimuoverlo perché Dio gli ha mostrato dove si trovava la roba. Ora le chiese stanno cadendo a pezzi e le persone sono possedute. La congregazione sta morendo, sotto la schiavitù della malattia, dell'oppressione demoniaca e delle malattie. Perché? A causa dell'autorità senza preghiera. Ladri, avidi, sono entrati nel mondo religioso. A prescindere da ciò che si dice, sappiamo che la missione di Gesù è sempre la stessa, ma non la vediamo per mancanza di preghiera. Egli è venuto a guarire i cuori spezzati, a curare i malati e a scacciare i demoni. È raro; non vediamo i segni e le meraviglie soprannaturali. È diventato sconosciuto alle persone.

Si va in cima al monte o alla terrazza per pregare. Gesù è salito sul monte degli Ulivi per pregare. Mosè era lassù per mettersi in contatto con il Signore. Ma Davide era su una terrazza per guardarsi intorno e cadde nel peccato. Salite, non guardatevi intorno, ma guardate in alto, inginocchiatevi e gridate. Noterete la differenza. Questa mattina mi ha chiamato un evangelista. Mi ha detto che devo predicare alla conferenza, ma sono malata. Ho pregato e il suo seno si è aperto, il dolore al petto è sparito e, prima di riattaccare il telefono, ha detto che posso respirare. Ieri ha chiamato questa ministra, molto giù, e mentre pregavo ha detto che stava bene al cento per cento. Un ministro ha bisogno di aiuto e se non sono in contatto con Dio, non può accadere. Rimarranno malati, feriti, sofferenti, e "hahaha", il diavolo vincerà.

Un altro giorno mi ha chiamato un pastore di un altro Stato, che era sotto attacco. Così ho iniziato a insegnargli come distruggere tutti gli attacchi di stregoneria. Gli ho insegnato come contrattaccare. Tutto questo accade quando si entra in contatto con il Signore. Perché alcuni pastori si dimettono e perché altri cadono nel peccato? Non pregano, sono così occupati, come Marta. Siate come Maria. Pregate ogni momento. Non limitatevi a guardare il canale cristiano, ma mettetevi in contatto con il Signore. La TV non è preghiera; la TV è un'altra distrazione che vi allontana da essa.

Prego nel nome di Gesù che tutta questa mancanza di preghiera scompaia. Pregate in ogni momento della stagione, pregate senza sosta. E non chiamate tutti per i vostri problemi, ma chiamate Gesù. Ho visto mia madre pregare sempre. La sua preghiera ci ha riportato a casa sani e salvi. La sua preghiera ci ha tenuti lontani dai problemi e dalle prove. Non ho mai visto mia madre seduta da nessuna parte se non a casa o al lavoro.

Vedo persone al centro commerciale, in saloni per unghie o alla spa, al cinema, in visita ai siti, in crociera, in vacanza, in un'aula di tribunale, in prigione, in visita a qualcuno, al bar, sotto l'effetto di droghe, con un altro uomo, e così via. Tutto questo accade perché non c'è un legame con Dio. Che ne dite di pregare per ventiquattr'ore? Sollevate il vostro caso al Signore e il cielo scenderà sulla terra per aiutare, soccorrere e fare ciò che è necessario per aiutare la creazione. Che il Signore ci tolga la mancanza di preghiera nel nome di Gesù! Amen!

PREGHIAMO

Santo Gesù, ti ringraziamo per averci dato un esempio di preghiera. Conosciamo il Dio che risponde alle preghiere, guarisce gli ammalati, risuscita i morti e comanda i demoni di uscire, non ha bisogno di pregare, ma Lui pregava da quando era nella carne. Signore Gesù, aiutaci a seguire il Tuo esempio di preghiera. Hai detto di seguirti. Aiutaci a non seguire tutte le autorità religiose senza preghiera, ma solo te. Il nostro legame è molto importante per il nostro benessere. Il nostro Dio ci ha dato un telefono ben pagato che ha chiamato preghiera. Non è la cosa più bella? Ha fornito tutte le reti e il Wi-Fi e ha un piano di servizio illimitato. Lo ringraziamo per questa connessione gratuita e per la linea diretta con il numero privato di Gesù. Grazie a questa struttura, possiamo ricevere aiuto e provvedere alle necessità e ai problemi. Nel nome di Gesù, leghiamo e spezziamo l'assenza di preghiera. Siamo chiamati a rimanere in contatto, quindi donaci lo spirito di preghiera. Siamo al sicuro finché chiamiamo, rimaniamo connessi nel nome di Gesù! Amen! Dio vi benedica!

12 NOVEMBRE

SEGUITE LE FACILI ISTRUZIONI DI DIO!

Adesso abbiamo molte denominazioni, non denominazioni e organizzazioni, poiché le persone hanno trovato ricette diverse per Dio. È che un solo Dio ha una sola Bibbia e una sola via per andare in cielo. La Bibbia è un libro che vi mostra come assicurare la vostra vita sulla terra e come raggiungere il cielo. È molto semplice se si segue ciò che ha detto Gesù.

Luca 9:23 E disse a tutti: "Se qualcuno vuol venire dietro a me, rinneghi se stesso, prenda la sua croce ogni giorno e mi segua".

Istruzioni specifiche ma semplici date da Dio!

Giovanni 14:6 Gesù gli disse: "Io sono la via, la verità e la vita; nessuno viene al Padre se non per mezzo di me".

Non è questa l'istruzione semplice e precisa da seguire? Perché seguiamo tutte le altre vie e dimentichiamo Gesù? Tutte queste denominazioni o non denominazioni hanno le loro vie e non Gesù. Quindi, amici, aprite la Bibbia e fatevi un favore: attenetevi a colui che ha detto "Seguitemi". Abbiate pietà della vostra anima. Essa è sotto la vostra custodia. Non barattate la vostra anima per un piccolo favore. Non siate negligenti da parte vostra. Abbiate paura dell'inferno. È una questione di eternità. Voglio fare tutto il necessario per entrare in paradiso attraverso Gesù. Chi è la porta? Gesù è la porta del cielo. Non mi preoccupo se piaccio o meno a qualcuno per quello che rappresento. Sono un pellegrino, che oggi è qui e domani se ne andrà. Molti pensano che a Dio non importi nulla, purché si creda e si abbia una fede semplice. Basta andare in chiesa per essere salvati. La Bibbia non dice che si è salvati se si è seduti su un banco e si pagano le decime e le offerte. La vostra sicurezza è la Parola, se seguite la via prescritta da Gesù a Nicodemo. La Bibbia è una mappa del regno dei cieli. Se volete arrivarci, allora viaggiamo insieme. Innanzitutto, vediamo cosa dice la Bibbia:

Atti 4:12 E non c'è salvezza in nessun altro, perché non c'è altro nome sotto il cielo dato tra gli uomini, per cui dobbiamo essere salvati.

Il nome Gesù ha il potere di salvarci. È un nome che salva. Il nome Gesù ci salva dalle malattie e ci libera dai demoni. Perdona anche i nostri peccati se lo usiamo nel battesimo d'acqua, che è il più grande di tutti.

Atti 10:43 A lui rendono testimonianza tutti i profeti, dicendo che per mezzo del suo nome chiunque crederà in lui riceverà la remissione (il perdono) dei peccati.

Il nome di Gesù è importante per entrare nel cancello perlato. Nessun angelo vi farà entrare se non avete il nome di Gesù. Al giorno d'oggi si dice di non parlare con "persone solo di Gesù". Per favore, non parlate con noi perché abbiamo il nome di salvezza, Gesù. È il nome più alto di tutti i precedenti nomi di Dio Geova. Fate attenzione! Non ascoltate il diavolo che ha creato molte organizzazioni, chiese e chiese principali. Vi minacceranno di essere rifiutati. Non avete bisogno di autorità o di chiese. Avete bisogno del nome di Gesù per entrare nel regno. La vostra residenza è in cielo e non sulla terra.

Dio ha nascosto questo Vangelo all'organizzazione perduta, alle denominazioni e alle non denominazioni, solo per far sapere loro che Gesù non è mai venuto per loro. In primo luogo, dobbiamo avere una rivelazione dell'identità di Gesù, come l'hanno avuta Pietro e Paolo. Egli è il Dio Geova in carne e ossa per versare il sangue. Il creatore cammina sulla terra per redimere la creazione attraverso il Suo sangue. Cercate nelle Scritture. Non unitevi a nessuna congregazione.

Atti 17:11 Questi erano più nobili di quelli di Tessalonica, in quanto accoglievano la parola con prontezza di spirito e scrutavano ogni giorno le Scritture per verificare se quelle cose fossero vere.

Colossesi 1:14 Nel quale abbiamo la redenzione per mezzo del suo sangue, il perdono dei peccati.

Vi siete mai chiesti perché una differenza così grande tra oggi e allora? Duemila anni fa, un vero discepolo marchiato Gesù ha messo il mondo sottosopra. Oggi, invece, sono impotenti, senza speranza, oppressi, posseduti e malati. È un cosiddetto marchio di Gesù che il cielo non riconosce.

Mi tenevo alla larga da alcuni di loro, che si sono fatti firmare da marchi diversi, facendo vergognare Cristo.

Romani 2:24 Perché il nome di Dio è stato bestemmiato tra i pagani per mezzo vostro, come sta scritto.

2 Pietro 2:2 E molti seguiranno le loro vie perniciose, a causa delle quali si parlerà male della via della verità.

Se qualcuno vi dice: "Solo Gesù", rispondetegli: "Sì, noi siamo solo Gesù". Molti hanno lasciato il nome e hanno trovato molte altre dottrine confuse e che confondono in cui non devono pentirsi o cambiare stile di vita o lavorare per il regno di Dio, ma per il loro.

Giuda 1:4 Poiché vi sono alcuni uomini che si sono insinuati all'insaputa e che già da prima erano destinati a questa condanna, empi, che trasformano la grazia del nostro Dio in lascivia e negano l'unico Signore Dio e il nostro Signore Gesù Cristo.

Gesù approvò Pietro a costruire la sua chiesa sulla rivelazione che ebbe di Gesù Cristo come Figlio di Dio e come Messia. Continuate a costruire su di essa. Non fondate altre chiese o denominazioni se non avete una rivelazione di Gesù. Tutte le altre fondamenta sono prive della pietra angolare principale, Gesù.

Una volta ero una di loro. Ma cercavo la verità. Obbedendo, ho sperimentato il potere del Sangue quando sono entrato nell'acqua nel nome di Gesù. Esperienza eccezionale! Ho seguito le istruzioni di Gesù, dicendo Credete ai profeti e agli apostoli a cui ho dato la chiave.

Efesini 2:20 e sono edificati sul fondamento degli apostoli e dei profeti, essendo Gesù Cristo stesso la pietra angolare principale.

Seguirono migliaia di ebrei.

Atti 2:38 Allora Pietro disse loro: "Pentitevi e ciascuno di voi sia battezzato nel nome di Gesù Cristo per la remissione dei peccati e riceverete il dono dello Spirito Santo".

Chiesa in Samaria: Costruita sulla base delle istruzioni di Gesù a Pietro:

Atti 8:16 (Perché ancora non era caduto su nessuno di loro): solo che furono battezzati nel nome del Signore Gesù).

I pagani o i gentili si aggiungono alla Chiesa lavando i peccati nel sangue nascosto sotto il nome di Gesù.

Atti 10:47 Può forse qualcuno proibire l'acqua, perché questi non siano battezzati, che hanno ricevuto lo Spirito Santo come noi? 48a E comandò loro di essere battezzati nel nome del Signore.

I discepoli di Giovanni Battista furono battezzati di nuovo. Erano vivi nella dispensazione in cui il sangue di Gesù era disponibile per lavare i loro peccati. Avevano il battesimo di pentimento, ma non il perdono dei peccati.

Atti 19:5 Udito questo, furono battezzati nel nome del Signore Gesù. 6 E quando Paolo ebbe deposto le sue mani su di loro, lo Spirito Santo venne su di loro; ed essi parlarono con le lingue e profetizzarono.

State seguendo passo dopo passo le facili istruzioni di Gesù o avete trovato un altro modo ingannevole per uscire dal piano di salvezza? È ancora possibile. Molti seguono le ampie vie del diavolo. Controllate i loro frutti. Tornate indietro dalla strada larga e pericolosa che vi porterà all'inferno, un tormento rovente, buio e urlante. Non c'è una porta per fuggire. Cercate, chiedete e bussate. La troverete! Amen!

Ebrei 2:3 Come potremo sfuggire, se trascuriamo una così grande salvezza, che all'inizio è stata annunciata dal Signore ed è stata confermata da coloro che l'hanno ascoltata; 4 anche Dio ha dato loro testimonianza, sia con segni e prodigi, sia con diversi miracoli e doni dello Spirito Santo, secondo la sua volontà?

PREGHIAMO

Padre celeste, che tutte le Tue vie siano benedette, assicurate e con tutti i pacchetti di benefici. Grazie per averci dato il Tuo nome e per aver invocato il battesimo. Siamo persone comprate dal sangue di Gesù. Cielo, terra e sottoterra si inchineranno al Re Gesù. Ti ringraziamo per non aver mai permesso che ci vergognassimo di questo nome, Gesù. La via di Gesù è piena di grazia e di misericordia, che si mostra a coloro che ti amano. Noi ti amiamo e non ci vergogniamo di chiamare Gesù solo le persone. Tu sei il Re dei Re e il Signore dei Signori. Regneremo se seguiremo le vie di Dio nel nome di Gesù. Amen! Dio vi benedica!

13 NOVEMBRE

UNA PERDITA PERMANENTE A SCAPITO DI UN GUADAGNO MOMENTANEO!

Chi cerca il potere muore senza di esso. Non è un peccato? C'è una via giusta e una via sbagliata. La strada giusta vi porterà alla fine che vi aspettate. Come sapete, il cammino avrà molti ostacoli, opposizioni e conflitti, ma tenetevi stretti a Dio. Il risultato è inimmaginabile. Potreste pensare di morire senza, ma aggrappatevi al Signore. Egli è fedele.

Salmi 37:25 Sono stato giovane e ora sono vecchio; eppure non ho visto il giusto abbandonato, né la sua discendenza mendicare il pane. 28 Poiché l'Eterno ama il giudizio e non abbandona i suoi santi; essi sono conservati per sempre; ma la discendenza degli empi sarà eliminata.

Il Signore ha ucciso Er, perché?

1 Cronache 2:3 Er, il primogenito di Giuda, era malvagio agli occhi del Signore ed egli lo uccise.

Il vostro carattere non è quello che appare agli altri. Siate giusti agli occhi di Dio. Il vostro carattere deciderà cosa siete quando nessuno vi guarda. Cosa avete fatto con le occasioni e le opportunità che avete avuto? Il Signore vi osserva sempre. Vivete per Dio e non per gli altri. Molti vivono in modo corretto quando vivono in un Paese conservatore, ma non appena volano in nazioni libere, oh mio Dio. La realtà viene fuori. Mettono fuori dalla porta gli abiti modesti e indossano quelli provocanti. Sapete cosa manca oggi? L'insegnamento della verità. Vediamo la nostra società e dichiariamo quello che è successo. Nella nostra società ci sono gli individui più corrotti e assetati di potere, a cui non interessa altro che il denaro e il potere. Se mi scegliete come capo, farò quello che volete, ma non mi interessa la vostra anima. Questo rende la casa, l'azienda o il Paese senza legge. Joab uccise un uomo più giusto di lui.

1 Re 2:32 Il Signore farà ricadere il suo sangue sulla sua testa, che si è abbattuta su due uomini più giusti e migliori di lui e li ha uccisi di spada, senza che mio padre Davide lo sapesse: Abner, figlio di Ner, capitano dell'esercito d'Israele, e Amasa, figlio di Jether, capitano dell'esercito di Giuda.

Il piacere dell'adulterio è momentaneo, ma la perdita è per sempre.

1 Cronache 5:1 I figli di Ruben, primogenito d'Israele (perché era il primogenito, ma poiché aveva contaminato il letto di suo padre, la sua primogenitura fu data ai figli di Giuseppe, figlio d'Israele; e la genealogia non va calcolata dopo la primogenitura). 2 Infatti Giuda prevalse sui suoi fratelli e da lui nacque il capo dei capi, ma la primogenitura era di Giuseppe).

Pensate che ciò che è accaduto in passato non accadrà nel presente o nel futuro? Dio ha detto che è lo stesso ieri, oggi e in eterno. Abbiamo bisogno di entrare nella Parola di Dio per imparare la Sua natura e la Sua giustizia.

Un altro esempio di ministro negligente:

Levitico 6:12 Il fuoco sull'altare arderà in esso; non si spegnerà mai; il sacerdote vi brucerà sopra la legna ogni mattina, vi disporrà in ordine l'olocausto e vi brucerà il grasso delle offerte di pace. 13 Il fuoco arderà sempre sull'altare; non si spegnerà mai.

Essendo nell'ufficio del sacerdote, bisogna stare attenti. Molti stando sul pulpito insabbiano i loro errori. Al giorno d'oggi, insegnare la verità è empio.

10 Nadab e Abihu, figli di Aronne, presero l'uno o l'altro il suo turibolo, vi misero il fuoco, vi misero l'incenso e offrirono al Signore un fuoco estraneo, che egli non aveva loro ordinato. 2 E il fuoco uscì dal Signore, li divorò e morirono davanti al Signore.

La conseguenza è la stessa. Io e voi dobbiamo prestare attenzione. La nostra istruzione data da Dio non può essere modificata. Dio dice che non cambia. Non tentate Dio. Perderete. Se questo accade oggi, diamo una specie di scusa, perché non conosciamo il giudizio di Dio. Viviamo in un'epoca in cui si può dire qualsiasi cosa dal pulpito e va bene. Questo ha portato a un'incredibile rottura, ferendo e danneggiando la società. Qual è il nostro problema? Vediamo ciò che vogliamo vedere e sentiamo ciò che vogliamo sentire. Se siamo malati, prendiamo le medicine invece di rimediare con il pentimento. Seguiamo falsi insegnanti e profeti, perché è la cosa migliore per avere una vita facile. Non prendere una decisione definitiva per una situazione temporanea.

La mentalità è: chi si prende cura della tua anima? I leader religiosi e secolari si preoccupano solo della loro posizione e del loro potere. Dio può darvi tutto se vi fidate e seguite le Sue istruzioni. Per l'affronto di non avere figli, Sara fa pressione su Abramo affinché si procuri Haggar, che gli egiziani rifiutarono. Abramo sa bene che non è così, ma nonostante ciò, si concede alla moglie. Vedete qual è il problema che Israele, scelto da Dio, sta affrontando? Il nostro problema è che non ci concentriamo. Ovunque andiate, non cercate mai di proteggervi dalla paura delle pressioni della società, della gente e della famiglia. Difendete ciò in cui credete. Satana cercherà di ridicolizzare il vostro compromesso. Quando sentite Dio, allora Lui conosce voi e la vostra situazione. Sotto pressione, molti cercano di dimostrarlo con le loro azioni. Dio dà coraggio se si rimane in piedi.

Deuteronomio 31:8 Il Signore è colui che ti precede; egli sarà con te, non ti abbandonerà e non ti lascerà; non temere e non sgomentarti.

Vediamo la pressione dei coetanei sui nostri figli e nessun sostegno di preghiera o morale li delude. È nostra responsabilità essere presenti e aiutarli. Io andavo a prendere i miei nipoti e a volte i loro amici. I bambini sono vulnerabili e hanno bisogno del nostro sostegno. Non ho problemi ad aiutarli, visto che c'è una battaglia in corso. La generazione del tempo della fine è stata fuorviata. Mi chiedo perché si comportino e parlino in modo così incivile. Il desiderio di un salario, di una posizione e di un potere più elevati li fa agire come degli imbecilli. Credo che chi rimane fermo, senza preoccuparsi di denaro, posizione e potere, otterrà tutto. Molti sembrano aver perso la testa. Quanti soldi sono tanti? Quale posizione di potere è permanente o fa dormire bene? Pregate per questa generazione, anche per alcuni sessantenni o settantenni che non hanno percezione o discernimento. Aspettate di trovarvi di fronte al Giudice della terra. Quale argomento o appello avrete allora? Tutto questo non dimostra forse che un gruppo di vigliacchi o di stolti si sta dando da fare per ottenere piccoli favori, soldi, posizioni e benefici? Che il Signore dia a tutti noi insegnanti e profeti buoni, onesti e veri. Chi può far rispettare le leggi di Dio? Vi prego di pregare per questa generazione; sono smarriti e fuorviati. Se siete tra loro, vi prego di cambiare e di trovare la verità nella Bibbia. La Bibbia è il libro della creazione, come voi e me, del Creatore. Troverete pace, conforto e tutto ciò di cui avete bisogno. La vita si vive una volta sola e poi c'è il giudizio. Che il Signore ci aiuti e ci fornisca menti sane e saggezza per prendere la decisione giusta nel nome di Gesù. Amen!

PREGHIAMO

Padre celeste, la Tua parola dice che puoi dare la saggezza liberamente se la chiediamo. Ti chiediamo non solo la saggezza, ma anche la percezione e il discernimento nella nostra vita quotidiana. È un'occasione unica sulla terra e ha conseguenze eterne da sopportare. Che il Signore ci aiuti a essere i migliori in ciò per cui siamo chiamati. Questo è il nostro spettacolo, il nostro tempo e giochiamo la nostra vita sapendo che c'è un futuro. Non pensiamo solo al nostro, ma anche ai nostri figli e ai loro. La nostra vita ha cicatrici, benedizioni o maledizioni a seconda delle decisioni che prendiamo. Signore, aiutaci a fare le scelte giuste, perché tutte le opportunità non vengono da te. La nostra vita ha effetti permanenti sugli altri. Aiutaci, Signore, ad agire e a pensare bene e a scegliere di assecondare la Tua volontà nel nome di Gesù. Amen! Dio vi benedica!

14 NOVEMBRE

SIGNORE, ALLARGA IL MIO TERRITORIO!

Qual è il significato di allargamento del territorio? È un'area o una terra che non vi appartiene. Quando si chiede a Dio di dare ciò che non è vostro, lo farà. Mi piace chiedere a Dio di espandere il mio ministero. Prego per ciò che non ho raggiunto o che è al di là di me. Avete visto persone vivere nella stessa capanna, nello stesso posto e fare lo stesso lavoro? Perché non chiedete a Gesù di aumentare ed espandere il vostro territorio? Chiedete a Dio di darvi conoscenza e saggezza per avventurarvi in nuovi campi. Nulla è difficile per Dio. Il vostro territorio non si limita alla terra, ma comprende la conoscenza, la ricchezza, una mente geniale, e così via. Guardate la tecnologia, è sbalorditiva. Chi avrebbe immaginato il tempo in cui viviamo? È semplicemente qualcuno che ha creduto nell'allargamento del territorio.

Una preghiera famosa nella Bibbia:

1 Cronache 4:10 Jabez invocò il Dio d'Israele dicendo: "Oh, se tu mi benedicessi davvero, e se tu fossi in grado di allargare la mia costa, e che la tua mano sia con me, e che tu mi tenga lontano dal male, affinché non mi affligga!" E Dio gli concesse ciò che aveva chiesto.

Jabez conosceva Dio e osò pregarlo. Oggi, pregate il Signore che ha detto: "Chiedete, bussate, cercate" e Lui farà di conseguenza. Perciò prego che il Signore allarghi il vostro territorio nel nome di Gesù. Quando un artista, un meccanico, un ingegnere informatico o un attore inizia senza sapere che raggiungerà quell'altezza. Così, quando si inizia, non si conosce il prossimo, ma il prossimo ci porterà a un'altezza che non abbiamo mai immaginato.

2 Samuele 22:37 Hai allargato i miei passi sotto di me, perché i miei piedi non scivolassero.

Quando lavoravo all'ufficio postale è iniziata la mia battaglia fisica. Non sapevo dove mi avrebbe portata. Sapevo solo che si trattava di una guarigione. Se mi ammalo, chiamo la chiesa e prego per essere guarita. Il fatto di non essere guarita mi ha lasciato un po' perplessa. Non sapevo dove Dio mi avrebbe portata in questa nuova prova. Un giorno ho sentito una chiara voce di Dio che mi diceva: "Non tornerai mai più qui". Ero stupita. Sapevo che le lesioni fisiche e la battaglia dell'ufficio postale erano difficili, ma avevo Dio.

Quando arrivò il giorno, avvenne un miracolo. Dopo aver ottenuto la pensione di invalidità a causa della mia malattia del sangue, Egli fece un miracolo e io camminai. Non ero completamente guarita, ma camminavo per brevi tratti. Il Signore Gesù ha detto: "Lavorate per me mi prenderò cura di voi". Non avevo un computer e ne ho comprato uno. A causa del dolore insopportabile, ho avuto una perdita di memoria, non riuscivo a leggere per ricordare. Il dolore è un killer.

Ho pensato di fare l'audio dei miei libri. Ora sono una perfezionista. Vedo tutte queste persone mondane che fanno il loro lavoro al meglio delle loro capacità. Perché non fare l'opera di Dio e farla nel modo migliore? Così ho chiesto al figlio di un amico che è stato così gentile da insegnarmi a registrare fornendomi un software di editing. Sapevo che il denaro era un problema, ma avevo una carta di credito. Ho usato la carta di credito e penso che ne sia valsa la pena.

Ho iniziato a lavorare alla registrazione. A causa del dolore, non riuscivo a stare seduta a lungo, ma a tratti. Molte volte dimentico la procedura di registrazione e torno agli appunti. Ho dimenticato come leggere perfettamente il gujarati. Frequentavo la chiesa inglese e la maggior parte dei rapporti era con un americano. Non ho avuto a che fare molto con il gujarati. Non credo nella rinuncia o nell'arrendersi. Ci volle un anno per finire quattro pagine, ma lo feci così bene che la gente disse: "Come leggi e parli bene". Il giorno in cui ho messo il mio cd a suonare, la mia casa si è riempita di gloria shikona. È la nuvola spessa dove vive Dio. Ho visto Gesù sorridere in quella nuvola. Alleluia! Ora faccio film, video e ho un canale YouTube. Sto usando la tecnologia per raggiungere il mondo. Non mi piace fare le solite cose.

Satana ha molti trucchi e tecniche per controllare e rubare il nostro tempo, il nostro denaro e la nostra vita. Il Diavolo usa la conoscenza, la saggezza e il talento donati da Dio per fare soldi e convincere che è buono. Dio usa persone che non sono nulla, nessuno. Parte da zero e li fa diventare da pastorelli a salmisti per adorare Dio e un Re, da prigionieri a governanti della nazione, da schiavi a liberi, da poveri a ricchi e molto altro ancora.

Isaia 43:18 Non ricordate le cose passate e non considerate le cose di una volta. 19 Ecco, io farò una cosa nuova; ora germoglierà; non la conoscerete? Farò una via nel deserto e dei fiumi nel deserto.

Sì, alleluia! Mi piace avere cose nuove ogni giorno. Se conosciamo il Signore, crediamo nella Sua saggezza, nella Sua potenza, nella Sua forza soprannaturale, nella Sua potenza miracolosa, allora possiamo riporre la nostra fiducia in Lui. Dio non è il colpo di fortuna, Dio è il sì e l'amen. Dio non è per chi pensa di poter fare tutto, di avere una mentalità onnisciente e di essere troppo intelligente. Dio è per gli umili.

1 Corinzi 1:27 Ma Dio ha scelto le cose stolte del mondo per confondere i sapienti; e Dio ha scelto le cose deboli del mondo per confondere le cose potenti.

Chi pensa di essere furbo può fare tutto ciò che rovinerà il piano di Dio. Egli ha il copione scritto e ha solo bisogno di attori e attrici che interpretino il ruolo per mostrare al mondo il Suo potere soprannaturale. Il mondo vedrà il piano di Dio e si sentirà in colpa, pensate a quello che succede qui. Come fa lo schiavo a possedere la nazione? Come fa lo schiavo ad avere un'attività a livello mondiale? Perché il Signore ha allargato il loro territorio. Il vostro umile inizio può essere ampliato se pregate e chiedete a Dio di benedirlo. Solo il Signore può benedire e ingrandire. Vediamo alcune imprese conosciute nel mondo e pensiamo a quello che è successo qui. È il Signore che ha ampliato e ingrandito il loro territorio.

Imparate a chiedere a Dio la benedizione sul vostro lavoro.

Ricordo che da piccola andavo a dormire presto. Non finivo mai i compiti. Ero spaventata a morte, sapendo che non sarei passata. Ho pregato il Signore di aiutarmi a studiare e Lui lo ha fatto. Sono andata bene a scuola. Studiavo e non dormivo. Sapevo che era Dio, perché prima di aprire il libro e di partire per la scuola chiedevo a Dio di aiutarmi. Ho notato che il mio punteggio nelle materie diventava sempre più alto. Dio è buono. Nulla è impossibile per Dio. Il Signore possiede la terra, le ricchezze, i beni, i rubini, i diamanti e tutto il resto. Andate da Lui. Egli darà ciò che chiedete. Luoghi come gli Stati Uniti erano un tempo terre vuote. Il pellegrino che ha conosciuto Gesù ha iniziato a pregare. In pochi anni, l'America è diventata uno dei Paesi migliori. Amici, se conosciamo il nostro Dio, allora la storia è diversa. Sarà la storia di Davide, Mosè, Ester,

Mardocheo e molti altri. Egli benedice chi dipende da Lui, confida nel piano di Dio e crede nell'obbedienza e nella sottomissione. Quanto grande sarebbe il risultato se dessimo tutto a Dio? Esperienza di grande dal nulla, da libero a schiavo, da schiavo a re, da povero a ricco, e molto altro ancora. Solo se si è umili. L'umile può pregare e sottomettersi a Dio. Una sterile ha pregato e ha dato alla luce il più grande profeta che ha unto i primi due re d'Israele. Tutto sta nel gioco dell'umiltà e della disponibilità a concedere a Dio, il Maestro, l'artista Gesù di fare di voi una storia di vita straordinaria, nel nome di Gesù. Amen! Dio vi benedica!

PREGHIAMO

Padre celeste, la Tua parola dice che hai il potere di fare nuove tutte le cose. Rendici di nuovo nuovi. Lasciamo che le cose vecchie passino e creiamo un nuovo bellissimo futuro. Che la nostra vita sia una testimonianza. Lasciamo che le persone che si vedono sterili concepiscano e diano alla luce un padre delle nazioni. È il Signore che può accrescerci come una stella senza numero. Conoscendo Dio, prego il Signore di rimuovere da noi ogni orgoglio, menzogna, impedimento, freno e blocco. Signore, benedici tutti i nostri lavori manuali in modo che il mondo li veda e si stupisca. Dacci quella mente intelligente per fare ciò che è impossibile per noi. La mano di Dio ci aiuta a raggiungere la montagna irraggiungibile. Benedici la terra in cui ci troviamo in questo momento per produrre santi, profeti, insegnanti e potenti operai di Dio per ricollegarci a Gesù. Allarga i nostri punti di arrivo e di predicazione nel nome di Gesù. Amen! Dio vi benedica!

15 NOVEMBRE

COSA CONTA DI PIÙ?

In ogni età della nostra vita, c'è qualcosa che ci sta più a cuore. Ma chiedete a una persona in fin di vita cosa conta di più per lei. La vita è importante per ogni persona in modo diverso. Possiamo analizzare in base alla Parola di Dio ciò che conta di più per voi. Molti personaggi della Bibbia ne sono un esempio perfetto. Alcuni non hanno mai visto la vita dalla prospettiva di Dio. Alcuni vivono spontaneamente, senza sapere che la loro vita ha un effetto duraturo. Eppure, tutti vediamo in modo diverso, ma il risultato che affronterete vi farà pensare due volte se avrete una seconda possibilità di vivere su questa terra. Guardiamo in faccia la realtà: tutti noi affronteremo le conseguenze di non aver prestato attenzione o di aver prestato meno o nessuna attenzione a chi avremmo dovuto dare di più. Che il Signore ci dia la saggezza di fare la cosa giusta. Ho detto saggezza. Che lo sappiate o no, la vostra azione avrà un risultato automatico. Potreste dire: "Mi dispiace per le mie azioni". Fare la cosa giusta vi avrebbe dato una lunga vita, ma la vostra azione sbagliata la sta accorciando.

Quando studiavo, il mio esame era molto importante, e ho sempre pensato che se non avessi fatto punti allora avrei voluto porre fine alla mia vita. Che sciocca sono? Solo in India, 135 mila studenti delusi si suicidano ogni anno. È molto triste. Pensano che l'istruzione universitaria sia la loro vita. Molti sono così stressati dal look, dalla dote matrimoniale, dalle relazioni amorose, dai problemi familiari e così via. Il problema diventa una montagna. Vediamo la vita in modo diverso, con divinità contrastanti. Che il Signore ci dia gli occhi per vedere gli ostacoli con i Suoi occhi. Quando le cose non vanno come vorremmo, questo limita il nostro pensiero. Dimentichiamo che Dio ha promesso un futuro più luminoso e migliore. L'unica condizione è guidare la propria vita sotto il radar della Parola di Dio. Le promesse possono incassare se si ha la mente giusta con la calcolatrice di Dio. Sappiamo che la durata della vita è di soli settanta - ottant'anni e che finirà. Quindi, nel mezzo, pensiamo bene a mantenere ciò che conta per la nostra anima piuttosto che la concupiscenza degli occhi, la carne e l'orgoglio della vita. Che il Signore ci dia la saggezza di preferire ciò che conta di più per Dio.

Atti 20:24 Ma nessuna di queste cose mi commuove, né ritengo cara la mia vita, per poter terminare con gioia il mio corso e il ministero, che ho ricevuto dal Signore Gesù, di testimoniare il vangelo della grazia di Dio.

Eva guardava l'albero mentre fioriva con frutti bellissimi. Doveva essere attraente e piacevole per la carne. La cosa che avrebbe dovuto contare era solo la sua anima. Il giorno in cui mangerai, morirai.

Genesi 2:17 Ma dell'albero della conoscenza del bene e malvagio, non ne mangerai, perché nel giorno in cui ne mangerai morirai di sicuro.

15 NOVEMBRE

Le domande, ciò che conta per una persona, sono decise dalle scelte che compie nella selezione. Ho vissuto in India e ho incontrato molte persone di diversa estrazione. All'epoca in cui ho lasciato il Paese, l'India era molto conservatrice. Ora molti avevano un modo diverso di vedere la vita. Molti si sono persi scegliendo azioni sbagliate. Confrontate la situazione con la Parola di Dio e penserete in modo diverso.

Il capitolo 11 di Ebrei è un esempio di come il popolo vedeva la propria vita. Il successo terreno, la promozione, la posizione e la ricchezza non erano importanti quanto il piano del Signore. Essi fissarono i loro occhi su Dio, cosicché nulla in questo mondo li avrebbe comprati.

Ebrei 11:13 Tutti costoro morirono nella fede, non avendo ricevuto le promesse, ma avendole viste da lontano, ne furono persuasi, le abbracciarono e confessarono di essere stranieri e pellegrini sulla terra.

1 Cronache 29:15 Perché noi siamo stranieri davanti a te, e in soggiorno, come lo furono tutti i nostri padri; i nostri giorni sulla terra sono come un'ombra, e non c'è nessuno che rimanga.

Chi conosce il vero significato della vita non farà scelte sciocche. Non cercherà il divertimento, non vivrà nell'ozio e non morirà come un pazzo. Il mondo è così confuso che non sappiamo cosa sia giusto e cosa sbagliato. Il diavolo è entrato nelle case, nelle congregazioni, nelle scuole e nel governo. La gente dice: "Oh, è solo un divertimento". Perché avete bisogno di divertirvi così tanto da far soffrire la vostra anima per l'eternità? I miei genitori, e probabilmente anche alcuni dei vostri, sono molto meticolosi nell'insegnarci a distinguere il bene dal male. Abbiamo alcuni membri della famiglia, come Eva e Adamo. Donne e uomini sciocchi e incuranti, che cercano il piacere degli occhi, il bene della carne e l'orgoglio di assomigliare agli altri. Pregate per loro; portano il diavolo nella nostra casa.

Nel presente, abbiamo molti come il Re Saul, Eva-Adamo, Geroboamo, e molte persone sciocche che hanno sbagliato, mostrando il risultato di ciò che conta di più per loro. Ma ricordate, siamo individui e abbiamo un'anima individuale. Imparate il bene e conservatelo nel vostro cuore. Potete fare la differenza, come Giuseppe, Paolo, Giovanni Battista, Giovanni l'amato e molti altri che erano noti per la loro integrità e sincerità. La vita terrena non aveva importanza per loro. Non avevano paura della morte fisica nella vita. Non importava nulla, se non che si aggrappassero alla verità. Alcuni cercano di inserirsi nella folla, ma per i prudenti non ha importanza. Erano chiamati il popolo di Dio, che manteneva la fede nella Parola di Dio. L'ambiente circostante cambiava continuamente quando gli apostoli viaggiavano di paese in paese e di città in città. La lingua e le persone erano diverse, ma i loro occhi erano fissi e avevano deciso di seguire il Signore. Non si curarono mai di ciò che li circondava, mentre continuavano ad andare avanti e a predicare. Non importava cosa avrebbe riservato il futuro, perché il Vangelo era la cosa più importante per il popolo di Dio.

Avete visto una sola Bibbia e molte divisioni? Avendo un solo Dio, molti si perdono. Se avete molte vie di salvezza, allora avete scelto le vostre vie e non quella di Gesù. Se avete un solo Dio, un solo battesimo e l'unica via è Gesù, allora dove state cercando? Lui ha detto "Seguimi, prendi la tua croce". Allora qual è il nostro problema? Le persone vivono ciò che conta di più per loro. Frutto proibito, trenta monete, fame di potere, avidità, adulterio, uccidere il fratello come Caino. Tutto sta nel punto in cui si guarda. Cosa conta di più per i vostri occhi, la vostra carne e il vostro orgoglio? Il nostro Dio è venuto a mostrarci la via e ci ha detto di seguirLo. Non ha mai detto di seguire un pastore e di cambiare stile di vita mentre si vive in un paese straniero. Se siete sposati e seguite vostro marito, ascoltate la vostra sciocca moglie o cambiate stile di vita da quando avete dei figli, allora vi state smarrendo. Che cosa conta di più per voi? Tutto passa, tranne la Parola di Dio. Posso dire di prestare maggiore attenzione a dove state portando la vostra anima? Qual è il vostro problema? Che cosa vi interessa di più? Che il Signore ci aiuti a non dare dello sciocco, del perduto, dell'incauto, del cieco, del sordo, dell'avido e della generazione della vipera. Ciò che dovrebbe contare è la croce, la nostra salvezza e il nostro Dio. Questo cambierà il vostro destino dall'inferno al paradiso, dalle tenebre alla luce e dalle urla alla gioia eterna. Amen!

Ebrei 11:16 Ma ora desiderano un paese migliore, cioè celeste; per questo Dio non si vergogna di essere chiamato il loro Dio, perché ha preparato per loro una città.

PREGHIAMO

Signore, ti siamo grati per averci mostrato la strada con il tuo esempio. La cosa più importante per te era vedere la Tua creazione che faceva male. La Tua missione era di aiutare, liberare, liberare e predicare il Vangelo della salvezza. Aiutaci a fare ciò che ci hai chiesto di fare. È il nostro tempo. Non permettere che prendiamo scorciatoie o che la mettiamo da parte, perché in ogni generazione abbiamo trovato qualcosa di diverso da ciò che hai detto e da cui dobbiamo stare lontani. Ci hai dato la Tua Parola da leggere, conoscere e seguire. Il nostro Dio è buono, si preoccupa e ha versato il Suo sangue. Noi contiamo di più per Lui. Egli non si è preoccupato della Sua vita. Gesù ha svuotato se stesso, sapendo cosa serve per correggere tutti i nostri errori del passato. Aiutaci ad aprire la Bibbia e a trovare la via che ci hai indicato. Signore, aiutaci a capire che nulla è importante per noi, tranne te. Tu sei la via e la verità, nel nome di Gesù. Amen! Dio vi benedica!

16 NOVEMBRE

CHI HA OCCUPATO LA CASA?

Voi siete la casa costruita da Dio. Dio ha costruito o creato il vostro corpo.

Genesi 2:7 L'Eterno Dio formò l'uomo dalla polvere del suolo e soffiò nelle sue narici l'alito della vita; e l'uomo divenne un'anima vivente.

Isaia 64:8 Ma ora, o Signore, tu sei nostro padre; noi siamo l'argilla e tu il nostro vasaio; tutti noi siamo opera della tua mano.

Dio ci ha creati e ha la proprietà del nostro corpo. Dio è il creatore e nessuno ha il diritto legale su di esso. Se la casa permette a qualcuno di venire, allora può venire. Il nostro compito è quello di mantenere il nostro corpo fatto di carne. Ristrutturarlo, tenerlo pulito e prendercene cura per evitare che cada a pezzi. La carne ha la debolezza e la vulnerabilità di permettere l'ingresso a un inquilino sbagliato.

Siete solo un gestore o un controllore della casa creata da Dio. Attuate la gestione con la mente giusta e la buona intenzione per l'anima. Il Signore ci ha dato le informazioni e il potere per gestirle bene. Il peccato ci separa da Dio, ma il sangue porta la riconciliazione tra il costruttore e la sua casa. Il costruttore Gesù Cristo ci ha fatti per poter vivere e avere comunione con noi.

1 Corinzi 3:16 Non sapete che siete il tempio di Dio e che lo Spirito di Dio abita in voi? 17 Se qualcuno profana il tempio di Dio, Dio lo distruggerà, perché il tempio di Dio è santo, e voi siete il tempio.

Il vostro legame con Dio manterrà il vostro corpo pulito e santo. Il Dio santo non può vivere in un corpo impuro. Non contaminate il vostro corpo consumando cose sbagliate, peccando e permettendo tutto ciò che può contaminarvi. Il nostro corpo può rimanere sano se Dio vive in esso. Allo stesso modo, se Satana viene attraverso il peccato, ruberà, ucciderà e distruggerà danneggiando il corpo. È vergognoso che non ricordiamo o non vogliamo sapere come siamo stati creati e lo scopo del creatore. Ci rivolgiamo a chi non sa nulla del nostro corpo, cioè ai medici. Ma essendo ignoranti, arroganti, credendo alle bugie o non curandoci di sapere, viviamo malati, malsani, posseduti, oppressi e delusi. Preferiamo andare dal medico, spendere soldi o prendere medicine dai molti effetti collaterali, ma non ci pentiamo.

Chi occupa il Corpo fa una grande differenza. Intendo dire che Satana viene per uccidere, rubare e distruggere e farà il suo lavoro, come dice il titolo.

Matteo 12:43 Quando lo spirito immondo è uscito da un uomo, questi cammina per luoghi aridi, cercando riposo, e non ne trova. 44 Poi dice: "Tornerò nella mia casa da dove sono uscito"; e quando è arrivato, la trova vuota, spazzata e rivestita. 45 Allora va e prende con sé altri sette spiriti più malvagi di lui, che entrano e vi abitano; e l'ultima condizione di quell'uomo è peggiore della prima. Così sarà anche per questa generazione malvagia.

Il demonio ha detto che sarebbe tornato a casa sua. Se il demone vive nel corpo, tutto ciò di cui ha bisogno è il comfort. Il demone non soffre la fame o la sete e diventa il padrone della casa. Ecco perché se avete il demone dell'alcol, della droga, delle sigarette, del gioco d'azzardo o del furto, dovete liberarvene.

Avevo un fratello che fumava. Era ricoverato all'ospedale di Plano. Il demone delle sigarette si manifestò quando ero lì con lui. Continuava a chiedere all'infermiera: "Voglio fumare, dammi le sigarette". Nei suoi polmoni c'era anidride carbonica. Se fuma, non c'è modo di sopravvivere. Sono contenta di essere stata lì. Posso dire che il Signore era lì per salvarlo. Continuava a chiedere una sigaretta all'infermiera e a me, mentre io ordinavo ai demoni di uscire. Ho comandato senza sosta al demone della sigaretta di uscire. Come ho comandato nel nome di Gesù, lo ha lasciato. Più tardi, quando fu dimesso, vide il mozzicone della sigaretta e pensò che questa sigaretta lo stesse controllando. No, era il demone che lo controllava, non le sigarette. Amici, non possono aiutare dal punto di vista medico tutte queste persone possedute. Dovete portarle da chi può scacciare i demoni. Gesù è venuto a liberarci. Il nostro corpo non è per questo spirito maligno, ma per il Signore.

Ebrei 3:6 Ma Cristo come un figlio sulla sua casa; di chi siamo noi, se manteniamo salda fino alla fine la fiducia e l'esultanza della speranza.

La Casa non può rimanere vuota. Riempite il vuoto con lo Spirito Santo, così lo spirito maligno non tornerà. Andate da chi impone le mani per ricevere lo Spirito Santo. Molti vengono a casa mia per lo Spirito Santo e io prego perché lo ricevano.

Atti 19:2 Disse loro: "Avete ricevuto lo Spirito Santo da quando avete creduto?". Ed essi gli risposero: "Non abbiamo nemmeno sentito dire se c'è uno Spirito Santo".

Se non lo avete ricevuto, come dice la Bibbia, allora andate a cercare persone come Giovanni e Pietro. Non andate dai falsi insegnanti e profeti religiosi, ma da quelli spirituali. Essi metteranno le mani su di voi.

Atti 8:17 Poi imposero loro le mani ed essi ricevettero lo Spirito Santo.

Molte volte i cristiani hanno la falsa convinzione che un demone non possa venire o rimanere nel nostro corpo. Un demone può venire, ma bisogna sapere come liberarsene. Cosa pensate di tutte queste malattie? La maggior parte di esse sono demoni. Il cancro è un demone. Imparate a scacciarlo. Gesù ci ha dato il potere e abbiamo imparato a usarlo. Altrimenti, si prenderà la vostra vita ed entrerà in un altro membro della vostra famiglia. E l'infarto? Uccide generazione dopo generazione! Usate il potere nel nome di Gesù contro le maledizioni generazionali. Una signora ha detto che mia madre ha pregato perché non ci venisse mai il diabete, nessuno di loro è diabetico. Pregate e dite che non erediterete nessuna malattia. Fate il necessario e non lasciate che occupino il vostro corpo. Voi avete il potere. Imparate da Gesù come ha scacciato i demoni. Guardatevi allo specchio e dite: "Esci dal mio corpo". Mettetevi una mano sulla testa e dite: "Ti ordino di uscire dal mio corpo nel nome di Gesù".

Pulite voi stessi, nessuno escluso.

2 Corinzi 7:1 Avendo dunque queste promesse, carissimi, purifichiamoci da ogni sporcizia della carne e dello spirito, perfezionando la santità nel timore di Dio.

Matteo 17:15 Signore, abbi pietà di mio figlio, perché è lunatico e molto irritato, perché spesso cade nel fuoco e spesso nell'acqua. 18 Gesù rimproverò il demonio, che se ne andò da lui; e il bambino guarì da quell'ora stessa.

Un altro tipo di demone era il sordomuto.

Luca 11:14 E scacciava un demonio, che era muto. E quando l'indemoniato fu uscito, il muto parlò; e il popolo si meravigliò.

Una mia amica che si è convertita al cristianesimo mi ha raccontato che stava aiutando una sua amica e, mentre pregava, piangeva senza sosta. La sua amica era fuori di sé, ma il giorno dopo era normale. Un'amica mi ha detto che pensava che stesse fingendo. Le ho detto: "No, hai pregato e hai scacciato il demone". Lei disse: "So che stavo piangendo, ma non sapevo perché". Molti cristiani attivi non sanno che hanno scacciato i demoni. Non vediamo lo spirito, ma il comportamento e l'azione. Quindi è nostro compito comandare al demone di uscire dal nostro corpo e da quello degli altri. Fatelo voi stessi per vedere il risultato. Vi renderete conto di aver sprecato il tempo non lavorando come Gesù vi ha chiesto. Amen!

PREGHIAMO

Padre celeste, ti ringraziamo perché il nostro corpo è il Tuo tempio. È la Tua residenza. Ti invitiamo a venire nel nostro corpo e a dimorare in noi, grazie.

Non vivete in un edificio costruito dall'uomo, ma Dio ha fatto il corpo. È il luogo in cui vivete, parlate, guidate e insegnate. Ci dai anche il potere con il Tuo Spirito in noi. Non con la forza, né con il potere, ma con il Tuo Spirito Santo. È l'esperienza più potente quando riceviamo lo Spirito Santo. Ti ringraziamo per essere venuto a vivere nel nostro corpo. Il nostro corpo è il tempio o la Tua Chiesa. Con il Tuo Spirito possiamo fare molte cose potenti. Hai promesso che verrai e vivrai e farai grandi cose attraverso di noi. Spirito Santo, sei il benvenuto in questa casa nel nome di Gesù. Amen! Dio vi benedica!

17 NOVEMBRE

AVVISO DI AZIONE!

Gli Stati Uniti ci classificano in base alle nostre azioni, non a ciò che comunichiamo, ma alle nostre azioni. I frutti sono l'azione. L'azione è ciò che siete; Dio connette l'azione con ciò che avete nel cuore.

Molti sono bravi a parlare. Possono conquistarvi con il loro modo di parlare. Il diavolo è uno di loro. Molti bugiardi, ladri e malvagi sono i migliori parlatori. Ma alla fine scopriamo che, oh no, ci hanno ingannato, mentito e fatto del male. Fate attenzione. Dio ci dà una prova per dimostrare ciò che siamo. Se c'è un adulterio, allora vi darà potere, posizione e l'opportunità di dimostrare esattamente ciò che siete. Sia Davide che Giuseppe hanno dimostrato il loro standard morale con le loro azioni. Giuseppe ha onorato Dio osservando il comandamento, mentre Davide è caduto in adulterio. Vedete, l'azione ha dimostrato entrambe le cose. Siete innocenti fino a prova contraria. È una legge che nessuno può mettervi dietro la sbarra finché le prove non lo dimostrano. Per molte volte ho visto uomini o donne accusati di aver fatto qualcosa, ma portando le prove, sono stati condannati come colpevoli o liberati. Gesù ha detto "covo di ladri". Che tristezza! Un altro giorno ho incontrato una mia amica, che è un ministro della Parola di Dio. Abbiamo studiato la Parola. Mi chiese: "Venderesti qualcosa in chiesa?". Le ho risposto di no, lo Spirito Santo non me lo permetterebbe. Lei ha detto esattamente: non mi piace che la gente venda cose in chiesa. Teniamo il posto per la preghiera.

Matteo 21:12 Poi Gesù entrò nel tempio di Dio, scacciò tutti quelli che vendevano e compravano nel tempio, rovesciò i tavoli dei cambiavalute e i seggi di quelli che vendevano colombe, 13 e disse loro: "Sta scritto: La mia casa sarà chiamata casa di preghiera, ma voi ne avete fatto un covo di ladri".

Il Signore Gesù li etichetta come ladri. Le loro azioni hanno fatto sì che Gesù li etichettasse come tali. Avete notato che oggi il Paese non vuole insegnare ciò che è giusto? Niente Bibbia, niente Parola di Dio, niente verità e luce. È il tempo in cui il denaro compra governanti malvagi. Satana governa nelle alte sfere. La nostra scuola insegnerà un giorno la stregoneria e altre religioni. Hanno tolto la Bibbia e la preghiera. Non sorprendetevi delle azioni dei ragazzi, delle sparatorie, delle uccisioni, delle bande, della fornicazione, della droga e dell'alcol. Noi etichettiamo i loro comportamenti sbagliati guardando le azioni. Le nostre azioni etichettano la nostra generazione. Se trovate persone come Noè o Lot, il Signore le etichetterà come giuste e le salverà dal problema.

Quindi fate attenzione a come vede Dio e a come vedono gli uomini. Non preoccupatevi del giudizio degli uomini, ma del Signore.

Salmo 7:11 Dio giudica i giusti e si adira ogni giorno con gli empi.

17 NOVEMBRE

Dio li ha chiamati la generazione senza fede. Alcuni dicono che abbiamo molti credenti nel nostro Paese. Gesù dice generazione senza fede. Gesù vede dove ripongono la loro fiducia. Quando hanno un problema, vanno da Dio o fanno a pugni, a pistole o a spade? Che il Signore ci dia saggezza, percezione e coraggio per dire la verità.

1 Corinzi 2:15 Ma chi è spirituale giudica tutte le cose, ma non è giudicato da nessuno.

Abbiamo bisogno dello spirito di Dio per guidare, insegnare e condurre in tutti i modi giusti.

1 Giovanni 2:20 Ma voi avete l'unzione del Santo e conoscete ogni cosa.

All'inizio, conoscevamo Salomone come il re più saggio. Alla fine, hanno etichettato il Re Salomone come un uomo perduto. In cielo c'è un Dio giusto che conosce la verità su di noi. Nessun potere, nessuna cospirazione o corruzione può cambiare il Suo giudizio. Vivete quindi come se il Signore guardasse voi e non le persone. Insegnate ai vostri figli a parlare, vivere e agire nel modo giusto. Un giorno vi benediranno. Non cresceteli come se fossero i vostri burattini, i vostri bugiardi, i vostri portavoce. È il gioco di una madre o di un padre che sono dei mostri e crescono uno come loro. Queste persone portano calamità e giudizio. Controlliamo alcuni titoli meravigliosi dati nella Bibbia e vediamo quali sono state le loro azioni e reazioni.

Barnaba Atti 11:24 Era infatti un uomo buono, pieno di Spirito Santo e di fede, e molto popolo fu aggiunto al Signore.

Ora le persone divine etichettano Ruth come una donna virtuosa a causa del suo comportamento nei confronti della suocera: avete una nuora? Come la etichettereste?

Ruth 3:11 Ora, figlia mia, non temere; ti farò tutto ciò che desideri, perché tutta la città del mio popolo sa che sei una donna virtuosa.

Dio etichetta Satana come padre della menzogna.

Giovanni 8:44 Voi siete del diavolo, vostro padre, e le voglie di vostro padre le farete. Egli è stato omicida fin dal principio e non ha dimorato nella verità, perché non c'è verità in lui. Quando dice una menzogna, la dice di suo pugno, perché è bugiardo e ne è il padre.

Dio, Giobbe dell'etichetta era perfetto e retto.

Giobbe 1:1 C'era un uomo nel paese di Uz, il cui nome era Giobbe; quell'uomo era perfetto e retto, temeva Dio e rifuggiva il male.

Ora l'uomo è chiamato umile se fa ciò che Dio gli ha chiesto di fare. L'umile non aggiunge né sottrae agli ordini di Dio. L'arcangelo Lucifero ha deluso Dio.

Ma Mosè portò la legge, i precetti e i comandamenti celesti sulla terra così com'è. Essendo Mosè umile, Dio poté stabilire la Torah, le Sue leggi sulla terra. Mosè ha portato la chiave del successo. Abbiamo questo tipo di persone umili o, come Satana, aggiungiamo e sottraiamo alla Parola di Dio?

Numeri 12:3 (L'uomo Mosè era molto mite, al di sopra di tutti gli uomini che sono sulla faccia della terra).

Ricordate il Faraone d'Egitto? Il Signore lo definisce un uomo dal cuore duro. Ha portato il giudizio, non ascoltando e non sottomettendosi alla massima autorità di Dio. Fate attenzione. Non lasciate che il Signore vi etichetti come gelosi, bugiardi, assassini, adulteri, streghe, ladri ecc. Avete visto persone etichettarsi come "Trinità", "Metodista", "Alleanza", "Battista", "Cattolico", "Mormone", "Testimone di Geova" o "Pentecostale"? Il Signore ha detto: "Non conosco queste etichette. Conosco solo chi è giusto, vive santamente, è nato di nuovo, è stato battezzato nel nome di Gesù e ha ricevuto lo Spirito Santo parlando in lingue". Gesù li etichetta come Discepoli o credenti vedendo le loro azioni.

Marco 16:17 E questi segni seguiranno quelli che credono: nel mio nome scacceranno i demoni; parleranno con lingue nuove; 18 prenderanno in mano i serpenti; e se berranno qualche cosa di mortale, non farà loro male; imporranno le mani ai malati e questi guariranno.

È importante per voi e per me vivere e fare bene tenendo Gesù come esempio. Prendersi cura della croce e seguirLo. Come è semplice se abbiamo la verità, ma oh no, noi sappiamo meglio di Dio. Vogliamo un altro tipo di prodotto. Non crediamo che Gesù sia la via e la verità. Preferiamo un'etichetta religiosa e amiamo seguire un falso insegnante e profeta. Ne vale la pena? Fate attenzione. Attenzione, aprite la Bibbia e seguite Gesù. Fate attenzione nel nome di Gesù. Amen!

PREGHIAMO

Signore, veniamo davanti al Tuo altare sapendo che sei reale e che ci guardi sempre. Ti chiediamo perdono per tutti i nostri peccati e donaci un cuore pulito. Dacci la saggezza per tutte le situazioni e che ci guidi in tutte le prove, i problemi e le difficoltà. Sappiamo che il Signore ci ha dato il Suo Spirito. Aiutaci, Signore, a essere attenti alla voce di Dio. Chiediamo che tutti i Tuoi figli benedicano e camminino in armonia e unità. Tu sei il maestro. Insegnaci a non commettere errori. Signore, sii tu l'istruttore, affinché seguiamo i Tuoi comandi. Grazie per la Parola, il sangue e lo Spirito di Dio. C'è una guerra potente per la nostra anima, perciò, Signore, tienici nel Tuo palmo. Fa' che le nostre azioni siano gradite agli occhi del Signore, nel nome di Gesù. Amen! Dio vi benedica!

18 NOVEMBRE

GUARDATE ATTRAVERSO GLI OCCHI DEL PROFETA!

Osea 12:13 Per mezzo di un profeta il Signore fece uscire Israele dall'Egitto e per mezzo di un profeta fu preservato.

Il Signore ci ha dato un profeta per guidarci in tutto e per tenerci al sicuro. L'umanità ha rotto il rapporto con il Suo Creatore con la disobbedienza. Il Signore cerca sempre di dirigere, aiutare e provvedere al Suo popolo. Vuole rimanere in contatto per il loro benessere. Ma gli uomini rifiutano sempre Dio. Il profeta è un ufficio speciale scelto da Dio. Attraverso i profeti, Dio ci parla.

Dobbiamo avere dei profeti che parlino alla nostra vita. So che molti veri profeti hanno profetizzato su di me. Ascolto, registro o prendo nota per non dimenticare il piano di Dio pronunciato dal profeta. Credere, obbedire e sottomettersi al profeta fa sì che il piano di Dio abbia successo. Abbiamo bisogno di Dio, ma pensiamo il contrario. Dio non ha bisogno di noi. Dio sa che il diavolo storto ha un piano per distruggere la creazione di Dio. Il nostro problema è che pensiamo in modo diverso. Così come molti hanno fallito e fallito e fallito ancora. Se ascoltiamo Dio, la vita diventerà molto più facile per noi. Un altro giorno stavo pregando per una signora in India; ha una proprietà e vuole costruire una chiesa. Ma Dio non lo permette. Perché tutti quelli che vengono in quel posto sanno che è una donna e una vedova. Vogliono portarle via la terra. Ho pregato e le ho detto che Dio manderà uno che è vero e reale. Egli la aiuterà a rilasciare la proprietà alla persona giusta. Al giorno d'oggi, molti ladri si presentano come l'angolo della luce. Pregate per l'operaio sincero e giusto. Dio non parla a tutti, ma solo a chi ha scelto.

Giudici 6:8 Il Signore mandò un profeta ai figli d'Israele, che disse loro: "Così dice il Signore, Dio d'Israele: Io vi ho fatti salire dall'Egitto e vi ho fatti uscire dalla casa di schiavitù; 9 vi ho liberati dalla mano degli Egiziani e da quella di tutti coloro che vi opprimevano, li ho scacciati da davanti a voi e vi ho dato il loro paese; 10 e vi ho detto: Io sono il Signore, vostro Dio; non temete gli dèi degli Amorei, nel cui territorio abitate: ma voi non avete obbedito alla mia voce.

Ogni volta Dio ha inviato un profeta per avvertire, correggere, guidare e mantenere la strada e il piano giusti. Geremia era il profeta non solo di Israele, ma delle nazioni. Egli nacque nel tempo in cui la spiritualità era quasi morta in Israele. Ognuno faceva ciò che era giusto ai propri occhi. È un pericolo quando si viene istruiti da un leader religioso non per ascoltare Dio, ma solo per loro. Si diventa sordi e ciechi a Dio. Cercate quindi persone che siano spirituali. Passano il tempo nella sala del trono in ginocchio, pregando e digiunando. Sono in contatto con il Signore e non hanno paura di dire la verità come sta. Sono disposti a rischiare la vita.

Geremia 1:9 Allora il Signore stese la mano e mi toccò la bocca. E il Signore mi disse: "Ecco, io ho messo le mie parole nella tua bocca. 10 Vedi, oggi ti ho posto sopra le nazioni e sopra i regni, per sradicare, abbattere, distruggere, gettare, costruire e piantare".

Torturarono Geremia per aver detto la verità. Oggi la situazione è la stessa. Vado in alcuni luoghi o Paesi dove i leader religiosi soffiano aria sporca nelle orecchie. La gente vede il miracolo e l'unzione e continua ad ascoltare i falsi insegnanti, i pastori e i cosiddetti profeti. È il momento del crepuscolo spirituale in cui si verifica il massimo degli incidenti. Non è pericoloso? Ho il privilegio di incontrare molti grandi profeti. Ognuno di loro ha detto la stessa cosa e non si conoscono nemmeno. Molti mi hanno detto: "So che sei un autore; hai scritto un libro. Ma vedo che scrivi più articoli su internet.". Ho un profeta che continua a dirmi che la mia scrittura cambierà. Avrò diversi strumenti donati da Dio. Quando ascolto il profeta, divento più attenta e ascolto Dio. I profeti a volte non sanno cosa stanno dicendo, perché Dio sta usando le loro labbra e la loro lingua. Per questo motivo registro sempre e continuo ad ascoltare finché non capisco. Chiedete sempre a Dio di guidarvi nel Suo piano. Rilascia a noi i Suoi pensieri per pensare come Lui. Micaia era il profeta più odiato perché il re d'Israele era carnale ed empio. Il re si serviva di falsi profeti che pronunciavano parole piacevoli per le orecchie. Ma Micaia non aveva paura di loro, bensì del Signore.

1 Re 22:14 Micaia disse: "Come vive il Signore, ciò che il Signore mi dice, io lo dirò". 17 Poi disse: "Ho visto tutto Israele disperso sui monti, come pecore che non hanno pastore; e il Signore ha detto: "Queste non hanno padrone; tornino ognuna a casa sua in pace". 18 Il re d'Israele disse a Giosafat: "Non ti avevo detto che non avrebbe profetizzato nulla di buono su di me, ma solo del male?".

Vedete, Dio aveva avvertito l'uomo, ma andò comunque in battaglia dove fu ucciso. Micaia fu schiaffeggiato e calunniato per aver detto la verità. Non è compito del profeta credere per voi; siete voi stessi a credere e ad agire di conseguenza. Voi credete in Dio, che si prende cura della vostra protezione e del vostro successo. Io lavoro per Dio, dove i falsi insegnanti e profeti sono i più dannosi. Sono sempre pronti a prendersi il merito. In qualche modo non vorrei mai aiutarli, ma quando me lo chiedono non ho scelta.

Dio disse:

Geremia 29:11 Perché io conosco i pensieri che penso verso di voi, dice il Signore: pensieri di pace e non di male, per darvi una fine attesa.

Quando il profeta parla alla tua vita, scrivilo e inizia a lavorare in quella direzione. Una donna che predicava in una nazione musulmana ha detto: "Ho continuato a pregare ogni giorno e a profetizzare il risveglio su quella nazione". Potete fare lo stesso. Prendete una mappa e studiate le persone della nazione. Siate visionari e profetizzate. La profezia è per il futuro e vedrete la rinascita. Negli anni Ottanta, ho visto le baraccopoli di Bombay e il peso della nazione mi ha colpita all'istante. Un giorno, diciotto anni dopo, andai nella stessa baraccopoli di Bombay e predicai il Vangelo. Non ne avevo idea, perché non avevo mai avuto un incontro così forte con Dio. L'ho sentito e sperimentato in modo diverso, ma non come Lui mi ha mostrato la baraccopoli dove anni dopo sono andata e ho praticamente camminato. Vedete ciò che desiderate e pregare che accada. La vostra parola è una profezia; potete prendere la mappa e pronunciare le benedizioni, il risveglio e aprire la porta. Ottenete una visione gloriosa delle nazioni e vedete cosa fa Dio. Siate visionari e lasciate che il cielo sia il limite. Lasciate che il Signore vi porti nei luoghi dove predicare.

Abacuc 2:3 Poiché la visione è ancora per un tempo determinato, ma alla fine parlerà e non mentirà; anche se tarda, aspettatela; perché verrà sicuramente, non tarderà.

Ho visioni e ho sognato ciò che Dio ha da comunicarmi. I sogni e le visioni sono la rivelazione della verità o del futuro. Credo che la nostra preghiera abbia il potere di cambiare la situazione e di distruggere la bocca degli spiriti del cane e della tigre. Abbiamo il potere di opporci, di prendere precauzioni e di vincere il nemico. Tutto ciò che Dio sta facendo è aiutare, proteggere e prendersi cura. Trovate i veri profeti sulla vostra vita. Dio risparmierà la vostra vita. Avrete successo e crescerete. Dio vi benedirà nel nome di Gesù. Amen!

PREGHIAMO

Signore, tu sei il nostro creatore. Non ci hai mai abbandonati. Ma noi non ascoltiamo perché abbiamo l'udito duro. Dio è buono. Per favore aiutaci a permetterti di essere il nostro Dio. Il nostro Dio ha interesse a proteggerci e a benedirci. Come siamo meravigliosamente benedetti. Il nostro Dio ha veri profeti che vedono e ascoltano per noi. Il profeta di Dio ci dà informazioni precise, in modo che tutti gli ostruzionisti, gli assassini, i ladri e i distruttori possano essere annientati. Grazie, Signore, per averci protetti dalla distruzione. Aiutaci, Signore, a essere vigili, nella stagione delle stagioni istantanee. Noi abbiamo te, ma chi va dalle streghe, dagli stregoni e dai falsi è fuorviato dalle maledizioni. Signore, insegnaci ad aspettare la nostra stagione e il nostro tempo. Tutte le tue vie saranno stabilite. La Tua parola non tornerà indietro, ma ha bisogno della nostra collaborazione, credendo e obbedendo. Aiutaci, Signore, a credere nel Nome di Gesù! Amen! Dio vi benedica!

19 NOVEMBRE

SIATE SENSIBILI A CIÒ CHE VI CIRCONDA!

Nonostante tutto, alcune persone sono insensibili ai bisogni, alle emozioni o alle situazioni degli altri. Viviamo in un mondo molto insensibile in cui ci si prende cura di se stessi, ci si nutre e ci si dà. "Sono più importante degli altri.". Dio ha detto di essere sensibile ai bisogni della Sua creazione. Il padre e la madre sono sensibili ai bisogni dei loro figli. Lo Spirito Santo è il più sensibile. Quando prego, conosco i bisogni della persona! Quando parlo con loro di ciò per cui ho pregato per loro, mi confermano sempre che sì, era una situazione critica. Quando andate a casa di persone malate, non aspettatevi che vi diano da mangiare e si prendano cura di voi. Molte volte ho visto i visitatori diventare un peso. Le persone mondane sono le più insensibili ed egoiste. Quando io e la mia famiglia abbiamo attraversato delle prove, alcune persone sono venute alla nostra porta per offrire aiuto, ma altre volevano che dessimo loro da mangiare e ci prendessimo cura di loro. Che egoisti e sciocchi! In quel periodo ero così malata che non potevo prendermi cura di me stessa e di mia madre. Si fermarono nel mio vialetto chiedendo cibo. Il mio corpo tremava, perché la mia salute era cagionevole e per di più avevo mia madre in ospedale di cui occuparmi.

Molte erano benedizioni, ma alcune erano solo dolore. Inoltre, quando andate al funerale, non andate lì per essere un dolore per la famiglia in lutto. Siate sensibili alle persone che stanno soffrendo. A volte è una confusione, perché alcuni non hanno cura degli altri. Gesù ha detto: "Ho avuto compassione della mia creazione". Dio si è macchiato del sangue e ha preso le frustate per le nostre malattie. È passato attraverso la prova, poiché gli uomini non possono dare o fare nulla di ciò che il Signore ha fatto per noi.

Ero solita frequentare la comunione a Dallas, dove il pastore era sensibile ai bisogni della congregazione. Venivano sempre persone diverse per chiedere guarigione, liberazione o profezia. Molte volte i pastori dicono che è una buona idea o un'idea di Dio. Non è mai stata un'idea dell'uomo, ma dello Spirito Santo. A volte il pastore dirà che ha un messaggio, ma lo Spirito Santo mi dice di pregare per alcuni che soffrono. A volte dirà che qui molti hanno il cuore spezzato. Egli chiamerà dicendo il loro nome, affronterà il loro problema, pregherà per loro e sarà fatto. In un minuto saranno guariti e torneranno al loro posto. Che bello! Ero in soggezione, wow, molti non sanno cosa succede alla loro congregazione o addirittura alla loro stessa famiglia.

Colossesi 3:12 Rivestitevi dunque, come eletti di Dio, santi e amati, di viscere di misericordia, di bontà, di umiltà d'animo, di mitezza, di longanimità.

1 Giovanni 3:17 Ma chi ha i beni di questo mondo e vede il suo fratello bisognoso e gli chiude le sue viscere di compassione, come abita l'amore di Dio in lui?

Mia madre aveva un fratello di nome John, esi è sempre ricordata di lui anche il giorno in cui ha lasciato la terra. Chiamava suo fratello John anche se era morto quasi settant'anni fa. Ricordava tutte le persone? No, ricordava chi aveva mostrato pietà a lei e ai suoi fratelli e si era preso cura di loro quando erano piccoli. Mia madre ha perso i genitori in giovane età e questo fratellastro è stato più dei genitori. Mia madre elogiava suo fratello ogni giorno. Diceva che era molto gentile e si prendeva la responsabilità di tutte le sorelle del fratellino. L'aiuto è una cosa, ma quando si aiuta con amore e gentilezza è un'altra storia. Il Signore ci aiuti a capire che c'è un Dio in cielo che ha compassione per la nostra situazione. Solo Lui ha vero amore e comprensione.

Siate sensibili alle esigenze degli altri. Molti stanno soffrendo e prenderanno la decisione sbagliata. Dobbiamo intervenire e intercedere per la situazione, il bisogno o la questione. Molti aggiungono dolore al vostro dolore. Ma alcuni aiutano con amore e si prendono cura. Faccio consulenza a livello internazionale e ho notato che le persone hanno problemi diversi. Quando vedete un bisogno, siate utili e non dolorosi. Se aiutate, vi ricorderete sulla terra e in cielo. Nessuno vuole vedervi alla porta se non mostrate compassione. Soprattutto io non li voglio alla mia porta. È vero: nessuno vuole persone che accendono il fuoco per aggiungere dolore alla vita. Molti sono nati insensibili! Ascolto le persone che si lamentano e piangono tutto il giorno. Parlo con loro e prego per loro, li rincuoro e sono di nuovo felici. Lo Spirito Santo mi ha insegnato a consigliare e senza dubbio lo faccio con tutto il cuore.

Ieri ero in chiesa e Dio mi ha detto: "Vai a trovare questa signora". L'ho chiamata e mi ha detto che sarebbe tornata a casa per le 13.00. Ho detto che mi sarebbe piaciuto andare a trovarla. Così ho comprato qualcosa che potesse mangiare e abbiamo trascorso del tempo insieme. Ha una figlia, ma non è vicina. Non ha altri parenti. Quindi è stato Dio a mandarmi e abbiamo trascorso una bella serata. Si sta riprendendo dal cancro. Le piccole cose rendono felici le persone. È solo un po' di cura e di amore e mostrare un po' di compassione. Non c'è bisogno di essere un prenditore e un consumatore. Date anche un po' di tempo. Le persone non amano gli approfittatori.

Quando vado in ospedale a pregare sui malati, chiedo anche ai familiari e ai visitatori se hanno bisogno di pregare. Molti stanno soffrendo là fuori. Una volta un ragazzo gay ha chiesto al suo collega di pregare per lui. Era nello stesso ospedale in cui si trovava sua madre. Ho incontrato sua madre e ho pregato per lei. Mi dispiaceva che fosse morta. Ma ora questo giovane stava morendo di aids e vedeva uno spirito maligno. Sono andata con il mio compagno di preghiera e ho pregato. Lui ha sentito la pace. Abbiate un po' di compassione. Sappiamo che quando le persone sono vicine alla morte, possono pentirsi. È nostro compito non preoccuparci di ciò che erano, ma sicuramente di ciò che possono essere. Ho visitato molte persone sul letto di morte. Alla fine del cammino, sono così addolorati e il Signore perdona proprio come ha perdonato il ladro. Dio guarisce e salva, quindi predica loro la verità.

Il nostro Dio ci ha mostrato una grande misericordia. Non pensare che qualcuno sia malvagio significa avere il diritto di non credere in Dio. Dio è grande e ci sarà sempre se invocherete il suo nome. Mantenete la vostra fede nel Signore e non negli uomini. Questo è il punto in cui le persone si scoraggiano. Non scoraggiatevi mai, vedete la guarigione, la liberazione, le disposizioni e le benedizioni del Signore. Dio va oltre la nostra immaginazione. Ho affrontato una prova di salute durissima. Ho perso il lavoro, avevo una salute cagionevole, mia madre anziana, e ho dato il mio nome. Ma ho tenuto gli occhi sul Signore ed Egli ha ribaltato tutto. Solo il Signore ha compassione di noi. Lui sa come portarvi a riva. Sa come trovare la via d'uscita. Tenete gli occhi sul Signore e vedete quanto è meraviglioso il nostro Dio. Mostrate compassione per coloro che sono intorno, anziani, feriti, vedove e orfani. Non allontanatevi vedendo il loro bisogno, nel nome di Gesù. Amen!

PREGHIAMO

Padre nostro celeste, la Tua missione era quella di aiutare i deboli, i poveri, i bisognosi e gli indifesi. Hai mostrato grande compassione per i perduti e i sofferenti! Il nostro compito è raggiungere coloro che soffrono e sono bisognosi. Non sono loro a dover cercare noi, ma siamo noi a dover cercare loro. Il Signore ci rende sensibili ai loro bisogni. La Tua missione deve continuare se siamo sensibili alla Tua voce. Dio, hai fatto tutto nella carne dando l'esempio di seguirti. Aiutaci a essere sensibili ai bisogni degli altri. Siamo vicini gli uni agli altri se siamo sensibili ai bisogni degli altri. Togli l'egoismo e aiutaci a essere presenti quando qualcuno ha bisogno di noi. Signore, il nostro compito è mostrare compassione e amore, quindi aiutaci. Troviamo molte persone bisognose che soffrono. Un piccolo aiuto li rallegrerà, quindi aiutaci a mostrare compassione nel nome di Gesù. Amen! Dio vi benedica!

20 NOVEMBRE

NON CONVERTENDO, MA ANNUNCIANDO LA VERITA!

Per favore, provate voi stessi. Non si tratta di religione, che io odio. Non mi è mai importato della religione. Da quando ho iniziato a studiare di più la Bibbia, mi sono sorte molte domande. So di avere una domanda e non una curiosità. Cercavo Dio nell'Antico Testamento. Quest'ultimo è il mio preferito. La Bibbia mi etichettava come una gentile convertita e non un'ebrea, cosa che non mi piaceva. Chiedevo costantemente a Dio perché non fossi ebrea. Sentivo che gli israeliti sono benedetti e scelti, mentre io non ero nulla. La mia domanda era: "Come posso diventare Ebrea? Come posso cambiare il mio sangue e ottenere il loro?"

Il mio Dio mi ha amata; Egli soddisfa il mio desiderio. In seguito, imparando il Nuovo Testamento, mi sono venute altre domande. Dove sono tutti questi miracoli, poteri e guarigioni? Beh, tutte queste cose devono accadere, ma nessuno le faceva. I capi religiosi erano seduti e in piedi nell'edificio chiamato chiesa. Avevo milioni di domande. In seguito, alcuni problemi spirituali accaduti a un membro della famiglia, mi ha portato a fare ulteriori ricerche.

Ero aperta a chiunque potesse aiutarmi spiritualmente. Le chiese nominali o religiose non hanno lo Spirito Santo. Dicono di averlo, ma non ce l'hanno. Non possono fare quello che ha fatto Gesù. Non possono aspettarsi o fare di più. I leader religiosi falsificano le loro credenze e vogliono ingannarvi.

1 Corinzi 4:20 Perché il regno di Dio non è nella parola, ma nella potenza.

Il mio bisogno era serio e non avevo altra scelta che perseguire la verità. Più tardi, dopo essermi trasferita negli Stati Uniti, ho iniziato a frequentare quelle chiese in cui si parlava in lingue, si ballava, si saltava e si facevano cose folli come facevano i discepoli. Quando le persone erano malate, imponevano una mano, mettevano l'Olio Santo ecc. Sembra che lentamente ma inesorabilmente abbia iniziato a trovare la via e la verità. Per cercare la verità, ho iniziato a immergermi più a fondo nella Parola di Dio. Ho iniziato a fare sempre più esperienze. Essendo una studentessa di scienze, non credo alle esperienze degli altri. Ho bisogno di sperimentare con delle prove. Quando sono stata battezzata nel nome di Gesù, una volta uscita dall'acqua, ho avuto l'esperienza più potente, meravigliosa e incredibile. Da allora ho capito che c'era un problema nel frequentare le denominazioni religiose. Ho capito che è mio compito far conoscere agli altri la verità. Ho iniziato a dire agli altri di studiare ciò che dice la Bibbia. Questo è ciò che la Chiesa primitiva credeva e praticava. Questo è ciò che credevo io. Ho raccontato a tutti coloro che ho incontrato e testimoniato la mia esperienza con il battesimo d'acqua nel nome di Gesù. Molti erano convinti e vedevano i primi discepoli praticare il battesimo solo nel nome di Gesù. Io non avevo una religione, quindi li portai direttamente alla Bibbia e indicai le due o tre Scritture per stabilire la dottrina. Come dice la Bibbia, sono necessarie due o tre Scritture per stabilire qualsiasi dottrina.

Efesini 1:4 Come egli ci ha scelti in lui prima della fondazione del mondo, perché fossimo santi e irreprensibili davanti a lui nell'amore.

Dio onnisciente sa, poiché non esiste passato, futuro o presente agli occhi di Dio. La vita bella può essere data se seguiamo la verità. Il Salvatore di Geova, in inglese Jesus, ha detto che Lui è la verità. Cercate sinceramente la via d'uscita da tutte le prove, i problemi, le malattie e le infermità lasciate da Eva e Adamo. Trovate la verità della Bibbia. La Bibbia è la verità se cercate di trovarla. Sì, ci sono molte bugie nel mondo stabilite dal diavolo nella conferenza di Nicea, che ha diviso un Dio in tre. Molti dicono bugie collegandosi al mezzo spirituale. La Bibbia è la parola di Dio. Credete e provate, e avrete l'esperienza che vi darà ragione. Molti rifiutano la verità seguendo la religione. Accettando la religione dei genitori senza alcuna prova o supporto dei fatti. Che ne dite di chiedere a Dio la Sua identità? Chi conosce la persona se non la persona stessa?

Ovunque vada, predico la verità. In questi tempi e in questi giorni, molte religioni e voci ci circondano. La voce di Dio non si trova da nessuna parte. Io ho la verità e la difendo. La verità resterà in piedi per l'eternità. Quindi non accontentatevi di meno. Quando dico che Gesù è un guaritore, devo dimostrarlo. Dio ha la mia schiena da proteggere. Lui lavorerà e farà la guarigione. Dopo aver sperimentato la verità, molti tornano alla loro religione. Le radici delle religioni sono piuttosto profonde, spinose e sassose. È necessario prendersi del tempo per trovarle e sperimentarle credendo e obbedendo.

Le persone egoiste cercano Dio solo quando si bloccano o la situazione è al di là. Cercano me per pregare o colui che ha lo Spirito Santo. Ma non appena Dio ha risolto un problema, dicono addio e arrivederci a Dio. Va bene se mi salutano, ma non si allontanano da Dio. Se Dio ha scritto il vostro nome nel libro della vita fin dalla fondazione della terra, sarete stanchi e dovrete affrontare problemi finché il vostro cuore non si ammorbidirà. Sentiamo molte testimonianze là fuori, ma voi avete bisogno della vostra. Anch'io ho molte testimonianze. Arriverete al punto in cui non crederete a nessuno se non al Signore. Come potete fidarvi di Gesù? Si sviluppano relazioni conoscendo, parlando e passando del tempo con Lui.

Leggete la Bibbia. Trascorrete del tempo a parlare con Dio. Dedicate tempo alla ricerca e all'obbedienza alla Parola. Vedrete che la vita prenderà una piega diversa. Solo Dio ha il potere di aiutare, salvare, cambiare e fare cose soprannaturali. Credo nella testimonianza e nell'insegnamento. Credo nell'imposizione delle mani sulle persone malate e nel cacciare il demonio. Ma non possiamo cambiare il cuore di nessuno, solo Dio può farlo. Molti luoghi e Paesi stanno cercando di approvare una legge contro la conversione. È impossibile convertire qualcuno. L'approvazione di leggi non fermerà le convinzioni.

Il governo sta cercando di fermare la mano di Dio onnipotente; sembra una follia. Il sovrano di una nazione e di una religione ha bisogno di un po' di buon senso e di saggezza. Non vinceranno la battaglia contro il Signore.

Atti 4:18 Li chiamarono e ordinarono loro di non parlare affatto e di non insegnare nel nome di Gesù.

Oggi gli ignoranti si scagliano contro i leader cristiani, distruggendo le loro case e le loro proprietà. Avete provato Dio e avete letto la Parola di Dio, che è nella Bibbia? Ci sono voluti 1600 anni per finire la Bibbia. Scritta da Dio, utilizzando molte persone in un'epoca diversa. Come può qualcuno osare mettersi contro Dio?

Atti 5:27 Quando li ebbero portati, li esposero davanti al consiglio; e il sommo sacerdote li interrogò, 28 dicendo: "Non vi abbiamo forse ordinato severamente di non insegnare in questo nome? Ed ecco, voi avete riempito Gerusalemme con la vostra dottrina e intendete far ricadere il sangue di quest'uomo su di noi". 29

Allora Pietro e gli altri apostoli risposero: "Dobbiamo obbedire a Dio piuttosto che agli uomini".

Questa è la verità: c'è un solo Dio e non milioni. Un solo Dio è uno Spirito, vive in cielo e vuole dimorare in noi. Infatti, non si possono creare milioni di dei e dee per confondervi. Ricordate, nessuno vi sta convertendo, ma vi sta solo informando della verità. Il Dio del cielo ci ha ordinato di dire la verità al mondo intero. È il comando di Dio per i cristiani di far conoscere la verità agli altri. Non siamo noi a cambiare o convertire gli altri, ma è il Signore che li trasforma. Se amate la verità, allora il vostro stupore e la vostra fatica saranno finiti, nel nome di Gesù. Amen!

PREGHIAMO

Padre celeste, ti ringraziamo per essere il nostro Dio. Il Signore ha dato il grande incarico di trasmettere nel mondo. Il Signore ci unge con il Spirito Santo e con il fuoco, affinché ovunque andiamo, il Tuo spirito di verità operi attraverso di noi. Il Signore l'ha già fatto e noi seguiamo le Sue orme. Signore, noi non possiamo, ma tu cambi il loro cuore quando testimoniamo la verità. Sostienici dimostrando i fatti della Parola. Signore, ti diamo il nostro cuore, la nostra mente, la nostra anima e il nostro spirito. Se facciamo la volontà di Dio dicendo la verità, allora la Parola di Dio crescerà, anche su qualsiasi terreno di cemento. È il Signore che fa tutto e non noi. Se si ha fede nella Parola, essa si realizzerà e non ci saranno problemi. Signore, tu hai il pieno controllo. Signore, dacci l'audacia e il coraggio di predicare la buona novella. Il nostro Dio è buono, vero e potente. Ha detto che lo avrebbe fatto se avessimo detto la verità in amore. Che il Signore abbia pietà di queste anime perdute nel nome di Gesù. Amen! Dio vi benedica!

21 NOVEMBRE

PREPARATE IL VOSTRO CUORE!

In questo periodo e in questa stagione, le persone sono impegnate e dimenticano il motivo del Ringraziamento. Tutti cerchiamo il buon cibo. Ci dimentichiamo di Gesù, che ci ha caricato di tutti i benefici. Le persone provenienti da altre nazioni hanno detto: "Abbiamo cibo, ma la quantità è inferiore a quella dell'America". Hanno detto che il nostro Paese è ricco, ma non abbiamo una varietà di cose e di cibo come gli Stati Uniti. Per favore, ascoltate, temete e servite Dio con tutto il cuore, che dà tutto in abbondanza. Egli è reale. Ci saranno sempre degli avanzi per riempire i cestini. Il Signore ci dà tutto. In cambio, Egli desidera il riconoscimento con assoluta gratitudine da parte del cuore. Controllate il nostro cuore, non pensate mai che siete voi ad aver ottenuto tutto con le vostre forze. Invece, diciamo: "So che è un dono del Signore". È una benedizione data dal Signore. Quando impareremo a essere grati, non perderemo mai la nostra salvezza, che è guarigione, liberazione e salvezza.

Quando una persona raggiunge l'apice della sua benedizione, vede il mondo o con i suoi occhi o con quelli di Dio. Non lasciate che il diavolo vi convinca che vi ha dato tutto. Dio sta guardando dall'alto. Controllate il vostro cuore. Siete pronti ad andare più in alto o più in basso? Sono le persone leali che salgono a vedere il mondo. Il modo in cui vedete il mondo dipende dal vostro modo di pensare. Dipendere da Dio per il pane quotidiano ci manterrà umili. Ma chi ha molto deve stare attento. Una volta arrivati in cima, potrebbero pensare: "Posso fare tutto questo da quando sono arrivato". Piuttosto non bisogna avere tutto, ma avere la salvezza dell'anima. Siate sempre riconoscenti.

Salmo 9:1 Ti loderò, o Signore, con tutto il mio cuore; farò conoscere tutte le tue opere meravigliose.

È triste che a volte dimentichiamo da dove arriviamo e diventiamo orgogliosi nel nostro cuore. Siate sempre cauti con il vostro cuore piuttosto che con qualsiasi altra cosa. Il cuore è ingannevole e malvagio. L'origine della vita è il cuore. Un altro giorno ho guardato un video sui senzatetto di San Francisco e Los Angeles. Ho sentito dire che San Francisco è deprimente, che è una delle città più costose. Ero lì e ho sperimentato lo spirito più malvagio della città. Sono molto sensibile allo spirito da quando digiuno. Il digiuno uccide la carne e lo Spirito prende vita. I sensi spirituali lavorano in modo potente se si digiuna. Ricordo che in questa città ci sono molti omosessuali, molte persone che cambiano sesso e genere. Una volta raggiunto un punto in cui non si può più tornare indietro, però, si scivola solo verso il basso.

Luca 21:34 E fate attenzione a voi stessi, perché in qualsiasi momento i vostri cuori non siano sovraccarichi di cibo, di ubriachezza e di preoccupazioni di questa vita, e così quel giorno vi piombi addosso all'improvviso.

21 NOVEMBRE

Ezechiele 16:49 Ecco l'iniquità di tua sorella Sodoma: superbia, abbondanza di pane e ozio erano in lei e nelle sue figlie. Non rafforzava la mano dei poveri e dei bisognosi.

Otteniamo denaro e dimentichiamo i nostri doveri verso i poveri orfani e i bisognosi. Alcuni dimenticano persino i genitori e i fratelli. Quando ricevete delle benedizioni, è solo per la vostra prova. Il denaro ha le ali e volerà via se vi dimenticate di Dio. Assicuratevi che colui che vi ha dato il denaro, la mente e la disponibilità del lavoro voglia in cambio solo gratitudine. Riconoscete Gesù e prendetevi cura del vostro cuore affinché non diventi insensibile a ciò che lo circonda. Il cuore ha bisogno di più cure di ciò che si crede. Ricordiamo a chi si è perso di ascoltare Dio e di cambiare. Prendete la strada giusta della vittoria ricordando il Signore. Curate il vostro rapporto con il Signore per continuare a ricevere benedizioni. Nessuno raggiunge il luogo senza la sua cooperazione con il Signore. È necessario verificare la propria identificazione con il Signore. Potete identificarvi come peccatori o santi, senza casa o sistemati. Il Signore non parla di andare in un edificio chiamato chiesa, ma della vostra relazione con Lui. Il vostro corpo è una chiesa o la Sua residenza. Ripulitelo dal peccato e dai demoni in modo che il Signore possa venire a prendersi cura di voi.

Controllate voi stessi e scoprite se state vivendo nel territorio che Dio vi ha dato o meno. Dio ci ha dato un territorio e una regione con delle condizioni, quindi comportatevi, agite e pensate con la mentalità di Dio. Egli non giustifica nessuno. Chi perde e continua a cadere è chiamato perdente. Ho sempre in mente una cosa: tutto quello che imparate, continuate a praticare. Non pensate mai di essere al di sopra delle leggi di Dio. Il denaro ha le ali e volerà via. La ricchezza data da Dio è accompagnata da benedizioni e maledizioni, a seconda della condizione del vostro cuore.

Molti erano ricchi e sono diventati poveri. Il cuore non pensa e non riconosce mai il Dio del cielo. Le persone che un tempo camminavano nel bellissimo giardino dell'Eden sono diventate senzatetto. La ribellione non è la strada giusta. Quando le persone hanno tutto, allora spendono soldi per bere, mangiare, fare acquisti, sistemare i capelli, farsi le unghie e comprare scarpe. Che cosa state pensando? Investire è un bene, ma il luogo in cui si investe è la materia che porta benedizioni e maledizioni. Alcuni si sono dati il titolo di pastore, di santi o di persone meravigliose. Ma dietro la porta sono le persone più ingannevoli. Temo Dio per loro. Si chiama essere ingannati dal loro cuore ingannevole.

Alcuni hanno guadagnato più che a sufficienza e hanno dimenticato di aiutare i bisognosi. Aiutate qualcuno che è malato, ferito e bisognoso. Il nostro compito è quello di trarre il meglio dalla nostra vita. Possiamo aiutare gli altri se abbiamo un buon cuore. Abbiate nel cuore amore, longanimità, gentilezza, bontà, mitezza e pace. Tutte queste virtù hanno un legame con le vostre azioni. La rettitudine porta la pace. Pensavo allo Stato d'oro della California. La città di Los Angeles era una delle città più ambite. Ora ci sono senzatetto ovunque. Nel 1980 prendevo l'autobus per Los Angeles. Dicevo: "Wow, che bella città!". Osservavo belle persone, vestiti, case e quant'altro. Ora è in fiamme, senza tetto e in povertà. Che cosa è successo? Abbiamo dimenticato di preparare il cuore a conservare le benedizioni di Dio. Il fascino di Hollywood è il più ingannevole che esista. I locali notturni, la droga, l'orgoglio, le sigarette, l'amore per se stessi e molte altre cose hanno lavorato contro di loro. La contaminazione inizia quando si diventa negligenti nel preparare il cuore.

Lasciate che vi dia un consiglio: pensate ai poveri, ai bisognosi, alle vedove, ai malati, ai sofferenti e agli orfani. Prepariamo la nostra giornata con trucco e parrucco per sembrare qualcuno. State pensando di scomparire e di diventare Cenerentola? Si tratta di un problema di cuore. Prendetevi cura del cuore. Avete bisogno di una doppia dose di gioia nel cuore. Molti scappavano da casa con un grande sogno per andare a Hollywood, a Los Angeles. Quanti vogliono scappare da Los Angeles e dalla California? Il Paese si è arricchito e ha dimenticato di insegnare gli oracoli di Dio ai propri figli. Prima hanno eliminato la preghiera, la Bibbia e ora Dio. Ciò che fa la differenza è Dio, non l'educazione, le persone o il Paese. Amate Dio con tutto il cuore. Non si sono mai ricordati come hanno raggiunto le montagne. Come e quando hanno iniziato a scivolare indietro. Per vostra informazione, gli antenati sapevano come vivere una vita gradita a Dio. Hanno inviato molti missionari per insegnare la verità di Dio, in modo da non dover venire negli Stati Uniti in cerca di ricchezze. In questo tempo e in questa epoca, invece di insegnare loro la verità, la gente ha adottato la via dei pagani e ha visto cosa è successo. Potete cercare su Google cosa pensano i leader della città? Prego Dio di mandare qualcuno a insegnare a questa generazione perduta la via di Dio. È la via del successo. Amen!

PREGHIAMO

Signore, ti siamo grati perché la Tua misericordia è per sempre per coloro che ti temono e ti riconoscono in ogni cosa. Senza dubbio, arriviamo nudi e ce ne andiamo nudi. Tra un tempo e l'altro, il Signore ci dà il necessario e molto di più. Il Signore dà a tutti coloro che Lo servono alle Sue condizioni. Non ci nega nessuna cosa buona. Aiutaci, Signore, a rimanere totalmente sottomessi a te. Il nostro Dio è buono e fa sempre del bene. Chi ti ama, Signore, non soffre mai la fame, la sete o la penuria. Non vogliamo ripetere gli errori dei perdenti. Vogliamo custodire nel nostro cuore i comandamenti, i precetti e gli statuti del Signore. Il nostro cuore è definito ingannevole, ma tu puoi creare pulizia insegnando la Tua parola. Ti invitiamo nel nostro cuore. Accogli lo Spirito Santo nei nostri cuori, che ci permette di rimanere sulla retta via nel nome di Gesù. Amen! Dio vi benedica!

22 NOVEMBRE

RINGRAZIAMENTO!

Grazie" è una parola meravigliosa. Un cuore grato verso Dio fa qualcosa che va oltre la nostra immaginazione. Sappiamo che Le persone che provano gratitudine ricevono un extra. Se volete riceverlo, iniziate a ringraziare tutti coloro che hanno fatto qualcosa per voi.

2 Corinzi 9:11 Essendo arricchiti in ogni cosa fino all'abbondanza, il che provoca attraverso di noi il ringraziamento a Dio.

Quando il Signore dà e in cambio, se gli dimostrate di riconoscerlo, vedete cosa succede.

Matteo 15:36 Poi prese i sette pani e i pesci, rese grazie, li spezzò e li diede ai suoi discepoli e i discepoli alla folla. 37 E tutti mangiarono e furono saziati; e della carne spezzata che era rimasta raccolsero sette ceste piene.

Gesù ha dimostrato che se si impara a ringraziare Dio, Egli soddisfa ed è più che sufficiente.

Giovanni 6:11 Poi Gesù prese i pani e, dopo aver reso grazie, li distribuì ai discepoli, e i discepoli a quelli che erano a terra; e così pure dei pesci quanto volevano. 13 Poi li radunarono e riempirono dodici ceste con i frammenti dei cinque pani d'orzo, che erano rimasti oltre a quelli che avevano mangiato.

Il Signore ha mostrato il potere del ringraziamento. Non importa quanti siano i pasti da sfamare, ringraziate il Signore per quello che avete. Egli darà le benedizioni della moltiplicazione e rimarrà qualcosa. Il nostro Padre nei cieli vuole che diciamo grazie per le Sue disposizioni. È un Dio buono e fa le cose più meravigliose. Dieci lebbrosi ricevettero la guarigione andando dal sacerdote, ma l'unico tornò e ringraziò Gesù.

Luca 17:17 Gesù, rispondendo, disse: "Non sono stati purificati dieci? Ma dove sono i nove? 18 Non se ne trovano che siano tornati a rendere gloria a Dio, tranne questo straniero. 19 Ed egli gli disse: "Alzati, va' per la tua strada; la tua fede ti ha reso integro".

Il Signore Gesù lo ha reso integro, gli ha restituito il corpo, l'anima e lo spirito. Vi piacerà essere grati quando scoprirete il risultato del vostro cuore riconoscente. Sappiamo che tutti amano le persone riconoscenti. A nessuno piacciono i piagnoni e i lamentosi. Anche Dio ha dei sentimenti. Odia i mormoratori e i piagnucoloni. Un cuore non riconoscente provoca il Signore; si perdono le promesse.

Deuteronomio 9:14 Lasciami in pace, perché li distrugga e cancelli il loro nome da sotto il cielo.

ELIZABETH DAS

Dio ha un titolo speciale per le persone non riconoscenti.

Numeri 14:11 Il Signore disse a Mosè: "Fino a quando questo popolo mi provocherà e fino a quando mi crederà, per tutti i segni che ho manifestato in mezzo a loro? 12 Io li colpirò con la peste, li diserederò e farò di te una nazione più grande e più forte di loro".

1 Corinzi 10:10 Non mormorate, come anche alcuni di loro mormorarono e furono distrutti dal distruttore.

Non dimenticate mai di ringraziare chi ha fatto bene per voi. Tornate a ringraziare Dio e anche le persone che vi hanno aiutato. Sarete benedetti. La Bibbia dice di ringraziare Dio per ogni cosa buona e cattiva. Potreste pensare: perché ringraziare Dio per le cose brutte che vi accadono? Ricordate che Giobbe ha perso tutto.

Giobbe 2:10 Ma egli le disse: "Tu parli come una delle donne stolte". Che cosa? Riceveremo il bene dalla mano di Dio e non riceveremo il male? In tutto questo Giobbe non ha peccato con le labbra.

Il nostro Dio sa che abbiamo solo due pesci, un po' di farina e un po' di olio e non possiamo permetterci di condividere. L'unica cosa che ci si può permettere è di essere grati. Se lo facciamo, allora avremo l'intervento soprannaturale del Dio supremo. Il nostro Dio è buono e conosce il nostro benessere. Mentre attraversavo molte prove legate alla mia salute, alla perdita del lavoro ecc. ho ringraziato Dio ogni giorno mentre pregavo al mattino presto. La mattina presto è il mio momento speciale con Gesù. Sono entrata nella Sua porta con gratitudine.

Il giorno in cui ho iniziato a camminare ero molto grata. Tuttavia, durante quella prova, ho ringraziato Dio ogni giorno. Sentivo che era un risultato per cui ero grata durante la mia tribolazione. Più che la guarigione, volevo un cuore grato. Sapevo che Dio si sarebbe preso cura di me, in ogni caso. Il Signore ha permesso la situazione, così abbiamo imparato a conoscerLo e non abbiamo brontolato contro di Lui. Possiamo stare in piedi e non cadere se conosciamo il Signore. È il processo di apprendimento. Non perderemo mai la guarigione, la liberazione e i miracoli se impariamo a dire grazie al nostro Dio. Come sapete, la vita prende una piega importante e non sappiamo cosa ci riserverà il domani. Solo le cose per cui dobbiamo insegnare a noi stessi a essere grati. Il nostro Dio è un Dio che fa miracoli e non un mago. Magia è troppo poco. Il miracolo è soprannaturale. Imparate e insegnate ai vostri figli a essere grati. La gratitudine è la chiave per entrare in un miracolo.

Visito le persone in ospedale, a casa o al telefono. Molti sono così grati. Parlo con una signora; suo marito non conosce ancora il Signore. Diventa così cattivo e violento con lei. Ma quando le parlo, lei dice sempre belle parole a Dio. L'ultima volta il marito l'ha ferita gravemente, ma quando le ho parlato ha detto: "Sono grata che Dio mi abbia scelta". Non si lamenta. Credo che Dio cambierà presto la sua situazione. Giobbe perse tutto. Tuttavia, il suo cuore riconoscente portò una doppia benedizione. Imparate a ringraziare e Lui vi porterà benedizioni doppie, illimitate, moltiplicate e molto altro ancora.

Il nostro Dio è potente e onnisciente, e tutto è possibile per Lui. Vi piacerebbe conoscerLo al Suo massimo livello? Siamo noi a dover conoscere Lui e non il contrario. Lui sa già chi è. Sarà triste che una volta che le persone sono benedette e traboccanti, dimentichino la fonte.

Oggi è il Giorno del Ringraziamento; gli Stati Uniti d'America celebrano e ricordano la provvidenza di Dio, che ha fornito cibo ai pellegrini giunti negli Stati Uniti dall'Europa. Fu il momento in cui molti morirono e il Signore riversò le Sue benedizioni. Gli Stati Uniti d'America sono una delle nazioni più benedette del mondo. Sopravviveremo nel deserto, nella carestia, nella scarsità, nella povertà o in qualsiasi situazione se diremo grazie al Signore che ha detto: "Io sono il vostro Jehovah Jarrah". Il nostro fornitore!

Vivo negli Stati Uniti d'America. Il Signore mi ha tolto il lavoro nel 2000 e mi ha chiesto di lavorare per Lui.

Mi ha promesso di provvedere alle mie necessità. Per tutti questi anni, ha mantenuto la Sua Parola. Molti vengono a mangiare a casa mia e a volte si fermano da me. Svolgo il mio ministero sotto la guida del Signore, che mi ha benedetta e mi benedice. Non ho mai chiesto aiuto a nessuno, ma Lui ha provveduto a tutte le mie necessità con le sue ricchezze. Siate grati, siate riconoscenti. Buon Ringraziamento! Dio vi benedica!

PREGHIAMO

Padre celeste, questa terra è tua e così la sua pienezza. Sappiamo che ami il Tuo popolo e te ne siamo grati. Un cuore grato è ciò di cui abbiamo bisogno. Tu sei buono, questo è ciò che vogliamo dire. Ci hai dato molte benedizioni meravigliose. Non le abbiamo mai ottenute da soli, ma tu le hai procurate. Signore, benedici le persone con un cuore riconoscente. Molti non hanno potuto raggiungere la terra promessa perché non ti hanno ringraziato. Come tu ci hai mostrato, l'esempio di ringraziamento e il miracolo nascosto dietro quella "parola di ringraziamento". Oggi torniamo da te per dirti grazie, Signore. Tu hai fatto solo del bene. Ti ringraziamo per un altro giorno e un altro anno. Ogni giorno è un dono del cielo, quindi ti ringraziamo per ogni giorno, per la nostra famiglia, gli amici, i nostri cari e la libertà di adorarti. Il nostro Dio è buono e si è preso cura di noi. Ci ha fornito in abbondanza, perciò ti diciamo grazie di cuore, nel nome di Gesù. Amen! Dio vi benedica!

23 NOVEMBRE

CHE LA PROFEZIA SI AVVERI!

Quando qualcuno profetizzerà su di voi, le parole si realizzeranno se crederete e aspetterete che maturino. La profezia riguarda sempre i piani e le promesse. È necessario che il partecipante porti avanti quanto comandato dal Signore. Tutte le profezie pronunciate nella vita del partecipante si realizzeranno al momento e nella stagione giusta. Dovete seguire le istruzioni di Dio fino in fondo per realizzare il piano di Dio profetizzato su di voi. Siate attenti alle situazioni e agli eventi con la massima diligenza. Il Signore vi aiuti a capire che la parola di Dio è un contratto a doppio senso e si realizzerà se la condizione è attiva nel programma di Dio. Vediamo alcune eccezioni.

Isaia 38:1 In quei giorni Ezechia era malato fino alla morte. Isaia, il profeta figlio di Amoz, si recò da lui e gli disse: "Così dice l'Eterno: Metti in ordine la tua casa, perché morirai e non vivrai". 2 Allora Ezechia volse la faccia verso il muro e pregò l'Eterno".

Il Signore, essendo l'amministratore delegato dell'intero universo, chiese al profeta di rivelare il Piano. In seguito fu cambiato. Isaia non era un falso profeta, ma il Re Ezechia chiese pietà. Non si dica che il profeta ha mentito o che era falso quando era un vero profeta. Il profeta non ha nulla a che fare con la situazione; è solo il portatore del messaggio di Dio.

Isaia 38:5 Va' a dire a Ezechia: "Così dice il Signore, il Dio di Davide tuo padre: Ho ascoltato la tua preghiera, ho visto le tue lacrime; ecco, aggiungerò ai tuoi giorni quindici anni".

Dio ha il piano migliore per la vostra vita. Quando si fa un piano al posto di quello di Dio, questo porterà solo alla rovina della vostra vita. Quando la Parola viene dal Dio vivente, si aspetta che si compia. La Parola di Dio si compirà al momento stabilito, nella stagione giusta. Possiamo mettere fretta a Dio, ma non si realizzerà, mentre accadrà se si aspetta. Ricordate anche che ogni parola di Dio è profezia se interpretata correttamente con l'aiuto del profeta e dell'apostolo. Imparate come interpretano la parola e ricevete le promesse date nella parola e fatelo esattamente. Il compito di un profeta è quello di trasmettere il messaggio senza aggiungere e sottrarre. La testa del profeta è in pericolo quando il regno di Gesù è gestito dai ladri e dagli ingiusti. Ricordate, il profeta è un messaggero e basta.

Luca 7:28 Perché io vi dico che tra i nati di donna non c'è un profeta più grande di Giovanni.ù il Battista; ma colui che è il più piccolo nel regno di Dio è più grande di lui.

Giovanni Battista venne a preparare la strada a Dio, che stava per venire nella carne. Che il Signore ci dia dei veri profeti.

23 NOVEMBRE

Giovanni 1:23 Disse: "Io sono la voce di uno che grida nel deserto: "Raddrizzate la via del Signore", come disse il profeta Esaia".

Il profeta ha un ruolo importante nel regno di Dio. Oggi le false denominazioni e le organizzazioni non vogliono riconoscere o utilizzare i profeti. Siamo alla fine dei tempi, quando tutto è fuori ordine. Ma ci sono alcuni grandi profeti nella terra. Pregate che il Signore ci mandi quello vero. A volte le persone diventano molto impazienti nei confronti della profezia. Pensano che la profezia debba adempiersi subito. Aspettate Dio. Egli farà ciò che ha detto per bocca del profeta. La profezia riguarda un futuro sconosciuto. Davide ricevette la profezia quando aveva tra i dieci e i quindici anni. Si aggrappò alla profezia di Dio mentre fuggiva dal suo nemico. Il Re Saul era il suo unico nemico. Il Paese si rivoltò contro Davide. Quest'ultimo mandò i suoi genitori in un'altra nazione. Dio guardò dentro il piccolo cuore di Davide e trovò ciò che stava cercando. Che il Signore aiuti il Suo popolo. Sappiamo che la vita richiede una svolta tremolante prima di diventare quella giusta.

Chi interrompe la profezia? Non interrompetela, ma state in guardia. Siete responsabili del vostro futuro, prendetevi bene cura del piano di Dio. Egli ha detto: "Andrò e vi preparerò un posto". Lui ha delle dimore, ma non significa che ne possiate possedere una finché non avete i prerequisiti per riceverla. Molti non cercano il regno di Dio. Non sono abbastanza sinceri da trovare la via attraverso Gesù. Tutte le chiese registrate, le organizzazioni, le denominazioni non sono la via, ma lo è Gesù. Tutto ciò che pensate non è vero finché non trovate la via di Gesù. Cercate, chiedete, bussate e troverete la vostra strada verso la terra promessa. Molti sono impegnati a credere che non c'è l'inferno, che tutti andranno in paradiso. Credono che Dio sia buono. Il Dio buono non manderebbe nessuno all'inferno. Non credete a queste bugie. Se a guidarvi sono insegnanti ciechi, cadrete entrambi nel fosso. Fate attenzione.

Pensate con la mente giusta, un uomo venne da un profeta in cerca di guarigione. Il profeta chiese cose semplici e lui si arrabbiò e volle tornare indietro come era venuto.

2 Re 5:13 I suoi servi si avvicinarono e gli dissero: "Padre mio, se il profeta ti avesse ordinato di fare una cosa grande, non l'avresti fatta? Quanto piuttosto, quando ti dice: Lavati e sii purificato?". 14 Allora egli scese e si immerse sette volte nel Giordano, secondo il detto dell'uomo di Dio; e la sua carne tornò come quella di un bambino, e fu pulito.

Dio ha detto di entrare nell'acqua nel nome di Gesù e il Suo sangue laverà i nostri peccati. Il prezzo del peccato è la morte, cioè il fuoco eterno dell'inferno. Tutti hanno peccato. Perciò do il mio sangue; basta andare una volta sott'acqua e sarete purificati, guariti e liberati, mentre i vostri peccati saranno cancellati. Tutti gli umili sono entrati nell'acqua nel nome di Gesù per lavare i loro peccati. I falsi insegnanti e profeti con le denominazioni e le organizzazioni parleranno contro di essa. Hanno detto di credere in Gesù e non in Pietro e Paolo. Non dobbiamo seguire il libro degli Atti, che è la storia della Chiesa primitiva. Quest'ultima, che è il nostro corpo, è stata acquistata con il sangue. Sapete che tutte le parole di Dio sono state scritte da Gesù? È quindi ovvio che i leader ciechi guidano i seguaci ciechi.

2 Corinzi 4:3 Ma se il nostro vangelo è nascosto, è nascosto a coloro che sono perduti; 4 il dio di questo mondo ha accecato le menti di coloro che non credono, perché non risplenda loro la luce del glorioso vangelo di Cristo, che è l'immagine di Dio.

Molti si sono addormentati e molti sono cinque sciocchi, monete perdute e pecore smarrite. Svegliatevi. Non lasciate che questa profezia diventi una delle storie della vostra vita. Che il Signore vi dia un cuore affamato e un servo saggio che si metta tra il profeta e la sua profezia.

Molte delle mie profezie si sono avverate. Seguo le vie di Dio, quindi non posso vivere senza un profeta. Ho sperimentato molte profezie meravigliose che si sono avverate. Alcune non si sono realizzate, ma si avvereranno nel nome di Gesù. Amen!

PREGHIAMO

Signore, sappiamo che non puoi mentire. Ci parli attraverso la Tua parola o un vero profeta. Ti preghiamo di darci un cuore credente. Il nostro compito è credere e resistere. Anche nella valle della morte, o dover stare da soli o vedere l'acqua impetuosa che ci viene incontro. Che il nostro Signore abbia pietà di noi! Vediamo l'esito di tutte le profezie mentre teniamo duro. Abbiamo bisogno delle ali di un'aquila per vedere il futuro dall'alto. Sappiamo che la profezia si avvererà se confidiamo in Dio onnipotente. Il nostro Signore non ha mai fallito e non fallirà mai. Aiutaci a non fallire. Vogliamo costruire il Tuo regno e non distruggerlo. Il nostro compito è quello di costruire su una chiesa fondata duemila anni fa. Raggiungeremo la nostra casa celeste osservando la Tua parola e seguendo i Tuoi comandamenti. Il nostro futuro sarà luminoso e grande sapendo che farai ciò che hai detto nella Tua Parola e attraverso i Tuoi veri profeti nel nome di Gesù. Amen! Dio vi benedica!

24 NOVEMBRE

ANALFABETISMO SPIRITUALE!

Il mondo spirituale è il mondo reale. Dobbiamo riconoscere il mondo spirituale. Se si è ignoranti riguardo all'attività spirituale, allora si viene chiamati ignoranti. L'analfabetismo è causa di povertà, è un problema. Il popolo di Dio non conosce il proprio ABC o "1, 2, 3", il che provoca una grave crisi e mina il regno di Dio. L'analfabetismo della Parola di Dio danneggia la Sua creazione. Perché? Perché la Parola di Dio è la nostra luce e se non si conosce la Parola di Dio, si cammina nelle tenebre. La Parola di Dio è una lampada e se non avete una Parola come lampada, le possibilità di calpestare i serpenti sono maggiori. La Parola di Dio è il vostro cibo e se non avete questo cibo spirituale nutritivo, significa che siete deboli, fiacchi e malati. La Parola di Dio è la nostra spada per tagliare il diavolo, gli angeli caduti e i demoni. Se non avete un'esperienza della Parola come spada contro il vostro avversario, allora sarete distrutti. Ciò significa che la vostra vita sarà sconvolta e non potrà essere ricomposta. Ricordate che Satana viene per rubare, uccidere e distruggere. Quanto dovreste essere coinvolti nella Parola di Dio sapendo che la vostra vita e la vostra morte sono importanti? Dovreste essere sempre nella Parola di Dio, giusto?

Non morite come pazzi. Avete una spada in mano e non sapete come usarla. Ieri il Signore mi ha parlato. Mi ha detto che mi ha dato autorità e potere attraverso lo Spirito Santo da usare. Riprendete con la forza ciò che il diavolo, gli angeli caduti e i demoni hanno rubato. Più tardi ho parlato con una signora e lei mi ha detto: "Sono malata. Questo pasticcio di malattia deve uscire dal mio corpo". Le ho detto che lei ha l'autorità nel nome di Gesù e ha anche lo Spirito Santo, quindi che lo usi. Dica al diavolo di andarsene. "Perché vuoi che il diavolo usi il tuo corpo, visto che hai il potere e l'autorità?". Lei rispose: "È vero, devo usare l'autorità e distruggere il piano di Satana per farmi ammalare". Ho detto che era corretto. L'analfabetismo biblico è un vantaggio per il diavolo. Questi ha introdotto diverse denominazioni, non denominazioni e organizzazioni per mantenere le persone che vanno a predicare, insegnare, scacciare i demoni e guarire i malati. Si addestrano e viene insegnato loro ciò che desiderano per scegliere di seguire la confusione.

Qual è stata la rovina dell'America? Hanno tolto la Bibbia e la preghiera dalla scuola. Oggi, da casa e dall'edificio, chiamano anche la chiesa. Molte famiglie non leggono la Bibbia. C'è, ma non c'è tempo. Io porto con me molte Bibbie e le do alle persone quando svolgo il ministero. Non c'è mal di testa se si è consapevoli dei propri privilegi, benefici, autorità e potere. Una volta che lo sapete e iniziate a usarlo, non cambierà solo voi, ma anche le persone intorno a voi. Molti anni fa, quando vivevo in India, ho vissuto le stesse condizioni. Abbiamo affrontato molte cose per la situazione spirituale di mio fratello. Mi sono laureata in letteratura biblica. Voglio dire, studio e approfondisco la Parola. Mentre crescevo, non volevo credere all'esistenza di un demone. In ogni caso, sapevo poco di questo argomento e non volevo saperlo. Non ci sono demoni, dicevo. Poiché ne avevo paura, volevo rimanere non istruita in un mondo demoniaco. Volevo anche convincermi che non poteva farmi del male perché sono cristiana. Che tristezza! Ma quando ho iniziato a conoscere il capitolo 6 di Efesini, in cui si dice di indossare l'armatura di Dio, di prendere l'unica arma offensiva, la spada, che è la Parola di Dio e, soprattutto, lo scudo della fede, mi sono resa conto che è una battaglia. Ho bisogno di muscoli spirituali e voglio essere forte mangiando la Parola di Dio. Prendiamo alcuni esempi di analfabetismo spirituale e di alfabetizzazione. Ci aiuterà a capire.

Genesi 2:17 Ma dell'albero della conoscenza del bene e del male non devi mangiare, perché nel giorno in cui ne mangerai morirai sicuramente.

Non dovete mangiare, giusto? Ora vediamo cosa rispose Eva a Satana.

Genesi 3:3 Ma del frutto dell'albero che è in mezzo al giardino, Dio ha detto: "Non ne mangerete e non lo toccherete, per non morire".

Dio non ha mai detto di non toccarlo, ma ha detto di non mangiarlo. Lei ha aggiunto nella parola di Dio. Non aggiungete o sottraete. Quindi il diavolo sapeva che questa signora non era spiritualmente informata. Il diavolo, distruttore, aveva ascoltato la conversazione. Deve solo distorcere la Parola. Oh, ve lo dico io: il diavolo è un imbroglione e un torturatore. Vi dice che è divertente farlo, ma non vi informa mai del programma nascosto di distruzione. Tutto sembra bello. Sottolinea quanto sia bello e aggiunge anche informazioni menzognere.

Assaggiate che è gustoso e buono, e sarete come i Jones. Sarete come Dio. Siate come il mondo. Tutti lo fanno. Naturalmente, anch'io devo assomigliare a loro, comportarmi come loro e bruciare come loro all'inferno. Il diavolo non dice mai che se camminate nudi, potete usare il vostro corpo per stuprare e molestare. Se insegnate alla vostra bambina a truccarsi, allora può esserci il traffico di esseri umani, visto che non c'è la protezione di Dio. Se siete analfabeti della terminologia di Dio, allora ha un modo per farvi fuori in un minuto. Può rapirvi nel suo regno delle tenebre. Non ne uscirete mai, non c'è una porta d'uscita. Il diavolo dice che gli piace quando le persone sono spiritualmente analfabete, si guardano intorno e non in alto. Satana ama quando le persone frequentano edifici che chiamano chiese, denominazioni e falsi insegnamenti. Ascoltate i suoi falsi insegnanti, vantatevi della fede semplice e così via. Satana ama le persone ignoranti perché non vanno in una religione per imparare. Non aprono la Bibbia per studiare, meditare e praticare la Parola per la guerra. Sono così deboli che Satana può soffiare una boccata d'aria e farli uscire da questo mondo. Satana può dare un attacco, un cancro, un ictus e portarli via da qui. Guardate come Gesù tratta il diavolo. Sembra un uomo spiritualmente preparato.

Matteo 4:1 Allora Gesù fu condotto dallo Spirito nel deserto per essere tentato dal diavolo.

Il diavolo disse di mangiare quando Gesù stava digiunando. Essendo un letterato, rispose: "Io vivo della Parola di Dio". Il diavolo disse che se dicevate di essere il Figlio di Dio, cioè Dio in carne e ossa, allora sapeva che aveva molti angeli e Lo avrebbero preso. Gesù, essendo alfabetizzato nella Parola, usò una spada e disse: "No, so quello che ho e so di essere Dio, ma non tenterò Dio". Il diavolo gli mostrò e gli offrì un mondo bellissimo, ricchezza e potere, e posizioni se avesse adorato il diavolo. Gesù sapeva che il diavolo non possiede nulla, tutto ciò che ha è temporaneo. Eva e Adamo analfabeti lo consegnano al diavolo. Ma gli sarà tolto. Gesù, sapendo tutto, disse: "Sta scritto: adorerai il Signore tuo Dio e a lui solo servirai".

Ora, capite perché siamo stati sconfitti? È solo perché siamo analfabeti. Camminiamo nelle tenebre, come schiavi, malati, oppressi, posseduti e perduti. Io leggo la Bibbia, perché ne ho bisogno per me stessa e per coloro ai quali svolgo il ministero. Se non insegno la verità, allora sono anch'io una di quelli che vengono chiamati guida cieca e falsi insegnanti. Voglio conoscere la Parola. Il diavolo non può usarmi. Perché qualcuno vuole farsi ingannare da se stesso o dal diavolo? Solo gli ignoranti cadono nella sua trappola. Se vedete che i leader religiosi, i cosiddetti santi, ricoprono posizioni contrarie alla Bibbia, allora queste persone sono ignoranti e analfabete. Aspettate e vedrete cosa accadrà loro. Il giudizio dimostrerà ciò che sono. Satana li tira per il naso; non hanno il potere di scacciare i demoni. In effetti, alcuni di loro sono posseduti da demoni. È una triste notizia. L'analfabetismo spirituale ha fatto molti danni a noi, ai nostri figli e alla vita delle nostre famiglie. Hanno distrutto la nostra nazione perché non conosciamo l'ABC e l'"1, 2, 3" della Bibbia, che serve per la nostra istruzione. Per favore, aprite la Bibbia, studiate e ottenete la laurea spirituale nel nome di Gesù. Amen!

PREGHIAMO

Signore, abbiamo bisogno di te. Come hai detto, non ci lascerai mai e non ci abbandonerai. Sappiamo che può accadere se sappiamo come non perderci di vista. Signore, insegnaci a mantenere la il Tuo comandamento e a camminare con te per la nostra protezione. Adamo, Eva e molti altri ribelli e ignoranti hanno perso, ma abbiamo la Parola di Dio scritta da studiare. Aiutaci a usare la Parola come lampada, luce, cibo e spada. Signore, dovremmo camminare nella vittoria se ci permettiamo di conoscere e usare la Parola. Rendici abili nell'uso della Tua Parola. Signore, ci sono organizzazioni, denominazioni, insegnanti e pastori creati dal diavolo in questo mondo, poiché il diavolo ha comprato con l'inganno molte autorità analfabete. Signore, lascia che lo Spirito Santo ci insegni. Riempici del Tuo Spirito come nel giorno di Pentecoste, nel nome di Gesù. Amen! Dio vi benedica!

25 NOVEMBRE

DIO DÀ IN ABBONDANZA NON C'È BISOGNO DI FATICARE!

Con la direzione di Dio, non sudate e non faticate, ma ricevete in abbondanza! Sapete che la via dell'uomo è più difficile della via di Dio? La via di Dio ha un semplice calcolo soprannaturale. Procuratevi una calcolatrice celeste. Avete bisogno di un ritmo di Dio nel vostro sistema respiratorio. Quando si lavorava tutta la notte per i pesci e non si prendevano, Gesù disse:

Luca 5:5 E Simone, rispondendo, gli disse: "Maestro, abbiamo faticato tutta la notte e non abbiamo preso nulla; tuttavia, al tuo cenno, getterò la rete".

Luca 6:6 E quando ebbero fatto questo, presero una grande quantità di pesci; e la loro rete si ruppe.

Ci affanniamo perché non chiediamo a Dio, non conosciamo le vie di Dio e non ci appoggiamo a Dio. La nostra vita ha un senso, ma noi la rendiamo insignificante. Il Signore ha uno scopo, ma non ci interessa una vocazione più alta. Il nostro problema è che siamo più simili ai porci. Non gioverebbe mai a voi e ai vostri figli dopo di voi. Che perdita di tempo se non ci preoccupiamo di ascoltare e obbedire alla via di Dio!

Il Signore disse:

Deuteronomio 6:10 Quando l'Eterno, il tuo Dio, ti avrà fatto entrare nel paese che aveva giurato ai tuoi padri, ad Abramo, a Isacco e a Giacobbe, di darti città grandi e belle, che tu non hai costruito, 11 e case piene di ogni bene, che tu non hai riempito, e pozzi scavati, che tu non hai scavato, vigne e ulivi, che tu non hai piantato; quando avrai mangiato e sarai sazio, 12 guardati dal dimenticare l'Eterno che ti ha fatto uscire dal paese d'Egitto, dalla casa di schiavitù. 13 Temerai l'Eterno, il tuo Dio, lo servirai e giurerai sul suo nome. 14 Non andrai dietro ad altri dèi, agli dèi dei popoli che ti circondano, 15 (perché l'Eterno, il tuo Dio, è un Dio geloso fra voi), affinché l'ira dell'Eterno, il tuo Dio, non si accenda contro di te e non ti distrugga dalla faccia della terra.

Ora, chi vuole sostenere questo tipo di benedizione non cercherà altro che l'istruzione di Dio. Il nostro problema è che non ci concentriamo sulle priorità ma su tutto ciò che non è importante.

La legge dice che se si ha un figlio fuori dal matrimonio, si ottengono tutte queste cose gratis e in più i soldi. Tutti entrano nel programma gratuitamente. E che dire di Dio che ha detto: "Io sono Jehovah Jireh, io provvederò". Avendo questi bambini, nessuno vuole crescerli. Sono per strada, feriti, drogati, abusati, e altro. Cosa ne pensate? Come potete permettervelo? Molte persone devono fare due o tre lavori. E ancora non hanno altro che problemi. Il nostro problema è non ascoltare e non sottomettervi alle vie di Dio. Chi non vorrebbe che le cose gratuite date da Dio fossero accompagnate da benedizioni? Le cose gratuite di Satana hanno un allegato chiamato maledizioni. Maledizioni perché tutto ciò che dà è per infrangere i comandamenti di Dio. Come ha dato trenta monete d'argento a Giuda. La ricompensa di un assassino non ha valore perché non può goderne.

Il Signore diede al Re Salomone ciò che aveva chiesto seguendo le vie di Dio. Dio può dare, perché tutto appartiene al Signore.

2 Cronache 1:11 Dio disse a Salomone: "Perché questo era nel tuo cuore, e tu non hai chiesto ricchezze, né beni, né onori, né la vita dei tuoi nemici, né hai chiesto lunga vita; ma hai chiesto per te saggezza e conoscenza, perché tu possa giudicare il mio popolo, sul quale ti ho costituito re: 12 La saggezza e la sapienza ti sono concesse, e io ti darò ricchezze, beni e onori, come non ne hanno avuti i re che sono stati prima di te, e come non ne avrà nessuno dopo di te."

Non affannatevi per questo mondo. I beni del mondo non sono soddisfacenti. Il Signore dà senza faticare, sudare e vendersi come schiavi. Raccoglie il povero dalla polvere e lo pone in alto. Il Signore può incoronare un pastorello come re. Daniele è diventato un uomo vicino al re grazie alla conoscenza che Dio gli ha dato dei sogni, delle visioni e la loro interpretazione.

Proverbio 10:22 La benedizione del Signore rende ricchi, e non vi aggiunge alcun dolore.

La ragione del nostro dolore è il mancato ascolto di Dio. Il nostro Dio è buono e dà ricchezze meravigliose con la pace. La Bibbia dice di dare la precedenza alle prime cose, come fanno i musulmani. Ora abbiamo portato Babbo Natale dal Polo Nord. Guardate l'ortografia di Babbo Natale. È Satana e il suo posto è al nord. Il nostro Dio è buono, non mettete idoli. È un personaggio creato dall'uomo che ha sostituito il nostro Dio che ha dato la Sua vita. Molti stolti non riconoscono e non seguono il flusso.

Il nostro Dio ha dato tutto, imparate a continuare nelle Sue benedizioni. Le benedizioni di Dio sono incredibili, ma imparare a continuare è estremamente importante. È la chiave che non dovremmo mai perdere. Molti hanno vissuto nella casa più bella. Dove sono ora? Hanno perso tutto e adesso sono per strada, dietro un bancone, a vivere una vita senza speranza! Molti danno per scontate le benedizioni di Dio. Alcuni tengono Dio nella lingua ma non nel cuore. So che molti sono sinceri e conoscono il valore della Parola per tenerla nel cuore e non peccare contro il Signore.

Il valore della morale si sta abbassando e mettiamo in pericolo i nostri figli. Molti genitori e nonni non dormono sonni tranquilli perché hanno dimenticato di insegnare Dio come priorità. Molti si chiedono cosa sia successo. Vediamo alcune ragioni del nostro affanno. Innanzitutto, pregate, vero? Pregate senza sosta, vero? Cercate prima il regno di Dio e la Sua giustizia, vero? Cosa cercate, il lavoro, la laurea, il mondo e le cose del mondo? Siete saggi amministratori della vostra vita? Amate il Signore con tutto il cuore, la mente, l'anima e la forza? Vedete qualcuno nel bisogno e voltate la faccia dall'altra parte? Il Signore vede la nostra fatica. Vuole dirvi: "Aspetta, perché sei in piedi fino a quest'ora? Perché sei così stanco, depresso, scoraggiato e stai morendo come un pazzo? Vai a scacciare i demoni? Dai Bibbie o parole agli altri? Visitate la vedova? Aiutate gli orfani? Vedi gli affamati e dai?

Altrimenti, la vostra fatica sarà tutta la notte e il giorno. Se vi prendete cura della vigna di Dio, il Signore si prenderà cura di voi. Molte volte ho detto: "Quanto è buono Dio, molti dipendono da me in molti modi. E io non posso fare tutto, ma il Signore sì. Mi dice di fare questo o quello. Non c'è più da faticare. Non andate a fare la spesa senza Gesù. Non camminate senza la Sua guida. Dio ha detto: "Io ti do tutto, ma tu hai la chiave per aprire il tesoro?". Ci vuole la chiave giusta per aprire il tesoro che Dio ci ha dato, quindi aiutaci, Signore. Non dobbiamo affannarci tutta la notte. Se avete due pesci, non trattenetevi. Date per vedere la moltiplicazione dei pesci per sfamare tutti. Sembra che non avremmo saccheggiatori, poveri e bisognosi se seguiamo le istruzioni di Dio. Amen!

PREGHIAMO

Santo Gesù, l'uomo, è fatto a immagine di Dio e a Lui hai dato potere e autorità. Aiutaci a continuare nell'eredità che Dio ci ha dato, così che non dobbiamo faticare giorno e notte. Al giorno d'oggi, molti sono per strada, hanno rifiutato il loro patrimonio e molti si rivolgono a un'altra persona. Hanno voltato le loro spalle e scelgono la via sbagliata, dura e dolorosa. Aiutaci, Signore, a conoscerti correttamente e a sperimentarti imparando e apprendendo le vie di Dio. Egli ha tutto e possiede tutto. Al Suo comando, le acque impetuose cessarono. Aiutaci, Dio, a muoverci con attenzione nel Tuo piano istruito. Dacci diligenza e rendici sinceri. Non smarriamo la strada, non giriamo a destra o a sinistra senza la Tua direzione. Aiutaci a modificare il nostro cammino. Aiutaci a continuare nella benedizione, mantenendo le vie di Dio e liberandoci dalle nostre vie malvagie. Rendici umili, liberandoci dalle nostre vie, che sono malvagie, nel nome di Gesù. Amen! Dio vi benedica!

26 NOVEMBRE

LEADER NEGLIGENTI CAUSANO IL CAOS NELLA NAZIONE!

Il capo di Dio deve prestare attenzione alle istruzioni di Dio. Se lo fa, vedrà.

Genesi 1:2 La terra era senza forma e vuota, e le tenebre erano sulla faccia degli abissi. E lo Spirito di Dio si mosse sulla faccia delle acque. 3 E Dio disse: "Sia la luce"; e la luce fu.

Ci saranno ordine, leggi, serenità, protezione e provviste se seguiremo le istruzioni di Dio. La crisi delle nazioni riflette i leader religiosi malvagi. I leader spirituali sono quelli che mantengono l'ordine di Dio, mentre i leader religiosi mantengono l'ordine di Satana. In ogni nazione, se i leader spirituali non mantengono l'ordine di Dio, la nazione sarà divisa e Satana dominerà. Le promesse vuote sono il programma di Satana. I leader timorati di Dio portano benedizioni alla nazione.

Isaia 26:1 In quel giorno si canterà questo canto nel paese di Giuda: "Abbiamo una città forte, Dio ci salverà".

Il Signore offre grandi cose se i nostri leader portano avanti le istruzioni di Dio.

Isaia 32:18 Il mio popolo abiterà in una dimora pacifica, in una dimora sicura e in un luogo di riposo tranquillo.

Dio ha Angeli, un muro di fuoco dello Spirito Santo per proteggere e la Sua presenza per prendersi cura della Sua creazione. Non è bello se abbiamo dei leader spirituali che si svegliano prima del sorgere del sole per cercare la volontà di Dio? Dio, che vive nei cieli, vuole che il suo popolo guardi in alto, resti connesso e gridi per ricevere ciò che desidera. La connessione è la chiave con cui il Signore sceglie i leader che hanno orecchio per ascoltare e obbedire. La nazione è caduta e risorta, e la causa sono i suoi leader spirituali. Il mio e il vostro compito è quello di gridare a Dio per i capi, affinché ascoltino Dio.

Deuteronomio 31:29 So infatti che dopo la mia morte vi corromperete completamente e vi allontanerete dalla via che vi ho comandato; e il male vi colpirà negli ultimi giorni, perché farete del male agli occhi del Signore, per provocarlo all'ira con l'opera delle vostre mani.

Abbiamo bisogno della mappa del Signore per ogni leader per ottenere il successo. Questa è la Sua parola per questa dispensazione. I leader devono conoscere il lavoro dato dal Signore. Non camminate ciechi e sordi alle istruzioni impartite da Dio. Conoscere il successo e la sconfitta delle nazioni dipende dalla vostra reazione al comando di Dio.

Giosuè 1:8 Questo libro della legge non si allontanerà dalla tua bocca, ma lo mediterai giorno e notte, per osservare di fare secondo tutto ciò che vi è scritto; perché così farai prosperare la tua strada e avrai un buon successo.

Nel 721 a.C., l'Assiria si riversò dal nord, catturò il Regno del Nord di Israele e portò in cattività le dieci tribù.

Quali sono le cause della caduta del Regno del Nord?

1 Re 12:26 Geroboamo disse in cuor suo: "Ora il regno tornerà alla casa di Davide; 27 se questo popolo sale a sacrificare nella casa del Signore a Gerusalemme, allora il cuore di questo popolo si volgerà di nuovo verso il suo signore, cioè verso Roboamo, re di Giuda; mi uccideranno e torneranno da Roboamo, re di Giuda". 28 Allora il re prese consiglio, fece due vitelli d'oro e disse loro: "È troppo per voi salire a Gerusalemme; guardate i vostri dèi, o Israele, che vi hanno fatto uscire dal paese d'Egitto". 29 E pose l'uno a Betel e l'altro a Dan. 30 E questo divenne un peccato, perché il popolo andò ad adorare l'uno fino a Dan.

Rinunciarono al Dio che li ha liberati dalla cattività di Mosè, rovinati dal re che aveva un interesse personale piuttosto che la prosperità del popolo. La leadership è come la testa. Se essa non è protetta, il cervello si danneggia. Il cervello crea tutto il pensiero. Alcune famiglie si sono rovinate a causa di una cattiva leadership. Abbiamo avuto Adamo, la cui conduzione era cattiva e ha rovinato l'umanità con il diluvio. Pregate per i leader corrotti. Il Signore è al di sopra di tutto e manderà aiuto dal cielo se lo chiedete.

1 Timoteo 2:1 Esorto dunque, prima di tutto, a fare suppliche, preghiere, intercessioni e ringraziamenti per tutti gli uomini; 2 per i re e per tutti coloro che hanno autorità, affinché possiamo condurre una vita tranquilla e pacifica in tutta pietà e onestà.

Quindi la conclusione è che dobbiamo pregare per le autorità affinché rimangano sulla strada giusta. Possiamo lasciare che ci rovinino se dormiamo e non portiamo la questione a Dio. Ester sapeva che a lei e al suo popolo restava poco tempo da vivere. Si mise a pregare e chiese agli altri di pregare e digiunare per tre giorni e tre notti. Ella annullò il piano di Satana. Un leader malvagio può svolgere il proprio ruolo in modo irresponsabile. Un leader responsabile rimane sulla retta via seguendo e obbedendo alle istruzioni di Dio. Davide sostituì il Re Saul giocando con saggezza. Re Davide metteva al primo posto Dio e nient'altro. Era più interessato a mantenere il suo rapporto con Dio che al potere e alla posizione. Dio regnava nel regno di Davide. Il successo non era nelle sue forze, ma attraverso il Signore.

Salmo 75:6 Perché la promozione non viene né dall'oriente, né dall'occidente, né dal mezzogiorno. 7 Ma Dio è il giudice; egli abbatte uno e ne stabilisce un altro.

Il Signore rimosse Eli dall'ufficio di sacerdote perché non prestava attenzione alle istruzioni del Signore.

1 Samuele 2:29 Perché scalciate il mio sacrificio e la mia offerta, che ho ordinato nella mia dimora, e onorate i vostri figli al di sopra di me, per ingrassarvi con la più importante di tutte le offerte di Israele, mio popolo? 30 Perciò il Signore, Dio d'Israele, dice: "Ho detto che la tua casa e la casa di tuo padre avrebbero camminato davanti a me per sempre; ma ora il Signore dice: "Siate lontani da me, perché quelli che mi onorano li onorerò, e quelli che mi disprezzano saranno poco stimati". 31 Ecco, vengono i giorni in cui taglierò il tuo braccio e quello della casa di tuo padre, affinché non ci sia più un vecchio in casa tua.

Sapendo che Dio è il giudice supremo, si dovrebbero svolgere i propri affari mantenendo il timore di Dio. Il Signore ha avvertito i re malvagi per bocca dei profeti, ma essi si sono rifiutati di convertirsi. Il giudizio si sofferma sulla loro testa come una spada imminente. È il Signore che dà una posizione, quindi siate umili e occupatevi degli affari con diligenza.

Michea 3:9 Ascoltate, vi prego, voi, capi della casa di Giacobbe e principi della casa d'Israele, che aborriscono il giudizio e pervertono ogni equità. 10 Costruiscono Sion con il sangue e Gerusalemme con l'iniquità. 11 I suoi capi giudicano a pagamento, i suoi sacerdoti insegnano a pagamento e i suoi profeti divinano a pagamento; eppure si appoggiano al Signore e dicono: "Il Signore non è in mezzo a noi? Nessun male può venire su di noi". 12 Perciò Sion, per causa tua, sarà arata come un campo, Gerusalemme diventerà un cumulo e il monte della casa come gli alti luoghi della foresta.

Abbiamo bisogno di veri leader come autorità spirituali. I leader spirituali non devono mai preoccuparsi della morte o della persecuzione, ma rimanere fedeli all'ordine di Dio. Quando Davide cadde in adulterio, il veggente Natan disse che lui era la persona giusta.

2 Samuele 12:7a Nathan disse a Davide: "Tu sei l'uomo".

È vero, questi profeti hanno a che fare con un'autorità molto malvagia.

Marco 6:18 Infatti Giovanni aveva detto a Erode: "Non ti è lecito avere la moglie di tuo fratello".

Giovanni Battista perse la testa a causa del re corrotto. La verità portò la testa di Giovanni Battista nella tomba. Ricordate che i governanti malvagi vi riporteranno in cattività. Pregate affinché i leader abbiano saggezza e timore di Dio.

PREGHIAMO

Padre celeste, tutti noi gestiamo i problemi che stiamo affrontando sulla terra, nella nazione e come individui. Il nostro Signore è pronto ad aiutarci se Lo invochiamo.

Ti preghiamo, Signore, di darci i veri profeti e i veri insegnanti per portare avanti l'opera di Dio e sollevare l'esercito per affrontare la realtà. Aiutaci, Signore, ad alzare la voce verso il Signore. Insegnaci a pregare e a presentare petizioni al Signore. Il nostro compito è quello di chiedere dei veri leader. Chiediamo al Signore di darci dei leader onesti che possano guidare la nazione su un sentiero giusto, nel nome di Gesù. Amen! Dio vi benedica.

27 NOVEMBRE

LE VOSTRE SCELTE RIFLETTONO IL VOSTRO CUORE!

Giustifichiamo il fatto di fare scelte sbagliate. Subiamo le conseguenze delle nostre scelte. Alcuni ripetono gli errori più volte. Non trovano mai la loro strada dalla tragedia, dai problemi e dai danni permanenti. Portano dolore e sofferenza a se stessi e alla famiglia coinvolta. La Bibbia fornisce informazioni precise sul cuore. Il cuore è un agente segreto nella vostra vita. Molte volte ci si chiede perché, cosa e come. Interrogarsi è bene, ma trovare la via d'uscita è la cosa migliore. Molti girano e rigirano. Non trovano mai la via d'uscita, restano sempre indietro.

Dio ha detto che ci ha benedetti. Rimanere indietro non è una benedizione, giusto? L'unico modo in cui ci benedirà è se troveremo la condizione spirituale del nostro cuore. Se il vostro cuore è spiritualmente sano, allora le vostre scelte daranno una spinta alla vostra vita. La vita inizia nel cuore.

1 Pietro 3:15a Ma santificate il Signore Dio nei vostri cuori.

Santificare significa purificare o pulire il cuore. È necessario pulire e purificare il cuore. Imparate innanzitutto a conoscere le condizioni del vostro cuore. Lo sapete? No, solo il Signore conosce la condizione del cuore!

Geremia 17:9 Il cuore è ingannevole sopra ogni cosa e disperatamente malvagio; chi può conoscerlo? 10 Io, il Signore, scruto il cuore, provo le redini, per dare a ciascuno secondo le sue vie e secondo il frutto delle sue azioni.

Avete domande sul vostro cuore? Rivolgetevi a colui che conosce il vostro cuore e che è il creatore del cuore. Davide dice nei

Salmi 51: "Crea in me un cuore pulito".

Pensate che anche noi dovremmo pregare ogni giorno per avere un cuore pulito? Io prego ogni giorno: il Signore crei in me un cuore pulito. Io non conosco il mio cuore, ma Lui sì.

Salmo 51:7 Purificami con l'issopo e sarò pulito; lavami e sarò più bianco della neve.

Come sapete, il nostro cuore ha bisogno di aiuto spirituale e di cure fisiche. Una volta raggiunto l'equilibrio, la vostra vita sarà la più bella della terra. Dio guarda dentro i nostri cuori. Il vostro cuore attrae Dio. La gente vi vede come persona, ma le vostre azioni riflettono la condizione del vostro cuore. Se il cuore ha le virtù che Dio richiede, allora siete candidati per la Sua scelta.

1 Samuele 16:7 Ma il Signore disse a Samuele: "Non badare al suo aspetto né all'altezza della sua statura, perché l'ho rifiutato; perché il Signore non vede come l'uomo; perché l'uomo guarda l'aspetto esteriore, ma il Signore guarda il cuore.

Il cuore si sporca. Ecco perché dobbiamo continuare a lavorare con il Signore. Intendo dire che, proprio come dovete portare la vostra auto a fare una revisione, dovete portare il vostro cuore a correggersi e pulirsi. Portate sempre il vostro cuore al Creatore perché lo aggiusti. Invitate Dio a pulire il vostro cuore, perché Lui sa cosa deve essere corretto. Mandate il vostro cuore al Creatore. Lui sa come rettificare, pulire e prendere tutte le misure per prendersi cura del cuore.

Salmo 44:21 Non è forse Dio che lo cerca? Perché egli conosce i segreti del cuore.

Prima di dare un'opinione di voi stessi, assicuratevi di scoprire cosa c'è nel vostro cuore. Il nostro Dio è buono e vuole mettervi al sicuro. Ci ha dato il corpo, l'anima e lo Spirito. Egli conosce ogni organo del corpo. Noi non conosciamo gli organi del nostro corpo, ma Dio sì. Sento persone che parlano troppo bene di se stesse. Ma quando le studi o le conosci, pensi: "Quest'uomo è un imbroglione, un bugiardo, un avido, un adultero o altro". Non fidatevi delle parole degli uomini, ma osservate le loro azioni. Esse diranno cosa sono esattamente. Il loro cuore è il copione della loro vita.

Spesso il ripetersi dello stesso problema vi dirà che questa persona ha un problema di cuore e non di mente. Dio può correggere se diventa diligente nel cercare il cuore per correggere.

Matteo 5:8 Beati i puri di cuore, perché vedranno Dio.

Il cuore ha bisogno di più attenzione di qualsiasi altra parte del corpo. Ha bisogno di santificazione e purificazione; richiede sincerità, saggezza e veridicità. Quindi, il cuore del vostro corpo ha bisogno di cure continue. Imparate a prendervene cura. Molti sono esperti nel fare finta di niente, mentire, imbrogliare, ingannare, senza sapere che le loro azioni riflettono il loro cuore.

Quando i vostri figli sbagliano, usate la verga della correzione invece di aiutarli a trovare una scusa. Quando i figli si giustificano o trovano scuse, dimostrano di avere genitori malvagi. I genitori sono anche il fattore chiave nella crescita di questa generazione malvagia.

Proverbi 22:15 La stoltezza è legata al cuore del bambino, ma la verga della correzione la allontanerà da lui.

Proverbi 23:14 Lo batterai con la verga e libererai la sua anima dall'inferno.

Proverbi 20:30 L'azzurro di una ferita cancella il male; così si striano le parti interne del ventre.

La Bibbia dice che i genitori devono purificare il male usando una verga di ferro solo per la correzione. Questo li purificherà e voi dormirete tranquilli. Vedete la generazione sbagliata cresciuta da genitori sbagliati? Non hanno usato la verga per pulire il male quando hanno sbagliato. Molti pensano che sia sbagliato punire. La punizione per il giusto motivo è biblica. È compito dei genitori far capire ai figli quando sbagliano. Vi piacerebbe vedere i vostri figli crescere come grandi santi di Dio. Prego il Signore di darci molti Jecobad che hanno cresciuto Mosè, Aronne e Mariam. A prescindere da tutto, i genitori hanno il ruolo principale nel crescere figli dal cuore pulito. Sì, possiamo dare la colpa alla televisione, alla società e ad altri fattori. I bambini non sanno cosa è giusto e cosa è sbagliato. Il senso morale dell'etica deve essere classificato e insegnato correttamente. Naturalmente i genitori sono occupati, lasciano i bambini alla babysitter o accendono la TV per guardare programmi che distruggono la mente e la vita. Sono impegnati a mandarli a scuola, ai giochi, alle feste e così via. Genitori, siete i babysitter di un bambino donato da Dio. Non affidate le vostre responsabilità a qualcun altro.

Quando vi prenderete il tempo di educare i figli insegnando la legge, i comandamenti e i precetti di Dio, essi diventeranno potenti uomini e donne di Dio. Ho visto genitori malvagi avere figli e nipoti altrettanto malvagi. Alla fine, il Signore spazza via la nazione piena di questo tipo di generazione malvagia e ingannevole. Ho vissuto in mezzo a persone multiculturali e so che l'educazione delle persone è diversa da quella delle diverse caste. So per certo che alcuni di loro sono veritieri, sinceri e religiosi. Perché? I genitori si prendono del tempo per crescere i loro figli. Ora, quando vedete i bambini, essi riflettono il loro cuore, ma anche i genitori. Abbiate cura del vostro cuore e mantenetelo con tutta la diligenza possibile per trovare la vita eterna. Amen!

PREGHIAMO

Signore, credo che i nostri genitori possano deluderci, ma tu non lo farai. Dacci il Tuo Spirito Santo perché ci insegni la verità. Abbiamo una possibilità se troviamo i veri insegnanti e profeti. Possono salvarci dall'inferno. Salvarci da qualsiasi dolore. Che il Signore ci aiuti a fare ciò che è giusto. Insegnaci a prenderci cura del nostro cuore. Veniamo alla Tua presenza, mostraci le cose cattive, sbagliate e malvagie che abbiamo nel cuore, in modo che possiamo purificarci dentro. Che il Signore ci renda un riflesso della Tua Parola. Fa' che la nostra vita sia come quella di Gesù. Dio, concedici un cuore vero, sincero, pulito, puro e saggio. Il cuore è al di là di noi, anche se è dentro di noi. Che il Signore ci dia un grande cuore pulito per raggiungere molti. Molti hanno il cuore spezzato e la loro vita sembra così disordinata. Signore, oggi guarisci le fratture del cuore in modo che funzionino bene. Dio nostro, ti chiediamo di prenderti cura dei nostri cuori e di insegnarci a prenderci cura dei nostri cuori nel nome di Gesù. Amen! Dio vi benedica!

28 NOVEMBRE

ESERCIZIO SPIRITUALE!

Vogliamo sempre assicurarci di essere in forma. La mattina presto le persone fanno jogging, si allenano o corrono. In molti luoghi, c'è una pista dove le persone corrono, camminano e fanno esercizio. Molte palestre servono a tenerci in forma e in salute. Le persone si iscrivono e pagano per il loro corpo, in modo da rimanere in forma. Il corpo è la cosa più importante per le persone negli Stati Uniti. Ho conosciuto un'amica che teneva molto alla sua forma fisica. Era sempre in palestra ad allenarsi. Voglio dire che non le importava del marito e dei figli, ma dell'esercizio fisico e della forma perfetta. Il corpo è diventato un idolo per molte persone. Coglierebbero ogni occasione per prendersi cura di se stessi piuttosto che della loro anima e del loro spirito.

Carne e Spirito sono contrari l'uno all'altro. Dio ha fatto il corpo di carne dove ci si accampa. Dove lo Spirito è permanente e Dio lo cavalca. Il corpo o la carne sono la porta d'ingresso di Satana. La società ha dato poca o quasi nessuna importanza al proprio Spirito. Se esso si esercita attraverso la Santa Parola di Dio, si può entrare in paradiso per il riposo eterno. La Santa Parola di Dio non è da leggere, ma da mettere in pratica per esercitarsi.

Molte persone nel mondo hanno messo in pratica la Parola di Dio e hanno avuto successo. Non si diventa tutti cristiani perché si nasce in una famiglia cristiana. Le persone che mettono in pratica la Parola di Dio si fanno guidare dallo Spirito di Dio. Questo è il legame con il Signore. Ricordate, il vostro esercizio spirituale è un mezzo per entrare nel regno spirituale. Ci sono molti esercizi introdotti da altre religioni demoniache. Non voglio parlarne, ma scoprire come si diventa vittime dello spirito maligno. Invitate inconsapevolmente Satana e il suo spirito maligno nel vostro corpo facendo esercizi sbagliati per rimettervi in forma.

Ma quando si esercita la Parola di Dio, si invita lo Spirito di Dio. Lì siete al sicuro.

1 Timoteo 4:8 L'esercizio fisico, infatti, è di scarso profitto; ma la pietà è utile per ogni cosa, avendo la promessa della vita che c'è ora e di quella che verrà.

È pietà avere rispetto per Dio, per il Suo carattere e per le Sue leggi. Noi crediamo nella Bibbia, ma sappiamo che anche il diavolo crede e conosce ogni parola. Ha convinto la nostra società a infrangere ogni parola, comandamento e legge di Dio. Guardatevi intorno. Il prodotto di Satana è miserabile, depresso, senza casa, drogato, posseduto, oppresso e malato dentro e fuori. Leggete le Scritture, le leggi, i comandamenti e i precetti per seguire ciò che dicono. Questo si chiama esercizio spirituale. Il nostro problema è che non troviamo un istruttore o un insegnante che ci faccia capire come funziona l'esercizio spirituale e che ci aiuti a praticare. Infatti, si preoccupano delle decime e delle offerte, poi si va a casa e si è a posto. Questo non è fare esercizio. Se Gesù è nei paraggi, allora vi dirà che siete andati nella tana. Ma ce ne sono molti per rendervi spiritualmente forti e con belle forme. Dobbiamo conoscere tutte le Scritture per fare esercizio per una migliore salute spirituale.

I media di oggi cercano di aiutare o di danneggiare. Mostrano un esercizio carnale e spirituale nei media. A volte mi fermo e metto la mano sui cristiani che sono bombardati dall'avversario. Se non siete cristiani forti, sani e formati, allora perderete la calma. Il diavolo cavalca la carne e sa come premere il pulsante. Non solo, ma sono anche pieni di demoni. La preghiera e il digiuno con la parola sono l'esercizio spirituale per avere muscoli potenti. Prima di andare sulla croce, Gesù pregò e si rafforzò. Fece esercizi di preghiera fino a far uscire il sudore di sangue.

Luca 22:43 Gli apparve un angelo dal cielo, che lo rafforzò. 44 Ed essendo in agonia, pregava più intensamente; e il suo sudore era come grandi gocce di sangue che cadevano a terra.

Dove gli altri discepoli erano stanchi, non riuscivano a fare esercizio, si stancavano, si indebolivano e fallivano. Molti israeliani lavorarono sotto l'insegnamento di Mosè e Giosuè fu il più forte. Una volta trovato un eccellente istruttore per l'esercizio spirituale che vi porterà alla terra promessa, vedrete il vostro nemico sconfitto e nessuno potrà stare davanti a voi. Buoni genitori e insegnanti sono ottimi istruttori. Trovate una fede magnifica che faccia rispettare le leggi, i comandamenti e la parola di Dio. Credetemi, non sono conservatori, ma vi prepareranno alla battaglia. Un buon istruttore si assicurerà che pratichiate la vostra routine quotidiana. Quando inizierete a non fermarvi, la questione dei fatti diventerà la vostra routine quotidiana.

La vostra vita deve avere diversi esercizi da seguire; è nostro compito prenderci cura dello Spirito. Non preoccupatevi del vostro viso, della vostra forma e di altre cose che Satana ha ingigantito con il glamour di Hollywood e Bollywood. La residenza celeste ha bisogno di muscoli diversi. Forze diverse per sconfiggere il diavolo e i suoi demoni. Una volta acquisita forza e audacia, pregando e digiunando, vi opporrete a tutte le forze del nemico. I buoni cristiani esercitano la loro fede.

2 Timoteo 4:7 Ho combattuto una buona battaglia, ho terminato il mio corso, ho mantenuto la fede.

La fede è un muscolo, dovete esercitarla nella vostra vita quotidiana credendo nelle Scritture e facendo leva su di esse. Riuscirete a finire bene anche quando il nemico vi sparerà addosso.

Efesini 6:16b con cui potrete spegnere tutti i dardi infuocati degli empi.

La nostra fede è un muscolo. Dio ci lancia qualche problema, qualche prova, qualche problema qua e là. La fede cerca di agire come un muscolo. Una volta acquisitane la padronanza, si può andare avanti in battaglia e sconfiggere il nemico. Esercitate la Parola di Dio, senza rubare, mentire, adulterare, fornicare, essere orgogliosi, imbrogliare o altri comandamenti di Dio che ci vietano. Allora sarà facile per voi continuare ad avere successo. Il successo, il campionato e il ricevere il premio sono opere spirituali costanti. Chi continua a dimenticare di praticare è un fallito.

Mettete in pratica tutto questo nella Parola. Giuseppe non si arrese a una donna che lo stava mettendo alla prova. La sconfisse e vinse il potere e l'influenza che lei aveva per sconfiggere Giuseppe. La prigione era solo un mezzo per Giuseppe per salire la scala. Non si può arrivare in cima alla montagna se non ci si è esercitati con cura. Il nostro obiettivo non deve mai essere l'accettazione del mondo in base alla forma esteriore, ma in base alla forma spirituale.

Dio lancia alcune prove per scoprire quanto siete forti spiritualmente:

1 Corinzi 10:13 Non vi è stata presa alcuna tentazione, se non quella comune all'uomo; ma Dio è fedele, che non vuole che siate tentati al di sopra delle vostre possibilità, ma che, insieme alla tentazione, vi prepara anche una via di fuga, affinché possiate sopportarla.

Fate qualche esercizio di amore, perdono, pazienza, lunga sofferenza, gentilezza, fede e fiducia. Questo vi darà successo. Molte volte, chi vi fa del male verrà a chiedervi di pregare per essere guarito o liberato. Aiutateli al meglio delle vostre possibilità. È necessario; avete bisogno di muscoli spirituali quando siete sulla terra. Ricordate che avete il grande aiuto degli Angeli da parte del Signore. Combattete il buon combattimento della fede. Diventate più forti spiritualmente facendo esercizi spirituali. Amen!

PREGHIAMO

Signore, mentre passiamo sulla terra, abbiamo molti problemi e prove. Abbiamo bisogno del miglior esercizio per andare avanti. La Tua Parola ci dà forza spirituale e muscoli se la pratichiamo continuamente nella nostra battaglia quotidiana. È nostro compito prestare attenzione a pregare, digiunare, leggere la Parola e seguire la nostra routine quotidiana. Che il Signore ci dia i migliori istruttori per insegnarci a ottenere i migliori risultati. Grazie per lo Spirito Santo; è meglio se ascoltiamo e facciamo quello che ci insegna. Il nostro Dio lo ha fatto in carne e ossa e noi possiamo farlo se preghiamo, digiuniamo e pratichiamo. Aiutaci a esercitare la Tua Parola nella nostra vita quotidiana, affinché il mondo sappia che siamo persone spiritualmente potenti nel nome del Dio altissimo Gesù. . Amen! Dio vi benedica!

29 NOVEMBRE

SIATE FELICI!

Siete felici? Siete soddisfatti o siete ancora tutti tristi e infelici? Vediamo come essere felici.

Giovanni 13:14 Se dunque io, vostro Signore e Maestro, vi ho lavato i piedi, anche voi dovete lavarvi i piedi gli uni gli altri. 15 Vi ho infatti dato un esempio, affinché facciate come io ho fatto a voi. 17 Se sapete queste cose, sarete felici se le farete.

Gesù è un maestro, un Dio che cammina nella carne e un creatore che ha fatto un lavoro così umile, fate lo stesso. Servite gli ultimi, aiutate, date, prendetevi cura degli orfani e benedite chi non ha. Lavorare per Dio vi darà la felicità. Provate. Non pensate solo a voi stessi, ma anche a chi è povero e ha bisogno del vostro aiuto. La nostra mano deve aiutare chi ha bisogno di aiuto. I nostri piedi cammineranno per qualcuno, ma uno di questi giorni sarà tutto finito. Ci sarà un momento in cui non sarete in grado di camminare o di lavorare, ma allora capirete cosa intendeva Dio. In quel momento, sarete nel bisogno. Allora sarà una storia diversa. Penserete perché le persone sono insensibili, perché non possono aiutarvi e perché non sono comprensive. Allora cogliete l'occasione per guardarvi intorno e diventare la mano e la gamba di qualcuno. Cambierà il capitolo della vostra vita.

Avete visto che quando i figli diventano grandi difficilmente vengono a trovare i genitori anziani o la famiglia? Prendetevi il vostro tempo; Gesù è l'unica vera famiglia della Sua creazione. Gesù è il padre della Sua creazione. Come padre, deve darci l'esempio perfetto. Ma il Suo esempio non è stato egoistico, limitato alla Sua famiglia immediata, ai Suoi amici o ai Suoi parenti. Andava ovunque per guarire, liberare e aiutare la Sua creazione.

Ha detto: "Ama gli altri come ami te stesso". Se amate gli altri come amate voi stessi, allora nessuno sarà malato, triste, senza avere abbastanza o infelice. Non vedrete nessuno camminare pazzo, affamato, depresso e nudo per strada. Tutta la felicità rende felice il mondo, giusto?

1 Pietro 3:11 Rifugga dal male e faccia il bene; cerchi la pace e la ottenga. 12 Perché gli occhi del Signore sono sui giusti e le sue orecchie sono aperte alle loro preghiere; ma la faccia del Signore è contro quelli che fanno il male. 14 Ma se soffrite per amore della giustizia, siete felici; e non abbiate paura del loro terrore, né siate turbati.

Il nostro Dio ci ha mostrato la via della felicità. Qual è il significato della parola "felice"? Felice significa allegro, gioioso, favorevole, benedetto e riceve il favore di Dio. Volete questo? Lo ricevete quando seguite le vie di Gesù. Quando si fa o si tende la mano a chi non può aiutarsi, si dà il favore e la provvidenza al

Signore. I miei genitori aiutavano e si rivolgevano ai poveri, ai bisognosi e a coloro che erano poveri. Hanno sempre incontrato molte persone bisognose da quando lavoravano nel campo della medicina. La nostra porta era aperta ai bisognosi. Quando farete così, la vostra benedizione sarà più ampia e traboccante.

Ricevevano a braccia aperte persone di ogni tipo, religione e taglio. Non c'è da chiedersi perché siamo così benedetti. Nel mio campo di missione incontro molte persone bisognose e penso che diventi uno stile di vita. Fai quello che fanno i tuoi genitori. Da giovane mi lamentavo di non avere molto. I miei compagni di università avevano molto più di me. Ho detto ai miei genitori che non appena avessi avuto un lavoro, avrei fatto tutto da sola. Che avrei avuto questo e quello. Tutto sarebbe stato incentrato su di me. Ma no, si diventa come i propri genitori. Sono così felice: ho Dio, che è il grande donatore. Mi ha dato dei genitori che davano e non prendevano. Avevo un fratello che aveva il cuore più gentile che ci sia. Vi avrebbe dato anche l'ultimo dollaro. È lo spirito donato da Dio. Il cuore generoso porta felicità, favori immeritati e provvidenze. Mio fratello trovava sempre il favore.

Sapete che la provvidenza di Dio è diversa dal faticare tutta la notte. Nel deserto, ha moltiplicato i pesci e ha dato acqua e manna da mangiare. Il vostro percorso di vita si scontrerà con il deserto, la povertà potrebbe impadronirsi di voi o potreste sperimentare la mancanza. Ricordate che il Signore vi fornirà quella situazione. Dio è buono e noi non possiamo mai superare Dio. Dio nasconde la felicità sotto il vostro dono.

Proverbi 11:24 C'è chi disperde eppure aumenta; e c'è chi trattiene più del dovuto, ma tende alla povertà. 25 L'anima liberale sarà ingrassata, e chi annaffia sarà annaffiato anche lui.

Proverbi 3:13 Felice l'uomo che trova la saggezza e l'uomo che ottiene l'intelligenza.

Salmo 146:5 Felice chi ha per aiuto il Dio di Giacobbe, la cui speranza è nel Signore suo Dio.

Ho sperimentato l'incontro con qualcuno con cui mi sento felice. Inoltre, quando si incontrano alcune persone, ci si sente orribili e si vuole scappare da loro. Le persone felici rendono tutti felici. So per certo che chi è felice è un donatore. Non si nascondono, non si conservano e hanno uno spirito di accumulo. Liberatevi di questo spirito; non farà bene a voi e alla vostra famiglia.

2 Corinzi 9:8 Dio è in grado di far sovrabbondare ogni grazia verso di voi, affinché possiate essere sempre sufficienti in ogni cosa e abbondare in ogni opera buona.

Se date poco, vi mancherà la grazia. È per questo che non voglio mancare. Se non riuscite a dare, quando ne avrete bisogno, riceverete meno. Ma se siete persone che fanno il passo più lungo della gamba, che danno più del necessario e che fanno ciò che è meglio per gli altri, state attenti. Avrete benedizioni, provvidenze e favori dove non c'è spazio per tenerli. Quando vedete i bisognosi, malati, poveri o indifesi, non fate la predica. Nessuno vuole sentire le vostre critiche. Fate qualcosa per loro.

Tutta la felicità è intorno a noi, credetemi. Dio l'ha nascosta sotto il bisogno dei vostri familiari, amici, genitori o conoscenti che sono indifesi. Quando qualcuno ha bisogno del vostro aiuto, aiutatelo e riceverete il miracolo. Ero in visita in un Paese arabo e ho incontrato un uomo che doveva lasciare il Paese perché aveva un permesso di lavoro. Le persone che lo avevano portato in quel Paese gli hanno tolto il passaporto e hanno iniziato a giocare. Mentre ero lì, mi ha chiesto di pregare e io l'ho fatto. Ho una grande connessione in cielo, dove le cose si muovono quando prego. Nel 2018 ho chiesto a un'amica dello stesso uomo. Mi ha detto che stava ancora lavorando per lei. Era il 2015 quando ho pregato per lui; non l'hanno cacciato. Alleluia!

I miei amici mi dicono sempre: "Liz, prega, hai una connessione lassù". Sì, ce l'ho. Lui ascolta le mie preghiere. Una signora ha detto che ho pregato tre volte e ogni volta ha avuto la migliore vendita di sempre.

Elia ha pregato e la pioggia si è fermata e lui ha pregato che piovesse. Siamo lavoratori, operai per Dio, e abbiamo un legame speciale. Egli onora la nostra preghiera. Troviamo il Suo favore. Non c'è da stupirsi se ricevo molte telefonate, messaggi, video ed e-mail tutto il giorno per la preghiera. Sono felice di poter fare qualcosa per gli altri. Comunque, è per questo che sono qui, per continuare la Sua missione. Amen!

PREGHIAMO

Signore, è un privilegio servirti. Porta gioia nella vita degli altri, ma anche gioia e favore a noi stessi. Il nostro Dio premia coloro che cercano diligentemente il Suo volto. Siamo fortunati ad averti. Il nostro Dio vuole stabilire il Suo regno sulla terra e ha bisogno di un lavoratore. L'operaio del Suo regno ha il miglior stipendio, i migliori benefici e le migliori disposizioni di grazia e misericordia. Siamo grati di essere stati chiamati e scelti. Il nostro Dio ci ha dato l'esempio che la nostra felicità sta nel donarci per il Suo servizio. I nostri figli e nipoti saranno benedetti. Il nostro Dio è sorprendente, superiore e più che sufficiente per il Suo popolo. Egli dà tutto con l'attaccamento delle benedizioni e non porta con sé alcun dolore. Perciò ti ringraziamo, Signore, per averci dato un grande esempio venendo in carne e ossa. Grazie per esserti donato; anche noi vogliamo donare. Sappiamo che questa è la chiave della felicità nel nome di Gesù. Amen! Dio vi benedica!

30 NOVEMBRE

LA GESTIONE DI DIO È LA MIGLIORE!

Prima di fare piani o prendere decisioni, coinvolgete Dio? Cosa ne pensate? Siete più intelligenti di Dio? Incolpate Dio per tutto il caos? Avete chiamato Dio prima di creare il caos o lo avete incolpato come fa il diavolo? Il diavolo non fa altro che lamentarsi e lamentarsi. Il diavolo non può cambiare, ma voi sì. Siete la creazione di Dio comprata dal sangue.

Genesi 1:2 La terra era senza forma e vuota, e le tenebre erano sulla faccia degli abissi. E lo Spirito di Dio si mosse sulla faccia delle acque. 3 E Dio disse: "Sia la luce"; e la luce fu. 4 E Dio vide la luce, che era buona; e Dio divise la luce dalle tenebre.

Dio è uno Spirito, e lo Spirito di Dio si è mosso sul caos della terra senza forma ed è cambiato. Il Signore è un trasformatore. Sa come trasformare qualsiasi cosa, se lo invitate e glielo permettete. Non biasimate Dio senza lasciare che Lui prenda il sopravvento. Volete le benedizioni e volete quello che ha Abele; volete quello che ha il Re Davide? Volete quello che ha Daniele, ma non lasciate che Dio entri nel vostro stile di vita. Dio può gestire il vostro disordine e cacciare il diavolo se dite: "Benvenuto Spirito Santo, ho bisogno di te". Ogni mattina mi arrendo a Gesù. Ogni giorno do tutto me stessa e chiedo a Dio di renderlo nuovo, come dice la Tua parola.

2 Corinzi 5:17 Se dunque uno è in Cristo, è una nuova creatura; le cose vecchie sono passate; ecco, tutte le cose sono diventate nuove.

Isaia 43:18 Non ricordate le cose passate e non considerate le cose di una volta.

La gestione di Dio è meravigliosa. Aprite la Bibbia per studiare e trovate ogni parola per creare un cuore nuovo. Egli può crearvi un cuore nuovo se gli mandate il vostro cuore ingannevole e malvagio e vedete cosa fa. Può darvi un corpo buono, pulito, santo, sano e integro. Adoratelo e vedrete cosa succede. Poco fa ho ricevuto una telefonata. Qualcuno ha bevuto e ha fatto cose che non dovrebbe fare. Ho pregato e gli ho detto di tornare indietro. Gli ho chiesto di ordinare al diavolo di uscire, cosa che ha fatto. Poi gli ho detto di accendere i canti del sangue di Gesù per adorarlo, cosa che ha fatto. In men che non si dica, disse che l'ansia era sparita. Non riusciva a smettere di piangere mentre lo Spirito di Dio entrava. Vedete cosa ha accolto. Il Signore ha preso in mano il disordine della sua vita e lo ha reso nuovo. Ora, come sappiamo, lo Spirito del diavolo fa il caos.

Giovanni 10:10a Il ladro non viene per rubare, uccidere e distruggere.

Gesù verrà se lo invitate. Allo stesso modo, il diavolo vi spingerà ad assumere droghe, fornicazione, pornografia, bugie e imbrogli, per distruggervi. Accendete il sangue e i canti di culto per adorare il Signore Gesù. La Sua presenza vi riempirà. Comandate al diavolo di andarsene nel nome di Gesù, lavate voi stessi e i vostri peccati nel sangue. Pentitevi, chiedete perdono e lo Spirito Santo verrà. Assicuratevi di arrendervi ogni giorno a Gesù e chiedetegli di aiutarvi e di mantenervi.

Se qualcuno offre sigarette, alcol e droghe e voi accettate, state aprendo la porta a Satana. Vi offrite volontariamente per danneggiare voi stessi acquistando dal diavolo. State arricchendo i mercanti del male con il denaro e la forza che Dio vi ha dato. Abbi pietà di noi. Perché siamo così testardi e non comprendiamo le modalità di gestione della nostra vita da parte di Dio? Vivere per il diavolo è costoso. Si dà tutto ciò che Dio dà a chi ruba, uccide e distrugge. Si dà alle compagnie di sigarette, agli spacciatori di alcol e di droga, ai medici e li si arricchisce. Chiedete a Dio di darvi la Sua saggezza per gestire la vita. Invitate Gesù a gestire la vostra vita. Aprite la porta. Gesù è un Dio gentile.

Apocalisse 3:20 Ecco, io sto alla porta e busso; se qualcuno ascolta la mia voce e apre la porta, io entrerò da lui, mi fermerò a mangiare con lui ed egli con me.

Il Signore Gesù vuole gestire la vostra vita, dei vostri figli e dei vostri nipoti. Il Suo Spirito vuole intervenire sulle vostre finanze, sul caos, sui debiti e sulle dipendenze, e portare ordine. La vostra vita ha bisogno di un leader come il Signore, ma dovete invitarLo e lasciarLo fare.

Siamo troppo impegnati a trovare la colpa e a non vedere che noi stessi siamo un disastro. Dio non compra sigarette, droghe, alcol o film sporchi per voi. Nonostante ciò, date la colpa a Dio. Non siete buoni custodi della Sua casa, che è il vostro corpo. Invitate Gesù e lasciate che sia lui a gestire la casa: ha gli Angeli, il Suo sangue per lavare tutti i peccati e molto altro. Provate. Il creatore è uno solo, nessuno tranne il Signore può creare:

Isaia 65:17 Perché ecco, io creo nuovi cieli e una nuova terra; e i precedenti non saranno più ricordati, né torneranno in mente.

Isaia 43:19 Ecco, io farò una cosa nuova; ora germoglierà; non la conoscerete? Farò anche una via nel deserto e fiumi nel deserto.

Ricevo molte telefonate di consulenza da altre nazioni. Qualche giorno fa ho ricevuto una telefonata da una signora. Aveva dolori alla schiena e alla gamba. Ho pregato e stava meglio. Di nuovo, qualche giorno dopo, non riusciva a camminare. Era un attacco maggiore da parte del nemico. Le ho detto di inviare una richiesta di preghiera. "Chiamami quando ti svegli". Che il Signore mandi i Suoi Angeli a guarirla. Le chiesi di chiamarmi domattina per farmi sapere. La sera andai a dormire. Ha chiamato durante la notte. Mi disse che sua madre camminava e non aveva dolore. La mamma ha sperimentato per la prima volta nella sua vita la guarigione da parte di Gesù. Lei non conosceva Gesù, ma alcuni dei suoi figli e nipoti sì.

Alcuni membri della famiglia hanno sperimentato il miracolo, la guarigione e la liberazione da ogni tipo di dipendenza. Hanno invitato il Signore a essere il manager della loro vita. Il Signore lo ha fatto senza soldi. Sono andati in molti templi e stregoni, ma Gesù lo ha fatto senza spendere nulla. Alleluia. È Dio che gestisce il corpo, lo guarisce e lo rende nuovo, così quando si è svegliata ha detto che stava bene. Sapeva dove andare e ha chiesto di pregare. Il diavolo voleva distruggere, ma il Signore Gesù è entrato nella vita.

Invitate Gesù nella vostra vita, nella vostra auto, nel vostro lavoro, nelle questioni familiari, nella vostra nazione, e vedete cosa fa. La Sua gestione è premiata. Il Signore ha creato la Sua scorta da due pesci a un multiplo di mille. Fa risorgere i morti. La Sua ombra può persino curare, guarire e liberare. Perché non ci provate?

Egli ha gestito la mia vita da quando l'ho invitato. La mia vita è bella da quando Lo servo con tutto il cuore. Non sono una cercatrice di divertimento, ma una cercatrice di Dio. So che posso avere tutto se lascio che Gesù sia il capo. Non mi preoccupo delle provviste, saranno abbondanti. Non c'è da preoccuparsi per i vestiti, i tetti, il cibo o l'acqua. Lui ha tutto. Davide aveva invitato il Signore nella sua vita e Dio lo ha preservato da acque impetuose, spade, orsi e leoni. Il nemico può avervi circondati, ma il Signore sa come accecarlo e tenerti sotto le Sue ali. Egli è il buon pastore, vi nasconderà sotto il sangue. Rimanete in Gesù e lasciate che Lui rimanga in voi. Il Signore è il brillante manager dei vostri figli, della vostra famiglia, della vostra nazione e di questo mondo. Presentate il Signore Gesù come abile manager e amministratore delegato in generale, nel nome di Gesù. Amen!

PREGHIAMO

Padre celeste, nel nome di Gesù, ti diamo il benvenuto nella nostra vita. Ti preghiamo di prendere in mano la nostra vita e di fare ciò che è meglio per noi. Signore, se noi abbiamo tutto e non te, allora diventerà un caos. Tu sai come dare pace, guarigione e liberazione. Signore, portaci nel bellissimo giardino fatto da te. Tu sai come benedire, provvedere e prenderti cura dei problemi. Tu sai come fare nuove tutte le cose e darci la libertà. Solo il Signore Gesù, il nostro Dio, è reale e vero. Non dovremo più meravigliarci, preoccuparci e occuparci di nessuna situazione, perché nulla è impossibile per il Signore Gesù. Signore, donaci il Tuo spirito, lascia che si muova liberamente in tutto il caos disorganizzato. Signore, vieni nelle nostre tenebre e porta la luce. Tu hai il potere di rendere tutto nuovo e bello. Ti invitiamo, ti preghiamo di provvedere, di beatificare le ceneri, di sanare le rotture e di guarire dove c'è bisogno di guarigione, nel nome di Gesù. Amen! Dio vi benedica!

DICEMBRE

1 DICEMBRE

VIETATO DA DIO!

Qualcuno vi ha mai detto che Dio gli ha detto di non fare qualcosa o di non mangiare una certa cosa? Vi siete mai chiesti perché Dio abbia detto queste cose a una persona? Perché Dio è un Dio personale. Ci ha creati, ci conosce individualmente e vuole parlarci di queste cose. Ricordate che Dio disse ad Adamo ed Eva in

Genesi 2:17: "Ma dell'albero della conoscenza del bene e del male non devi mangiare, perché nel giorno in cui ne mangerai morirai sicuramente".

Il nostro udito deve essere sintonizzato praticando l'obbedienza. Dio conosce ogni cosa e sa cosa è bene per noi e cosa ci danneggia. Dobbiamo essere obbedienti a ciò che il Signore ci dice. Può sembrare buffo o strano, ma è vero che il Signore non voleva che mi sedessi in un certo modo. Una volta ero seduta in quella posizione e la mia nipotina era seduta accanto a me e mi ha detto: "Puoi togliere la mano, per favore?". Ho risposto di sì. Dio può anche usare i bambini per correggerci. Molti anni fa, Dio mi ha detto di non andare in Messico. Ora, ogni volta che qualcuno cerca di costringermi ad andare, Dio me lo fa sempre sapere: "Non andare". E il Signore sa come salvare i giusti.

1 Corinzi 10:13 ci dice: "Non vi è stata presa alcuna tentazione, se non quella comune all'uomo; ma Dio è fedele, che non permetterà che siate tentati al di sopra delle vostre possibilità; anzi, insieme alla tentazione, vi preparerà anche una via di fuga, affinché possiate sopportarla".

Ricordo momenti in cui le persone cercavano di costringermi ad andare. Una volta mi ammalai gravemente e un'altra volta una persona sensibile allo Spirito Santo ebbe una visione di qualcosa di brutto che mi stava accadendo. Un amico mi disse che si sentiva come se dovessimo annullare il progetto di andare in Messico. Il Signore sa come liberare i giusti. Una volta una signora ha detto: "La mia famiglia è indù e stavano per fare una dedica alla nuova casa con usanze indù", e lei ha detto: "Non voglio prendervi parte". Ha detto: "Per favore, pregate affinché io possa uscire da questa situazione". Molti hanno pregato. Dio ha risposto alle preghiere. Fece in modo che lei non fosse costretta a partecipare a quella cerimonia.

Una volta Dio mi disse: "Non voglio che tu mangi pancetta e gelatina". Da quel giorno ho fatto in modo di non mangiarli. Dio mi ha dato così tanto cibo che non sento nemmeno la mancanza di questi due elementi nella mia dieta.

Genesi 3:1 ci dice: "Il serpente era più astuto di qualsiasi animale dei campi che l'Eterno Dio aveva fatto. Ed egli disse alla donna: "Sì, Dio ha forse detto che non mangerete di ogni albero del giardino?"".

Molte volte le persone cercheranno di fare come Satana con Eva, e diranno: anche questo è fatto di maiale e anche quello è fatto di maiale. Non mi interessa cosa sia cosa. So solo che il Signore ha detto che non si tratta solo di pancetta e di gelatina. Non cerco mai di parlare alle persone delle mie cose proibite, a meno che non me lo chiedano. Alcune sono universali, come non uccidere, non rubare ecc. Nessuno può convincervi che sia giusto mentire, imbrogliare, rubare o uccidere. Ma una volta che Dio ha detto di non fare una certa cosa, scrivetelo e statene alla larga. Ciò che è tra voi e Dio non significa tra milioni di persone? State attenti a tenervi lontani dalle cose proibite di cui Dio vi ha parlato.

Qualcuno mi ha chiesto: "Quando Dio ha detto qualcosa, non ti sei chiesta perché?". Ho risposto che non mi è mai passato per la testa. So solo che l'ha detto e che è definitivo. Non ho altre domande. Mi piace vivere all'interno dei Suoi confini e non mi dispiace stare da sola o essere sola. Dove saremmo oggi? Se Eva, Adamo, Re Saul e molti altri si fossero fermati nei territori proibiti.

A molti piace compiacere la carne, le persone e se stessi. A me piace piacere a Dio e solo a Lui. Se non mi adatto al mondo e al suo stile, ne sono felice. Non mi piace il mondo, ma mi piace la Parola di Dio. Vivo nella Parola di Dio e non desidero il mondo. Molte cose ci sono proibite dalla Bibbia e anche dalle istruzioni individuali. Una volta un predicatore mi disse: "Dio ha detto di non bere caffè". Era qualcosa di personale che gli veniva da Dio. Le istruzioni del nostro Dio devono essere osservate attentamente. A volte ci sta controllando.

Geremia 16:2, si legge: "Non prenderai moglie, non avrai figli o figlie in questo luogo". Questo vale per tutti? No, era solo per una persona in particolare.

In I Re 13:8 leggiamo: "L'uomo di Dio disse al re: "Se mi darai la metà della tua casa, non entrerò con te, non mangerò pane e non berrò acqua in questo luogo"; 9 perché così mi è stato imposto dalla parola dell'Eterno: "Non mangiare pane, non bere acqua e non tornare per la stessa via per cui sei venuto"". 10 Così egli prese un'altra strada e non tornò per la via per cui era venuto a Betel".

Ma il profeta disobbedì e ascoltò la menzogna dell'altro profeta. Un leone uccise il profeta per la sua disobbedienza.

PREGHIAMO

Padre celeste, veniamo davanti al Tuo altare per adorarti e lodarti. Signore, la Tua parola è definitiva e noi diciamo Amen. Non possiamo annullare, riscrivere, aggiungere o sottrarre. Signore, apri le nostre orecchie affinché possiamo ascoltarti e obbedirti. Dobbiamo pensare, parlare e agire come Te. Rendici ascoltatori e obbedienti alla Tua voce. Il Tuo regno può essere stabilito se trovi dei figli obbedienti. Tu hai obbedito fino alla morte di croce, che è la prova più dura, e non hai mai preso scorciatoie. Signore, vogliamo seguire la Tua volontà, il Tuo piano e le Tue istruzioni. Metti tutto questo nel nostro cuore, affinché non pecchiamo contro di te. Che il Signore ci apra l'orecchio, gli occhi e il cuore per fare la Sua perfetta volontà nel nome di Gesù. Amen, Dio vi benedica.

2 DICEMBRE

LA PREGHIERA DÀ VITA!

La preghiera può dare vita a un uomo morto. La preghiera rende i sensi dell'uomo funzionanti per il Creatore. Se un uomo vive, pensa e agisce non è per lo Spirito di Dio, allora le preghiere sono necessarie per riportare in vita un uomo spiritualmente morto. Molte persone hanno pregato per Saulo affinché nascesse il vero Paolo, chiamato da Dio a predicare ai Gentili. Gesù Cristo, in carne e ossa, ha pregato e ha dato vita a molte cose. Il vostro ministero e la vostra chiamata hanno bisogno della preghiera di qualcuno che dia loro vita. La preghiera dà vita.

Il travaglio fa nascere; imparate a lavorare nella preghiera e vedrete cosa succederà. Israele è nato quando il travaglio della schiava ebraica era in agonia.

Galati 4:19 ci dice: "Figlioli miei, di cui sono in travaglio di parto finché non sia formato Cristo in voi".

Una volta che si impara a faticare, qualcosa nascerà. La preghiera con travaglio dà nascita, forza e molto di più. Gesù ha avuto il travaglio per ricevere il potere e la forza di affrontare la prova più dura prima della Sua crocifissione, di far nascere la Chiesa del Nuovo Testamento. La Chiesa del Nuovo Testamento non si è presentata facendo tabernacoli per le persone.

Sono stati molti anni in attesa che il Messia venisse e desse vita a questa bella chiesa acquistata con il sangue. È stato Dio a sfumare il sangue. Messia significa salvatore. Solo un salvatore ha portato l'offerta di sangue senza peccato per la Sua creazione. Non c'è dubbio che ci sia voluto un travaglio di preghiera per far nascere questa nuova dispensazione. Egli ha ricomprato me e voi con il Suo sangue, che è disponibile se ci pentiamo e siamo battezzati nel Suo nome, Gesù. Il Signore sa come e cosa fare per far nascere un miracolo, una guarigione o una liberazione. La preghiera ha fatto nascere gli apostoli per portare il Vangelo in tutto il mondo.

Luca 6:12 ci dice: "In quei giorni, egli se ne andò su un monte a pregare e continuò tutta la notte a pregare Dio. 13 Quando fu giorno, chiamò a sé i suoi discepoli e ne scelse dodici che chiamò apostoli...".

Il diavolo prese di mira Pietro, che ebbe una rivelazione di Geova Dio che camminava in carne e ossa. Pietro sapeva che Gesù era il Dio che stavamo aspettando. Dio che viene in carne e ossa. Egli è Geova Dio nel ruolo di Salvatore, Messia, come Figlio di Dio per salvare il mondo. Il diavolo prese di mira Pietro, che aveva la chiave per dimostrare come nascere di nuovo. Per ricevere la remissione dei peccati era necessario il sangue senza peccato del Grande Dio, il cui altro titolo è Agnello di Dio.

Gesù pregò per mantenere in vita Pietro. Gesù disse a Pietro in:

Luca 22:32: "Ma io ho pregato per te, affinché la tua fede non venga meno; e quando ti sarai convertito, rafforza i tuoi fratelli".

Pietro doveva rimanere in vita per aprire il Regno usando la chiave della nuova nascita, battezzandosi solo nel nome di Gesù e ricevendo lo Spirito Santo. Il cielo ci salverà a prescindere da ciò che il diavolo desidera fare se preghiamo contro l'obiettivo di Satana.

Atti 12:5 dice: "Pietro dunque fu tenuto in prigione; ma la Chiesa pregava senza sosta per lui".

Un Angelo aprì la porta della prigione per salvare Pietro. La nascita della vita, il miracolo, la trasformazione, la guarigione e la liberazione avvengono solo quando qualcuno si mette in contatto con il cielo. Esso opera su vostra richiesta. Dio ascolta la vostra preghiera e incarica i Suoi Angeli di compiere l'opera soprannaturale. L'uomo che va in battaglia senza connettersi con il Signore fallirà se stesso, il suo popolo e rovinerà il nome di Dio. Ricordate che il diavolo è libero sulla terra e pronto a rubare, uccidere e distruggere. Se avete la consapevolezza di come salvare, liberare e custodire, allora vincerete.

In Atti 9:1a si legge: "E Saulo, che minacciava e massacrava i discepoli del Signore...". Anania aveva paura di quest'uomo, Saulo (poi chiamato Paolo). Nei versetti 13-15 si legge: "13 Allora Anania rispose: "Signore, ho sentito dire da molti di quest'uomo quanto male ha fatto ai tuoi santi a Gerusalemme". 15 Ma il Signore gli disse: "Va' per la tua strada, perché egli è un vaso eletto per me, per portare il mio nome davanti ai Gentili, ai re e ai figli d'Israele"...".

Qualcuno ha pregato perché Saulo diventasse Paolo. Ebbe la chiamata per nascere quando i santi hanno pregato senza sosta. Il soprannaturale ha luogo quando il padre, la madre, i santi o qualcuno prega per dare vita al ministero. L'assassino e distruttore Satana userà la sua mano per distruggere l'opera di Dio, ma quando la chiesa prega, nessun diavolo può toccare la famiglia. La chiesa non è un edificio, il corpo dei santi è la chiesa. Non pensate a un edificio quando leggete della chiesa nel mio libro, per favore. Qualcosa non accade senza Dio. Succede solo quando qualcuno si rende conto che ha bisogno della potenza di Dio per prendere vita. Solo Dio fa nascere! Solo Dio può rendere vivi i morti e solo Dio dà vita ai dormienti. Quando saprete che la vostra preghiera fa rinascere i morti, dà vita a coloro che dormono e toglie le catene, allora amerete pregare. Ho visto la differenza in molte vite.

L'altro giorno un'amica mi ha detto: "Ti ricordi quando sono venuta a casa tua e abbiamo chiamato un uomo che aveva un cancro al quarto stadio?". Non me lo ricordavo, ma lei mi ha detto che è ancora vivo, libero dal cancro e predica il Vangelo. La mia amica ha detto di averlo incontrato ieri a una riunione e che stava benissimo. Gli uomini hanno detto: "Dopo che avete pregato, sono andato di nuovo a controllare se c'era un cancro, e il dottore ha detto che non c'era nessun cancro. Negli ultimi due anni, i risultati hanno mostrato che era libero dal cancro. La preghiera cambia le cose!" Alcuni anni fa, qualcuno regalò il mio libro "L'ho fatto "a Suo modo"" a un giovane uomo malato di cancro. Il medico gli aveva amputato la gamba, ma il cancro si ripresentava. Dopo aver letto il mio libro si è messo in contatto con me.

L'ho incontrato in una riunione e ho pregato su di lui. L'ultima volta che lo vidi fu in un ospedale pediatrico. È stata l'ultima volta che il medico ha toccato il suo corpo. La preghiera cambia le cose! Ora lavora come infermiere nello stesso ospedale. Dobbiamo rendere vivo il Vangelo con la forza della preghiera. Il Vangelo senza potere è in fase dormiente, ma le cose morte possono prendere vita attraverso la nostra preghiera. La preghiera muove Dio all'azione. La vostra preghiera fa nascere evangelisti, apostoli, profeti e insegnanti di Dio nel vostro Paese. La vostra preghiera porta la vita in una situazione senza vita e senza speranza. Che il Signore ci svegli a pregare. Vedremo i Suoi Angeli sulla terra, che porteranno la soluzione, la liberazione, la guarigione e la vita ai morti e ai senza speranza. Che il Signore ci dia il desiderio di pregare. Più di ogni altra cosa, abbiamo bisogno di genitori, nonni e familiari in preghiera.

Pregate affinché il Signore allontani i ladri dall'autorità. Signore, donaci donne e uomini che pregano in ginocchio. Gesù disse in

Luca 19:46: "E disse loro: "Sta scritto: La mia casa è la casa della preghiera, ma voi ne avete fatto un covo di ladri"".

Santi, voi siete la Sua casa. Il vostro corpo è il tempio di Geova Dio. La preghiera è la connessione celeste per spostare le montagne e per compiere il soprannaturale. Un semplice uomo, fatto di carne, è limitato, ma la connessione con Dio dà alla vostra materia un risultato strabiliante. Ricordate sempre che solo Dio dà la vita e nessun altro. Se ci connettiamo con Dio, allora Egli opererà attraverso di noi. Cambiamento di vita, mente, trasformazione della vita, nuova nascita, operazione paradiso, si verificano solo se alcuni uomini e donne sanno come pregare. La preghiera mette in atto la potenza dello Spirito Santo. Amen!

PREGHIAMO

Signore, dacci un cuore che prega. Padre celeste, molti vanno all'inferno perché non preghiamo e non riceviamo aiuto dal cielo. Molti perdono la vita perché molti frequentare un edificio che non ha interesse a mettersi in contatto con Dio. Se ci mettiamo in contatto con Te, allora il diavolo che ha legato le persone con droghe, alcol, malattie, demoni, oppressione e la possessione di molti spiriti maligni saranno distrutti. Sappiamo che l'unica arma potente è la preghiera. Molta preghiera, molta potenza. Il Signore ci ha mandato molti potenti guerrieri della preghiera, come il Re Davide, Daniele e gli apostoli che pregavano. Abbiamo bisogno di persone che seguano te e non questo cristianesimo morto e dormiente che abbiamo creato nella nostra vita senza preghiera. Aiutaci, Signore, nel nome di Gesù! Amen! Dio vi benedica!

3 DICEMBRE

NON MANCATE!

Vi piacerebbe indossare un vestito o una camicia più piccola che non vi sta bene? Che ne direste se vi accorgeste di avere un po' meno soldi di quelli che avete a disposizione? Che ne direste di perdere un premio d'oro per poco? Che ne direste di perdere il paradiso solo per un po'? Fate attenzione e non giocate per l'eternità. Adamo ed Eva persero il giardino per un nonnulla, mangiando un frutto proibito. Re Salomone perse le dieci tribù per un piccolo piacere di una donna stravagante. Giuda perse il rapporto con Dio per trenta pezzi d'argento. Esaù perse la benedizione della doppia porzione per un pasto.

Attenzione! Il nostro problema nasce quando cerchiamo una scorciatoia. Volete avere una benedizione minima o addirittura perdere la benedizione? Chi va fino in fondo non la perderà mai. La Bibbia parla di traboccare. Facciamo qualcosa in più, andiamo al di là di ciò che è richiesto, in modo da ricevere anche noi una benedizione generosa. Un uomo buono, mentre era in viaggio da Gerusalemme a Gerico, incontrò un uomo ferito. Si fermò, lo raccolse, gli fasciò le ferite e lo mise in un alloggio. Un Levita e un sacerdote videro lo stesso uomo prima che lo vedesse il buon uomo, ma passarono da un'altra parte della strada e lasciarono il ferito lì nel fosso.

Luca 10:33 dice: "Ma un certo Samaritano, mentre camminava, giunse dove si trovava; e quando lo vide, ne ebbe compassione, 34 e andò da lui, gli fasciò le ferite, versandovi olio e vino, lo fece salire sulla propria bestia, lo portò in una locanda e si prese cura di lui. 35 Il giorno dopo, quando partì, estrasse due soldi e li diede al padrone di casa, dicendogli: "Abbi cura di lui; e se spenderai di più, quando tornerò, ti ripagherò". 36 Chi di questi tre, secondo te, era vicino a colui che era caduto tra i ladri?

Il buon samaritano ebbe compassione, rinunciò a cavalcare l'asino, pagò, si prese cura delle ferite dell'uomo e pagò l'albergatore. Guardate quanto ha fatto! Il Signore disse nel versetto: *37, "Ed egli disse: "Colui che ha avuto misericordia di lui". Allora Gesù gli disse: "Va' e fa' lo stesso"*. Ciò che Dio ci sta mostrando e insegnando è che la vostra carica, la vostra posizione, il titolo della vostra denominazione o religione, non hanno alcun valore senza la misericordia nell'azione.

Il nostro Dio vede il cuore. Ha avuto compassione per tutti e noi dobbiamo avere compassione per le persone, indipendentemente dal loro aspetto. Potrebbero non assomigliare a noi, non vestirsi come noi, non adattarsi a noi, o non hanno il nostro stesso odore, ma Dio si aspetta che mostriamo misericordia, compassione e amore. Che il Signore ci aiuti! Frequentiamo qualsiasi organizzazione e seguiamo tutti i riti e le usanze religiose, ma se dimentichiamo di essere come Gesù, abbiamo fallito nel nostro cristianesimo.

I Corinzi 13:1-3 ci dice: "Anche se parlo con le lingue degli uomini e degli angeli e non ho la carità, sono diventato come un bronzo che suona o un cembalo che tintinna. E anche se ho il dono della profezia, e comprendo tutti i misteri e tutta la conoscenza; e anche se ho tutta la fede, tanto da poter smuovere le montagne, e non ho la carità, non sono nulla. E anche se dessi tutti i miei beni per nutrire i poveri e dessi il mio corpo per essere bruciato, e non avessi la carità, non mi gioverebbe a nulla".

Le diverse organizzazioni cercano di adattarci al loro stile, alle loro abitudini e alle loro credenze. Molte volte enfatizzano le questioni che riguardano loro e non Dio. Fate quindi attenzione a non venire meno al Suo regno. Siate annoverati tra le cinque vergini sagge e non tra le stolte. È il Signore che ha fissato il suo standard. Gesù non si adattava al programma religioso del suo tempo. Ha infranto il giorno del sabato molte volte, facendo sapere ai Giudei, ai Farisei e ai Sadducei che la guarigione, la compassione, l'amorevolezza, la misericordia e il fare ciò che è bene per i malati e gli infranti sono ciò che vuole. Gesù li ha identificati come avidi, gelosi, invidiosi, ipocriti, ladri e molto altro. Erano al di sotto dello standard di Dio. Una donna diede due monetine nel piatto delle offerte, mentre i ricchi diedero molto di più, eppure il Signore disse:

Marco 12:43 "Poi chiamò a sé i suoi discepoli e disse loro: "In verità vi dico che questa povera vedova ha messo più di tutti quelli che hanno messo nel tesoro: 44 perché tutti loro hanno gettato dalla loro abbondanza; ma lei, dalla sua indigenza, ha gettato tutto quello che aveva, anche quello che viveva".

Questo è il modo in cui dovremmo pensare quando diamo a Dio. State dando con abbondanza o con la vita? Se è con la vita, significa che sarà un sacrificio. Non dimenticherò mai come il Signore ha benedetto una mia amica. Lei sosteneva il mio lavoro di missione con i suoi guadagni. Considerava il mio lavoro come un lavoro di missione. Una volta stavo andando in India per il lavoro missionario. Mi diede del denaro e fu una benedizione. Ho pregato una quadruplice benedizione su di lei. Dio ha detto di no, allora ho pregato una benedizione centuplicata. Ma il Signore ha detto di no. Ho detto: "Ora hai parlato tu, Signore; non so come pregare ancora". Il Signore ha detto di benedirla illimitatamente. Che bello! Ora è benedetta illimitatamente! Nella dispensazione di Dio, dobbiamo dare agli operai, ai poveri, agli ignudi, agli affamati, agli orfani e ai bisognosi. Prima davo all'edificio chiamato chiesa, ora non più. Dopo aver avuto una rivelazione sul dare, do all'operaio. Compro Bibbie e do, mi guardo intorno e vedo chi è in difficoltà e lo aiuto. Dare ai senzatetto per le strade, alle vedove, visitare gli internati, visitare i malati negli ospedali e nelle case di cura, o quelli nelle carceri e nelle prigioni. La Parola di Dio è il nostro banco di prova. Se lo facciamo, siamo vincitori. Il Signore ha detto: "Quando avevo fame, sete, ero straniero, nudo, in prigione, voi siete venuti da me". Sono queste le persone che dobbiamo considerare e di cui dobbiamo avere compassione.

Matteo 25:40 ci dice: "Il Re risponderà e dirà loro: "In verità vi dico: in quanto avete fatto a uno solo di questi miei fratelli più piccoli, l'avete fatto a me".

Una volta che avrete imparato a fare le cose basilari, non perderete mai la misericordia e la grazia. Se qualcuno vi chiede di fare un miglio in più, fatelo anche voi. Se qualcuno vuole prendere in prestito un cappotto, dategli anche un mantello. Il Signore, nella Sua Parola, ci insegna come ricevere in modo traboccante e abbondante. Non è il governo, i servizi sociali o la carità, ma siamo noi a doverci assumere la responsabilità. Il Signore ci aiuti a vedere i bisognosi e, se possiamo, non dobbiamo tirarci indietro. Il nostro compito è aiutare. Questo mese di dicembre è molto speciale. Ricordiamo che dobbiamo imparare a vivere come ha fatto Gesù. Egli ha dato tutto e ha svuotato se stesso. Se vivete negli Stati Uniti o in India, in una nazione povera o ricca, sappiamo che ci sono molte cose che possiamo fare per gli altri. Il Signore ci ha dato non uno ma molti modi per raggiungere gli altri.

Filippesi 2:6-11 dice: "Il quale, essendo in forma di Dio, non ritenne una rapina l'essere uguale a Dio: 7 ma non si fece una reputazione, prese la forma di servo e fu fatto a somiglianza degli uomini: 8 ed essendo trovato in forma di uomo, umiliò se stesso e divenne ubbidiente fino alla morte, fino alla morte di croce. 9 Perciò Dio lo ha anche altamente esaltato e gli ha dato un nome che è al di sopra di ogni nome: 10 affinché al nome di Gesù ogni ginocchio si pieghi, sia delle cose nei cieli, sia delle cose sulla terra, sia delle cose sotto terra. Perciò Dio lo ha anche altamente esaltato e gli ha dato un nome che è al di sopra di ogni nome:

11 E che ogni lingua confessi che Gesù Cristo è il Signore, a gloria di Dio Padre".

Il Signore Gesù è il nostro esempio. Se lo seguiamo, anche noi riceveremo la medaglia e la corona e lo sentiremo dire: "Ben fatto, servo buono e fedele. Sei stato fedele su poche cose, ora ti farò sovrano su molte. Entra nel regno preparato per te".

PREGHIAMO

Padre celeste, veniamo davanti a te per imparare il Tuo esempio. Vogliamo evitare qualsiasi mancanza. Vogliamo sentirti dire che il lavoro è ben fatto. Vogliamo assicurarci di essere alla Tua destra e di essere chiamati pecorelle. Signore, il Tuo Spirito ci insegna e ci rende sensibili all'ascolto della Tua voce. Signore, sappiamo che le parole che vorremmo sentire sono buone, fedeli e giuste. Che tu ci dia il desiderio di fare ciò che è necessario e di non prendere scorciatoie. Aiutaci a seguirti fino in fondo. Ti prego, portaci alla verità e la nostra destinazione finale sarà la vita eterna. La vita è solo in cielo, ma l'inferno è dove c'è la morte. Perciò il Signore ci aiuta, ci rafforza, ci dà forza e ci guida verso il nostro destino. Grazie per te, per i Tuoi Angeli e per il Tuo Spirito Santo. Nel nome di Gesù! Amen! Dio vi benedica!

4 DICEMBRE

LA PREGHIERA RIPROGETTA!

La preghiera ridisegna tutto! La preghiera verso Gesù ha un risultato significativo e travolgente. Non molti sanno che in voi c'è un potere di riprogettazione. La nostra fonte è Dio. Gesù ha detto che nulla è impossibile. Se una sterile avrà un figlio, allora non c'è motivo di andare da nessuna parte se non dal Signore Gesù, non è vero?

Geremia 32:17 Signore Dio, ecco, tu hai fatto il cielo e la terra con la tua grande potenza e il tuo braccio teso, e non c'è nulla di troppo difficile per te.

La potente arma segreta è la preghiera, andare a ottenere ciò che si vuole in ginocchio. I genitori che hanno pregato per i loro figli hanno il potere di ridisegnare la loro vita. Nessuno può dire: sono bravo se qualcuno non ha pregato su di lui per impedire al diavolo di rubare, uccidere e distruggere la sua vita. La fine di Ninive fu a distanza di giorni, ma i cittadini si pentirono pregando e digiunando. Hanno cambiato il piano di Dio. La preghiera è la risposta per evitare il giudizio. Chi pensa di essere più furbo, più intelligente, più grande e di sapere tutto avrà difficoltà a piegare le ginocchia davanti al Signore in preghiera. Vedete qualche preghiera nella Chiesa? No, è la cosa più difficile per i cristiani andare a Dio.

Vi faccio qualche esempio di preghiera e di risultato. Tempo fa questa signora decise di smettere di andare in chiesa e decise di tornare nel mondo. Sono andata presto a pregare e ho iniziato a farlo quando Dio mi ha mostrato il suo volto. Ho interceduto per lei. Ho pregato senza conoscere la sua decisione. La chiesa è iniziata, durante la testimonianza, lei ha testimoniato del progetto di lasciare la chiesa e Dio. Ha detto che la canzone le ha fatto cambiare idea. Ora non le dirò che ho pregato per lei e che il Signore mi ha mostrato il suo volto. Il suo piano è stato cambiato da Dio mentre pregavo. La sua vita è stata ridisegnata.

Un altro esempio: stavo pregando per il servizio prima della chiesa. Dio mi ha dato un peso per un predicatore. Ho pregato per lui. Quel giorno cantò una canzone speciale. Sono rimasta stupita dall'unzione su di lui. L'intera chiesa era scollata, ballava, correva e saltava. C'era la liberazione, la guarigione e la ricarica dello Spirito. Ho visto il potere della preghiera. La volta successiva cantò la stessa canzone, ma non ebbe molto effetto.

Il terzo esempio: Stavo tenendo uno studio biblico a una coppia. Ho pregato per aumentare la fame e la sete nei loro cuori. Più tardi, quella sera, lei mi chiamò e mi disse: "Ho tanta fame del Signore. Voglio mangiare le pagine della Bibbia". Vedete la preghiera ridisegnare il desiderio della persona. La Bibbia parla della preghiera che sposta la montagna. Quando preghiamo con fede, ha un effetto potente.

Molte preghiere sono noiose, routinarie, stagnanti e ripetitive. La preghiera può essere contaminata se non si usa la Parola di Dio. Usate la Parola di Dio e uscite dalla ripetizione di routine. Pregate per coloro che stanno morendo, sono depressi e soffrono. Il Paese senza preghiera sta andando a fondo, i bambini stanno perdendo la testa e sono confusi. Quando le persone non conoscono la loro identità di genere, questo dimostra che i nostri leader religiosi dormono profondamente. I leader religiosi sono in vacanza e hanno dimenticato la loro chiamata e il loro dovere. Quando questo accade, allora stiamo assassinando la dispensazione. Molti hanno dato vita a denominazioni, idee e religioni diverse perché hanno dimenticato di connettersi con Dio. Non riprogettate, lasciate che sia Dio a progettare per voi.

Che tristezza, la vita è progettata dalle autorità scolastiche, dagli amici o dalle famiglie. Non dimenticate che la vostra vita ha il migliore e il più grande progettista. Se dite che non avete tempo, allora è meglio che siate cauti, la vita finirà all'improvviso con molte sorprese. Alla fine è imprevedibile e insopportabile. Se si nasce poveri, non significa che si debba rimanere tali. Parlo a livello internazionale. Una signora ha detto che non ci credeva, visto che lei aveva pregato che la loro situazione si ribaltasse. Prima erano poveri, non avevano nulla in casa. Ha detto che grazie al mio insegnamento della Bibbia e alle mie preghiere, le nostre finanze, la loro vita e la loro famiglia sono cambiate. La loro vita è bella, hanno costruito la casa, hanno il telefono, il frigorifero, il cibo, un aumento di stipendio e così via. I poveri possono diventare ricchi; una prostituta può diventare una profetessa, i bugiardi, gli assassini, i malvagi e i cattivi possono cambiare se si inizia a pregare. La preghiera a Gesù manda aiuti sulla terra e ridisegna la vita. Arriveranno le provviste, la manna i vostri ortaggi si moltiplicheranno, gli zoppi cammineranno e tutto ciò che desiderate potrà essere ridisegnato. Colpire il ginocchio, nessuna scusa per la preghiera. La preghiera fa cose grandi e potenti. Essa abbatte il decreto del re. Mardocheo, la regina Ester e gli israeliti hanno pregato e il decreto di morte è andato contro il nemico.

Giudici 2:18 Quando l'Eterno li innalzò a giudici, l'Eterno fu con il giudice e li liberò dalle mani dei loro nemici per tutto il tempo del giudice, perché l'Eterno si pentì dei loro gemiti a causa di coloro che li opprimevano e li tormentavano.

Wow! Il potere della preghiera!

Marco 8:36 Perché che giova a un uomo se guadagna il mondo intero e perde la propria anima?

1 Timoteo 2 Esorto dunque, prima di tutto, a fare suppliche, preghiere, intercessioni e ringraziamenti per tutti gli uomini; 2 per i re e per tutti coloro che hanno autorità, affinché possiamo condurre una vita tranquilla e pacifica in tutta pietà e onestà. 3 Perché questo è buono e gradito agli occhi di Dio, nostro Salvatore.

Sapete che il nostro compito è quello di rimanere sempre in contatto con il Signore? Il diavolo è un progettista distruttivo che vive intorno a noi in forma invisibile. Nessuno sa cosa e come stia progettando le nostre vite per la distruzione. È un servizio ragionevole quello di venire a Dio e ottenere l'intervento e l'aiuto del Signore. È per questo che Dio ci istruisce.

1 Tessalonicesi 5:17 Pregate senza sosta.

Non siamo stati educati o istruiti a pregare. Il Signore è venuto a dare l'esempio e ha detto di seguirLo. Il Signore in carne e ossa ha pregato e ha insegnato al discepolo a pregare.

Luca 11:1 E avvenne che, mentre pregava in un certo luogo, quando cessò, uno dei suoi discepoli gli disse: "Signore, insegnaci a pregare, come anche Giovanni ha insegnato ai suoi discepoli".

4 DICEMBRE

Gesù pregò.

Luca 22:41 Poi si allontanò da loro a circa un tiro di sasso, si inginocchiò e pregò, 42 dicendo: "Padre, se vuoi, allontana da me questo calice; tuttavia non la mia volontà, ma la tua sia fatta". 43 E gli apparve un angelo dal cielo che lo rafforzava. 44 Ed essendo in agonia, pregava più intensamente; e il suo sudore era come grandi gocce di sangue che cadevano a terra.

Sia Giovanni Battista che Gesù hanno insegnato ai loro discepoli come pregare. Insegnate agli altri a pregare, è la prima cosa da fare. Se iniziate a pregare, questo ridisegnerà molte vite. Se tutte le chiese iniziano a pregare, credo che in 24 ore il mondo possa cambiare. Ho detto il mondo, non il Paese. Qual è il nostro problema? Semplicemente, andiamo in chiesa e non crediamo nella preghiera ma nel denaro. Molte chiese non pregano e smettono di farlo se altri pregano. Se volete distruggere la nazione, togliete la preghiera e il diavolo ridisegnerà la loro vita per l'inferno. L'inferno si sta allargando per il popolo di Dio. L'inferno è fatto per il diavolo e i suoi angeli caduti. La nostra assenza di preghiera provoca il caos e dà successo a Satana. C'è qualcuno che può dire: preghiamo e digiuniamo tre giorni e una notte? Vedremo il progettista Gesù prendere il sopravvento per ripristinare la vostra vita. Che il Signore ci dia un leader che abbia la rivelazione della preghiera nel nome di Gesù, Amen!

PREGHIAMO

Signore, Dio potente che hai creato il cielo e la terra, noi veniamo davanti a te. Signore, tu fai camminare gli zoppi, fai udire i sordi, fai vedere i ciechi e guarisci i cuori spezzati. Ti prego di riprogettare mentre preghiamo e digiuniamo per la nostra situazione. Signore, tu hai fatto camminare chi è paralizzato. Il nostro compito è quello di invocare il Tuo nome per ogni questione, affinché tu possa ridisegnarla. Ti prego, rinnova la nostra nazione. Rimuovi dalla terra la droga, l'alcol, i divorzi e le malattie. È nostro compito pregare e cercare il Tuo volto. Tu non sei stato un falegname, ma un creatore che ha creato tutto con la Sua potenza. Dobbiamo riprogettarci per essere più fecondi e gioiosi. Fai sparire la povertà e donaci l'abbondanza. Tu puoi darci in abbondanza, quindi non ci sono abbastanza posti per ricevere. Il nostro Signore ha potenza e provviste. Dio soprannaturale ha bisogno di qualcuno che preghi per il soprannaturale. Signore portiamo la nostra vita a te, ridisegnala nel nome di Gesù Amen! Dio vi benedica!

5 DICEMBRE

SE APPLICATE LA LEGGE DI DIO!

Cosa può accadere se le Leggi di Dio vengono applicate? Il mondo può essere un luogo vivibile, sicuro e felice. Una volta che le leggi, i concetti e i comandamenti di Dio vengono eliminati dalla nostra casa, dalla società e dal Paese, allora il mondo diventa un caos. La storia della nostra vita cambia, e cambia anche la storia del Paese e del resto.

Ogni sistema giudiziario, civile e penale, è gestito dall'uomo che ne ha la conoscenza. Quindi l'autorità data da Dio deve far rispettare le leggi date da Dio. E se praticate le autorità date da Dio, il mondo migliorerà. Ignorate Dio ignorando di insegnare le Sue leggi, i Suoi comandamenti e i suoi precetti. Non si può venir meno a Dio calpestando le Leggi di Dio, altrimenti si va contro il Dio Creatore. Di conseguenza, la nostra casa, la nostra città e il nostro Paese dovranno affrontare molti problemi. Vediamo come e cosa succede quando l'uomo designato da Dio non mostra interesse per Dio o non considera le Sue leggi. Dio pone fine alla dispensazione. Dio sovrano ha tutto il potere di fare.

1 Samuele 2:6 Il Signore uccide e fa vivere; fa scendere nella tomba e fa risalire. 7 Il Signore fa diventare poveri e fa diventare ricchi; abbassa e innalza.

Quando leggete e mettete in pratica la Parola di Dio data da Lui, la vostra mente, la vostra vita e il vostro cuore cambieranno. Soprattutto ora, Egli non opera attraverso il sacerdote, i tributi e il Sommo Sacerdote, ma attraverso di noi per mezzo dello Spirito Santo. Il nostro Dio intende vederci risorgere, essere benedetti e prosperare nel Suo piano. Posso chiedere qual è il nostro problema? Il nostro problema è la nostra carne, le nostre scelte sbagliate. Siamo tutti collettivamente responsabili del caos in cui ci troviamo.

1 Samuele 2:25 Se uno pecca contro un altro, il giudice lo giudicherà; ma se uno pecca contro il Signore, chi lo difenderà? Nonostante ciò, essi non diedero ascolto alla voce del padre, perché il Signore li avrebbe uccisi.

Se ignorate le leggi di Dio e trascurate di insegnarle ai vostri figli e nipoti, aspettate il giudizio. Quando cadrete nella mano di Dio, il Signore pronuncerà il giudizio su di voi con la vostra discendenza.

1 Samuele 2:30 Perciò il Signore, Dio d'Israele, dice: "Io ho detto che la tua casa e la casa di tuo padre avrebbero camminato davanti a me per sempre; ma ora il Signore dice: Siate lontani da me, perché quelli che mi onorano li onorerò, e quelli che mi disprezzano saranno poco stimati". 31 Ecco, vengono i giorni in cui ti taglierò il braccio e ti farò perdere il braccio della casa di tuo padre, affinché non ci sia un vecchio in casa tua.

5 DICEMBRE

Il Signore ha pronunciato il giudizio sui trasgressori della legge. Possiamo stare in carcere o in prigione per anni o per tutta la vita infrangendo le leggi del paese, ma infrangendo le leggi di Dio restiamo nel lago di fuoco per l'eternità?

Matteo 10:28 Non temete quelli che uccidono il corpo, ma non sono in grado di uccidere l'anima; temete piuttosto colui che è in grado di distruggere l'anima e il corpo nell'inferno.

Ebrei 10:31 È una cosa spaventosa cadere nelle mani del Dio vivente.

Nessuno vuole predicare un messaggio autentico perché nessuno lo pratica. Se nessuno vuole ascoltare, va bene, ma chi è scelto e chiamato da Dio non deve essere un trasgressore o un violatore. Se ci sono insegnanti, profeti e pastori timorati di Dio e che ascoltano, non c'è bisogno di un sistema di sicurezza, di un sistema penale, giudiziario o civile. Il mondo non ha bisogno di avere polizia o armi. Dio ha dato molte leggi, così possiamo godere della libertà e delle benedizioni di Dio. Chi vorrebbe essere dietro il bancone? Nessuno, giusto? Allora perché non aprite la Parola di Dio e non praticate le leggi e i comandamenti di Dio? Una, due e tre volte, un avvertimento di Dio dovrebbe essere sufficiente per svegliarsi. Quando il giudizio cadrà sui vostri figli e nipoti, fate attenzione. State entrando in una zona riservata.

Matteo 7:23 Allora dirò loro: "Non vi ho mai conosciuti; allontanatevi da me, voi che operate l'iniquità".

Matteo 13:41 Il Figlio dell'uomo manderà i suoi angeli e raccoglieranno fuori dal suo regno tutti quelli che offendono e quelli che commettono iniquità.

Il Signore ci dia il sano timore di Dio, che ha l'ultima parola. Ho visto il giudizio di famiglie e individui. Certamente, alcuni di loro non sono cambiati. Perché? Preferiscono vivere per soddisfare la carne e gli occhi con tutto l'orgoglio piuttosto che arrendersi a Dio. Molti piangono come Esaù e altri con dolore e dispiacere, ma non si rivolgono a Dio. Se scegliete il piacere sulla terra piuttosto che il cielo, non c'è posto per voi in cielo. Seguite seriamente Gesù e dimenticate la paura dei capi religiosi. Se obbediamo a Dio, dove possiamo essere oggi? Non ho mai avuto paura delle persone, ma di Dio. Quando cambiai il mio modo di vestire, una mia collega mi criticò e lo stesso fecero alcuni miei amici. Ora, ricordate che la prima lezione impartita da Dio è stata il codice di abbigliamento. Se abbiamo un codice di abbigliamento di Dio, allora molti uomini non sarebbero dietro le sbarre. Se non è così, e volete assomigliare a Hollywood, ricordate che li avete sedotti allo stupro, all'adulterio e alla lussuria. Allora chi ha causato il caos? Guardatevi allo specchio. I vestiti servono a coprire e mai ad allettare o sedurre.

Dove impariamo a vestirci? A Hollywood o dallo stilista dalla mente malvagia? I genitori e i leader religiosi dovrebbero far rispettare le leggi di Dio. Il loro compito è insegnare ciò che dice il Signore. Il mio compito è insegnare la verità o stare fuori dalla mia porta. Lo standard di abbigliamento delle persone religiose è migliore di qualche centimetro rispetto a Hollywood e al mondo. La nostra vita eterna inizia dopo la morte fisica. Tutto ciò porterà il giudizio eterno su di voi e sulla persona che amate.

Essere un cristiano non è la piccola preghiera, o andare in chiesa, e nessuno si preoccupa di correggerti. Abbiamo dato vita a molti culti o denominazioni, poiché vogliamo seguire le nostre strade. Gesù ha detto di seguirLo, ma quando la croce diventa pesante, tagliamo e fondiamo il metodista, tagliamo ancora e fondiamo il battista e poi tagliamo tutto e fondiamo il cattolico. Perché non osate conoscere la Parola di Dio, visto che sarete giudicati da essa?

Giovanni 12:48 Chi mi respinge e non accoglie le mie parole, ha uno che lo giudica; la parola che ho pronunciato lo giudicherà nell'ultimo giorno.

Ecco perché dobbiamo mantenere la calma quando incontriamo ipocriti che agiscono in modo impensabile a porte chiuse. Ricordate, quando il Signore riproduce il vostro video d'azione, non avete altro tempo che affrontare la fine della vostra storia. Noi abbiamo tempo. Ridedichiamo la nostra vita, pentiamoci e battezziamoci nel nome di Gesù per lavare i nostri peccati e ricevere lo Spirito Santo per avere la forza di vivere bene. Lo Spirito Santo guiderà e insegnerà la verità. Amen!

PREGHIAMO

Padre celeste, veniamo a chiedere il sano timore di Dio per vivere bene. Siamo pellegrini e stranieri, di passaggio. Le nostre azioni-reazioni ci portano il giudizio per l'eternità. Ti prego, Signore, dacci conoscenza, saggezza e comprensione per vivere bene. Vogliamo i veri profeti e maestri che hai chiamato tu e non loro stessi. Ci presentiamo davanti a te. Dacci audacia e coraggio. Apri le nostre orecchie e i nostri occhi per ascoltare e vedere. Signore, abbi pietà di noi. Sappiamo che nessuno può sfuggire al Tuo giudizio. Aiutaci, Signore, a vivere in mezzo alla folla o dietro la porta quando nessuno ci guarda. Signore, donaci un cuore pulito dove inizia l'origine della vita nel nome di Gesù. Amen! Dio vi benedica!

6 DICEMBRE

VIOLAZIONE DEL CONTRATTO!

Che cos'è una violazione del contratto? Nel coinvolgimento di due parti nel contratto, i termini delle condizioni non vengono rispettati. Una parte ha scavalcato le condizioni del contratto e ha stabilito dei termini. Quando una delle due parti non rispetta le condizioni o le infrange, allora si parla di violazione del contratto. Dio può governare sulla terra con i termini e le condizioni stabilite tra l'uomo creato e il Creatore. Dio non infrangerà alcun termine o condizione, poiché è un Dio giusto, ma il problema risiede nella carne creata dall'uomo.

Una volta che la condizione orale data da Dio fu infranta da un uomo di nome Adamo e da sua moglie Eva, Dio dovette applicare la legge. Il giudizio cadde su di loro per averla infranta. In seguito, trovò Abramo, suo discendente, che fu poi chiamato Israelita. Diede i comandamenti scritti agli Israeliti con il Suo dito. In seguito, la Torah fu data al loro capo, Mosè. Dio scelse Mosè per prendere il comando dell'esercito di Dio e condurli fuori dalla schiavitù dell'Egitto, per seguire e servire il Dio Santo obbedendo alle sue leggi, precetti e comandamenti.

Questo Dio Santo aveva bisogno di qualcuno che insegnasse e praticasse la sua Torah senza interpretazioni personali. Dio ha mantenuto il contratto da quando ha trovato Abramo, che ha creduto in Dio. Promette ai Suoi discendenti una Terra in cui vivere. Qual è il significato di credere? Accettare qualcosa come vero e fidarsi di esso. Dio si è servito dell'umile Mosè per portare avanti il Suo progetto. Il Signore gli affidò il compito di portare il Suo popolo nella Terra promessa. Dio ha bisogno di qualcuno che segua le Sue condizioni e che non infranga o scavalchi le Sue condizioni. Geova Dio ci ha creati per sé alle Sue condizioni. Se non vi preoccupate di osservare i comandamenti, state seguendo Eva-Adamo, il Re Saul e il sacerdote Eli. Dio ha detto che Mosè era un uomo umile. Perché fu chiamato umile? Mosè fece esattamente ciò che Dio gli chiese di fare. Seguite Dio o Adamo ed Eva? Se non seguite Dio, allora il vostro rapporto con il Signore è già rotto, solo che voi non lo sapete.

Il nostro Dio ha dato la Torah per essere seguita e praticata dalle autorità. Quando Egli venne, persone invidiose, avide, orgogliose e arroganti assunsero la carica. Vi ricorda l'epoca attuale? Certo che sì. Quando Gesù è venuto sulla terra, hanno osservato le leggi per riempire le tasche. Non conoscevano il Dio del testamento o del contratto. Si sono sbarazzati del Dio del contratto. Autorità ipocrite presero il comando e governarono con condizioni e leggi dure. Il nostro compito è quello di mantenere il contratto.

Geremia 5:31 I profeti profetizzano falsamente e i sacerdoti governano con i loro mezzi; e il mio popolo ama che sia così; e che cosa farete alla fine?

Ezechiele 22:26 I suoi sacerdoti hanno violato la mia legge, e hanno profanato le mie cose sante; non hanno fatto differenza tra il sacro e il profano, né hanno fatto differenza tra l'impuro e il pulito; hanno nascosto i loro occhi dai miei sabati e io sono profanato in mezzo a loro.

Se l'autorità non rispetta i termini e le condizioni, allora il testamento finisce. Ecco perché abbiamo due Testamenti, il Vecchio e il Nuovo. Il Suo sangue ha acquistato una nuova alleanza. Dio ha versato il Suo sangue. Il sangue sigilla ogni contratto. È un'alleanza di sangue.

Ebrei 9:22 Quasi tutte le cose sono state purificate dalla legge con il sangue; e senza spargimento di sangue non c'è remissione.

Atti 20:28 Badate dunque a voi stessi e a tutto il gregge, di cui lo Spirito Santo vi ha costituiti sorveglianti, per pascere la Chiesa di Dio, che egli si è acquistata con il proprio sangue.

Dio ha versato il sangue per questo nuovo contratto. Quanto sono in debito con il Suo sangue. Mi sono ricordata del giorno in cui mi sono immersa in acqua nel nome di Gesù. Ne sono uscita pulita, lavata e leggera come una piuma. Il sangue è nascosto sotto il nome di Gesù per rimettere i nostri peccati. Non ho parole da dire se non grazie, Signore Gesù, per aver perdonato i miei peccati. Non posso spiegare l'esperienza di entrare nell'acqua nel Nome di Gesù. Ora abbiamo un nuovo contratto con la fede del Nuovo Testamento. Il Suo termine e la Sua condizione sono di nascere dall'acqua e dallo Spirito. Il battesimo nel nome di Gesù, dove il Suo sangue si applica ai nostri peccati, e la ricezione dello Spirito Santo parlando in lingua danno il potere di vincere il nemico. Il nostro Dio è buono.

Matteo 26:28 Perché questo è il mio sangue del nuovo testamento, che è versato per molti per la remissione dei peccati.

1 Giovanni 5:6 Questo è colui che è venuto per acqua e sangue, cioè Gesù Cristo; non per acqua soltanto, ma per acqua e sangue. Ed è lo Spirito che rende testimonianza, perché lo Spirito è verità.

Il nostro problema è che non ci curiamo del sangue. Egli ha versato il sangue per acquistare la sposa del Nuovo Testamento. Vediamo la Congregazione comprata con il sangue.

Matteo 16:18 E ti dico anche che tu sei Pietro e su questa pietra edificherò la mia Chiesa e le porte degli inferi non prevarranno contro di essa.

Esaminiamo le Scritture e il modo in cui Pietro ha posto le fondamenta di una chiesa acquistata con il sangue. Noi siamo la chiesa e non l'edificio. È a Pietro che voglio chiedere. Voglio che la mia chiesa sia costruita come quella di Pietro. Ho bisogno di una vittoria sul diavolo e sulla sua tattica, quindi preferisco seguire gli insegnamenti della prima chiesa. Essa ha la chiave per aprire il regno dei cieli.

Atti 2:38 Allora Pietro disse loro: "Pentitevi e ciascuno di voi sia battezzato nel nome di Gesù Cristo per la remissione dei peccati e riceverete il dono dello Spirito Santo".

Gesù ha detto "in verità" per tre volte in Giovanni capitolo 3. Ora, chi può impedirvi di battezzare nel nome di Gesù per la remissione dei peccati? Falsi insegnanti e profeti, denominazioni e chiese? Chi rompe il contratto! Colui che non segue le istruzioni. Una volta che non ci si cura delle istruzioni del Manuale di Vita chiamato Bibbia, allora si è sulla strada sbagliata.

Atti 20:29 So infatti che, dopo la mia partenza, entreranno in mezzo a voi lupi feroci che non risparmieranno il gregge. 30 Anche da voi stessi sorgeranno uomini che diranno cose perverse, per attirare discepoli dietro di sé. 31 Perciò vegliate e ricordatevi che per tre anni non ho cessato di avvertire tutti, notte e giorno, con lacrime.

1 Giovanni 2:18 Figlioli, è l'ultimo tempo; e come avete sentito dire che verrà l'anticristo, anche ora ci sono molti anticristi; per questo sappiamo che è l'ultimo tempo.

L'anticristo non battezzerà nel nome di Gesù, poiché Dio ha nascosto il sangue sotto il nome di Gesù per lavare, per rimettere i peccati. Amici miei, siamo all'ultima ora. Nessuno vuole conoscere l'unico Dio, la preghiera e il digiuno. Ci interessa la prosperità e il mondo. Abbiamo anche violato i termini e le condizioni della Bibbia. Aiutaci, Signore. Amen!

PREGHIAMO

Padre celeste, nostro Signore e maestro, ti abbiamo chiesto di aiutarci a osservare le Tue leggi e i Tuoi comandamenti. Signore, ti ringraziamo per averci dato lo Spirito Santo per insegnare e guidare. Riempite coloro che non hanno lo Spirito Santo che li abilita. Non lasciare che siano ingannati dalla legge, dai termini e dalle condizioni che rompono i falsi insegnanti e profeti. Grazie per la meravigliosa verità e per averci protetto dal falso insegnamento. Il Signore ha messo la goccia di sangue di Gesù mescolata allo Spirito Santo in ogni occhio e in ogni orecchio. Fa' che le persone fuorviate sentano e comprendano la verità della Bibbia. Fa' che il Tuo Spirito venga su di loro anche se non sanno e non cercano. Padre nostro, nel Tuo nome, ti abbiamo chiesto di renderci custodi dei Tuoi termini e condizioni. Aiutaci a osservare le Tue leggi e i Tuoi comandamenti nel nome di Gesù. Amen! Dio vi benedica!

7 DICEMBRE

CONOSCO IL MIO DIO!

Quando qualcuno conosce il proprio Dio agisce in modo diverso. Una volta che avrete sviluppato il vostro rapporto di fiducia nella Sua parola, obbedendo e sottomettendovi a Dio, allora sarete su un altro livello. I genitori devono insegnare la Parola di Dio ai loro figli. Non insegnare loro quando è conveniente, ma insegnare dando il buon esempio di obbedienza alla Parola di Dio. È nostro compito insegnare la parola di Dio ai nostri figli, nipoti e anche alle persone che ci circondano. Ho alcuni amici che prestano sempre attenzione a ciò che dico e a come vivo. Una delle mie amiche è un pastore, ma dice agli altri che suor Elizabeth è la sua mentore. Molte persone mi presentano come la loro mamma spirituale, dato che gli ho insegnato e li ho formati. Come sappiamo, consapevolmente o meno, siamo un esempio.

Quindi scegliete una compagnia, come Gesù ha insegnato nella Parola:

Salmi 1:1 Beato l'uomo che non cammina nel consiglio degli empi, non si mette sulla strada dei peccatori e non siede sul seggio degli spregiatori. 2 Ma il suo diletto è nella legge del Signore; e nella sua legge medita giorno e notte.

Se avete un familiare malvagio, non lasciatevi influenzare da lui. Avete chiesto a Dio di aiutarvi a chiudere tutte le porte a loro. Quando sono arrivata negli Stati Uniti, ho iniziato ad andare in chiesa per imparare il bene. Ho chiesto a Dio: "Voglio la mia casa per poter servire Dio come voglio". Dio mi ha comprato una casa dove ho iniziato a vivere esattamente come mi era stato insegnato dalla Parola. Non credo che si debba perdere tempo con le persone sbagliate, soprattutto con quelle che sono un disastro. Il disordine genererà un disordine ancora maggiore. Anche se avete una persona del genere nella vostra famiglia, fatevi coraggio e non disturbatela. Potete stare con loro se necessario, ma non dovete seguirli o sottomettervi a loro. Vivere in qualsiasi nazione non cambierà le persone se seguono le leggi di Dio.

Daniele conosceva il suo Dio e non si preoccupò dell'opposizione. Questa arriverà, ma una volta che avrete deciso, la supererete. Imparate il carattere di Dio e vivete secondo i Suoi standard. Non godrete della loro festa di ritrovo. Non è nemmeno necessario. Ho avuto una madre buona, santa e giusta che non amava frequentare la gente sbagliata. Era dedita ai suoi figli e alle sue responsabilità. Nostra madre ci ha sempre osservati. Si comportava in modo retto e noi non eravamo mai preoccupati. Anzi, se sbagliavamo, lei ci correggeva subito. Grazie a Dio per questo. È bene avere genitori e nonni puliti, santi e giusti. Molti dei problemi dei bambini non sono dovuti all'ambiente, ma ai genitori e ai nonni. L'insegnamento sbagliato dei genitori li fa soffrire. Una volta che li avrete istruiti, dormirete sonni tranquilli. Abramo aveva ragione. Conosceva Dio e lo insegnò a Isacco. Isacco insegnò ai suoi figli, Giacobbe ed Esaù. Questi ultimi capirono il valore di Dio e se lo tennero stretto. Esaù non ha mai capito Dio, ha abbandonato Dio e anche Dio ha abbandonato lui.

Daniele 11:32 Quelli che fanno malvagità contro il patto li corromperà con le lusinghe; ma il popolo che conosce il suo Dio sarà forte e compirà imprese.

Significa che chi sbaglia non capisce e non conosce Dio, anche se insegna, predica, è un missionario, un pastore o un membro della chiesa. Ma chi conosce Dio sarà forte e avrà successo. Il successo si ottiene osservando le leggi, i precetti e i comandamenti. Altrimenti siete come un asino che lavora, lavora e lavora. State portando il fardello e non avete fatto alcun progresso. Il nostro compito è conoscere Dio e aprire la Bibbia per conoscerLo ancora meglio. Se conoscete Dio, allora non ci saranno preoccupazioni. Alcuni raccolgono molto, senza sapere per chi. Questo è triste. Alcuni raccolgono per gli altri e muoiono poveri.

Quando conosciamo Dio, viviamo ricchi e moriamo ricchi. Quando moriamo, andiamo direttamente in cielo e stiamo con il nostro Signore. Tutti i cani e le tigri che hanno combattuto contro di noi non avranno posto lì. Non è fantastico? Sono entusiasta di andarci. Non è un luogo dove si deve faticare e sudare. È un posto inimmaginabilmente bello. Una volta ho detto a un'amica che sarei andata in Paradiso presto, e lei ha detto che c'era qualcosa di sbagliato in me. Le ho risposto che non c'era nulla di sbagliato in me, ma so che la mia casa eterna è il mio destino. Lo desidero. Lei disse: "No, rimani finché non saremo vecchie". Lotteremo con il nostro bastone, ho detto, per trovare qualcuno. Sono pronta a partire non appena avrò finito il mio lavoro sulla terra.

La Bibbia dice che le persone che hanno camminato con Lui hanno vissuto a lungo. Hanno benedetto i loro figli e nipoti sapendo che era arrivato il momento della deportazione. Che bello! Mia madre è stata testimone di come i membri della sua famiglia parlavano della loro partenza dalla terra. Sapevano quando il tempo si avvicinava. Io conoscevo quando sarebbe stato il momento di mio fratello. Dio mi ha chiesto: "Se lo prendo ora lo salverò, ma se non lo prendo allora non si può tornare indietro". Assicuratevi che Dio vi prenda quando siete pronti. Vorrei andarmene quando sono pronta a incontrare il Signore Gesù. Quando si perde il tempo, non si troverà mai la via d'uscita. È di questo che voglio parlare. Quando Daniele dovette andare nella fossa dei leoni, era pronto perché conosceva il suo Dio. Non sareste disposti a morire per Dio se non lo conoscete.

2 Corinzi 5:8 Siamo fiduciosi, dico, e desiderosi piuttosto di essere assenti dal corpo e di essere presenti con il Signore.

Filippesi 1:23 Sono combattuto tra le due cose. Desidero partire e stare con Cristo, che è molto meglio.

Il popolo di Dio non ha paura di lasciare la terra. Quanto è grande? Molte persone faticano a partire perché non conoscono Dio. Vivendo nella carne, per l'anima diventa più difficile andarsene. Li vediamo malati, in difficoltà e impauriti. Sanno di aver vissuto una vita malvagia ed empia. Andavano in cappella ma imbrogliavano, scendevano a compromessi e mentivano a se stessi e a Dio. Un cercatore di piccoli piaceri come Giuda, il sacerdote Eli, l'anima del re e il Re Salomone se ne andarono all'improvviso. Anche il tempo che se ne va porta dolore all'anima.

Che il Signore vi dia la saggezza di vivere una vita santa e retta. Ricordate che non siete qui per sempre. La vita finisce e tutte le vostre idee di ricerca del piacere non vi accompagneranno dove siete diretti. È necessario conoscere Dio mentre si lascia questa terra. Un angelo vi accompagnerà alla porta perlata. Essa è l'ingresso solo per le persone che amano Dio e dipendono da Dio. La sfida più grande è rappresentata da se stessi. La brama della carne, degli occhi e dell'orgoglio vi costerà la dannazione eterna. Preferisco Dio a tutto questo mondo. Dio ha detto che non mi avrebbe mai lasciata o abbandonata. Dio non mi ha mai lasciata o abbandonata. Anzi, amo stare con Gesù. La mia vita è più gioiosa se non ho persone mondane intorno a me. Gesù è un Dio impareggiabile. Gesù è sempre presente e si prenderà cura di voi. Ha degli Angeli che ci aiutano. Il suo Spirito è sorprendente. Conduce, guida e protegge. Conosco il mio Dio. Non mi pento di averLo servito e seguito. La vita è bella con il Signore Amen!

PREGHIAMO

Signore, ti ringraziamo per le persone che ti conoscono e ti amano. Colui che è morto in Cristo ha lasciato una bella testimonianza per noi. Signore, aiutaci a essere fedeli fino alla fine. Aiutaci a portare i pesi dei nostri fratelli e sorelle cristiani. Preghiamo affinché i nostri fratelli e sorelle in Cristo vivano per Te. Tu non ci lascerai mai, non ci abbandonerai e non ci dimenticherai mai. Ti ringraziamo per questo. Signore, ti ringraziamo per averci dato innumerevoli benedizioni, provvidenze e privilegi. Anche i loro figli non mendicheranno il pane. Perciò ti ringraziamo, Signore, per le Tue numerose promesse. Ti chiediamo di guidarci fino alla nostra partenza dalla terra. Quando verrà il nostro momento, scortaci dalla terra con i Tuoi Angeli nel nome di Gesù. Amen! Dio vi benedica!

8 DICEMBRE

COSA PENSA IL CRISTIANO?

Il cristiano pensa come il suo papà. Il cristiano spirituale vede la questione con amore e compassione e cerca soluzioni. Giovanni e Pietro vennero a pregare al tempio.

Atti 3:2 E fu portato con sé un uomo zoppo fin dal seno materno, che essi deponevano ogni giorno alla porta del tempio che si chiama Bella, per chiedere l'elemosina a coloro che entravano nel tempio.

Giovanni e Pietro non avevano denaro, ma qualcosa di meglio.

Atti 3:6 Allora Pietro disse: "Non ho argento e oro, ma quello che ho te lo do: nel nome di Gesù Cristo di Nazareth alzati e cammina". 7 Ed egli lo prese per la mano destra e lo sollevò; e subito i suoi piedi e le sue caviglie ricevettero forza. 8 Ed egli, balzando in piedi, si mise a camminare ed entrò con loro nel tempio, camminando, saltando e lodando Dio.

Un vero cristiano ha una mente come Cristo.

1 Corinzi 2:16 Chi infatti ha conosciuto la mente del Signore per istruirlo? Ma noi abbiamo la mente di Cristo.

Una volta che abbiamo la mente di Cristo, pensiamo come Lui e agiamo come Lui. Abbiamo una mente, una personalità e un modo di pensare più speciali rispetto alle persone del mondo. Il mondo ha una mente mondana e i cristiani hanno una mente divina. I cristiani pensano alla soluzione di ogni problema. La nostra missione è andare a predicare il Vangelo con segni e prodigi. Non vogliamo che la gente ascolti la Parola, ma che veda le guarigioni, i miracoli e la resurrezione del Vangelo. Il Vangelo deve diffondersi in tutte le nazioni con segni e meraviglie. Vogliamo che la gente non si limiti a sentire, ma sperimenti la Sua potenza nella Parola. Ogni Parola deve prendere vita quando la pronunciamo. Dobbiamo vedere la questione con compassione, come Gesù.

Marco 1:41 Gesù, mosso a compassione, stese la mano, lo toccò e gli disse: "Lo voglio, sii purificato". 42 Appena ebbe parlato, subito la lebbra si allontanò da lui ed egli fu purificato.

Dio è compassionevole, quindi chiedete a Dio di avere compassione per la situazione. Negli anni Ottanta, passavo davanti a una baraccopoli di Bombay. La vidi per la prima volta e il mio cuore si riempì di tristezza. Ho detto al Signore: "Chi andrà in questo slum?". Non sapendo che un giorno sarei andata in quella baraccopoli. Quando ero giovane, sapevo poco dello Spirito di Dio, ma sentivo un pesante fardello che mi assaliva. Volevo gridare e piangere. Dobbiamo portare il fardello per la nazione. Dobbiamo raggiungere tutte le nazioni, le religioni e i colori. Dobbiamo chiedere a Dio di mettere il Suo fardello nei nostri cuori. Abbiate compassione per gli altri e chiedete aiuto a Dio. Il loro futuro dipende dalla nostra preghiera. Questa può salvare molte persone dall'inferno. Non possiamo camminare come uno zombie o essere insensibili.

Matteo 9:36 Ma quando vide le folle, ne ebbe compassione, perché svenivano e si disperdevano, come pecore senza pastore. 37 Poi disse ai suoi discepoli: "La messe è veramente abbondante, ma gli operai sono pochi; 38 pregate dunque il Padrone della messe che mandi operai nella sua messe.

Il Signore mi ha dato un fardello per le baraccopoli, ma ha anche creato un modo per ministrare a loro. Grazie a tutte le preghiere e ai digiuni, sono iniziate molte opere nello stato di Maharashtrian e nell'India meridionale. Dobbiamo vedere e pensare con una mente celeste. Il nostro Dio ha camminato sulla terra con una missione. Aveva un rimedio per la Sua creazione. Quando la creazione grida, e se conosciamo la risposta, non dobbiamo allontanarci. Se vediamo il saccheggiatore, la vedova, l'orfano, il malato, il depresso e il legato, allora dobbiamo pensare a come aiutarlo. Noi siamo la mano del Signore. Le nostre benedizioni si nascondono nel vostro dare ai bisognosi e non nel sostenere l'edificio e l'attività della Parola di Dio. Gesù ha rovesciato le mense perché sapeva che avrebbero rubato ai poveri, agli affamati, agli orfani e ai mendicanti.

Molte persone legate dalla paura, depresse, malate, oppresse e possedute mi chiamano per pregare. Mi metto in preghiera e le cose cambiano. La nostra mente deve mettersi al lavoro per aiutare i bisognosi. Il nostro compito è fare. Possiamo parlare di fede tutto il giorno e la notte, ma se non ci mettiamo all'opera, sono discorsi vuoti. Le chiacchiere sono come l'aria.

Matteo 14:14 Poi Gesù uscì, vide una grande moltitudine, ne ebbe compassione e guarì i loro malati.

Cosa e come si sente quando si vedono persone malate? Ho un elenco di persone che mi chiamano per essere guarite. La malattia porta con sé la mancanza di speranza. Non vi siete mai sentiti così quando eravate malati? A volte il diavolo porta nuvole nere di depressione e scoraggiamento. Dobbiamo avere la mente di Cristo per sentire quello che provano loro. Pregate per loro. Ieri sera c'è stata una notte di preghiera. Ho sentito che tutti stavano pregando per una questione diversa. Ho detto che è stato bellissimo. Tutti portavano un qualche tipo di fardello. Abbiamo pregato e accettato tutte le situazioni e le richieste. Le persone che hanno la mente di Cristo si svegliano e pregano. È una questione per cui vale la pena di perdere il sonno. Qualcuno ha bisogno di ristabilire il matrimonio, i figli e la famiglia hanno bisogno di pace e di guarigione. Ammiro i guerrieri della preghiera perché digiunano e pregano. Riconosco i cristiani dalla loro vita di preghiera. Il vero cristiano va da Dio nel cuore della notte per intercedere sulla questione. Amo i guerrieri della preghiera. Credo che solo i guerrieri della preghiera portino pace, salvezza e protezione sulla terra.

Alcuni hanno pregato ininterrottamente finché la questione non è stata risolta. Pietro è sfuggito alla pena di morte perché qualcuno pensasse come il proprio Padre. Dio è un portatore di vita. Pietro era libero dalla pena di morte. Vedo alcuni casi sul computer e mi dispiace per loro. Vengono in tribunale con una mano e una gamba incatenate. Aspettano che la vita finisca in prigione o senza libertà vigilata. Prego per loro. Il mio cuore va a loro. La vita è un dono prezioso. Pianificatela con cura per evitare il dolore del cuore. Prego contro Satana, che si è impadronito della mente. L'astuto Satana fa il lavoro di uccidere, rubare e distruggere. Lascia le persone dietro il bancone a marcire e continua a fare affari. Quando vedo questo mi metto a pregare. I guerrieri della preghiera li incanalano con il seggio della misericordia del Padre celeste per salvarli dal fuoco dell'inferno. Dio può salvarli e liberarli se preghiamo. Probabilmente non dalla prigione, ma sicuramente dall'inferno. Che il Signore dia loro lo spirito di pentimento per sfuggire alla morte eterna. I cristiani pensano in modo diverso dalle persone carnali e mondane. Non cerchiamo la festa come un buon momento, ma per pregare e intercedere per le questioni degli altri. Siamo i Suoi ambasciatori, sacerdoti e sommi sacerdoti. La nostra mente si mette al lavoro per salvare chi ha bisogno di essere salvato. Grati a Dio di avere la Mente di Cristo, Amen!

PREGHIAMO

Padre celeste, ti ringraziamo per la compassione e l'amore che hai per il Tuo popolo. La Tua creazione piange intorno a noi. Ti preghiamo di aprire i nostri occhi e le nostre orecchie per pregare e prendersi cura di loro. Quando era affamato, nudo, assetato e malato in prigione, ci ha ricordato che era nostro compito occuparci della situazione. Noi e personalmente io dobbiamo dire grazie a chi ama e comprende gli altri. Il nostro compito è quello di guarire, liberare e rendere liberi i prigionieri con le autorità e il potere che ci hai dato, nel nome di Gesù. Signore, fa' che la nostra mente sia riempita dalla Parola, in modo da pensare come te. Tu sei la Parola manifestata nella carne. Grazie, Signore, per aver compiuto l'opera di guarigione e di liberazione. Fa' che mostriamo lo stesso amore e la stessa compassione a tutti. Aiutaci a condividere con i poveri. Soprattutto in questo periodo natalizio, dobbiamo pensare a qualcuno che ha bisogno di aiuto. Nel nome di Gesù. Amen! Dio vi benedica!

9 DICEMBRE

LE PERSONE RELIGIOSE SONO PRESUNTUOSE.

Che cos'è la presunzione? I presuntuosi sono arroganti, audaci o troppo sicuri di sé. Da quando Dio mi ha chiesto di partecipare al servizio su Internet, condivido con due persone religiose. Una ha detto: "Oh, la gente si è fatta male e ha smesso di andare in chiesa". Davvero? Un'altra persona ha detto: "Ti ricordi cosa è successo a me? Sì, me lo ricordo, ha perso la testa quando era un nuovo convertito ed è stato condotto dalla pecora smarrita. Inoltre, li conosco personalmente. Pensavano di sapere tutto. Pensavano di essere i più spirituali. Succede solo quando siete bambini e non vi lasciate guidare dallo Spirito Santo.

Ora, le persone sagge e spirituali fanno una domanda e non presumono o danno per scontato. Le persone presuntuose sono religiose o le persone religiose sono presuntuose. Alcune persone hanno lo Spirito Santo, ma non gli permettono di condurre o guidare. Molti hanno paura di fare cose strane che Dio ha chiesto loro di fare o dire. So quando andrò in altre nazioni; non so dove viaggerò, le mie riunioni o il mio programma. Non ho nulla di cui preoccuparmi, perché lo Spirito sa tutto e mi porterà in tutti i luoghi in cui devo essere.

Non mi importa, tempo fa anche i leader religiosi mi hanno intrappolata. Un tempo ero anche religiosa, ma non conoscevo Dio. Odiavo la religione. Mi soffocava in quella scatola, cercavo una via d'uscita. Una volta che siete nella scatola della religione, sentite di non avere ali, coraggio, potere e comprensione di ciò che dovete fare. La Bibbia dice che conoscerete la verità ed essa vi renderà liberi. Ho trovato la verità del battesimo nel nome di Gesù e ho creduto di ricevere lo Spirito Santo. Tuttavia, c'era molta carne in gioco. Una fase della religione è finita e si entra in un'altra scatola di religioni. La prima volta che sono stata battezzata nel nome di Gesù, ho sperimentato l'incredibile potere del battesimo d'acqua. Questa esperienza mi ha reso una credente. Credevo in Gesù da quando la mia famiglia mi aveva cresciuta come cristiana. La lettura della Bibbia era l'unico libro religioso che avevamo. Per la prima volta ho sperimentato il potere di obbedire alla verità. Sono entrata in acqua per battezzarmi nel nome di Gesù per lavare i miei peccati. Quando uscii dall'acqua, il peso era pesante come una montagna sollevata. Non sapevo che lo stavo portando. Mi sentivo leggera come una piuma. Questa è stata la mia prima esperienza di potere nel cristianesimo.

Era solo l'inizio. La Bibbia dice che il cuore è ingannevole. Ho detto no, non il mio. Vedete, devo credere ancora una volta che non so nulla di me stesso. Beh…I religiosi sono ciechi e sordi, e io ero una di loro, ma non smettono di cercare, chiedere e bussare.

Permettetemi di condividere una storia vera della mia vita per dimostrare come è fatto il cuore. Un giorno la

9 DICEMBRE

chiesa chiese di donare dei vestiti per una signora che frequentava la mia chiesa. La signora era della mia altezza e della mia taglia. Stavo preparando una borsa di vestiti per lei. Era il mio giorno libero, stavo lavorando a casa ed ero esausta. Sentii Dio dire di dare quelle due camicette che avevo ricevuto dalla Cina. Oh mio Dio, amavo quelle camicette, le desideravo da anni. Sono rimasta scioccata quando Dio mi ha indicato le mie camicette preferite. Mi sono subito sdraiata a letto e ho detto: "Sono stanca e le metterò nella borsa domani". Ma nel mio cuore pensavo: "Il Signore se ne dimenticherà domani. E non dovrò dare via le mie camicette preferite". Ebbene, il Signore mi ha tolto la stanchezza in un secondo. Ha detto che non ero più stanca e ha messo due camicette nella borsa. La mia esperienza con Dio è stata sconvolgente. Wow! Egli è potente! La stanchezza è sparita in un secondo. È pazzesco. Innanzitutto, Dio mi ha dimostrato che non si conosce il proprio cuore. Mi ha dimostrato che stavo pensando male nel mio cuore. Il mio cuore era ingannevole e malvagio.

Geremia 17:9 Il cuore è ingannevole sopra ogni cosa e disperatamente malvagio; chi può conoscerlo?

Ho imparato la lezione del mio cuore. In secondo luogo, sono stata grata a Dio per avermi portato a conoscere e a credere alla Sua Parola piuttosto che alla mia.

Salmo 51:10 Crea in me un cuore pulito, o Dio, e rinnova in me uno spirito retto.

Voglio un cuore pulito; non voglio essere una persona religiosa presuntuosa. La vita cristiana ruota attorno allo Spirito di Dio. La luce cristiana risplende nel Dio vivente. La vita delle persone religiose ruota intorno alla loro chiesa, ai loro programmi, alle loro routine e ai loro programmi. Io odiavo tutto questo. Volevo quello che Gesù ha detto e fatto nella Bibbia. Non mi lasciavo controllare da loro perché avevo fame e sete di Dio e non di religione. Che il Signore vi liberi dal potere della religione per essere liberi di seguire Gesù. Guardatevi intorno. Quanti sono malati, sofferenti, depressi, oppressi, suicidi, drogati, divorziati e nel caos? Vi dispiacete per loro o siete diventati anche voi ciechi, sordi e insensibili seguendo denominazioni, non denominazioni e organizzazioni? Il Signore Gesù ha detto: seguitemi. Diventiamo residenti di Dio e permettiamoGli di prendersi cura dei bisogni della Sua creazione.

Ora, quando Dio mi ha tolto la stanchezza, ho messo le mie due camicette preferite nella borsa per darle a quella signora. Queste belle lezioni mi hanno aiutato a imparare a dare il meglio di me. Non tutto è per me. A volte Dio mi dà perché io possa condividere con gli altri. Condividete la vostra benedizione obbedendo al Signore. Il cristianesimo si basa sull'amore incondizionato e sul dare con gioia. In una breve lezione, imparo diverse cose. Dio ci ha benedetto con molto dove non c'è spazio per conservare. Questa lezione mi ha liberata e ora posso dare senza rancore. Sono stata liberata dallo spirito di accumulo. Ho tagliato il capitolo religioso della mia vita consentendo allo Spirito Santo per condurmi, guidarmi e insegnarmi. Mi ha dato molta audacia e coraggio per fare cose che prima non potevo fare. Gesù ha dato un esempio per mostrarci che anche Lui ha affrontato un potere religioso.

D'ora in poi sono senza confini, al di là e al di sopra. Il cielo è il limite, e anche tu lo sei! Uscite dalla religione e liberatevi dai confini. Potete essere tutto ciò che desiderate. Non c'è presunzione religiosa che possa lacerare, fuorviare, bloccare o abbattere. Non preoccupatevi mai del vostro futuro quando camminate con Dio. Non avete bisogno dell'approvazione degli altri, perché la massima autorità è Gesù Cristo. Lo Spirito Santo è un unico Dio Spirito. Non mette mai in pericolo la vostra vita. Ricordate che Davide si rivolgeva sempre a Dio e chiedeva indicazioni. Allo stesso modo, il Re Saul si rivolgeva a uno spirito familiare che può dare informazioni, ma non può guidare alla verità. Re Saul, essendo religioso, non ebbe successo. Lasciando l'eredità della maledizione, del dolore e della distruzione. Il nostro compito è quello di lasciare un'eredità di verità e di benedizioni.

Le persone affermano di avere molte esperienze con Dio, cosa di cui non dubito. Ma quando si tratta di arrendersi totalmente e di uscire dalla propria zona di comfort diventa una sfida. Sono chiamato a seguire Gesù. Sono chiamato a permettere allo Spirito Santo di condurre e guidare. Sono istruita a fare della Parola di Dio l'ultima parola. Voglio che i seguaci di Gesù siano i miei veri insegnanti e i miei veri profeti. I seguaci di Gesù hanno trascorso il loro tempo nella sala del trono, quindi sentiamo le stesse istruzioni, conversazioni e direzioni. Sono felice di non essere mai stata religiosa. Amo il Signore. Non sono pigra nell'andare nella sala del trono, a digiunare e pregare finché non trovo la mia risposta. Ricordate, Gesù vi ha chiamati. Non lasciate che qualcuno vi inganni, vi fuorvii o vi dica qualcosa di diverso. Aprite lo studio della Bibbia per conoscere Gesù. Per che cosa siete chiamati? A sedere su un banco o ad andare in giro per il mondo a predicare il Vangelo, a scacciare il demonio, a guarire i malati. Pensate a voi stessi e seguite il Signore Gesù. Amen!

PREGHIAMO

Signore, ci inginocchiamo all'altare di Dio; siamo grati per averci dato lo spirito di Dio per guidarci, insegnarci e condurci. Rimuovete qualsiasi blocco religioso che possa soffocare lo Spirito Santo. Aiutaci a non diventare religiosi avendo lo Spirito Santo. Ricordiamo che condurre la vita con lo Spirito Santo non è comodo, ma sconosciuto e imprevedibile. Possiamo imparare e sperimentare la Parola solo obbedendo a essa. Signore, libera il Tuo popolo dai demoni religiosi per avere ogni giorno una nuova esperienza. Aiutaci a crescere in gloria. Abbiamo bisogno del Tuo aiuto. Ci teniamo per mano perché la strada è sconosciuta. Aiutaci a non essere giudicanti, ma guerrieri della preghiera per lasciar fare a Dio. Signore, confidiamo nella Tua direzione. Le nostre menti limitate non possono prevedere il nostro Dio, quindi ci arrendiamo a te. Fa' pure a modo Tuo, ma facci uscire dalla religione per essere liberi nel nome di Gesù. Amen! Dio vi benedica!

10 DICEMBRE

CRISTO HA DATO!

Oggi, durante la preghiera del mattino, il Signore mi ha detto che cristianesimo significa dare. La dottrina del cristianesimo in termini di Dio è dare. Dio è venuto per donarsi. Dio diventa umano per donarsi.

Filippesi 2:7 ma, non avendo alcuna reputazione, assunse la forma di servo e fu fatto a somiglianza degli uomini.

Quando Gesù è venuto, ha usato il Suo tempo per andare in giro a guarire.

Matteo 4:23 Poi Gesù andò in giro per tutta la Galilea, insegnando nelle loro sinagoghe, predicando il vangelo del regno e guarendo ogni sorta di malattia e ogni genere di infermità tra il popolo.

Luca 4:43 Poi disse loro: "Devo predicare il regno di Dio anche in altre città; per questo sono stato mandato".

Il Signore ha dato se stesso per la Sua creazione. Un Dio, che è Spirito, ha fatto il nostro corpo, quindi sapeva come ripararlo. Ha detto che ci ha dato il potere e l'autorità attraverso il Suo nome più alto, "Gesù", per andare a fare lo stesso. Dobbiamo dare noi stessi per il servizio di Dio. Non dobbiamo lavorare per i medici, gli infermieri, i farmacisti e tutti gli altri. Le loro tariffe sono troppo alte. Ma il Signore ci ha dato il Suo Spirito gratuitamente, per fare il lavoro che ci ha assegnato. Vedo gli anziani per strada, perché le medicine e le spese mediche hanno divorato i loro soldi guadagnati con fatica. Se voi e io facessimo il nostro lavoro, allora non sarebbero per strada.

Luca 9:1 Poi chiamò a raccolta i suoi dodici discepoli e diede loro potere e autorità su tutti i demoni e di guarire le malattie. 2 E li mandò a predicare il regno di Dio e a guarire i malati.

Luca 10:17 I settanta tornarono di nuovo con gioia, dicendo: "Signore, anche i demoni ci sono sottomessi per il tuo nome".

Dio ci ha dato l'autorità di andare in giro e lavorare come ha fatto il Signore. La potenza dello Spirito Santo è stata data e l'autorità nel nome di Gesù anche, ora andiamo e comandiamo alla malattia e al demonio di uscire. Il cristianesimo introdotto dal diavolo tiene le persone in gabbie di nomi chiamati denominazioni, non denominazioni e organizzazioni, che parlano solo di prosperità. Alcune chiese non gradiscono che si preghi per scacciare i demoni o che si visitino i malati negli ospedali e nelle case. Cosa direbbe a questi ladri chiamati falsi insegnanti e profeti? Me ne andrei da lì. Stanno lavorando contro il Signore.

Il Signore ha detto di andare, ma l'autorità ecclesiastica dice di sedersi, di portare gente e di far diventare la gente come noi. Di non preoccuparsi della malattia, del digiuno e della preghiera. Se volete fare quello che ha fatto Gesù, seguiteLo. Ascoltate il Signore, non i falsi insegnamenti, i profeti e le autorità ecclesiastiche. Avete un lavoro importante da fare. Continuate l'incarico dato dal Signore Gesù. È Lui la massima autorità, non quella che vedete e ascoltate in un edificio chiamato chiesa. Gesù scacciava i demoni. Ancora una volta, non andò in giro a cercare il divertimento, a preparare la lezione, a fare shopping, a cacciare o a giocare a golf.

Matteo 8:29 Ed ecco che gridavano dicendo: "Che abbiamo a che fare con te, Gesù, Figlio di Dio? Sei venuto qui per tormentarci prima del tempo?". 32b Ed egli disse loro: "Andate". E quando furono usciti, entrarono nel branco dei porci.

Questo è ciò che Gesù si aspetta da voi e da me. Se trovate malati, posseduti e uomini distrutti, andate ad aiutarli. È il vostro e il mio lavoro. Ci sono alcuni che non seguono la Bibbia, ma si sono allontanati dall'insegnamento del Signore seguendo falsi insegnamenti e dottrine. Credetemi, alcuni di loro hanno paura di perdere le persone e continuano a fuorviarle. Abbiate pietà di voi se non lavorate per Gesù. Pagate dei soldi per essere ingannati o cosa? Gesù ha rovesciato i tavoli del denaro e dei mercanti; qualcuno deve fare lo stesso. Non sono io, ma Gesù, che credete vi chieda di donarvi per la Sua opera. Gesù ha detto che Lui è la via, di non seguire le autorità perdute, ma di verificarle e seguire Gesù.

Non portate all'ospedale persone drogate, possedute da demoni, malate, oppresse e possedute, ma insegnate loro la Parola, imponete le mani su di loro e guariteli. È la Parola di Dio. Prestate attenzione a ciò che state imparando. Cosa succede se lavoriamo? Cosa succede se decidete di donarvi a queste persone bisognose? Le persone saranno guarite e liberate, non ci saranno cattive notizie, che sono le uniche che sentiamo in questi giorni. Nessuna esistenza malvagia, tutta questa farmacia scomparirà. Tutti i vostri demoni mangiatori di denaro saranno cacciati all'inferno. La prigione sarà sicura, non ci saranno stupratori o pazzi per strada. Ci sarà pace in casa e per strada. Il nostro compito è lavorare giorno e notte. Quando lavorerete come ha fatto il Signore, avrete una gioia che va al di là delle vostre possibilità.

Ha dato il Suo sangue. Ha preso dei colpi, così siamo guariti. Così il Signore vi ha dato la salute e il sangue per essere liberi dalla malattia e dal fuoco dell'inferno. Ora andate in giro e usate il sangue per lavare i peccati nel nome di Gesù sotto l'acqua. Date voi stessi come fate per il lavoro, la scuola e il mondo. La maggior parte delle persone è impegnata, intendo dire molto impegnata. Le loro preferenze sono confuse. Quando ho ricevuto lo Spirito Santo volevo raccontare al mondo intero questa potente esperienza. Ho iniziato a dirlo a tutti quelli che incontravo. Ho pagato un traduttore per pubblicare i corsi biblici rivelatori della verità. Iniziai a pregare sulle persone e a scacciare i demoni. È stato un bellissimo stupore che ho condiviso pubblicando il libro "L'ho fatto "a Suo modo"". Ho detto: "Come e cosa è successo qui? Come ha fatto il diavolo a rubare la verità?". Ma sono così felice di averla ottenuta e di aver iniziato a lavorare per il Signore Gesù. Non devo preoccuparmi di chi accetterà. Devo solo predicare ovunque e a tutti.

Mi sono occupata di tutti i mezzi di comunicazione, libri, video, audio, viaggi, riunioni domestiche, prigioni, ospedali, luoghi di convalescenza e così via. Ho lavorato in tutte le denominazioni e ho insegnato, guarito e liberato nel nome di Gesù. Non posso stare in silenzio. Ho la fortuna di avere un canale di preghiera e una linea telefonica per raggiungere molte persone a livello internazionale. Ora mi rendo conto che il carico di lavoro è molto e capisco perché Gesù ha chiesto di pregare per gli operai. Sì, abbiamo bisogno di operai che possano dare se stessi. Esattamente quello che sto facendo io. Ho formato nuovi "Gesù" in incognito e ho chiesto loro di avere fede solo in Lui e di seguirlo. Non voglio che siedano in panchina per annoiarsi, ammalarsi e raccogliere i loro soldi per avere una buona vita. Voglio persone come Gesù, che possano fare di più di quello che ha fatto Lui. Voglio che siano senza limiti. Voglio che rimuovano tutto ciò che avevano e che si cerchi di mettere nella scatola delle denominazioni religiose. È un lavoro da vigna, per mantenerla pulita, senza droghe, senza rapimenti, senza divorzi, senza alcol e senza tutte le attività diaboliche di uccidere, rubare e distruggere. La vostra vigna ha bisogno di voi. Datevi da fare per lavorare per Gesù. Tutti abbiamo un lavoro, alcuni lavorano e altri seguono le religioni perdute e si giustificano. Aprite la Bibbia e vedete quanto è disponibile. Fate vergognare questa tecnologia. Potete mettere i dottori nel campo di missione di Dio. Potete fermare l'uccisione da parte delle droghe fuori dal Paese.

Conosco le persone che frequentano la chiesa e non sanno perché e qual è la loro vocazione. Innanzitutto, il vostro corpo è una chiesa, un tempio, e si chiama residenza dello Spirito Santo. È ovvio che stanno ascoltando qualcuno, ma non Gesù. Devo uscire da molti luoghi che cercano di impedirmi di lavorare per il Signore. Sono sicura che il diavolo mi odia.

Ho parlato con una signora in India, di cui sono mentore. Mi ha detto: "Stavo pregando la mattina presto alle 4; stavo ordinando ai demoni di uscire. Ho sentito lo spirito che urlava e diceva: "Salvami" ed è scappato". Ho detto: "Ottimo lavoro" e ho detto loro di stare lontani per sempre. Ha detto che anche sua figlia si sveglia e prega con lei ora. Sì, è quello che voglio. Il mio Gesù ci ha chiesto di andare, di donarci e di portare il risveglio mondiale. Vi dico che non ho tempo, anche se lavoro quasi diciotto ore al giorno. Datevi per l'Opera di Dio. Amen!

PREGHIAMO

Padre celeste, ti ringraziamo per averci dato un lavoro. Aiutaci a prenderci cura dell'incarico. Questo mondo ha bisogno di vedere i segni e la meraviglia. La nostra ombra, il nostro fazzoletto, guariranno le persone grazie all'unzione. Ungici per spezzare la schiena del diavolo. Grazie, Dio, per averci restituito il potere e l'autorità. Poiché ci hai dato un esempio di come operare, seguiamo il Tuo esempio e facciamo come hai detto. Tu hai dato te stesso e ci hai chiesto di dare anche noi stessi. Non vogliamo avere alcuna scusa, ma dare noi stessi. Aiutaci a lavorare per vedere l'anima libera dal peccato, dalla malattia e dai demoni. L'inferno sarà vuoto e la Tua creazione riempirà il cielo. Signore, ci ridedichiamo al lavoro nel nome di Gesù. Amen! Dio vi benedica!

11 DICEMBRE

CEDETE ALLO SPIRITO DI DIO!

La Bibbia dice che lo Spirito di Dio vi condurrà alla verità.

Giovanni 16:13 Ma quando verrà lo Spirito della verità, egli vi guiderà in tutta la verità, perché non parlerà da sé, ma dirà tutto ciò che avrà udito; e vi mostrerà le cose future.

La Bibbia parla dello Spirito di Dio. Ora, Dio è Spirito e c'è un solo Spirito. Quindi l'unico vero Spirito è l'unico Spirito di Dio, ed è a questo che dobbiamo piegarci. Non vi guiderà in modo errato. Perché c'è tanto caos? Perché nessuno si preoccupa di cedere lo Spirito Santo. La gente si è legata a colui che vede e sente sul pulpito, ma non a Dio. Ascoltate la voce di Dio e non le altre voci. La voce di Dio è definitiva. Una volta, Dio mi ha parlato di lasciare una determinata chiesa. Ho parlato con il pastore e lui mi ha detto: "No, voglio essere il tuo pastore". Per questo motivo non ho lasciato quella chiesa. Una volta Dio mi ha detto di non andare in Canada, poi ho scoperto che quei pullman turistici che portavano lì facevano molti torti alle donne sole. Così il Signore mi ha fermata. Tutte queste cose mi sono successe negli anni Ottanta, quando avevo appena ricevuto lo Spirito Santo. Mi hanno lavato il cervello al punto da dover ascoltare il pastore come se fosse Dio o la massima autorità. Ci ricorda forse il sacerdote, il sommo sacerdote e i farisei, quando Gesù venne sulla terra? Comunque, ho imparato la lezione e l'ho imparata in modo difficile. Da quel momento in poi, ho deciso che quando ascolterò Dio, obbedirò solo a Lui. Scapperò dalla voce fuorviante delle autorità ecclesiastiche, e sono sicura che alcuni di voi sono d'accordo con me. Perché diventiamo persone che piacciono? Perché alcuni di loro hanno parole forti da controllare e hanno seguaci che ci attaccano. Se non li ascoltate o non obbedite, vi etichetteranno come ribelli. L'autorità della Chiesa vi accuserà dicendo: "Sei tu il tuo pastore, non io" ecc. Alcuni hanno la conoscenza di Dio, ma rifiutano di conoscerLo. Molti hanno lo Spirito Santo, ma si oppongono alla Sua direzione. Alcuni non permettono allo Spirito Santo di parlare loro.

2 Samuele 5:19 Davide chiese all'Eterno: "Devo salire dai Filistei? Li consegnerai nelle mie mani?". L'Eterno rispose a Davide: "Sali, perché senza dubbio consegnerò i Filistei nelle tue mani". 23 Quando Davide chiese all'Eterno, questi rispose: "Non devi salire, ma prendi una bussola dietro di loro e vieni verso di loro, oltre i gelsi".

Che il Signore ci aiuti a chiedere a Dio, quando lo farete non ci saranno errori. Avere Dio, e alcuni sostengono di avere lo Spirito Santo, funziona solo se si permette a Dio di essere Dio. Lo Spirito Santo è lo Spirito onnisciente di Dio. Ricordate, Dio sa tutto e non l'uomo a cui vi rivolgete per un consiglio. È bene avere un vero profeta e un insegnante nella nostra vita. Innanzitutto, sappiamo che sono chiamati e assegnati da Dio. Trovate un profeta il cui movente sia pulito. Che il Signore vi dia tutti i veri profeti e maestri.

11 DICEMBRE

Il nostro problema è che siamo pigri, non siamo coraggiosi. Abbiamo paura di scontrarci con la menzogna di grandi chiese, organizzazioni o autorità potenti. Abbiamo paura della loro rete per bloccarci dalla società e dagli altri. Abbiamo paura che possano rovinare la nostra reputazione. Ma perché vi preoccupate tanto di loro? Una volta che avete imparato ad ascoltare lo Spirito, cedete a esso. Tutte le altre cose cadranno come foglie appassite. Dio non ha mai chiamato i timorosi e i codardi. La situazione spirituale dei sacerdoti, del sommo sacerdote, dei farisei e dei sadducei era pessima. Parlavano male del loro Dio che camminava in carne e ossa in mezzo a loro.

Giovanni 10:19 Ci fu dunque di nuovo una divisione tra i Giudei per questi discorsi. 20 Molti di loro dissero: "Ha un demonio ed è pazzo; perché lo ascoltate?"

Anche oggi ci sono divisioni tra chi cede allo Spirito e chi alle autorità perdute. Ora, come sappiamo, il Signore ci ha chiamati, ci ha dato lo Spirito con i cinque ministri. Cercate quello che sta nella sala del trono, vedete cosa dice la Bibbia.

Giovanni 14:12 In verità, in verità vi dico: chi crede in me, le opere che io faccio le farà anche lui; e ne farà di più grandi di queste, perché io vado al Padre mio.

Luca 22:40 Giunto sul posto, disse loro: "Pregate di non entrare in tentazione".

È ovvio che se non lo vedete in funzione, dovete fuggire da loro. Anche se parlano in una lingua o operano con doni spirituali. Molte volte si è lì per il tempo necessario e poi è ora di andare via. Molte volte ci sentiamo confortati e quindi rimaniamo. Il vostro progresso sarà bloccato e fermato. Ricordate, se cedete allo Spirito Santo, andrete di città in città, di villaggio in villaggio e ovunque. Non potete essere nascosti. I cristiani che cedono allo Spirito Santo non possono essere nascosti.

Ebrei 2:4 Anche Dio rende loro testimonianza con segni e prodigi e con diversi miracoli e doni dello Spirito Santo, secondo la sua volontà?

Pietro fece molti miracoli. Vediamone alcuni. Pietro disse loro: "Dovete cedere allo Spirito Santo e andrete dalle persone, come hanno fatto tutti i discepoli". È un ministero di lavoro e non di seduta. Nell'ultima chiesa in cui sono stata, ci hanno dato una carta e ci hanno chiesto di scrivere i nostri nomi, il che ci ha permesso di uscire e lavorare. Il che è stato bello! Ma io vado ovunque, trovo i malati e i bisognosi e faccio il mio lavoro.

Atti 3:7 Poi lo prese per la mano destra e lo sollevò; e subito i suoi piedi e le sue ossa ancelle ricevettero forza.

Atti 9:34 Pietro gli disse: "Enea, Gesù Cristo ti rende integro; alzati e mettiti a letto". Ed egli si alzò subito.

Ora, il ministero che si basa sullo Spirito vi porterà in luoghi, in paesi diversi. Il lavoro sarà facile, dico davvero.

Atti 8:39 Quando furono usciti dall'acqua, lo Spirito del Signore rapì Filippo, cosicché l'eunuco non lo vide più; ed egli riprese la sua strada rallegrandosi.

Ricordate che lo Spirito Santo ci condurrà alla verità. Sappiate cosa dire, quando dirlo e quando non dirlo. Preparatevi a cedere allo Spirito.

Atti 16:6 Quando ebbero percorso tutta la Frigia e la regione della Galazia, fu loro proibito dallo Spirito Santo di predicare la parola in Asia.

È bene sapere che il nostro Dio è vivo; molti hanno chiuso la porta allo Spirito Santo. Ecco perché non vi parla. Quando ho saputo che mi sarei trasferita, sono diventata particolarmente attenta alle notizie. Ho bloccato il Texas; non avrei mai voluto trasferirmi lì. Quasi un anno dopo, ho scoperto che era arrivato il momento e mi sono trasferita in Texas pochi mesi dopo. Il fatto di cedere allo Spirito di Dio diventa la storia di Dio e non la nostra. È stato Dio a portarmi in un viaggio missionario in California, a Chicago, a Dubai, a Bombay, a Badlapur, nello Stato del Maharashtra, nell'India del Sud, a Bangalore, a Kodai Kanal, nel Rajasthan, a Vyara, ad Ahmedabad e in altre città circostanti, e in altre che ho già dimenticato. Questo accade quando si è chiamati e si cede allo Spirito Santo. Ascoltate Dio.

Permettete allo Spirito Santo di portarvi a lavorare. Nella maggior parte dei luoghi in cui sono stata sono state costruite molte chiese, collegi biblici, orfanotrofi e molte altre opere. Che il Signore vi dia la percezione e la comprensione di cedere allo Spirito e non all'autorità religiosa. Che possiate essere tutto ciò a cui Egli vi ha chiamati, Amen! Dio vi benedica!

PREGHIAMO

Padre celeste, abbiamo il Dio vivente che non è fatto di legno, argilla o metallo. È Dio che ci ha creati dalla polvere e vi ha messo la vita. Dio si prende cura di noi nella misura in cui glielo permettiamo. Signore, ti abbiamo chiesto di darci il coraggio e l'audacia di cedere in tutti i tuoi piani. Aiutaci a cedere allo Spirito di Dio. Aiutaci ad andare dove non avremmo mai pensato e a volte nemmeno voluto andare. Signore, sia fatta la Tua volontà. È la cosa più bella che lo Spirito di Dio dimori in noi. Aiutaci a cedere lo spirito, in modo da vedere l'opera potente di Dio. Il nostro Dio è reale e potente nel salvare, guarire e liberare, quindi aiutaci a fidarci senza fare domande e a fare ciò che ci hai chiesto nel nome di Gesù! Amen! Dio vi benedica!

12 DICEMBRE

DIO HA TUTTO!

Avete capito bene, Dio ha tutto. Se volete cibo, guarigione, salvezza, liberazione, terra, denaro, conoscenza, saggezza, vestiti o altro, Lui ha tutto. Ma non è questo che cerco. Cerco Dio, punto e basta. Lui mi ha creata e io sono interessata a Lui. Non c'è nulla che io veda o abbia visto che mi abbia mai attratta se non Dio. Mi stupisce il modo in cui Lui pensa a me, anche se sono così piccola ai Suoi occhi. Ha visto la donazione della vedova e ha detto: ha dato tutto. Il Dio che possiede tutto ha detto che la vedova ha dato tutto.

Luca 21:21 Alzati gli occhi, vide i ricchi che versavano i loro doni nel tesoro. 2 E vide anche una vedova povera che vi versava due spiccioli. 3 E disse: "In verità vi dico che questa povera vedova ha versato più di tutti loro; 4 perché tutti costoro, con la loro abbondanza, hanno versato alle offerte di Dio; ma lei, con la sua povertà, ha versato tutto ciò che aveva.

Dio, che possiede tutto, ha guardato una piccola vedova povera ed è rimasto colpito dalla sua donazione. Il Signore che ha creato l'universo ha detto cosa desidera da me. "Io sono l'unico e solo Dio, solo per fare una cosa":

Deuteronomio 6:5 Amerai il Signore tuo Dio con tutto il tuo cuore, con tutta la tua anima e con tutte le tue forze.

Quindi, se avete tutto allineato, tracciato nella vostra mente e chiarito il canale con Dio, allora erediterete tutto ciò che Dio ha. Il cuore di Davide era rivolto al Signore. Essendo un pastorello, ottenne la regalità e il Messia uscì dalla sua discendenza. Una prostituta si è messa in contatto con Dio, ha chiarito tutto il suo passato e ha ottenuto la salvezza per sé e per la famiglia. Quando saprete come mettervi in comunicazione con l'unico vero Dio, che ha e conosce tutto, la vostra vita non sarà più la stessa. Egli può rimuovere chiunque e metterci al Suo posto. Il Signore diede a Ester una posizione e la sua bellezza. Una volta che imparò a raggiungere il Signore che ha tutto, mise da parte tutte le regole, i regolamenti e le leggi e abbatté la condanna a morte del Suo popolo da parte del nemico che aspettava da tempo. Che il Signore chiarisca la vostra mente e vi dia la sicurezza totale di tutto ciò di cui avete bisogno sulla terra. Una vedova osò dare tutto ciò che aveva. Un ragazzo osò dare tutto il suo pesce. La vedova osò dare il primo dolce del suo piccolo fiore e dell'olio. Cosa sapete di questo Dio che ha ricevuto tutto? Potreste dire che conoscete la storia di Davide, Mosè, Paolo, Daniele e Gesù. Non leggete la storia, agite sulla sua base. Fate un respiro profondo e fate esattamente quello che c'è scritto. Non dubitate, potreste pensare che non sia così. Potreste avere molte prove, opposizioni e non vedere la via d'uscita. Aspettate, Dio sta creando una via d'uscita dove voi non vedete alcuna via. Ha una mente geniale. Se Egli pone delle benedizioni su un po' di denaro, questo inizierà a moltiplicarsi e le finanze incessanti arriveranno fino alla banca di Dio. Egli ha immagazzinato i doni buoni e perfetti per voi e per me.

Dio ha tutta la terra e il cielo. Il creatore ha il potere di moltiplicare se si impara ad aiutare i poveri, i malati, le vedove, gli orfani ecc. "Nessuno soffra la fame" è la Sua politica, ma tutti coloro che finanziano con Lui devono prestare attenzione a coloro che non apprezzate. Aiutate le persone in prigione, malate, senza casa, sofferenti e senza reputazione. Come liberarle dalle mani di chi le maltratta, come saldare il loro debito, provvedere ai loro bisogni e fare tutto il necessario. Per voi è poco rispetto a loro.

Quando ero in India, abbiamo visto molti poveri, orfani, malati, senzatetto e bisognosi. Ma lasciatemi dire che anche negli Stati Uniti ce ne sono molti intorno a noi. Quindi, se siete associati al Signore, un semplice atto di gentilezza, l'atto del buon samaritano, vi assumerà nella compagnia del Signore. Egli è il Re di tutti i Re e il Signore di tutti i Signori. Quando il Signore è venuto sulla terra, ha detto: "Sono venuto a fare la volontà di mio padre, che è Spirito Dio, e non di Giuseppe". Ha mostrato all'umanità di smettere di concentrarsi sul programma della Chiesa e di iniziare a lavorare sul programma di Dio, ed Egli vi darà tutto. Abbiamo perso l'attenzione per l'agenda di Dio, commettendo peccati di disobbedienza e poi abbiamo recuperato tutte le cose nuove e belle. Dio ha detto: "Ho sconfitto il nemico che vi ha ingannati in passato. L'ho ricomprato con il mio sangue. Il mio sangue ha il potere di pagare tutte le pene dei peccati. Cosa vuoi, concentrarti su di me, che ti ho dato un esempio? Seguite il mio esempio e non avrete bisogno di nulla."

Matteo 6:33 Cercate prima il regno di Dio e la sua giustizia, e tutte queste cose vi saranno aggiunte.

Apocalisse 1:18 Io sono colui che vive ed era morto; ed ecco, sono vivo in eterno, amen, e ho le chiavi dell'inferno e della morte.

Ora Gesù ha preso la chiave, che era in mano a Satana. Che il Signore ci dia la direzione divina tramite lo Spirito Santo, per conoscere la verità. Non guardatevi intorno. Lasciate che vi dia informazioni; Gesù è tutto ciò di cui avete bisogno e nient'altro.

Filippesi 2:10 Perché al nome di Gesù ogni ginocchio si pieghi, sia quello dei cieli, sia quello della terra, sia quello sotto terra; 11 e perché ogni lingua confessi che Gesù Cristo è il Signore, a gloria di Dio Padre.

Matteo 28:18 Poi Gesù venne e parlò loro dicendo: "Mi è stato dato ogni potere in cielo e in terra".

Qual è il nostro problema? Guardiamo ai luoghi dove non c'è forza e aiuto. Stiamo guardando al luogo in cui vi danno false promesse. Guardate a Dio; Lui ha tutto. Una signora in India ha detto che lei e suo marito sono entrambi zoppi. Suo marito cammina sul sedere. Ha detto che quando ha lasciato il culto degli idoli e si è rivolta a Gesù, hanno costruito una casa di 10 Lakh. Ha testimoniato che quando credevano agli idoli non avevano cibo. Ma ora ne hanno in abbondanza. È un esempio per il suo villaggio. Prima prendeva sempre in prestito denaro per comprare verdure per la sua famiglia. Ora ha i soldi per comprare le sue necessità. Il Signore le ha dato tutto. Che il Signore apra i nostri occhi. Ho parlato con Dio quando ho perso la salute e il lavoro. "Signore, ti prego, tieni la mia casa". Non ho mai pensato di averne un'altra e di dimenticarmi di quella nuova. Pensavo che l'auto fosse a posto per essere guidata. In pochi anni, il Signore mi ha guarita dal cancro, mi ha fatta camminare e mi ha dato una casa più grande, nuova e migliore e un'auto nuova. Dio ha ottenuto tutto.

Qui abbiamo due pesci, non sufficienti per mille persone. Il Signore disse: "Dateli a me, io so come allungarli per sfamare migliaia di persone". Il Signore disse al Suo popolo: "State per intraprendere un lungo viaggio verso la terra promessa. Non preoccupatevi, vi renderò ricchi, sani e benestanti. Che il Signore ci aiuti a capire che non si tratta delle nostre finanze, ma del nostro investimento nella mano di Dio. Dio vuole che investiate la vostra vita nel Suo regno. Usate la vostra forza per lavorare per Lui. Dio sa come provvedere a voi. Chiedete a Dio di portarvi in luoghi e di vivere in modo splendido lavorando per il Regno. Scacciate il demonio, guarite i malati, insegnate la parola. È il lavoro più bello che abbia mai conosciuto. Mettete una parola in azione e vedrete il risultato. Che il Signore doni la vostra fede che muove le montagne, cambia il cuore e trasforma la vita nel nome di Gesù. Amen!

PREGHIAMO

Padre celeste, noi veniamo a te; tu sei il premiatore di coloro che ti cercano diligentemente. Fa' di noi dei cercatori di regno. Cerchiamo il paese che che ci hai promesso. Abbiamo bisogno della Tua potenza per superare ogni ostacolo e impedimento. Tu sei la via della ricchezza, della salute, della liberazione, della guarigione e della salvezza. Ci rivolgiamo a te per tutte le nostre grandi e piccole necessità. Nulla è difficile e impossibile per Te. Tu hai l'oro, l'argento, il rubino, il diamante, e chi più ne ha più ne metta. Tutte le ricchezze del mondo sono Tue e non dei diavoli. Che il Signore ci aiuti a capire che tu sei il creatore e sei il proprietario di tutto. Padre nostro celeste, preghiamo per coloro che si stanno interrogando. Preghiamo che guardino in alto e trovino la loro strada attraverso di te. È un Dio grande che ha uno stupore meraviglioso per coloro che confidano in Lui. Ti preghiamo di fare in modo che la nostra direzione sia in quella via stretta, attraverso la porta chiusa. Il nostro Dio ci porterà nella via dell'oro dove si trova la nostra dimora nel nome di Gesù. Amen! Dio vi benedica!

13 DICEMBRE

CHI HA PERMESSO LA TARA?

Che cos'è una tara? In arabo si chiama Zawan e in greco Zizanion. La tara assomiglia al grano, ma non è grano! La tara non ha valore. Secondo

Matteo 13, un uomo piantò del grano e il diavolo piantò della zizzania, che sembra grano. La zizzania non è una pianta buona ma inutile che cresce in Palestina.

Quando vedete persone che sembrano cristiane parlare della Bibbia, è infruttuoso, e vivere senza fede causa molti problemi nel regno di Dio. Seguono la dottrina del diavolo. Dopo aver piantato un buon seme, l'uomo si addormentò. In quel momento è arrivato il diavolo e ha piantato la zizzania. Abbiamo bisogno di preghiera dopo aver piantato la parola di Dio, altrimenti si crea il caos. In ogni angolo c'è una croce sull'edificio. Il vostro corpo è la Chiesa e il diavolo dice che l'edificio con la croce lo è. Dio ha detto che "io sono uno", il diavolo dice che non ci sono tre dei. Dio dice di battezzare nel nome di Gesù, il diavolo dice di non battezzare nel nome del Padre, del Figlio e dello Spirito Santo. Questa tara ha iniziato a crescere, e poiché è un'erbaccia, essa cresce velocemente e danneggia il cristiano. Si tratta di gruppi religiosi, organizzazioni, denominazioni e non denominazioni che non conoscono Gesù come Figlio di Dio o Dio in carne e ossa.

Matteo 13:24 Un'altra parabola espose loro, dicendo: "Il regno dei cieli è simile a un uomo che ha seminato del buon seme nel suo campo; 25 ma mentre gli uomini dormivano, venne il suo nemico, seminò la zizzania in mezzo al grano e se ne andò per la sua strada.

Un uomo seminò del buon seme, ma mentre dormiva, il nemico, che è il diavolo, venne a seminare della zizzania. Quando dormiamo, significa che non lavoriamo. Possiamo lavorare quando siamo svegli. Nessuno lavora nel sonno. Siamo chiamati ad andare a lavorare e a predicare il Vangelo con segni di meraviglia. Ebbene, Gesù lavorava sempre. I Suoi discepoli hanno fatto lo stesso. Dopo la Sua morte, i seguaci di Gesù lavorarono giorno e notte.

Luca 4:43 Poi disse loro: "Devo predicare il regno di Dio anche in altre città; per questo sono stato mandato".

Il Signore Gesù lavorava sempre e ovunque. Predicava, scacciava i demoni, guariva i malati e insegnava. Ora dobbiamo fare lo stesso. Se non lavoriamo, significa che siamo nel sonno spirituale.

Marco 16:15 Poi disse loro: "Andate in tutto il mondo e predicate il Vangelo a ogni creatura".

13 DICEMBRE

Il Signore ha chiesto ai suoi discepoli di battezzare coloro che credono in Gesù. Sì, dopo aver visto segni, prodigi e miracoli, hanno bisogno di lavare i peccati. Il Vangelo senza segni e prodigi non è Vangelo. Quando il Signore Gesù ha mandato i suoi discepoli, essi hanno svolto il loro compito. Erano spiritualmente svegli per lavorare.

Atti 8:4 Perciò quelli che erano dispersi all'estero andavano dappertutto a predicare la parola.

Atti 6:2 Allora i dodici chiamarono a sé la moltitudine dei discepoli e dissero: "Non è ragionevole che lasciamo la parola di Dio e serviamo i tavoli".

I discepoli continuavano a predicare il battesimo nel nome di Gesù, i miracoli, le guarigioni e il battesimo dello Spirito Santo. Il capo della sinagoga disse:

Atti 4:18 Li chiamarono e ordinarono loro di non parlare affatto e di non insegnare nel nome di Gesù.

Essendo spiritualmente svegli, i discepoli continuano a piantare il grano. Qual è la vera dottrina o il buon seme della Parola di Dio? Se aveste continuato a lavorare nel campo, la falsa dottrina e l'insegnamento non sarebbero nati. Cosa avete fatto dopo aver ricevuto la verità? Potreste dire: ho frequentato la chiesa. Il diavolo ha molti falsi insegnanti che insegnano false dottrine. Stare seduti sul banco, frequentare l'edificio la domenica e a metà settimana non funziona. È un'idea del diavolo per distogliervi dall'incarico di Gesù Cristo. Ricordate che il Signore rovesciò la tavola e disse che il ladro ha una tana?

La falsa dottrina iniziata nel 325 è una tara. La piantagione di tara del diavolo è un Dio diventato tre. Dite agli altri che Gesù è il Dio di Geova? Gesù significa il salvatore di Geova, cioè Dio che cammina nella carne. Dio si è manifestato nella carne per versare il sangue. Quando frequentate o diventate membri di un'organizzazione, aiutate le tasche di qualcuno, ma non il Regno di Dio. Svegliatevi e lavorate. È necessario un risveglio spirituale. Cosa succede una volta che vi siete svegliati? Andrete in famiglia, dai vicini, negli ospedali, negli orfanotrofi, nelle prigioni, nelle carceri e ovunque per predicare e insegnare. Per un paio di mesi ho svolto il mio ministero nella cappella episcopale di Dallas. Non sostenevo alcuna dottrina, ma insegnavo loro la dottrina di un profeta e apostolo di Dio. Ho visto che molti sono stati guariti e liberati quando ho imposto loro la mano. Anche alcuni sacerdoti sono scesi per pregare. Ho dato loro diversi libri e DVD per imparare la verità del battesimo nel nome di Gesù e del parlare in lingua ricevendo lo Spirito Santo. Un gruppo di signore teneva sempre la porta chiusa quando pregavamo in lingua. Ora non devono avere paura delle autorità religiose, io non lo farei. Ero lì temporaneamente da quando Dio mi ha mandata a ministrare. In quel periodo, molti sono stati guariti e liberati da attacchi mentali, cancro e malattie e sono stati felici. Ma mi nascondevano sempre nel magazzino per pregare sulle persone. Ho pregato su un uomo e lui mi ha detto: "Oh, mi sento già benissimo". Si lamentava di un sacerdote, dicendo che non succede nulla quando pregano su di lui.

Mi rifiuto di addormentarmi; sono sempre sveglia spiritualmente. Quindi svegliatevi, uscite e fate l'opera di Dio. So che molte chiese non lo permettono. Ma Dio vi ha chiesto di lavorare. Quando ci addormentiamo, questo porta la dottrina del diavolo, che è una tara. Lavorate sempre per piacere a Dio e non a qualche falsa autorità. Fate come Gesù e i suoi discepoli? Vedete un pastore per strada, di città in città, che predica il Vangelo? Ne mandano due e due in prigione, in carcere, di città in città? Non è un lavoro da missionari, ma il vostro e il mio. Siete voi a doverlo fare, poiché Gesù vi ha chiesto di lavorare esattamente come ha fatto Lui. Ci ha assicurato che possiamo fare di più di quello che ha fatto Lui. Ora, se non state lavorando all'opera di Dio, significa che state dormendo. Chi dorme non può lavorare.

Quando non si vuole lavorare, il diavolo va in giro e pianta la tara, che sembra simile al grano. Se non si lavora, la zizzania spunta fuori. Che il Signore ci dia un risveglio spirituale. La zizzania guarda, agisce e parla di Gesù senza segni e meraviglie. Se Gesù li allontana dal grano, può causare un problema ai cristiani. Ma alla fine saranno eliminati. Ecco perché il Signore ha detto di cercare i frutti. Quindi andate in giro e lavorate. Le persone che lavorano non permettono a Satana di piantare la tara. Se non lavorate, siete spiritualmente addormentati.

Matteo 13:28 Egli disse loro: "Un nemico ha fatto questo". I servi gli dissero: "Vuoi dunque che andiamo a raccoglierli? 29 Ma egli disse: "No, perché se raccogliete la zizzania, non sradicherete con essa anche il grano".

Pietro e Paolo ebbero una rivelazione dell'identità di Gesù. Poi fu rivelata ad altri discepoli. Essi continuano in questa dottrina di verità chiamata dottrina apostolica. Ma il diavolo entrò quando un cristiano convertito si addormentò. Non andavano in giro a fare ciò che Gesù aveva comandato loro di fare. Vi dico che questa tara è così forte che molti di voi e io l'abbiamo sperimentata.

Atti 20:29 So infatti che, dopo la mia partenza, entreranno in mezzo a voi lupi feroci che non risparmieranno il gregge. 30 Anche da voi stessi sorgeranno uomini che diranno cose perverse, per attirare discepoli dietro di sé. 31 Perciò vegliate e ricordatevi che per tre anni non ho cessato di ammonire ciascuno di voi notte e giorno con lacrime.

Paolo ha avvertito dell'arrivo di un lupo terribile. Verrà a piantare la zizzania. Cambiano la vera Bibbia in molte versioni false. La Parola di Dio è stata tolta e aggiunta per introdurre una falsa dottrina. Il nostro lavoro sul campo è combattere contro Satana e la sua tattica. Alcuni vanno dappertutto a seminare zizzania. Svegliatevi, lavorate, uscite e insegnate la verità. Cambiate le vostre priorità. Quando vado in giro a insegnare la Parola, ho trovato tutti i tipi di false versioni della Bibbia. Mi chiedo cosa sia successo qui. Nessuno sa che Gesù è Geova Dio stesso in carne e ossa. Gesù è il nome più alto di Geova. Dio ha tenuto segreto per secoli il nome più alto, che è Gesù. Gli Angeli lo hanno rivelato. È al di sopra di tutti i nomi precedenti di Geova. Il sangue è sotto questo nome. L'unico e solo Dio dell'Antico Testamento che cammina in carne e ossa nel Nuovo Testamento come Gesù, il salvatore. Se avete questa verità, allora uscite e lavorate. Dite la verità al mondo.

Il giorno in cui ho trovato la verità di Gesù, ho lavorato fedelmente. Non dormirò, ma lavorerò e lavorerò ancora. Amen!

PREGHIAMO

Padre celeste, ti ringraziamo: hai lavorato sulla terra e non ti sei addormentato. Hai rotto la cortina del tempio e sei uscito dalla cassa per raggiungere la Tua creazione. Signore, hai dato il Tuo sangue a tutte le creazioni. Abbiamo bisogno di un lavoratore che abbia la rivelazione di te, perciò continuiamo il libro degli Atti. Siamo chiamati a lavorare. Gli apostoli e i profeti hanno dato e stabilito la nostra dottrina. Aiutaci a non seminare zizzania che sta già danneggiando il Tuo regno. Il Tuo popolo è già stato rifiutato, poiché questo lupo cattivo nel mondo religioso sta distruggendo la verità. Il Padre Celeste ci manda degli operai a lavorare. Non possiamo sederci in panchina e divertirci, perché ci hai chiesto di andare a lavorare. Signore, ti chiediamo un risveglio spirituale. Apri la porta, ungici. Signore, lavoriamo per distruggere la menzogna del diavolo nel nome di Gesù. Amen! Dio vi benedica!

14 DICEMBRE

NON LASCIATE CHE NESSUNO VI CONTROLLI!

Abbiamo una missione, non alcuni ma tutti coloro che si sono pentiti, battezzati nel nome di Gesù e riempiti di Spirito Santo. Quando venite a scoprire la verità, il vostro compito è quello di diffondere questa verità agli altri. Dovete andare ovunque e predicare il Vangelo. Lo state facendo? Siete bloccati sul pulpito, sul banco o in qualsiasi altro luogo della città? Siete chiamati a lavorare come operai. Prima di tutto, dobbiamo pregare, insegnare la Parola di Dio, scacciare i demoni e guarire i malati. Se non lo fate, significa che qualcuno vi controlla o che siete semplicemente disattenti.

Luca 4:42 Quando fu giorno, partì e andò in un luogo deserto; il popolo lo cercò, venne da lui e lo trattenne perché non si allontanasse da loro.

Riuscite a crederci? La gente voleva aggrapparsi a Gesù. Avete questa esperienza? Quando sono stata chiamata ad andare in Texas, molti dicevano: "No, non puoi andare in Texas". Qualcuno cercò di rimuovere il mio cartello di vendita della casa. Alcuni cercano di consigliarmi. Anche alcuni membri della famiglia hanno cercato di dissuadermi. Ma lasciatemi dire che una volta ricevuto il messaggio di Dio, ho lasciato la California. È stato facile? La risposta è no. Era il piano di Dio.

Luca 4:43 Poi disse loro: "Devo predicare il regno di Dio anche in altre città; per questo sono stato mandato".

Non siete chiamati a farvi un amico, a stabilirvi e a marcire per contaminare. La situazione diventa così orribile che a nessuno piace andare in qualche edificio che chiamano chiese. Prima di tutto, con molti clic, nessuno è produttivo, e si lotta per la posizione e il potere.

Luca 2:49 E disse loro: "Come mai mi cercate? Non sapete che devo occuparmi delle cose del Padre mio?"

Giovanni 9:4 Io devo operare le opere di colui che mi ha mandato, finché è giorno; viene la notte, quando nessuno può operare.

Avete ricevuto il potere dello Spirito Santo di operare, scacciare i demoni, insegnare e guarire i malati e i cuori spezzati. Non sedetevi su un banco, non alzate la mano, non date soldi e non andate a casa. Il ladro vi amerà. Non ha alcun lavoro da fare, ma vi incontra una o due volte alla settimana per meno di tre ore. Soldi facili! Quello che ha detto il vostro Padre celeste: ANDATE. Non potete andarci perché danneggia il regno di Satana. Mi hanno impedito di lavorare al di fuori del credo della loro organizzazione. Non sono ancora riuscita a capire perché. A quanto pare, non hanno capito quello che Gesù ha detto ai Suoi discepoli e a noi.

Le diverse denominazioni, organizzazioni e pastori hanno fermato non solo me, ma anche molti operai. Molti problemi sono interni, non esterni. Vi prego di pregare per loro. Hanno bisogno di compassione per le persone malate, possedute, perse e sofferenti. Dico sul serio. In questa dispensazione, non dovremmo mai andare nell'edificio, ma predicare per strada. Se volete imparare il Nuovo Testamento, esercitatevi a imporre le mani usando l'autorità nel nome di Gesù.

Matteo 21:23 Quando fu entrato nel tempio, i capi dei sacerdoti e gli anziani del popolo si avvicinarono a lui mentre insegnava e gli dissero: "Con quale autorità fai queste cose e chi ti ha dato questa autorità?"

Hanno osato porre domande al Dio che camminava in carne e ossa. Il Signore Gesù incontrò l'autorità religiosa sorda, cieca e smarrita. Anche le autorità religiose parlavano contro di me. Mi hanno chiesto di smettere di predicare, insegnare, imporre le mani e scacciare i demoni. Come promemoria, siete stati chiamati dal Signore. Fate ciò che vi ha chiesto di fare. Alcuni mi hanno detto che non si dovrebbe tenere una riunione di preghiera, guarigione e liberazione in casa. Alcune autorità religiose lavorano contro il Signore. Non fermate l'opera di Dio, continuate a lavorare per Gesù come vi ha chiesto. In qualche modo, il diavolo vuole impedire a voi e a me di diffondere la buona novella. Non sono qui per sedermi sul banco e andare a casa. Allontanatevi dai fermi. Dobbiamo fare quello che ha fatto Gesù.

Giovanni 6:15 Quando dunque Gesù si accorse che sarebbero venuti a prenderlo con la forza per farne un re, se ne andò di nuovo su un monte da solo.

Luca 13:22 Poi andò per città e villaggi, insegnando e dirigendosi verso Gerusalemme.

Matteo 9:35 Poi Gesù andò in giro per tutte le città e i villaggi, insegnando nelle loro sinagoghe, predicando il vangelo del regno e guarendo ogni malattia e ogni infermità del popolo.

Ho il privilegio di trovare la verità. Mi ha liberata dal demone della religione. Il giorno in cui ho ricevuto lo Spirito Santo, ho continuato a lavorare e a faticare per il Regno. Questo è il potente, prezioso, vivificante Vangelo. È possibile prendere qualsiasi promessa contenuta nella Parola di Dio e metterla in pratica per verificarne l'affidabilità e l'attendibilità. Molto spesso, grazie al nostro stile di vita, le persone si convertono. Vivendo e facendo ciò che dice la Bibbia, salgono sempre più in alto verso il Signore.

Una signora si è rivolta a Gesù dall'induismo e la sua vita è stata trasformata. Il suo supervisore è stato colpito: era un uomo arrabbiato, ma grazie alla sua preghiera è diventato l'uomo più gentile e simpatico. Un altro giorno, il suo superiore disse: "Voglio cambiare la mia religione". La signora rispose: "Non si tratta di cambiare religione, ma di cambiare il cuore e di allontanarsi dal peccato". Ero felice dopo aver ascoltato la testimonianza di un nuovo seguace. Hanno detto a tutti i loro colleghi di provare Gesù e tutto andrà bene. Questo è ciò che voi e io dobbiamo fare sempre, ovunque e dovunque. È questo che siete chiamati a fare. Dio lo confermerà con segni e meraviglie.

Marco 16:15 Poi disse loro: "Andate in tutto il mondo e predicate il Vangelo ad ogni creatura".

Gli amici escono e predicano, non si siedono sui banchi e si fanno contaminare. Non ascoltate nessuno.

Marco 8:35 Perché chi vorrà salvare la propria vita la perderà, ma chi perderà la propria vita per causa mia e del Vangelo, la salverà.

Andare in nazioni diverse poteva essere pericoloso, ma il Signore ci ha coperto le spalle. Se un discepolo fosse rimasto in un solo luogo, allora Roma, l'Italia, l'Asia, Corinto, gli Efesini, le collisioni e tutte le culture e i colori non avrebbero mai trovato la salvezza. Ripeto ancora una volta di andare a lavorare per Gesù. Il regno e la missione di Dio dipendono da voi e da me. Non compiacete le persone. Compiacete il Signore. Non privatevi di un piccolo favore, di una stretta di mano, di una visita o di una telefonata. Il Signore si prenderà cura di voi se lavorerete per Lui. Guardate gli apostoli.

Atti 5:19 Ma l'angelo del Signore, di notte, aprì le porte della prigione, li fece uscire e disse: 20 "Andate, state in piedi e parlate nel tempio al popolo di tutte le parole di questa vita".

Dobbiamo continuare l'opera arrendendoci a Dio. Non rimanete nello stesso posto, ma andate ovunque e predicate il Vangelo. Che il Signore vi dia la comprensione della serietà della sua attività. Quando uscirete a lavorare, Egli vi condurrà da persone con provviste.

2 Corinzi 10:16 per predicare il Vangelo nelle regioni al di là di voi, e non per vantarci di avere le cose pronte per mano di un altro.

Il nostro lavoro consiste nel conoscere nuove persone, nuove culture e nuove anime. Abbiamo la fortuna di incontrare persone provenienti da ogni parte del mondo. Chiamate un numero di telefono a caso e testimoniate. Quando il tempo è brutto, prendo il telefono e chiamo un numero a caso per chiedere se posso pregare per loro. Quindi, cingete i vostri lombi e preparatevi con i calzari del Vangelo della verità per predicare a tutte le nazioni del mondo. Questo è ciò che voi e io dobbiamo fare. A partire da oggi, aprite la bocca per predicare il Vangelo e fare lo studio della Bibbia. Uscite per scacciare il demone della droga, della menzogna, delle sigarette, del cancro e dell'alcol. Amen! Signore, ti ungo per distruggere il giogo di Satana nel nome di Gesù! Amen!

PREGHIAMO

Padre celeste, ti ringraziamo per la Tua fedeltà. Hai detto che se mi cercate, mi troverete. Cerchiamo, chiediamo e bussiamo per raggiungerti. Signore, il nostro compito è quello di non sentirci a nostro agio sui banchi, nella stessa città e nello stesso luogo. Signore, aiutaci a fare ciò che ci hai chiesto e che ci hai chiamati a fare. Apri molte porte per predicare e insegnare. Signore, ti prego, dacci un peso per l'anima in modo da poterla raggiungere con la preghiera e il digiuno. Che il Signore ci dia molte anime da conquistare. Vogliamo lavorare per il Regno e non per qualcuno. Signore, tu provvederai a ogni necessità. Mandaci veri profeti e insegnanti. Mandaci operai che lavorino nel campo del Signore. Riscatta l'anima dalle schiavitù, dal giogo e dalle catene nel nome di Gesù. Amen! Dio vi benedica!

15 DICEMBRE

POSIZIONATEVI PER RISPARMIARE!

Tutti noi ricopriamo una qualche posizione nella famiglia, nel lavoro e nel regno di Dio. Dio ha collocato Adamo ed Eva sulla terra in una posizione chiamato Giardino dell'Eden per vestire il Giardino.

La posizione di mamma e papà ha un ruolo importante nella vita per crescere i figli. Coloro che sono nati da una coppia sono chiamati figlie o figli. I genitori vedranno il risultato in base al tempo che hanno dedicato alla corretta formazione dei figli. Il loro prodotto è il futuro genitore dei loro nipoti. Così il ciclo si ripete. Dio dà a ciascuno una posizione per assumersi delle responsabilità.

Salmo 75:6 Perché la promozione non viene né dall'oriente, né dall'occidente, né dal mezzogiorno. 7 Ma Dio è il giudice; egli abbatte uno e ne stabilisce un altro.

Abramo posiziona Isacco sull'altare per sacrificarlo. Il Signore lo ha salvato, poiché aveva un piano finale per salvare i Suoi prescelti. La scelta compiuta da Abramo dimostra che egli non deve mai preoccuparsi perché il Signore li salverà. Il Padre ha posizionato Isacco in modo che morisse, ma il Signore ha avuto la possibilità di salvarlo. Isacco rappresenta noi, gli eletti, e l'agnello rappresenta Gesù Cristo.

Giuseppe si posizionò come soccorritore del popolo eletto da Dio. Si è concentrato su Dio e sulle Sue opere. Una volta che ti concentri su Dio, allora Lui ti posizionerà per salvare il popolo. Vi salverà da tutti i problemi e non vi lascerà e non si prenderà del tempo. Che il Signore ci aiuti a posizionarci concentrandoci su Dio. Concentrarsi sulla Sua parola, concentrarsi sulla chiamata. Arrendersi a Dio fa paura. Ci si sente impotenti, senza rimedio. Se fate, agite e siete fedeli alla vostra chiamata, starete bene. Dio vi salverà dalla pena di morte, dal carcere, dalla prigione, dalla carestia, dalla fame e dai problemi, nel nome di Gesù. Che il Signore ci usi per avvertire il mondo che soffre, è indifeso, scoraggiato, perso, confuso e fuorviato. Capite cosa intendo, vero? Il mondo è perso. Non sanno dove sono diretti. Il diavolo ha rubato loro la mente con l'identità. Il Signore vuole che vi posizioniate in Lui per salvare le generazioni perdute e sofferenti.

Il diavolo si è posizionato in rete per creare un governo unico mondiale. Il mio ruolo principale è quello di aiutare e mostrare alle persone che Gesù è la via della verità per la vita eterna. La vita può essere più abbondante sulla terra e anche dopo. Solo se mi posiziono per raggiungere i perduti. Pregate e gridate per la situazione che il mondo sta affrontando. Perché io e il mio gruppo facciamo un digiuno settimanale e un digiuno più lungo una volta al mese? Vogliamo essere pronti in stagione e fuori stagione.

Sappiamo che ci sono molti demoni nella guerra per il generale, gli angeli caduti e il capo in comando, Satana. So anche che sono qui per combattere contro Satana per me stessa e per gli altri. Il Signore Dio

15 DICEMBRE

Onnipotente ha dato questa missione. Dovete fare l'opera di guerra contro il nemico. Posizionatevi per salvare i perduti. Non si può digiunare e pregare dopo essere stati sconfitti. Devo digiunare, pregare ed esercitare la mia fede in anticipo. Lo capite? Non sapete dove siete diretti e non conoscete il piano del nemico contro di voi. Una volta che vi siete preparati pregando la mattina presto, studiando la Parola, meditando su di essa e digiunando regolarmente, siete pronti per la guerra in qualsiasi momento e in qualsiasi luogo.

Come sapete, i cinque sciocchi non si posizionarono per incontrare il loro sposo. Che il Signore ci renda cinque mogli. Ora, capite perché preghiamo, digiuniamo e leggiamo le parole? Non sapete quando la prova, il problema e la situazione si ripresenteranno. Arriva senza preavviso. Posso suggerirvi questo? Pregate come non avete mai fatto, digiunate come non avete mai digiunato ed entrate nel mondo di Dio come non avete mai fatto prima. Anzi, pregate senza sosta. Che il Signore ci aiuti a essere sempre pronti. Capite il tempo e la stagione. Ricordo una bambina che andava sempre a dormire con i calzini e i capelli ben legati. Diceva che se Gesù viene di notte, non vuole incontrarlo con i capelli in disordine e a piedi nudi. Wow! Ester si posizionò come soccorritrice del suo popolo. Ella non era come la regina religiosa Gezabele, ma vigilante, acuta, indossando l'armatura di Dio. La regina Gezabele si truccava e si vestiva in modo provocante. Vedete qual è la differenza. Può il Signore fare l'opera più grande per noi, in modo che facciamo esattamente ciò che serve per salvare questa generazione morente, drogata, alcolizzata, depressa, suicida e senza speranza? Il Signore è un salvatore, ma ha bisogno di un collaboratore che lavori per Lui. Per favore, iscrivetevi al Suo regno.

Tutti noi abbiamo una posizione; alcuni sono come Adamo ed Eva e altri sono saggi e giusti come il Re Davide. Giuseppe si è concentrato sulla sua vocazione. Si avvicinò al Faraone per salvare il popolo di Dio dalla carestia. Ester non si preoccupò del dominio del re, della sua morte o della sua rettitudine. Era contro il regno del re digiunare. Ester digiunò e salvò la discendenza del Messia. Possa il Signore posizionarvi per salvare molte nazioni ovunque. Potreste trovarvi in un Paese comunista, in una nazione idolatra, in una nazione musulmana e forse in alcune nazioni di religione cristiana che hanno perso la via di Dio. Posizionatevi per salvare le persone.

Quando lavoravo alle Poste, ho incontrato molte persone che non conoscevano Gesù. Ho avuto la grande opportunità di essere testimone di altre nazionalità. Grazie alla mia predicazione, molti hanno ricevuto guarigioni, si sono battezzati nel nome di Gesù e hanno creduto nel Signore. Sì, so che anche voi avete una posizione, che deve essere messa a fuoco. Concentratevi affinché la vostra ombra possa scacciare i demoni, guarire i malati e molti ricevano la salvezza. Abbiamo sbagliato la nostra posizione. È per questo che la nostra città ha una grande criminalità, sparatorie, droga, divorzi e povertà. Andiamo in vacanza, andiamo a caccia e studiamo per fare colpo, ma non ci concentriamo sull'andare a fare un lavoro di insegnamento e di predicazione. Tutti noi abbiamo una chiamata da parte di Dio per guarire, liberare e predicare il Vangelo.

Come ci siamo posizionati? È così fuori luogo che alcune congregazioni hanno molti demoni. A loro interessa solo la ricchezza. La Tana dei Ladri si è posizionata sul pulpito. Voglio posizionarmi per portare il Vangelo ovunque. Se c'è una porta aperta, vorrei predicare il Vangelo. Non importa chi possa essere, purché me lo permetta. Prego per tutti quelli che me lo permettono. Dipende tutto da me come mi posiziono. Devo svegliarmi e pregare per non dovermi preoccupare di essere impegnata e impreparata. Perché il Discepolo non è riuscito a scacciare il demone? Non si era preparato. Uno spirito sordomuto era nel giovane, ma i discepoli non erano preparati, Gesù ordinò ai demoni di uscire e il demone se ne andò.

Marco 9:28 Quando fu entrato in casa, i suoi discepoli gli chiesero in privato: "Perché non abbiamo potuto scacciarlo?". 29 Ed egli disse loro: "Questa specie non può uscire da nulla, se non dalla preghiera e dal digiuno".

Posizionatevi alla chiamata o vedremo intorno a noi persone malate, depresse, confuse, possedute, perse e indifese. Che il Signore prepari i nostri cuori nel nome di Gesù. Amen!

PREGHIAMO

Padre celeste, ti ringraziamo per esserti posizionato sulla terra per salvarci. Signore, aiutaci a tenere gli occhi su di te. Ordina i nostri piedi sul Tuo passo attraverso la parola di Dio per occuparci dell'opera che hai lasciato per noi. Signore, aiutaci a conoscerti seguendo la Tua parola e la Tua volontà. Padre Celeste, rendici luce, perché vediamo molte tenebre intorno a noi. Preghiamo per tutti coloro che hanno bisogno di aiuto. Dobbiamo essere luce per tutti. Aiutaci, rafforzaci, dacci la saggezza, l'amore e il peso per le anime perdute. Portiamo i nostri figli a te, guidali con genitori, insegnanti e autorità di Dio. Ti ringraziamo per le parole di Dio. È sempre buona, quindi aiutaci a prendere posizione nella Parola di Dio nel nome di Gesù. Amen! Dio vi benedica!

16 DICEMBRE

FATE PRESSIONE!

Imparate a superare tutti gli ostacoli sul cammino. Non aspettatevi una strada rosea, una strada senza ostacoli, senza soste e senza blocchi. La nostra strada avrà acqua e fuoco impetuosi da fermare o contro cui scontrarsi. Che il Signore ci insegni a superare gli ostacoli e a raggiungere il trono del Salvatore! Premete il pensiero per toccare la veste. Raggiungere il trono di Dio. Trovare la Sua ombra, la Sua mano guaritrice o il Suo Spirito che viene a guarire. Ci vuole uno sforzo per raggiungere il Salvatore Gesù. Salvatore significava guarigione, liberatore e salvatore. Tutto ciò di cui avete bisogno è in Lui.

Marco 2:3 Vennero da lui portando un malato di paralisi, che aveva quattro figli. 4 E non potendo avvicinarsi a lui per il torchio, scoperchiarono il tetto dove si trovava; e dopo averlo sfondato, fecero scendere il letto dove giaceva il malato di paralisi. 5 Gesù, vedendo la loro fede, disse al malato di paralisi: "Figlio, ti sono rimessi i tuoi peccati. 11 Io ti dico: "Alzati, prendi il tuo letto e va' a casa tua". 12a E subito si alzò, prese il letto e uscì davanti a tutti.

L'uomo ha attraversato dei problemi, ma è arrivato a ricevere l'attenzione del Salvatore. Dovete insistere per ricevere l'aiuto. Potete farcela. Vale la pena spendere tempo e fatica quando si vede il risultato. La gente correva dietro a Gesù, sulla montagna, sull'oceano e lungo il fiume per trovarLo. Egli aiutava, dava, guariva e liberava chi lo raggiungeva. Perché non facciamo lo stesso? L'autorità ci viene data nel Suo nome. Vedo molte persone andare dall'altra parte del mondo per incontrare un vero profeta che risolva il problema. Le persone affamate e assetate di Dio voleranno ovunque per trovare un vero profeta. Anch'io ho fatto lo stesso per risolvere le mie diverse situazioni.

Marco 5:21a Quando Gesù fu passato di nuovo in nave all'altra sponda, molta gente si radunò presso di lui; 23 e lo supplicava grandemente, dicendo: "La mia figlioletta giace in punto di morte: Ti prego, vieni a imporle le mani, perché sia guarita, e vivrà".

Gesù andò a casa della bambina per guarirla. Era già morta, ma Lui la risuscitò. Molte persone circondarono Gesù. Una donna soffriva di problemi di sangue da dodici anni. Si spinse fino a toccare la veste per ottenere la guarigione. Fu guarita. Dobbiamo imparare a pregare, a digiunare e a premere per toccare il Suo trono. Egli è lo stesso ieri, oggi e per sempre.

Marco 5:29 E subito la fonte del suo sangue si seccò; ed ella sentì nel suo corpo che era guarita da quella piaga.

Gridate per attirare l'attenzione di Gesù sulla vostra situazione. Il cieco Bartimeo trovò Gesù che passava di lì. Gridò per attirare l'attenzione. Molti cercarono di fermarlo. Gesù lo sentì e lo chiamò. Il cieco chiese che gli fosse restituita la vista.

Marco 10:52 Gesù gli disse: "Va' per la tua strada; la tua fede ti ha guarito". E subito ricevette la vista e seguì Gesù per la strada.

Non rimanete ciechi, sordi, zoppi o senza arti, ma gridate per ottenere aiuto. Il Signore vi ascolterà e vi aiuterà. Egli presterà piena attenzione alle vostre necessità se gridate. Tutto sta nell'ottenere la Sua attenzione e dipende da voi. Anche l'adorazione è un modo per fare pressione. AdorateLo e otterrete la Sua attenzione.

Chiedete al Signore di purificarvi da tutte le malattie.

Matteo 8:2 Ed ecco che venne un lebbroso e lo adorò dicendo: "Signore, se vuoi, puoi rendermi mondato". 3 Gesù stese la mano e lo toccò, dicendo: "Lo voglio, sii mondato". E subito la sua lebbra fu purificata.

Accendete un po' di musica per adorare, pregate nella lingua e quando la Sua presenza si fa sentire, dite: "Signore, guariscimi, aiutami, toccami e rendimi integro". Lui lo farà. Davide chiese anche che il menestrello che cantava e suonava la musica aiutasse Davide a entrare in un'adorazione seria per portare la Sua presenza.

Imparate a pregare con uno strumento musicale. Parlate e reclamate le Sue promesse date nella Sua Parola, fate persino un'offerta extra per ottenere ciò che si vuole ottenere da Dio. Una signora preparò una torta con l'ultimo poco di olio e farina per il profeta di Dio. Dio ha dato a lei e a suo figlio un miracolo di sopravvivenza attraverso la carestia. Che il Signore insegni e guidi ciò che serve per raggiungere il trono di Dio. Dio può risolvere il problema non appena si preme per toccare il trono di Dio.

Siamo noi il nostro problema. Non vogliamo aspettare, cercare, chiedere e bussare. Che il Signore abbia pietà di noi. Il nostro rimedio è in ginocchio. Che il Signore ci renda sensibili nel regno degli spiriti. Possiamo essere guariti se troviamo qualcuno che ha il dono della guarigione. Ricevo molte chiamate in un giorno per ricevere guarigioni e liberazioni, poiché uso l'autorità data ai suoi santi dal Signore Gesù. Uso il potere dello Spirito Santo seguendo Gesù e le Sue istruzioni. Non appena tocchiamo il cielo, tutte le guarigioni scendono. Il desiderio di tutti dovrebbe essere quello di toccare la veste di Gesù.

Marco 3:7 Ma Gesù si ritirò con i suoi discepoli verso il mare; e una grande folla dalla Galilea, dalla Giudea, 8 da Gerusalemme, dall'Idumea e da oltre il Giordano, e da Tiro e Sidone, una grande folla, dopo aver sentito le grandi cose che faceva, venne da lui. 10 Perché aveva guarito molti, tanto che premevano su di lui per toccarlo, quanti avevano piaghe.

Tutto dipende da noi, come e cosa facciamo per trovarlo. Imparare a raggiungerlo, a premere per toccarlo. Viviamo in un tempo e in un'epoca in cui nessuno sa come gridare. Pregate finché tutte le montagne dei problemi non si spostano. Trovate i veri profeti di Dio, dove troverete l'aiuto di Dio. Farmaci, stregoneria, omeopatia e molti metodi hanno sostituito il Signore Gesù. Egli ha preso trentanove frustate per curare tutte le malattie. Noi avevamo il potere di distruggere gli attacchi dei demoni. Ha detto nella nostra lingua che potete fare di più. Sì, ci credo. Prego al telefono e guarigioni, liberazioni e miracoli avvengono nel nome di Gesù. La potenza di Dio si trasferisce quando si preme, si grida e si cerca il Signore Dio. So che molti non accettano la via di Dio, leggete la Bibbia; è semplice da capire. Che il Signore restituisca la vostra fede. Il nostro rapporto è stato ostacolato dal seguire false denominazioni e organizzazioni. Vi prego di cercare i veri seguaci di Gesù Cristo che hanno doni spirituali in funzione. Cercate luoghi in cui sappiano come faticare nello Spirito e gridare. Che il Signore Dio aiuti il Suo popolo inviando i veri quintuplici ministri. Molti non credono nemmeno alle profezie dei profeti. A volte le persone vengono guarite, ma la malattia ritorna perché non sanno cosa serve per ottenere la guarigione. Non è mai stato insegnato alle persone come diventare violente contro Satana.

Prendete ciò che vi appartiene con la forza. Comandate al diavolo di rilasciare tutto ciò che nasconde, che ruba e che ha già distrutto. Dio ha la verità, ma ha bisogno di qualcuno che faccia rispettare la Sua via, il Suo rimedio e le Sue disposizioni. Tutto dipende da voi e da quanto volete sacrificare. Il vostro sacrificio di digiuno, ricerca e grido richiamerà l'attenzione di Dio. Egli si ricorderà di voi. Una volta ho avuto un forte dolore alla spalla, ho pregato e pregato, ma un giorno è finita. Nel cuore della notte, ho gridato perché accidentalmente dormivo su quella spalla. Certo, la mia preghiera era diversa, perché il dolore era grande. Lo Spirito Santo scese e bruciò qualsiasi cosa fosse.

16 DICEMBRE

È stato completamente guarito. Il vostro sforzo, la vostra azione, il vostro desiderio e la vostra continua ricerca attireranno la Sua attenzione per guarirvi, provvedere a voi, benedirvi e liberarvi da tutto e da tutti. Oggi è successo che le persone sono troppo occupate. La via di Dio è dimenticata. E sostituita da tutte le vie create dall'uomo. Abbi pietà di noi, Signore, aiutaci nel nome di Gesù. Amen!

PREGHIAMO

Per favore, Signore, insegnaci ad andare avanti. Signore, hai passato molte notti in preghiera. Hai pregato sulla montagna. La casa è calda e noi non vogliamo gridare. Siamo insensibili e ignoriamo i nostri bisogni e quelli degli altri. Andiamo dai medici e paghiamo assicurazioni e medicine costose. Signore, alcune medicine hanno l'avvertenza di ucciderci, ma nonostante questo non dipendiamo da te. Falsi insegnanti e profeti ci hanno insegnato a non credere nella parola accurata di Dio, perché a loro non importa. Ma Signore, oggi ci insegni e ci benedici con un vero maestro e profeta. Desideriamo vedere Dio di nuovo in azione. Signore, dacci il desiderio di raggiungerti. Desideriamo averti vicino al nostro cuore. Aiutaci nel nome di Gesù. Amen! Dio vi benedica!

17 DICEMBRE

USATE IL VOSTRO TALENTO!

Dio ha dato a tutti noi un qualche tipo di talento. Dio chiese a Mosè che cosa aveva in mano. Lui rispose solo un bastone. Usò quel bastone per mettere le persone dentro. Che il Signore usi tutto ciò che avete in vostro possesso per dare gloria a Dio. Prego il Signore di usare tutto ciò che ho. Usa il mio talento. Se non ne ho, ti prego di darmene qualcuno per darti gloria.

Le persone si lanciano in critiche e non si rendono conto di come potrebbero aiutare gli altri piuttosto che criticare. Tutto il giorno do consigli, prego e insegno. Ho visto la vita delle persone cadute e spezzate cambiare. La preghiera risana i poveri. Guardo la mia mano e prego il Signore di usarla per la Sua gloria. Non ho un bastone, ma una mano.

Luca 13:13 Le impose le mani e subito la donna si raddrizzò e glorificò Dio.

Paolo ha ascoltato e ha fatto come il Signore ci ha chiesto nella Sua Parola.

Atti 28:8 E avvenne che il padre di Publio era malato di febbre e di un flusso sanguinolento; pregò, impose le mani su di lui e lo guarì.

La nostra mano è più forte e potente del bastone in mano a Mosè. Perché quando usiamo quella mano, tutte le cose cambiano. Se Dio vi ha dato un talento, usatelo per promuovere il Regno. Mi guardo intorno e vedo molte persone di talento, ma lo usano per Satana. Alcuni usano il loro talento per ottenere fama, denaro e potere sulla terra. A volte mi chiedo cosa e come finirà la loro storia. È il Signore che ci dona e perché non usarlo per Lui?

Ho avuto una meravigliosa esperienza di battesimo nel nome di Gesù. Mi ha portato a studiare più a fondo, per capire chiaramente ciò che mi ha rivelato. Sono così felice che molti di coloro che hanno accettato il nome di Gesù e sono stati battezzati, i loro peccati sono stati perdonati e camminano nella novità della vita. Da quando ho lottato contro la verità, ricordo sempre la mia esperienza. Volevo battezzarmi con il titolo di Padre, Figlio e Spirito Santo. Le radici del falso insegnamento erano così profonde che avevo bisogno di un Signore potente che mi liberasse dalla mia incredulità sul Battesimo nel nome di Gesù. La Bibbia dice che Gesù di Nazareth impara obbedendo alle Scritture. Anch'io ho imparato ubbidendo ad Atti 2:38. L'esperienza non può essere spiegata, ma solo sperimentata obbedendo.

Oggi il mio talento ha benedetto il Regno di Dio. Molti sono entrati nel Regno di Dio lavando i loro peccati nel sangue. Le persone che stanno ricevendo doni buoni e perfetti da parte di Dio guida molti. Voglio usare il

17 DICEMBRE

mio talento per il Re dei Re e il Signore dei Signori. Che il Signore ci aiuti a distinguere le benedizioni e le maledizioni.

Matteo 25:15 A uno diede cinque talenti, a un altro due e a un altro ancora uno; a ciascuno secondo le sue capacità; e subito si mise in viaggio. 16 Allora colui che aveva ricevuto i cinque talenti andò a commerciare con gli altri e fece loro altri cinque talenti. 17 E allo stesso modo colui che ne aveva ricevuti due, ne guadagnò altri due. 18 Ma colui che ne aveva ricevuto uno andò a scavare nella terra e nascose il denaro del suo signore.

I nostri talenti donati da Dio dovrebbero far guadagnare cinque benedizioni in più. Dobbiamo lavorare per colui che ci ha dato questi talenti. Un uomo lavorò duramente per Dio e Dio lo benedisse doppiamente. La mia domanda è: cosa state facendo per il talento che il Signore vi ha dato? Quando ho imparato la verità, ho iniziato a raccontarla in tutto il mondo. Il Signore mi ha portato in altre nazioni, città e Stati stranieri per farla conoscere alle persone. Come si può rimanere in un posto senza far conoscere agli altri la propria esperienza? Per quanto tempo dovrete gattonare come un bambino e non poter camminare e correre?

Molte volte vedo persone che dedicano tanto tempo al lavoro, alla casa e alle cose intorno, ma per Gesù sono stanche, senza tempo. Chi non lavora per Gesù ha il tempo di trovare i difetti dell'opera di Dio. Che il Signore vi aiuti a usare il vostro scarso talento per il Regno. Paolo parlava diverse lingue; ha viaggiato in tutto il mondo per predicare in ogni lingua. Se usiamo il nostro talento, la nostra conoscenza, la nostra saggezza, la nostra ricchezza e tutto il resto che Dio ci ha dato, allora questo mondo non avrà dolori, fallimenti, pazzi che vanno in giro, depressi e persone malsane. Che il Signore ci aiuti a conquistare il mondo usando il nostro talento.

Diventiamo avari quando dobbiamo dare a Dio, cioè all'operaio. Pensiamo che gli operai vivano e mangino aria. Molte volte le persone spendono tutto il loro denaro per se stesse, ma per Dio e il Suo popolo non hanno nulla. Se ci prendiamo cura della Parola di Dio e del Suo popolo, avremo molte benedizioni sulla nostra strada. La signora aveva un marito che sapeva costruire. Costruì una stanza per il profeta. Per questo motivo, ricevette delle benedizioni. Il nostro compito è quello di dare, invece siamo diventati dei prenditori. Tutti hanno un qualche tipo di dono. Il Signore ha detto di aver dato alcuni doni a ogni persona. Alcuni rifiutano di usare il loro talento a causa di un pensiero distorto. Se usate il vostro talento per dare gloria a Dio, allora il Signore sarà riconosciuto nella città, nello Stato e nel Paese. Che cosa fate dei doni dati da Dio? Li nascondete? Usateli. Ho sempre saputo che posso moltiplicare il talento che Dio mi ha dato se lo uso per il Regno. Non conoscevo i computer, ma mi sono presa del tempo per imparare. Ho imparato a registrare, a scrivere e a girare un film. La mia passione è raggiungere il mondo. Gesù non ha mandato nessuno senza talento. Tutti noi siamo unici. Io non posso essere voi e voi non potete essere me. Ognuno di noi usa il proprio talento e rende il mondo nuovo e bello da vivere.

Dio ha dato a dodici figli di Israele dei doni non comuni. Ad alcuni di loro Dio ha dato il talento di cantare.

Giacomo 1:17 Ogni dono buono e ogni dono perfetto viene dall'alto e discende dal Padre delle luci, presso il quale non c'è variabilità né ombra di mutamento.

Dio diede a Bezaleel la saggezza.

Esodo 31:3 L'ho riempito dello spirito di Dio, di sapienza, di intelligenza, di conoscenza e di ogni sorta di lavorazione, 4 per ideare opere di ingegno, per lavorare l'oro, l'argento e il bronzo, 5 per tagliare le pietre e incastonarle, per intagliare il legno e per fare ogni sorta di lavoro.

Dio dà al cuore saggio la saggezza dettagliata per compiere l'opera unica.

6 E io, ecco, ho dato con lui Aholiab, figlio di Ahisamach, della tribù di Dan; e nel cuore di tutti quelli che hanno un cuore saggio ho messo la saggezza, affinché facciano tutto ciò che ti ho comandato: 7 la tenda di convegno, l'arca della testimonianza, il seggio della misericordia che vi si trova e tutti gli arredi della tenda.

Daniele era bravo nell'interoperare con i sogni. Così Giuseppe ha lo stesso talento in tempi ed epoche diverse. Usate il vostro talento per dare gloria a Dio. Non dite: "Non ho tempo". Alcuni sono bravi a servire le persone e a lavorare con le mani. Ho sentito che quell'uomo lavorava in ospedale; sua moglie era una casalinga. Cucinava sempre per ogni cristiano ricoverato in ospedale. Vedete, fate qualcosa per gli altri. Le piccole cose saranno sempre ricordate e ammirate. Amen!

PREGHIAMO

Padre celeste, veniamo a te e ti ringraziamo per il Tuo esempio. Tu usi tutto il Tuo talento per guarire, liberare e rendere liberi i prigionieri. Ora tocca a noi andare a fare lo stesso. Ti ringraziamo per averci benedetti con i talenti. Aiutaci a non seppellirli, ma a usarli. Signore, nostro Padre celeste, tutto è Tuo. Rendici fedeli a te e al Tuo regno. Non permettere che siamo troppo occupati. Non lasciare che il diavolo li sprechi. Sappiamo che tutti i doni buoni e perfetti vengono da te. Il Tuo amore è il dono più grande. Aiutaci a fare ciò che ci hai chiesto. Siamo qui sulla terra per svolgere il lavoro che ci hai dato. Vogliamo essere sinceri in tutte le nostre attività per Dio. Che il Signore ci mandi i Suoi Angeli e ci porti ovunque andiamo. Aiutaci a trovare il posto dove lavorare e a dare al Tuo nome un grido, un applauso e un alleluia. Vogliamo essere operai fedeli per il Tuo regno, nel nome di Gesù. Amen! Dio vi benedica!

18 DICEMBRE

SIATE MEDIATORI!

Il Signore cerca un mediatore che si presenti davanti al trono per perorare una causa. Il salario del peccato è la morte, il peccato ha una conseguenza. Il giudizio viene da Dio per il peccatore. Ma se Dio trova il mediatore, può cambiare il Suo giudizio in misericordia. Quando il Signore stava per imporre il giudizio su Ninive, inviò Giona per informare delle conseguenze dei loro peccati e per far conoscere loro la data e l'ora del giudizio. Anche Ninive non era il popolo eletto di Dio.

Quanto è grande il nostro Signore! La Sua misericordia dura per sempre! Il Signore sa che noi, come esseri umani, possiamo lavorare per fermare questo caos. È nostro privilegio mostrare misericordia agli altri. Se abbiamo il potere di aiutare, dobbiamo farlo. Dobbiamo salvare tutti o anche uno solo. Tutto ciò che serve è il nostro tempo e la nostra attenzione per compiere i passi necessari da parte nostra.

1 Timoteo 2:5 Vi è infatti un solo Dio e un solo mediatore tra Dio e gli uomini, l'uomo Cristo Gesù.

Geova Dio ha indossato la carne, ha versato il sangue e ha fatto tutto per salvare me e voi. Egli diventa mediatore per me e per voi. Il mio compito è seguire l'esempio di Gesù e fare ciò che è necessario. Ogni giudizio è stato accompagnato da un avvertimento di Dio. Il nostro compito è quello di prendere le precauzioni extra e i passi necessari per sfuggire al giudizio pronunciato. Ricordate, il giudizio può riguardare uno o molti, un individuo, una città, uno Stato, un Paese o il mondo intero.

Il giudizio del diluvio di Noè fu su tutto il mondo. Piovvero zolfo e fuoco a causa dello stile di vita peccaminoso di Sodoma e Gomorra. Ci fu un giudizio individuale pronunciato sul re Ezechia.

2 Re 20:2 Poi si voltò verso il muro e pregò il Signore, dicendo: "Ti prego, Signore, ricordati ora di come ho camminato davanti a te in verità e con cuore perfetto e ho fatto ciò che è bene ai tuoi occhi". Ed Ezechia pianse a dirotto.

Intercedette per se stesso e il Signore lo ascoltò e gli concesse un aumento di quindici anni. Ora, capite che è una questione di vita o di morte? Che ci crediate o no, siete chiamati a fare da mediatori. Quindi difendete la famiglia o la situazione dei vostri figli. Ma la cosa migliore è che vi schieriate a favore della vostra nazione. Sarete una benedizione per questo mondo. Avete il potere di cambiare qualsiasi giudizio per tutti e per ciascuno.

Ezechiele 22:30 Cercai tra loro un uomo che facesse la siepe e stesse nel vuoto davanti a me per il paese, affinché non lo distruggessi; ma non ne trovai nessuno.

Il Signore guarda in basso, cercando chi possa portare il Suo fardello. Fermate la mano di Dio per riversare la sua ira. Vi chiede di andare a Ninive. Invece di andarci, siamo scappati a Tarshis. Le persone corrono alle feste, al golf, alla pesca, alla caccia e al cinema e sono molto occupate per evitare l'incarico di Dio. Perché? Al giorno d'oggi le persone non si preoccupano degli altri. È triste, non è vero? Vediamo molti bruciare all'inferno, nei manicomi, nelle prigioni, nelle carceri e negli ospedali, perché qualcuno non vuole andarci. Cercano un altro modo per evitare di assumersi le proprie responsabilità. La nostra negligenza e irresponsabilità nei confronti della situazione, della questione e del problema porterà un terremoto, lava, una tempesta e un disastro nel mondo.

Svegliatevi per intercedere. Intercedete presso Dio per la situazione in cui si trovano i bambini, gli anziani, i depressi, gli indemoniati e i senzatetto. Dio si è preso cura di voi e di me. Dio si è fatto carne per salvarci. Ha dato la vita, che è nel Suo sangue. Ha fatto tutto questo, anche oggi è in piedi nel vuoto. Io e voi troviamo tutte le scuse per sfuggire alle nostre responsabilità. Per favore, alzatevi e gridate per questo mondo morente.

Come pregare come mediatore? Sappiamo che il peccato porta alla separazione tra Dio e la Sua creazione.

Daniele 9:20 Mentre parlavo, pregavo, confessavo il mio peccato e il peccato del mio popolo Israele e presentavo la mia supplica al Signore, mio Dio, per il monte santo del mio Dio.

Come Mosè divenne mediatore tra Dio e il Suo popolo. Potete stare in piedi e pregare per i malati e i moribondi? Non pregate solo per voi stessi. Se non intercedete, allora si dirigono verso il giudizio del fuoco dell'inferno. Perché sto nel vuoto, pregando continuamente, consigliando e insegnando perché conosco il mio lavoro? Ho visto molti essere salvati.

Esodo 32:30 Il giorno dopo, Mosè disse al popolo: "Avete commesso un grande peccato; ora salirò dal Signore; forse farò un'espiazione per il vostro peccato". 31 Mosè tornò dal Signore e disse: "Questo popolo ha commesso un grande peccato e si è fatto degli dèi d'oro". 32 Tuttavia, se vuoi perdonare il loro peccato, se no, cancellami, ti prego, dal tuo libro che hai scritto.

Il Signore si è servito di molti che hanno detto: "Sì, Signore". Dite di sì alla volontà e alle vie di Dio. Egli sta guardando, i Suoi occhi vanno avanti e indietro per vedere chi può ascoltare e fermare la Sua mano per versare il giudizio. Dite loro la verità, affinché si convertano dalle loro vie malvagie e si salvino dal giudizio di Dio.

Amos 3:7 Certamente il Signore Dio non farà nulla, ma rivela il suo segreto ai suoi servi, i profeti.

Il più grande mediatore è Gesù. Daniele, Mosè, Abramo, Noè, Ester e ora noi, se facciamo il necessario per fermare il caos. Come state andando? Portate il peso solo vostro e dei vostri figli? O vi occupate di altri che sono sotto l'effetto di droghe, alcol, depressione, demoni del cancro e molte malattie fisiche e spirituali? Vi occupate dei bambini scomparsi? Vi occupate di coloro che sono stati fuorviati dai falsi insegnanti di un'altra religione? Abbiate misericordia per le persone nelle carceri della nostra e delle nazioni straniere. Vi occupate dei senzatetto? Al giorno d'oggi, molti vivono una vita senza speranza. Vi fermereste a dare loro cibo, vestiti o un piccolo aiuto? Che il Signore ci aiuti a essere ciò che Lui ha creato.

Vedo che tutto è poco, un po' di preghiera, poca lettura della Bibbia, e niente di digiuno. Non si digiuna secondo la Parola di Dio. Ora, il motivo per cui non sentiamo i messaggi che cambiano la vita è perché chi insegna e predica non è interessato ad alcun cambiamento nella vostra vita. Se il cambiamento avviene nella loro, allora avverrà anche nella vostra. Svegliatevi. Svegliatevi, gente. Smettete di seguire i perduti, seguite Gesù. Lui l'ha detto. Abbiamo iniziato a digiunare e a pregare tutta la notte. Mi assicuro sempre che stiamo nel vuoto per le persone di questo mondo. Per favore, pregate per le nazioni, che sono in grande crisi. Se abbiamo un peso per loro e preghiamo con tutto il cuore, le nostre famiglie cambieranno automaticamente. Se la droga si ferma, se le persone empie cambiano, se l'alcol esce e la verità arriva, allora il nostro problema e la nostra famiglia cambieranno. Il Signore sarà molto felice se porterete il Suo fardello e non porterete sempre e solo voi stessi. Oggi le persone hanno una visione a tunnel, sono miopi, non hanno compassione e non vogliono prendersi cura degli altri. Vi prego di mettervi al servizio del Regno. Ricordate che avete una grande influenza in cielo. Gesù ha pregato tutta la notte. Ha pregato solo per la sua famiglia? No.

Giovanni 17:20 Non prego per questi soli, ma anche per quelli che crederanno in me per mezzo della loro parola.

In questo momento, gli adoratori del diavolo stanno attaccando tutti i cristiani pregando Lucifero. Dobbiamo contrattaccare, pregando il Signore Gesù. Siamo a favore di tutte le persone. Il nostro obiettivo è sconfiggere il piano e l'idea di Satana. Amen! Che il Signore ci mandi molti mediatori, nel nome di Gesù. Amen!

PREGHIAMO

Padre celeste, siamo nella Tua aula, inginocchiati e chiediamo il perdono dei nostri e degli altrui peccati. Signore, lava tutti i nostri peccati nel Tuo sangue prezioso. Che il Signore sia benevolo con noi. Sappiamo di peccare e di essere nella nostra carne. Il Tuo sangue ha il potere di lavare i nostri peccati se ci pentiamo e ci battezziamo nel nome di Gesù immergendoci nell'acqua. Tu perdonerai tutti i nostri peccati e quelli gli altri se invocheremo il Tuo nome. Signore, aiutaci a svegliarci presto per pregare. Pregate a mezzogiorno e alla sera. È nostro compito intercedere per tutti i problemi, poiché hai detto che nulla è impossibile. Tu risolleverai il popolo dalla rovina. Preghiamo per gli altri come preghiamo per i nostri. Come tu sei morto per tutti, anche noi dobbiamo pregare per tutti. Signore, porta un peso per coloro che non hanno nessuno per cui intercedere. Desideriamo essere un mediatore nel nome di Gesù. Amen! Dio vi benedica!

19 DICEMBRE

L'IMPORTANZA DELLA RADICE!

Che cos'è una radice? La parte inferiore di qualsiasi cosa, il primo antenato. La radice è molto importante per la pianta. Aspira l'acqua e fornisce le sostanze nutritive alla pianta. È come una vena o un'arteria. Quando si hanno le radici, si è riforniti. La radice di Gesù era Davide, ma in realtà era Geova Dio messo in carne. Era Geova e non Giuseppe. Una volta che avete delle buone radici, siete a posto per sempre. Le vostre radici parlano molto. Quando dite che siete così e così, la gente cercherà chi era il padre e il nonno e il bisnonno.

Davide e il Re Saul avevano entrambi una radice. Uno proveniva da Giuda e l'altro da Beniamino. Se oggi si vuole conoscere la discendenza, la si scopre attraverso il test del DNA. È il test più avanzato di cui si dispone oggi. Ma nella Bibbia il Signore parla delle radici della rettitudine, dell'amarezza e dell'amore. La radice dell'amarezza è una radice malvagia, distruggerà la persona. La radice della rettitudine porterà benedizioni. Perché è così importante? Perché il nostro Dio giusto continua solo con una radice giusta.

Molte volte si vede che una radice è stata maledetta, quindi anche il seme che ne esce avrà qualche tipo di piaga, malattia o infermità. Alcuni dei nostri problemi continuano con i nostri antenati. È necessario il sangue del Salvatore per pulire e lavare le radici. È necessario trovare quando e dove è iniziato. Tirarlo fuori. Lasciate che il Signore denunci e mandi il Suo Sngelo per rimuovere e purificare nel sangue di Gesù. Alcuni hanno una radice geniale. Il Signore li ha benedetti con una buona mente e intelligenza. Aronne aveva una radice giusta. Dio lo scelse come sacerdote e sommo sacerdote poiché la madre Jochebed insegnava la verità del Signore. La radice giusta.

Esodo 20:6 e di avere misericordia per migliaia di persone che mi amano e osservano i miei comandamenti.

Salmo 103:17 Ma la misericordia dell'Eterno è di continuo su quelli che lo temono, e la sua giustizia sui figli dei figli.

Assicuratevi di fare la cosa giusta. Pensate che nessuno sappia cosa avete fatto al vostro coniuge, ai suoceri, ai familiari o a chiunque altro. Il Signore ha visto e voi state raccogliendo bene o male, benedizione o maledizione, vita eterna o morte. Dio vi ha etichettato. Avete etichettato la vostra discendenza con malattie o benedizioni eterne. Abbiate pietà di voi, vero? Dio diede ai discendenti di Aron un cuore saggio per continuare a rispettare le leggi. Inoltre, far rispettare, insegnare e seguire le istruzioni fornite nel Libro Santo chiamato Torah. Una volta che si ha una buona eredità, i figli ereditano automaticamente le benedizioni.

Vi siete chiesti perché alcuni sono così maledetti? Perché qualcuno in quella linea di sangue ha fatto del male e dell'ingiustizia a qualcuno, ed è per questo che sono stati colpiti da certe maledizioni e malattie. Il battesimo nel nome di Gesù può rimuovere le etichette delle maledizioni e delle malattie. Il sangue di Gesù può purificare chiunque dalla radice del male. La vostra radice di malattie, maledizioni e problemi può essere lavata via dal sangue nascosto sotto il nome di Gesù pentendosi e battezzandosi nel nome di Gesù.

Ora, capite perché alcuni muoiono presto? Alcune famiglie hanno alcool, infarti, diabete e pressione sanguigna. Le radici della loro discendenza hanno un attaccamento alle malattie. Ho notato che una mia amica ha un favore speciale per lei. Ha ricevuto la benedizione di favore dalla radice che ha il favore del Signore. Il suo antenato deve aver camminato con Dio. Capisco che Dio ci ha benedetto da quando i nostri genitori hanno portato buone radici. Le nostre radici aiutano anche gli altri a essere benedetti.

Ora vi consiglio di pregare per i vostri figli, affinché sposino un coniuge alla cui radice siano legate delle benedizioni. Lui o lei ha maledizioni o benedizioni collegate e continuerà fino alla generazione successiva. Una coppia di sposi è un'unione di maledizione e benedizione, benedizione e benedizione, o maledizione e maledizione. Vedete? Davide era giusto. Una radice giusta portava il Messia nella discendenza. La radice di Iesse:

Proverbi 12:3 Un uomo non si consolerà con la malvagità, ma la radice del giusto non sarà smossa.

Le persone che vanno dietro a Dio sono in contrasto con quelle che vanno dietro alla fama, al denaro, al potere e alla posizione. Cosa e come vivreste la breve vita di settanta o ottant'anni? La scelta è vostra.

1 Timoteo 6:10 L'amore per il denaro, infatti, è la radice di tutti i mali; e se alcuni lo desiderano, hanno errato dalla fede e si sono trafitti con molti dolori. 11 Ma tu, o uomo di Dio, fuggi queste cose e segui la giustizia, la pietà, la fede, l'amore, la pazienza, la mitezza.

Una radice malvagia ha una spada, una carestia, una povertà e una peste legate a tutta la sua generazione. Non si può sfuggire alla mano di Dio. Il Signore vi vede sempre. Il giorno del giudizio Dio vi cancellerà dal Suo mondo.

Ebrei 4:13 E non c'è nessuna creatura che non sia manifesta al suo cospetto; ma tutte le cose sono nude e aperte agli occhi di colui con il quale abbiamo a che fare.

Giobbe 26:6 L'inferno è nudo davanti a lui e la distruzione non ha copertura.

Ecclesiaste 12:14 Perché Dio metterà in giudizio ogni opera e ogni cosa segreta, sia essa buona o cattiva.

Ieri una profetessa ha pregato per me. Mi ha chiesto se qualcuno ha pregato per pulire la mia linea di sangue. Ho risposto: "No". Ha detto che ci vuole mezz'ora per pulire la linea di sangue. E io ho detto: "Fallo". E ha pregato su di me dalla linea di sangue materna e paterna fino ad Adamo ed Eva. Ho detto: "Wow, fantastico! Ero felice di averle permesso di farlo. C'è così tanto a nostra disposizione, ma unendoci a chiese, denominazioni e organizzazioni non confessionali, otteniamo solo paraocchi teologici. Non voglio che nulla mi colga alla sprovvista. Voglio pentirmi di tutto e di tutti e lavare nel sangue tutti i peccati commessi da entrambi i lati della mia famiglia". Ha usato il Deuteronomio 28 e mi ha chiesto di pentirmi. Ha detto che eravamo nell'aula del tribunale di Dio; Angeli inviati per arrestare i demoni, purificare e prendersi cura di ogni peccato nascosto, di peccati non pronunciati e sconosciuti e del peccato di ignoranza rimosso dalla mia linea di sangue. Non è bello? Tutti noi dobbiamo fare pulizia dei nostri peccati e di quelli dei nostri antenati. Molti non riescono a vedere a causa della cecità spirituale, della sordità e dell'ignoranza. Che il Signore ci dia veri insegnanti e profeti che camminano nello Spirito.

Ho guardato il profeta Alph Lukau su YouTube. Mi piace l'operazione dei doni dello Spirito. Ha chiamato la giovane donna e le ha detto che tutta la sua famiglia ha rotto i matrimoni, cosa che lei ha accettato di fare. Il profeta ha detto che il suo bisnonno ha ucciso degli stranieri innocenti nella sua proprietà. Quel sangue innocente sta causando alla tua discendenza il caos dei matrimoni falliti.

Quando i genitori, i loro figli e i figli dei loro figli sono alcolisti o divorziati o hanno le stesse malattie, allora cercate le radici della causa. Per favore pentitevi dei peccati conosciuti o sconosciuti, battezzatevi nel nome di Gesù e vedete cosa succede. La storia della vostra vita cambierà. Un tempo chi era malvagio ora è buono, un tempo era malato ora è guarito, un tempo era bugiardo, assassino, omicida ma ora è stato lavato nel sangue, santificato e purificato nel nome di Gesù. Gesù è ora la vostra radice. Avete una buona eredità. Amen!

PREGHIAMO

Padre celeste, ci presentiamo davanti al Tuo altare chiedendoti di perdonare tutti i nostri discendenti materni, paterni e coniugali per i peccati di Adamo ed Eva nel sangue di Gesù. Che il Signore mantenga le nostre radici nel sangue di Gesù. Vogliamo la Sua giustizia. La nostra giustizia è un cencio sporco. Aiutaci a sperimentarti osservando il Tuo comandamento. Dio benedirà i nostri discendenti dopo di noi. Essi continueranno a raccogliere mentre noi viviamo l'eredità della giustizia. È un privilegio perdonare chi ci ha fatto del male. Signore, noi perdoniamo e tu perdoni i loro peccati contro di noi. Sappiamo che questo li libererà dalle malattie legate ai peccati. Signore, mentre ci pentiamo, lascia che il Tuo sangue giusto parli oggi che non siamo colpevoli. Le nostre radici iniziano con la rettitudine e la santità di Dio. Così ereditiamo l'eredità e la benedizione di Abramo, Isacco e Israele nel nome di Gesù. Amen! Dio vi benedica!

20 DICEMBRE

INVESTIMENTO DI TEMPO.

È necessario tenere sotto controllo il proprio tempo. Esso, una volta trascorso, non può tornare indietro. Proprio come una cascata sul terreno non può riunirsi di nuovo. Ogni cosa ha un tempo e una stagione. Vi preghiamo quindi di usare il vostro tempo con saggezza.

Una volta un'amica mi disse: "Ho notato che leggi sempre la Bibbia". Mi ha suggerito di leggere la Bibbia quando sarò vecchia, ma non ora. Mi disse: "Avrai tempo per leggere allora, ma ora goditi la vita". No, leggo la Bibbia quando sono giovane. La Parola di Dio è la mia luce, la mia lampada, il mio cibo, la mia spada, il mio direttore e tutto ciò che riguarda la mia vita. Ho investito il mio tempo nello studio della Bibbia. Imparare la Parola è un investimento eterno per la realizzazione. Finisco sempre la Bibbia in un anno. Durante le vacanze estive finisco il Nuovo Testamento. Mi piace investire il tempo con saggezza. Non importa quello che si dice, il tempo investito in Dio non è mai sprecato. Guadagnare vita significa investire il proprio tempo in luoghi che si chiamano terreno buono.

Imparare è il mio hobby. Imparo sempre cose nuove. È il modo migliore per investire il tempo. Molti imparano le cose sbagliate e le usano per scopi sbagliati. Come facciamo a diventare il nostro nemico? Non giocando subito. Avete mai visto un demone, il diavolo o gli angeli caduti venire con un corno? Usa l'uomo vivente, la preziosa creazione di Dio. Il diavolo usa il tempo, la vita e il denaro del lavoro di Dio per portare a termine la missione di uccidere, rubare e distruggere. La via di Satana è quella di tentare con ciò che si può permettere. Gesù dice che è in cammino. Tutti gli investimenti di tempo, denaro e conoscenza dati da Dio nel Suo regno rendono la vita e la produzione del mondo senza prezzo.

La gestione del tempo ha un'influenza significativa sulla gestione della mente. Gestire una mente efficace nella giusta direzione farà progredire. So che la vita ha diverse fasi. In alcune di esse, abbiamo una mentalità diversa. Lo sviluppo della mente è necessario per avere pensieri sani. Quando si invecchia si diventa limitati. Quindi fate attenzione e lavorate finché potete. Non dire "più tardi". Il dopo non arriva mai. Quando vedete un'opportunità, coglietela al volo. Vi sorprenderà la facilità con cui si produce. Vi prego di investire nell'opera di Dio che realizzerà il piano di Dio sulla terra.

Gesù andava a pregare la mattina presto e pregava tutta la notte. Il Suo investimento ci ha mostrato un grande esempio. Si tratta di una gestione del tempo soddisfacente. Nessuno vi disturberà nel cuore della notte e al mattino presto. Potete parlare tranquillamente con il vostro Padre celeste. Io amo le prime ore del mattino, perché la mia connessione è senza interruzioni. Sono sicura che lo capite molto bene.

Luca 6:12 E in quei giorni avvenne che egli si recò su un monte a pregare e continuò tutta la notte a pregare

ELIZABETH DAS

Dio.

Marco 1:35 La mattina, alzatosi molto prima del giorno, uscì, si ritirò in un luogo solitario e lì pregò.

Dopo essersi collegato con lo Spirito Dio, ha scaricato il suo programma o piano giornaliero e si è messo al lavoro. Molte volte non conosciamo il piano di Dio e sprechiamo il nostro tempo. Per questo motivo si verificano molti litigi, incidenti, problemi e dispiaceri. L'investimento del tempo è fondamentale per tutte le persone che vogliono vivere una vita di successo.

In giovane età avevo difficoltà a gestire il tempo. Avevo un'amica musulmana che era brava a gestire il suo tempo. Ho imparato a gestire il mio grazie al suo esempio. Teneva sempre il suo Dio al primo posto. La sua abitudine allo studio la portava a essere la prima della classe, finché non ho imparato a gestire il tempo e ho preso il sopravvento. Osservate come la vostra azienda vi influenza. L'investimento di tempo in un'amica preziosa ha portato un cambiamento nella mia vita. Se investite nelle persone sbagliate, la vostra vita sarà un gran casino. Scegliete un amico, un coniuge, un profeta e un insegnante saggio, intelligente, sincero e onesto. Cambierà la direzione della vita. Che benedizione avere buoni amici.

Ho anche amici di tutte le età, dai bambini piccoli ai più anziani. La mia amica più anziana ha novantatré anni; mi ha adottata quando lavoravo alle Poste (è morta nel luglio 2021). Mi ha addestrata alla vecchia maniera. Non faceva altro che insegnare e predicare. Il suo investimento nella mia vita è stato una grande risorsa. Mi chiama ancora e mi dice: "Sono felice che tu sia entrata nella mia vita". E io le dico lo stesso per essere entrata nella mia. Sono grata a Dio per lei.

Ho bisogno di poveri, vedove e orfani per investire il mio denaro. Ho bisogno di un vero profeta e di operai che investano il mio denaro. Nelle loro mani, esso si moltiplicherà come due pesci. Trovate il terreno coltivato con preghiere e digiuni. Osservate come lavorano e poi investite nel loro ministero. Hanno il potere di pronunciare una benedizione su di voi. Investite in un ministero che investe nuovamente nel regno di Dio. Avete capito? Non date ai ladri e ai rapinatori. Faranno sparire il vostro denaro.

Investo il mio tempo per raggiungere molte anime. Insegnare, pregare, consigliare e incoraggiare sono le mie attività. È necessario fare rete con le persone giuste. Si chiama lavoro di squadra. Il corpo deve essere privo di scismi. Siamo il corpo di Cristo e non dobbiamo avere divisioni e scismi o gruppi o bande che si distruggono a vicenda. Dobbiamo avere una connessione con le persone che hanno la stessa mentalità per promuovere il Regno. Il Signore Gesù è il Geova in carne e ossa, che andava in giro a guarire la gente. Il Signore Gesù stava facendo gli affari di Suo padre.

Luca 2:49 E disse loro: "Come mai mi cercate? Non sapete che devo occuparmi delle cose del Padre mio?

Atti 10:38 Come Dio unse Gesù di Nazareth con lo Spirito Santo e con potenza, il quale andava facendo del bene e guarendo tutti coloro che erano oppressi dal diavolo, perché Dio era con lui.

Ho investito molto tempo, denaro e forze nel regno di Dio. Vale la pena vivere quando investiamo tempo nel regno di Dio. Il tempo è il più grande strumento o arma per sconfiggere il diavolo. Cosa succede se usciamo e facciamo quello che ha fatto Gesù? Alcuni ciechi vedranno, i sordi udranno e qualcuno si salverà dal suicidio o da una decisione sbagliata. In effetti, impariamo a conoscere Dio mettendo in pratica le Scritture. Considerate le indicazioni fornite dalle parole come una ricetta.

Mentre lavoravo alle Poste, avevo preso le ferie per visitare l'India e svolgere il mio ministero in diversi luoghi. Molte persone hanno trovato la verità grazie al mio ministero. Io partecipo solo sul terreno della verità. Non mi interessano il pulpito, la posizione o la religione. Dio mi basta. Egli apre la porta, si fa strada verso l'altra parte del mondo e fa un lavoro meraviglioso. Ora vedo che molti si stanno rivolgendo a Gesù.

Lavoriamo per il Regno solo dove gli smarriti trovano la via di Gesù. È un'opera straordinaria di Dio. Non devo entrare nel territorio delle chiese principali o delle mega-chiese. Sono solo guidata dallo Spirito Santo, che sa chi sta soffrendo, è malato, sta morendo e ha bisogno di Lui. Ho visitato ospedali, convalescenziari, carceri, case, città per città e diverse nazioni, e ho lavorato per il Signore. Investire tempo è molto importante, ma dove si investe è estremamente importante. Amen!

PREGHIAMO

Signore, ti ringraziamo per averci dato la mente, la salute e la direzione su come e cosa fare del nostro tempo, del nostro denaro e della nostra vita. È nostra la scelta di come gestire il tempo. Che il Signore ci aiuti a farlo tempestivamente e nella stagione giusta. Facci coincidere i nostri programmi con i Tuoi. Rendici sensibili alla Tua voce. Sappiamo che il nostro tempo sulla terra è breve. Se lo perdiamo, non torneremo mai più. Dacci la saggezza di investire tutto nel piano di Dio. Tu sei il più grande esempio che dobbiamo seguire e nessun altro. Sappiamo che la Tua Creazione ha bisogno di noi. Dobbiamo portare avanti la Tua missione. Aiutaci a non renderla un investimento secondario ma primario di tempo, forza e vita. È il miglior investimento non solo per noi, ma per le mille generazioni che verranno dopo di noi. Benedici chi ha investito il suo tempo per noi, chi ha portato la verità e ci ha liberato da questo mondo oscuro e malvagio. Ti ringraziamo per aver investito il Tuo sangue, la Tua vita e il Tuo tempo consegnandoci la Torah e la Bibbia. Quanto sei grande, Signore! Ti diamo tutto. Ci arrendiamo a te e ti amiamo con tutta la nostra mente, il nostro cuore, la nostra anima e la nostra forza. Fa' che la nostra missione sulla terra ti sia gradita nel nome di Gesù. Amen! Dio vi benedica!

21 DICEMBRE

L'OBBEDIENZA È IL FONDAMENTO!

Ciò significa che il disobbediente non ha fondamento, giusto?

Luca 6:49 Ma chi ascolta e non fa, è simile a un uomo che, senza fondamenta, ha costruito una casa sulla terra, contro la quale il torrente batté con forza e subito cadde, e la rovina di quella casa fu grande.

Ora sapete perché le persone inciampano e falliscono? Non avere un fondamento è segno che non ci si stabilisce mai. Ora, che cos'è il fondamento? Il fondamento è lo stabilimento e l'insediamento. Noi abbiamo Gesù come fondamento. Se avete la rivelazione o la conoscenza dell'identità di Gesù Cristo, allora avete costruito sul fondamento della verità. Se la chiesa è stata costruita con la rivelazione di Gesù, non cadrà. Qualsiasi tempesta può arrivare e non distruggerà. E chi è la Chiesa? Voi siete una Chiesa, una residenza, una casa di Dio.

Luca 6:47 Chiunque viene a me, ascolta i miei discorsi e li mette in pratica, io vi mostrerò a chi è simile: 48 Egli è simile a un uomo che ha costruito una casa, ha scavato a fondo e ha posto le fondamenta su una roccia; e quando si è scatenato il diluvio, la corrente ha battuto con forza su quella casa e non ha potuto scuoterla, perché era fondata su una roccia.

Ascoltate la Parola di Dio con attenzione, preghiera e con cuore sincero e ubbidiente, e vedrete cosa succede. Che il Signore vi aiuti oggi ad ascoltare e a ubbidire. Che il Signore faccia qualche operazione all'orecchio per tenerci sulla strada e sul sentiero giusto. Il punto fondamentale è fare ciò che dice il Signore senza aggiungere e sottrarre. Perché il cristianesimo sta fallendo e cadendo? Perché le persone non sono al punto in cui erano i discepoli? Perché hanno gettato altre fondamenta e hanno costruito chiese battiste, metodiste, mormoni, avventiste del settimo giorno, cattoliche, di Pentecoste e così via. È nostro compito mantenere le nostre fondamenta, che sono state gettate dagli apostoli e dai profeti che hanno avuto una rivelazione di Gesù Cristo.

Isaia 28:16 Perciò così dice il Signore Dio: "Ecco, io pongo in Sion come fondamento una pietra, una pietra provata, una pietra angolare preziosa, un fondamento sicuro; chi crede non deve affrettarsi".

Efesini 2:20 e sono edificati sul fondamento degli apostoli e dei profeti, essendo Gesù Cristo stesso la pietra angolare principale.

Costruite la vostra chiesa sulla rivelazione di Lui. Gesù è il fondamento dell'alleanza del Nuovo Testamento. Battezzate nel nome di Gesù, scacciate il demonio nel nome di Gesù e guarite nel nome di Gesù. Fate tutto nel Suo nome. Gesù è la manifestazione di un Dio Geova in carne e ossa.

Colossesi 1:17 E qualunque cosa facciate in parole o in opere, fatela nel nome del Signore Gesù, rendendo grazie a Dio e al Padre per mezzo di lui.

Se non usate il nome di Gesù nel battesimo, non aspettatevi la remissione dei peccati, la guarigione, la liberazione ecc. Il diavolo vi dissuaderebbe dal fare il primo passo: battezzarvi nel nome di Gesù. Una volta che i vostri peccati non sono stati perdonati, date al diavolo un facile accesso alla vostra carne. Perché disobbedire alla verità? Obbedite e avrete un fondamento. Tornate alle origini. Tornate alla Chiesa fondata sulle fondamenta poste dagli apostoli Pietro e Paolo. Non può essere distrutta.

Matteo 7:25 La pioggia scese, vennero le inondazioni, soffiarono i venti e si abbatterono su quella casa, ma essa non cadde, perché era fondata sulla roccia.

Perché Dio mette costantemente in guardia dai falsi insegnanti e profeti? Stanno gettando un altro fondamento. Ecco perché stanno fallendo. Una denominazione dopo l'altra viene fondata da coloro che non hanno la rivelazione di Gesù Cristo. Gesù non costruisce né fonda mai una denominazione. Allora chi è stato? Il diavolo.

Galati 1:6 Mi meraviglio che vi siate così presto allontanati da colui che vi ha chiamati nella grazia di Cristo per passare a un altro vangelo; 8 ma se noi, o un angelo dal cielo, vi predicasse un vangelo diverso da quello che vi abbiamo predicato, sia maledetto. 9 Come abbiamo detto prima, così ripeto ora: se qualcuno predicherà un qualsiasi vangelo diverso da quello che avete ricevuto, sia maledetto.

Vedete? Anche quando Paolo era vivo, il diavolo stava rimuovendo il fondamento di Gesù Cristo. Nessuno lo fa, tranne il diavolo. Ora, queste persone non avevano la rivelazione di Gesù, poiché molti di noi provengono dal politeismo. Molti adoratori di Dio non avranno problemi a credere nella trinità. Nella Bibbia non c'è nessuna parola come trinità o Santa Trinità. È un'idea di Satana quella di dividere un unico Dio e governare. Un solo Dio si è fatto carne per versare il sangue e ora il Suo spirito, che noi diciamo essere lo Spirito Santo, dimora in noi per sempre. Abbiamo un unico Dio in tutto l'Antico Testamento. Egli opera come creatore, come Jehovah-Jireh, El Shaddai, Jehovah Shammah, Jehovah Sabaoth, Nissi e shalom. Attualmente, nel piano di redenzione, è venuto con il nome di Gesù, che significa Salvatore di Geova. Tutti i nomi precedenti si dissiparono nel nome di Gesù. Che bello! Ogni ginocchio si inchinerà, in cielo, in terra e sotto terra, al nome di Gesù.

Una volta che avrete una rivelazione obbedendo alla Parola, tutta la confusione su religione, denominazione e organizzazione sparirà. Il nostro problema non è andare da Dio, che ha la risposta, ma andare dall'uomo che ci sta di fronte. Loro non sono Dio, sono carne e sangue. Solo lo Spirito dà la rivelazione, perché il nostro Dio è Spirito. Lo Spirito, Dio può dirvi chi è.

Tito 1:16 Essi professano di conoscere Dio, ma nelle opere lo rinnegano, essendo abominevoli e disobbedienti, e ad ogni opera buona riprovevole.

Matteo 11:27 Ogni cosa mi è stata consegnata dal Padre mio; e nessuno conosce il Figlio, se non il Padre; e nessuno conosce il Padre, se non il Figlio e colui al quale il Figlio lo voglia rivelare.

Non importa dove vivete o cosa ascoltate, non possiamo cambiare il fondamento che gli apostoli e i profeti hanno già posto. Questo è scritto nel libro degli Atti. Alcuni festini che non conoscono l'identità di Gesù l'hanno interrotta. Una volta che si stravolgono, le parole diventano inefficaci. Sapete che è il Signore che opera attraverso di noi se cediamo allo Spirito. Dobbiamo ascoltare e obbedire. Quindi, amici miei, ascoltate e ubbidite a ciò che Dio ha scritto nella Bibbia. Dio si occupa di aiutare coloro che hanno orecchie per ascoltare e occhi per vedere. Che il Signore ci aiuti a capire che un Dio resta uno fino all'eternità. Anche se ne predicate tre o molti.

Un altro giorno qualcuno mi chiamò. Disse: "Sorella Das è Dio, un uomo o una donna". Io ho risposto che Lui sta venendo a prendere la Sua sposa. Il nostro Padre celeste, quindi cosa ne pensi? Ha detto che sapeva che Dio è un uomo. Abbiamo questa generazione confusa. Non sanno se sono uomini o donne e cosa sanno di Dio. Non hanno alcun fondamento di verità.

Perché le nazioni cadono? Sbarazzatevi della verità, della Bibbia, della preghiera e del legame con Dio, ma costruite un edificio ed etichettarlo come chiesa. A cosa serve?

Salmo 11:33 Se le fondamenta sono distrutte, cosa può fare il giusto?

Non leggete la Bibbia, non praticate la Sua parola. Cadrete e fallirete. C'è qualcuno che può invocare Dio e pentirsi, credere e obbedire? Lasciate che vi avverta: il diavolo è pronto a farsi vivo, visto che lo avete permesso. Satana ha fatto il lavoro, poiché qualcuno non ha fatto bene il suo. La fondazione ha bisogno di persone obbedienti. Una volta ascoltato, obbedite e vedrete cosa succederà. Amen!

PREGHIAMO

Padre celeste, veniamo a te per la verità. Sappiamo che solo la Tua parola è vera. Aiutaci a obbedire, affinché il nostro lavoro e la nostra vita abbiano un fondamento solido. Tutto ha bisogno di fondamenta. In caso contrario, fallirà e cadrà. Il nostro edificio della Chiesa ha bisogno di salvezza. La Parola di Dio dice che l'obbedienza alla Parola di Dio è il fondamento. Se obbediamo, non cadremo, non saremo rimossi o distrutti in nessuna circostanza. È vero, poiché sappiamo che, Signore, hai spinto molti disobbedienti fuori dalla loro posizione. Giuda, Re Saul e molti altri ingiusti se ne sono andati nella tempesta della vita. Noi vogliamo obbedire e seguirTi. La Tua parola resterà in piedi in eterno e se ci basiamo su di essa, lo faremo anche noi. Signore, non c'è altro fondamento che vogliamo, se non quello posto nel libro degli Atti. Ci pentiamo e ci battezziamo nel nome di Gesù per lavare i nostri peccati, per avere una coscienza pulita, e riceviamo lo Spirito di Dio per continuare a resistere contro tutte le tempeste, le prove e i problemi nel nome di Gesù. Amen! Dio vi benedica!

22 DICEMBRE

CRITICA!

Che cos'è la critica? È un attacco di disapprovazione, una ricerca di difetti o una valutazione. Alcuni sono molto forti nel criticare gli altri per fargli sentire la legge. La scarsa stima è la parte di chi già uccide il proprio valore. Conosco alcune persone: niente è abbastanza buono ai loro occhi. Sono esperti nel concentrarsi sugli altri. Tutto va bene finché non uccidono un'idea da un miliardo di dollari non avendo una visione più ampia.

Ho a che fare con molte personalità, culture e nazionalità di persone. In realtà, alcuni genitori, amici e coniugi sono di basso livello e svolgono un ruolo distruttivo nella vita degli altri. Le persone dalla personalità inferiore portano gli altri verso il basso. Danneggia il vostro modo di pensare e il rapporto con gli altri. Fate attenzione a queste persone. Non c'è bisogno della loro opinione, ma criticano comunque. In realtà, se ci si mette a dire che si è bravi perché lo dice Dio, non si può fare a meno di dire: "Sono bravo perché lo dice Dio".

Salmo 139:14 Io ti loderò, perché io sono stato fatto senza paura e meravigliosamente; meravigliose sono le tue opere; e questo l'anima mia lo sa bene.

1 Pietro 3:3 Il cui ornamento non sia quello esteriore di intrecciare i capelli, di indossare oro o di vestirsi; 4 ma sia l'uomo nascosto del cuore, in ciò che non è corruttibile, cioè l'ornamento di uno spirito mite e tranquillo, che ha un grande valore agli occhi di Dio.

Abbiamo un fondamento inamovibile se viviamo secondo la Parola di Dio. Nessuno oserà governare la vostra vita. Che il Signore ci aiuti in un'epoca buia in cui le persone non sanno come vestirsi e altre cose. Se vivete in un Paese conservatore o se avete una visione conservatrice o biblica, sarete criticati.

Mi hanno criticata per il mio stile, soprattutto per quello dei vestiti. Gli amici dicevano sempre che la gente parlava male dei miei vestiti. A me non piace il loro modo di vestire, ma non li critico. Sono cambiata perché mi ha insegnato a vestirmi secondo la Parola di Dio. La Parola di Dio parla della vita, del modo di vestire e del nostro comportamento. Eva indossava una tunica e non un grembiule, poiché Dio glielo ha insegnato. Io non ho né caldo né freddo. La veste serve a coprire il mio corpo. Ogni sedici minuti una ragazza viene violentata. Chi causa questo caos? Non date la colpa al diavolo. Confessate che non state vivendo secondo le istruzioni di Dio. Confessate che siete proprio come i vostri genitori, Eva e Adamo. Spese extra per la bellezza personale. Ora, chi vi osserva in tutti questi dettagli? I critici, giusto? Se non mi credete, leggete la Bibbia su come hanno cercato di rovinare Gesù.

Matteo 11:19 Il Figlio dell'uomo è venuto mangiando e bevendo, e dicono: "Ecco un uomo goloso e un bevitore di vino, amico dei pubblicani e dei peccatori". Ma la sapienza è giustificata per i suoi figli.

La Bibbia dice: "Guai a queste persone, perché sono troppo impegnate a distruggere e ingannare gli altri". I critici hanno bisogno di aiuto. Alcuni sono buoni critici che possono rendervi una persona migliore. Ma quando sono contrarie alla Parola di Dio, allora ignoratele.

Avete visto alcune persone indossare abiti lunghi che coprono la testa? Non importa dove vadano, non cambieranno. Insegnare con convinzione è potente: non si preoccupano di ciò che dite o pensate. Non si curano delle critiche. Che vi piaccia o no, questo è il modo in cui si vestiranno. Come si chiama questo? Insegnamento potente. Non c'è nulla che li preoccupi. Che il Signore ci trasformi attraverso l'insegnamento della Sua Parola. Una volta che conoscete la verità della Parola di Dio, non dovrete mai cambiare come il principe dell'aria; il diavolo sta cercando di cambiarvi. Il progettista del diavolo sta cercando di conformarci per intrappolarci in un aspetto trasandato. Perché tutto cambia continuamente? Il diavolo ha idee e piani che criticano la creazione di Dio. Come potete ingannare così facilmente? Perché vi lasciate abbindolare dal diavolo? Non mi interessa ciò che piace a lui. Voglio vivere nel modo in cui Dio mi ha disegnata con il suo codice di abbigliamento.

Molte ragazze nei Paesi asiatici vogliono avere un aspetto occidentale. Non avendo una parola di Dio in loro, si scoraggiano facilmente e spendono soldi per cambiare il naso e gli occhi. Molte vogliono correggere le rughe e fanno di tutto per sembrare più giovani e più belle. Perché non possono usare i soldi per il ministero? Vediamo persone che si truccano tanto perché nessuno ha detto loro che sono belle. Non c'è bisogno di sprecare denaro per rovinare la bellezza donata da Dio. Tutta la parola di Dio serve a mettere una siepe di protezione intorno a noi. Ci proteggerà dalla tempesta che soffia con veemenza contro la nostra vita. Al giorno d'oggi, una bambina si trova ad affrontare la pressione dei coetanei del sistema mondiale. Che avvelena la loro innocenza e insegna il trucco. I genitori e i nonni devono cambiare la parola di Dio, invece li aiutano a conformarsi al mondo. Il diavolo si è insinuato nella mente di molti genitori e nonni spiritualmente analfabeti. Insegnano loro a indossare abiti, trucchi e stili mondani. Le bambine non sono più libere. Il principe dell'aria sta attuando la sua piccola tattica. Ora, perché ci sorprendiamo quando il loro corpicino viene aggredito o rapito?

2 Corinzi 2:11 Per evitare che Satana si avvantaggi di noi, perché non ignoriamo le sue mire.

Perché Satana si accanisce sui nasi, sulle rughe, sugli occhi e sulle sopracciglia degli altri? Insomma, tutto non va più bene. È il mondo di Satana, che vuole fare soldi ingannandovi se non vi lasciate proteggere dalla Parola di Dio. L'obbedienza alla Parola scava fondamenta profonde, la vostra casa non cadrà e non si distruggerà. Mantenete la Parola nel cuore. Vivo nello stesso mondo e vedo quanto sia diventato seducente. Che il Signore vi aiuti a pensare come il Signore pensa e vede. Egli ha usato il fango e vi ha creati. Potete essere belli facendo risplendere lo Spirito Santo attraverso di voi.

Ecclesiaste 3:11 Egli ha fatto ogni cosa bella a suo tempo; ha anche fissato il mondo nel loro cuore, così che nessuno può scoprire l'opera che Dio fa dal principio alla fine.

Salmo 149:4 Perché il Signore si compiace del suo popolo; abbellirà i miti con la salvezza.

Quando i genitori vivevano una vita retta, nessuno osava toccare i bambini piccoli, ma ora, con la collaborazione di genitori e nonni, la loro vita è in pericolo. I bambini piccoli sono innocenti, sono sotto la protezione e la guida dei genitori. Se le fondamenta dei genitori non sono giuste e l'insegnante non è un esperto di tv, cosa può fare Dio? Tutta questa chirurgia plastica costa non meno di quattro mila dollari. Nel mondo di oggi, le persone vogliono assomigliare a qualcuno, ma non a se stesse. Imparate a vedere la vostra bellezza interiore. Il diavolo gioca solo con la mente delle persone che si lasciano trascinare dalla loro lussuria e alla fine le getta via. Perché siete voi il vostro nemico? Vivo nello stesso mondo, ma avendo la parola di

Dio scritta dentro, non pecco contro Dio. Noi gestiamo il bene o il male. Se avete obbedito alla Parola, allora siete al di sopra dei trucchi e delle tattiche di Satana. Il potere e il piano di Satana non funzioneranno. La lussuria degli occhi è il problema più grande. Essa è il problema più grande, punto. Guardate in alto, vedete con gli occhi di Dio. Tutti noi abbiamo Eva e Adamo in casa. Stiamo guardando in modo proibito! Il Signore ci aiuti. Che il Signore ci renda la luce di questo mondo malvagio e oscuro. Aiutaci a crescere ragazze e ragazzi forti e divini per il Regno. Non crescete bambini per Satana e il suo regno per distruggere le loro piccole vite. Attaccate i critici con la parola di Dio, con la mente e la fermezza. Ricordate chi siete. Siete la testa, la prima, la più alta e la più bella delle figlie e dei figli del Re. Amen!

PREGHIAMO

Signore, siamo grati di essere Tuoi figli. Ci hai creati e vestiti nel giardino dell'Eden. Sapevi che il diavolo astuto sarebbe venuto a distruggerlo. Il diavolo inganna coloro che sono ignoranti della Parola di Dio. Ma non ci lasceremo intrappolare nel suo vecchio e sporco trucco grazie alle istruzioni che ci hai dato sulla Parola. Non è un divertimento, ma una trappola che ci fa perdere il piano di Dio. Sappiamo che la nostra bellezza interiore è più importante di quella esteriore. Il processo di invecchiamento è altrettanto bello. È la via di Dio per liberarci da questa terra. Grazie per la casa eterna. Insegnaci la saggezza di Dio attraverso la Tua parola, sapendo che noi siamo la luce e l'esempio. Nostro Signore ci ha messo su questa terra per rappresentarLo. Siamo la Sua sposa e un modello ideale se osserviamo i comandamenti. Nessuna critica va bene, ma sappiamo che la Parola di Dio è l'arma contro tutti i dardi infuocati del diavolo. Li spegniamo tutti nel nome di Gesù. Amen! Dio vi benedica!

23 DICEMBRE

VEDETE LA PUNTURA DELLA MORTE NEL PECCATO?

Quando peccate, non vedetelo come un divertimento, una festa, il sapore di un pasto, un pasto per non svenire e non morire, la bellezza, il potere, la conoscenza e il potere di un'altra persona. Speriamo e preghiamo che vediate il peccato come un inferno bruciante e urlante.

Che cos'è il peccato?

Il peccato è un reato, una trasgressione, un'offesa o un andare oltre il consentito. La definizione biblica di peccato è un atto di trasgressione contro la legge divina di Dio. Il peccato è un'idea o un'azione che mette in pericolo la relazione tra Dio e la persona. Vedetelo come separazione permanente della propria anima da Dio. In qualsiasi momento si pensa di essere all'inferno. È un luogo di tormento e agonia urlante per gli eterni. Ricordiamo che non è ancora finita. Finirà quando sarà fatta giustizia. È finita quando il Signore Gesù dice che è finita. Non lasciate che la vostra carne si abitui al peccato. Pentitevi il prima possibile. Abbandonate le vostre vie malvagie. Il peccato, avvolto in un bel pacchetto, è un piacere per la vostra carne. Il peccato è già in noi; non siamo innocenti. Il sangue è stato corrotto dal peccato di Adamo ed Eva. Il peccato scorre nel nostro sangue. Ma l'osservanza delle leggi e dei precetti ci farà rimanere sulla strada del paradiso.

Il diavolo lo sa ed è saggio nel lavorare su ciascuno di noi. Satana osserva attentamente tutti noi che camminiamo nella rettitudine per farci cadere. Il diavolo prepara tutti i piani per intrappolare me e voi all'inferno. Sa come e cosa fare. Se ignorate il suo piano e la sua strategia, non significa nulla. Il diavolo pianificherà una tattica diversa. Solo una mente preparata, l'amore incondizionato per Dio, l'obbedienza totale e la sottomissione sono la chiave per distruggere tutti i piani di Satana. Quando entriamo in Paradiso, la guerra è finita.

È quello che è. Non lasciatevi ingannare dall'illusione che si cela dietro il peccato. Non si tratta di un pasto che piace alla carne, di un intrattenimento che piace agli occhi o dell'orgoglio della vita, ma della pura morte e dell'inganno contenuti nel pacchetto. Il diavolo ha una nuova idea dall'inferno e invia un nuovo pacchetto per distruggere la vostra anima. Dio ha lo stesso vecchiopacchetto per prendersi cura della vostra anima. Molto semplice, ma potente. Il Signore opera attraverso la semplice parola di Dio. Comandamenti, leggi e precetti non cambieranno mai, perché Dio non cambia e non cambierà mai. È l'unica via per il cielo e l'unica via di salvezza per l'anima. Amate la Parola di Dio fino alla morte, affinché non si allontani dal vostro cuore e dalla vostra mente. Non temete, anche la fornace arde sette volte, e i leoni hanno fame per molti giorni. Il Signore può salvare, ma il diavolo no. Tutti i suoi pacchetti sono per ingannare gli stolti e sedurre i semplici.

Dio non è un dittatore, ma un creatore, sostenitore e protettore solo se si odia ciò che Lui odia e si ama ciò che Lui ama. Non c'è altro modo! Dio onnisciente vi ha in mente e aveva uno scopo quando vi ha creati. Ingannare è la via di Satana, ma guidare alla verità e portare sulla strada giusta è il desiderio di Dio. Mi fido e credo solo nella Parola di Dio. Lo Spirito di Dio è una guida e un insegnante preciso. Vi renderà in grado di compiere il soprannaturale. Molti non temono Dio, ma continuano a vivere nel peccato.

1 Timoteo 4:1 Ora lo Spirito dice espressamente che negli ultimi tempi alcuni si allontaneranno dalla fede, dando ascolto a spiriti seduttori e a dottrine di diavoli; 2 dicendo menzogne con ipocrisia; avendo la coscienza scottata da un ferro rovente;

Conosciamo tutti Roman 6:23a Perché il salario del peccato è la morte.

Fermatevi e pensate: che Signore vi sta parlando? Sta dicendo esattamente quello che ha detto ad Adamo ed Eva.

Genesi 2:17 Ma dell'albero della conoscenza del bene e del male non devi mangiare, perché nel giorno in cui ne mangerai morirai sicuramente.

La morte fisica è per tutti, ma la separazione permanente dell'anima dal Dio Creatore è la morte nel lago di fuoco. È di questo che parla il Signore.

Genesi 5:5 E tutti i giorni in cui Adamo visse furono novecentotrenta: poi morì.

Vedete, quando Adamo peccò, si nascose dalla presenza di Dio. Il peccato non può venire alla presenza di Dio. Si fugge dalla presenza di Dio.

Proverbio 28:1a I malvagi fuggono quando nessuno li insegue.

Genesi 3:8 E udirono la voce dell'Eterno Dio che passeggiava nel giardino al fresco del giorno; e Adamo e sua moglie si nascosero dalla presenza dell'Eterno Dio tra gli alberi del giardino.

Molti pensano che saranno infelici all'inferno. Ma lasciatemi dire che le persone sono infelici sulla terra a causa dei loro peccati. Il peccato ha un piacere momentaneo e una miseria duratura.

Ho visto persone sorprese a commettere un crimine e stare in manette in presenza di un giudice. Sono alla mercé di quest'ultimo. Quando hanno dei testimoni, il giudice li punisce in base alla gravità del loro peccato o crimine. È necessario osservare l'espressione dei loro volti quando passano un lungo periodo dietro la sbarra. Tutti hanno reazioni diverse. È insopportabile per loro e per le loro famiglie. Soprattutto per i bambini che vengono sbattuti dietro la sbarra senza la condizionale o un po' di compassione. Quanto è triste e malato! Pensate che per alcuni giorni avete il coprifuoco e non potete uscire. Ebbene, potreste sentirvi scollegati da tutto. Al giorno d'oggi, molte tempeste ci hanno ricordato di essere disconnessi dal mondo, senza luce, cibo, acqua e necessità quotidiane. Non possiamo sopportarlo. Immaginate se dovesse accadere in modo permanente, cosa succederebbe? Si sparisce per sempre. Che tristezza!

Isaia 59:2 Ma le vostre iniquità si sono separate tra voi e il vostro Dio, e i vostri peccati hanno nascosto il suo volto da voi, perché non vi ascolti.

Ecco perché il Signore ha trovato il rimedio per voi e per me. La sua creazione vive nella misericordia e nella grazia. Poiché il sangue animale non ha il potere di togliere i nostri peccati. Il sangue animale ha un effetto temporaneo senza liberazione e perdono.

Isaia 59:16 Egli vide che non c'era nessuno e si meravigliò che non ci fosse un intercessore; perciò il suo braccio gli portò la salvezza e la sua giustizia lo sostenne. 17 Infatti si è rivestito della giustizia come di una corazza e di un elmo di salvezza sul capo; ha indossato gli abiti della vendetta come vesti e si è rivestito di zelo come di un mantello.

Amici, io e voi dobbiamo predicare l'inferno. Non si predica più l'inferno, ma la prosperità. Chi prospera lo vedete ogni domenica e non voi. Il Signore ha nascosto l'inferno agli occhi della Sua creazione. Noi vediamo l'opportunità, il buon tempo e l'ora felice. E Satana, gli empi angeli caduti e i demoni? La perfetta conoscenza del nostro avversario è ciò che dobbiamo sapere. Satana e la sua banda ci circondano. Dobbiamo essere una luce dove i demoni possano gridare: "Non bruciarmi". Il demone deve riconoscerci e dire: "Sappiamo chi sei. Tu servi il Santo di Israele e noi lo sappiamo". Dobbiamo smascherare il demonio ogni volta che escogita una nuova tattica, invece di accettarla come divertente. Niente va bene. È un serpente in incognito in Babbo Natale, un serpente in incognito nei giochi, nella droga, nell'alcol, nell'adulterio e in tutti gli altri peccati. Svegliatevi e indossate l'armatura per resistere al serpente. Il diavolo fuggirà da voi e da me. Amen!

PREGHIAMO

Signore, veniamo davanti al Tuo altare, chiedendoti di perdonare tutti i nostri peccati. Tu sei lo stesso ieri, oggi e per sempre. Ci pentiamo di tutti i nostri peccati che conosciamo o che non conosciamo. Ti abbiamo chiesto di portarci sulla giusta via della rettitudine. Dacci i veri profeti e maestri di Dio. Ti desideriamo e ti amiamo. Vogliamo più rivelazione, saggezza e comprensione per conoscerti e camminare con te. Dacci una vita di preghiera quotidiana. Aiutaci a conoscere tutte le Tue leggi, i Tuoi comandamenti e i Tuoi precetti per evitare di cadere nel peccato, nel nome di Gesù. Amen! Dio vi benedica!

24 DICEMBRE

AVETE POSTO PER ME?

Quel giorno in cui era giunta l'ora che il Signore nascesse, i Suoi genitori andarono di locanda in locanda per trovare un posto per Lui, ma non ce n'erano... Egli venne al mondo come un bambino nell'umile casa di un falegname. Nessuno può pensare a questo bambino come al creatore del cielo e della terra.

Luca 2:7 Ella partorì il suo figlio primogenito, lo avvolse in fasce e lo depose in una mangiatoia, perché non c'era posto per loro nella locanda.

Il padre Giuseppe cercò una stanza dove poter proteggere il bambino e riposare. Nessuno aveva posto per Gesù. Oggi la situazione è la stessa. Siamo tutti indaffarati e non abbiamo spazio per accogliere Gesù nella nostra agenda. Così il Bambino Gesù nacque nella mangiatoia dove c'erano tutti gli animali. Celebriamo il Natale per Cristo, in ricordo della Sua venuta in questo mondo. Sappiamo che le persone sono così occupate che Babbo Natale ha preso il posto di Gesù. Il diavolo è intelligente e più saggio di Daniele. Satana aveva sfidato il fatto che avrebbe sostituito Gesù. Satana ha reso le persone occupate, così che non ci sia tempo o spazio per il Signore.

A Natale ci piacciono il cibo, le feste, lo shopping, i regali, i voli, gli spostamenti in auto e siamo indaffarati. I cristiani non hanno un posto per Gesù. Satana ha detto che la nascita di Gesù può essere cancellata dalle sue molte idee. Avete visto quanto siamo impegnati in questo periodo? Siamo occupati e dimentichiamo ciò che Gesù ha fatto quando era sulla terra. Gesù è venuto a donarsi ai bisognosi, ai poveri, ai sofferenti, agli ammalati, agli oppressi, agli indemoniati e a guarire chi ha il cuore spezzato.

Un altro giorno ho sentito che qualcuno si è suicidato. Durante il Natale, le persone ricordano i vecchi tempi, la perdita di persone care e il divorzio le rendono tristi e depresse. Dopo le feste la situazione peggiora. Assicuratevi che il Natale non riguardi sempre voi e soltanto voi stessi. Il Natale è il compleanno di Cristo. La Sua nascita ci ricorda di fare spazio ai bisognosi, alle vedove, ai poveri, ai feriti e a tutti coloro che hanno bisogno dell'attenzione di Cristo. Si tratta di compiere la Sua missione e non di pensare a noi stessi e a ciò che possiamo ottenere. Molti sono così egoisti da non pensare alla propria famiglia, ma solo a ciò che possono ricevere. Ho sempre detto di dare ai poveri, ai bisognosi e ai senzatetto invece che a se stessi.

È stato divertente visitare gli anziani nelle case di convalescenza, nei centri di riabilitazione e nelle case di riposo oggi. Hanno bisogno del tocco di Gesù. Oggi, la sorella della mia amica Tammy e il fratello di suo marito Shield e io abbiamo visitato alcuni convalescenti o case di riabilitazione. È stato un momento di donazione. Abbiamo preso alcuni oggetti, abbiamo pregato su di essi e li abbiamo donati a molti anziani. Eravamo così contenti e lo erano anche loro.

Era il compleanno di Cristo, quindi non dobbiamo essere troppo occupati per lasciare spazio a Gesù per continuare la Sua missione per cui è nato sulla terra. È il momento in cui mostriamo il vero significato della venuta di Cristo alla Parola. Mostriamo loro simpatia, amore e cura. Non si tratta solo di spendere tutti i soldi in cibo, regali, shopping e tante altre cose. Quando è nato non c'era spazio. Oggi, Egli cerca uno spazio nella nostra agenda piena di impegni.

Quando siamo impegnati a mangiare, bere e divertirci, ci siamo accorti di qualcuno che ha fame, non ha calze, ha freddo, ha bisogno di preghiere o di un piccolo gesto? So che il diavolo ha sostituito Gesù con Babbo Natale. Babbo Natale viene dal Polo Nord, dove si trova la sede di Satana. Il diavolo desidera eliminare la missione di Gesù Cristo e far divertire la carne. Che il Signore ci aiuti a capire che non si tratta di noi. Non comprate per tutti quelli che hanno abbondanza, ma cercate i bisognosi. Gesù non aveva spazio per lui quando è nato. Oggi vive in noi come Spirito Santo e noi diciamo: "Signore, non ho tempo per te. Sono occupato a intrattenere me stesso, la mia famiglia e la mia festa, quindi non ho tempo per la tua missione".

Matteo 25:35 perché ho avuto fame e mi avete dato da mangiare; ho avuto sete e mi avete dato da bere; ero straniero e mi avete ospitato; 36 ero nudo e mi avete vestito; ero malato e mi avete visitato; ero in prigione e mi avete ospitato. 37 "Allora i giusti gli risponderanno dicendo: "Signore, quando ti abbiamo visto affamato e ti abbiamo dato da mangiare, o assetato e ti abbiamo dato da bere? 38 Quando ti abbiamo visto straniero e ti abbiamo ospitato, o nudo e ti abbiamo vestito? 39 O quando ti abbiamo visto malato o in prigione e siamo venuti da te? 40 E il Re risponderà e dirà loro: "In verità vi dico: se avete fatto a uno solo di questi miei fratelli più piccoli, l'avete fatto a me".

Stavamo organizzando il Natale per i nuovi convertiti nella nazione straniera. Quando escono dalla loro religione, dobbiamo insegnare loro a dare e ad accettare gli altri. È stato un buon momento per pensare a ciò che Gesù ha fatto quando è venuto su questa terra. Una signora ha detto che avrebbe dato loro un calendario delle Scritture, in modo che potessero leggere ogni giorno. È stata un'idea meravigliosa. Molti non conoscono la Bibbia.

Un altro fratello ha detto che avrebbe donato una coperta nuova di zecca ai senzatetto. Io dissi: "Beh, se diamo, allora diamo il meglio". Decisi di donare pranzi gratuiti e belle scatole di acciaio inossidabile come dono del Signore, in modo che imparassero che il Natale è un momento di donazione. Ogni anno a Natale regalo oggetti diversi ai nuovi convertiti. Sono miei fratelli e sorelle. Non devono mai sentirsi soli. Dobbiamo imparare a svuotarci e non solo a prendere e collezionare. Abbiamo visitato le case di convalescenza; ci siamo tenuti per mano e abbiamo pregato. Alcuni hanno fatto delle richieste di preghiera per le famiglie. Alcuni hanno persino pregato per me.

Hanno condiviso con noi la loro gioia e il loro amore per Cristo. Alcuni aspettavano solo la guarigione e la liberazione, così li abbiamo unti con l'olio e abbiamo pregato che il Signore li guarisse. Era un Natale per Cristo e non per me. Non si trattava di ciò che avevo ricevuto, ma di ciò che potevo dare. Abbiamo un incontro in India; offriamo loro il pranzo e il Nuovo Testamento.

Conosceranno e capiranno Gesù leggendo la Parola di Dio con le sue promesse. Si tratta di far sapere a chi è spezzato, ferito, bisognoso, malato e oppresso che non è Babbo Natale, ma Gesù che è venuto a salvarci. È venuto a liberare la Sua creazione. È venuto per voi e per me. Dobbiamo ricordarci di coloro che sono in carcere, in prigione, degli orfani, delle vedove e dei senzatetto che aspettano che qualcuno venga a trovarli. Io cerco queste persone. Che il Signore distolga i nostri occhi da tutto ciò che in questo mondo è pieno di vanità.... I nostri occhi siano rivolti a coloro per i quali Gesù è venuto in carne e ossa. È mio compito ricordare a voi e a me stessa di insegnare ai nostri figli a condividere l'amore di Cristo. Ricordate che il nostro Signore Gesù è venuto a salvare questo mondo e che come Lui ha salvato noi dobbiamo andare a fare lo stesso. Durante il Natale, la nostra lista non dovrebbe mai pronunciare la parola Babbo Natale, ma solo Gesù. Tenete il diavolo al suo posto al nord. Ma il cielo gioisce per la venuta di Gesù, hanno proclamato gli Angeli, e così facciamo anche noi. Egli è venuto per voi e per me, per darci una vita abbondante. Il mio compito è quello di proclamare il messaggio di salvezza agli altri bisognosi e indifesi, Amen! Dio vi benedica!

PREGHIAMO

Signore, sappiamo che sei tu la ragione della stagione. Non è il mio o un altro compleanno. È il compleanno di Gesù. Sappiamo che la Tua missione non cambia, non rimuovere mai Gesù, ma mantenere il Signore come centro del periodo natalizio. Aiutaci a mantenere Gesù in ogni cosa. Egli è l'unica via per la verità e la Vita. Non entrate mai nel sistema di acquisti di Satana. Non perdete la vostra missione nella trappola di comprare, mangiare e dimenticare Gesù e la Sua missione. Dobbiamo ricordare qual è il motivo del Natale. Dobbiamo ricordare che si tratta di Gesù. È nostro compito far sapere al mondo chi non può tornare. È la parte della nostra benedizione che condividiamo con le persone bisognose, indifese e senza speranza. Il nostro Salvatore è nato per liberare i prigionieri e guarire i cuori spezzati. Dobbiamo andare in giro e far sapere agli altri che Cristo deve essere il centro del Natale. Nel Nome di Gesù Amen! Dio vi benedica!

25 DICEMBRE

GESÙ MI HA RESO REGALE!

La regalità è nel mio sangue. Il Re di tutti i Re è venuto a invadere il principe delle tenebre e ha riacquistato tutto ciò che è stato perso e rubato attraverso il Suo sangue. Il maggiore cambiamento nel mondo spirituale si traduce in un terremoto, in un segno e in una meraviglia. Il lettore di stelle interpreta i segni e i cambiamenti della sfera celeste. Quando Gesù nacque sulla terra, gli angeli vennero a dare la buona notizia della pace in arrivo sulla terra. L'Arcangelo venne a incontrare la madre del Signore e a rivelare la nascita del Signore Gesù.

Luca 1:34 Allora Maria disse all'angelo: "Come avverrà questo, visto che non conosco uomo?". 35 L'angelo rispose e le disse: "Lo Spirito Santo verrà su di te e la potenza dell'Altissimo ti adombrerà; perciò anche la cosa santa che nascerà da te sarà chiamata Figlio di Dio".

La Terra ricevette questo grande Re che non era solo un re, ma anche un creatore. Giuseppe fu sorpreso quando gli fu rivelato il nome. Era una direzione divina rivelata dal Padre celeste. La rivelazione non viene mai dalla carne e dal sangue, ma per mezzo dello Spirito di Dio.

Matteo 1:20 Ma mentre pensava a queste cose, ecco che gli apparve in sogno l'angelo del Signore che gli disse: "Giuseppe, figlio di Davide, non temere di prendere con te Maria, tua moglie, perché ciò che è stato concepito in lei viene dallo Spirito Santo. 21 Ed ella partorirà un figlio e tu lo chiamerai Gesù, perché egli salverà il suo popolo dai suoi peccati".

Perché il nome di questo Re è così importante? È stato nascosto per secoli.

Giudici 13:18 "E l'angelo del Signore gli disse: "Perché chiedi così del mio nome, visto che è segreto?"".

L'astrologo conosce i cambiamenti di posizione degli oggetti celesti e fornisce informazioni divine. La Bibbia parla della Stella. Gli Angeli sono chiamati stelle.

Apocalisse 1:20 Il mistero delle sette stelle che hai visto nella mia destra e dei sette candelabri d'oro. Le sette stelle sono gli angeli delle sette chiese e i sette candelabri che hai visto sono le sette chiese.

Gli angeli sono esseri celesti che agiscono tra il cielo e la terra. Il cielo dove si trova Gesù, la terra dove vive la Sua creazione. Dio governa dal Suo trono che è nei cieli.

25 DICEMBRE

Matteo 2:1 Ora, quando Gesù nacque a Betlemme di Giudea, al tempo di Erode re, ecco che vennero a Gerusalemme dei magi dall'oriente, 2 dicendo: "Dov'è colui che è nato re dei Giudei? Poiché abbiamo visto la sua stella in oriente e siamo venuti ad adorarlo".

Riceviamo informazioni celesti da persone autorizzate da Dio che conoscono il mondo celeste. A volte Dio ci informa tramite gli Angeli, attraverso sogni, visioni, parole di Dio e veri profeti. Ho detto che Gesù mi ha resa regale. Sì, sono nata di nuovo, nata da acqua e spirito. La mia nuova nascita viene dall'alto. Il significato di ancora è "nata dall'alto". Avete sperimentato la nuova nascita?". È necessario nascere nel Regno. Ci si sente come un reale. Anche il diavolo conosce i figli dell'Altissimo.

Salmi 82:6 Ho detto: "Voi siete dèi e tutti voi siete figli dell'Altissimo".

Non conosciamo la data o l'ora della nascita del Signore Gesù, ma sappiamo che è venuto su questa terra per conquistare il regno delle tenebre. Siamo stati tenuti prigionieri per secoli dal peccato di Adamo ed Eva. Egli mi ha ricomprato con il Suo sangue prezioso. Ora non ripetete gli stessi errori. Osservate i suoi comandamenti e farete grandi cose.

1 Timoteo 6:14 affinché tu osservi questo comandamento senza macchia, irreprensibile, fino all'apparizione del Signore nostro Gesù Cristo: 15 che nei suoi tempi egli mostrerà, che è il benedetto e unico Potentato, il Re dei re e il Signore dei signori.

Il Signore non stava guardando la nostra sconfitta, ma stava progettando di venire come un piccolo bambino. È tempo di celebrare e adorare Lui come Re vittorioso. Egli ha restaurato voi e me. Se trovate la via di Gesù, troverete Lui. È un invito aperto a tutti coloro che sono disposti a pentirsi e a lavare i propri peccati nel sangue di Gesù battezzandosi. Ricevete lo Spirito Santo. Il nostro desiderio dovrebbe essere quello di servire il Re dei Re. Desidero conoscerLo nella Sua potenza e nel Suo potere.

Apocalisse 17:14 Questi faranno guerra all'Agnello e l'Agnello li vincerà, perché egli è il Signore dei signori e il Re dei re; e quelli che sono con lui sono chiamati, eletti e fedeli.

La gente festeggia la Sua nascita con buon cibo, visitando luoghi diversi, ballando, bevendo, andando in chiesa, preparandosi per giorni per celebrare la Sua nascita. Essa ha un significato più grande che molti non ricordano. La Sua nascita è per chi è perduto, posseduto, tenuto in custodia dai nemici. Molti, di generazione in generazione, sono tenuti sotto il possesso del diavolo. Gesù è venuto nel Suo mondo dando loro la totale libertà dai peccati. Il Signore Gesù ci ha coperti con il Suo sangue e ci ha nascosti dal nemico. Il diavolo non può attraversare la linea di sangue. È il momento più gioioso per coloro che sono stati comprati dal Suo sangue.

Molti stavano aspettando la nascita di Gesù, ma non l'hanno avuta perché sapevano di Dio, ma non Lo conoscevano. Anche oggi il battesimo nel nome di Gesù è nascosto a coloro che non hanno una rivelazione del nome più alto di Geova Dio. Il nome salvifico di Geova Dio è stato tenuto segreto a coloro che non osservano il Suo comandamento. Il Signore disse: "Se mi ami osserva il mio comandamento". Ci dimentichiamo di seguire Gesù e iniziamo a seguire chiese, organizzazioni e denominazioni. Non funzionerà mai. È la via di Gesù e nessun'altra via.

Oggi potreste mangiare e bere, aprire regali e dimenticare i bisognosi. Ricordatevi dei bisognosi, dei malati, dei sofferenti, dei poveri, degli orfani, delle vedove, degli oppressi e degli indemoniati. Andate a visitarli in questo periodo. Non aspettate che vengano loro, perché non possono venire da voi. Gesù è venuto a noi dal cielo, viene su di noi come Spirito Santo e dimora in noi per sempre. È nostro compito far conoscere al mondo il nome del Re Gesù. Dobbiamo andare nel mondo per dare la buona notizia che possono essere liberi.

Abbiamo il sangue del Salvatore nascosto sotto il nome di Gesù mentre laviamo i nostri peccati sotto l'acqua. Egli verrà in noi come Spirito, per guidarci, potenziarci e insegnarci. È meraviglioso, non è vero? Andate a raccontare ad altri la buona notizia. Buon Natale! Dio vi benedica!

PREGHIAMO

Padre celeste, veniamo a ringraziarti di cuore per la venuta di Gesù in questo mondo. È il Re dell'universo che ha pensato a me. Noi vogliamo tenerti nel nostro cuore e fare ciò che hai fatto per noi. Dobbiamo andare a fare lo stesso per gli altri che sono ancora nelle tenebre, legati alle catene della droga, dell'alcol e dei peccati lussuriosi. Signore, libera tutti i peccatori, lavali nel sangue di Gesù. Mantienili puliti, puri e santi per incontrarti. È la potenza miracolosa dello Spirito Santo che opera attraverso e in noi per operare meravigliose liberazioni e guarigioni. Signore, ti chiediamo una nuova unzione con il Tuo Spirito e la Tua potenza per fare ciò che hai fatto. È proprio per questa missione che oggi ti ricordiamo. Ricordiamo la Tua nascita e la celebriamo come guaritore, salvatore, liberatore e misericordioso Re dei Re e Signore dei Signori. Grazie per essere venuto a pagare il prezzo dei nostri peccati e per averci fatto uscire dalla morte eterna dell'inferno nel nome di Gesù, Amen! Dio ti benedica!

26 DICEMBRE

NON FUNZIONEREBBE!

Cambiare la Parola di Dio aggiungendo, togliendo o sottraendo dalla Bibbia non funzionerebbe. Che cosa intendo dire? La Bibbia dice: "Chi ha orecchio ascolti". Avete un orecchio per ascoltare? Mosè aveva un orecchio per ascoltare. Quando una persona sente, lo mette in pratica. Questo si chiama vero udito.

Una bambina ascoltò il messaggio sulla decima. Quella settimana ricevette un dono di dieci dollari. La settimana successiva mise un dollaro come decima nella busta. Il pastore si chiese come facesse a pagare la decima, visto che non lavorava. Lei disse: "Qualcuno mi ha dato dieci dollari, così ho pagato la decima". La verità è la Parola che ha convinto il suo cuore. La predicazione deve essere ascoltata da un orecchio spirituale per obbedire. Non date messaggi zuccherosi e menzogneri. Un po' di lievito fa lievitare tutta la massa. Una piccola volpe divora il raccolto. Tutto ciò che dite è solo un po' pericoloso.

Atti 2:37 All'udire ciò, si sentirono pungere il cuore e dissero a Pietro e al resto degli altri apostoli, Uomini e fratelli, che cosa dobbiamo fare?

Siamo chiamati a predicare il messaggio, la parola, il seme e la verità così come sono. Quindi, se aggiungete e sottraete, non funzionerà. Non si otterrà alcun risultato se lo si fa in modo errato. Geova Dio in carne e ossa è venuto con il suo nome più alto, Gesù, sulla terra per offrire un sacrificio. Ha fatto esattamente ciò che era stato profetizzato e detto da molti profeti per secoli. Ha detto che ha finito. E ha finito bene! Non conta come si inizia, ma come si finisce. Finite bene!

Molti hanno cercato di aggiungere o sottrarre alla parola e hanno finito per creare molte denominazioni, chiese, organizzazioni, persino chiese non confessionali. Se avete aggiunto o sottratto un po', non funzionerà. Che tristezza! Fate come dice! La mia domanda è "perché dovete aggiungere e sottrarre?". Avete visto cosa è successo ad Adamo, Eva, Caino, Re Anima, il sommo sacerdote Eli, Ruben, Esaù e altri che hanno provato a farlo?

Se vivete in un Paese in cui la gente adora molti idoli, allora pensate che sia giusto aggiungere e sottrarre un po' la Parola. State semplicemente aprendo la porta al diavolo. Rendendo la Sua Parola non efficace. La Parola di Dio è Dio. Leggete i libri dei Re, delle Cronache, di Samuele, dei Giudici e di Ruth e scoprite cosa è successo a queste persone dall'udito difficile. È una lezione da imparare, ricordare e non ripetere.

Geroboamo, chiamato da Dio, unto re, era incurante di ascoltare Dio. Quando riceveste potere, posizione, ricchezza e benedizioni, siate estremamente cauti nell'osservare i Suoi comandamenti e statuti. Guardate a Dio che vi ha dato tutto. Non cercate di distogliere lo sguardo da Dio che vi ha dato una promozione. Daniele,

Shadrach Meshach Abdenego, Ester, Giovanni Battista ascoltarono e ubbidirono a ciò che il Signore disse. Molti non si curarono delle conseguenze, ma osservarono la Parola. Il Signore dà e toglie. Non compromettete mai la Parola. Il Signore trasformò il loro dolore in gioia, la guerra in vittoria e portò tutti su posizioni elevate. Alcuni lasciarono il mondo senza arrendersi o rinunciare.

Chi aggiungeva o sottraeva veniva maledetto, rimosso da una posizione o cacciato dalla sua posizione. Hanno portato il giudizio sulla nazione. Furono allontanati dalla terra del latte e del miele. Dio vi ha dato un'auto, denaro, ricchezza e benedizioni. Ora pensate che sia giusto fare un piccolo adulterio con la Parola di Dio? Pensate che un po' di aggiunte, sottrazioni e rimozioni nella Sua Parola vadano bene? Se togliete la Parola, togliete Dio perdendo tutto ciò che avete ricevuto da Lui. State invitando la maledizione. Vedo che molti cercano Dio quando desiderano essere elevati, ma dopo l'elevazione non prestano attenzione alla Parola, diventano negligenti e perdono tutto. Pensano di aver ottenuto il potere, la posizione e quindi ora eliminano Dio. La carne vuole la sua strada.

Noi esseri umani, abbiamo una mentalità carnale per essere il nemico di sé. Se impariamo la via corretta, perfetta e veritiera di Dio, la carne non si metterà mai tra noi e Dio. Liberatevi della disobbedienza e della ribellione. Gesù ci ha mostrato passo dopo passo come obbedire.

Luca 9:23 E disse a tutti: "Se qualcuno vuol venire dietro a me, rinneghi se stesso, prenda la sua croce ogni giorno e mi segua".

Gesù non ha tenuto una lezione o un buon messaggio come si sente oggi. Egli viveva praticamente ciò che predicava.

1 Pietro 2:21 "A questo siete stati chiamati, perché anche Cristo ha sofferto per noi, lasciandoci un esempio, affinché seguiate i suoi passi.

Giovanni 13:15 Perché vi ho dato un esempio, affinché facciate come io ho fatto a voi.

Ricordate quello che fate con questi conti e non i discorsi eloquenti.

Atti 18:24 Venne a Efeso un certo Giudeo di nome Apollo, nato ad Alessandria, uomo eloquente e potente nelle Scritture.

Un uomo era eloquente, ma aveva bisogno di verità per far funzionare il Regno di Gesù. Il Regno di Dio non ha menzogne, ma soltanto tutta la verità e allora funzionerà.

Atti 18:25 Quest'uomo fu istruito nella via del Signore; ed essendo fervente nello spirito, parlava e insegnava diligentemente le cose del Signore, conoscendo solo il battesimo di Giovanni. 26 E cominciò a parlare con audacia in sinagoga; e quando Aquila e Priscilla l'ebbero udito, lo presero con sé e gli esposero più perfettamente la via di Dio.

Ha imparato che il battesimo valido per il perdono dei peccati è quello nel nome di Gesù. Solo la verità ha il potere di liberarci. La parola è efficace solo quando viene usata senza aggiunte e sottrazioni. Se si aggiunge o sottrae, è opera del diavolo e non di Dio. Il diavolo ha aggiunto e sottratto per attaccare la verità. Ha diviso un Dio in tre; ha tolto il nome di Gesù dal Battesimo, per togliere il sangue. Ha distorto il digiuno che può distruggere il regno delle tenebre. E così via! Il diavolo ha la padronanza di ingannare e mentire. Satana ha la saggezza per colpire il punto in cui inciamperete. Che il Signore ci dia saggezza e comprensione prima di rispondere alle domande che escono dalla bocca dei religiosi o dei non credenti. Fate attenzione! Quando il Signore parla, diventa la massima autorità. A Zaccaria giunse la notizia della venuta del figlio Giovanni

Battista. Egli non poteva crederci, poiché sua moglie era anziana.

Luca 1:20 Ed ecco, tu sarai muto e non potrai parlare fino al giorno in cui queste cose si compiranno, perché non hai creduto alle mie parole, che si compiranno a suo tempo.

Ricordate che il potere è nel credere e nel fare. Non temete la morte, ma credete e obbedite.

Luca 1:38 Maria disse: "Ecco la serva del Signore; avvenga per me secondo la tua parola". E l'angelo si allontanò da lei.

Credere e obbedire è la chiave. Fate come è indicato nella Parola di Dio. Quando ero alla ricerca della verità, mi è stato chiesto di essere battezzata da Dio e l'ho fatto. Ho sperimentato il potere della Parola quando sono stata immersa nel nome di Gesù. Credete a ciò che dice. Obbedire porterà il risultato che ho sperimentato nell'acqua Amen! Dio vi benedica!

PREGHIAMO

Padre celeste, veniamo a te sapendo che siamo chiamati a obbedire, a sottometterci e ad arrenderci. In ogni caso, è nostra responsabilità portare avanti la verità e sperimentare la potenza in essa contenuta. Signore, non c'è menzogna nella Parola di Dio. Egli ha detto che accadrà se obbediamo. Signore, mandaci veri insegnanti e profeti. Il Tuo Spirito ci aiuta a comprendere la Parola di Dio. È una zona di verità e di luce. La potenza che salva la vita, la liberazione, la guarigione e la salvezza è nella verità. Aiutaci a stare sulla vera Parola di Dio. Aiutaci a seguirti. Aiutaci a credere al vero profeta e maestro che ha stabilito la dottrina di avere la rivelazione di chi è Gesù. Dacci la rivelazione di te Gesù, come hai fatto con Pietro e Paolo. Aiutaci ad amare la luce, la verità, a obbedire e a credere in essa. Possiamo dimostrare che la parola funziona solo se crediamo in essa, nel nome di Gesù, Amen! Dio ti benedica!

27 DICEMBRE

LA MENTE È IL BENE PIÙ GRANDE!

Guardate la vostra mente fornendo le giuste informazioni. La mente può scaricare ciò che le permettete. La mente è un computer che deve restare pulita da insetti e virus che possono contaminare il vostro futuro e la vostra famiglia e vi rovineranno. Abbiamo bisogno di una mente che pensi in modo retto per diventare uomini e donne progettati da Dio.

La Bibbia è un libro di Dio che cambia la mente. Molti dicono che devono cambiare chiesa perché permettono certe cose. Alcuni dicono che siccome credono questo e non gli piacciono i conservatori, devono trovare un'altra chiesa. Le persone continuano a cambiare chiesa perché amano più la carne che la Parola di Dio. Il diavolo ha iniziato e permesso cose nelle chiese che vanno bene alla gente. Gesù non cambia mai, ma la Sua parola vi cambia se lo permettete. Quando trovate la verità, obbedite e praticate. Il semplice atto di obbedienza vi aiuterà a continuare nella verità.

Giovanni 8:31 Allora Gesù disse a quei Giudei che avevano creduto in lui: "Se rimanete nella mia parola, siete davvero miei discepoli". 32 Conoscerete la verità e la verità vi farà liberi.

Cambiamo cambiando chiesa, sposando qualcuno o vivendo in questo mondo adottando uno stile di vita. Quindi, se cambiate e cambiate, significa che siete stabili come l'acqua. L'acqua non è mai stabile. Non si può stare in piedi sull'acqua. L'acqua è il terreno più instabile. Non conformatevi a questo mondo fornendo informazioni sbagliate alla mente inestimabile. Attenzione, l'unica Parola di Dio è eterna. Se credete alla Parola di Dio, allora perché non stabilizzate la vostra vita mettendola nella vostra mente, nel computer, e facendola cadere nel vostro cuore e nascondendola? Mi piace obbedire alla Parola di Dio. È molto speciale per me. Perché? Primo, è la parola di Dio. Secondo, è scritta per me. Terzo, non cambierà mai. Quarto, mi cambierà. Quinto, mi libererà, poiché la verità ha il potere di liberare. Sesto: se obbedisco, è uno scudo e una fibbia per me. Posso contarli a centinaia. Sapete che la mente ha bisogno di essere protetta. È il tetto della nostra casa. Noi siamo la casa di Dio. Se disobbediamo, stiamo facendo dei buchi nel tetto che perdono e danneggiano la casa. La mente non può perdere obbedendo alla Parola di Dio, ma può perdere disobbedendo alla Parola di Dio.

Filippesi 2:5 Sia in voi questa mente, che era anche in Cristo Gesù.

Non continuate a cambiare chiesa o a seguire i sistemi del mondo.

Romani 12:2 Non conformatevi a questo mondo, ma siate trasformati mediante il rinnovamento della vostra mente, per provare qual è la buona, gradita e perfetta volontà di Dio.

27 DICEMBRE

Oggi vediamo che molti stanno perdendo la testa. Anche i bambini nascono con una mente non sviluppata. Sono tutte maledizioni per la disobbedienza alla Parola di Dio.

Isaia 26:3 Tu mantieni in perfetta pace colui il cui pensiero è fisso su di te, perché confida in te.

La mente è molto importante, se non avete una mente, la vostra vita sarà un'agitazione. Non serve a nulla vivere.

Filippesi 4:7 La pace di Dio, che supera ogni intelligenza, custodirà i vostri cuori e le vostre menti per mezzo di Cristo Gesù.

La normale funzionalità dipende dalla salute della mente. Quando la mente è sana, si può pensare bene. La Bibbia è semplice, fruttuosa e piena di promesse quando si obbedisce in modo semplice. Una mente complicata ha difficoltà a vedere la semplicità della vita attraverso la Parola di Dio. La mente dà sicurezza alla nostra vita se permettiamo di operare attraverso la Parola di Dio. Do consigli a persone di nazionalità, età e Paesi diversi. Mi dicono sempre che io sono molto saggia. So perché, chiedo sempre a Dio cosa e come devo aiutare, insegnare e rispondere quando sono bloccati.

2 Corinzi 11:3 - Ma temo che in qualche modo, come il serpente ha ingannato Eva con la sua astuzia, così le vostre menti dovrebbero essere corrotte dalla semplicità che è in Cristo.

Non aprite la porta a Satana. È un esperto nel portarvi via la pace e la libertà. Con Gesù abbiamo pace, tranquillità e libertà. La cosa più importante nella nostra vita è una mente sana. La mente è una porta per Satana. Molti invitano Satana scaricando il materiale malvagio delle false religioni, anche se Gesù ha detto: "Io sono la Via della Verità". Non si tratta di una curiosità, ma di una disattenzione da parte dell'uomo. Sappiamo che il veleno fa male al corpo e uccide. Così come la pornografia, i programmi televisivi che si presentano come virus. Dirottano i dati positivi dalla mente. È nostra responsabilità leggere e memorizzare la Bibbia. Imparare la Bibbia e meditare. Il materiale più sano è fornito dal Signore nella Bibbia.

Quando si legge ogni tipo di materiale, questo impedisce allo Spirito di ascoltare la voce di Dio. Quando sono cresciuta, mio padre ha imposto la regola di non leggere alcun tipo di materiale o di vedere film, non avevamo un televisore. Vedo la vita di chi ha disobbedito alla regola. Vediamo i prodotti delle informazioni in entrata e in uscita. Che il Signore ci aiuti a obbedire al Signore e ai buoni genitori. La cattiva informazione contamina quella buona.

Non leggevo mai riviste, romanzi o materiale scadente, ed evitavo il cinema. Non mi è mai piaciuto, ma non avevo tempo per le sciocchezze. È anche una saggezza che non dovremmo permettere a tutti i tipi di informazioni e dare spazio a quei libri, alla TV e a molti altri materiali che attaccano la mente nella nostra casa. La nostra casa non dovrebbe mai essere contaminata dall'aria velenosa di Satana.

Efesini 4:27 Né dare spazio al diavolo.

1 Tessalonicesi 5:22 Astenersi da ogni apparenza di male.

Nel mondo ci sono tutte le informazioni che attaccano la mente, che avvelenano e che fanno male. Fate attenzione a ciò che leggete, guardate e ascoltate. Non c'è bisogno di permetterlo nella vita della vostra famiglia. Satana non verrà senza il vostro permesso. Non offritevi volontari per l'assassino, il ladro e il distruttore. Il diavolo sta facendo un potente lavoro distruttivo alterando molte menti e continua a inventare il male per intrappolare le nostre menti. Essendo rivelatori, discutiamo della Bibbia, il libro più venduto, ma è la Bibbia il libro più praticato? La Bibbia è il nostro manuale di vita su cui meditare giorno e notte. La

Parola è luce, lampada, cibo, spada e aiuto. Non distruggete la mente, che è il più grande computer creato da Dio. Oggi si assiste alla confusione da quando hanno deciso di inserire le informazioni sbagliate nel computer della mente. La vita è piena di virus, stupri, omicidi, suicidi, confusione di genere e così via. Riempite la vostra mente con la Parola di Dio, la migliore protezione contro i virus! Alleluia Amen! Dio vi benedica!

PREGHIAMO

Padre celeste, veniamo a te, sappiamo che nessuno può fare la mente come la fai tu. Ma è anche nostro compito proteggere questo bellissimo computer che è la mente Chiediamo la saggezza di Dio su come riparare i buchi e i danni. Abbiamo la grande responsabilità di preservarla da ogni tipo di virus. Insegnaci a pulire la nostra mente con la Parola di Dio. Sappiamo come bloccare i nostri computer da tutti i tipi di virus. Insegnateci a usare l'antivirus per il nostro computer mentale. Permettiamo a tutte le informazioni negative senza alcun filtro. La Tua parola dice: "Come pensa il suo cuore, così è": Vogliamo pensare come te leggendo la Tua parola. Non vogliamo far parte di coloro che sono chiamati persone danneggiate dalla mente. La mente è la più importante per la vita buona, facciamo in modo che la nostra mente scarichi ogni giorno i dati buoni leggendo, ascoltando e praticando ciò che così dice il Signore. Il nostro mondo può diventare sano, sicuro e buono se tutti noi permettiamo alla Bibbia di entrare nella nostra mente. Grazie per rendere la Bibbia il libro di dati, tonici e virus più salutari dato da colui che ha creato la mente incredibile. Grazie, Signore, nel nome di Gesù Amen! Dio ti benedica!

28 DICEMBRE

IMPORTUNITÀ!

Qual è il significato di "importunità"? Definizione della concordanza dalla parola greca "anaideia", an-ah'-ee-die-ah' che significa sfrontato perseverante nel portare avanti il piano di Dio. Calvizie senza imbarazzo nella dignità della fede!

Lavoro sul campo; incontro diverse religioni, nazionalità e persone colte. Sono così fortunata a lavorare per Gesù e solo per Lui. Sono dotata di molti doni spirituali. Perciò ricevo molte chiamate per guarigione, liberazione, consulenza, profezia e altri motivi. Ho imparato che le persone che lavorano per se stesse, le denominazioni e le organizzazioni non sono interessate alla guarigione, alla situazione, alla liberazione o alla salvezza. Con mia sorpresa, ho sentito che molte chiese che predicavano la verità sono cambiate. Non mi sono mai impegnata con nessuno se non con il Signore Gesù. Quindi non mi preoccupo dei messaggi fuorvianti. Non mi ha sorpresa, ma mi ha rattristata. Ebbene, cosa succede quando si lavora per Gesù nel Suo campo e non per le chiese, le denominazioni o le organizzazioni?

Si tratta di due scenari diversi. Voi ascoltate l'esecuzione e fate esattamente ciò che dice la vostra autorità. Io dico: sì, se sono guidati e connessi con Dio, saranno sulla stessa pagina con Dio. In caso contrario, non sono in contatto con Dio. Vi prego di pregare per ascoltare lo Spirito Santo che conduce, guida e insegna tutta la verità. Non siete chiamati a riempire i banchi di un edificio chiamato chiesa per farvi mungere da qualcuno. Investite la vostra vita per promuovere il Regno dei cieli sulla terra e non aiutate il diavolo a stabilire una religione. Mi preoccupo di più dei peccatori perduti, malati, sofferenti e depressi. Non mi preoccupo di chi dice cosa. Al giorno d'oggi, le chiese hanno abbandonato la loro missione e hanno sostituito Dio.

Insegno sempre ai nuovi convertiti e li istruisco e invito ad andare, a imporre le mani sui malati, a scacciare i demoni e poi a predicare la Parola. Le persone ascolteranno il Vangelo quando ci saranno delle prove. Oggi una signora ha detto: "Voglio vedere gli zoppi camminare. Voglio imporre la mano a zoppi, ciechi e sordi e vedere il miracolo". Ho detto: "Fallo. Ci vuole una mano e il nome di Gesù con la potenza dello Spirito Santo. Egli può fare tutto e il contrario di tutto solo se voi siete importanti. Dio non cambia mai, ma bisogna avere fede per lavorare. Naturalmente, Dio non guarirà attraverso i peccatori e i cristiani nominali o cosiddetti. Dio ha uno standard per scegliere i Suoi operai. Il Signore ha fatto molti miracoli attraverso Paolo.

Atti 19:11 Dio operò miracoli speciali per mano di Paolo: 12 così che dal suo corpo furono portati ai malati fazzoletti o grembiuli, e le malattie se ne andarono da loro e gli spiriti maligni uscirono da loro.

Perché non li vediamo oggi? Ho visto miracoli potenti, guarigioni e liberazioni. Sono sempre in compagnia di persone giuste, ma non tutti possono venire alla mia porta.

Dovete pregare continuamente, anche questa è opera di Dio. Se non è successo la prima volta, continuate a pregare, senza arrendervi o cedere. Pregate ancora e ancora. L'importanza è la perseveranza, non fermarsi, farlo ancora, ancora e ancora finché non accade. Il popolo di Dio non cerca guaritori dove trovare la guarigione. Io cerco, chiedo e busso finché non trovo la risposta.

Quando sono malata, invio una richiesta di preghiera a molti guerrieri della preghiera. La maggior parte delle volte miglioro subito. In caso contrario, il giorno dopo invio di nuovo richieste di preghiera. Non mi stanco di inviarle finché tutto non migliora. Molte volte la guarigione arriva con una sola preghiera. Se non succede nulla, le persone che non hanno fede si rivolgono alla medicina, alla chirurgia e ad altre fonti. Molti cristiani si fanno aiutare da uno stregone o da un sensitivo. Le chiese hanno fuorviato le persone chiedendo loro di non cercare un guaritore spirituale, ma di rivolgersi a un medico. Andate da medici e chirurghi perché hanno cresciuto la generazione degli infedeli. Non credo di cercare il potere di guarigione di Dio che opera attraverso qualcuno. Paolo o Pietro impongono le mani, ma è il Signore che guarisce attraverso il Suo Spirito. Egli usa gli uomini. Vado da colui che ha il potere di guarigione per aiutarmi. Devi ottenere la liberazione solo da Gesù.

Molte volte ho faticato, ma qualcuno si è etichettato: "Ho pregato per quella persona ed è guarita". Ho detto che andava bene. Dio ha un quaderno ed è uno scrittore. Se non lo è, non deve cancellare qualcosa dalla Sua scrittura. La Bibbia dice che ho dato dei doni alle persone perché Dio possa avere la gloria. Se siete uno dei dodici discepoli, come Paolo o Pietro, il vostro nome sarà registrato in cielo. Il nome di Davide è registrato. I discepoli di Gesù erano impazienti, persistenti e utilizzavano al cento per cento la parola di Dio non adulterata. Non aggiungevano né sottraevano. Dio userà anche voi se non vi allontanate dalla verità. Egli cerca coloro che devono avere un'attenzione totale, senza lasciare che Dio dorma. Anche se è notte fonda, senza sosta, busserà e andrà avanti finché non aprirete. Una sollecitazione pressante o un continuo bussare alla porta del cielo smuoverà Dio.

Luca 18:2-8 è l'esempio del giudice che non credeva nemmeno a Dio, poiché la donna lo incalzava, ed essendo insistente il giudice si occupò del suo problema.

Luca 11:5 Poi disse loro: "Chi di voi avrà un amico, andrà da lui a mezzanotte e gli dirà: Amico, prestami tre pani; 6 perché un mio amico in viaggio è venuto da me e io non ho nulla da mettergli davanti?". Ed egli, dall'interno, risponderà: "Non mi disturbare: la porta è chiusa e i miei figli sono a letto con me; non posso alzarmi e darti i pani". 8 Vi dico che, anche se non si alzerà e non glieli darà perché è suo amico, tuttavia, a causa della sua importunità, si alzerà e gliene darà quanti ne ha bisogno. 9 E io vi dico: "Chiedete e vi sarà dato; cercate e troverete; bussate e vi sarà aperto". 10 Perché chiunque chiede riceve; e chi cerca trova, e a chi bussa sarà aperto.

Quando lo si richiede una volta non significa nulla. Ho visitato una signora anziana, mi ha detto che avevo un dolore al ginocchio, ogni giorno le dicevo montagna devi muoverti. Lei lo faceva ogni giorno. Il dolore è sparito. Un'altra signora ha detto che pregavo ogni giorno per suo marito non salvato, ora predica il Vangelo. Quando lavoravo, davo la Bibbia a tutti i colleghi non cristiani. Una signora si rifiutò di ricevere la Bibbia. Diceva che non credeva nella Bibbia. Ho cercato di farle testimonianza per dieci anni. Una volta è stata colpita dal cancro. Chiese la preghiera e fu completamente guarita. In seguito fu battezzata e si convertì al Signore Gesù. Ora capisco che non conosco altro che Dio e la Parola. Non so nulla di medicina. I miei genitori erano nel campo della medicina. Quando ho letto nella Bibbia che Gesù ha preso trentanove colpi per la mia malattia. Era anche per la mia malattia. Ecco perché cerco sempre di pregare per le persone. Ho bisogno che loro preghino quando io ho bisogno di pregare. È la perseveranza e nient'altro. Vi consiglio, se siete malati, se la famiglia ha un problema, se avete bisogno di liberazione o qualsiasi altro problema, di andare nel cuore della notte a bussare alla porta del cielo. Gridate, digiunate, pentitevi e fate tutto il necessario per ottenere la Sua attenzione. Egli tenderà l'orecchio e vi darà ciò che chiedete.

28 DICEMBRE

Avevo un fratello molto saggio e pieno di fede. Una volta mi disse che quando si insegue qualcosa non ci si ferma finché non la si ottiene. Sì, Dio ha detto di bussare, chiedere, cercare ogni giorno, il pomeriggio, la notte e la mattina presto. Egli darà, poiché l'insistenza nel bussare alla Sua porta Lo farà stancare. Siete in grado di farlo? È la vostra importunità e la perseveranza che porteranno il cambiamento in molti nel nome di Gesù Amen!

PREGHIAMO

Padre celeste, veniamo davanti a te sapendo che non ci respingerai mai. È una lezione da imparare dal diavolo: egli è ostinato, non si arrende e non cede mai. Facciamo lo stesso, preghiamo senza sosta. Bussate, chiedete e cercate finché non trovate e ricevete ciò che desiderate. Signore incoraggia le persone, dai loro audacia, coraggio e perseveranza per spostare la montagna, per stabilire la missione sulla terra e nella loro vita. C'è una parte del nostro sito che si impigrisce, si stanca e si scoraggia. Signore, oggi dona desiderio, coraggio e perseveranza per la missione. Sappiamo che la Tua parola è vera, ma siamo occupati e pigri per ignorarti. Ci impegniamo di nuovo per la missione data da Dio. La nostra Importanza farà un grande cambiamento sulla terra nel nome di Gesù Amen! Dio vi benedica!

29 DICEMBRE

SONO APERTO A QUESTO!

Siamo tutti aperti a consentire qualcosa. La vostra casa non è aperta agli estranei, giusto? Il nostro corpo è una Casa di Dio.

Ebrei 3:6a Ma Cristo come un figlio sulla sua casa; di chi siamo noi.

Quando le vostre orecchie si apriranno a Gesù, Lui vi parlerà. Vedete, Gesù non è fatto a mano, ma è Lui che ci ha creati, essendo Dio. Così, quando farete una qualsiasi domanda, Lui vi risponderà. Chiedete anche chi è il vero Dio e vedete qual è la risposta. Siate aperti alla verità.
Quando si è aperti ai peccati:

Romani 5:12 Perciò, come da un solo uomo il peccato è entrato nel mondo e la morte per mezzo del peccato, così la morte è passata su tutti gli uomini, perché tutti hanno peccato.

Ora le scelte sono vostre. La possibilità di fare delle scelte ci viene data. Vediamo i risultati delle scelte buone e cattive. La cosa migliore da fare è consultare la Parola di Dio per trovare la direzione per ogni tipo di situazione della vita. In ogni caso, a un certo punto abbiamo bisogno di assistenza, consulenza, consigli e informazioni per prendere la decisione giusta. Il Re Salomone, un tempo saggio, morì smarrito perché si aprì agli idoli stranieri sposando donne che erano adoratrici di idoli. Non aveva consigli o profeti. Che storia triste!

Esdra 13:26 Non ha forse peccato Salomone, re d'Israele, con queste cose? Eppure tra molte nazioni non c'era un re come lui, che era amato dal suo Dio, e Dio lo ha fatto re su tutto Israele; tuttavia anche lui ha fatto peccare le donne stravaganti.

Ricordate di non aprire la porta di Satana e dell'inferno ai vostri figli. Se lo fate, vi rimprovererete per le conseguenze. Chi decide per i figli e i nipoti? Il tempo in cui viviamo è un tempo pericoloso. I genitori e i nonni stanno mandando i propri figli all'inferno o da un rapitore. Addestrano i loro figli ad assomigliare a Hollywood o a Bollywood. Che generazione perduta! Cercate la saggezza. Ho visto molti giudizi in alcune famiglie, ma sono accecati dalla concupiscenza degli occhi e dalla carne con l'orgoglio della vita. Temete Dio per il bene dei vostri figli, cambiate. Non introduceteli al mondo, ma alla Parola di Dio. Avete permesso al diavolo di entrare facendo scelte sbagliate come Eva, Adamo e altre persone stolte. Chiudete la porta con la Parola di Dio.

Quando vi aprirete al piano di Dio come Davide, Giosuè, Daniele e molti altri, allora la vostra storia sarà scritta e sarete conservati nel libro della Vita. Sapete che nel libro della Cronaca non c'è traccia del peccaminoso regno settentrionale di Israele? Dio ha cancellato tutte le persone sbagliate e i loro nomi. Mi stupisce leggere la storia e le cronache. Un mio amico mi ha detto: "Parli sempre dell'Antico Testamento". Sì, è scritto per me.

1 Corinzi 10:11 Or tutte queste cose accaddero loro come esempio; e sono state scritte per il nostro ammonimento, su cui sono giunti i confini del mondo.

Il nostro compito è camminare, pensare, agire, vivere e fare bene. Le scelte sono nostre, apritevi per imparare la conoscenza della verità. Geremia avvertiva costantemente il re di Giuda. Non erano aperti al Signore. Alla fine andarono in cattività a Babilonia per settant'anni. Anche a Babilonia Dio mandò la spada, la peste e la carestia per eliminare la rivelazione dalla terra. Apritevi allo Spirito giusto. Apritevi a Dio che vi parla attraverso la Parola, i veri profeti e gli insegnanti. Incredibilmente, ripetiamo gli stessi errori. Quando Dio trasforma la vostra schiavitù, la povertà e i problemi in vittoria e libertà, siate molto prudenti. Non siamo aperti a ciò che dice il Signore, ed è per questo che abbiamo rimosso la Bibbia. Vedete le conseguenze. La risposta è nella Bibbia, è a portata di mano. Apritevi e vivete bene per prendere le decisioni giuste.

Quando le persone mi chiamano per pregare, ricevo la risposta da Dio e gliela comunico. Ma alcuni sono aperti ai consigli di Dio e altri no. Le conseguenze si ripetono nel mondo moderno come con Adamo, Eva, Re Saul e Re Salomone, e molti altri che hanno preso decisioni sbagliate. Benedizione a chi si apre a Dio e maledizione a chi non lo fa. Ho conservato la mia vita per Gesù. Sono aperta al Suo programma. Ho i miei, ma li abbandono tutti per Gesù. In stagione fuori la stagione è pronta. Non posso servire Mammona, che è la ricchezza, e Dio.

Non sono aperto a tutti, ma allo Spirito Santo. Imparo molto obbedendo e facendo la volontà di Dio. Vedo quando qualcuno cerca di insinuarsi come Satana, un serpente. Lo rimprovero subito. Aprirsi alle persone e allo spirito giusto farà bene. Essere aperti a Satana porterà malattie, problemi e disastri nella vita. Satana si presenta attraverso forme religiose, amichevoli o familiari. Non capirete mai se non siete consapevoli della Parola di Dio. Ogni quattro generazioni si perde il potere o la verità. Perché? Molti entreranno nella vostra famiglia attraverso il matrimonio e saranno aperti a Satana. Sono amici di Satana e non di Dio. Non amano le vie di Dio, ma i film, il mondo e l'ambiente circostante. Per favore, siate aperti a Dio, al Suo Spirito e alla Parola di Dio. La vita è molto breve e non ha bisogno di tutto ciò che questo mondo offre. Quando ero in India, anche in America, a volte mi hanno offerto di fare la modella, subito Dio e un buon amico mi hanno detto di no. "Non accetterai questa offerta". Non accontentatevi di ciò che vedete nel vostro ambiente. Apritevi a Colui che è al di là della vostra vista, fissate gli occhi, le orecchie, il cuore e la mente su Gesù. Non lasciate che le vostre orecchie, i vostri occhi e la vostra mente si accontentino di qualcosa di negativo per voi.

So che molte donne e uomini sono così laici o particolari nei loro modi religiosi o in ciò che hanno imparato dall'infanzia. Ho imparato molte cose, ma sto ancora capendo perché non ho intenzione di credere a tutto senza prove. Dimostratemi. Molte volte l'apertura a tutti coloro che sono alla ricerca della verità, vi aiuterà se siete saggi e guidati dallo Spirito Santo.

Una volta aperti a Dio, Egli vi pulirà. Molti hanno detto che non sono pronti. Lasciate che ve lo dica: non sarete mai pronti, ma solo aperti a Dio, ed Egli farà il resto. Non è per la vostra forza e il vostro potere, ma per lo Spirito Santo. Lo Spirito Santo dà la forza di combattere contro il diavolo, le menzogne, satana e i demoni religiosi. Quando sentite la voce di qualcuno, anche della vostra famiglia, assicuratevi che sia Dio. Alcuni nella vostra famiglia potrebbero essere come Caino, Eva, Adamo, il sacerdote Eli, Absalom e il fratello geloso di Giuseppe. Inoltre, fate attenzione a voi stessi. Potete mettervi nei guai se permettete le cose sbagliate. Avete il potere di aprire o chiudere la porta.

Dio ha costantemente diretto attraverso la Sua Parola. Vi dico che è meraviglioso conoscere la Parola. Sono innamorata del libro chiamato Bibbia. È il libro di Dio. Quando aprite il libro, aprite l'orecchio, il cuore, la mente e gli occhi per vedere ciò che il Signore vi dice. Il Signore non permetterà che vi venga fatto del male o un torto. Non siate troppo saggi, fate attenzione a ciò che vi circonda. Se aprite una porta a chi sbaglia, vivrete in una situazione disordinata, poiché vi si apriranno le porte. Ricordate che siete voi i responsabili. Non mi interessano i pasticci o i drammi senza speranza. Amen! Dio vi benedica!

PREGHIAMO

Signore, una grande cosa che tu ci abbia dato il diritto di scegliere, di aprire e di chiudere. Signore, siamo aperti alla Tua guida e allo Spirito Santo. Che meraviglia è che abbiamo veri profeti e insegnanti, lo Spirito Santo e la Parola di Dio disponibile nelle nostre lingue. Signore, aiutaci ad aprire gli occhi, la mente e il cuore a questo sano tonico, alla ricchezza e alla potenza di Dio. Aiutaci, Signore, a chiudere la porta alle cose velenose disponibili là fuori. Siamo benedetti dall'avere la parola con lo Spirito di Dio. Molti sono persi, senza casa, malati e morti perché sono stati esposti a informazioni sbagliate. Una volta che il diavolo entra in casa, nella vita o nel nostro corpo, siamo finiti. Vediamo aiuti, HIV, cancri, ictus, infarti e così via. Facciamo delle scelte e le nostre scelte a volte sono molto sbagliate. È una nostra scelta fumare, bere alcolici e tenerci occupati dopo questo mondo. Ci apriamo a queste cose distruttive e velenose. Signore, liberaci e dacci il potere di chiudere la porta alla mente, al cuore, alla vita, alla famiglia e al Paese. Sappiamo che sono tutti facilmente disponibili, ma oggi chiudiamo la porta a Satana che uccide, ruba e distrugge nel nome di Gesù, Amen! Dio vi benedica!

30 DICEMBRE

DIO NON HA CHIAMATO I PIGRI

O I CODARDI!

Una persona timorosa non può andare in guerra. Ci sono molte battaglie nel campo della vita reale. Se non siete audaci e coraggiosi, allora chiedete audacia e coraggio per rimanere sul campo. Molti scenari di battaglia saranno spaventosi, ma Dio vi coprirà le spalle se avrete fiducia in Lui. Chiedete a Daniele, Mosè, Giosuè e altri. Dio non può servirsi di persone codarde, paurose e pigre. Potrebbero dire più tardi. Ma la Parola di Dio dice che dobbiamo essere pronti in tempo utile. Non si può usare la parola NO, ma solo Sissignore e Amen!

Una volta stavo tornando negli Stati Uniti dall'India e avevo una frattura alla gamba. Avevo affrontato una battaglia spirituale nel campo dell'India. Molti si stavano scagliando contro di me perché insegnavo la verità. La verità ha bisogno della rivelazione dello Spirito di Dio. La verità e la luce sono un problema per i capi religiosi e i loro seguaci. Venivano contro di me in tutte le direzioni. La religione è una forma di pietà, ma nega la potenza di Dio in essa. I seguaci hanno paura di opporsi a questi falsi insegnanti e autorità. Quando si va in battaglia, bisogna avere coraggio e audacia.

Giudici 7:3 Ora dunque andate, proclamate agli orecchi del popolo: "Chi ha paura e teme, torni e parta presto dal monte Galaad". Il popolo tornò in ventiduemila e ne rimasero diecimila.

Le persone che hanno seguito il Signore hanno vissuto la stessa situazione quando Gesù è stato preso dai Romani.

Giovanni 20:19 Poi, lo stesso giorno, alla sera, essendo il primo giorno della settimana, mentre erano chiuse le porte dove erano riuniti i discepoli per timore dei Giudei, venne Gesù, si mise in mezzo e disse loro: "Pace a voi".

La notte in cui Gesù fu rapito, il Suo discepolo lo abbandonò per paura.

Marco 14:46 Gli misero le mani addosso e lo presero. 50 E tutti lo abbandonarono e fuggirono.

Il Signore ha detto che la paura si impadronirà di molti nel tempo della fine. I dintorni saranno spaventosi e tutto accadrà all'improvviso. Molti luoghi saranno spazzati via sotto i nostri occhi. Lava, inondazioni, tornado, terremoti e molti altri disastri naturali avverranno e ora possiamo dire che stanno avvenendo. Il nostro Dio ci ha avvertiti che se vediamo tutto questo, dobbiamo vigilare e pregare. Questo tipo di battaglia ha bisogno dell'aiuto di Dio.

Luca 21:26 Il cuore degli uomini viene meno per il timore e per l'attenzione alle cose che stanno per accadere sulla terra, perché le potenze del cielo saranno scosse.

Intorno a noi c'è uno spettacolo piuttosto spaventoso e incredibile. Vediamo ogni giorno cattive notizie. Il nostro compito non è quello di oziare, ma di battere le ginocchia e gridare. Pregate, affinché il Signore invii l'aiuto della schiera celeste. Pregate come non avete mai pregato. Questo è il momento in cui dovremmo pregare e fare ciò che è necessario.

Matteo 26:41 Vegliate e pregate, affinché non entriate in tentazione; lo spirito infatti è disposto, ma la carne è debole.

Dio disse:

Giosuè 1:9 Non ti ho forse comandato? Sii forte e coraggioso; non temere e non ti sgomentare, perché il Signore tuo Dio è con te dovunque tu vada.

Il regno di Dio ha bisogno di operai. Sto parlando di un operaio che possa lavorare nel campo di Dio. Andate e predicate, insegnate, battezzate, scacciate i demoni, guarite i malati, in stagione fuori stagione, disposti e pronti a lavorare.

Ha creato il giardino dell'Eden prima di creare l'uomo per vestirlo. Aveva bisogno di qualcuno che si prendesse cura del giardino. La pigrizia distruggerà il giardino. La responsabilità vi è stata data in questo momento e voi la svolgete come un professionista. Se siete pigri per lavorare per Dio, chiedete a Dio di darvi il desiderio di lavorare. Avete guadagnato soldi per mangiare fuori, fare vacanze e divertirvi. Siete ricchi in questo mondo ma poveri in cielo? Siate ricchi verso Dio.

Genesi 2:15 Il Signore Dio prese l'uomo e lo mise nel giardino di Eden per vestirlo e custodirlo.

Matteo 9:37 Poi disse ai suoi discepoli: "La messe è veramente abbondante, ma gli operai sono pochi; 38 pregate dunque il Signore della messe che mandi operai nella sua messe".

Questo dimostra che stiamo spendendo tempo per cose che non sono importanti. Trovare il tempo per Dio non è da nessuna parte. Andare in chiesa e tornare a casa pensando alla nostra routine religiosa ci ha dato un motivo per giustificarci. Siate fecondi per il regno di Dio. In tutte le nostre attività c'è tempo per lavorare nella vigna di Dio. La gente dice: "Prego, leggo la Parola e vado in chiesa". Ma voi uscite e lavorate per Gesù? Andate in una città vicina, in un convalescenziario, a visitare i malati, in prigione o in un carcere? Se non lo fate, fate in modo che questa diventi la vostra priorità. Non ho nulla a che fare con questo tipo di religiosi ingannati, ciechi e sordi, seguaci di leader ciechi e sordi.

Ho sempre trascorso qualche ora di mattina presto in preghiera per trovare la Sua volontà e la Sua opera. In seguito, mi sono messa in contatto con molti villaggi in India e ministri al telefono. Molti sono malati, in difficoltà e bisognosi di Dio. Prego per gli ammalati e faccio studi biblici al telefono. Ho scacciato un demone dando potere e autorità al Signore Gesù. Oggi, con la tecnologia, possiamo essere predicatori, insegnanti e profeti di Gesù Cristo fino all'estremità del mondo. Ho chiesto a Dio di darvi il desiderio di raggiungere i perduti. Dobbiamo farlo, altrimenti saranno persi per sempre. Non si tratta solo di lavoro secolare e di fare soldi. Molti pensano che per vivere secondo gli standard del mondo bisogna avere un lavoro. Dio è venuto per una grande missione: curare i malati e le persone con il cuore spezzato, liberare i prigionieri e riacquistare ciò che avevamo perso. Oggi il Signore vi chiede: state custodendo la mia vigna, state rispondendo alla Sua chiamata, state continuando la Sua missione?

30 DICEMBRE

È facile frequentare un'organizzazione che si chiama con un altro nome. È il momento di svegliarsi, rimettersi in forma e scrollarsi di dosso il mondo e la sua contaminazione. Ha infettato i nostri spiriti e distrutto le nostre anime. Perché andiamo in chiesa, nei collegi biblici? Non lo capisco. Molti vanno in giro, raccolgono soldi e vivono una vita lussuosa. Ma che ne è dello sporcarsi? Quando si lavora sul campo, andando all'ospedale e nei luoghi di preghiera per i bisognosi, ci si sporca. Lavorando sul campo di Gesù, ci sporchiamo. Gesù non ha fatto altro che lavorare e lavorare.

Marco 6:31 Poi disse loro: "Venite in disparte in un luogo deserto e riposatevi un po', perché c'erano molti che andavano e venivano e non avevano tempo per mangiare".

Quando sono sul campo di missione, non dormo più di quattro ore. Insegno, predico, scaccio i demoni e metto le mani sulle persone malate. Viaggiare per lunghe distanze è normale. È come un continuo via vai. Quando si torna a casa, si è completamente esauriti. Una volta sono arrivata con un piede rotto, dormendo nella mia camera da letto, mi sono guardata intorno e ho pensato: "Vorrei che questa fosse la mia camera da letto". Ho viaggiato per quasi due mesi ed ero stanca. Non dormivo, il cibo era diverso e così via. Ho capito che era la mia camera da letto e sono rimasta lì per quasi dieci giorni.

Ero troppo stanca per riconoscere la stanza. Vedete, questo tipo di lavoro è difficile. Quando vengo dalla California la situazione è la stessa. Riunione dopo riunione, ospedali e visite mettono costantemente in guardia. È faticoso, sì, Dio non ci ha chiamati a sederci sul banco e a dare quei soldi in un posto, ma ad andare a predicare ai perduti. Se tutti noi ci scrolliamo di dosso la pigrizia e diventiamo coraggiosi nell'avvicinarci a indù, musulmani, buddisti, drogati perduti, alcolisti, carceri e prigioni, allora il nostro mondo può essere cambiato. Che il Signore ci svegli e ci dia il coraggio di ministrare ai perduti nel nome di Gesù, Amen! Dio vi benedica!

PREGHIAMO

Signore, siamo felici che tu ci abbia dato lo Spirito Santo, che tu ci abbia dato il potere del Tuo Spirito. Ci hai dato lo Spirito d'amore, la forza e il suono della ente. Non abbiamo uno spirito di paura o di pigrizia. Il Signore ci aiuta a disciplinare il nostro stile di vita per lavorare regolarmente nella vigna di Dio. Vogliamo essere come te. Tutti sapevano che tu eri il grande profeta; non avevano mai visto nulla di simile. Signore, hai detto che possiamo fare di più di quello che hai fatto tu, sì, ti crediamo, ma aiutaci a essere lavoratori sul campo. Dobbiamo essere operai. Dacci una buona abitudine al lavoro. Aiutaci a trovare la strada per la nostra vigna e rendici sinceri e diligenti nel lavorare per te. Tu sei stato un grande esempio, aiutaci a prendere la nostra croce e a seguirti nel nome di Gesù, Amen! Dio vi benedica!

31 DICEMBRE

ASCOLTATE, OBBEDITE E SOTTOMETTETEVI!

Dio ha bisogno di qualcuno che faccia esattamente ciò che ha chiesto e comandato. Dio ha chiesto il Suo piano, non il vostro. Egli farà come ha detto. È il piano di Dio l'introduzione alla Sua creazione. Non cambiate la formula. Imparate a seguire le istruzioni. Imparate ad accettare i Suoi comandi e vedrete il meraviglioso compimento. Dio è buono. Ha detto di metterLo alla prova. E diceva sul serio.

Le mie decime, le offerte e le missioni erano quasi il venticinque per cento del mio stipendio, ma non ho mai dovuto prendere in prestito un centesimo. Non sono mai diventata un debitore. Dio ha fatto ciò che ha detto. Abramo era un uomo ricco. Ha dato a Dio la decima. Chi l'ha data a voi? Dio chiede solo il dieci per cento delle decime. Ricordate di dare dove la nostra dispensazione ci chiede di dare. La nostra dispensazione ci chiede di dare agli operai, e trenta, sessanta, cento, e un terreno illimitato. Non cadete nella tana dove il ladro ruba il denaro. Date ai poveri, agli ignudi, agli affamati, agli orfani e alle vedove.

Quanto si ottiene invece?

Malachia 3:10 Portate tutte le decime nel magazzino, perché ci sia cibo nella mia casa, e mettetemi alla prova, dice il Signore degli eserciti, se non vi aprirò le cateratte del cielo e non vi spargerò una benedizione che non ci sarà spazio a sufficienza per riceverla. 11 E io rimprovererò il divoratore per il vostro bene, ed egli non distruggerà i frutti del vostro suolo; e la vostra vite non getterà i suoi frutti prima del tempo nel campo, dice il Signore degli eserciti.

Proverbio 3:9 Onora il Signore con le tue sostanze e con le primizie di tutto il tuo raccolto.

Per vedere la mano di Dio muoversi in modo soprannaturale sulla situazione, fate come vi ha chiesto la Bibbia. La Bibbia ha bisogno di un seguace per dimostrare la sua autenticità. La Bibbia non è come il "Reader's digest". Cominciate a praticare, a obbedire a ciò che Egli dice. Ogni giorno parlo con una signora di nome Lena in India. Sorella Lena fa tutto ciò che le insegno dalla Bibbia. Mi ha detto che la moglie di un collega era all'ultimo stadio del cancro. Sorella Lena ha inviato il panno per la preghiera unta e la Bibbia. La signora malata è stata dimessa dall'ospedale dopo aver toccato i panni della preghiera. All'inizio la malata era arrabbiata, il suo volto era cambiato come quello di Satana. Ma alcune persone sagge le hanno consigliato di prenderlo e così ha fatto. Ora è guarita e legge la Bibbia. Suo marito era molto arrabbiato con la signora Lena, ma ora ha detto: "Andrò in chiesa". Ha detto che la Bibbia è un buon libro di Dio. Ha detto che si va alla porta di Dio piangendo, ma si esce felici.

Tutto sta nella vostra obbedienza e sottomissione. Ascoltate e obbedite a ciò che dice il Signore! Il 1° gennaio 2018, mentre ero seduta, il Signore mi ha detto: "Voglio che tu scriva ogni giorno quello che ti do e lo pubblichi". Ho chiesto al Signore: "Ogni giorno per 365 giorni?". Mi ha detto di sì, così mi sono alzata e ho iniziato a scrivere. All'inizio ci volevano dalle otto alle nove ore. Prima dovevo ascoltare Dio e poi scrivere, modificare, registrare e pubblicare. A volte arriva un'azienda, ma non dormo senza aver pubblicato su YouTube. A volte devo rispondere a molte telefonate di consulenza e di preghiera, ma comunque faccio quello che Dio mi ha chiesto. Oggi è l'ultimo giorno dell'anno; ho completato la "Dieta Spirituale Quotidiana" per 365 giorni. Lode a Dio! Una volta Google ha sospeso il mio canale, ma comunque scrivevo. Dio mi ha preparata in anticipo. Ho dovuto aprire un altro canale YouTube prima della prima sospensione. Ora il Signore, nella Sua misericordia, mi ha guidata a continuare il mio lavoro. Vedete, Lui è un creatore di vie, mi aveva già preparata a creare un altro canale prima che il mio primo video su YouTube venisse sospeso. Il Signore è sempre più avanti del diavolo. È un creatore di vie, basta essere sensibili alla Sua voce.

Un altro giorno una profetessa mi chiese cosa avessi fatto. Le ho detto che avevo pubblicato un libro, e lei mi ha risposto: "Ma hai già pronto il secondo, il terzo è pronto e Dio sta scaricando il quarto". Vedete, il Signore mi ha già detto che la "Dieta Spirituale Quotidiana" sarà una grande risorsa per il Regno di Dio.

Le persone materialiste con i soldi non hanno bisogno di Dio. Le persone come me che dipendono solo da Dio hanno bisogno della Sua direzione. Gesù è la via da seguire. Non solo, ma non volevo scrivere il primo libro "L'ho fatto "a Suo modo"". Ho detto che questo mi avrebbe dato gloria; voglio solo che Gesù riceva gloria. Vedete, il diavolo sa come distorcere e giocare con le nostre menti. Il Signore mandò la profetessa alla mia porta per profetizzare sul libro. La profetessa ha detto: "Il libro finito che hai iniziato darà gloria a Dio. Dio ha dato il nome del libro "L'ho fatto "a Suo modo"" a un'altra signora. L'ho scritto nel mio quaderno, perché la malattia sarà dimenticata. Il mio primo libro è stato classificato A nel mondo religioso-spirituale e raccomandato anche per l'adozione cinematografica. Sto ricevendo molte chiamate da parte di case editrici per consentire la ripubblicazione del mio libro.

Potete nascere come un uomo solo, Abramo, ma se Dio è in un uomo solo, può farvi diventare come una nazione, Israele. Dio può far nascere dal grembo morto di Sara a novant'anni.

Geremia 32:27 Ecco, io sono il Signore, il Dio di ogni carne; c'è forse qualcosa di troppo difficile per me?

Genesi 18:14 C'è forse qualcosa di troppo difficile per il Signore? Al tempo stabilito tornerò da te, secondo il tempo della vita, e Sara avrà un figlio.

Chiedete a Dio di darvi un cuore obbediente. Non buttatevi a capofitto in ogni occasione che vi si presenta. Chiedete a Dio il Suo piano. Chiedete a Dio le offerte che ricevete. Mi dispiace per le persone che vendono il piano di Dio per fama, denaro e potere. Io non voglio questo. Un giorno camminerò su Golden Street, avrò una villa, ma la cosa più bella è che passerò la mia eternità con Gesù. Egli ha chiamato persone fedeli, obbedienti e sottomesse.

Devo scappare dai consigli dei leader religiosi. So subito dove sono i loro occhi. È pericoloso. Amate voi stessi. Pensate che siete qui per una ragione e per una stagione. Qual è la ragione? Cercatela. Essendo una donna, vado sul campo di missione in altre nazioni. Avevo un fratello saggio; mi dava sempre il consiglio di stare attenta. Lo so, ma solo se vado io stessa. È Dio che manda lì, per questo è una storia diversa.

Maria disse: "Non ho paura, e così sia". Non le importava di condividere il piano di Dio con il suo sposo Giuseppe. Non si curò di sapere che avrebbe potuto essere lapidata. Ha dato alla luce il Salvatore, il Dio manifestato in carne. Possiamo dare alla luce un ministero, un piano di salvezza, Mosè, Isaia, Geremia e quei profeti e profetesse che hanno fatto esattamente come Dio voleva. La mia vita ha molte profezie eccezionali, profetizzate da molti grandi profeti delle nazioni. Alcune promesse sono state date da Dio stesso. Sto ancora aspettando che si realizzino. Alcune sono state pronunciate più di trentaquattro anni fa, ma non mi hanno mai fatta dubitare. So che Dio ha parlato e allora è un affare fatto. Il tempo e la stagione sono nella Sua mano.

La profezia della venuta di Gesù in questo mondo è passata, e ora la seconda venuta è molto vicina. Dobbiamo solo fare il necessario. Che la nostra lampada sia piena di olio. È tempo di pregare e di prepararsi all'incontro con lo sposo. Teniamo gli occhi fissi su Dio. Prepariamo i nostri cuori e le nostre menti a fare ciò che non siamo riusciti a fare negli anni passati. Entriamo nel nuovo anno con più preghiera, leggendo la Bibbia, raggiungendo le anime perdute, digiunando e predicando il Vangelo. Possiamo indossare l'armatura di Dio per combattere per il Regno di Dio. Facciamo sapere al mondo che Gesù è Geova, che cammina in carne e ossa, che è venuto con il nome più alto di Gesù, che significa Geova Salvatore, per salvarci. Dedichiamo i prossimi anni alla predicazione della Parola di Dio, a tutti coloro che sono seduti nelle tenebre. Possa il Signore benedire voi e i vostri familiari mentre entrate nel nuovo anno. Per favore, pregate per me. Ho finito quest'anno di scrivere la "Dieta Spirituale Quotidiana" e aspetto il prossimo incarico da Dio. Dio vi benedica! Buon anno!

PREGHIAMO

Ti ringraziamo per averci mostrato nuovi giorni. Fa' che il nostro giorno diventi nuovo, come dice il Signore: "Io faccio nuove tutte le cose". Mostraci la Tua grazia e la Tua misericordia ogni giorno. Non lasciare che la Tua grazia e la Tua misericordia si allontanino da noi. Veniamo con l'intenzione di portare avanti la Tua missione per tutta la vita. Sappiamo che la nostra vita è una benedizione di Dio. Chiediamo il perdono dei nostri peccati. Perdona ciò che non abbiamo potuto fare negli anni passati. Ma ti chiediamo la forza di seguirti, come tu hai detto di prendere la Tua croce e seguirTi. Rendici più sensibili agli insegnamenti dello Spirito Santo, che è la nostra guida e il nostro maestro. Stiamo vivendo nella grazia del tempo, poiché lo Spirito Santo, che è il Tuo spirito, dimora in noi. Riconsegniamo i prossimi anni nel nome di Gesù, Amen! Dio vi benedica!

SULL'AUTRICE

Salve, sono Elizabeth Das, autrice del libro "Dieta Spirituale Quotidiana" (titolo originale inglese " Daily Spiritual Diet"), un libro devozionale per ogni giorno e di "L'ho fatto "a Suo modo"" (titolo originale inglese "I didi it His way". Come ho già detto, non sono la vera e propria autrice, ma ho obbedito alla voce del Signore di scrivere.

"Dieta Spirituale Quotidiana" è una serie di dodici mesi tradotto in italiano, inglese, hindi e gujarati.

Il mio libro "L'ho fatto "a Suo modo"" è stato pubblicato in diverse lingue.

Il nome inglese è: I did it 'His Way'.

Il nome francese è: Je l'ai fait à "sa manière".

Il nome spagnolo è 'Lo hice a " a Su manera ".

Il nome gujarati è 'Me te temni rite karyu'

Il nome in hindi è 'Maine uske tarike se kiya'

È anche narrato a voce in diverse lingue. Prego che siate in salvo e soprattutto che ritroviate la speranza. Che il Signore vi benedica.

ELIZABETH DAS
nimmidas@gmail.com, nimmidas1952@gmail.com

DIETA SPIRITUALE QUOTIDIANA è disponibile in molte lingue.Đ'ho fatto a modo suo il mio primo libro è disponibile in molte lingue.

www.ingramcontent.com/pod-product-compliance
Lightning Source LLC
Chambersburg PA
CBHW082315230426
43667CB00034B/2724